මහමෙව්නාවේ බෝධිඥාන ත්‍රිපිටක ග්‍රන්ථ මාලා 15

I0140185

සූත්‍ර පිටකයට අයත්

ආශ්චර්යවත් ශ්‍රී සද්ධර්මය

අංගුත්තර නිකාය

(තෙවෙනි කොටස)

පඤ්චක නිපාතය

පරිවර්තනය

පූජ්‍ය කිරිබත්ගොඩ ඤාණානන්ද ස්වාමීන් වහන්සේ

ප්‍රකාශනය

මහාමේඝ ප්‍රකාශකයෝ

වඩුවාව, යටිගල්ඔළුව, පොල්ගහවෙල.

දුර : 037 2053300, 076 8255703

ඊ-මේල් : mahameghapublishers@gmail.com

ශ්‍රී. බු.ව. 2557   ව්‍යවහාර වර්ෂ : 2013

මහමෙව්නාවේ බෝධිඥාන ත්‍රිපිටක ග්‍රන්ථ මාලාව - 15

සූත්‍ර පිටකයට අයත් ආශ්චර්යවත් ශ්‍රී සද්ධර්මය

අංගුත්තර නිකාය – 3 කොටස
(පඤ්චක නිපාතය)

පරිවර්තනය : පූජ්‍ය කිරිබත්ගොඩ ඤාණානන්ද ස්වාමීන් වහන්සේ

ISBN : 978-955-687-030-5

ප්‍රථම මුද්‍රණය   : ශ්‍රී බුද්ධ වර්ෂ 2557/ ව්‍යවහාරික වර්ෂ 2013

- පරිගණක අකුරු සැකසුම සහ ප්‍රකාශනය -
මහාමේඝ ප්‍රකාශකයෝ
වඩුවාව, යටිගල්ඔළුව, පොල්ගහවෙල.
දුර : (+94) 37 20 53 300, (+94) 76 82 55 703
ඊ-මේල් : mahameghapublishers@gmail.com

Mahamevnawa Bodhiñāna Tripitaka Series, Volume 15

The Wonderful Dhamma in the Suttantapitaka

ANGUTTARA NIKĀYA

(THE FURTHER-FACTORED DISCOURSES
OF THE
TATHĀGATA SAMMĀSAMBUDDHA)

(Part 03)

PANCAKA NIPĀTA

(BOOK OF THE FIVES)

Translated
By

VEN. KIRIBATHGODA ÑĀNĀNANDA BHIKKHU

PUBLISHED BY:

Mahamegha Publishers

Waduwawa, Yatigal-oluwa, Polgahawela, Sri Lanka.
Tel : (+94) 37 20 53 300, (+94) 76 82 55 703
e-mail : mahameghapublishers@gmail.com

B. E. 2557

C.E. 2013

"ධම්මෝ හි වාසෙට්ඨා, සෙට්ඨෝ ජනේතස්මිං
දිට්ඨේ චේව ධම්මේ, අභිසම්පරායේච."

වාසෙට්ඨයෙනි, මෙලොවෙහි ත්, පරලොවෙහි ත්
ජනයා අතර ධර්මය ම ශ්‍රේෂ්ඨ වෙයි !

- අග්ගඤ්ඤ සූත්‍රය - භාගපවත් බුදුරජාණන් වහන්සේ

පටුන

අංගුත්තර නිකායේ පඤ්චක නිපාතය
(කරුණු පහ බැගින් ඇතුළත් වන දේශනා)

පළමු පණ්ණාසකය
1. සේඛබල වර්ගය

2. බල වර්ගය

3. පඤ්චංගික වර්ගය

5. මුණ්ඩරාජ වර්ගය

දෙවෙනි පණ්ණාසකය
1. නීවරණ වර්ගය

2. සඤ්ඤා වර්ගය

3. අනාගතභය වර්ගය

4. ජේර වර්ගය

5. කකුධ වර්ගය

තුන්වෙනි පණ්ණාසකය

1. ඵාසුවිහාර වර්ගය

2. අන්ධකවින්ද වර්ගය

3. ගිලාන වර්ගය

4. රාජ වර්ගය

5. තිකණ්ඩකී වර්ගය

සිව්වෙනි පණ්ණාසකය

1. සද්ධම්ම වර්ගය

2. ආසාත වර්ගය

3. උපාසක වර්ගය

4. ආරක්‍ෂක වර්ගය

5. දුච්චරිත වර්ගය

හයවෙනි පණ්ණාසකය

1. උපසම්පදා වර්ගය

රාගාදී පෙයයාලය

පඤ්චක නිපාතය අවසන් විය.

දසබලසේලප්පභවා නිබ්බානමහාසමුද්දපරියන්තා
අට්ඨංග මග්ගසලිලා ජිනවචනනදී චිරං වහතූති

දසබලයන් වහන්සේ නමැති ශෛලමය පර්වතයෙන් පැන නැගී
අමා මහ නිවන නම් වූ මහා සාගරය අවසන් කොට ඇති
ආර්ය අෂ්ටාංගික මාර්ගය නම් වූ සිහිල් දිය දහරින් හෙබි
උතුම් ශ්‍රී මුඛ බුද්ධ වචන ගංගාව (ලෝ සතුන්ගේ සසර දුක් නිවාලමින්)
බොහෝ කල් ගලාබස්නා සේක්වා !

(සළායතන සංයුත්තය - උද්දාන ගාථා)

සූත්‍ර පිටකයට අයත්
අංගුත්තර නිකාය

(තෙවෙනි කොටස)

පඤ්චක නිපාතය

(කරුණු පහ බැගින් වදාළ දෙසුම්
ඇතුළත් කොටස)

නමෝ තස්ස භගවතෝ අරහතෝ සම්මාසම්බුද්ධස්ස
ඒ භාග්‍යවත් අරහත් සම්මා සම්බුදුරජාණන් වහන්සේට නමස්කාර වේවා!

සූත්‍ර පිටකයට අයත්

අංගුත්තර නිකාය
පඤ්චක නිපාතය

පළමු පණ්ණාසකය

1. සේඛ බල වර්ගය

5.1.1.1.
සේඛ බල සංඛිත්ත සූත්‍රය
සංක්ෂේපයෙන් සේඛ බල ගැන වදාළ දෙසුම

එක් සමයක භාග්‍යවතුන් වහන්සේ සැවැත් නුවර ජේතවනය නම් වූ අනේපිඬු සිටුහුගේ ආරාමයෙහි වැඩවසන සේක. එකල්හී භාග්‍යවතුන් වහන්සේ "මහණෙනි" යි භික්ෂූන් ඇමතූ සේක. "පින්වතුන් වහන්සැ"යි ඒ භික්ෂූහු භාග්‍යවතුන් වහන්සේට පිළිවදන් දුන්හ. භාග්‍යවතුන් වහන්සේ මෙය වදාළ සේක.

"මහණෙනි, මේ දහමේ හික්මෙන සේඛ බලයෝ පසකි. ඒ කවර පසක් ද යත්; ශ්‍රද්ධා බලය ය, හිරි බලය ය, ඕත්තප්ප බලය ය, විරිය බලය ය, ප්‍රඥා බලය ය යනුවෙනි. මහණෙනි, මේ වනාහී පසක් වූ සේඛ බලයෝ ය.

එහෙයින් මහණෙනි, මෙසේ හික්මිය යුත්තේ ය. 'ශ්‍රද්ධා බලය නම් වූ දහමේ හික්මෙන සේඛ බලයෙන් සමන්විත වන්නෙමු. හිරි බලය නම් වූ දහමේ හික්මෙන සේඛ බලයෙන් සමන්විත වන්නෙමු. ඕත්තප්ප බලය නම් වූ දහමේ හික්මෙන සේඛ බලයෙන් සමන්විත වන්නෙමු. විරිය බලය නම් වූ දහමේ හික්මෙන සේඛ බලයෙන් සමන්විත වන්නෙමු. ප්‍රඥා බලය නම් වූ දහමේ හික්මෙන සේඛ බලයෙන් සමන්විත වන්නෙමු' යි. මහණෙනි, ඔබ ඔය අයුරින් ම හික්මිය යුත්තේ ය.

සාදු! සාදු!! සාදු!!!

සේඛ බල සංඛිත්ත සූත්‍රය නිමා විය.

5.1.1.2.
සේඛ බල විත්ථත සූත්‍රය
විස්තර වශයෙන් සේඛ බල ගැන වදාළ දෙසුම

සැවැත් නුවර දී ය ....

මහණෙනි, මේ දහමේ හික්මෙන සේඛ බලයෝ පසකි. ඒ කවර පසක් ද යත්; ශ්‍රද්ධා බලය ය, හිරි බලය ය, ඕත්තප්ප බලය ය, විරිය බලය ය, ප්‍රඥා බලය ය යනුවෙනි.

මහණෙනි, ශ්‍රද්ධා බලය යනු කුමක් ද? මහණෙනි, මෙහිලා ආර්ය ශ්‍රාවකයා ශ්‍රද්ධා ඇත්තෙක් වෙයි. තථාගතයන්ගේ අවබෝධය අදහන්නේ වෙයි. එනම් 'ඒ භාග්‍යවතුන් වහන්සේ මේ මේ කරුණින් අරහං වන සේක. සම්මා සම්බුද්ධ වන සේක. විජ්ජාචරණ සම්පන්න වන සේක. සුගත වන සේක. ලෝකවිදූ වන සේක. අනුත්තරෝ පුරිසදම්ම සාරථී වන සේක. සත්ථා දේවමනුස්සානං වන සේක. බුද්ධ වන සේක. භගවා වන සේක' යනුවෙනි. මහණෙනි, මෙය ශ්‍රද්ධා බලය යැයි කියනු ලැබේ.

මහණෙනි, හිරි බලය යනු කුමක් ද? මහණෙනි, මෙහිලා ආර්ය ශ්‍රාවකයා ලැජ්ජා ඇත්තේ වෙයි. කාය දුෂ්චරිතයෙහි යෙදීමට ත්, වචී දුෂ්චරිතයෙහි යෙදීමට ත්, මනෝ දුෂ්චරිතයෙහි යෙදීමට ත් ලැජ්ජා ඇත්තේ වෙයි. පාපී අකුසල් දහම් තමා තුළ ඇතිවීම ගැන ලැජ්ජාවට පත්වෙයි. මහණෙනි, මෙය හිරි බලය යැයි කියනු ලැබේ.

මහණෙනි, ඔත්තප්ප බලය යනු කුමක් ද? මහණෙනි, මෙහිලා ආර්ය ශ්‍රාවකයා භය ඇත්තේ වෙයි. කාය දුෂ්චරිතයෙහි යෙදීමට ත්, වචී දුෂ්චරිතයෙහි යෙදීමට ත්, මනෝ දුෂ්චරිතයෙහි යෙදීමට ත් භය ඇත්තේ වෙයි. පාපී අකුසල් දහම් තමා තුළ ඇතිවීම ගැන භයට පත්වෙයි. මහණෙනි, මෙය ඔත්තප්ප බලය යැයි කියනු ලැබේ.

මහණෙනි, විරිය බලය යනු කුමක් ද? මහණෙනි, මෙහිලා ආර්ය ශ්‍රාවකයා අකුසල් දහම් ප්‍රහාණය කිරීම පිණිස ත්, කුසල් දහම් උපදවා ගැනීම පිණිස ත් පටන්ගත් වීරිය ඇත්තේ වෙයි. බලවත් වීරිය ඇත්තේ වෙයි. දැඩි පරාක්‍රමයෙන් යුක්ත වූයේ වෙයි. කුසල් දහම්හි නොපසුබස්නා වීරිය ඇත්තේ වෙයි. මහණෙනි, මෙය විරිය බලය යැයි කියනු ලැබේ.

මහණෙනි, ප්‍රඥා බලය යනු කුමක් ද? මහණෙනි, මෙහිලා ආර්ය ශ්‍රාවකයා ප්‍රඥාවන්ත වෙයි. හටගැනීම ත්, නැතිවීම ත් දැකීමට සමර්ථ ප්‍රඥාවෙන් යුක්ත වූයේ වෙයි. ආර්ය වූ තියුණු අවබෝධය ඇති කරවන, මැනැවින් දුක් ක්ෂය කරවන ප්‍රඥාවෙන් යුක්ත වූයේ වෙයි. මහණෙනි, මෙය ප්‍රඥා බලය යැයි කියනු ලැබේ.

මහණෙනි, මේ වනාහී පංච සේඛ බලයෝ ය.

එහෙයින් මහණෙනි, මෙසේ හික්මිය යුත්තේ ය. 'ශ්‍රද්ධා බලය නම් වූ දහමේ හික්මෙන සේඛ බලයෙන් සමන්විත වන්නෙමු. හිරි බලය නම් වූ දහමේ හික්මෙන සේඛ බලයෙන් සමන්විත වන්නෙමු. ඔත්තප්ප බලය නම් වූ දහමේ හික්මෙන සේඛ බලයෙන් සමන්විත වන්නෙමු. විරිය බලය නම් වූ දහමේ හික්මෙන සේඛ බලයෙන් සමන්විත වන්නෙමු. ප්‍රඥා බලය නම් වූ දහමේ හික්මෙන සේඛ බලයෙන් සමන්විත වන්නෙමු' යි. මහණෙනි, ඔබ ඔය අයුරින් ම හික්මිය යුත්තේ ය.

සාදු! සාදු!! සාදු!!!

සේඛ බල විත්ථත සූත්‍රය නිමා විය.

5.1.1.3.
දුක්ඛ සූත්‍රය
දුක ගැන වදාළ දෙසුම

මහණෙනි, පස් කරුණකින් සමන්විත වූ භික්ෂුව මේ ජීවිතයේ දී ම ත් දුක සේ වසන්නේ වෙයි. දුක්ඛිත වූ ත්, දැඩි පීඩා සහිත වූ ත්, කෙලෙස් දාහයෙන් යුක්ත වූ ත් ජීවිතයක් ගෙවයි. කය බිඳී මරණින් මතු දුගතිය කැමති විය යුත්තේ ය. ඒ කවර පස් කරුණකින් ද යත්;

මහණෙනි, මෙහිලා භික්ෂුව ශ්‍රද්ධාව නැත්තේ වෙයි. අකුසල් පිළිබඳ ව ලැජ්ජාව නැත්තේ වෙයි. අකුසල් පිළිබඳ ව භය නැත්තේ වෙයි. අකුසල් දුරු කිරීමට ත්, කුසල් වැඩීමට ත් කුසීත වෙයි. ප්‍රඥා රහිත වෙයි.

මහණෙනි, මේ පස් කරුණෙන් සමන්විත වූ භික්ෂුව මේ ජීවිතයේ දී ම ත් දුක සේ වසන්නේ වෙයි. දුක්ඛිත වූ ත්, දැඩි පීඩා සහිත වූ ත්, කෙලෙස් දාහයෙන් යුක්ත වූ ත් ජීවිතයක් ගෙවයි. කය බිඳී මරණින් මතු දුගතිය කැමති විය යුත්තේ ය.

මහණෙනි, පස් කරුණකින් සමන්විත වූ භික්ෂුව මේ ජීවිතයේ දී ම ත් සැප සේ වසන්නේ වෙයි. දුක්ඛිත නොවූ ත්, පීඩා රහිත වූ ත්, කෙලෙස් දාහයෙන් තොර වූ ත් ජීවිතයක් ගෙවයි. කය බිඳී මරණින් මතු සුගතිය කැමති විය යුත්තේ ය. ඒ කවර පස් කරුණකින් ද යත්;

මහණෙනි, මෙහිලා භික්ෂුව ශ්‍රද්ධාව ඇත්තේ වෙයි. අකුසල් පිළිබඳ ව ලැජ්ජාව ඇත්තේ වෙයි. අකුසල් පිළිබඳ ව භය ඇත්තේ වෙයි. අකුසල් දුරු කිරීමට ත්, කුසල් වැඩීමට ත් පටන්ගත් වීරිය ඇත්තේ වෙයි. ප්‍රඥාව ඇත්තේ වෙයි.

මහණෙනි, මේ පස් කරුණෙන් සමන්විත වූ භික්ෂුව මේ ජීවිතයේ දී ම ත් සැප සේ වසන්නේ වෙයි. දුක්ඛිත නොවූ ත්, පීඩා රහිත වූ ත්, කෙලෙස් දාහයෙන් තොර වූ ත් ජීවිතයක් ගෙවයි. කය බිඳී මරණින් මතු සුගතිය කැමති විය යුත්තේ ය.

සාදු! සාදු!! සාදු!!!

දුක්ඛ සූත්‍රය නිමා විය.

5.1.1.4.
යථාභත සූත්‍රය
'ගෙනවුත් බහා තබන දෙය යම් සේ ද' යනුවෙන් වදාළ දෙසුම

මහණෙනි, පස් කරුණකින් සමන්විත වූ භික්ෂුව ඔසොවාගෙන පැමිණි දෙයක් බිම තබන්නේ යම් සේ ද, එසෙයින් ම නිරයේ උපදින්නේ වෙයි. ඒ කවර පස් කරුණකින් ද යත්;

මහණෙනි, මෙහිලා භික්ෂුව ශ්‍රද්ධාව නැත්තේ වෙයි. අකුසල් පිළිබඳ ව ලැජ්ජාව නැත්තේ වෙයි. අකුසල් පිළිබඳ ව භය නැත්තේ වෙයි. අකුසල් දුරු කිරීමට ත්, කුසල් වැඩීමට ත් කුසීත වෙයි. ප්‍රඥා රහිත වෙයි.

මහණෙනි, මේ පස් කරුණෙන් සමන්විත වූ භික්ෂුව ඔසොවාගෙන පැමිණි දෙයක් බිම තබන්නේ යම් සේ ද එසෙයින් ම නිරයේ උපදින්නේ වෙයි.

මහණෙනි, පස් කරුණකින් සමන්විත වූ භික්ෂුව ඔසොවාගෙන පැමිණි දෙයක් බිම තබන්නේ යම් සේ ද, එසෙයින් ම සුගතියේ උපදින්නේ වෙයි. ඒ කවර පස් කරුණකින් ද යත්;

මහණෙනි, මෙහිලා භික්ෂුව ශ්‍රද්ධාව ඇත්තේ වෙයි. අකුසල් පිළිබඳ ව ලැජ්ජාව ඇත්තේ වෙයි. අකුසල් පිළිබඳ ව භය ඇත්තේ වෙයි. අකුසල් දුරු කිරීමට ත්, කුසල් වැඩීමට ත් පටන්ගත් වීරිය ඇත්තේ වෙයි. ප්‍රඥාව ඇත්තේ වෙයි.

මහණෙනි, මේ පස් කරුණෙන් සමන්විත වූ භික්ෂුව ඔසොවාගෙන පැමිණි දෙයක් බිම තබන්නේ යම් සේ ද, එසෙයින් ම සුගතියේ උපදින්නේ වෙයි.

සාදු! සාදු!! සාදු!!!

යථාභත සූත්‍රය නිමා විය.

5.1.1.5.
සික්ඛාපච්චක්ඛාන සූත්‍රය
දහමෙහි හික්මීම ප්‍රතික්ෂේප කිරීම ගැන වදාළ දෙසුම

මහණෙනි, යම්කිසි භික්ෂුවක් වේවා, භික්ෂුණියක් වේවා ශික්ෂාව ප්‍රතික්ෂේප කොට ලාමක ගිහි බවට වැටෙයි නම් ඔහුට මෙලොව දී ම හේතු සහිත ව ගැරහීමට ලක්වෙන කරුණු පහක් තමා වෙතට පැමිණෙන්නේ වෙයි. ඒ කවර පසක් ද යත්;

"ඔබට කුසල් දහම් පිළිබඳ ව ශ්‍රද්ධාව ද නොතිබුණේ ය. කුසල් දහම් පිරිහීම පිළිබඳ ව ලැජ්ජාව ද නොතිබුණේ ය. කුසල් දහම් පිරිහීම පිළිබඳ ව භය ද නොතිබුණේ ය. කුසල් දහම් වැඩීමට වීරිය ද නොතිබුණේ ය. කුසල් දහම් පිළිබඳ ව ප්‍රඥාව ද නොතිබුණේ ය."

මහණෙනි, යම්කිසි භික්ෂුවක් වේවා, භික්ෂුණියක් වේවා ශික්ෂාව ප්‍රතික්ෂේප කොට ලාමක ගිහි බවට වැටෙයි නම් ඔහුට මෙලොව දී ම හේතු සහිත ව ගැරහීමට ලක්වෙන මේ කරුණු පහ තමා වෙතට පැමිණෙන්නේ වෙයි.

මහණෙනි, යම්කිසි භික්ෂුවක් වේවා, භික්ෂුණියක් වේවා, දුකෙනුත් යුක්ත ව, දොම්නසිනුත් යුක්ත ව, කඳුළු වැකුණු මුහුණින් යුතුව, හඬමින් පිරිපුන් කොට පිරිසිදු ලෙස බඹසරෙහි හැසිරෙයි ද, ඔහුට මෙලොව දී ම හේතු සහිත ව ප්‍රශංසාවට ලක්වෙන කරුණු පහක් තමා වෙතට පැමිණෙන්නේ වෙයි. ඒ කවර පසක් ද යත්;

"ඔබට කුසල් දහම් පිළිබඳ ව ශ්‍රද්ධාව ද තිබුණේ ය. කුසල් දහම් පිරිහීම පිළිබඳ ව ලැජ්ජාව ද තිබුණේ ය. කුසල් දහම් පිරිහීම පිළිබඳ ව භය ද තිබුණේ ය. කුසල් දහම් වැඩීමට වීරිය ද තිබුණේ ය. කුසල් දහම් පිළිබඳ ව ප්‍රඥාව ද තිබුණේ ය."

මහණෙනි, යම්කිසි භික්ෂුවක් වේවා, භික්ෂුණියක් වේවා, දුකෙනුත් යුක්ත ව, දොම්නසිනුත් යුක්ත ව, කඳුළු වැකුණු මුහුණින් යුතුව, හඬමින් පිරිපුන් කොට පිරිසිදු ලෙස බඹසරෙහි හැසිරෙයි ද, ඔහුට මෙලොව දී ම හේතු සහිත ව ප්‍රශංසාවට ලක්වෙන මේ කරුණු පහ තමා වෙතට පැමිණෙන්නේ වෙයි.

සාදු! සාදු!! සාදු!!!

සික්ඛාපච්චක්ඛාන සූත්‍රය නිමා විය.

5.1.1.6.
අකුසල සමාපත්ති සූත්‍රය
අකුසල් තුළ බැසගෙන සිටීම ගැන වදාළ දෙසුම

මහණෙනි, යම්තාක් කුසල් දහම් තුළ ශ්‍රද්ධාව පිහිටා තිබෙයි ද, ඒ තාක් අකුසලයන් තුළ බැසගැනීමක් නොවෙයි. මහණෙනි, යම් කලෙක ශ්‍රද්ධාව තමා තුළ නැතිවී යයි ද, ශ්‍රද්ධාව නැති බව ඉස්මතු ව තිබෙයි ද, එකල්හී අකුසලයන් තුළ බැසගැනීම වෙයි.

මහණෙනි, යම්තාක් කුසල් දහම් පිරිහීම ගැන ලැජ්ජාව පිහිටා තිබෙයි ද, ඒ තාක් අකුසලයන් තුළ බැසගැනීමක් නොවෙයි. මහණෙනි, යම් කලෙක කුසල් දහම් පිරිහීම ගැන ලැජ්ජාව තමා තුළ නැතිවී යයි ද, කුසල් දහම් පිරිහීම ගැන ලැජ්ජාව නැති බව ඉස්මතු ව තිබෙයි ද, එකල්හී අකුසලයන් තුළ බැස ගැනීම වෙයි.

මහණෙනි, යම්තාක් කුසල් දහම් පිරිහීම ගැන භය පිහිටා තිබෙයි ද, ඒ තාක් අකුසලයන් තුළ බැසගැනීමක් නොවෙයි. මහණෙනි, යම් කලෙක කුසල් දහම් පිරිහීම ගැන භය තමා තුළ නැතිවී යයි ද, කුසල් දහම් පිරිහීම ගැන භය නැති බව ඉස්මතු ව තිබෙයි ද, එකල්හී අකුසලයන් තුළ බැසගැනීම වෙයි.

මහණෙනි, යම්තාක් කුසල් දහම් තුළ වීර්යය පිහිටා තිබෙයි ද, ඒ තාක් අකුසලයන් තුළ බැසගැනීමක් නොවෙයි. මහණෙනි, යම් කලෙක වීර්යය තමා තුළ නැතිවී යයි ද, වීර්යය නැති බව ඉස්මතු ව තිබෙයි ද, එකල්හී අකුසලයන් තුළ බැසගැනීම වෙයි.

මහණෙනි, යම්තාක් කුසල් දහම් තුළ ප්‍රඥාව පිහිටා තිබෙයි ද, ඒ තාක් අකුසලයන් තුළ බැසගැනීමක් නොවෙයි. මහණෙනි, යම් කලෙක ප්‍රඥාව තමා තුළ නැතිවී යයි ද, ප්‍රඥාව නැති බව ඉස්මතු ව තිබෙයි ද, එකල්හී අකුසලයන් තුළ බැසගැනීම වෙයි.

සාදු! සාදු!! සාදු!!!

අකුසල සමාපත්ති සූත්‍රය නිමා විය.

5.1.1.7.
කාමේසුපලාළිත සූත්‍රය
කාමයෙහි දැඩි ලෙස ඇලීම ගැන වදාළ දෙසුම

මහණෙනි, බොහෝ සෙයින් ම සත්වයෝ කාමයන්හි දැඩි ලෙස ඇලී වාසය කරති. මහණෙනි, කුලපුත්‍රයෙක් තණ කපන දෑකැත්ත හා තණ කද බැහැර කොට ගිහි ගෙයින් නික්ම අනගාරික බුදු සසුනෙහි පැවිදි වෙයි ද, ඔහුට 'ශ්‍රද්ධාවෙන් පැවිදි වූ කුලපුත්‍රයා' ය යනුවෙන් පවසන්නට සුදුසු ය. එයට හේතුව කුමක් ද? මහණෙනි, තරුණ අවදියෙහි කාමයෝ ලැබෙති. ඒ කාමයෝ ද එක එක අයුරු ව තිබෙති. මහණෙනි, දිළින්දන්ගේ යම් හීන වූ කාමයෝ ද ඇත්තාහු ය. මධ්‍යම පන්තිකයන්ගේ යම් මධ්‍යම වූ කාමයෝ ද ඇත්තාහු ය. උසස් පන්තිකයන්ගේ යම් ප්‍රණීත වූ කාමයෝ ද ඇත්තාහු ය. මේ සියල්ල 'කාම' යන සංඛ්‍යාවට අයත් ය.

මහණෙනි, එය මෙබඳු දෙයකි. උඩුකුරු ව නිදන බොළඳ ළදරුවෙක් කිරි මවගේ ප්‍රමාදයෙන් ලී කැබැල්ලක් හෝ වෙනත් කැබැලිත්තක් හෝ මුවෙහි දමා ගන්නේ නම් ඒ කිරි මව වහ වහා එකරුණ සිහි කරයි. වහ වහා එය සිහි කොට වහ වහා ඒ දරුවාගේ මුවින් එය බැහැර කරයි. ඉදින් වහ වහා එය බැහැර කරගත නොහැක්කී නම් වම් අතින් ඒ දරුවාගේ හිස දැඩි ව අල්ලාගෙන දකුණු අතින් ඇඟිලි වකුටු කොට ලේ ගලන්නේ නමුත් එය බැහැර කරන්නී ය. මක් නිසාද යත්, මහණෙනි, මේ දරුවා හට මෙහි පීඩාවක් ඇත්තේ ම ය. එය නැතැයි නොකියමි. මහණෙනි, දරුවාගේ යහපත කැමති, හිත කැමති, අනුකම්පා ඇති කිරි මව විසින් අනුකම්පාව උපදවා එය කළ යුත්තේ ම ය.

මහණෙනි, යම් කලෙක පටන් ඒ දරු තෙම වැඩුණේ වෙයි ද, ප්‍රඥාවන්ත යැයි කිව හැක්කේ වෙයි ද, මහණෙනි, එකල්හී කිරි මව ඒ දරුවා කෙරෙහි කලින් තිබූ අවධානය ලිහිල් කරන්නී වෙයි. 'දැන් දරුවා තමා ම රැකෙන අයුරු දනියි. ප්‍රමාදයට නොනිසි ය' යි.

මහණෙනි, එසෙයින් ම භික්ෂුව විසින් කුසල් දහම් පිළිබඳ ව ශ්‍රද්ධාවෙන් කළ යුතු දෙය යම්තාක් නොකරන ලද්දේ වෙයි ද, කුසල් දහම් පිළිබඳ ව ලැජ්ජාවෙන් කළ යුතු දෙය යම්තාක් නොකරන ලද්දේ වෙයි ද, කුසල් දහම් පිළිබඳ ව භයෙන් කළ යුතු දෙය යම්තාක් නොකරන ලද්දේ වෙයි ද, කුසල් දහම් පිළිබඳ ව වීරියෙන් කළ යුතු දෙය යම්තාක් නොකරන ලද්දේ වෙයි ද,

කුසල් දහම් පිළිබඳ ව ප්‍රඥාවෙන් කළ යුතු දෙය යම්තාක් නොකරන ලද්දේ වෙයි ද, මහණෙනි, ඒ තාක් ම ඒ භික්ෂුව මා විසින් රැකිය යුත්තේ ය.

මහණෙනි, යම් කලක භික්ෂුව විසින් කුසල් දහම් පිළිබඳ ව ශ්‍රද්ධාවෙන් කළ යුතු දෙය කරන ලද්දේ වෙයි ද, කුසල් දහම් පිළිබඳ ව ලැජ්ජාවෙන් කළ යුතු දෙය කරන ලද්දේ වෙයි ද, කුසල් දහම් පිළිබඳ ව භයෙන් කළ යුතු දෙය කරන ලද්දේ වෙයි ද, කුසල් දහම් පිළිබඳ ව වීරියෙන් කළ යුතු දෙය කරන ලද්දේ වෙයි ද, කුසල් දහම් පිළිබඳ ව ප්‍රඥාවෙන් කළ යුතු දෙය කරන ලද්දේ වෙයි ද, මහණෙනි, එකල්හී මම ඒ භික්ෂුව කෙරෙහි කලින් තිබූ අවධානය මා තුළින් ලිහිල් කරමි. 'දැන් මේ භික්ෂුව තමා ම රැකෙන අයුරු දනියි. ප්‍රමාදයට නොනිසි ය' යි.

සාදු! සාදු!! සාදු!!!

කාමේසුපලාළිත සූත්‍රය නිමා විය.

5.1.1.8.
චවන සූත්‍රය
චුතවීම ගැන වදාළ දෙසුම

මහණෙනි, පස් කරුණකින් සමන්විත වූ භික්ෂුව නිවන් මගින් චුත වෙයි. සද්ධර්මය තුළ නොපිහිටයි. ඒ කවර කරුණු පසකින් ද යත්;

මහණෙනි, ශ්‍රද්ධා රහිත වූ භික්ෂුව නිවන් මගින් චුත වෙයි. සද්ධර්මය තුළ නොපිහිටයි. මහණෙනි, කුසල් දහම් පිරිහීම ගැන ලැජ්ජාව නැති භික්ෂුව නිවන් මගින් චුත වෙයි. සද්ධර්මය තුළ නොපිහිටයි. මහණෙනි, කුසල් දහම් පිරිහීම ගැන භය නැති භික්ෂුව නිවන් මගින් චුත වෙයි. සද්ධර්මය තුළ නොපිහිටයි. මහණෙනි, කුසීත වූ භික්ෂුව නිවන් මගින් චුත වෙයි. සද්ධර්මය තුළ නොපිහිටයි. මහණෙනි, ප්‍රඥාව රහිත වූ භික්ෂුව නිවන් මගින් චුත වෙයි. සද්ධර්මය තුළ නොපිහිටයි.

මහණෙනි, මේ පස් කරුණෙන් සමන්විත වූ භික්ෂුව නිවන් මගින් චුත වෙයි. සද්ධර්මය තුළ නොපිහිටයි.

මහණෙනි, පස් කරුණකින් සමන්විත වූ භික්ෂුව නිවන් මගින් චුත නොවෙයි. සද්ධර්මය තුළ පිහිටයි. ඒ කවර කරුණු පසකින් ද යත්;

මහණෙනි, ශ්‍රද්ධාවන්ත වූ භික්ෂුව නිවන් මගින් චුත නොවෙයි. සද්ධර්මය තුළ පිහිටයි. මහණෙනි, කුසල් දහම් පිරිහීම ගැන ලැජ්ජාව ඇති භික්ෂුව නිවන් මගින් චුත නොවෙයි. සද්ධර්මය තුළ පිහිටයි. මහණෙනි, කුසල් දහම් පිරිහීම ගැන භය ඇති භික්ෂුව නිවන් මගින් චුත නොවෙයි. සද්ධර්මය තුළ පිහිටයි. මහණෙනි, පටන්ගත් වීරිය ඇති භික්ෂුව නිවන් මගින් චුත නොවෙයි. සද්ධර්මය තුළ පිහිටයි. මහණෙනි, ප්‍රඥාවන්ත වූ භික්ෂුව නිවන් මගින් චුත නොවෙයි. සද්ධර්මය තුළ පිහිටයි.

මහණෙනි, මේ පස් කරුණෙන් සමන්විත වූ භික්ෂුව නිවන් මගින් චුත නොවෙයි. සද්ධර්මය තුළ පිහිටයි.

සාදු! සාදු!! සාදු!!!

චවන සූත්‍රය නිමා විය.

5.1.1.9.
පඨම අගාරව සූත්‍රය
ගෞරව නැතිකම ගැන වදාළ පළමු දෙසුම

මහණෙනි, පස් කරුණකින් සමන්විත වූ භික්ෂුව ගෞරව නැත්තේ, යටහත් පැවතුම් නැත්තේ නිවන් මගින් චුත වෙයි. සද්ධර්මය තුළ නොපිහිටයි. ඒ කවර කරුණු පසකින් ද යත්;

මහණෙනි, ශ්‍රද්ධා රහිත වූ භික්ෂුව ගෞරව නැත්තේ, යටහත් පැවතුම් නැත්තේ නිවන් මගින් චුත වෙයි. සද්ධර්මය තුළ නොපිහිටයි. මහණෙනි, කුසල් දහම් පිරිහීම ගැන ලැජ්ජාව නැති භික්ෂුව ....(පෙ).... මහණෙනි, කුසල් දහම් පිරිහීම ගැන භය නැති භික්ෂුව ....(පෙ).... මහණෙනි, කුසීත වූ භික්ෂුව ....(පෙ).... මහණෙනි, ප්‍රඥාව රහිත වූ භික්ෂුව ගෞරව නැත්තේ, යටහත් පැවතුම් නැත්තේ නිවන් මගින් චුත වෙයි. සද්ධර්මය තුළ නොපිහිටයි.

මහණෙනි, මේ පස් කරුණෙන් සමන්විත වූ භික්ෂුව ගෞරව නැත්තේ, යටහත් පැවතුම් නැත්තේ නිවන් මගින් චුත වෙයි. සද්ධර්මය තුළ නොපිහිටයි.

මහණෙනි, පස් කරුණකින් සමන්විත වූ භික්ෂුව ගෞරව ඇත්තේ, යටහත් පැවතුම් ඇත්තේ නිවන් මගින් චුත නොවෙයි. සද්ධර්මය තුළ පිහිටයි. ඒ කවර කරුණු පසකින් ද යත්;

මහණෙනි, ශ්‍රද්ධාවන්ත වූ භික්ෂුව ගෞරව ඇත්තේ, යටහත් පැවතුම් ඇත්තේ නිවන් මගින් චුත නොවෙයි. සද්ධර්මය තුළ පිහිටයි. මහණෙනි, කුසල් දහම් පිරිහීම ගැන ලැජ්ජාව ඇති භික්ෂුව ....(පෙ).... මහණෙනි, කුසල් දහම් පිරිහීම ගැන භය ඇති භික්ෂුව ....(පෙ).... මහණෙනි, පටන්ගත් වීරිය ඇති භික්ෂුව ....(පෙ).... මහණෙනි, ප්‍රඥාවන්ත වූ භික්ෂුව ගෞරව ඇත්තේ, යටහත් පැවතුම් ඇත්තේ නිවන් මගින් චුත නොවෙයි. සද්ධර්මය තුළ පිහිටයි.

මහණෙනි, මේ පස් කරුණෙන් සමන්විත වූ භික්ෂුව ගෞරව ඇත්තේ, යටහත් පැවතුම් ඇත්තේ නිවන් මගින් චුත නොවෙයි. සද්ධර්මය තුළ පිහිටයි.

සාදු! සාදු!! සාදු!!!

පඨම අගාරව සූත්‍රය නිමා විය.

5.1.1.10.
දුතිය අගාරව සූත්‍රය
ගෞරව නැතිකම ගැන වදාළ දෙවෙනි දෙසුම

මහණෙනි, පස් කරුණකින් සමන්විත වූ භික්ෂුව ගෞරව නැත්තේ, යටහත් පැවතුම් නැත්තේ මේ ධර්ම විනය තුළ අභිවෘද්ධියක්, දියුණුවක්, විපුල බවක් අත්පත් කරගන්නට අසමර්ථ වෙයි. ඒ කවර කරුණු පසකින් ද යත්;

මහණෙනි, ශ්‍රද්ධා රහිත වූ භික්ෂුව ගෞරව නැත්තේ, යටහත් පැවතුම් නැත්තේ මේ ධර්ම විනය තුළ අභිවෘද්ධියක්, දියුණුවක්, විපුල බවක් අත්පත් කරගන්නට අසමර්ථ වෙයි. මහණෙනි, කුසල් දහම් පිරිහීම ගැන ලැජ්ජාව නැති භික්ෂුව ....(පෙ).... මහණෙනි, කුසල් දහම් පිරිහීම ගැන භය නැති භික්ෂුව ....(පෙ).... මහණෙනි, කුසීත වූ භික්ෂුව ....(පෙ).... මහණෙනි, ප්‍රඥාව රහිත වූ භික්ෂුව ගෞරව නැත්තේ, යටහත් පැවතුම් නැත්තේ මේ ධර්ම විනය තුළ අභිවෘද්ධියක්, දියුණුවක්, විපුල බවක් අත්පත් කරගන්නට අසමර්ථ වෙයි.

මහණෙනි, මේ පස් කරුණෙන් සමන්විත වූ භික්ෂුව ගෞරව නැත්තේ, යටහත් පැවතුම් නැත්තේ මේ ධර්ම විනය තුළ අභිවෘද්ධියක්, දියුණුවක්, විපුල බවක් අත්පත් කරගන්නට අසමර්ථ වෙයි.

මහණෙනි, පස් කරුණකින් සමන්විත වූ භික්ෂුව ගෞරව ඇත්තේ,

යටහත් පැවතුම් ඇත්තේ මේ ධර්ම විනය තුළ අභිවෘද්ධියක්, දියුණුවක්, විපුල බවක් අත්පත් කරගන්නට සමර්ථ වෙයි. ඒ කවර කරුණු පසකින් ද යත්;

මහණෙනි, ශ්‍රද්ධාවන්ත වූ භික්ෂුව ගෞරව ඇත්තේ, යටහත් පැවතුම් ඇත්තේ මේ ධර්ම විනය තුළ අභිවෘද්ධියක්, දියුණුවක්, විපුල බවක් අත්පත් කරගන්නට සමර්ථ වෙයි. මහණෙනි, කුසල් දහම් පිරිහීම ගැන ලැජ්ජාව ඇති භික්ෂුව ....(පෙ).... මහණෙනි, කුසල් දහම් පිරිහීම ගැන භය ඇති භික්ෂුව ....(පෙ).... මහණෙනි, පටන්ගත් වීරිය ඇති භික්ෂුව ....(පෙ).... මහණෙනි, ප්‍රඥාවන්ත වූ භික්ෂුව ගෞරව ඇත්තේ, යටහත් පැවතුම් ඇත්තේ මේ ධර්ම විනය තුළ අභිවෘද්ධියක්, දියුණුවක්, විපුල බවක් අත්පත් කරගන්නට සමර්ථ වෙයි.

මහණෙනි, මේ පස් කරුණෙන් සමන්විත වූ භික්ෂුව ගෞරව ඇත්තේ, යටහත් පැවතුම් ඇත්තේ මේ ධර්ම විනය තුළ අභිවෘද්ධියක්, දියුණුවක්, විපුල බවක් අත්පත් කරගන්නට සමර්ථ වෙයි.

සාදු! සාදු!! සාදු!!!

දුතිය අගාරව සූත්‍රය නිමා විය.

පළමුවෙනි සේඛ බල වර්ගය අවසන් විය.

- එහි පිළිවෙළ උද්දානය යි :

සංඛිත්ත සූත්‍රය, විත්ථත සූත්‍රය, දුක්ඛ සූත්‍රය, යථාභත සූත්‍රය, සික්ඛා සූත්‍රය, සමාපත්ති සූත්‍රය, කාම සූත්‍රය, චවන සූත්‍රය සහ අගාරව සූත්‍ර දෙක වශයෙන් මෙහි සූත්‍ර දශයකි.

2. බල වර්ගය

5.1.2.1.
තථාගත බල සූත්‍රය
තථාගතයන් වහන්සේගේ බලයන් ගැන වදාළ දෙසුම

සැවැත් නුවර දී ය ......

මහණෙනි, මම පෙර නොඇසූ විරූ චතුරාර්ය සත්‍ය ධර්මයන් පිළිබඳ ව විශිෂ්ට ඥානයෙන් ලත් අවබෝධයෙන් යුතු ව නිවන් මග සම්පූර්ණ කළ බවට, පාරමී ධර්මයන්හි මුදුන් පැමිණි බවට ප්‍රතිඥා දෙමි.

මහණෙනි, යම් බලයකින් සමන්විත තථාගතයන් වහන්සේ ශ්‍රේෂ්ඨත්වය ප්‍රතිඥා දෙත් ද, පිරිස් මධ්‍යයෙහි සිංහනාද කරත් ද, බ්‍රහ්ම චක්‍රය නම් වූ ධර්ම චක්‍රය ප්‍රවර්තනය කරත් ද, තථාගතයන්ගේ මේ තථාගත බලයෝ පසකි. ඒ කවර පසක් ද යත්;

ශ්‍රද්ධා බලය ය, හිරි බලය ය, ඔත්තප්ප බලය ය, විරිය බලය ය, ප්‍රඥා බලය ය.

මහණෙනි, යම් බලයකින් සමන්විත තථාගතයන් වහන්සේ ශ්‍රේෂ්ඨත්වය ප්‍රතිඥා දෙත් ද, පිරිස් මධ්‍යයෙහි සිංහනාද කරත් ද, බ්‍රහ්ම චක්‍රය නම් වූ ධර්ම චක්‍රය ප්‍රවර්තනය කරත් ද, තථාගතයන්ගේ මේ තථාගත බලයෝ පස ය.

සාදු! සාදු!! සාදු!!!

තථාගත බල සූත්‍රය නිමා විය.

5.1.2.2.
සේඛ බල අග්ග සූත්‍රය
අග්‍ර වූ සේඛ බලය ගැන වදාළ දෙසුම

මහණෙනි, මේ වනාහී පසක් වූ සේඛ බලයෝ ය. ඒ කවර පසක් ද යත්; ශ්‍රද්ධා බලය ය, හිරි බලය ය, ඔත්තප්ප බලය ය, විරිය බලය ය, ප්‍රඥා බලය ය. මහණෙනි, මේ වනාහී පසක් වූ සේඛ බලයෝ ය.

මහණෙනි, මේ සේඛ බලයන් අතුරින් යම් මේ ප්‍රඥා බලයක් ඇද්ද, මෙය අග්‍ර ය. මෙය කුසල් එක්තැන් කරයි. මෙය කුසල් රැස් කරයි.

මහණෙනි, එය මෙබඳු දෙයකි. උස් මුදුන් ඇති වහළයෙහි යම් මේ කැණිමඬලක් ඇද්ද, මෙය අග්‍ර ය. මෙය යට ලී එක් කරයි. පරාල එකට රැස් කරයි. එසෙයින් ම මහණෙනි, මේ සේඛ බලයන් අතුරින් යම් මේ ප්‍රඥා බලයක් ඇද්ද, මෙය අග්‍ර ය. මෙය කුසල් එක්තැන් කරයි. මෙය කුසල් රැස් කරයි.

එහෙයින් මහණෙනි, මෙසේ හික්මිය යුත්තේ ය. 'ශ්‍රද්ධා බලය නම් වූ දහමේ හික්මෙන සේඛ බලයෙන් සමන්විත වන්නෙමු. හිරි බලය නම් වූ දහමේ හික්මෙන සේඛ බලයෙන් ....(පෙ).... ඔත්තප්ප බලය නම් වූ දහමේ හික්මෙන සේඛ බලයෙන් ....(පෙ).... විරිය බලය නම් වූ දහමේ හික්මෙන සේඛ බලයෙන් ....(පෙ).... ප්‍රඥා බලය නම් වූ දහමේ හික්මෙන සේඛ බලයෙන් සමන්විත වන්නෙමු' යි. මහණෙනි, ඔබ ඔය අයුරින් ම හික්මිය යුත්තේ ය.

සාදු! සාදු!! සාදු!!!

සේඛ බල අග්ග සූත්‍රය නිමා විය.

5.1.2.3.
බල සංඛිත්ත සූත්‍රය
සංක්ෂේපයෙන් බල ගැන වදාළ දෙසුම

මහණෙනි, මේ බලයෝ පසකි. ඒ කවර පසක් ද යත්; ශ්‍රද්ධා බලය

ය, විරිය බලය ය, සති බලය ය, සමාධි බලය ය, ප්‍රඥා බලය ය යනුවෙනි. මහණෙනි, මේ වනාහී පසක් වූ බලයෝ ය.

සාදු! සාදු!! සාදු!!!

බල සංඛිත්ත සූත්‍රය නිමා විය.

5.1.2.4.
බල විත්ථත සූත්‍රය
විස්තර වශයෙන් බල ගැන වදාළ දෙසුම

මහණෙනි, මේ දහමේ හික්මෙන බල පසකි. ඒ කවර පසක් ද යත්;

ශ්‍රද්ධා බලය ය, විරිය බලය ය, සති බලය ය, සමාධි බලය ය, ප්‍රඥා බලය ය යනුවෙනි.

මහණෙනි, ශ්‍රද්ධා බලය යනු කුමක් ද? මහණෙනි, මෙහිලා ආර්ය ශ්‍රාවකයා ශ්‍රද්ධා ඇත්තෙක් වෙයි. තථාගතයන්ගේ අවබෝධය අදහන්නේ වෙයි. එනම් 'ඒ භාග්‍යවතුන් වහන්සේ මේ මේ කරුණින් අරහං වන සේක. සම්මා සම්බුද්ධ වන සේක. විජ්ජාචරණ සම්පන්න වන සේක. සුගත වන සේක. ලෝකවිදූ වන සේක. අනුත්තරෝ පුරිසදම්ම සාරථී වන සේක. සත්ථා දේවමනුස්සානං වන සේක. බුද්ධ වන සේක. භගවා වන සේක' යනුවෙනි. මහණෙනි, මෙය ශ්‍රද්ධා බලය යැයි කියනු ලැබේ.

මහණෙනි, විරිය බලය යනු කුමක්ද? මහණෙනි, මෙහිලා ආර්ය ශ්‍රාවකයා අකුසල් දහම් ප්‍රහාණය කිරීම පිණිස ත්, කුසල් දහම් උපදවා ගැනීම පිණිස ත් පටන් ගත් වීරිය ඇත්තේ වෙයි. බලවත් වීරිය ඇත්තේ වෙයි. දැඩි පරාක්‍රමයෙන් යුක්ත වූයේ වෙයි. කුසල් දහම්හි නොපසුබස්නා වීරිය ඇත්තේ වෙයි. මහණෙනි, මෙය විරිය බලය යැයි කියනු ලැබේ.

මහණෙනි, සති බලය යනු කුමක්ද? මහණෙනි, මෙහිලා ආර්ය ශ්‍රාවකයා සිහියෙන් යුක්ත වෙයි. ස්ථානෝචිත ප්‍රඥාවෙන් යුතු වූ උතුම් සිහියෙන් යුතුව බොහෝ කලකට පෙර කළ දෑ ත්, බොහෝ කලකට පෙර පැවසූ දෑ ත් සිහි කරන්නේ වෙයි. මැනැවින් සිහි කරන්නේ වෙයි. මහණෙනි, මෙය සති බලය යැයි කියනු ලැබේ.

මහණෙනි, සමාධි බලය යනු කුමක් ද? මහණෙනි, මෙහිලා ආර්ය ශ්‍රාවකයා කාමයන්ගෙන් වෙන් ව, ...(පෙ).... (ප්‍රථම ධ්‍යානය ....(පෙ).... දෙවෙනි ධ්‍යානය ....(පෙ).... තුන්වෙනි ධ්‍යානය ....(පෙ)....) සතරවෙනි ධ්‍යානයට පැමිණ වාසය කරයි. මහණෙනි, මෙය සමාධි බලය යැයි කියනු ලැබේ.

මහණෙනි, ප්‍රඥා බලය යනු කුමක් ද? මහණෙනි, මෙහිලා ආර්ය ශ්‍රාවකයා ප්‍රඥාවන්ත වෙයි. හටගැනීම ත්, නැතිවීම ත් දැකීමට සමර්ථ ප්‍රඥාවෙන් යුක්ත වූයේ වෙයි. ආර්ය වූ තියුණු අවබෝධය ඇති කරවන, මැනැවින් දුක් ක්ෂය කරවන ප්‍රඥාවෙන් යුක්ත වූයේ වෙයි. මහණෙනි, මෙය ප්‍රඥා බලය යැයි කියනු ලැබේ.

මහණෙනි, මේ වනාහී පංච බලයෝ ය.

සාදු! සාදු!! සාදු!!!

බල විත්ථත සූත්‍රය නිමා විය.

5.1.2.5.
බල දට්ඨබ්බ සූත්‍රය
දැක්ක යුතු බලය ගැන වදාළ දෙසුම

මහණෙනි, මේ බලයෝ පසකි. ඒ කවර පසක් ද යත්;

ශ්‍රද්ධා බලය ය, විරිය බලය ය, සති බලය ය, සමාධි බලය ය, ප්‍රඥා බලය ය යනුවෙනි.

මහණෙනි, ශ්‍රද්ධා බලය දැක්ක යුත්තේ කවර තැනක ද? සෝවාන් අංග සතරෙහි ය. ශ්‍රද්ධා බලය දැක්ක යුත්තේ මෙහි ය.

මහණෙනි, විරිය බලය දැක්ක යුත්තේ කවර තැනක ද? සතර සම්‍යක් ප්‍රධානයෙහි ය. විරිය බලය දැක්ක යුත්තේ මෙහි ය.

මහණෙනි, සති බලය දැක්ක යුත්තේ කවර තැනක ද? සතර සතිපට්ඨානයෙහි ය. සති බලය දැක්ක යුත්තේ මෙහි ය.

මහණෙනි, සමාධි බලය දැක්ක යුත්තේ කවර තැනක ද? ධ්‍යාන සතරෙහි ය. සමාධි බලය දැක්ක යුත්තේ මෙහි ය.

මහණෙනි, ප්‍රඥා බලය දැක්ක යුත්තේ කවර තැනක ද? චතුරාර්ය සත්‍යයෙහි ය. ප්‍රඥා බලය දැක්ක යුත්තේ මෙහි ය.

මහණෙනි, මේ වනාහී පංච බලයෝ ය.

සාදු! සාදු!! සාදු!!!

බල දට්ඨබ්බ සූත්‍රය නිමා විය.

5.1.2.6.
බල අග්ග සූත්‍රය
අග්‍ර වූ බලය ගැන වදාළ දෙසුම

මහණෙනි, මේ වනාහී පසක් වූ බලයෝ ය. ඒ කවර පසක් ද යත්;

ශ්‍රද්ධා බලය ය, විරිය බලය ය, සති බලය ය, සමාධි බලය ය, ප්‍රඥා බලය ය.

මහණෙනි, මේ වනාහී පසක් වූ බලයෝ ය.

මහණෙනි, මේ බලයන් අතුරින් යම් මේ ප්‍රඥා බලයක් ඇද්ද, මෙය අග්‍ර ය. මෙය කුසල් එක්තැන් කරයි. මෙය කුසල් රැස් කරයි.

මහණෙනි. එය මෙබඳු දෙයකි. උස් මුදුන් ඇති වහළයෙහි යම් මේ කැණිමඬලක් ඇද්ද, මෙය අග්‍ර ය. මෙය යට ලී එක් කරයි. පරාල එකට රැස් කරයි. එසෙයින් ම මහණෙනි, මේ සේඛ බලයන් අතුරින් යම් මේ ප්‍රඥා බලයක් ඇද්ද, මෙය අග්‍ර ය. මෙය කුසල් එක්තැන් කරයි. මෙය කුසල් රැස් කරයි.

සාදු! සාදු!! සාදු!!!

බල අග්ග සූත්‍රය නිමා විය.

5.1.2.7.
අත්තහිත සූත්‍රය
තම යහපත ගැන වදාළ දෙසුම

මහණෙනි, පස් කරුණකින් යුක්ත වූ භික්ෂුව තමාගේ යහපත පිණිස පිළිපන්නේ වෙයි. අනුන්ගේ යහපත පිණිස නොවෙයි. ඒ කවර පස් කරුණකින් ද යත්;

මහණෙනි, මෙහිලා භික්ෂුව තමා සිල්වත් වූයේ වෙයි. අන් අය සීල සම්පත්තියෙහි සමාදන් නොකරවයි. තමා සමාධි සම්පන්න වූයේ වෙයි. අන් අය සමාධි සම්පත්තියෙහි සමාදන් නොකරවයි. තමා ප්‍රඥා සම්පන්න වූයේ වෙයි. අන් අය ප්‍රඥා සම්පත්තියෙහි සමාදන් නොකරවයි. තමා විමුක්ති සම්පන්න වූයේ වෙයි. අන් අය විමුක්ති සම්පත්තියෙහි සමාදන් නොකරවයි. තමා විමුක්ති ඥානදර්ශන සම්පන්න වූයේ වෙයි. අන් අය විමුක්ති ඥානදර්ශන සම්පත්තියෙහි සමාදන් නොකරවයි.

මහණෙනි, මේ පස් කරුණෙන් යුක්ත වූ භික්ෂුව තමාගේ යහපත පිණිස පිළිපන්නේ වෙයි. අනුන්ගේ යහපත පිණිස නොවෙයි.

සාදු! සාදු!! සාදු!!!

අත්තහිත සූත්‍රය නිමා විය.

5.1.2.8.
පරහිත සූත්‍රය
අන්‍යයන්ගේ යහපත ගැන වදාළ දෙසුම

මහණෙනි, පස් කරුණකින් යුක්ත වූ භික්ෂුව අන්‍යයන්ගේ යහපත පිණිස පිළිපන්නේ වෙයි. තමන්ගේ යහපත පිණිස නොවෙයි. ඒ කවර පස් කරුණකින් ද යත්;

මහණෙනි, මෙහිලා භික්ෂුව තමා සිල්වත් නොවූයේ වෙයි. අන් අය සීල සම්පත්තියෙහි සමාදන් කරවයි. තමා සමාධි සම්පන්න නොවූයේ වෙයි. අන්

අය සමාධි සම්පත්තියෙහි සමාදන් කරවයි. තමා ප්‍රඥා සම්පන්න නොවූයේ වෙයි. අන් අය ප්‍රඥා සම්පත්තියෙහි සමාදන් කරවයි. තමා විමුක්ති සම්පන්න නොවූයේ වෙයි. අන් අය විමුක්ති සම්පත්තියෙහි සමාදන් කරවයි. තමා විමුක්ති ඥානදර්ශන සම්පන්න නොවූයේ වෙයි. අන් අය විමුක්ති ඥානදර්ශන සම්පත්තියෙහි සමාදන් කරවයි.

මහණෙනි, මේ පස් කරුණෙන් යුක්ත වූ භික්ෂුව අන්‍යයන්ගේ යහපත පිණිස පිළිපන්නේ වෙයි. තමන්ගේ යහපත පිණිස නොවෙයි.

සාදු! සාදු!! සාදු!!!

පරහිත සූත්‍රය නිමා විය.

5.1.2.9.
නේව අත්තහිත - නෝ පරහිත සූත්‍රය
තමාගේ ත්, අන්‍යයන්ගේ ත් අයහපත ගැන වදාළ දෙසුම

මහණෙනි, පස් කරුණකින් යුක්ත වූ භික්ෂුව තමන්ගේ යහපත පිණිස පිළිපන්නේ ද නොවෙයි. අන්‍යයන්ගේ යහපත පිණිස පිළිපන්නේ ද නොවෙයි. ඒ කවර පස් කරුණකින් ද යත්;

මහණෙනි, මෙහිලා භික්ෂුව තමා ත් සිල්වත් නොවූයේ වෙයි. අන් අය ත් සීල සම්පත්තියෙහි සමාදන් නොකරවයි. තමා ත් සමාධි සම්පන්න නොවූයේ වෙයි. අන් අය ත් සමාධි සම්පත්තියෙහි සමාදන් නොකරවයි. තමා ත් ප්‍රඥා සම්පන්න නොවූයේ වෙයි. අන් අය ත් ප්‍රඥා සම්පත්තියෙහි සමාදන් නොකරවයි. තමා ත් විමුක්ති සම්පන්න නොවූයේ වෙයි. අන් අය ත් විමුක්ති සම්පත්තියෙහි සමාදන් නොකරවයි. තමා ත් විමුක්ති ඥානදර්ශන සම්පන්න නොවූයේ වෙයි. අන් අය ත් විමුක්ති ඥානදර්ශන සම්පත්තියෙහි සමාදන් නොකරවයි.

මහණෙනි, මේ පස් කරුණෙන් යුක්ත වූ භික්ෂුව තමන්ගේ යහපත පිණිස පිළිපන්නේ ද නොවෙයි. අන්‍යයන්ගේ යහපත පිණිස පිළිපන්නේ ද නොවෙයි.

සාදු! සාදු!! සාදු!!!

නේව අත්තහිත - නෝ පරහිත සූත්‍රය නිමා විය.

5.1.2.10.
අත්තහිත - පරහිත සූත්‍රය
තමාගේ ත්, අන්‍යයන්ගේ ත් යහපත ගැන වදාළ දෙසුම

මහණෙනි, පස් කරුණකින් යුක්ත වූ භික්ෂුව තමන්ගේ යහපත පිණිස පිළිපන්නේ ද වෙයි. අන්‍යයන්ගේ යහපත පිණිස පිළිපන්නේ ද වෙයි. ඒ කවර පස් කරුණකින් ද යත්;

මහණෙනි, මෙහිලා භික්ෂුව තමා ත් සිල්වත් වූයේ වෙයි. අන් අය ත් සීල සම්පත්තියෙහි සමාදන් කරවයි. තමා ත් සමාධි සම්පන්න වූයේ වෙයි. අන් අය ත් සමාධි සම්පත්තියෙහි සමාදන් කරවයි. තමා ත් ප්‍රඥා සම්පන්න වූයේ වෙයි. අන් අය ත් ප්‍රඥා සම්පත්තියෙහි සමාදන් කරවයි. තමා ත් විමුක්ති සම්පන්න වූයේ වෙයි. අන් අය ත් විමුක්ති සම්පත්තියෙහි සමාදන් කරවයි. තමා ත් විමුක්ති ඥානදර්ශන සම්පන්න වූයේ වෙයි. අන් අය ත් විමුක්ති ඥානදර්ශන සම්පත්තියෙහි සමාදන් කරවයි.

මහණෙනි, මේ පස් කරුණෙන් යුක්ත වූ භික්ෂුව තමන්ගේ යහපත පිණිස පිළිපන්නේ ද වෙයි. අන්‍යයන්ගේ යහපත පිණිස පිළිපන්නේ ද වෙයි.

සාධු! සාධු!! සාධු!!!

අත්තහිත - පරහිත සූත්‍රය නිමා විය.

දෙවෙනි බල වර්ගය අවසන් විය.

- එහි පිළිවෙල උද්දානය යි :

අනනුස්සුත සූත්‍රය, කූට සූත්‍රය, සංඛිත්ත සූත්‍රය, විත්ථත සූත්‍රය, දට්ඨබ්බ සූත්‍රය, පුන කූට සූත්‍රය සහ හිත සූත්‍ර සතරක් වශයෙන් මෙහි සූත්‍ර දශයකි.

3. පඤ්චංගික වර්ගය

5.1.3.1.
පඨම අගාරව සූත්‍රය
අගෞරවය ගැන වදාළ පළමු දෙසුම

සැවැත් නුවර දී ය ......

මහණෙනි, ඒකාන්තයෙන් ම ඒ භික්ෂුව සබ්‍රහ්මචාරීන් වහන්සේලා කෙරෙහි අගෞරවයෙන් යුතු ව, යටහත් පැවතුම් නැති ව, නොගැලපෙන පැවතුම් ඇති ව වාසය කරන්නේ උතුම් ඇවතුම් පැවතුම් වලින් යුතු වත් පිළිවෙත් ධර්මයන් සම්පූර්ණ කරන්නේ ය යන කරුණ දකින්නට නොලැබෙන දෙයකි. උතුම් ඇවතුම් පැවතුම් වලින් යුතු වත් පිළිවෙත් ධර්මයන් නොපුරා සේඛ ධර්මය සම්පූර්ණ කරන්නේ ය යන කරුණ දකින්නට නොලැබෙන දෙයකි. සේඛ ධර්මය නොපුරා සීලයන් සම්පූර්ණ කරන්නේ ය යන කරුණ දකින්නට නොලැබෙන දෙයකි. සිල් නොපුරා සම්මා දිට්ඨිය සම්පූර්ණ කරන්නේ ය යන කරුණ දකින්නට නොලැබෙන දෙයකි. සම්මා දිට්ඨිය නොපුරා සම්මා සමාධිය සම්පූර්ණ කරන්නේ ය යන කරුණ දකින්නට නොලැබෙන දෙයකි.

මහණෙනි, ඒකාන්තයෙන් ම ඒ භික්ෂුව සබ්‍රහ්මචාරීන් වහන්සේලා කෙරෙහි ගෞරවයෙන් යුතු ව, යටහත් පැවතුම් ඇති ව, ගැලපෙන පැවතුම් ඇති ව වාසය කරන්නේ උතුම් ඇවතුම් පැවතුම් වලින් යුතු වත් පිළිවෙත් ධර්මයන් සම්පූර්ණ කරන්නේ ය යන කරුණ දකින්නට ලැබෙන දෙයකි. උතුම් ඇවතුම් පැවතුම් වලින් යුතු වත් පිළිවෙත් ධර්මයන් පුරා සේඛ ධර්මය සම්පූර්ණ කරන්නේ ය යන කරුණ දකින්නට ලැබෙන දෙයකි. සේඛ ධර්මය පුරා සීලයන් සම්පූර්ණ කරන්නේ ය යන කරුණ දකින්නට ලැබෙන දෙයකි. සිල් පුරා සම්මා දිට්ඨිය සම්පූර්ණ කරන්නේ ය යන කරුණ දකින්නට ලැබෙන

දෙයකි. සම්මා දිට්ඨිය පුරා සම්මා සමාධිය සම්පූර්ණ කරන්නේ ය යන කරුණ දකින්නට ලැබෙන දෙයකි.

සාදු! සාදු!! සාදු!!!

පඨම අගාරව සූත්‍රය නිමා විය.

5.1.3.2.
දුතිය අගාරව සූත්‍රය
අගෞරවය ගැන වදාළ දෙවෙනි දෙසුම

සැවැත් නුවර දී ය ......

මහණෙනි, ඒකාන්තයෙන් ම ඒ භික්ෂුව සබ්‍රහ්මචාරීන් වහන්සේලා කෙරෙහි අගෞරවයෙන් යුතු ව, යටහත් පැවතුම් නැති ව, නොගැලපෙන පැවතුම් ඇති ව වාසය කරන්නේ උතුම් ඇවතුම් පැවතුම් වලින් යුතු වත් පිළිවෙත් ධර්මයන් සම්පූර්ණ කරන්නේ ය යන කරුණ දකින්නට නොලැබෙන දෙයකි. උතුම් ඇවතුම් පැවතුම් වලින් යුතු වත් පිළිවෙත් ධර්මයන් නොපුරා සේඛ ධර්මය සම්පූර්ණ කරන්නේ ය යන කරුණ දකින්නට නොලැබෙන දෙයකි. සේඛ ධර්මය නොපුරා සීල ස්කන්ධය සම්පූර්ණ කරන්නේ ය යන කරුණ දකින්නට නොලැබෙන දෙයකි. සීල ස්කන්ධය නොපුරා සමාධි ස්කන්ධය සම්පූර්ණ කරන්නේ ය යන කරුණ දකින්නට නොලැබෙන දෙයකි. සමාධි ස්කන්ධය නොපුරා ප්‍රඥා ස්කන්ධය සම්පූර්ණ කරන්නේ ය යන කරුණ දකින්නට නොලැබෙන දෙයකි.

මහණෙනි, ඒකාන්තයෙන් ම ඒ භික්ෂුව සබ්‍රහ්මචාරීන් වහන්සේලා කෙරෙහි ගෞරවයෙන් යුතු ව, යටහත් පැවතුම් ඇති ව, ගැලපෙන පැවතුම් ඇති ව වාසය කරන්නේ උතුම් ඇවතුම් පැවතුම් වලින් යුතු වත් පිළිවෙත් ධර්මයන් සම්පූර්ණ කරන්නේ ය යන කරුණ දකින්නට ලැබෙන දෙයකි. උතුම් ඇවතුම් පැවතුම් වලින් යුතු වත් පිළිවෙත් ධර්මයන් පුරා සේඛ ධර්මය සම්පූර්ණ කරන්නේ ය යන කරුණ දකින්නට ලැබෙන දෙයකි. සේඛ ධර්මය පුරා සීල ස්කන්ධය සම්පූර්ණ කරන්නේ ය යන කරුණ දකින්නට ලැබෙන දෙයකි. සීල ස්කන්ධය පුරා සමාධි ස්කන්ධය සම්පූර්ණ කරන්නේ ය යන කරුණ දකින්නට ලැබෙන දෙයකි. සමාධි ස්කන්ධය පුරා ප්‍රඥා ස්කන්ධය සම්පූර්ණ කරන්නේ

ය යන කරුණ දකින්නට ලැබෙන දෙයකි.

සාදු! සාදු!! සාදු!!!

දුතිය අගාරව සූත්‍රය නිමා විය.

5.1.3.3.
උපක්කිලේස සූත්‍රය
උපක්ලේශ ගැන වදාළ දෙසුම

මහණෙනි, යම් උපක්ලේශයන්ගෙන් කිලිටි වූ රත්‍රන් මෘදු ත් නොවෙයි ද, ක්‍රියාවට යෝග්‍ය ත් නොවෙයි ද, ප්‍රභාෂ්වර ත් නොවෙයි ද, වහා බිඳෙන සුළු ත් වෙයි ද, රනින් කරන දෙයකට මැනැවින් සකස් නොවෙයි ද, රත්‍රන්වල ඇති මේ උපක්ලේශයෝ පසකි. ඒ කවර පසක් ද යත්;

කළු ලෝහ ය, ලෝහ ය, ඊයම් ය, සුදු ඊයම් ය, රිදී ය.

මහණෙනි, යම් උපක්ලේශයන්ගෙන් කිලිටි වූ රත්‍රන් මෘදු ත් නොවෙයි ද, ක්‍රියාවට යෝග්‍ය ත් නොවෙයි ද, ප්‍රභාෂ්වර ත් නොවෙයි ද, වහා බිඳෙන සුළු ත් වෙයි ද, රනින් කරන දෙයකට මැනැවින් සකස් නොවෙයි ද, රත්‍රන්වල ඇත්තේ මේ උපක්ලේශයෝ පස යි.

මහණෙනි, යම් කලෙක රත්‍රන් මේ පංච උපක්ලේශයන්ගෙන් හොඳින් මිදුණේ වෙයි ද, එවිට ඒ රත්‍රන් මෘදු ත් වෙයි. ක්‍රියාවට යෝග්‍යය ත් වෙයි. ප්‍රභාෂ්වර ත් වෙයි. වහා නොබිඳෙන්නේ ද වෙයි. මුද්දකට වේවා, කුණ්ඩලාභරණයකට වේවා, ගෙලෙහි පළඳන ආභරණයකට වේවා, රන් මාලාවකට වේවා, යම් යම් පළඳනාවක් කැමති වන්නේ ද, එබඳු වූ රනින් කරන දෙයකට මැනැවින් සකස් වෙයි. රත්‍රන්වලින් නියම ප්‍රයෝජනය ලැබෙයි.

එසෙයින් ම මහණෙනි, යම් උපක්ලේශයන්ගෙන් කිලිටි වී ගිය සිත මෘදු ත් නොවෙයි ද, කර්මණ්‍ය ත් නොවෙයි ද, ප්‍රභාෂ්වර ත් නොවෙයි ද, වහා බිඳී යයි ද, ආශ්‍රවයන් ක්ෂය වීම පිණිස මැනැවින් සමාධිමත් නොවෙයි ද, සිතෙහි එබඳු වූ උපක්ලේශයෝ පසකි. ඒ කවර පසක් ද යත්;

කාමච්ඡන්දය ය, ව්‍යාපාදය ය, ථීනමිද්ධය ය, උද්ධච්ච කුක්කුච්චය ය, විචිකිච්ඡාව ය.

මහණෙනි, මේ වනාහී සිතේ ඇති උපක්ලේශයන් පස ය. මහණෙනි, මේ පංචවිධ උපක්ලේශයන්ගෙන් කිලිටි වී ගිය සිත මෘදු ත් නොවෙයි. කර්මණ්‍ය ත් නොවෙයි. ප්‍රභාෂ්වර ත් නොවෙයි. වහා බිඳී යයි. ආශ්‍රවයන් ක්ෂය වීම පිණිස මැනැවින් සමාධිමත් නොවෙයි.

මහණෙනි, යම් කලෙක සිත මේ පංචවිධ උපක්ලේශයන්ගෙන් මැනැවින් මිදුණේ වෙයි ද, එකල්හී සිත මෘදු ත් වෙයි. කර්මණ්‍ය ත් වෙයි. ප්‍රභාෂ්වර ත් වෙයි. වහා බිඳී නොයයි. ආශ්‍රවයන් ක්ෂය වීම පිණිස මැනැවින් සමාධිමත් වෙයි. විශිෂ්ට ඥානයකින් සාක්ෂාත් කළ යුතු වූ යම් යම් ධර්මයන් ඇද්ද, ඒ ඒ ධර්මයන් විශිෂ්ට ඥානයෙන් සාක්ෂාත් කිරීම පිණිස සිත නැඹුරු වෙයි නම්, ඒ ඒ තැනෙහි ඒ ඒ ඥානය ලැබීම පිණිස ඒවා ප්‍රත්‍යක්ෂ කිරීමෙහි සමර්ථ භාවය ඇතිවෙයි.

ඉදින් හේ කැමති වෙයි නම් 'අනේකවිධ ඉර්ධි ප්‍රාතිහාර්යයන් අත්දකින්නෙමි. තනි කෙනෙක් ව සිට බොහෝ අය වන්නෙමි. ....(පෙ).... බ්‍රහ්මලෝකය දක්වා කයින් වසඟයෙහි පවත්වන්නෙමි' යි. ඒ ඒ තන්හි ඒ ඒ ඥානය අත්දැකීමට ඒවා ප්‍රත්‍යක්ෂ කිරීමෙහිලා සමර්ථ භාවය ඇතිවෙයි.

ඉදින් හේ කැමති වෙයි නම් 'සාමාන්‍ය මිනිස් ශ්‍රවණය ඉක්මවා ගිය විශුද්ධ වූ දිව්‍ය ශ්‍රවණයෙන් යුතුව දිව්‍ය වූ ද, මානුෂීය වූ ද ඉතා දුර ඇත්තා වූ ත් ළඟ අත්තා වූ ත් ශබ්දයන් අසන්නෙමි' යි. ඒ ඒ තන්හි ඒ ඒ ඥානය අත්දැකීමට ඒවා ප්‍රත්‍යක්ෂ කිරීමෙහිලා සමර්ථ භාවය ඇතිවෙයි.

ඉදින් හේ කැමති වෙයි නම් 'අන්‍ය සත්වයන්ගේ, අන්‍ය පුද්ගලයන්ගේ සිත තම සිතින් පිරිසිඳ දැනගන්නෙම් නම්, එනම් සරාගී සිත සරාගී සිතක් ය කියා දැනගන්නෙම් නම් ....(පෙ).... විමුක්ති සිත විමුක්ති සිතක් ය කියා දැනගන්නෙම් ද, අවිමුක්ත සිත අවිමුක්ත සිතක් යැයි දැනගන්නෙම් දැ' යි. ඒ ඒ තන්හි ඒ ඒ ඥානය අත්දැකීමට ඒවා ප්‍රත්‍යක්ෂ කිරීමෙහිලා සමර්ථ භාවය ඇතිවෙයි.

ඉදින් හේ කැමති වෙයි නම් 'අනේකප්‍රකාරයෙන් පෙර විසූ කඳ පිළිවෙල සිහි කරන්නෙමි යි. එනම් එක් ජාතියක් ද, ජාති දෙකක් ද ....(පෙ).... මෙසේ ආකාර සහිත වූ, විස්තර සහිත වූ නොයෙක් ආකාර වූ පෙර විසූ කඳ පිළිවෙල සිහි කරන්නෙමි' යි. ඒ ඒ තන්හි ඒ ඒ ඥානය අත්දැකීමට ඒවා ප්‍රත්‍යක්ෂ කිරීමෙහිලා සමර්ථ භාවය ඇතිවෙයි.

ඉදින් හේ කැමති වෙයි නම් 'මිනිස් ඇසින් දකින සීමා ඉක්මවා ගිය දිවැසින් ....(පෙ).... කර්මානුරූප ව උපදින මියයන සත්වයන් දැනගන්නෙමි' යි.

ඒ ඒ තන්හි ඒ ඒ ඥානය අත්දැකීමට ඒවා ප්‍රත්‍යක්ෂ කිරීමෙහිලා සමර්ථ භාවය ඇතිවෙයි.

ඉදින් හේ කැමති වෙයි නම් 'ආශ්‍රවයන් ක්ෂය වීමෙන් (අනාශ්‍රව වූ චේතෝ විමුක්තිය ත්, ප්‍රඥා විමුක්තිය ත්) ....(පෙ).... සාක්ෂාත් කොට එයට පැමිණ වාසය කරන්නෙමි' යි. ඒ ඒ තන්හි ඒ ඒ ඥානය අත්දැකීමට ඒවා ප්‍රත්‍යක්ෂ කිරීමෙහිලා සමර්ථ භාවය ඇතිවෙයි.

සාදු! සාදු!! සාදු!!!

උපක්කිලේස සූත්‍රය නිමා විය.

5.1.3.4.
දුස්සීල සූත්‍රය
දුස්සීල බව ගැන වදාළ දෙසුම

මහණෙනි, සීලයෙන් තොර වූ දුසිල් තැනැත්තා හට සම්මා සමාධිය යනු නැසී ගිය හේතු සම්පත් ඇති දෙයකි. සම්මා සමාධිය නැති කල්හී සම්මා සමාධියෙන් තොර ව වසන්නහුට යථාභූත ඥාන දර්ශනය යනු නැසී ගිය හේතු සම්පත් ඇති දෙයකි. යථාභූත ඥාන දර්ශනය නැති කල්හී යථාභූත ඥාන දර්ශයෙන් තොර ව වසන්නහුට අවබෝධයෙන් ම එපා වීම ත්, නොඇලීම ත් යනු නැසී ගිය හේතු සම්පත් ඇති දෙයකි. නිබ්බිදා විරාගය නැති කල්හී නිබ්බිදා විරාගයෙන් තොර ව වසන්නහුට විමුක්ති ඥාන දර්ශනය යනු නැසී ගිය හේතු සම්පත් ඇති දෙයකි.

මහණෙනි, එය මෙබඳු දෙයකි. අතුපතරින් හා කොළ දළුවලින් තොර වූ වෘක්ෂයක් තිබෙන්නේ යම් පරිදි ද, එකල්හී ඒ වෘක්ෂයෙහි පොතු ත් වැඩීමට නොයයි. සිවිය ත් වැඩීමට නොයයි. එළය ත් වැඩීමට නොයයි. අරටුව ත් වැඩීමට නොයයි. එසෙයින් ම මහණෙනි, සීලයෙන් තොර වූ දුසිල් තැනැත්තා හට සම්මා සමාධිය යනු නැසී ගිය හේතු සම්පත් ඇති දෙයකි. ....(පෙ).... විමුක්ති ඥාන දර්ශනය යනු නැසී ගිය හේතු සම්පත් ඇති දෙයකි.

මහණෙනි, සීලයෙන් යුක්ත වූ සිල්වත් තැනැත්තා හට සම්මා සමාධිය යනු හේතු සම්පත් ඇති දෙයකි. සම්මා සමාධිය ඇති කල්හී සම්මා සමාධියෙන් යුක්ත ව වසන්නහුට යථාභූත ඥාන දර්ශනය යනු හේතු සම්පත් ඇති දෙයකි.

යථාභූත ඥාන දර්ශනය ඇති කල්හී යථාභූත ඥාන දර්ශයෙන් යුක්ත ව වසන්නහුට අවබෝධයෙන් ම එපා වීම ත්, නොඇලීම ත් යනු හේතු සම්පත් ඇති දෙයකි. නිබ්බිදා විරාගය ඇති කල්හී නිබ්බිදා විරාගයෙන් යුක්ත ව වසන්නහුට විමුක්ති ඥාන දර්ශනය යනු හේතු සම්පත් ඇති දෙයකි.

මහණෙනි, එය මෙබඳු දෙයකි. අතුපතරින් හා කොළ දළුවලින් යුක්ත වූ වෘක්ෂයක් තිබෙන්නේ යම් පරිදි ද, එකල්හී ඒ වෘක්ෂයෙහි පොතු ත් වැඩීමට යයි. සිවිය ත් වැඩීමට යයි. එළය ත් වැඩීමට යයි. අරටුව ත් වැඩීමට යයි. එසෙයින් ම මහණෙනි, සීලයෙන් යුක්ත වූ සිල්වත් තැනැත්තා හට සම්මා සමාධිය යනු හේතු සම්පත් ඇති දෙයකි. ....(පෙ).... විමුක්ති ඥාන දර්ශනය යනු හේතු සම්පත් ඇති දෙයකි.

සාදු! සාදු!! සාදු!!!

දුස්සීල සූත්‍රය නිමා විය.

5.1.3.5.
අනුග්ගහීත සූත්‍රය
අනුග්‍රහ ලබන දෙය ගැන වදාළ දෙසුම

මහණෙනි, කරුණු පසකින් අනුග්‍රහ ලද සම්මා දිට්ඨිය චිත්ත විමුක්ති ඵලය ද ඇත්තේ වෙයි. චිත්ත විමුක්ති ඵලානිශංසය ද ඇත්තේ වෙයි. ප්‍රඥා විමුක්ති ඵලය ද ඇත්තේ වෙයි. ප්‍රඥාවිමුක්ති ඵලානිශංසය ද ඇත්තේ වෙයි. ඒ කවර කරුණු පසකින් ද යත්;

මහණෙනි, මෙහිලා සම්මා දිට්ඨිය සීලයෙන් අනුග්‍රහ ලබන්නේ ද වෙයි. ශ්‍රැතයෙන් අනුග්‍රහ ලබන්නේ ද වෙයි. සාකච්ඡාවෙන් අනුග්‍රහ ලබන්නේ ද වෙයි. සමථයෙන් අනුග්‍රහ ලබන්නේ ද වෙයි. විදර්ශනාවෙන් අනුග්‍රහ ලබන්නේ ද වෙයි.

මහණෙනි, මේ කරුණු පසෙන් අනුග්‍රහ ලද සම්මා දිට්ඨිය චිත්ත විමුක්ති ඵලය ද ඇත්තේ වෙයි. චිත්ත විමුක්ති ඵලානිශංසය ද ඇත්තේ වෙයි. ප්‍රඥා විමුක්ති ඵලය ද ඇත්තේ වෙයි. ප්‍රඥාවිමුක්ති ඵලානිශංසය ද ඇත්තේ වෙයි.

සාදු! සාදු!! සාදු!!!

අනුග්ගහීත සූත්‍රය නිමා විය.

5.1.3.6.
විමුත්තායතන සූත්‍රය
දුකින් නිදහස් වීමට ඇති තැන් ගැන වදාළ දෙසුම

මහණෙනි, යම් තැනක කෙලෙස් තවන වීර්යය ඇති, දහමට දිවි පුදා ධර්මයේ හැසිරෙන, අප්‍රමාදී වූ භික්ෂුවගේ නිදහස් නොවූ සිත නිදහස් වෙයි ද, ක්ෂය නොවූ ආශ්‍රවයෝ ක්ෂය වී යත් ද, නොපැමිණි අනුත්තර යෝගක්ඛේම නම් වූ අරහත්වයට පැමිණෙන්නේ ද, එසේ දුකින් නිදහස් වීමට ඇති මේ තැන් පසකි. ඒ කවර පසක් ද යත්;

1. මහණෙනි, මෙහිලා භික්ෂුව හට ශාස්තෘන් වහන්සේ හෝ වෙනත් ගුරු තන්හිලා සැලකෙන සබ්‍රහ්මචාරීන් වහන්සේ නමක් හෝ ධර්මය දේශනා කරති. මහණෙනි, ඒ භික්ෂුවට ශාස්තෘන් වහන්සේ හෝ වෙනත් ගුරු තන්හිලා සැලකෙන සබ්‍රහ්මචාරීන් වහන්සේ නමක් හෝ යම් යම් අයුරින් ධර්මය දේශනා කරත් ද, ඒ ඒ අයුරින් ඒ භික්ෂුව එසමයෙහි ධර්මයෙහි අරුත් මැනැවින් දන්නේ වෙයි. ධර්මය මැනැවින් දන්නේ වෙයි. ධර්මයේ අරුත් නුවණින් දැනගන්නා, ධර්මය නුවණින් දැනගන්නා ඒ භික්ෂුවට ප්‍රමුදිත බව ඇතිවෙයි. ප්‍රමුදිත බව ඇත්තහුට ප්‍රීතිය ඇතිවෙයි. ප්‍රීති සිත් ඇත්තහුගේ කය සංසිඳෙයි. සංසිඳුණු කය ඇති කෙනා සැපයක් විඳියි. සැප ඇත්තහුගේ සිත සමාධිමත් වෙයි. මහණෙනි, යම් තැනක කෙලෙස් තවන වීර්යය ඇති, දහමට දිවි පුදා ධර්මයේ හැසිරෙන, අප්‍රමාදී වූ භික්ෂුවගේ නිදහස් නොවූ සිත නිදහස් වෙයි ද, ක්ෂය නොවූ ආශ්‍රවයෝ ක්ෂය වී යත් ද, නොපැමිණි අනුත්තර යෝගක්ඛේම නම් වූ අරහත්වයට පැමිණෙන්නේ ද, එසේ දුකින් නිදහස් වීමට ඇති පළමු විමුත්තායතනය මෙය යි.

2. තව ද මහණෙනි, භික්ෂුව හට ශාස්තෘන් වහන්සේ හෝ වෙනත් ගුරු තන්හිලා සැලකෙන සබ්‍රහ්මචාරීන් වහන්සේ නමක් හෝ ධර්මය දේශනා නොකරති. වැලිදු යම් අයුරකින් අසන ලද්දේ වෙයි ද, යම් අයුරකින් ඉගෙන ගන්නා ලද්දේ වෙයි ද, ඒ ධර්මය විස්තර වශයෙන් අන්‍යයන්ට දේශනා කරයි. මහණෙනි, භික්ෂුව යම් අයුරින් අසන ලද්දේ ද, පිරිවහන ලද්දේ ද, ඒ ධර්මය දේශනා කරයි ද, ඒ ඒ අයුරින් ඒ භික්ෂුව එසමයෙහි ධර්මයෙහි අරුත් මැනැවින් දන්නේ වෙයි. ධර්මය මැනැවින් දන්නේ වෙයි. ධර්මයේ අරුත් නුවණින් දැනගන්නා, ධර්මය නුවණින් දැනගන්නා ඒ භික්ෂුවට ප්‍රමුදිත බව ඇතිවෙයි.

ප්‍රමුදිත බව ඇත්තහුට ප්‍රීතිය ඇතිවෙයි. ප්‍රීති සිත් ඇත්තහුගේ කය සංසිඳෙයි. සංසිඳුණු කය ඇති කෙනා සැපයක් විඳියි. සැප ඇත්තහුගේ සිත සමාධිමත් වෙයි. මහණෙනි, යම් තැනක කෙලෙස් තවන වීර්යය ඇති, දහමට දිවි පුදා ධර්මයේ හැසිරෙන, අප්‍රමාදී වූ භික්ෂුවගේ නිදහස් නොවූ සිත නිදහස් වෙයි ද, ක්ෂය නොවූ ආශ්‍රවයෝ ක්ෂය වී යත් ද, නොපැමිණි අනුත්තර යෝගක්ඛේම නම් වූ අරහත්වයට පැමිණෙන්නේ ද, එසේ දුකින් නිදහස් වීමට ඇති දෙවන විමුත්තායතනය මෙය යි.

3. තව ද මහණෙනි, භික්ෂුව හට ශාස්තෘන් වහන්සේ හෝ වෙනත් ගුරු තන්හිලා සැලකෙන සබ්‍රහ්මචාරීන් වහන්සේ නමක් හෝ ධර්මය දේශනා නොකරති. යම් අයුරකින් අසන ලද්දේ වෙයි ද, යම් අයුරකින් ඉගෙන ගන්නා ලද්දේ වෙයි ද, ඒ ධර්මය විස්තර වශයෙන් අන්‍යයන්ට දේශනා නොකරයි. වැලිදු යම් අයුරකින් අසන ලද්දේ ද, යම් අයුරකින් ඉගෙන ගන්නා ලද්දේ ද, ඒ ධර්මය විස්තර වශයෙන් සජ්ඣායනා කරයි. මහණෙනි, භික්ෂුව යම් අයුරකින් අසන ලද, යම් අයුරකින් ඉගෙන ගත් ධර්මය විස්තර වශයෙන් සජ්ඣායනා කරයි ද, ඒ ඒ අයුරින් ඒ භික්ෂුව එසමයෙහි ධර්මයෙහි අරුත් මැනැවින් දන්නේ වෙයි. ධර්මය මැනැවින් දන්නේ වෙයි. ධර්මයේ අරුත් නුවණින් දැනගන්නා, ධර්මය නුවණින් දැනගන්නා ඒ භික්ෂුවට ප්‍රමුදිත බව ඇතිවෙයි. ප්‍රමුදිත බව ඇත්තහුට ප්‍රීතිය ඇතිවෙයි. ප්‍රීති සිත් ඇත්තහුගේ කය සංසිඳෙයි. සංසිඳුණු කය ඇති කෙනා සැපයක් විඳියි. සැප ඇත්තහුගේ සිත සමාධිමත් වෙයි. මහණෙනි, යම් තැනක කෙලෙස් තවන වීර්යය ඇති, දහමට දිවි පුදා ධර්මයේ හැසිරෙන, අප්‍රමාදී වූ භික්ෂුවගේ නිදහස් නොවූ සිත නිදහස් වෙයි ද, ක්ෂය නොවූ ආශ්‍රවයෝ ක්ෂය වී යත් ද, නොපැමිණි අනුත්තර යෝගක්ඛේම නම් වූ අරහත්වයට පැමිණෙන්නේ ද, එසේ දුකින් නිදහස් වීමට ඇති තුන්වන විමුත්තායතනය මෙය යි.

4. තව ද මහණෙනි, භික්ෂුව හට ශාස්තෘන් වහන්සේ හෝ වෙනත් ගුරු තන්හිලා සැලකෙන සබ්‍රහ්මචාරීන් වහන්සේ නමක් හෝ ධර්මය දේශනා නොකරති. යම් අයුරකින් අසන ලද්දේ වෙයි ද, යම් අයුරකින් ඉගෙන ගන්නා ලද්දේ වෙයි ද, ඒ ධර්මය විස්තර වශයෙන් අන්‍යයන්ට දේශනා නොකරයි. යම් අයුරකින් අසන ලද්දේ ද, යම් අයුරකින් ඉගෙන ගන්නා ලද්දේ ද ඒ ධර්මය විස්තර වශයෙන් සජ්ඣායනා නොකරයි. වැලිදු යම් අයුරකින් අසන ලද්දේ ද, යම් අයුරකින් ඉගෙන ගන්නා ලද්දේ ද ඒ ධර්මය සිතින් නැවත නැවත මෙනෙහි කරයි. නැවත නැවත විචාරයි. නුවණින් විමසයි. මහණෙනි, භික්ෂුව යම් අයුරකින් අසන ලද, යම් අයුරකින් ඉගෙන ගත් ධර්මය සිතින් නැවත

නැවත මෙනෙහි කරයි ද, නැවත නැවත විචාරයි ද, නුවණින් විමසයි ද, ඒ ඒ අයුරින් ඒ භික්ෂුව එසමයෙහි ධර්මයෙහි අරුත් මැනැවින් දන්නේ වෙයි. ධර්මය මැනැවින් දන්නේ වෙයි. ධර්මයේ අරුත් නුවණින් දැනගන්නා, ධර්මය නුවණින් දැනගන්නා ඒ භික්ෂුවට ප්‍රමුදිත බව ඇතිවෙයි. ප්‍රමුදිත බව ඇත්තහුට ප්‍රීතිය ඇතිවෙයි. ප්‍රීති සිත් ඇත්තහුගේ කය සංසිඳෙයි. සංසිඳුණු කය ඇති කෙනා සැපයක් විඳියි. සැප ඇත්තහුගේ සිත සමාධිමත් වෙයි. මහණෙනි, යම් තැනක කෙලෙස් තවන වීර්යය ඇති, දහමට දිවි පුදා ධර්මයේ හැසිරෙන, අප්‍රමාදී වූ භික්ෂුවගේ නිදහස් නොවූ සිත නිදහස් වෙයි ද, ක්ෂය නොවූ ආශ්‍රවයෝ ක්ෂය වී යත් ද, නොපැමිණි අනුත්තර යෝගක්ඛේම නම් වූ අරහත්වයට පැමිණෙන්නේ ද, එසේ දුකින් නිදහස් වීමට ඇති සිව්වෙනි විමුත්තායතනය මෙය යි.

5. තව ද මහණෙනි, භික්ෂුව හට ශාස්තෘන් වහන්සේ හෝ වෙනත් ගුරු තන්හිලා සැලකෙන සබ්‍රහ්මචාරීන් වහන්සේ නමක් හෝ ධර්මය දේශනා නොකරති. යම් අයුරකින් අසන ලද්දේ වෙයි ද, යම් අයුරකින් ඉගෙන ගන්නා ලද්දේ වෙයි ද, ඒ ධර්මය විස්තර වශයෙන් අන්‍යයන්ට දේශනා නොකරයි. යම් අයුරකින් අසන ලද්දේ ද, යම් අයුරකින් ඉගෙන ගන්නා ලද්දේ ද ඒ ධර්මය විස්තර වශයෙන් සජ්ඣායනා නොකරයි. යම් අයුරකින් අසන ලද්දේ ද, යම් අයුරකින් ඉගෙන ගන්නා ලද්දේ ද ඒ ධර්මය සිතින් නැවත නැවත මෙනෙහි නොකරයි. නැවත නැවත නොවිචාරයි. නුවණින් නොවිමසයි. වැලිදු එක්තරා සමාධි නිමිත්තක් මැනැවින් ඇති කරගත්තේ වෙයි. හොඳින් මෙනෙහි කරන ලද්දේ වෙයි. හොඳින් දරා ගන්නා ලද්දේ වෙයි. ප්‍රඥාවෙන් මැනැවින් අවබෝධ කරන ලද්දේ වෙයි. මහණෙනි, භික්ෂුව යම් අයුරකින් එක්තරා සමාධි නිමිත්තක් මැනැවින් ඇති කරගත්තේ වෙයි ද, හොඳින් මෙනෙහි කරන ලද්දේ වෙයි ද, හොඳින් දරා ගන්නා ලද්දේ වෙයි ද, ප්‍රඥාවෙන් මැනැවින් අවබෝධ කරන ලද්දේ වෙයි ද, ඒ ඒ අයුරින් ඒ භික්ෂුව එසමයෙහි ධර්මයෙහි අරුත් මැනැවින් දන්නේ වෙයි. ධර්මය මැනැවින් දන්නේ වෙයි. ධර්මයේ අරුත් නුවණින් දැනගන්නා, ධර්මය නුවණින් දැනගන්නා ඒ භික්ෂුවට ප්‍රමුදිත බව ඇතිවෙයි. ප්‍රමුදිත බව ඇත්තහුට ප්‍රීතිය ඇතිවෙයි. ප්‍රීති සිත් ඇත්තහුගේ කය සංසිඳෙයි. සංසිඳුණු කය ඇති කෙනා සැපයක් විඳියි. සැප ඇත්තහුගේ සිත සමාධිමත් වෙයි. මහණෙනි, යම් තැනක කෙලෙස් තවන වීර්යය ඇති, දහමට දිවි පුදා ධර්මයේ හැසිරෙන, අප්‍රමාදී වූ භික්ෂුවගේ නිදහස් නොවූ සිත නිදහස් වෙයි ද, ක්ෂය නොවූ ආශ්‍රවයෝ ක්ෂය වී යත් ද, නොපැමිණි අනුත්තර යෝගක්ඛේම නම් වූ අරහත්වයට පැමිණෙන්නේ ද, එසේ දුකින් නිදහස් වීමට ඇති පස්වෙනි විමුත්තායතනය මෙය යි.

මහණෙනි, යම් තැනක කෙලෙස් තවන වීර්යය ඇති, දහමට දිවි පුදා ධර්මයේ හැසිරෙන, අප්‍රමාදී වූ භික්ෂුවගේ නිදහස් නොවූ සිත නිදහස් වෙයි ද, ක්ෂය නොවූ ආශ්‍රවයෝ ක්ෂය වී යත් ද, නොපැමිණි අනුත්තර යෝගක්ඛේම නම් වූ අරහත්වයට පැමිණෙන්නේ ද, එසේ දුකින් නිදහස් වීමට ඇත්තේ මේ තැන් පස යි.

සාදු! සාදු!! සාදු!!!

විමුත්තායතන සූත්‍රය නිමා විය.

5.1.3.7.
සමාධි සූත්‍රය
සමාධිය ගැන වදාළ දෙසුම

මහණෙනි, ස්ථානෝචිත ප්‍රඥාවෙන් යුතු ව, මනා සිහියෙන් යුතු ව, අප්‍රමාණ කොට සමාධිය වඩව්. මහණෙනි, ස්ථානෝචිත ප්‍රඥාවෙන් යුතු ව, මනා සිහියෙන් යුතු ව අප්‍රමාණ කොට සමාධිය වඩන්නහු හට තමා තුළ ම පස් වැදෑරුම් ඥානයෝ උපදින්නාහු ය. ඒ කවර පසක් ද යත්;

1. 'මේ සමාධිය මේ ජීවිතයේ දී සැපය ඇති කරන්නේ ද වෙයි. අනාගතයෙහි සැප විපාක ලබා දෙන්නේ ද වෙයි' යනුවෙන් තමා තුළ ම ඥානයක් උපදින්නේ ය.

2. 'මේ සමාධිය ආර්ය වූ නිරාමිස දෙයකි' යි යනුවෙන් තමා තුළ ම ඥානයක් උපදින්නේ ය.

3. 'මේ සමාධිය ශ්‍රේෂ්ඨ පුරුෂයන් විසින් සේවනය කරන ලද දෙයකි' යි යනුවෙන් තමා තුළ ම ඥානයක් උපදින්නේ ය.

4. 'මේ සමාධිය ශාන්ත වූ දෙයකි. ප්‍රණීත වූ දෙයකි. කෙලෙස් සංසිඳවූවන් විසින් ලබන දෙයකි. චිත්තේකාග්‍රතාවයෙන් ලබන දෙයකි. ක්ලේශ ධර්මයන් නිග්‍රහ කොට උත්සාහයෙන් දුරු නොකිරීමෙන් ලබන දෙයකි' යි යනුවෙන් තමා තුළ ම ඥානයක් උපදින්නේ ය.

5. 'ඒ මම් වනාහී සිහියෙන් යුතු ව ම මෙම සමාධියට සමවදිමි. සිහියෙන් යුතු ව ම එයින් නැගිටිමි' යි යනුවෙන් තමා තුළ ම ඥානයක් උපදින්නේ ය.

මහණෙනි, ස්ථානෝචිත ප්‍රඥාවෙන් යුතු ව, මනා සිහියෙන් යුතු ව, අප්‍රමාණ කොට සමාධිය වඩව්. මහණෙනි, ස්ථානෝචිත ප්‍රඥාවෙන් යුතු ව, මනා සිහියෙන් යුතු ව අප්‍රමාණ කොට සමාධිය වඩන්නහු හට තමා තුළ ම මේ පස් වැදෑරුම් ඥානයෝ උපදින්නාහු ය.

සාදු! සාදු!! සාදු!!!

සමාධි සූත්‍රය නිමා විය.

5.1.3.8.
පඤ්චංගික සමාධි සූත්‍රය
අංග පසකින් යුතු සමාධිය ගැන වදාළ දෙසුම

'මහණෙනි, අංග පසකින් යුතු ආර්ය වූ සම්මා සමාධිය දියුණු කිරීම ගැන දේශනා කරන්නෙමි. එය අසව්. මැනැවින් මෙනෙහි කරව්. පවසන්නෙමි.' 'එසේ ය, ස්වාමීනී' යි ඒ භික්ෂූහු භාග්‍යවතුන් වහන්සේට පිළිවදන් දුන්හ. භාග්‍යවතුන් වහන්සේ මෙය වදාළ සේක.

මහණෙනි, අංග පසකින් යුතු ආර්ය වූ සම්මා සමාධිය දියුණු කිරීම යනු කුමක් ද?

1. මහණෙනි, මෙහිලා භික්ෂුව කාමයන්ගෙන් වෙන් ව, අකුසල ධර්මයන්ගෙන් වෙන් ව, විතර්ක විචාර සහිත වූ විවේකයෙන් හටගත් ප්‍රීති සුඛය ඇති පළමුවෙනි ධ්‍යානය උපදවාගෙන වාසය කරයි. හේ මේ කය ම විවේකයෙන් හට ගත් ප්‍රීති සුඛයෙන් තෙත් කරයි. හාත්පස තෙමයි. පිරිපුන් කරයි. හාත්පසින් පුරවයි. ඔහුගේ කයෙහි විවේකයෙන් හටගත් ප්‍රීති සුඛයෙන් ස්පර්ශ නොකළ කිසි තැනක් නැත්තේ වෙයි. මහණෙනි, එය මෙබඳු දෙයකි. දක්ෂ වූ නහවන්නෙක් වේවා, නහවන්නෙකුගේ අතවැසියෙක් වේවා ලෝහ බඳුනෙහි නහන චූර්ණ දමා දිය ඉස ඉස ඒවා මැනැවින් අනයි ද, ඔහුගේ ඒ නහන සුණු පිඬ වතුරෙහි තෙත් ගතිය අනුව ගියේ වඩ වඩා ත් තෙත් වූයේ එහි ඇතුළ ත්, පිටත ත් දිය උරා ගන්නා ලද්දේ නොවැගිරෙන්නේ වෙයි. එසෙයින් ම මහණෙනි, භික්ෂුව මේ කය ම විවේකයෙන් හට ගත් ප්‍රීති සුඛයෙන් තෙත් කරයි. හාත්පස තෙමයි. පිරිපුන් කරයි. හාත්පසින් පුරවයි. ඔහුගේ කයෙහි විවේකයෙන් හටගත් ප්‍රීති සුඛයෙන් ස්පර්ශ නොකළ කිසි තැනක් නැත්තේ වෙයි. මහණෙනි, අංග පසකින් යුතු ආර්ය වූ සම්මා සමාධියේ මේ පළමු වෙනි භාවනාව යි.

2. තව ද මහණෙනි, භික්ෂුව විතර්ක විචාරයන් සංසිඳීමෙන් තමා තුළ පැහැදීම ඇති කරවන සිතේ එකඟ බවින් යුතු ව විතර්ක විචාර රහිත වූ සමාධියෙන් හටගත් ප්‍රීති සැපය ඇති දෙවෙනි ධ්‍යානය උපදවාගෙන වාසය කරයි. හේ මේ කය ම සමාධියෙන් හටගත් ප්‍රීති සුඛයෙන් තෙත් කරයි. හාත්පස තෙමයි. පිරිපුන් කරයි. හාත්පසින් පුරවයි. ඔහුගේ කයෙහි සමාධියෙන් හටගත් ප්‍රීති සුඛයෙන් ස්පර්ශ නොකළ කිසි තැනක් නැත්තේ වෙයි. මහණෙනි, එය මෙබඳු දෙයකි. ඇතුළෙන් එන දිය උල්පත් ඇති දිය විලක් යම්බඳු වෙයි ද, එහි පූර්ව දිශාවෙන් දිය පැමිණෙන මාර්ගයක් නැත්තේ ද, බටහිර දිශාවෙන් ද දිය පැමිණෙන මාර්ගයක් නැත්තේ ද, උතුරු දිශාවෙන් ද දිය පැමිණෙන මාර්ගයක් නැත්තේ ද, දකුණු දිශාවෙන් ද දිය පැමිණෙන මාර්ගයක් නැත්තේ ද, කලින් කල වැස්ස ද මනා ව වැසි දහරා නොපවත්වයි ද, එකල්හී ඒ දිය විල ඉතා සිසිල් වූ උල්පතින් නැගි ඒ සීතල දියෙන් තෙමන්නේ ය. හාත්පසින් තෙමන්නේ ය. පුරවන්නේ ය. හාත්පස පුරවා දමන්නේ ය. ඒ දිය විලෙහි සීත ජලයෙන් ස්පර්ශ නොවුණු කිසි තැනක් නැත්තේ ය. එසෙයින් ම මහණෙනි, මේ කය ම සමාධියෙන් හටගත් ප්‍රීති සුඛයෙන් තෙත් කරයි. හාත්පස තෙමයි. පිරිපුන් කරයි. හාත්පසින් පුරවයි. ඔහුගේ කයෙහි සමාධියෙන් හටගත් ප්‍රීති සුඛයෙන් ස්පර්ශ නොකළ කිසි තැනක් නැත්තේ වෙයි. මහණෙනි, අංග පසකින් යුතු ආර්ය වූ සම්මා සමාධියේ මේ දෙවෙනි භාවනාව යි.

3. තව ද මහණෙනි, භික්ෂුව ප්‍රීතියට ද නොඇලීමෙන් සිහියෙන් හා නුවණින් යුතු ව උපේක්ෂාවෙන් වසයි. කයෙන් සැපයක් ද විඳියි. ආර්යයන් වහන්සේලා උපේක්ෂාවෙන් යුතු ව, සිහියෙන් යුතු ව ඇති සැප විහරණය යැයි යම් ධ්‍යානයකට කියන ලද්දේ ද, ඒ තුන්වෙනි ධ්‍යානය උපදවාගෙන වාසය කරයි. හේ මේ කය ම ප්‍රීති රහිත සුඛයෙන් තෙත් කරයි. හාත්පස තෙමයි. පිරිපුන් කරයි. හාත්පසින් පුරවයි. ඔහුගේ කයෙහි ප්‍රීති රහිත සුඛයෙන් ස්පර්ශ නොකළ කිසි තැනක් නැත්තේ වෙයි. මහණෙනි, එය මෙබඳු දෙයකි. මහනෙල් විලක වේවා, නෙළුම් විලක වේවා, සුදු නෙළුම් විලක වේවා හටගත් ඇතැම් මහනෙල් හෝ රතු නෙළුම් හෝ සුදු නෙළුම් හෝ ඇද්ද, ඒවා ජලයෙහි වැඩී ජලයෙන් උඩට නොපැමිණ දිය තුළ ම ගිලී තිබෙයි ද, එකල්හී ඒ පියුම්වල අග පටන් මුල දක්වා සිහිල් දියෙන් තෙමී, හාත්පසින් තෙමී, පිරිපුන් ව තෙමී, හාත්පසින් මැනැවින් තෙමී ඇද්ද, එහි ඒ සියළු මහනෙල් වේවා, රතු නෙළුම් වේවා, සුදු නෙළුම් වේවා වතුරෙන් හාත්පස වෙලා නොගත් කිසි මලක් නොවෙයි ද, එසෙයින් මහණෙනි, හේ මේ කය ම ප්‍රීති රහිත සුඛයෙන් තෙත් කරයි. හාත්පස තෙමයි. පිරිපුන් කරයි. හාත්පසින් පුරවයි. ඔහුගේ කයෙහි ප්‍රීති රහිත සුඛයෙන් ස්පර්ශ නොකළ කිසි තැනක් නැත්තේ වෙයි. මහණෙනි, අංග පසකින් යුතු ආර්ය වූ සම්මා සමාධියේ මේ තෙවෙනි භාවනාව යි.

4. තව ද මහණෙනි, භික්ෂුව සැපය ද ප්‍රහාණය කිරීමෙන්, දුක ද ප්‍රහාණය කිරීමෙන් කලින් ම සොම්නස් දොම්නස් ඉක්ම යෑමෙන් දුක් සැප රහිත වූ උපේක්ෂා සති පාරිශුද්ධියෙන් යුතු සතර වෙනි ධ්‍යානය උපදවාගෙන වාසය කරයි. හේ මේ කය ම පිරිසිදු බබලන සිතින් පතුරුවා හිඳින්නේ වෙයි. ඔහුගේ කයෙහි පිරිසිදු බබලන සිතින් ස්පර්ශ නොකළ කිසි තැනක් නැත්තේ වෙයි. මහණෙනි, එය මෙබඳු දෙයකි. පුරුෂයෙක් සුදු වස්ත්‍රයකින් හිස පටන් මුළු සිරුර වසා පොරොවා හිඳින්නේ වෙයි ද, එවිට ඔහුගේ කයෙහි සෑම තැන ම සුදු වස්ත්‍රයෙන් වැසුණේ ස්පර්ශ නොකළ තැනක් නැත්තේ ය. එසෙයින් මහණෙනි, හේ මේ කය ම පිරිසිදු බබලන සිතින් පතුරුවා හිඳින්නේ වෙයි. ඔහුගේ කයෙහි පිරිසිදු බබලන සිතින් ස්පර්ශ නොකළ කිසි තැනක් නැත්තේ වෙයි. මහණෙනි, අංග පසකින් යුතු ආර්ය වූ සම්මා සමාධියේ මේ සිව්වෙනි භාවනාව යි.

5. තව ද මහණෙනි, භික්ෂුව ප්‍රත්‍යවේක්ෂා නිමිත්ත මැනැවින් ගන්නා ලද්දේ වෙයි. මැනැවින් මෙනෙහි කරන ලද්දේ වෙයි. මැනැවින් පිහිටුවා ගන්නා ලද්දේ වෙයි. ප්‍රඥාවෙන් මැනැවින් අවබෝධ කරන ලද්දේ වෙයි. මහණෙනි, එය මෙබඳු දෙයකි. කෙනෙක් තව කෙනෙක් පිළිබඳ ව විමසා බලන්නේ ද, සිටගෙන සිටින්නා වාඩි වී සිටින කෙනෙකු විමසා බලන්නේ ද, වාඩි වී සිටින්නා සැතපී සිටින කෙනෙකු විමසා බලන්නේ ද, එසෙයින් ම මහණෙනි, භික්ෂුව ප්‍රත්‍යවේක්ෂා නිමිත්ත මැනැවින් ගන්නා ලද්දේ වෙයි. මැනැවින් මෙනෙහි කරන ලද්දේ වෙයි. මැනැවින් පිහිටුවා ගන්නා ලද්දේ වෙයි. ප්‍රඥාවෙන් මැනැවින් අවබෝධ කරන ලද්දේ වෙයි. මහණෙනි, අංග පසකින් යුතු ආර්ය වූ සම්මා සමාධියේ මේ පස්වෙනි භාවනාව යි.

මහණෙනි, මෙසේ දියුණු කරගත් අංග පසකින් යුතු ආර්ය සම්මා සමාධිය තුළ මෙසේ බහුල කරගත් කල්හී විශිෂ්ට ඥානයෙන් සාක්ෂාත් කළ යුතු යම් යම් ධර්මයන් ගැන විශිෂ්ට ඥානයෙන් සාක්ෂාත් කිරීම පිණිස සිත නැඹුරු කරන්නේ වෙයි ද, ඒ ඒ කරුණු පිළිබඳ ව ඒ ඒ ඥානය ලැබීම පිණිස ප්‍රත්‍යක්ෂ කිරීමට නිසි සමර්ථභාවය ලබන්නේ වෙයි. මහණෙනි, එය මෙබඳු දෙයකි. ආධාරකයක් මත තැබූ දිය සැළිය පිරී ගියේ ජලය මුවවිට හා සම වූයේ කපුටන්ට ද පහසුවෙන් පානය කළ හැකි වූයේ වෙයි ද, එකල්හී බලවත් පුරුෂයෙක් ඒ දිය සැළිය යම් යම් පෙදෙසකට ඇල කරන්නේ වෙයි ද, ඒ ඒ පෙදෙසින් දිය ගලන්නේ ද?" "එසේ ය, ස්වාමීනී."

"එසෙයින් ම මහණෙනි, භික්ෂුව මෙසේ දියුණු කරගත් අංග පසකින් යුතු ආර්ය සමාධිය තුළ මෙසේ බහුල කරගත් කල්හී විශිෂ්ට ඥානයෙන් සාක්ෂාත්

කළ යුතු යම් යම් ධර්මයන් ගැන විශිෂ්ට ඤාණයෙන් සාක්ෂාත් කිරීම පිණිස සිත නැඹුරු කරන්නේ වෙයි ද, ඒ ඒ කරුණු පිළිබඳ ව ඒ ඒ ඤාණය ලැබීම පිණිස ප්‍රත්‍යක්ෂ කිරීමට නිසි සමර්ථභාවය ලබන්නේ වෙයි.

මහණෙනි, එය මෙබඳු දෙයකි. සම වූ භූමිභාගයක සතරැස් වූ බැම්ම බැඳි පොකුණක මුළුමනින් ම දිය පිරී ඇද්ද, මුවවිට තෙක් පිරී ඇද්ද, කපුටන් හට සුව සේ පානය කළ හැකි සේ ඇද්ද, එකල්හී බලවත් පුරුෂයෙක් පැමිණ යම් යම් තැනකින් බැම්ම බිඳියි නම් ඒ ඕනෑම තැනකින් දිය ගලනවා නේද?" "එසේ ය, ස්වාමීනී."

"එසෙයින් ම මහණෙනි, භික්ෂුව මෙසේ දියුණු කරගත් අංග පසකින් යුතු ආර්ය සමාධිය තුළ මෙසේ බහුල කරගත් කල්හී විශිෂ්ට ඤාණයෙන් සාක්ෂාත් කළ යුතු යම් යම් ධර්මයන් ගැන විශිෂ්ට ඤාණයෙන් සාක්ෂාත් කිරීම පිණිස සිත නැඹුරු කරන්නේ වෙයි ද, ඒ ඒ කරුණු පිළිබඳ ව ඒ ඒ ඤාණය ලැබීම පිණිස ප්‍රත්‍යක්ෂ කිරීමට නිසි සමර්ථභාවය ලබන්නේ වෙයි.

මහණෙනි, එය මෙබඳු දෙයකි. සම බිමක සිව්මංසලක ආජානේය අශ්වයන් යෙදූ රථයක් ගමනට සුදුසු කොට කෙවිට ද පසෙකින් තබා සූදානම් ව ඇත්තේ වී ද එකල්හී දක්ෂ වූ අසුන් හික්මවීමෙහි සමර්ථ වූ රථාචාර්යවරයෙක් නැග වමතින් රැහැන් ගෙන දකුණතින් කෙවිට ගෙන යම් දිශාවක කැමති මගකින් වේගයෙන් යන්නේ ද වෙයි. නවත්වන්නේ ද වෙයි. එසෙයින් ම මහණෙනි, භික්ෂුව මෙසේ දියුණු කරගත් අංග පසකින් යුතු ආර්ය සමාධිය තුළ මෙසේ බහුල කරගත් කල්හී විශිෂ්ට ඤාණයෙන් සාක්ෂාත් කළ යුතු යම් යම් ධර්මයන් ගැන විශිෂ්ට ඤාණයෙන් සාක්ෂාත් කිරීම පිණිස සිත නැඹුරු කරන්නේ වෙයි ද, ඒ ඒ කරුණු පිළිබඳ ව ඒ ඒ ඤාණය ලැබීම පිණිස ප්‍රත්‍යක්ෂ කිරීමට නිසි සමර්ථභාවය ලබන්නේ වෙයි.

ඉදින් හේ කැමති වෙයි නම් 'අනේකවිධ ඉර්ධි ප්‍රාතිහාර්යයන් අත්දකින්නෙමි. තනි කෙනෙක් ව සිට බොහෝ අය වන්නෙමි. ....(පෙ).... බ්‍රහ්මලෝකය දක්වා කයින් වසඟයෙහි පවත්වන්නෙමි' යි. ඒ ඒ තන්හි ඒ ඒ ඤාණය අත්දැකීමට ඒවා ප්‍රත්‍යක්ෂ කිරීමෙහිලා සමර්ථ භාවය ඇතිවෙයි.

ඉදින් හේ කැමති වෙයි නම් 'සාමාන්‍ය මිනිස් ශ්‍රවණය ඉක්මවා ගිය විශුද්ධ වූ දිව්‍ය ශ්‍රවණයෙන් යුතුව දිව්‍ය වූ ද, මානුෂීය වූ ද ඉතා දුර ඇත්තා වූ ත් ළඟ ඇත්තා වූ ත් ශබ්දයන් අසන්නෙමි' යි. ඒ ඒ තන්හි ඒ ඒ ඤාණය අත්දැකීමට ඒවා ප්‍රත්‍යක්ෂ කිරීමෙහිලා සමර්ථ භාවය ඇතිවෙයි.

ඉදින් හේ කැමති වෙයි නම් 'අන්‍ය සත්වයන්ගේ, අන්‍ය පුද්ගලයන්ගේ සිත තම සිතින් පිරිසිඳ දැනගන්නෙම් නම්, එනම් සරාගී සිත සරාගී සිතක් ය කියා දැනගන්නෙම් නම් ....(පෙ).... විමුක්ති සිත විමුක්ති සිතක් ය කියා දැනගන්නෙම් ද, අවිමුක්ත සිත අවිමුක්ත සිතක් යැයි දැනගන්නෙම් ද' යි. ඒ ඒ තන්හි ඒ ඒ ඥානය අත්දැකීමට ඒවා ප්‍රත්‍යක්ෂ කිරීමෙහිලා සමර්ථ භාවය ඇතිවෙයි.

ඉදින් හේ කැමති වෙයි නම් 'අනේකප්‍රකාරයෙන් පෙර විසූ කඳ පිළිවෙල සිහි කරන්නෙමි යි. එනම් එක් ජාතියක් ද, ජාති දෙකක් ද ....(පෙ).... මෙසේ ආකාර සහිත වූ, විස්තර සහිත වූ නොයෙක් ආකාර වූ පෙර විසූ කඳ පිළිවෙල සිහි කරන්නෙමි' යි. ඒ ඒ තන්හි ඒ ඒ ඥානය අත්දැකීමට ඒවා ප්‍රත්‍යක්ෂ කිරීමෙහිලා සමර්ථ භාවය ඇතිවෙයි.

ඉදින් හේ කැමති වෙයි නම් 'මිනිස් ඇසින් දකින සීමා ඉක්මවා ගිය දිවැසින් ....(පෙ).... කර්මානුරූප ව උපදින මියයන සත්වයන් දැනගන්නෙමි' යි. ඒ ඒ තන්හි ඒ ඒ ඥානය අත්දැකීමට ඒවා ප්‍රත්‍යක්ෂ කිරීමෙහිලා සමර්ථ භාවය ඇතිවෙයි.

ඉදින් හේ කැමති වෙයි නම් 'ආශ්‍රවයන් ක්ෂය වීමෙන් (අනාශ්‍රව වූ චේතෝ විමුක්තිය ත්, ප්‍රඥා විමුක්තිය ත්) ....(පෙ).... සාක්ෂාත් කොට එයට පැමිණ වාසය කරන්නෙමි' යි. ඒ ඒ තන්හි ඒ ඒ ඥානය අත්දැකීමට ඒවා ප්‍රත්‍යක්ෂ කිරීමෙහිලා සමර්ථ භාවය ඇතිවෙයි.

සාදු! සාදු!! සාදු!!!

පඤ්චංගික සමාධි සූත්‍රය නිමා විය.

5.1.3.9.
චංකමානිසංස සූත්‍රය
සක්මන් භාවනාවෙහි අනුසස් ගැන වදාළ දෙසුම

මහණෙනි, සක්මන් භාවනාවෙහි මේ අනුසස් පසකි. ඒ කවර පසක් ද යත්;

බොහෝ දුර ගමන් යෑම ඉවසිය හැක්කේ ය. ප්‍රධන් වීර්යය ඉවසිය හැක්කේ ය. අල්පාබාධ බව ඇත්තේ ය. වළඳන ලද, පානය කරන ලද, අනුභව

කරන ලද, රස විඳින ලද දෙය මනාකොට දිරවා යන්නේ ය. සක්මනෙහි ඇති කරගත් සමාධිය බොහෝ කල් තිබෙන්නේ ද වෙයි.

මහණෙනි, සක්මන් භාවනාවෙහි මේ අනුසස් පස යි.

සාදු! සාදු!! සාදු!!!

චංකමානිසංස සූත්‍රය නිමා විය.

5.1.3.10.
නාගිත සූත්‍රය
නාගිත තෙරුන්ට වදාළ දෙසුම

මා විසින් මෙසේ අසන ලදී. එක් සමයක භාග්‍යවතුන් වහන්සේ කොසොල් ජනපදයෙහි චාරිකාවෙහි වඩිමින් මහත් වූ භික්ෂු සංඝයා සමඟ ඉච්ඡානංගල නම් වූ කෝසලවාසී බ්‍රාහ්මණ ගමකට වැඩම කළ සේක. එකල්හී භාග්‍යවතුන් වහන්සේ ඒ ඉච්ඡානංගලයෙහි ඉච්ඡානංගල වන ලැහැබෙහි වැඩවසන සේක.

ඉච්ඡානංගලවැසි බ්‍රාහ්මණ ගෘහපතීහු මෙකරුණ ඇසූහ. 'ශාක්‍ය පුත්‍ර වූ ශාක්‍ය කුලයෙන් නික්මී පැවිදි වූ ශ්‍රමණ භවත් ගෞතමයන් වහන්සේ ඉච්ඡානංගලයට වැඩම කොට ඉච්ඡානංගලයෙහි ඉච්ඡානංගල වන ලැහැබෙහි වැඩ වාසය කරති' යි.

ඒ භවත් ගෞතමයන් වහන්සේගේ මෙබඳු වූ කල්‍යාණ කීර්ති ඝෝෂාවක් උස් ව පැන නැංගේ ය. එනම් මේ මේ කරුණෙනුත් ඒ භාග්‍යවතුන් වහන්සේ අරහං වන සේක. සම්මා සම්බුද්ධ වන සේක. විජ්ජාචරණ සම්පන්න වන සේක. සුගත වන සේක. ලෝකවිදූ වන සේක. අනුත්තරෝ පුරිසදම්ම සාරථී වන සේක. සත්ථා දේවමනුස්සානං වන සේක. බුද්ධ වන සේක. භගවා වන සේක. උන්වහන්සේ මේ දෙවියන් සහිත මරුන් සහිත බඹුන් සහිත ශ්‍රමණ බ්‍රාහ්මණයන් සහිත දෙව් මිනිස් ප්‍රජාවෙන් යුතු ලෝකයා හට ස්වකීය විශිෂ්ට ඥානයෙන් සාක්ෂාත් කරන ලද ධර්මය දේශනා කරන සේක.

උන්වහන්සේ ධර්ම දේශනා කරන සේක. මුල කල්‍යාණ වූ ත්, මැද කල්‍යාණ වූ ත්, අවසානය කල්‍යාණ වූ ත්, අර්ථ සහිත වූ ත්, පැහැදිලි ප්‍රකාශන

සහිත වූ ත් මුළුමනින් ම පිරිපුන් පිරිසිදු නිවන් මග පවසන සේක. එබඳු වූ රහතුන්ගේ දැක්ම පවා ඉතා යහපත් ය' යනුවෙනි.

ඉක්බිති ඉච්ඡානංගලවැසි බ්‍රාහ්මණගෘහපතීහු ඒ රාත්‍රිය ඇවෑමෙන් ඛාද්‍ය භෝජ්‍යයන් ගෙන ඉච්ඡානංගල වන ලැහැබ යම් තැනක ඇත්තේ ද, එතැනට පැමිණියහ. පැමිණ දොරටුවෙන් බැහැර කොටසෙහි උස් හඬ ඇති ව, මහා ඝෝෂා ඇති ව සිටියාහු ය.

එසමයෙහි ආයුෂ්මත් නාගිත තෙරුණුවෝ භාග්‍යවතුන් වහන්සේගේ උපස්ථායක වෙති. එකල්හී භාග්‍යවතුන් වහන්සේ ආයුෂ්මත් නාගිත තෙරුන් ඇමතූ සේක.

"නාගිතයෙනි, ඒ උස් හඬින් කෑ ගසන්නෝ, මහා හඬින් කෑ ගසන්නෝ කවරහු ද? මසුන් මරා විකුණන තැන සිටින කෙවුලන් බඳු නොවැ."

"ස්වාමීනී, මේ ඉච්ඡානංගලවැසි බ්‍රාහ්මණගෘහපතීහු භාග්‍යවතුන් වහන්සේ ද, භික්ෂු සංඝයා ද උදෙසා බොහෝ ඛාද්‍ය භෝජ්‍ය ගෙනවුත් බාහිර දොරටු කොටුවෙහි සිටියාහු ය."

"නාගිතයෙනි, පිරිවර හා සමඟ මම එක් නොවෙම්වා! පිරිවර ද මා සමඟ එක් නොවේවා! නාගිතයෙනි, මම් යම් නෙක්ඛම්ම සැපයක්, හුදෙකලා විවේකයෙන් ලද සැපයක්, සංසිඳීමෙන් ලද සැපයක්, සම්බෝධි සැපයක්, කැමති සේ ලබන්නෙම් ද, නිදුකින් ලබන්නෙම් ද, බොහෝ සෙයින් ලබන්නෙම් ද, එසේ මා ලබන මේ නෙක්ඛම්ම සුවය, පවිවේක සුවය, උපසම සුවය, සම්බෝධ සුවය යම් කෙනෙකුට කැමති සේ නොලැබෙන්නේ නම්, නිදුකින් නොලැබෙන්නේ නම්, බොහෝ සෙයින් නොලැබෙන්නේ නම් ඔහු ඒ අසූචි සැපය, නිද්‍රා සැපය, ලාභ සත්කාර කීර්ති ප්‍රශංසාවන්ගෙන් ලැබෙන සැපය පිළිගන්නේ ය."

"ස්වාමීනී, භාග්‍යවතුන් වහන්සේ දැන් ඉවසන සේක්වා! සුගතයන් වහන්සේ ඉවසන සේක්වා! ස්වාමීනී, භාග්‍යවතුන් වහන්සේට මෙය ඉවසන්නට කාලය යි. ස්වාමීනී, භාග්‍යවතුන් වහන්සේ යම් යම් දිශාවකට වඩිනා සේක් ද, ඒ ඒ දිශාවට බ්‍රාහ්මණගෘහපතීහු නිගම ජනපදවාසීහු නැඹුරු වී සිටිත් ම ය. ස්වාමීනී, එය මෙබඳු දෙයකි. මහත් දිය බිඳු සහිත ව වැස්ස වසිනා කල්හී පහළට නැඹුරු වූ බිමට අනුව ජලය ගලා යයි ද, ස්වාමීනී, එසෙයින් ම භාග්‍යවතුන් වහන්සේ යම් යම් දිශාවකට වඩිනා සේක් ද, ඒ ඒ දිශාවට බ්‍රාහ්මණගෘහපතීහු නිගම ජනපදවාසීහු නැඹුරු වී සිටිත් ම ය. මක් නිසා ද යත්, ස්වාමීනී, භාග්‍යවතුන් වහන්සේගේ සීලය හා ඥානය නිසාවෙනි."

"නාගිතයෙනි, පිරිවර හා සමඟ මම එක් නොවෙම්වා! පිරිවර ද මා සමඟ එක් නොවේවා! නාගිතයෙනි, මම් යම් නෙක්ඛම්ම සැපයක්, හුදෙකලා විවේකයෙන් ලද සැපයක්, සංසිඳීමෙන් ලද සැපයක්, සම්බෝධි සැපයක්, කැමති සේ ලබන්නෙම් ද, නිදුකින් ලබන්නෙම් ද, බොහෝ සෙයින් ලබන්නෙම් ද, එසේ මා ලබන මේ නෙක්ඛම්ම සුවය, පවිවේක සුවය, උපසම සුවය, සම්බෝධ සුවය යම් කෙනෙකුට කැමති සේ නොලැබෙන්නේ නම්, නිදුකින් නොලැබෙන්නේ නම්, බොහෝ සෙයින් නොලැබෙන්නේ නම් ඔහු ඒ අසූචි සැපය, නිද්‍රා සැපය, ලාභ සත්කාර කීර්ති ප්‍රශංසාවන්ගෙන් ලැබෙන සැපය පිළිගන්නේ ය.

1. නාගිතයෙනි, වැළඳූ, පානය කළ, අනුභව කළ, රස විඳි දූයෙහි වනාහී මලමුත්‍ර පහකිරීම පමණක් ඇත්තේ ය. ආහාරපානයන්ගෙන් ලැබෙන ඵලය එය යි.

2. නාගිතයෙනි, ප්‍රිය වූ දේවල්වල වෙනස්වීමෙන්, නැසී වැනසී අන්‍ය ස්වභාවයට පත්වීමෙන් ශෝක පරිදේව දුක් දොම්නස් උපායාසයෝ උපදින්නාහ. ප්‍රිය වූ දෙයින් ලැබෙන ඵලය එය යි.

3. නාගිතයෙනි, අසුභ අරමුණු භාවනාවට නංවා මැනැවින් සිහිය පිහිටුවා ගෙන සිටින කෙනා හට සුභ නිමිත්ත කෙරෙහි පිළිකුල් බව පිහිටයි. අසුභ භාවනාවෙන් ලැබෙන ඵලය එය යි.

4. නාගිතයෙනි, ස්පර්ශ ආයතන හය පිළිබඳ ව අනිත්‍ය වශයෙන් නුවණින් දකිමින් වසන්නහුට ස්පර්ශය කෙරෙහි පිළිකුල් බව පිහිටයි. අනිත්‍ය භාවනාවේ ඵලය එය යි.

5. පංච උපාදානස්කන්ධයන්හි හටගැනීම ත්, වැනසීම ත් නුවණින් දකිමින් වසන්නහුට උපාදානය පිළිබඳ ව පිළිකුල් බව පිහිටයි. උපාදානස්කන්ධ භාවනාවේ ඵලය එය යි.

සාදු! සාදු!! සාදු!!!

නාගිත සූත්‍රය නිමා විය.

තෙවෙනි පඤ්චංගික වර්ගය අවසන් විය.

- **එහි පිළිවෙල උද්දානය යි :**

අගාරව සූත්‍ර දෙක, උපක්කිලේස සූත්‍රය, දුස්සීල සූත්‍රය, අනුග්ගහ සූත්‍රය, විමුත්ති සූත්‍රය, සමාධි සූත්‍රය, පඤ්චංගික සූත්‍රය, චංකම සූත්‍රය සහ නාගිත සූත්‍රය වශයෙන් මෙහි සූත්‍ර දශයකි.

4. සුමනා වර්ගය

5.1.4.1.
සුමනා සූත්‍රය
සුමනා රාජකුමාරියට වදාළ දෙසුම

එක් සමයක භාග්‍යවතුන් වහන්සේ සැවැත් නුවර ජේතවන නම් වූ අනේපිඬු සිටුහුගේ ආරාමයෙහි වැඩවසන සේක. එකල්හී සුමනා රාජකුමාරිය රාජකුමාරිකාවන් පන්සියයක් රථ පන්සියයකින් පිරිවරන ලදු ව භාග්‍යවතුන් වහන්සේ වෙත පැමිණියා ය. පැමිණ භාග්‍යවතුන් වහන්සේට සකසා වන්දනා කොට එකත්පස් ව හිඳගත්තා ය. එකත්පස් ව හුන් සුමනා රාජකුමාරිය භාග්‍යවතුන් වහන්සේට මෙය සැළකළා ය.

"භාග්‍යවතුන් වහන්ස, මෙකරුණෙහිලා ශ්‍රාවකයෝ දෙදෙනෙක් සිටිති. ඔවුහු ශ්‍රද්ධාවෙන් සම වූවෝ ය. සීලයෙන් සම වූවෝ ය. ප්‍රඥාවෙන් සම වූවෝ ය. එනමුදු එයින් කෙනෙක් දන් දෙයි. අනිත් කෙනා දන් නොදෙයි. ඔවුහු කය බිඳී මරණින් මතු සුගති සංඛ්‍යාත ස්වර්ග ලෝකයෙහි උපදින්නාහු නම්, ස්වාමීනී, දෙවියන් බවට පත් වූ ඔවුන්ගේ විශේෂයක් පෙනෙයි ද? වෙනස් වූ බවක් පෙනෙයි ද?"

"සුමනාවෙනි, වෙනසක් තිබෙන්නේ යැ"යි භාග්‍යවතුන් වහන්සේ වදාළ සේක.

"සුමනාවෙනි, යම් ඒ දන් දුන් කෙනෙක් වෙයි ද, හේ දෙව් වූයේ අර දන් නොදුන් තැනැත්තාට වඩා පස් කරුණකින් ඉදිරියෙන් සිටින්නේ වෙයි. එනම් දිව්‍ය ආයුෂයෙන් ය, දිව්‍ය පැහැයෙන් ය, දිව්‍ය සැපයෙන් ය, දිව්‍ය පරිවාර සම්පත්තියෙන් ය, දිව්‍ය අධිපතිභාවයෙන් ය. සුමනාවෙනි, යම් ඒ දන් දුන් කෙනෙක් වෙයි ද, හේ දෙව් වූයේ අර දන් නොදුන් තැනැත්තාට වඩා මේ

පස් කරුණෙන් ඉදිරියෙන් සිටින්නේ වෙයි."

"ඉදින් ස්වාමීනී, ඔවුහු එයින් චුත ව යළි මෙලොවට එත් නම්, ස්වාමීනී, මිනිස් ලොව උපන් ඔවුන්ගේ විශේෂයක් පෙනෙයි ද? වෙනස් වූ බවක් පෙනෙයි ද?"

"සුමනාවෙනි, වෙනසක් තිබෙන්නේ යැ"යි භාග්‍යවතුන් වහන්සේ වදාළ සේක.

"සුමනාවෙනි, යම් ඒ දන් දුන් කෙනෙක් වෙයි ද, හේ මිනිසෙක් වූයේ අර දන් නොදුන් තැනැත්තාට වඩා පස් කරුණකින් ඉදිරියෙන් සිටින්නේ වෙයි. එනම් මානුෂික ආයුෂයෙන් ය, මානුෂික පැහැයෙන් ය, මානුෂික සැපයෙන් ය, මානුෂික පරිවාර සම්පත්තියෙන් ය, මානුෂික අධිපතිභාවයෙන් ය. සුමනාවෙනි, යම් ඒ දන් දුන් කෙනෙක් වෙයි ද, හේ මිනිසෙක් වූයේ අර දන් නොදුන් තැනැත්තාට වඩා මේ පස් කරුණෙන් ඉදිරියෙන් සිටින්නේ වෙයි."

"ඉදින් ස්වාමීනී, ඔවුන් දෙදෙනා ගිහි ගෙයින් නික්ම අනගාරික ව බුදු සසුනෙහි පැවිදි වෙත් නම්, ස්වාමීනී, පැවිදි වූ ඔවුන්ගේ ද විශේෂයක් පෙනෙයි ද? වෙනස් වූ බවක් පෙනෙයි ද?"

"සුමනාවෙනි, වෙනසක් තිබෙන්නේ යැ"යි භාග්‍යවතුන් වහන්සේ වදාළ සේක.

"සුමනාවෙනි, යම් ඒ දන් දුන් කෙනෙක් වෙයි ද, හේ පැවිද්දෙක් වූයේ අර දන් නොදුන් තැනැත්තාට වඩා පස් කරුණකින් ඉදිරියෙන් සිටින්නේ වෙයි. එනම් අනුන් විසින් අයැද සිටින්නේ ම බොහෝ සිවුරු පරිභෝග කරයි. අයැද නොසිටින්නේ නම් අල්ප වශයෙනි. අනුන් විසින් අයැද සිටින්නේ ම බොහෝ පිණ්ඩපාතය පරිභෝග කරයි. අයැද නොසිටින්නේ නම් අල්ප වශයෙනි. අනුන් විසින් අයැද සිටින්නේ ම බොහෝ කුටි සෙනසුන් පරිභෝග කරයි. අයැද නොසිටින්නේ නම් අල්ප වශයෙනි. අනුන් විසින් අයැද සිටින්නේ ම බොහෝ ගිලන්පස බෙහෙත් පිරිකර පරිභෝග කරයි. අයැද නොසිටින්නේ නම් අල්ප වශයෙනි. යම් සබ්‍රහ්මචාරීන් වහන්සේලා සමඟ වාසය කරයි නම්, ඒ සබ්‍රහ්මචාරීන් වහන්සේලා ද ඔහුට මනාප වූ කාය කර්මයෙන් බහුල වශයෙන් හැසිරෙති. අමනාප වූ දේ අල්ප වශයෙනි. මනාප වූ වචී කර්මයෙන් බහුල වශයෙන් හැසිරෙති. අමනාප වූ දේ අල්ප වශයෙනි. මනාප වූ මනෝ කර්මයෙන් බහුල වශයෙන් හැසිරෙති. අමනාප වූ දේ අල්ප වශයෙනි. මනාප වූ ම ගෞරවාදර දක්වති. අමනාප වූ දේ අල්ප වශයෙනි. සුමනාවෙනි, යම් ඒ

දන් දුන් කෙනෙක් වෙයි ද, හේ පැවිද්දෙක් වූයේ අර දන් නොදුන් තැනැත්තාට වඩා මේ පස් කරුණෙන් ඉදිරියෙන් සිටින්නේ වෙයි."

"ඉදින් ස්වාමීනී, ඒ පැවිද්දන් දෙදෙනා අරහත්වයට පැමිණෙත් නම්, අරහත්වයට පත් වූ උන්වහන්සේලාගේ විශේෂයක් පෙනෙයි ද? වෙනස් වූ බවක් පෙනෙයි ද?"

"සුමනාවෙනි, මෙකරුණෙහිලා නම් මම් ඔවුන්ගේ කිසිදු වෙනසක් නොපවසමි. එනම් තවත් කෙනෙකුගේ විමුක්තියක් හා අනෙකෙකුගේ විමුක්තියක් හා ය."

"ස්වාමීනී, ආශ්චර්ය යි ! ස්වාමීනී, අද්භූත යි ! ස්වාමීනී, දන් දීම කළ යුතු දෙයක් ම ය. පින් කිරීම කළ යුතු දෙයක් ම ය. දෙව්ලොව උපන්නහුට ද උපකාර වන දෙය පින් ම ය. මනුලොව උපන්නහුට ද උපකාර වන දෙය පින් ම ය. පැවිද්දන් හට ද උපකාර වන දෙය පින් ම ය."

"සුමනාවෙනි, එය එසේ ම ය. සුමනාවෙනි, එය එසේ ම ය. දන් දීම කළ යුතු දෙයක් ම ය. පින් කිරීම කළ යුතු දෙයක් ම ය. දෙව්ලොව උපන්නහුට ද උපකාර වන දෙය පින් ම ය. මනුලොව උපන්නහුට ද උපකාර වන දෙය පින් ම ය. පැවිද්දන් හට ද උපකාර වන දෙය පින් ම ය."

භාග්‍යවතුන් වහන්සේ මෙය වදාළ සේක. මෙය වදාළ සුගත වූ ශාස්තෲන් වහන්සේ යළි මේ ගාථාවන් ද වදාළ සේක.

(ගාථා)

1. නිමල සඳමඬල අහසින් යන්නේ සියළු තරු සමූහය සිය එළියෙන් මඬිමින් රැස් විහිදුවන්නේ යම් සේ ද,

2. එසෙයින් ම සීල සම්පන්න වූ, ශ්‍රද්ධාවත් පුරුෂ පුද්ගලයා ලෝකයෙහි සියළු මසුරු පුද්ගලයන් මැඩගෙන ත්‍යාගයෙන් බබලන්නේ වෙයි.

3. විදුලිය නැමැති මාලාවන්ගෙන් යුක්ත සිය ගණන් වළාකුළු ඇති අහස ගොරවමින් වසිනා වැස්ස පොළොවේ වළ ගොඩැලි නිම්න පුරවමින් යන්නේ යම් සේ ද,

4. මෙසේ චතුරාර්ය සත්‍ය දර්ශනයෙන් යුක්ත වූ සම්මා සම්බුදු රජුන්ගේ ශ්‍රාවක තෙමේ පස් කරුණෙකින් මසුරු තැනැත්තා අභිබවා පෙරට යන්නේ වෙයි.

5. ආයුෂයෙන්, පිරිවරෙන්, වර්ණයෙන් හා සැපයෙන් ය. ඉදින් භෝගයෙන් පිරිවරා සිටින්නේ පරලොව ගොස් සුගතියෙහි සතුටු වෙයි.

සාදු! සාදු!! සාදු!!!

සුමනා සූත්‍රය නිමා විය.

5.1.4.2.
චුන්දී සූත්‍රය
චුන්දී රාජකුමාරියට වදාළ දෙසුම

එක් සමයක භාග්‍යවතුන් වහන්සේ රජගහ නුවර කලන්දක නිවාප නම් වූ වේළුවනයෙහි වැඩවසන සේක. එකල්හී චුන්දී රාජකුමාරිය රාජකුමාරිකාවන් පන්සියයක් රථ පන්සියයකින් පිරිවරන ලදු ව භාග්‍යවතුන් වහන්සේ වෙත පැමිණියා ය. පැමිණ භාග්‍යවතුන් වහන්සේට සකසා වන්දනා කොට එකත්පස් ව හිඳගත්තා ය. එකත්පස් ව හුන් චුන්දී රාජකුමාරිය භාග්‍යවතුන් වහන්සේට මෙය සැළකළා ය.

"ස්වාමීනී, අපගේ සොහොයුරු වූ චුන්ද නම් රාජකුමාරයෙක් සිටියි. හේ මෙසේ කියයි. 'යම් ඒ ස්ත්‍රියක් වේවා, පුරුෂයෙක් වේවා බුදුරජුන් සරණ ගියේ වෙයි ද, ධර්මය සරණ ගියේ වෙයි ද, සංඝයා සරණ ගියේ වෙයි ද, සතුන් මැරීමෙන් වැළකුණේ වෙයි ද, සොරකමින් වැළකුණේ වෙයි ද, වැරදි කාම සේවනයෙන් වැළකුණේ වෙයි ද, බොරු කීමෙන් වැළකුණේ වෙයි ද, මත්පැන් මත්ද්‍රව්‍ය භාවිතයෙන් වැළකුණේ වෙයි ද, හේ කය බිඳී මරණින් මතු සුගතියෙහි ම උපදින්නේ ය. දුගතියෙහි නොවෙයි' කියා ය. ස්වාමීනී, ඒ මම් භාග්‍යවතුන් වහන්සේගෙන් අසමි. ස්වාමීනී, ශාස්තෘන් වහන්සේ පිළිබඳ ව කවර අයුරු වූ ප්‍රසාදයකින් යුක්ත වූයේ කය බිඳී මරණින් මතු සුගතියෙහි ම උපදින්නේ? දුගතියට නොයන්නේ? ස්වාමීනී, ඒ මම් භාග්‍යවතුන් වහන්සේගෙන් අසමි. ස්වාමීනී, ධර්මය පිළිබඳ ව කවර අයුරු වූ ප්‍රසාදයකින් ....(පෙ).... ස්වාමීනී, ඒ මම් භාග්‍යවතුන් වහන්සේගෙන් අසමි. ස්වාමීනී, සංඝයා පිළිබඳ ව කවර අයුරු වූ ප්‍රසාදයකින් ....(පෙ).... ස්වාමීනී, ඒ මම් භාග්‍යවතුන් වහන්සේගෙන් අසමි. ස්වාමීනී, සීලය පිළිබඳ ව කවර අයුරු වූ පිරිපුන් කිරීමකින් යුක්ත වූයේ කය බිඳී මරණින් මතු සුගතියෙහි ම උපදින්නේ? දුගතියට නොයන්නේ?"

"චුන්දියෙනි, යම්තාක් පා රහිත වූ හෝ, දෙපා ඇති හෝ, සිවුපා ඇති හෝ, බොහෝ පා ඇති හෝ, රූපවත් වූ හෝ, අරූපවත් වූ හෝ සංඥාවත් වූ හෝ, සංඥා රහිත වූ හෝ නේවසංඥානාසංඥායතන වූ හෝ සත්වයෝ සිටිත් ද තථාගත අරහත් සම්මා සම්බුදුරජාණන් වහන්සේ ඒ සකල සත්ව වර්ගයා අතර අග්‍ර යැයි කියනු ලැබේ. චුන්දියෙනි, යමෙක් බුදුරජුන් කෙරෙහි සිත පහදවා ගත්තාහු ද, ඔවුන් පැහැදුණේ අග්‍ර වූ ස්ථානයෙහි ය. අග්‍ර ස්ථානයෙහි පැහැදුනවුන්ගේ විපාකය ද අග්‍ර වන්නේ ය.

චුන්දියෙනි, හේතු ප්‍රත්‍යයන්ගෙන් හටගත්තා වූ ත්, හට නොගත්තා වූ ත් යම්තාක් දේ ඇද්ද, ඒ සියල්ලට ම වඩා අග්‍ර වන්නේ නිර්වාණය යි. යම් මේ කෙලෙස් මද මඩින, කෙලෙස් පිපාසය සංසිඳුවන, තෘෂ්ණාව මුලින් ම නසන, සසර ගමන නැති කරන, තණ්හාව ක්ෂය වන, විරාගී වූ, තෘෂ්ණා නිරෝධයෙන් ලැබෙන යම් නිවනක් ඇද්ද එය යි. චුන්දියෙනි, යමෙක් ඒ විරාගී වූ ධර්මය කෙරෙහි පැහැදුනාහු වෙත් ද, ඔවුනගේ ඒ පැහැදීම අග්‍ර වූ දෙයක් කෙරෙහි ය. අග්‍ර ස්ථානයෙහි පැහැදුනවුන්ගේ විපාකය ද අග්‍ර වෙයි.

චුන්දියෙනි, යම්තාක් පිරිස් හෝ සමූහයන් හෝ සිටිත් ද, ඔවුන් සියල්ලන්ට ම වඩා අග්‍ර වන්නේ තථාගත ශ්‍රාවක සංඝයා ය. යම් මේ පුරුෂ යුගල සතරකින් යුක්ත වූ පුරුෂ පුද්ගල අටකින් යුක්ත වූ ඒ භාග්‍යවතුන් වහන්සේගේ ශ්‍රාවක සංඝයා ආහුණෙය්‍ය, පාහුණෙය්‍ය, දක්ඛිණෙය්‍ය, අංජලිකරණීය, අනුත්තරං පුඤ්ඤක්ඛෙත්තං ලෝකස්ස යන ගුණයෙන් යුතු වෙයි ද ඒ සංඝයා ය. චුන්දියෙනි, යමෙක් ආර්ය සංඝයා කෙරෙහි සිත පහදවා ගත්තාහු ද, ඔවුහු අග්‍ර වූ පිරිස කෙරෙහි පැහැදුණාහු ය. අග්‍ර ස්ථානයෙහි පැහැදුනවුන්ගේ විපාකය ද අග්‍ර ය.

චුන්දියෙනි, යම්තාක් සිල් ඇත්නම්, ආර්යකාන්ත සීලය ඒ සියළු සිල්වලට වඩා අග්‍ර යැයි කියනු ලැබේ. එනම් නොකැඩුණු, සිදුරු නැති, කැලැල් නැති, පැල්ලම් නැති, තෘෂ්ණා දාස භාවයෙන් තොර වූ, නුවණැත්තන්ගේ ප්‍රසාදයට ලක් වන, තෘෂ්ණා දෘෂ්ටීන් ස්පර්ශ නොකළ, සමාධිය පිණිස පවතින සීලය යි. චුන්දියෙනි, යමෙක් ආර්යකාන්ත සීලයෙහි පරිපූරකාරී වෙත් ද, ඔවුහු අග්‍ර වූ සිල් පුරන්නෝ ය. අග්‍ර වූ සිල් පුරන්නවුන්ගේ විපාකය ද අග්‍ර ය."

(ගාථා)

1. ඒකාන්තයෙන් අග්‍ර වූ පැහැදීමට අයත් අග්‍ර වූ ධර්මය අවබෝධ කොට වදාළ අනුත්තර වූ, දන් පිළිගැනීමෙහි සුදුසු වූ අග්‍ර වූ බුදුරජුන් කෙරෙහි පැහැදුණු සිත් ඇති තැනැත්තාට,

2. විරාගී වූ කෙලෙස් සංසිඳවාලන සැපය ඇත්තා වූ අග්‍ර ධර්මයෙහි සිත පහදවාගත් තැනැත්තාට, අනුත්තර පින් කෙත වූ ආර්ය සංඝයා කෙරෙහි සිත පහදවා ගත් තැනැත්තාට,

3. ඒ අග්‍ර වූ උතුමන් කෙරෙහි දෙන දානය ද අග්‍ර පින් ලබා දෙන්නේ වෙයි. අග්‍ර වශයෙන් ආයු, වර්ණ, සැප, යස, කීර්ති, බල ලබා දෙයි.

4. අග්‍ර වූ ධර්මයෙන් යුක්ත අග්‍ර වූ ශ්‍රාවක සංඝයා විෂයෙහි යම් නුවණැත්තෙක් දානාදිය පූජා කරයි ද, හේ දෙව් බවට හෝ මිනිස් බවට හෝ පැමිණි විට අග්‍ර බවට පත් ව සතුටු වෙයි.

සාදු! සාදු!! සාදු!!!

චුන්දී සූත්‍රය නිමා විය.

5.1.4.3.
උග්ගහ සූත්‍රය
උග්ගහ සිටුතුමාට වදාළ දෙසුම

එක් සමයක භාග්‍යවතුන් වහන්සේ භද්දිය නගරයෙහි ජාතියා වනයෙහි වැඩවසන සේක. එකල්හී මෙණ්ඩක සිටුහුගේ මුනුබුරු උග්ගහ සිටු තෙමේ භාග්‍යවතුන් වහන්සේ වෙත පැමිණියේ ය. පැමිණ භාග්‍යවතුන් වහන්සේට සකසා වන්දනා කොට එකත්පස් ව හිඳගත්තේ ය. එකත්පස් ව හුන් මෙණ්ඩක සිටුහුගේ මුනුබුරු උග්ගහ සිටු තෙමේ භාග්‍යවතුන් වහන්සේට මෙය සැළකළේ ය.

"ස්වාමීනී, භාග්‍යවතුන් වහන්සේ හෙට දිනයෙහි තමන් වහන්සේ සිව්වෙනි කොට ඇති සේක් මාගේ දානය ඉවසා වදාරණ සේක්වා !"

භාග්‍යවතුන් වහන්සේ නිශ්ශබ්දතාවයෙන් ඉවසා වදාළ සේක. එකල්හී මෙණ්ඩක සිටුහුගේ මුනුබුරු උග්ගහ සිටු තෙමේ භාග්‍යවතුන් වහන්සේ ඉවසීමෙන් ඇරයුම පිළිගත් බව දැන හුනස්නෙන් නැගිට භාග්‍යවතුන් වහන්සේට වන්දනා කොට, පැදකුණු කොට පිටත් ව ගියේ ය.

එකල්හී ඒ රාත්‍රිය ඇවෑමෙන් භාග්‍යවතුන් වහන්සේ පෙරවරුවෙහි සිවුරු හැඳ පොරොවාගෙන පාත්‍රය හා සිවුරු ගෙන මෙණ්ඩක සිටුහුගේ

මුනුබුරු උග්ගහ සිටුතුමාගේ නිවසට වැඩම කළ සේක. වැඩම කොට පණවන ලද අසුනෙහි වැඩහුන් සේක. එකල්හී මෙණ්ඩක සිටුහුගේ මුනුබුරු උග්ගහ සිටු තෙමේ භාග්‍යවතුන් වහන්සේට ප්‍රණීත වූ ඛාද්‍ය භෝජ්‍යයෙන් සියතින් ම සැතැප්පුවේ ය. මැනැවින් පැවරුවේ ය. ඉක්බිති මෙණ්ඩක මුනුබුරු උග්ග සිටු තෙමේ දන් වැළඳා ඉවතට ගත් ශ්‍රී හස්තය ඇති භාග්‍යවතුන් වහන්සේ දැක එකත්පස් ව හිඳගත්තේ ය. එකත්පස් ව හුන් මෙණ්ඩක මුනුබුරු උග්ගහ සිටුතෙමේ භාග්‍යවතුන් වහන්සේට මෙය පැවසුවේ ය.

"ස්වාමීනී, මේ මාගේ දූ කුමරියෝ පතිකුලයට යන්නාහ. ස්වාමීනී, භාග්‍යවතුන් වහන්සේ මැලාට අවවාද කරන සේක්වා! මේ දියණිවරුන් හට බොහෝ කල් හිතසුව පිණිස පවතින්නේ ද, ස්වාමීනී, භාග්‍යවතුන් වහන්සේ මැලාට අනුශාසනා කරන සේක්වා!"

එකල්හී භාග්‍යවතුන් වහන්සේ ඒ කුමාරිකාවන් ඇමතූ සේක.

"එසේ නම් කුමාරිකාවෙනි, මේ අයුරින් හික්මිය යුත්තීහු ය. 'යහපත කැමති වූ හිතෛෂී වූ අනුකම්පාවෙන් යුතු වූ ඔබගේ මව්පියවරු අනුකම්පාව උපදවා යම් ස්වාමියෙකුට පෙන්වා ආවාහ කොට දෙත් නම්, ඔහුට පළමු නැගිටින්නෙමු, ඔහුට පසු ව නින්දට යන්නෙමු, තමාගෙන් ඉටු විය යුතු යුතුකම් විමසන්නෙමු, ස්වාමියාගේ සිත සතුටු වන පරිදි හැසිරෙන්නෙමු, ප්‍රිය තෙපුල් පවසන්නෙමු' යි මෙසේ කුමාරිකාවෙනි, ඔබ හික්මිය යුත්තීහු ය.

එසේ වී නම් කුමාරිකාවෙනි, මේ අයුරින් හික්මිය යුත්තීහු ය. 'ඔබගේ ස්වාමියාගේ ගුරුන් වන මව් වේවා, පියා වේවා, ශ්‍රමණබ්‍රාහ්මණයෝ වෙත්වා ඔවුන්ට ද සත්කාර කරන්නෙමු, ගෞරව කරන්නෙමු, බුහුමන් කරන්නෙමු, පුදන්නෙමු, මුණගැසුණු කල්හී අසුනෙන් පවරන්නෙමු, පා දොවනා දියෙන් පුදන්නෙමු' යි මෙසේ කුමාරිකාවෙනි, ඔබ හික්මිය යුත්තීහු ය.

එසේ වී නම් කුමාරිකාවෙනි, මේ අයුරින් හික්මිය යුත්තීහු ය. 'ඔබගේ ස්වාමියාගේ නිවසෙහි අභ්‍යන්තර කර්මාන්ත ඇද්ද, එළුලොම් ගෙතීම වේවා, කපු කැටීම වේවා, එහිලා දක්ෂ වන්නෙමු, අනලස් වන්නෙමු, නුවණින් යුතුව කරුණු සොයා බලා කටයුතු කරන්නෙමු, පිළිවෙලකට මැනැවින් කටයුතු කරන්නෙමු' යි මෙසේ කුමාරිකාවෙනි, ඔබ හික්මිය යුත්තීහු ය.

එසේ වී නම් කුමාරිකාවෙනි, මේ අයුරින් හික්මිය යුත්තීහු ය. 'ඔබගේ ස්වාමියාගේ නිවසෙහි අභ්‍යන්තර ජනයා වෙත් නම්, දාසයින් හෝ දූතයින් හෝ කම්කරුවන් හෝ සිටිත් ද ඔවුන්ගේ කළ දෑ කළ දෑ වශයෙන් දැනගන්නෙමු.

නොකළ දෑ නොකළ දෑ වශයෙන් දැනගන්නෙමු. ගිලන් වූ තැනැත්තන්ගේ වැඩට ඇති ශක්තිය ඇති නැති බව දැනගන්නෙමු. ඒ ජනයා හට කෑම් බීම් ආදියෙන් ලද මනා කොටස් මැනැවින් බෙදා දෙන්නෙමු' යි මෙසේ කුමාරිකාවෙනි, ඔබ හික්මිය යුත්තීහු ය.

එසේ වී නම් කුමාරිකාවෙනි, මේ අයුරින් හික්මිය යුත්තීහු ය. 'ඔබගේ ස්වාමියා යම් ධනයක් වේවා, ධාන්‍යයක් වේවා, රිදී වේවා, රත්‍රන් වේවා නිවසට ගෙනෙයි නම් ඒවා ආරක්ෂා කොට සුදුසු ලෙස වසා තබා රකින්නෙමු යි, එහිලා සොර සැමියන්, සුරාව, සූදුව ආදියට ධූර්ති නොවන්නෙමු යි, නොසෙර වන්නෙමු යි, සුරා සොඬ ආදී නොවන්නෙමු යි, විනාශ කරන්නියෝ නොවන්නෙමු' යි මෙසේ කුමාරිකාවෙනි, ඔබ හික්මිය යුත්තීහු ය.

කුමාරිකාවෙනි, මේ පස් කරුණෙන් සමන්විත වූ කාන්තාව කය බිඳී මරණින් මතු මනාපකායික දෙවියන් අතර උපදින්නී ය.

(ගාථා)

1. යම් ස්වාමියෙක් හැම කල්හි නිතර දැඩි වීර්යයෙන් යුතුව, උත්සාහයෙන් යුතුව ඇය පෝෂණය කරයි ද, සිය බිරිඳ කැමති සියල්ල ලබා දෙන, පෝෂණය කරන, තම ස්වාමියා ව යටකොට ඇය කිසිදා නොසිතන්නී ය.

2. ඒ යහපත් ස්ත්‍රිය හිතුවක්කාර හැසිරීමෙන් තම ස්වාමියා කුපිත නොකරන්නී ය. නුවණැති ඕ තම ස්වාමියාගේ ගරු කළ යුතු වැඩිහිටියන් පුදන්නී ය.

3. හැමට පළමු අවදිවන්නී, කම්මැලි නැත්තී, පරිවාර ජනයා හා එක් ව වසන්නී, තම ස්වාමියාගේ සිත සතුට වඩමින් හැසිරෙන්නී ය. ඕ ඉපැයූ දෑ රකින්නී ය.

4. මෙසේ යම් ස්ත්‍රියක් තම ස්වාමියාගේ කැමැත්තට අනුව ගිහි ගෙදර වසන්නී ද, ඕ යම් දෙව්ලොව උපදින්නී නම් ඒ දෙවියෝ මනාපකායිකා හෙවත් නිම්මාණරතී නම් වන්නාහු ය.

සාදු! සාදු!! සාදු!!!

උග්ගහ සූත්‍රය නිමා විය.

5.1.4.4.
සීහ සේනාපති සූත්‍රය
සීහ සේනාපතිට වදාළ දෙසුම

එක් සමයක භාග්‍යවතුන් වහන්සේ විශාලා මහනුවර මහාවනයෙහි කූටාගාර ශාලාවෙහි වැඩවසන සේක. එකල්හී සීහ සේනාපති භාග්‍යවතුන් වහන්සේ වෙත පැමිණියේ ය. පැමිණ භාග්‍යවතුන් වහන්සේට සකසා වන්දනා කොට එකත්පස් ව හිඳගත්තේ ය. එකත්පස් ව හුන් සීහ සේනාපති භාග්‍යවතුන් වහන්සේට මෙය සැළකළේ ය.

"ස්වාමීනී, මේ ජීවිතයේ දී ම දානයෙන් ලැබෙන ඵල විපාක පණවන්නට හැකි සේක් ද?"

"පුළුවනි සීහයෙනි" යි භාග්‍යවතුන් වහන්සේ වදාළ සේක.

"සීහයෙනි, දන් දෙන දානපති තෙමේ බොහෝ ජනයා හට ප්‍රිය වෙයි. මනාප වෙයි. සීහයෙනි, දන් දෙන දානපතියෙක් යම් හෙයකින් බොහෝ දෙනා හට ප්‍රිය වෙයි නම් මනාප වෙයි නම්, මෙය ත් මෙලොව දී ම දැක්ක හැකි දානයෙහි ඵලයකි.

තව ද සීහයෙනි, ශාන්ත වූ සත්පුරුෂයෝ දානපති දායකයා ව ඇසුරු කරති. සීහයෙනි, යම් හෙයකින් ශාන්ත වූ සත්පුරුෂයෝ දන් දෙන දානපතියෙකු ඇසුරු කරත් ද, මෙය ත් මෙලොව දී ම දැක්ක හැකි දානයෙහි ඵලයකි.

තව ද සීහයෙනි, දන් දෙන දානපතියාගේ කල්‍යාණ වූ කීර්ති ඝෝෂාව උස් ව පැන නගින්නේ වෙයි. සීහයෙනි, යම් හෙයකින් දන් දෙන දානපතියාගේ කල්‍යාණ වූ කීර්ති ඝෝෂාව උස් ව පැන නගින්නේ වෙයි ද, මෙය ත් මෙලොව දී ම දැක්ක හැකි දානයෙහි ඵලයකි.

තව ද සීහයෙනි, දන් දෙන දානපති තෙමේ යම් ම පිරිසක් කරා එළඹෙයි ද, ඔවුන් ක්ෂත්‍රිය පිරිසක් වෙන්නට පුළුවනි. බ්‍රාහ්මණ පිරිසක් වෙන්නට පුළුවනි. ගෘහපති පිරිසක් වෙන්නට පුළුවනි. ශ්‍රමණ පිරිසක් වෙන්නට පුළුවනි. හැකිලීමකින් තොර ව, විශාරද බවින් යුතු ව එහි එළඹෙන්නේ වෙයි. සීහයෙනි, යම් හෙයකින් දන් දෙන දානපති තෙමේ ක්ෂත්‍රිය පිරිසක් වෙත වේවා, බ්‍රාහ්මණ පිරිසක් වෙත වේවා, ගෘහපති පිරිසක් වෙත වේවා, ශ්‍රමණ පිරිසක් වෙත වේවා එළඹෙන්නේ නම් විශාරද ව තේජසින් යුතුව එළඹෙයි ද, මෙය ත් මෙලොව දී ම දැක්ක හැකි දානයෙහි ඵලයකි.

තව ද සීහයෙනි, දන් දෙන දානපති තෙමේ කය බිඳී මරණින් මතු සුගති සංඛ්‍යාත ස්වර්ග ලෝකයෙහි උපදින්නේ වෙයි. සීහයෙනි, යම් හෙයකින් දන් දෙන දානපති තෙමේ කය බිඳී මරණින් මතු සුගති සංඛ්‍යාත ස්වර්ග ලෝකයෙහි උපදින්නේ වෙයි ද, මෙය පරලොව දී ලැබෙන දානයෙහි ඵලය යි."

මෙසේ වදාළ කල්හී සීහ සේනාපති භාග්‍යවතුන් වහන්සේට මෙය පැවසුවේ ය.

"ස්වාමීනී, භාග්‍යවතුන් වහන්සේ විසින් මෙලොව දී දක්ක හැකි යම් මේ සතරක් වූ දාන ඵල විපාකයෝ වදාරණ ලද්දාහු ද, එහිලා භාග්‍යවතුන් වහන්සේ වදාළ කරුණ පිළිබඳ ව හුදෙක් ශ්‍රද්ධාවෙන් ම නොගනිමි. මෙකරුණ මම ද දනිමි. ස්වාමීනී, මම දන්දෙන දානපතියෙක් වෙමි. බොහෝ ජනයාට ප්‍රිය මනාප කෙනෙකි. ස්වාමීනී, මම දන්දෙන දානපතියෙක් වෙමි. ශාන්ත සත්පුරුෂයෝ මාව ඇසුරු කරති. ස්වාමීනී, මම දන්දෙන දානපතියෙක් වෙමි. මා පිළිබඳ ව කල්‍යාණ වූ කීර්ති ඝෝෂාවක් උස් ව පැන නැගී ඇත. 'සීහ සේනාපති තෙමේ දායකයෙකි. දන් පැන් කරවන්නෙකි. සංඝෝපස්ථායකයෙකි' වශයෙනි. ස්වාමීනී, මම දන් දෙන දානපතියෙක් වෙමි. යම් ම පිරිසක් අතරට මම එළඹෙන්නෙම් නම් ඔවුන් ක්ෂත්‍රීය පිරිසක් වෙන්නට පුළුවනි. බ්‍රාහ්මණ පිරිසක් වෙන්නට පුළුවනි. ගෘහපති පිරිසක් වෙන්නට පුළුවනි. ශ්‍රමණ පිරිසක් වෙන්නට පුළුවනි. ඔවුන් අතර නොපැකිල ව, විශාරද ව එළඹෙමි. ස්වාමීනී, භාග්‍යවතුන් වහන්සේ විසින් වදාරණ ලද මෙලොව දී දක්ක හැකි යම් මේ සතරක් වූ දානඵලයෝ ඇද්ද, ඒවා මම හුදු ශ්‍රද්ධාවෙන් නොගනිමි. එකරුණ මම ද දනිමි. ස්වාමීනී, භාග්‍යවතුන් වහන්සේ යම් කරුණක් මට මෙසේ වදාළ සේක් ද, 'සීහයෙනි, දන් දෙන දානපති තෙමේ කය බිඳී මරණින් මතු සුගති සංඛ්‍යාත ස්වර්ග ලෝකයෙහි උපදින්නේ ය' යනුවෙන්. මෙකරුණ මම නොදනිමි. මෙහිලා මම් වනාහී භාග්‍යවතුන් වහන්සේ කෙරෙහි ශ්‍රද්ධාවෙන් දනිමි."

"සීහයෙනි, එය එසේ ම ය. සීහයෙනි, එය එසේ ම ය. දන් දෙන දානපති තෙමේ කය බිඳී මරණින් මතු සුගති සංඛ්‍යාත ස්වර්ග ලෝකයෙහි උපදින්නේ ය."

(ගාථා)

1. මසුරු බවින් තොර වූ මනුෂ්‍යයා දන් දෙන්නේ ප්‍රිය වෙයි. බොහෝ දෙනා ඔහු ඇසුරු කරති. කීර්තියට ද පැමිණෙයි. යස පිරිවර වැඩෙන්නේ ය. තේජස් සහිත ව ම පිරිස් මැදට යන්නේ ය. විශාරද වෙයි.

2. එහෙයින් සැප කැමති නුවණැත්තෝ මසුරු මල දුරු කොට දානාදී පින්කම් කරති. ඔවුහු දීර්ඝ කාලයක් දෙව්ලොව පිහිටියාහු දෙවියන් අතරට ගොස් සතුටු වෙති.

3. දෙව්ලොව වාසය පිණිස කරන ලද පින්කම් ඇති, කරන ලද කුසල් ඇති ඔවුහු එයින් චුත ව ස්වකීය ප්‍රභාවයෙන් බබලමින් නන්දන වනයෙහි සැරිසරති. ඔවුහු එහි සතුටු වෙති. සිත් අලවා වාසය කරති. පංච කාම ගුණයන් පිරිවරා සිටිති. තාදී ගුණ ඇති භාග්‍යවතුන් වහන්සේගේ වචනයට අනුව කටයුතු කොට සුගතයන් වහන්සේගේ ශ්‍රාවකයෝ දෙව්ලොවෙහි සතුටු වෙති.

සාදු! සාදු!! සාදු!!!

සීහසේනාපති සූත්‍රය නිමා විය.

5.1.4.5.

දානානිසංස සූත්‍රය

දානයෙහි අනුසස් ගැන වදාළ දෙසුම

මහණෙනි, දානයෙහි මේ අනුසස් පසකි. ඒ කවර පසක් ද යත්;

බොහෝ ජනයා හට ප්‍රිය මනාප වෙයි. ශාන්ත සත්පුරුෂයෝ ඔහු ඇසුරු කරත්. කල්‍යාණ කීර්ති ඝෝෂාවක් උස් ව පැනනගියි. ගිහි ධර්මය වන පංච ශීලයෙන් බැහැර නොයයි. කය බිඳී මරණින් මතු සුගති සංඛ්‍යාත ස්වර්ග ලෝකයෙහි උපදියි. මහණෙනි, මේ වනාහී පසක් වූ දානානිශංසයෝ ය.

(ගාථා)

1. සත්පුරුෂයන්ගේ ධර්මයක් වන දානය අනුගමනය කරන දන් දෙන තැනැත්තා අන්‍යයන්ට ප්‍රිය වෙයි. සංවර ඉඳුරන් ඇති, බඹසර සුරකින ශාන්ත සත්පුරුෂයෝ ඔහු ඇසුරු කරති.

2. ඔවුහු සියළු දුක් නසා ලන ධර්මය ඔහුට දේශනා කරති. හේ ඒ ධර්මය දැන මේ ජීවිතයේ දී ම ආශ්‍රව රහිත ව පිරිනිවී යයි.

සාදු! සාදු!! සාදු!!!

දානානිසංස සූත්‍රය නිමා විය.

5.1.4.6.
කාලදාන සූත්‍රය
සුදුසු කාලයෙහි දන්දීම ගැන වදාළ දෙසුම

මහණෙනි, සුදුසු කාලයෙහි මේ දන්දීම් පසකි. ඒ කවර පසක් ද යත්;

ආගන්තුකයා හට දන් දෙයි. ගමන් යන්නහු හට දන් දෙයි. ගිලනා හට දන් දෙයි. දුර්භික්ෂයෙහි දන් දෙයි. යම් ඒ අළුත් සහල් - අළුත් ඵල ඇත්නම් එහි පළමු කොටස සීලවන්තයන් කෙරෙහි පිහිටුවයි.

මහණෙනි, මේ වනාහී සුදුසු කාලයෙහි දන්දීම් පස ය.

(ගාථා)

1. නුවණින් යුතු පුද්ගලයෝ දානයෙහි අනුසස් දැන මසුරු මළ බැහැර කොට සුදුසු කාලයෙහි දන් දෙති. අටලෝ දහමින් කම්පා නොවන ගුණ ඇති, ඍජු මගෙහි බැසගත් ආර්යයන් වහන්සේලා කෙරෙහි නිසි කල්හි පහන් සිතින් පුදන දානයක් වෙයි ද, ඔහුගේ ඒ දක්ෂිණාව මහත්ඵල ලබා දෙයි.

2. එහිදී යම් කෙනෙක් ඒ දානය අනුමෝදන් වෙත් ද, වතාවත් හෝ කරත් ද, ඔවුන්ට ඒ දක්ෂිණාව අඩු නොවෙයි. ඔවුහු ද පිනෙහි කොටස්කරුවෝ වෙති.

3. එහෙයින් යම් පිරිසක් කෙරෙහි දුන් දානය මහත්ඵල ලැබ දෙයි ද, එහිලා නොහැකිළුණු සිත් ඇති ව දන් දිය යුත්තේ ය. සත්වයන් හට පරලොවෙහි දී පිහිට වන්නේ පින ය.

සාදු! සාදු!! සාදු!!!

කාලදාන සූත්‍රය නිමා විය.

5.1.4.7.
භෝජන සූත්‍රය
බොජුන් ගැන වදාළ දෙසුම

මහණෙනි, බොජුන් පුදන දායක තෙමේ ප්‍රතිග්‍රාහක පක්ෂයට පස් කරුණක් දෙන්නේ වෙයි. ඒ කවර පසක් ද යත්;

ආයුෂය දෙයි. ශරීර පැහැය දෙයි. සැපය දෙයි. ශක්තිය දෙයි. ප්‍රතිභානය දෙයි.

ආයුෂය දී දිව්‍ය වූ හෝ මානුෂික වූ හෝ ආයුෂයට හිමිකරුවෙක් වෙයි. සිරුරු පැහැය දී ....(පෙ).... සැපය දී ....(පෙ).... සවිය දී ....(පෙ).... ප්‍රතිභානය දී දිව්‍ය වූ හෝ මානුෂික වූ හෝ ප්‍රතිභානයට හිමිකරුවෙක් වෙයි.

මහණෙනි, බොජුන් පුදන දායක තෙමේ ප්‍රතිග්‍රාහක පක්ෂයට මේ පස් කරුණ දෙන්නේ වෙයි.

(ගාථා)

1. නුවණින් එඩිතර තැනැත්තා ආයුෂ දෙන්නේ, බලය දෙන්නේ, පැහැය දෙන්නේ, ප්‍රතිභානය දෙන්නේ, සැපය ද දෙන්නේ වෙයි. ඒ නුවණැත්තා සැපයට ම පැමිණෙන්නේ වෙයි.

2. ආයුෂ, බලය, වර්ණය, සැපය, ප්‍රතිභානය දී යම් යම් තැනක උපදින්නේ වෙයි ද, දීර්ඝායුෂ ඇති, යස පිරිවර ඇතියෙක් වෙයි.

සාදු! සාදු!! සාදු!!!

භෝජන සූත්‍රය නිමා විය.

5.1.4.8.
සද්ධ සූත්‍රය
සැදැහැවතා ගැන වදාළ දෙසුම

මහණෙනි, සැදැහැවත් කුල පුත්‍රයා කෙරෙහි ඇති මේ අනුසස් පසකි. ඒ කවර පසක් ද යත්;

මහණෙනි, ලෝකයෙහි යම් ඒ ශාන්ත වූ සත්පුරුෂයෝ සිටිත් ද, ඔවුහු පළමු ව සැදැහැවත් කෙනාට ම අනුකම්පා කරති. ඒ අයුරින් ම ශ්‍රද්ධා රහිත වූවහුට නොවෙයි.

පැමිණෙන කල්හී සැදැහැවත් කෙනා වෙත ම පළමු ව පැමිණෙති. ඒ අයුරින් ශ්‍රද්ධා රහිත කෙනා වෙත නොවෙයි.

දන් පිළිගන්නා කල්හී සැදැහැවත් කෙනාගෙන් ම පළමු ව පිළිගනිති. ඒ අයුරින් ශ්‍රද්ධා රහිත කෙනාගෙන් නොවෙයි.

ධර්මය දේශනා කරන කල්හී සැදැහැවත් කෙනා හට ම පළමු ව දේශනා කරති. ඒ අයුරින් ශ්‍රද්ධා රහිතයාට නොවෙයි.

සැදැහැවත් තැනැත්තා කය බිඳී මරණින් මතු සුගති සංඛ්‍යාත ස්වර්ග ලෝකයෙහි උපදින්නේ වෙයි.

මහණෙනි, මේ වනාහී සැදැහැවත් කුලපුත්‍රයා හට ලැබෙන ආනිශංස පස යි.

මහණෙනි, එය මෙබඳු දෙයකි. සිව්මංසලක මනා භූමිභාගයක පිහිටි මහා නුගරුකක් වෙයි ද, එය හාත්පස වසන බොහෝ පක්ෂීන් හට පිළිසරණ සදයි. එසෙයින් ම මහණෙනි, සැදැහැවත් කුලපුත්‍රයා භික්ෂු, භික්ෂුණී, උපාසක, උපාසිකා යන බොහෝ ජනයා හට පිළිසරණ වෙයි.

(ගාථා)

1. ශාඛා, කොළ, දළු, ඵල ආදියෙන් යුතු මහත් කඳ ඇති, බැසගත් මුල් ඇති මහා වෘක්ෂයක් වෙයි ද, එය පක්ෂීන් හට බොහෝ උපකාර සළසයි.

2. සිත්කළු වූ ඒ වෘක්ෂය අහසෙහි සැරිසරන කුරුල්ලෝ සතුටින් ඇසුරු කරති. සෙවණ කැමැත්තහු එහි සෙවණට යති. ඵල කැමැත්තහු එහි ඵල අනුභව කරති.

3. ඒ අයුරින් ම සීල සම්පන්න වූ සැදැහැවත් පුරුෂ පුද්ගලයා යටහත් පැවතුම් ඇති ව, අර්ථය හඳුනාගෙන, කීකරු කමින් යුතුව, පිරිස හා සතුටින් වසන්නේ, මෘදු වූයේ ද,

4. එබඳු මිනිසා වීතරාගී වූ, වීතදෝසී වූ, වීතමෝහී වූ, ක්ෂීණාශ්‍රව වූ ලෝකයෙහි පින්කෙත වූ රහතන් වහන්සේලා ඇසුරු කරති.

5. ඒ රහත්හු සියළු දුක් නසාලන ධර්මය ඔහුට දේශනා කරති. හේ ඒ ධර්මය දැන මෙලොව දී ම ආශ්‍රව රහිත ව පිරිනිවී යයි.

සාදු! සාදු!! සාදු!!!

සද්ධ සූත්‍රය නිමා විය.

5.1.4.9.
පුත්ත සූත්‍රය
පුත්‍රයා ගැන වදාළ දෙසුම

මහණෙනි, මේ පස් කරුණ දකින මව්පියවරු තම පවුලට දරුවෙකු ලැබීම ගැන කැමති වෙති. ඒ කවර කරුණු පසක් ද යත්;

අප විසින් පෝෂණය කරනු ලබන මොහු අපව ද පෝෂණය කරන්නේ ය. අපගේ කටයුතු ද කරන්නේ ය. අපගේ කුල පරම්පරාව ද බොහෝ කල් පවත්වන්නේ ය. දායාදය මැනැවින් පරිහරණය කරන්නේ ය. එමෙන් ම මියගොස් පරලොව ගියවුන් උදෙසා පින් පිණිස දානාදී පින්කම් කරන්නේ ය යනුවෙනි.

මහණෙනි, මේ පස් කරුණ දකින මව්පියවරු තම පවුලට දරුවෙකු ලැබීම ගැන කැමති වෙති.

(ගාථා)

1. නුවණැති මව්පියෝ පස් කරුණක් දකිමින් දරුවෙකු ප්‍රාර්ථනා කරති. අප

පෝෂණය කරනු ලබන මොහු අප ව ද පෙරලා පෝෂණය කරන්නේ ය. අපගේ කටයුතු ද කරන්නේ ය.

2. කුලවංශය බොහෝ කල් පවත්වන්නේ ය. දායාදය මැනැවින් පරිහරණය කරන්නේ ය. එමෙන් ම, මිය පරලොව ගිය කල්හී දන්පැන් පුදන්නේ ය.

3. නුවණැත්තෝ මේ කරුණු පස දකිමින් දරුවෙකු ප්‍රාර්ථනා කරති. එහෙයින් ශාන්ත වූ සත්පුරුෂ වූ කෙලෙහිගුණ දන්නා කෙලෙහි ගුණ සිහිකරනා දරුවෝ,

4. තමන්ට කළ උපකාර සිහි කරමින් ඒ මව්පියන් පෝෂණය කරති. ඔවුන් විසින් පූර්වයෙහි කරන ලද කටයුතු ද ඔවුන් කළ පරිද්දෙන් ම කරති.

5. මව්පියන්ගේ අවවාදයට අනුව කටයුතු කරන, තමා පෝෂණය කළ දෙමව්පියන් පෙරළා පෝෂණය කරන, කුලවංශය නොපිරිහෙලන සැදැහැවත් සීල සම්පන්න වූ පුත්‍රයා ප්‍රශංසා ලැබිය යුත්තේ ය.

සාදු! සාදු!! සාදු!!!

පුත්ත සූත්‍රය නිමා විය.

5.1.4.10.
මහාසාල සූත්‍රය
මහා වෘක්ෂය උපමා කොට වදාළ දෙසුම

මහණෙනි, හිමාල පර්වතරාජයා ඇසුරු කොට ගත් මහා වෘක්ෂයෝ අභිවෘද්ධීන් පසකින් වැඩී යති. ඒ කවර පසකින් ද යත්;

අතු කොළ දළුවෙන් වැඩී යති. සිවියෙන් වැඩී යති. පොත්තෙන් වැඩී යති. එළයෙන් වැඩී යති. අරටුවෙන් වැඩී යති. මහණෙනි, හිමාල පර්වතරාජයා ඇසුරු කොට ගත් මහා වෘක්ෂයෝ මේ අභිවෘද්ධීන් පසින් වැඩී යති.

එසෙයින් ම මහණෙනි, සැදැහැවත් කුලපුත්‍රයා ඇසුරු කොටගත් ඇතුළු ජනයා අභිවෘද්ධීන් පසකින් වැඩී යති. ඒ කවර පසකින් ද යත්;

ශ්‍රද්ධාවෙන් වැඩෙයි. සීලයෙන් වැඩෙයි. ශ්‍රැතයෙන් වැඩෙයි. ත්‍යාග

යෙන් වැඩෙයි. ප්‍රඥාවෙන් වැඩෙයි. මහණෙනි, සැදැහැවත් කුලපුත්‍රයා ඇසුරු කොටගත් ඇතුළු ජනයා මේ අභිවෘද්ධීන් පසින් වැඩී යති.

(ගාථා)

1. ගැඹුරු වනයෙහි සුවිශාල ගල් පර්වතයක් තිබෙන්නේ වෙයි ද, එය ඇසුරු කොට ඒ වනස්පති මහා වෘක්ෂයෝ යම් සේ වැඩී යත් ද,

2. එසෙයින් ම මෙලොවෙහි සීල සම්පන්න වූ සැදැහැවත් කුලපුත්‍රයා ඇසුරු කොට ගෙන අඹුදරුවෝ ද, ඥාතීහු ද, අමාත්‍යයෝ ද, නෑ සමූහයා ද, ඔවුන් අනුව දිවි ගෙවන්නෝ වෙත් ද, ඔවුහු වැඩෙති.

3. එහි යම් නුවණැත්තෝ සිටිත් නම් ඔවුහු ද, සිල්වත් වූ ඔහුගේ සීලය, ත්‍යාගය, සුචරිතාදිය දැක ඒවා අනුකරණය කරති.

4. මෙහි සුගතියට මාර්ගය වූ ඒ සුචරිත ධර්මයෙහි හැසිර තමා කැමති පංච කාම සැපය දෙව්ලොව දී ලබමින් සතුටු වෙමින් ප්‍රීතියට පත්වෙති.

සාදු! සාදු!! සාදු!!!

මහාසාල සූත්‍රය නිමා විය.

සිව්වෙනි සුමනා වර්ගය අවසන් විය.

- **එහි පිළිවෙල උද්දානය යි :**

සුමනා සූත්‍රය, චුන්දී සූත්‍රය, උග්ගහ සූත්‍රය, සීහ සූත්‍රය, දානානිසංස සූත්‍රය, කාලදාන සූත්‍රය, භෝජන සූත්‍රය, සද්ධා සූත්‍රය, පුත්ත සූත්‍රය සහ මහාසාල සූත්‍රය වශයෙන් මෙහි සූත්‍ර දශයකි.

5. මුණ්ඩරාජ වර්ගය

5.1.5.1.
පඤ්චභෝගආදිය සූත්‍රය
භෝගයෙන් ගත යුතු ප්‍රයෝජන පස ගැන වදාළ දෙසුම

එක් සමයක භාග්‍යවතුන් වහන්සේ සැවැත් නුවර ජේතවන නම් වූ අනේපිඬු සිටුහුගේ ආරාමයෙහි වැඩවසන සේක. එකල්හී අනාථපිණ්ඩික ගෘහපති තෙමේ භාග්‍යවතුන් වහන්සේ වෙත පැමිණියේ ය. පැමිණ භාග්‍යවතුන් වහන්සේට සකසා වන්දනා කොට එකත්පස් ව හිඳගත්තේ ය. එකත්පස් ව හුන් අනාථපිණ්ඩික ගෘහපති හට භාග්‍යවතුන් වහන්සේ මෙය වදාළ සේක.

"ගෘහපතිය, භෝග සම්පත් වලින් ගත යුතු මේ ප්‍රයෝජන පසකි. ඒ කවර පසක් ද යත්;

1. ගෘහපතිය, මෙහිලා ආර්ය ශ්‍රාවකයා නැගී සිටි වීර්යයෙන් යුතු ව බාහු බල සවියෙන් යුතු ව, දහඩිය වගුරුවමින්, ධාර්මික ව උපයා සපයා ගත් භෝග සම්පත් වලින් තමා ත් සුවපත් කරයි. පිනවයි. නිවැරදි සැපයක් පරිහරණය කරයි. මව්පියනුත් සුවපත් කරයි. පිනවයි. නිවැරදි සැපයක් පරිහණය කරයි. අඹුදරුවන්, දාස කම්කරු පුරුෂයන් සුවපත් කරයි. පිනවයි. නිවැරදි සැපයක් පරිහණය කරයි. මෙය භෝග සම්පත් වලින් ගනු ලබන පළමුවෙනි ප්‍රයෝජනය යි.

2. තව ද ගෘහපතිය, මෙහිලා ආර්ය ශ්‍රාවකයා නැගී සිටි වීර්යයෙන් යුතු ව බාහු බල සවියෙන් යුතු ව, දහඩිය වගුරුවමින්, ධාර්මික ව උපයා සපයා ගත් භෝග සම්පත් වලින් යහළුමිත්‍රාදීන් සුවපත් කරයි. පිනවයි. නිවැරදි සැපයක් පරිහරණය කරයි. මෙය භෝග සම්පත් වලින් ගනු ලබන දෙවෙනි ප්‍රයෝජනය යි.

3. තව ද ගෘහපතිය, මෙහිලා ආර්ය ශ්‍රාවකයා නැගී සිටි වීර්යයෙන් යුතු ව බාහු බල සවියෙන් යුතු ව, දහඩිය වගුරුවමින්, ධාර්මික ව උපයා සපයා ගත් භෝග සම්පත් වලින් යම් මේ ආපදාවෝ වෙත් ද, එනම් ගින්නෙන් වේවා, ජලයෙන් වේවා, රජයෙන් වේවා, සොරුන්ගෙන් වේවා, තමා අකමැති අයට දායාද වශයෙන් වේවා, එබඳු වූ ආපදාවන්හි දී ඒ භෝග සම්පත් උවදුරු මැඬලාගෙන උපකාරී වෙයි. තමාගේ පැවැත්ම සුවපත් කරයි. මෙය භෝග සම්පත් වලින් ගනු ලබන තුන්වෙනි ප්‍රයෝජනය යි.

4. තව ද ගෘහපතිය, මෙහිලා ආර්ය ශ්‍රාවකයා නැගී සිටි වීර්යයෙන් යුතු ව බාහු බල සවියෙන් යුතු ව, දහඩිය වගුරුවමින්, ධාර්මික ව උපයා සපයා ගත් භෝග සම්පත් වලින් පස් වැදෑරුම් සත්කාර කරන්නේ වෙයි. ඥාතීන්ට කරන සත්කාරය, ආගන්තුක සත්කාරය, කලින් මියගිය අය වෙනුවෙන් කරන සත්කාරය, රජයට කරන සත්කාරය සහ දෙවියන්ට කරන සත්කාරය යි. මෙය භෝග සම්පත් වලින් ගනු ලබන සිව්වෙනි ප්‍රයෝජනය යි.

5. තව ද ගෘහපතිය, මෙහිලා ආර්ය ශ්‍රාවකයා නැගී සිටි වීර්යයෙන් යුතු ව බාහු බල සවියෙන් යුතු ව, දහඩිය වගුරුවමින්, ධාර්මික ව උපයා සපයා ගත් භෝග සම්පත් වලින් දානාදී පින්කම් කරයි. යම් ඒ ශ්‍රමණ බ්‍රාහ්මණවරු සිටිත් ද, මද ප්‍රමාදයෙන් බැහැර වූ ඉවසීමෙන් හා කීකරුකමින් යුතු වූ ඔවුහු කෙනෙක් තමා ව දමනය කරගනිති. කෙනෙක් තමා ව සංසිඳුවා ගනිති. කෙනෙක් තමා තුළ ම පිරිනිවී යති. එබඳු වූ ශ්‍රමණ බ්‍රාහ්මණයන් උදෙසා ස්වර්ගයෙහි උපත සළසාලන, සැප විපාක ඇති, ස්වර්ගයෙහි උපතට හේතු වන දන් පැන් පුදන්නේ වෙයි. මෙය භෝග සම්පත් වලින් ගනු ලබන පස්වෙනි ප්‍රයෝජනය යි.

ගෘහපතිය, භෝග සම්පත් වලින් ගත යුතු ප්‍රයෝජන පස මේවා ය.

ගෘහපතිය, භෝගයන්ගෙන් මේ පස් වැදෑරුම් ප්‍රයෝජනය ගන්නා ඒ ආර්ය ශ්‍රාවකයාගේ භෝග සම්පත් ක්‍රමයෙන් අවසන් වෙයි නම් ඔහුට මෙසේ සිතෙයි. 'ඒකාන්තයෙන් ම භෝග සම්පත්වලින් ගත යුතු යම් ප්‍රයෝජනයෝ වෙත් නම් මම ඒ ප්‍රයෝජන ගනිමි. මාගේ ඒ භෝගයන් අවසන් වන්නේ ප්‍රයෝජනවත් කරුණු වෙනුවෙන් ය' කියා ය. මෙසේ ඔහු පසුතැවිලි රහිත වූවෙක් වෙයි. ගෘහපතිය, ඒ ආර්ය ශ්‍රාවකයා හට මේ පස් වැදෑරුම් භෝගයන්ගේ ප්‍රයෝජනය ගන්නා කල්හී භෝගයෝ වැඩිදියුණු වෙත් නම්, ඔහුට මෙසේ සිතෙයි. 'ඒකාන්තයෙන් ම භෝග සම්පත්වලින් ගත යුතු යම් ප්‍රයෝජනයෝ වෙත් නම් මම ඒ ප්‍රයෝජන ගනිමි. මාගේ ඒ භෝගයෝ වෙසෙසින් වැඩිදියුණු වී යති' කියා ය. මෙසේ ඔහු දෙපසින් ම පසුතැවිලි රහිත වූවෙක් වෙයි."

(ගාථා)

1. මා විසින් භෝග සම්පත් අනුභව කරන ලදී. පෝෂණය කළ යුතු අය පෝෂණය කරන ලද්දාහ. ආපදාවන්හි දී පිළියම් කරන ලද්දේ ය. උඩු අතට ගමන් කරන පුණ්‍ය දක්ෂිණාවෝ දෙන ලද්දාහු ය. එමෙන් ම පස් වැදෑරුම් සත්කාරයෝ කරන ලද්දාහු ය. සිල්වත් වූ සංයත වූ බ්‍රහ්මචාරීන් වහන්සේලාට උපස්ථාන කරන ලද්දාහු ය.

2. ගිහි ගෙයි වාසය කරන නුවණැත්තෙක් යම් කරුණක් අරභයා භෝග සම්පත් ප්‍රාර්ථනා කරන්නේ නම් මවිසින් ඒ අර්ථය අත්පත් කරගන්නා ලද්දේ ය. නොපසුතැවෙන දේ කරන ලද්දේ ය.

3. මෙසේ සිහි කරන මනුෂ්‍ය තෙමේ ආර්ය ධර්මයෙහි පිහිටා සිටියේ වෙයි. නුවණැත්තෝ මෙහි දී ම ඔහුට ප්‍රශංසා කරති. මරණින් මතු ස්වර්ගයෙහි ඉපිද සතුටු වෙයි.

සාදු! සාදු!! සාදු!!!

පඤ්චභෝග ආදිය සූත්‍රය නිමා විය.

5.1.5.2.
සප්පුරිස සූත්‍රය
සත්පුරුෂයා ගැන වදාළ දෙසුම

සැවැත් නුවර දී ය ......

මහණෙනි, පවුලක උපදින සත්පුරුෂ තැනැත්තා බොහෝ ජනයා හට යහපත හිත සුව සළසන්නේ වෙයි. මව්පියන් හට යහපත හිත සුව සළසන්නේ වෙයි. අඹුදරුවන් හට යහපත හිත සුව සළසන්නේ වෙයි. දාස කම්කරු පුරුෂයන් හට යහපත හිත සුව සළසන්නේ වෙයි. යහළු මිත්‍රයන් හට යහපත හිත සුව සළසන්නේ වෙයි. ශ්‍රමණ බ්‍රාහ්මණයින් හට යහපත හිත සුව සළසන්නේ වෙයි.

මහණෙනි, යම් සේ මහා වර්ෂාවක් සියළු කුඹුරු සරු කරමින් බොහෝ ජනයා හට යහපත හිතසුව සළසන්නේ වෙයි ද, එසෙයින් ම මහණෙනි, පවුලක උපදින සත්පුරුෂ තැනැත්තා බොහෝ ජනයා හට යහපත හිත සුව

සළසන්නේ වෙයි. මව්පියන් හට යහපත හිත සුව සළසන්නේ වෙයි. අඹුදරුවන් හට යහපත හිත සුව සළසන්නේ වෙයි. දාස කම්කරු පුරුෂයන් හට යහපත හිත සුව සළසන්නේ වෙයි. යහළු මිත්‍රයන් හට යහපත හිත සුව සළසන්නේ වෙයි. ශ්‍රමණ බ්‍රාහ්මණයින් හට යහපත හිත සුව සළසන්නේ වෙයි.

(ගාථා)

1. සත්පුරුෂ තැනැත්තා බොහෝ ජනයා හට හිතසුව පිණිස භෝග සම්පත් යොදවයි ද, දෙවියෝ ඔහු රකිති. දෙවියන්ගෙන් රැකවරණ ලත් බහුශ්‍රැත වූ සිල්වත් වූ ධර්මයෙහි සිටි තැනැත්තහුගේ කීර්තිය ඔහු හැර නොයයි.

2. ධර්මයෙහි පිහිටි සිල්වත් වූ සත්‍යවාදී වූ පවට ලැජ්ජා ඇති තැනැත්තා දඹරන් නිකක් සේ බබලයි. ඔහුට ගරහන්නට කවරෙක් නම් සමර්ථ වෙයි ද? දෙවියෝ ත් ඔහුට ප්‍රශංසා කරති. බ්‍රහ්මයා විසිනුත් ඔහු පසසන ලද්දේ ය.

සාදු! සාදු!! සාදු!!!

සප්පුරිස සූත්‍රය නිමා විය.

5.1.5.3.
පඤ්ච ඉට්ඨධම්ම සූත්‍රය
සිතට ප්‍රිය උපදවන කරුණු පස ගැන වදාළ දෙසුම

සැවැත් නුවර දී ය......

එකල්හී අනාථපිණ්ඩික ගෘහපති තෙමේ භාග්‍යවතුන් වහන්සේ යම් තැනක වැඩසිටි සේක් ද, එතැනට පැමිණියේ ය. පැමිණ භාග්‍යවතුන් වහන්සේට සකසා වන්දනා කොට එකත්පස් ව හිඳගත්තේ ය. එකත්පස් ව හුන් අනාථපිණ්ඩික ගෘහපති හට භාග්‍යවතුන් වහන්සේ මෙය වදාළ සේක.

"ගෘහපතිය, ලෝකයෙහි දුර්ලභ වූ මේ සිතට ප්‍රිය උපදවන්නා වූ, කාන්ත වූ, මනාප කරුණු පසකි. ඒ කවර පසක් ද යත්;

ගෘහපතිය, ආයුෂ යනු ලෝකයෙහි දුර්ලභ වූ මේ සිතට ප්‍රිය උපදවන්නා වූ, කාන්ත වූ, මනාප කරුණකි. වර්ණය යනු ලෝකයෙහි දුර්ලභ වූ මේ සිතට

ප්‍රිය උපදවන්නා වූ, කාන්ත වූ, මනාප කරුණකි. සැපය යනු ලෝකයෙහි දුර්ලභ වූ මේ සිතට ප්‍රිය උපදවන්නා වූ, කාන්ත වූ, මනාප කරුණකි. පරිවාර සම්පත් යනු ලෝකයෙහි දුර්ලභ වූ මේ සිතට ප්‍රිය උපදවන්නා වූ, කාන්ත වූ, මනාප කරුණකි. ස්වර්ගය යනු ලෝකයෙහි දුර්ලභ වූ මේ සිතට ප්‍රිය උපදවන්නා වූ, කාන්ත වූ, මනාප කරුණකි.

ගෘහපතිය, මේ වනාහී ලෝකයෙහි දුර්ලභ වූ සිතට ප්‍රිය උපදවන්නා වූ, කාන්ත වූ, මනාප කරුණු පස යි.

ගෘහපතිය, ලෝකයෙහි දුර්ලභ වූ සිතට ප්‍රිය උපදවන්නා වූ, කාන්ත වූ, මනාප වූ මේ පස් වැදෑරුම් කාරණා යැදීම හේතු කොට ගෙන හෝ ප්‍රාර්ථනාව හේතු කොට ගෙන හෝ ලැබිය හැකි යැයි නොකියමි. ගෘහපතිය, ලෝකයෙහි දුර්ලභ වූ සිතට ප්‍රිය උපදවන්නා වූ, කාන්ත වූ, මනාප වූ මේ පස් වැදෑරුම් කාරණා යැදීම හේතු කොට ගෙන හෝ ප්‍රාර්ථනාව හේතු කොට ගෙන හෝ ලැබිය හැකි නම් ලෝකයෙහි කවරෙක් නම් කවර දෙයකින් අඩුපාඩු ඇති ව සිටිත් ද?

1. ගෘහපතිය, ආයුෂ කැමති ආර්ය ශ්‍රාවකයා ආයුෂ වැඩිවීම පිණිස යදින්නට හෝ පතන්නට හෝ එබඳු දෙයකින් ආයුෂ කැමති වන්නට හෝ නුසුදුසු ය. ගෘහපතිය, ආයුෂ කැමති ආර්ය ශ්‍රාවකයා විසින් පිළිපැදිය යුත්තේ ආයුෂය වර්ධනය වන්නා වූ ප්‍රතිපදාව යි. ඔහු විසින් ආයුෂ වැඩෙන්නා වූ ප්‍රතිපදාව අනුගමනය කළ කල්හී එය ආයුෂ වැඩිවීම පිණිස හේතු වන්නේ ය. එවිට හේ දිව්‍ය හෝ වේවා මානුෂික හෝ වේවා ආයුෂයට හිමිකරුවෙක් වෙයි.

2. ගෘහපතිය, සිරුරු පැහැය කැමති ආර්ය ශ්‍රාවකයා සිරුරු පැහැය වැඩිවීම පිණිස යදින්නට හෝ පතන්නට හෝ එබඳු දෙයකින් සිරුරු පැහැය කැමති වන්නට හෝ නුසුදුසු ය. ගෘහපතිය, සිරුරු පැහැය කැමති ආර්ය ශ්‍රාවකයා විසින් පිළිපැදිය යුත්තේ සිරුරු පැහැය වර්ධනය වන්නා වූ ප්‍රතිපදාව යි. ඔහු විසින් සිරුරු පැහැය වැඩෙන්නා වූ ප්‍රතිපදාව අනුගමනය කළ කල්හී එය සිරුරු පැහැය වැඩිවීම පිණිස හේතු වන්නේ ය. එවිට හේ දිව්‍ය හෝ වේවා මානුෂික හෝ වේවා සිරුරු පැහැයට හිමිකරුවෙක් වෙයි.

3. ගෘහපතිය, සැප කැමති ආර්ය ශ්‍රාවකයා සැප වැඩිවීම පිණිස යදින්නට හෝ පතන්නට හෝ එබඳු දෙයකින් සැප කැමති වන්නට හෝ නුසුදුසු ය. ගෘහපතිය, සැප කැමති ආර්ය ශ්‍රාවකයා විසින් පිළිපැදිය යුත්තේ සැපය වර්ධනය වන්නා වූ ප්‍රතිපදාව යි. ඔහු විසින් සැප වැඩෙන්නා වූ ප්‍රතිපදාව අනුගමනය කළ කල්හී එය සැප වැඩිවීම පිණිස හේතු වන්නේ ය. එවිට හේ දිව්‍ය හෝ

වේවා මානුෂික හෝ වේවා සැපයට හිමිකරුවෙක් වෙයි.

4. ගෘහපතිය, පිරිවර සම්පත් කැමති ආර්ය ශ්‍රාවකයා පිරිවර සම්පත් වැඩිවීම පිණිස යදින්නට හෝ පතන්නට හෝ එබඳු දෙයකින් පිරිවර සම්පත් කැමති වන්නට හෝ නුසුදුසු ය. ගෘහපතිය, පිරිවර සම්පත් කැමති ආර්ය ශ්‍රාවකයා විසින් පිළිපැදිය යුත්තේ පිරිවර සම්පත් වර්ධනය වන්නා වූ ප්‍රතිපදාව යි. ඔහු විසින් පිරිවර සම්පත් වැඩෙන්නා වූ ප්‍රතිපදාව අනුගමනය කළ කල්හී එය පිරිවර සම්පත් වැඩිවීම පිණිස හේතු වන්නේ ය. එවිට හේ දිව්‍ය හෝ වේවා මානුෂික හෝ වේවා පිරිවර සම්පත්වලට හිමිකරුවෙක් වෙයි.

5. ගෘහපතිය, ස්වර්ගය කැමති ආර්ය ශ්‍රාවකයා ස්වර්ගය පිණිස යදින්නට හෝ පතන්නට හෝ එබඳු දෙයකින් ස්වර්ගය කැමති වන්නට හෝ නුසුදුසු ය. ගෘහපතිය, ස්වර්ගය කැමති ආර්ය ශ්‍රාවකයා විසින් පිළිපැදිය යුත්තේ ස්වර්ගය පිණිස පවතින්නා වූ ප්‍රතිපදාව යි. ඔහු විසින් ස්වර්ගය පිණිස පවතින්නා වූ ප්‍රතිපදාව අනුගමනය කළ කල්හී එය ස්වර්ගය පිණිස හේතු වන්නේ ය. එවිට හේ ස්වර්ගයන්ට හිමිකරුවෙක් වෙයි.

(ගාථා)

1. ආයුෂ, වර්ණය, පරිවාර සම්පත්, කීර්තිය, ස්වර්ගය, උසස් කුලයෙහි ඉපදීම යනාදිය උදාර වූ කාම සම්පත්වලට ඇලුම් කොට පතන්නවුන් විසින්,

2. ත්‍රිවිධ පුණ්‍යක්‍රියාවන්හි අප්‍රමාදී ව යෙදිය යුතු යැයි නුවණැත්තෝ ප්‍රශංසා කරති. අප්‍රමාදී නුවණැත්තා මෙලොව පරලොව දෙකෙහි ම යහපත අත්පත් කරගන්නේ ය.

3. මෙලොව දී ලැබිය හැකි යම් යහපතක් ඇද්ද, පරලොව දී ලැබිය හැකි යම් යහපතක් ඇද්ද, නුවණින් එඩිතර වූ හේ ඒ උභයාර්ථ ප්‍රතිලාභය ලබන හෙයින් නුවණැත්තා යැයි කියනු ලැබේ.

සාදු! සාදු!! සාදු!!!

පඤ්ච ඉට්ඨධම්ම සූත්‍රය නිමා විය.

5.1.5.4.
මනාපදායී සූත්‍රය
කැමති දේ දීම ගැන වදාළ දෙසුම

එක් සමයක භාග්‍යවතුන් වහන්සේ විශාලා මහනුවර මහාවනයෙහි කූටාගාර ශාලාවෙහි වැඩවසන සේක. එකල්හී භාග්‍යවතුන් වහන්සේ පෙරවරුවෙහි සිවුරු හැඳ පොරොවාගෙන පාත්‍රය හා සිවුර ගෙන විසල්පුරවැසි උග්ග ගෘහපතියාගේ නිවස කරා වැඩි සේක. වැඩම කොට පණවන ලද අසුනෙහි වැඩහුන් සේක. එකල්හී විසල්පුරවැසි උග්ග ගෘහපති තෙමේ භාග්‍යවතුන් වහන්සේ වෙත පැමිණියේ ය. පැමිණ භාග්‍යවතුන් වහන්සේට සකසා වන්දනා කොට එකත්පස් ව හිඳගත්තේ ය. එකත්පස් ව හුන් විසල්පුරවැසි උග්ග ගෘහපති තෙමේ භාග්‍යවතුන් වහන්සේට මෙය පැවසුවේ ය.

"ස්වාමීනී, මවිසින් මෙකරුණ භාග්‍යවතුන් වහන්සේ හමුවෙහි අසන ලද්දේ ය. භාග්‍යවතුන් වහන්සේ හමුවෙහි පිළිගන්නා ලද්දේ ය. එනම් කැමති දේ දෙන තැනැත්තා කැමති දේ ලබන බව යි. ස්වාමීනී, මා හට ආහාරයට ගන්නා මේ සල්පුප් නම් කැවිලි වර්ගය ඉතා මනාප ය. මා කෙරෙහි අනුකම්පාව උපදවා භාග්‍යවතුන් වහන්සේ එය පිළිගන්නා සේක්වා!" භාග්‍යවතුන් වහන්සේ අනුකම්පාව උපදවා එය පිළිගත් සේක.

"ස්වාමීනී, මවිසින් මෙකරුණ භාග්‍යවතුන් වහන්සේ හමුවෙහි අසන ලද්දේ ය. භාග්‍යවතුන් වහන්සේ හමුවෙහි පිළිගන්නා ලද්දේ ය. එනම් කැමති දේ දෙන තැනැත්තා කැමති දේ ලබන බව යි. ස්වාමීනී, මා හට ඇඹුලට මසං ගෙඩි යෙදූ ඌරුමස් ව්‍යංජනය ඉතා මනාප ය. මා කෙරෙහි අනුකම්පාව උපදවා භාග්‍යවතුන් වහන්සේ එය පිළිගන්නා සේක්වා!" භාග්‍යවතුන් වහන්සේ අනුකම්පාව උපදවා එය පිළිගත් සේක.

"ස්වාමීනී, මවිසින් මෙකරුණ භාග්‍යවතුන් වහන්සේ හමුවෙහි අසන ලද්දේ ය. භාග්‍යවතුන් වහන්සේ හමුවෙහි පිළිගන්නා ලද්දේ ය. එනම් කැමති දේ දෙන තැනැත්තා කැමති දේ ලබන බව යි. ස්වාමීනී, මා හට ගිතෙලින් බදින ලද නාලියශාඛ නම් වූ ආහාරය ඉතා මනාප ය. මා කෙරෙහි අනුකම්පාව උපදවා භාග්‍යවතුන් වහන්සේ එය පිළිගන්නා සේක්වා!" භාග්‍යවතුන් වහන්සේ අනුකම්පාව උපදවා එය පිළිගත් සේක.

"ස්වාමීනී, මවිසින් මෙකරුණ භාග්‍යවතුන් වහන්සේ හමුවෙහි අසන ලද්දේ ය. භාග්‍යවතුන් වහන්සේ හමුවෙහි පිළිගන්නා ලද්දේ ය. එනම් කැමති දේ දෙන තැනැත්තා කැමති දේ ලබන බව යි. ස්වාමීනී, මා හට කළු සහල් ඉවත් කළ නොයෙක් සූපයන්ගෙන් ද, නොයෙක් ව්‍යංජනයන්ගෙන් ද යුක්ත වූ ඇල් සහල් බත ඉතා මනාප ය. මා කෙරෙහි අනුකම්පාව උපදවා භාග්‍යවතුන් වහන්සේ එය පිළිගන්නා සේක්වා!" භාග්‍යවතුන් වහන්සේ අනුකම්පාව උපදවා එය පිළිගත් සේක.

"ස්වාමීනී, මවිසින් මෙකරුණ භාග්‍යවතුන් වහන්සේ හමුවෙහි අසන ලද්දේ ය. භාග්‍යවතුන් වහන්සේ හමුවෙහි පිළිගන්නා ලද්දේ ය. එනම් කැමති දේ දෙන තැනැත්තා කැමති දේ ලබන බව යි. ස්වාමීනී, මා හට කසී සළු ඉතා මනාප ය. මා කෙරෙහි අනුකම්පාව උපදවා භාග්‍යවතුන් වහන්සේ එය පිළිගන්නා සේක්වා!" භාග්‍යවතුන් වහන්සේ අනුකම්පාව උපදවා එය පිළිගත් සේක.

"ස්වාමීනී, මවිසින් මෙකරුණ භාග්‍යවතුන් වහන්සේ හමුවෙහි අසන ලද්දේ ය. භාග්‍යවතුන් වහන්සේ හමුවෙහි පිළිගන්නා ලද්දේ ය. එනම් කැමති දේ දෙන තැනැත්තා කැමති දේ ලබන බව යි. ස්වාමීනී, මා හට කළු ලොම් ඇති පලස් අතුරන ලද එළුලෝමයෙන් කළ සුදු ඇතිරිලි අතුරන ලද ගොරෝසුවට කළ එළුලොම් අතුරන ලද කදලි මෘගයන්ගේ සම් අතුරන ලද උඩු වියන් සහිත වූ දෙපස රතු විල්ලුද කොට්ට ඇති පළඟ ඉතා මනාප ය. එනමුදු ස්වාමීනී, අපි භාග්‍යවතුන් වහන්සේට එය අකැප බව දනිමු. ස්වාමීනි, මාගේ මේ කහවණු දහසකට වැඩි වටිනාකම ඇති සඳුන් එලකය මා කෙරෙහි අනුකම්පාව උපදවා භාග්‍යවතුන් වහන්සේ එය පිළිගන්නා සේක්වා!" භාග්‍යවතුන් වහන්සේ අනුකම්පාව උපදවා එය පිළිගත් සේක.

ඉක්බිති භාග්‍යවතුන් වහන්සේ විසල්පුරවැසි උග්ග ගෘහපතියාට මේ අනුමෝදනාවෙන් අනුමෝදනා කළ සේක.

(ගාථා)

1. තමා කැමති දෙය දෙන තැනැත්තා කැමති දෙය ම ලබයි. යමෙක් නිවන් මගෙහි ඍජු වූවන් උදෙසා ඉතා සතුටින් දන් දෙයි ද, හඳිනා පොරෝනා වස්ත්‍ර සයනාසන ආහාරපානාදිය නොයෙක් කැප සරුප් ප්‍රත්‍යයන් දෙයි ද,

2. රහතන් වහන්සේලා පුණ්‍යක්ෂේත්‍රය ලෙස උපමා කොට වදාළ බව දැන නොඇළුණු සිතින් යුතුව දන් පුදන ලද්දේ ද, සිතින් අත්හරින ලද්දේ

ද, ඒ සත්පුරුෂ තෙමේ දුෂ්කර වූ පරිත්‍යාගයන් කොට තමා කැමති දේ දී කැමති දේ ම ලබන්නේ ය.

එකල්හී භාග්‍යවතුන් වහන්සේ විසල්පුරවැසි උග්ග ගෘහපති හට මේ අනුමෝදනාවෙන් අනුමෝදන් කොට හුනස්නෙන් නැගිට නික්ම වැඩි සේක. ඉක්බිති විසල්පුරවැසි උග්ග ගෘහපති තෙමේ පසුකලක කළුරිය කළේය. කළුරිය කළ විසල්පුරවැසි උග්ග ගෘහපති තෙමේ එක්තරා සුද්ධාවාස දෙව්ලොවක මනෝමය කයින් උපන්නේ ය.

එසමයෙහි භාග්‍යවතුන් වහන්සේ සැවැත් නුවර ජේතවන නම් අනේපිඬු සිටුහුගේ ආරාමයෙහි වැඩවසන සේක. ඉක්බිති උග්ග දිව්‍ය පුත්‍ර තෙමේ මධ්‍යම රාත්‍රියෙහි මනස්කාන්ත වර්ණයෙන් මුළුමහත් දෙව්රම බබුළුවාගෙන භාග්‍යවතුන් වහන්සේ වෙත පැමිණියේ ය. පැමිණ භාග්‍යවතුන් වහන්සේට සකසා වන්දනා කොට එකත්පස් ව සිටියේ ය. එකත්පස් ව සිටි උග්ග දිව්‍යපුත්‍රයාගෙන් භාග්‍යවතුන් වහන්සේ මෙය ඇසූ සේක.

"කිම? උග්ගයෙනි, ඔබට අදහස් කළ පරිදි ලැබුණේ ද?"

"ස්වාමීනී, ඒකාන්තයෙන් ම මා අදහස් කළ පරිදි ඉහළ මගඵල ලැබුණේ ය."

ඉක්බිති භාග්‍යවතුන් වහන්සේ උග්ග දිව්‍යපුත්‍රයා හට ගාථාවලින් වදාළ සේක.

(ගාථා)

1. කැමති දේ දෙන තැනැත්තා කැමති දේ ලබන්නේ ය. අග්‍ර දේ දෙන තැනැත්තා යළි අග්‍ර වූ දේ ලබන්නේ ය. උතුම් දේ දෙන තැනැත්තා උතුම් දෙයට හිමිකරුවෙක් වන්නේ ය. ශ්‍රේෂ්ඨ වූ දේ දෙන තැනැත්තා ශ්‍රේෂ්ඨ වූ තැනට පත්වන්නේ ය.

2. යමෙක් අග්‍ර දේ දෙන්නේ ද, උතුම් දේ දෙන්නේ ද, ශ්‍රේෂ්ඨ වූ දේ දෙන්නේ ද, ඒ මනුෂ්‍ය තෙමේ යම් යම් තැනක උපදියි නම් දීර්ඝායුෂ ඇත්තේ යස පිරිවර ඇත්තේ වෙයි.

සාදු! සාදු!! සාදු!!!

මනාපදායී සූත්‍රය නිමා විය.

5.1.5.5.
පුඤ්ඤාභිසන්ද සූත්‍රය
පුණ්‍යප්‍රවාහය ගැන වදාළ දෙසුම

සැවැත් නුවර දී ය.......

මහණෙනි, මේ පුණ්‍ය ප්‍රවාහයෝ, කුසල ප්‍රවාහයෝ, සැප කැඳවා දෙන කුසල් පසකි. මෙයින් සුගති සැප ලබා දෙයි. සැප විපාක සළසයි. සුගතිය පිණිස පවතින්නාහු ය. සිතට ප්‍රිය ඇතිකරවන, කාන්ත වූ, මනාප වූ, හිතසුව පිණිස පවතින්නාහු ය. ඒ කවර පසක් ද යත්;

මහණෙනි, යම් දායකයෙකුගේ සිවුරක් පරිහරණය කරන භික්ෂුව ගුණයෙන් අප්‍රමාණ වූ අරහත්ඵල සමාධියට සමවැදී වාසය කරයි ද, දායකයා හට ද අප්‍රමාණ වූ පුණ්‍ය ප්‍රවාහයක්, කුසල ප්‍රවාහයක් ගලා එයි. සැප කැඳවා දෙයි. එයින් සුගති සැප ලබා දෙයි. සැප විපාක සළසයි. සුගතිය පිණිස පවතින්නේ ය. සිතට ප්‍රිය ඇතිකරවන, කාන්ත වූ, මනාප වූ, හිතසුව පිණිස පවතින්නේ ය.

මහණෙනි, යම් දායකයෙකුගේ දානයක් පරිහරණය කරන භික්ෂුව ....(පෙ).... යම් දායකයෙකුගේ විහාරයක් පරිහරණය කරන භික්ෂුව ....(පෙ).... ඇඳ පුටු පරිහරණය කරන භික්ෂුව ....(පෙ).... ගිලන්පස බෙහෙත් පිරිකරක් පරිහරණය කරන භික්ෂුව ගුණයෙන් අප්‍රමාණ වූ අරහත්ඵල සමාධියට සමවැදී වාසය කරයි ද, දායකයා හට ද අප්‍රමාණ වූ පුණ්‍ය ප්‍රවාහයක්, කුසල ප්‍රවාහයක් ගලා එයි. සැප කැඳවා දෙයි. එයින් සුගති සැප ලබා දෙයි. සැප විපාක සළසයි. සුගතිය පිණිස පවතින්නේ ය. සිතට ප්‍රිය ඇතිකරවන, කාන්ත වූ, මනාප වූ, හිතසුව පිණිස පවතින්නේ ය.

මහණෙනි, මේ වනාහී පුණ්‍ය ප්‍රවාහයෝ, කුසල ප්‍රවාහයෝ, සැප කැඳවා දෙන කුසල් පස යි. මෙයින් සුගති සැප ලබා දෙයි. සැප විපාක සළසයි. සුගතිය පිණිස පවතින්නාහු ය. සිතට ප්‍රිය ඇතිකරවන, කාන්ත වූ, මනාප වූ, හිතසුව පිණිස පවතින්නාහු ය.

මහණෙනි, මේ පුණ්‍ය ප්‍රවාහයන්, කුසල ප්‍රවාහයන්, සැප කැඳවා දෙන කරුණු පසින් යුතු ආර්ය ශ්‍රාවකයාගේ පිනෙහි ප්‍රමාණයක් ගන්නට පහසු නැත. සුගති සැප ලබා දෙන, සැප විපාක සළසන, සැප කැඳවා දෙන, සුගතිය පිණිස

පවතින, සිතට ප්‍රිය ඇතිකරවන, කාන්ත වූ, මනාප වූ, හිතසුව පිණිස පවතින පුණ්‍ය ප්‍රවාහය, කුසල ප්‍රවාහය මෙපමණෙකි යි කියා කිව නොහැකි ය. වැලිඳු අසංඛෙය්‍ය වූ අප්‍රමාණ වූ මහා පුණ්‍යස්කන්ධයක් ය යන සංඛ්‍යාවට යන්නේ ය.

මහණෙනි, එය මෙබඳු දෙයකි. මහා සමුද්‍රයෙහි ඇති ජලය ප්‍රමාණයකට ගැනීම ඉතා අපහසු ය. එහි මෙතෙක් දිය බඳුන් ගණනකි. එහි මෙතෙක් දිය බඳුන් සිය ගණනකි. මෙතෙක් දිය බඳුන් දහස් ගණනකි. මෙතෙක් දිය බඳුන් සිය දහස් ගණනකි වශයෙන් ගිණිය නොහැක්කේ ය. වැලිඳු අසංඛෙය්‍ය වූ අප්‍රමාණ වූ මහා ජලස්කන්ධයක් යන සංඛ්‍යාවට වැටෙයි. එසෙයින් ම මහණෙනි, මේ පුණ්‍ය ප්‍රවාහයන්, කුසල ප්‍රවාහයන් පසින් යුතු ආර්ය ශ්‍රාවකයාගේ පිනෙහි ප්‍රමාණයක් ගන්නට පහසු නැත. සුගති සැප ලබා දෙන, සැප කැඳවා දෙන, සැප විපාක සළසන, සුගතිය පිණිස පවතින, සිතට ප්‍රිය ඇතිකරවන, කාන්ත වූ, මනාප වූ, හිතසුව පිණිස පවතින පුණ්‍ය ප්‍රවාහය, කුසල ප්‍රවාහය මෙපමණෙකි යි කියා කිව නොහැකි ය. වැලිඳු අසංඛෙය්‍ය වූ අප්‍රමාණ වූ මහා පුණ්‍යස්කන්ධයක් ය යන සංඛ්‍යාවට යන්නේ ය.

(ගාථා)

1. අප්‍රමාණ වූ මහා කඳක් වැනි වූ, බොහෝ භයභේරව ඇති නොයෙක් රත් රුවන්වලට ආකර වූ මහා සාගරයට මිනිස් සමූහයා විසින් සේවනය කරනු ලබන බොහෝ ගංගාවෝ වැද ගනිති.

2. මෙසෙයින් ආහාරපාන, වස්ත්‍ර, සයනාසන, පුටු, ඇතිරිලි ආදිය පූජා කරන්නා වූ නුවණැති මිනිසා කරා පුණ්‍යධාරාවෝ වැද ගනිති. ගංගාවන් සයුරට වදිනාක් ලෙසිනි.

සාදු! සාදු!! සාදු!!!

පුඤ්ඤාභිසන්ද සූත්‍රය නිමා විය.

5.1.5.6.
පඤ්ච සම්පදා සූත්‍රය
සම්පත් පස ගැන වදාළ දෙසුම

සැවැත් නුවර දී ය ....

මහණෙනි, මේ සම්පත්තීහු පසකි. ඒ කවර පසක් ද යත්; ශ්‍රද්ධා සම්පත්තිය ය, සීල සම්පත්තිය ය, ශ්‍රැත සම්පත්තිය ය, ත්‍යාග සම්පත්තිය ය, ප්‍රඥා සම්පත්තිය ය. මහණෙනි, මේ වනාහී සම්පත්තීහු පස යි.

සාදු! සාදු!! සාදු!!!

පඤ්ච සම්පදා සූත්‍රය නිමා විය.

5.1.5.7.
පඤ්ච ධන සූත්‍රය
පස් වැදෑරුම් ධනය ගැන වදාළ දෙසුම

සැවැත් නුවර දී ය ....

මහණෙනි, මේ ධන පසකි. ඒ කවර පසක් ද යත්; ශ්‍රද්ධා ධනය ය, සීල ධනය ය, ශ්‍රැත ධනය ය, ත්‍යාග ධනය ය, ප්‍රඥා ධනය ය.

මහණෙනි, ශ්‍රද්ධා ධනය යනු කුමක් ද? මහණෙනි, මෙහිලා ආර්ය ශ්‍රාවකයා සැදැහැවතෙක් වෙයි. තථාගතයන්ගේ අවබෝධය අදහන්නේ වෙයි. එනම් 'ඒ භාග්‍යවතුන් වහන්සේ මේ මේ කරුණින් අරහං වන සේක. ....(පෙ).... සත්ථා දේවමනුස්සානං වන සේක. බුද්ධ වන සේක. භගවා වන සේක' යනුවෙනි. මහණෙනි, මෙය ශ්‍රද්ධා ධනය යැයි කියනු ලැබේ.

මහණෙනි, සීල ධනය යනු කුමක් ද? මහණෙනි, මෙහිලා ආර්ය ශ්‍රාවකයා සතුන් මැරීමෙන් වැළකුණේ වෙයි. ....(පෙ).... මත්වීමට ත්, ප්‍රමාදයට ත් හේතුවන මත්පැන් හා මත්ද්‍රව්‍ය භාවිතයෙන් වැළකුණේ වෙයි. මහණෙනි, මෙය සීල ධනය යැයි කියනු ලැබේ.

මහණෙනි, ශ්‍රැත ධනය යනු කුමක් ද? මහණෙනි, මෙහිලා ආර්ය ශ්‍රාවකයා බහුශ්‍රැත වූයේ වෙයි. (යම් ඒ ධර්මයෝ ....(පෙ).... මුළුමනින් ම පිරිපුන් බඹසර ප්‍රකාශ කරත් ද එබඳු වූ ධර්මයෝ ඔහු විසින්) ....(පෙ).... නුවණින් අවබෝධ කරන ලද්දාහු ය. මහණෙනි, මෙය ශ්‍රැත ධනය යැයි කියනු ලැබේ.

මහණෙනි, ත්‍යාග ධනය යනු කුමක් ද? මහණෙනි, මෙහිලා ආර්ය ශ්‍රාවකයා බැහැර කළ මසුරු මල ඇතිව ගිහි ගෙයි වසන්නේ වෙයි. දන් දීම පිණිස අත්හළේ වෙයි. දන් දීම පිණිස සෝදා ගත් අත් ඇත්තේ වෙයි. දන් දීමෙහි ඇලුණේ වෙයි. ඔහුගෙන් ඉල්ලීමට සුදුසු වෙයි. දන් බෙදීමෙහි ඇලුණේ වෙයි. මහණෙනි, මෙය ත්‍යාග ධනය යැයි කියනු ලැබේ.

මහණෙනි, ප්‍රඥා ධනය යනු කුමක් ද? මහණෙනි, මෙහිලා ආර්ය ශ්‍රාවකයා ප්‍රඥාවන්ත වෙයි. හටගැනීම ත්, නැතිවීම ත් දැකීමට සමර්ථ ප්‍රඥාවෙන් යුක්ත වූයේ වෙයි. ආර්ය වූ තියුණු අවබෝධය ඇති කරවන, මැනැවින් දුක් ක්ෂය කරවන ප්‍රඥාවෙන් යුක්ත වූයේ වෙයි. මහණෙනි, මෙය ප්‍රඥා ධනය යැයි කියනු ලැබේ.

මහණෙනි, මේ වනාහී ධන පස යි.

(ගාථා)

1. යමෙක් තුළ තථාගතයන් වහන්සේ පිළිබඳ ව නොසෙල්වෙන පැහැදීමක් මැනැවින් පිහිටා ඇද්ද, යමෙකු හට නැණවතුන් විසින් පසසනු ලබන කල්‍යාණ වූ ආර්යකාන්ත සීලයක් ඇද්ද,

2. යමෙක් තුළ ශ්‍රාවක සංඝයා කෙරෙහි ප්‍රසාදයක් ඇද්ද, ඍජු වූ ධර්මාවබෝධයක් ඇද්ද, ඔහු නොදිළින්දෙක් යැයි කියති. ඔහුගේ ජීවිතය හිස් වූවක් නොවෙයි.

3. එහෙයින් ශ්‍රද්ධාව ත්, සීලය ත්, සංඝයා කෙරෙහි ප්‍රසාදය ත්, ධර්මාවබෝධය ත් යන මේ කරුණු වලින් යුතු වූ නුවණැත්තා ධර්ම මාර්ගයෙහි යෙදෙමින් බුදුරජාණන් වහන්සේගේ අනුශාසනය සිහි කරන්නේ ය.

සාදු! සාදු!! සාදු!!!

පඤ්ච ධන සූත්‍රය නිමා විය.

5.1.5.8.
අලබ්භනීය ඨාන සූත්‍රය
නොලැබිය හැකි කරුණු ගැන වදාළ දෙසුම

සැවැත් නුවර දී ය......

මහණෙනි, ලෝකයෙහි ශ්‍රමණයෙකු විසින් වේවා, බ්‍රාහ්මණයෙකු විසින් වේවා, දෙවියෙකු විසින් වේවා, මාරයෙකු විසින් වේවා, බ්‍රහ්මයෙකු විසින් වේවා වෙනත් කිසිවෙකු විසින් හෝ වේවා ලැබිය නොහැකි මේ කරුණු පසකි. ඒ කවර පසක් ද යත්;

'ජරාජීර්ණ වන ස්වභාවයට පත්වන දෙය ජරාජීර්ණ බවට පත් නොවේවා' යි ලෝකයෙහි ශ්‍රමණයෙකු විසින් වේවා, බ්‍රාහ්මණයෙකු විසින් වේවා, දෙවියෙකු විසින් වේවා, මාරයෙකු විසින් වේවා, බ්‍රහ්මයෙකු විසින් වේවා වෙනත් කිසිවෙකු විසින් හෝ වේවා ලැබිය නොහැකි කරුණකි. 'රෝග වැළඳෙන ස්වභාවයට අයත් දෙය රෝගී බවට පත් නොවේවා' යි ....(පෙ).... 'මැරෙන ස්වභාවයට අයත් දෙය මරණයට පත් නොවේවා' යි ....(පෙ).... 'ගෙවීයන ස්වභාවයට අයත් දෙය ගෙවී නොයාවා' යි ....(පෙ).... 'නැසෙන ස්වභාවයට අයත් දෙය නොනැසේවා' යි ලෝකයෙහි ශ්‍රමණයෙකු විසින් වේවා, බ්‍රාහ්මණයෙකු විසින් වේවා, දෙවියෙකු විසින් වේවා, මාරයෙකු විසින් වේවා, බ්‍රහ්මයෙකු විසින් වේවා වෙනත් කිසිවෙකු විසින් හෝ වේවා ලැබිය නොහැකි කරුණකි.

මහණෙනි, අශ්‍රැතවත් පෘථග්ජනයා හට ද ජරාජීර්ණ වන ස්වභාවයෙන් යුතු දෙය ජරාජීර්ණ වන්නේ ය. හෙතෙම ජරාජීර්ණ වන ස්වභාවයෙන් යුතු දෙය ජරාජීර්ණ වන කල්හී මෙලෙස නුවණින් සිහි නොකරයි. 'ජරාජීර්ණ වන ස්වභාවයෙන් යුතු දෙය ජරාජීර්ණ වී යාම මා හට පමණක් වන දෙයක් නොවෙයි. යම්තාක් සත්වයන්ගේ මෙලොවට පැමිණීම්, පරලොව යාම්, චුතවීම්, ඉපදීම් ඇද්ද, ඒ සියළු සත්වයන් හට ජරාජීර්ණ වන ස්වභාවයෙන් යුතු දෙය ජරාජීර්ණ වෙයි. ජරාජීර්ණ වන දෙය ජරාජීර්ණ වන කල්හී මම ශෝක කරන්නෙම් නම්, වෙහෙසට පත්වන්නෙම් නම්, හඬා වැළපෙන්නෙම් නම්, ළයෙහි අත්ගසා හඬන්නෙම් නම්, මුළාවට පත්වන්නෙම් නම් මට ආහාර ද පිරියක් නොවන්නේ ය. කය ද විරූපී වන්නේ ය. වැඩකටයුතු ද අඩාල වන්නේ ය. සතුරෝ ද සතුටු වන්නෝ ය. මිතුරෝ ද දුක් වන්නෝ ය' යි. මෙසේ නොසිතන හේ ජරාජීර්ණ බවට පත්වන දෙය ජරාජීර්ණ වන කල්හී ශෝක

කරයි. ක්ලාන්ත වෙයි. හඬා වැළපෙයි. ළයෙහි අත්පැහැර හඬයි. මුළාවට පත්වෙයි. මහණෙනි, මේ අශ්‍රැතවත් පෘථග්ජනයා ශෝකය නැමැති විෂ සහිත හුලින් විදිනා ලද්දේ තමන් ව ම පීඩාවට පත් කරගන්නේ යැයි කියනු ලැබේ.

තව ද මහණෙනි, අශ්‍රැතවත් පෘථග්ජනයා හට ද රෝගී වන ස්වභාවයෙන් යුතු දෙය රෝගී වන්නේ ය. ....(පෙ).... මැරී යන ස්වභාවයෙන් යුතු දෙය මැරෙන්නේ ය. ....(පෙ).... ගෙවී යන ස්වභාවයෙන් යුතු දෙය ගෙවෙන්නේ ය. ....(පෙ).... නැසෙන ස්වභාවයෙන් යුතු දෙය නැසෙන්නේ ය. හෙතෙම නැසෙන ස්වභාවයෙන් යුතු දෙය නැසෙන කල්හී මෙලෙස නුවණින් සිහි නොකරයි. 'නැසෙන ස්වභාවයෙන් යුතු දෙය නැසී යාම මා හට පමණක් වන දෙයක් නොවෙයි. යම්තාක් සත්වයන්ගේ මෙලොවට පැමිණීම්, පරලොව යාම්, චුතවීම්, ඉපදීම් ඇද්ද, ඒ සියළු සත්වයන් හට නැසෙන ස්වභාවයෙන් යුතු දෙය නැසී යයි. නැසෙන දෙය නැසී යන කල්හී මම ශෝක කරන්නෙම් නම්, වෙහෙසට පත්වන්නෙම් නම්, හඬා වැළපෙන්නෙම් නම්, ළයෙහි අත්ගසා හඬන්නෙම් නම්, මුළාවට පත්වන්නෙම් නම් මට ආහාර ද පිරියක් නොවන්නේ ය. කය ද විරූපී වන්නේ ය. වැඩකටයුතු ද අඩාල වන්නේ ය. සතුරෝ ද සතුටු වන්නෝ ය. මිතුරෝ ද දුක් වන්නෝ ය' යි. මෙසේ නොසිතන හේ නැසෙන දෙය නැසෙන කල්හී ශෝක කරයි. ක්ලාන්ත වෙයි. හඬා වැළපෙයි. ළයෙහි අත්පැහැර හඬයි. මුළාවට පත්වෙයි. මහණෙනි, මේ අශ්‍රැතවත් පෘථග්ජනයා ශෝකය නමැති විෂ සහිත හුලින් විදිනා ලද්දේ තමන් ව ම පීඩාවට පත් කරගන්නේ යැයි කියනු ලැබේ.

මහණෙනි, ශ්‍රැතවත් ආර්ය ශ්‍රාවකයා හට ද ජරාජීර්ණ වන ස්වභාවයෙන් යුතු දෙය ජරාජීර්ණ වන්නේ ය. හෙතෙම ජරාජීර්ණ වන ස්වභාවයෙන් යුතු දෙය ජරාජීර්ණ වන කල්හී මෙලෙස නුවණින් සිහි කරයි. 'ජරාජීර්ණ වන ස්වභාවයෙන් යුතු දෙය ජරාජීර්ණ වී යාම මා හට පමණක් වන දෙයක් නොවෙයි. යම්තාක් සත්වයන්ගේ මෙලොවට පැමිණීම්, පරලොව යාම්, චුතවීම්, ඉපදීම් ඇද්ද, ඒ සියළු සත්වයන් හට ජරාජීර්ණ වන ස්වභාවයෙන් යුතු දෙය ජරාජීර්ණ වෙයි. ජරාජීර්ණ වන දෙය ජරාජීර්ණ වන කල්හී මම ශෝක කරන්නෙම් නම්, වෙහෙසට පත්වන්නෙම් නම්, හඬා වැළපෙන්නෙම් නම් ළයෙහි අත්ගසා හඬන්නෙම් නම්, මුළාවට පත්වන්නෙම් නම් මට ආහාර ද පිරියක් නොවන්නේ ය. කය ද විරූපී වන්නේ ය. වැඩකටයුතු ද අඩාල වන්නේ ය. සතුරෝ ද සතුටු වන්නෝ ය. මිතුරෝ ද දුක් වන්නෝ ය' යි. මෙසේ සිතන හේ ජරාජීර්ණ බවට පත්වන දෙය ජරාජීර්ණ වන කල්හී ශෝක නොකරයි. ක්ලාන්ත නොවෙයි. හඬා නොවැළපෙයි. ළයෙහි අත්පැහැර නොහඬයි. මුළාවට

පත් නොවෙයි. මහණෙනි, මේ ශ්‍රැතවත් ආර්ය ශ්‍රාවකයා ශෝකය නැමැති විෂ සහිත හුලෙන් අශ්‍රැතවත් පෘථග්ජනයා ව පීඩාවට පත් කරයි නම් ඒ විෂ සහිත ශෝක හුල උදුරා දැමුවේ ය යැයි කියනු ලැබේ. ශෝක රහිත වූයේ හුල බැහැර කරන ලද්දේ ආර්ය ශ්‍රාවක තෙමේ තමාගේ ජීවිතය පිරිනිවීමට පත් කරවයි.

තව ද මහණෙනි, ශ්‍රැතවත් ආර්යශ්‍රාවකයා හට ද රෝගී වන ස්වභාවයෙන් යුතු දෙය රෝගී වන්නේ ය. ....(පෙ).... මැරී යන ස්වභාවයෙන් යුතු දෙය මැරෙන්නේ ය. ....(පෙ).... ගෙවී යන ස්වභාවයෙන් යුතු දෙය ගෙවෙන්නේ ය. ....(පෙ).... නැසෙන ස්වභාවයෙන් යුතු දෙය නැසෙන්නේ ය. හෙතෙම නැසෙන ස්වභාවයෙන් යුතු දෙය නැසෙන කල්හී මෙලෙස නුවණින් සිහි කරයි. 'නැසෙන ස්වභාවයෙන් යුතු දෙය නැසී යාම මා හට පමණක් වන දෙයක් නොවෙයි. යම්තාක් සත්වයන්ගේ මෙලොවට පැමිණීම්, පරලොව යාම්, චුතවීම්, ඉපදීම් ඇද්ද, ඒ සියළු සත්වයන් හට නැසෙන ස්වභාවයෙන් යුතු දෙය නැසී යයි. නැසෙන දෙය නැසී යන කල්හී මම ශෝක කරන්නෙම් නම්, වෙහෙසට පත්වන්නෙම් නම්, හඬා වැළපෙන්නෙම් නම්, ළයෙහි අත්ගසා හඬන්නෙම් නම්, මුළාවට පත්වන්නෙම් නම් මට ආහාර ද පිරියක් නොවන්නේ ය. කය ද විරූපී වන්නේ ය. වැඩකටයුතු ද අඩාල වන්නේ ය. සතුරෝ ද සතුටු වන්නෝ ය. මිතුරෝ ද දුක් වන්නෝ ය' යි. මෙසේ සිතන හේ නැසෙන දෙය නැසෙන කල්හී ශෝක නොකරයි. ක්ලාන්ත නොවෙයි. හඬා නොවැළපෙයි. ළයෙහි අත්පැහැර නොහඬයි. මුළාවට පත් නොවෙයි. මහණෙනි, මේ ශ්‍රැතවත් ආර්ය ශ්‍රාවකයා ශෝකය නමැති විෂ සහිත හුලෙන් අශ්‍රැතවත් පෘථග්ජනයා ව පීඩාවට පත් කරයි නම් ඒ විෂ සහිත ශෝක හුල උදුරා දැමුවේ ය යැයි කියනු ලැබේ. ශෝක රහිත වූයේ හුල බැහැර කරන ලද්දේ ආර්ය ශ්‍රාවක තෙමේ තමාගේ ජීවිතය පිරිනිවීමට පත් කරවයි.

මහණෙනි, ලෝකයෙහි ශ්‍රමණයෙකු විසින් වේවා, බ්‍රාහ්මණයෙකු විසින් වේවා, දෙවියෙකු විසින් වේවා, මාරයෙකු විසින් වේවා, බ්‍රහ්මයෙකු විසින් වේවා වෙනත් කිසිවෙකු විසින් හෝ වේවා ලැබිය නොහැක්කේ මේ කරුණු පස යි.

(ගාථා)

1. ශෝක කිරීමෙන්, හඬා වැළපීමෙන් ස්වල්ප වූ හෝ යහපතක් නොලැබෙන්නේ ය. ශෝක කරන්නා වූ දුක්ඛිත වූ පුද්ගලයා දැක සතුරෝ සංතෝෂයට පත්වෙති.

2. යම් කලක අර්ථ විනිශ්චයෙහි දක්ෂ වූ නුවණැති ආර්ය ශ්‍රාවකයා උපද්‍රවයන් මැද නොවැටී සිටියි. ඔහුගේ සතුරෝ නොවෙනස් වූ පැරණි

මුහුණ ම දක දුකට පත්වෙති.

3. ජප කිරීමෙන් ද, මන්ත්‍රයෙන් ද, සත්පුරුෂ වචනයෙන් ද, පිළිවෙලින් දෙන දානයෙන් ද, පරපුරෙන් පැමිණි ක්‍රියාමාර්ගයෙන් ද යම් යම් අයුරකින් යම් ආපදාවක දී යහපත ලැබෙයි නම් ඒ ඒ අයුරින් එහිලා කටයුතු කිරීමට වීර්යය කරන්නේ ය.

4. ඉදින් මා විසිනුත් අන්‍යයන් විසිනුත් ඒ අර්ථය නොලැබිය හැකි යැයි දන්නේ නම් ශෝක නොකොට ඉවසිය යුත්තේ ය. 'කර්මය දැඩි වූ දෙයකි. දැන් කුමක් කරම් ද'යි.

සාදු! සාදු!! සාදු!!!

අලබ්භනීය ඨාන සූත්‍රය නිමා විය.

5.1.5.9.
කෝසල සූත්‍රය
කොසොල් රජු හට වදාළ දෙසුම

එක් සමයක භාග්‍යවතුන් වහන්සේ සැවැත් නුවර ජේතවන නම් වූ අනේපිඬු සිටුහුගේ ආරාමයෙහි වැඩවසන සේක. එකල්හී පසේනදී කොසොල් රජු භාග්‍යවතුන් වහන්සේ වෙත පැමිණියේ ය. පැමිණ භාග්‍යවතුන් වහන්සේට සකසා වන්දනා කොට එකත්පස් ව හිඳගත්තේ ය.

එකල්හී එක්තරා පුරුෂයෙක් පසේනදී කොසොල් රජු වෙත පැමිණියේ ය. පැමිණ පසේනදී කොසොල් රජුගේ කනට ළං වී මෙය සැළ කළේ ය.

"දේවයන් වහන්ස, මල්ලිකා දේවිය කළුරිය කළා ය."

මෙසේ පැවසූ කල්හී පසේනදී කොසොල් රජ තෙමේ දුක් වූයේ ය. නොසතුටු සිත් ඇත් කරගත්තේ ය. සිරුර පහත් කොට මුව යටිකුරු කොට කල්පනා කරමින් වැටහීම් රහිත ව හුන්නේ ය.

එකල්හී භාග්‍යවතුන් වහන්සේ දුකට පත් ව, දුක් වූ සිතින්, සිරුර පහත් කොට, මුහුණ යටට හරවාගෙන කල්පනාවට වැටී වැටහීම් රහිත ව සිටින පසේනදී කොසොල් රජු දැන පසේනදී කොසොල් රජු හට මෙය වදාළ සේක.

"මහරජ, ලෝකයෙහි ශ්‍රමණයෙකු විසින් වේවා, බ්‍රාහ්මණයෙකු විසින් වේවා, දෙවියෙකු විසින් වේවා, මාරයෙකු විසින් වේවා, බ්‍රහ්මයෙකු විසින් වේවා වෙනත් කිසිවෙකු විසින් හෝ වේවා ලැබිය නොහැකි මේ කරුණු පසකි. (ඒ කවර කරුණු පසක් ද? ජරා ජීර්ණ වන දෙය ජරා ජීර්ණ නොවේවා යන්න නොලැබිය හැකි කරුණකි) ....(පෙ).... (ශෝක නොකොට ඉවසිය යුත්තේ ය.) කර්මය දැඩි වූ දෙයකි. දැන් ඉතින් කුමක් කරම් ද" යි.

සාදු! සාදු!! සාදු!!!

කෝසල සූත්‍රය නිමා විය.

5.1.5.10.
සෝකසල්ලහරණ සූත්‍රය
ශෝක හුල ඉදිරීම ගැන වදාළ දෙසුම

එක් සමයක ආයුෂ්මත් නාරද තෙරණුවෝ පාටලීපුත්‍ර නගරයෙහි කුක්කුටාරාමයෙහි වැඩවෙසෙති. එසමයෙහි මුණ්ඩරජහුගේ ප්‍රියමනාප බිසව වූ භද්‍රා දේවිය කළුරිය කළා ය. හේ තමා හට ප්‍රිය මනාප වූ භද්‍රා දේවිය කළුරිය කළ හේතුවෙන් ස්නානය නොකරයි. සුවඳ විලවුන් නොගල්වයි. ආහාර අනුභව නොකරයි. කර්මාන්ත කටයුතුවල නොයොදවයි. රෑ දවල් දෙකෙහි භද්‍රා දේවියගේ මෘත ශරීරය කෙරෙහි බෙහෙවින් මුසපත් වූ සිතින් වසයි. එකල්හී මුණ්ඩ රජ තෙමේ පියක නම් වූ භාණ්ඩාගාරික අමාත්‍යයා ඇමතී ය.

"එසේ වී නම් මිත්‍ර පියක ය, භද්‍රා දේවියගේ ශරීරය ලෝහමය තෙල් දෙණක බහා අන්‍ය වූ ලෝහ පියනකින් වසා දමව්. යම් අයුරකින් අපි භද්‍රා දේවියගේ ශරීරය ඉතා බොහෝ කලක් දකින්නෙමු" යි.

"එසේ ය, දේවයන් වහන්සැ"යි පියක නම් භාණ්ඩාගාරික අමාත්‍ය තෙමේ මුණ්ඩ රජු හට පිළිවදන් දී භද්‍රා දේවියගේ මෘත ශරීරය ලෝහමය තෙල් දෙණක බහා අන්‍ය වූ ලෝහ පියනකින් වැසුවේ ය. ඉක්බිති පියක නම් භාණ්ඩාගාරික අමාත්‍යයාට මේ අදහස ඇතිවිය. 'මේ මුණ්ඩ රජහුගේ ප්‍රිය මනාප බිසව වන භද්‍රා දේවිය කළුරිය කළා ය. හේ තමා හට ප්‍රිය මනාප වූ භද්‍රා දේවිය කළුරිය කළ හේතුවෙන් ස්නානය නොකරයි. සුවඳ විලවුන් නොගල්වයි. ආහාර අනුභව නොකරයි. කර්මාන්ත කටයුතුවල නොයොදවයි. රෑ දවල් දෙකෙහි භද්‍රා

දේවියගේ මෘත ශරීරය කෙරෙහි බෙහෙවින් මුසපත් වූ සිතින් වසයි. මුණ්ඩ රජ තෙමේ යමෙකුගේ ධර්මය අසා ශෝක හුල බැහැර කරයි නම් එබඳු වූ කවර නම් ශ්‍රමණයෙකු හෝ බ්‍රාහ්මණයෙකු හෝ ඇසුරු කරන්නේ දැ' යි.

ඉක්බිති පියක නම් භාණ්ඩාගාරික අමාත්‍යයාට මේ අදහස ඇතිවිය. 'මේ ආයුෂ්මත් නාරද තෙරණුවෝ පාටලීපුත්‍රයෙහි කුක්කුටාරාමයෙහි වැඩවෙසෙති. ආයුෂ්මත් නාරදයන් වහන්සේ පිළිබඳ ව මෙබඳු වූ කල්‍යාණ කීර්ති ඝෝෂාවක් උස් ව පැන නැංගේ ය. එනම් මේ ස්ථවිර තෙමේ නුවණැත්තේ ය. ව්‍යක්ත ය. ප්‍රශස්ත බුද්ධි ඇත්තේ ය. බහුශ්‍රැත ය. විචිත්‍ර ධර්ම කථික ය. කල්‍යාණ ප්‍රතිභානයෙන් යුක්ත ය. වයෝවෘද්ධ ය. අරහත් ය යනුවෙනි. යම් හෙයකින් මුණ්ඩ රජ ආයුෂ්මත් නාරදයන් වහන්සේ ඇසුරු කරන්නේ නම් ඒකාන්තයෙන් ම ආයුෂ්මත් නාරදයන්ගේ ධර්මය අසා මුණ්ඩ රජතෙමේ ශෝක හුල බැහැර කරන්නේ ය' යි.

එකල්හී කෝෂාරක්ෂක පියක අමාත්‍ය තෙමේ මුණ්ඩ රජු කරා පැමිණියේ ය. පැමිණ මුණ්ඩ රජු හට මෙය පැවසුවේ ය.

"දේවයන් වහන්ස, මේ ආයුෂ්මත් නාරද තෙරණුවෝ පාටලීපුත්‍රයෙහි කුක්කුටාරාමයෙහි වැඩවෙසෙති. ආයුෂ්මත් නාරදයන් වහන්සේ පිළිබඳ ව මෙබඳු වූ කල්‍යාණ කීර්ති ඝෝෂාවක් උස් ව පැන නැංගේ ය. එනම් මේ ස්ථවිර තෙමේ නුවණැත්තේ ය. ව්‍යක්ත ය. ප්‍රශස්ත බුද්ධි ඇත්තේ ය. බහුශ්‍රැත ය. විචිත්‍ර ධර්ම කථික ය. කල්‍යාණ ප්‍රතිභානයෙන් යුක්ත ය. වයෝවෘද්ධ ය. අරහත් ය යනුවෙනි. ඉදින් යම් හෙයකින් දේවයන් වහන්සේ ආයුෂ්මත් නාරදයන් වහන්සේ ඇසුරු කරන්නාහු නම් ඒකාන්තයෙන් ම ආයුෂ්මත් නාරදයන්ගේ ධර්මය අසා දේවයන් වහන්සේ ශෝක හුල බැහැර කරන්නාහු ය."

"එසේ වී නම් මිත්‍ර පියක ය, ආයුෂ්මත් නාරද තෙරුන් හට දැනුම් දෙව. කෙසේ නම් මා වැනි කෙනෙක් මාගේ විජිතයේ වසන ශ්‍රමණයෙකු හෝ බ්‍රාහ්මණයෙකු හෝ කලින් දැනුම් නොදී එළඹිය යුතු යැයි හඟින්නේ ද?"

"එසේ ය දේවයන් වහන්සැ"යි කෝෂාරක්ෂක පියක අමාත්‍ය තෙමේ මුණ්ඩ රජු හට පිළිවදන් දී ආයුෂ්මත් නාරදයන් වහන්සේ වෙත පැමිණියේ ය. පැමිණ ආයුෂ්මත් නාරදයන් වහන්සේට සකසා වන්දනා කොට එකත්පස් ව හිඳගත්තේ ය. එකත්පස් ව හුන් කෝෂාරක්ෂක පියක තෙමේ ආයුෂ්මත් නාරදයන් හට මෙය පැවසුවේ ය.

"ස්වාමීනී, මේ මුණ්ඩ රජහුගේ ප්‍රිය මනාප බිසව වන භද්‍රා දේවිය කළුරිය කළා ය. හේ තමා හට ප්‍රිය මනාප වූ භද්‍රා දේවිය කළුරිය කළ හේතුවෙන්

ස්නානය නොකරයි. සුවඳ විලවුන් නොගල්වයි. ආහාර අනුභව නොකරයි. කර්මාන්ත කටයුතුවල නොයොදවයි. රෑ දවල් දෙකෙහි භද්‍රා දේවියගේ මෘත ශරීරය කෙරෙහි බෙහෙවින් මුසපත් වූ සිතින් වසයි. ස්වාමීනී, ආයුෂ්මත් නාරදයන් වහන්සේ යම් අයුරකින් මුණ්ඩ රජු ආයුෂ්මත් නාරදයන් වහන්සේගේ ධර්මය අසා ශෝක හුල බැහැර කරයි ද, ඒ අයුරින් මුණ්ඩ රජු හට ධර්ම දේශනා කරන සේක්වා!"

"පියක ය, දූන් මුණ්ඩ රජු හට යමකට කාලය නම් එය දැනගන්නේ ය."

එකල්හී කෝෂාරක්ෂක පියක අමාත්‍යයා හුනස්නෙන් නැගිට ආයුෂ්මත් නාරද තෙරුන්ට සකසා වන්දනා කොට පැදකුණු කොට මුණ්ඩ රජු කරා එළඹියේ ය. එළඹ මුණ්ඩ රජු හට මෙය සැළ කළේ ය.

"දේවයන් වහන්ස, ආයුෂ්මත් නාරදයන් වහන්සේ විසින් දූන් දේව තෙමේ යමකට කාලය නම් එය දූනගන්නේ ය යැයි අවකාශ සළසන ලද්දේ ය."

"එසේ වී නම් මිත්‍ර පියක ය, සොඳුරු සොඳුරු යානයන් සූදානම් කරව."

"එසේ ය, දේවයන් වහන්සැ"යි කෝෂාරක්ෂක පියක අමාත්‍යයා මුණ්ඩ රජුට පිළිවදන් දී සොඳුරු සොඳුරු යානයන් සූදානම් කොට මුණ්ඩ රජුට මෙය සැළ කළේ ය.

"දේවයන් වහන්ස, සොඳුරු සොඳුරු යානයෝ සූදානම් කරන ලද්දාහු ය. දේවයන් වහන්ස, දූන් යමකට කාලය නම් එය දූනගන්නාහු ය."

එකල්හී මුණ්ඩරජ තෙමේ සොඳුරු යානයක නැගී සොඳුරු යානයන් පිරිවරා මහත් වූ රාජානුභාවයෙන් යුතුව ආයුෂ්මත් නාරද තෙරුන් බැහැදකිනු පිණිස කුක්කුටාරාමය වෙත පිටත් වූයේ ය. යානයෙන් යා හැකි භූමිය යම්තාක් ඇද්ද, ඒ තාක් යානයෙන් ගොස් යානයෙන් බැස පා ගමනින් ආරාමයට පිවිසියේ ය.

ඉක්බිති මුණ්ඩ රජ තෙමේ ආයුෂ්මත් නාරද තෙරුන් වෙත පැමිණියේ ය. පැමිණ ආයුෂ්මත් නාරද තෙරුන්ට සකසා වන්දනා කොට එකත්පස් ව හිඳගත්තේ ය. එකත්පස් ව හුන් මුණ්ඩ රජු හට ආයුෂ්මත් නාරද තෙරණුවෝ මෙය වදාළහ.

"මහාරාජයෙනි, ලෝකයෙහි ශ්‍රමණයෙකු විසින් වේවා, බ්‍රාහ්මණයෙකු විසින් වේවා, දෙවියෙකු විසින් වේවා, මාරයෙකු විසින් වේවා, බ්‍රහ්මයෙකු

විසින් වේවා වෙනත් කිසිවෙකු විසින් හෝ වේවා ලැබිය නොහැකි මේ කරුණු පසකි. ඒ කවර පසක් ද යත්;

'ජරාජීර්ණ වන ස්වභාවයට පත්වන දෙය ජරාජීර්ණ බවට පත් නොවේවා' යි ලෝකයෙහි ශ්‍රමණයෙකු විසින් වේවා, බ්‍රාහ්මණයෙකු විසින් වේවා, දෙවියෙකු විසින් වේවා, මාරයෙකු විසින් වේවා, බ්‍රහ්මයෙකු විසින් වේවා වෙනත් කිසිවෙකු විසින් හෝ වේවා ලැබිය නොහැකි කරුණකි. 'රෝග වැළඳෙන ස්වභාවයට අයත් දෙය රෝගී බවට පත්නොවේවා' යි ....(පෙ).... 'මැරෙන ස්වභාවයට අයත් දෙය මරණයට පත්නොවේවා' යි ....(පෙ).... 'ගෙවීයන ස්වභාවයට අයත් දෙය ගෙවී නොයාවා' යි ....(පෙ).... 'නැසෙන ස්වභාවයට අයත් දෙය නොනැසේවා' යි ලෝකයෙහි ශ්‍රමණයෙකු විසින් වේවා, බ්‍රාහ්මණයෙකු විසින් වේවා, දෙවියෙකු විසින් වේවා, මාරයෙකු විසින් වේවා, බ්‍රහ්මයෙකු විසින් වේවා වෙනත් කිසිවෙකු විසින් හෝ වේවා ලැබිය නොහැකි කරුණකි.

මහාරාජයෙනි, අශ්‍රැතවත් පෘථග්ජනයා හට ද ජරාජීර්ණ වන ස්වභාවයෙන් යුතු දෙය ජරාජීර්ණ වන්නේ ය. හෙතෙම ජරාජීර්ණ වන ස්වභාවයෙන් යුතු දෙය ජරාජීර්ණ වන කල්හී මෙලෙස නුවණින් සිහි නොකරයි. 'ජරාජීර්ණ වන ස්වභාවයෙන් යුතු දෙය ජරාජීර්ණ වී යාම මා හට පමණක් වන දෙයක් නොවෙයි. යම්තාක් සත්වයන්ගේ මෙලොවට පැමිණීම්, පරලොව යාම්, චුතවීම්, ඉපදීම් ඇද්ද, ඒ සියළු සත්වයන් හට ජරාජීර්ණ වන ස්වභාවයෙන් යුතු දෙය ජරාජීර්ණ වෙයි. ජරාජීර්ණ වන දෙය ජරාජීර්ණ වන කල්හී මම ශෝක කරන්නෙම් නම්, වෙහෙසට පත්වන්නෙම් නම්, හඬා වැළපෙන්නෙම් නම්, ළයෙහි අත්ගසා හඬන්නෙම් නම්, මුළාවට පත්වන්නෙම් නම් මට ආහාර ද පිරියක් නොවන්නේ ය. කය ද විරූපී වන්නේ ය. වැඩකටයුතු ද අඩාල වන්නේ ය. සතුරෝ ද සතුටු වන්නෝ ය. මිතුරෝ ද දුක් වන්නෝ ය' යි. මෙසේ නොසිතන හේ ජරාජීර්ණ බවට පත්වන දෙය ජරාජීර්ණ වන කල්හී ශෝක කරයි. ක්ලාන්ත වෙයි. හඬා වැළපෙයි. ළයෙහි අත්පැහැර හඬයි. මුළාවට පත්වෙයි. මහාරාජයෙනි, මේ අශ්‍රැතවත් පෘථග්ජනයා ශෝකය නමැති විෂ සහිත හුලින් විදිනා ලද්දේ තමන් ව ම පීඩාවට පත් කරගන්නේ යැයි කියනු ලැබේ.

තව ද මහාරාජයෙනි, අශ්‍රැතවත් පෘථග්ජනයා හට ද රෝගී වන ස්වභාවයෙන් යුතු දෙය රෝගී වන්නේ ය. ....(පෙ).... මැරී යන ස්වභාවයෙන් යුතු දෙය මැරෙන්නේ ය. ....(පෙ).... ගෙවී යන ස්වභාවයෙන් යුතු දෙය ගෙවෙන්නේ ය. ....(පෙ).... නැසෙන ස්වභාවයෙන් යුතු දෙය නැසෙන්නේ ය. හෙතෙම නැසෙන ස්වභාවයෙන් යුතු දෙය නැසෙන කල්හී මෙලෙස නුවණින් සිහි නොකරයි. 'නැසෙන ස්වභාවයෙන් යුතු දෙය නැසී යාම මා හට පමණක්

වන දෙයක් නොවෙයි. යම්තාක් සත්වයන්ගේ මෙලොවට පැමිණීම්, පරලොව යාම්, චුතවීම්, ඉපදීම් ඇද්ද, ඒ සියළු සත්වයන් හට නැසෙන ස්වභාවයෙන් යුතු දෙය නැසී යයි. නැසෙන දෙය නැසී යන කල්හී මම ශෝක කරන්නෙම් නම්, වෙහෙසට පත්වන්නෙම් නම්, හඬා වැළපෙන්නෙම් නම්, ළයෙහි අත්ගසා හඬන්නෙම් නම්, මුළාවට පත්වන්නෙම් නම් මට ආහාර ද පිරියක් නොවන්නේ ය. කය ද විරූපී වන්නේ ය. වැඩකටයුතු ද අඩාල වන්නේ ය. සතුරෝ ද සතුටු වන්නෝ ය. මිතුරෝ ද දුක් වන්නෝ ය' යි. මෙසේ නොසිතන හේ නැසෙන දෙය නැසෙන කල්හී ශෝක කරයි. ක්ලාන්ත වෙයි. හඬා වැළපෙයි. ළයෙහි අත්පැහැර හඬයි. මුළාවට පත්වෙයි. මහාරාජයෙනි, මේ අශ්‍රැතවත් පෘථග්ජනයා ශෝකය නමැති විෂ සහිත හුලින් විදිනා ලද්දේ තමන් ව ම පීඩාවට පත් කරගන්නේ යැයි කියනු ලැබේ.

මහාරාජයෙනි, ශ්‍රැතවත් ආර්ය ශ්‍රාවකයා හට ද ජරාජීර්ණ වන ස්වභාවයෙන් යුතු දෙය ජරාජීර්ණ වන්නේ ය. හෙතෙම ජරාජීර්ණ වන ස්වභාවයෙන් යුතු දෙය ජරාජීර්ණ වන කල්හී මෙලෙස නුවණින් සිහි කරයි. 'ජරාජීර්ණ වන ස්වභාවයෙන් යුතු දෙය ජරාජීර්ණ වී යාම මා හට පමණක් වන දෙයක් නොවෙයි. යම්තාක් සත්වයන්ගේ මෙලොවට පැමිණීම්, පරලොව යාම්, චුතවීම්, ඉපදීම් ඇද්ද, ඒ සියළු සත්වයන් හට ජරාජීර්ණ වන ස්වභාවයෙන් යුතු දෙය ජරාජීර්ණ වෙයි. ජරාජීර්ණ වන දෙය ජරාජීර්ණ වන කල්හී මම ශෝක කරන්නෙම් නම්, වෙහෙසට පත්වන්නෙම් නම්, හඬා වැළපෙන්නෙම් නම්, ළයෙහි අත්ගසා හඬන්නෙම් නම්, මුළාවට පත්වන්නෙම් නම් මට ආහාර ද පිරියක් නොවන්නේ ය. කය ද විරූපී වන්නේ ය. වැඩකටයුතු ද අඩාල වන්නේ ය. සතුරෝ ද සතුටු වන්නෝ ය. මිතුරෝ ද දුක් වන්නෝ ය' යි. මෙසේ සිතන හේ ජරාජීර්ණ බවට පත්වන දෙය ජරාජීර්ණ වන කල්හී ශෝක නොකරයි. ක්ලාන්ත නොවෙයි. හඬා නොවැළපෙයි. ළයෙහි අත්පැහැර නොහඬයි. මුළාවට පත් නොවෙයි. මහාරාජයෙනි, මේ ශ්‍රැතවත් ආර්ය ශ්‍රාවකයා ශෝකය නැමැති විෂ සහිත හුලෙන් අශ්‍රැතවත් පෘථග්ජනයා ව පීඩාවට පත් කරයි නම් ඒ විෂ සහිත ශෝක හුල උදුරා දැමුවේ ය යැයි කියනු ලැබේ. ශෝක රහිත වූයේ හුල බැහැර කරන ලද්දේ ආර්ය ශ්‍රාවක තෙමේ තමාගේ ජීවිතය පිරිනිවීමට පත් කරවයි.

තව ද මහාරාජයෙනි, ශ්‍රැතවත් ආර්යශ්‍රාවකයා හට ද රෝගී වන ස්වභාවයෙන් යුතු දෙය රෝගී වන්නේ ය. ....(පෙ).... මැරී යන ස්වභාවයෙන් යුතු දෙය මැරෙන්නේ ය. ....(පෙ).... ගෙවී යන ස්වභාවයෙන් යුතු දෙය ගෙවෙන්නේ ය. ....(පෙ).... නැසෙන ස්වභාවයෙන් යුතු දෙය නැසෙන්නේ ය. හෙතෙම නැසෙන ස්වභාවයෙන් යුතු දෙය නැසෙන කල්හී මෙලෙස නුවණින්

සිහි කරයි. 'නැසෙන ස්වභාවයෙන් යුතු දෙය නැසී යාම මා හට පමණක් වන දෙයක් නොවෙයි. යම්තාක් සත්වයන්ගේ මෙලොවට පැමිණීම්, පරලොව යාම්, චුතවීම්, ඉපදීම් ඇද්ද, ඒ සියළු සත්වයන් හට නැසෙන ස්වභාවයෙන් යුතු දෙය නැසී යයි. නැසෙන දෙය නැසී යන කල්හී මම ශෝක කරන්නෙම් නම්, වෙහෙසට පත්වන්නෙම් නම්, හඬා වැළපෙන්නෙම් නම්, ළයෙහි අත්ගසා හඬන්නෙම් නම්, මුළාවට පත්වන්නෙම් නම් මට ආහාර ද පිරියක් නොවන්නේ ය. කය ද විරූපී වන්නේ ය. වැඩකටයුතු ද අඩාල වන්නේ ය. සතුරෝ ද සතුටු වන්නෝ ය. මිතුරෝ ද දුක් වන්නෝ ය' යි. මෙසේ සිතන හේ නැසෙන දෙය නැසෙන කල්හී ශෝක නොකරයි. ක්ලාන්ත නොවෙයි. හඬා නොවැළපෙයි. ළයෙහි අත්පැහැර නොහඬයි. මුළාවට පත් නොවෙයි. මහාරාජයෙනි, මේ ශ්‍රැතවත් ආර්ය ශ්‍රාවකයා ශෝකය නමැති විෂ සහිත හුලෙන් අශ්‍රැතවත් පෘථග්ජනයා ව පීඩාවට පත් කරයි නම් ඒ විෂ සහිත ශෝක හුල උදුරා දැමුවේ ය යැයි කියනු ලැබේ. ශෝක රහිත වූයේ හුල බැහැර කරන ලද්දේ ආර්ය ශ්‍රාවක තෙමේ තමාගේ ජීවිතය පිරිනිවීමට පත් කරවයි.

මහාරාජයෙනි, ලෝකයෙහි ශ්‍රමණයෙකු විසින් වේවා, බ්‍රාහ්මණයෙකු විසින් වේවා, දෙවියෙකු විසින් වේවා, මාරයෙකු විසින් වේවා, බ්‍රහ්මයෙකු විසින් වේවා වෙනත් කිසිවෙකු විසින් හෝ වේවා ලැබිය නොහැක්කේ මේ කරුණු පසයි.

(ගාථා)

1. ශෝක කිරීමෙන්, හඬා වැළපීමෙන් ස්වල්ප වූ හෝ යහපතක් නොලැබෙන්නේ ය. ශෝක කරන්නා වූ දුක්ඛිත වූ පුද්ගලයා දැක සතුරෝ සංතෝෂයට පත්වෙති.

2. යම් කලක අර්ථ විනිශ්චයෙහි දක්ෂ වූ නුවණැති ආර්ය ශ්‍රාවකයා උපද්‍රවයන් මැද නොවැටී සිටියි. ඔහුගේ සතුරෝ නොවෙනස් වූ පැරණි මුහුණ ම දැක දුකට පත්වෙති.

3. ජප කිරීමෙන් ද, මන්ත්‍රයෙන් ද, සත්පුරුෂ වචනයෙන් ද, පිළිවෙලින් දෙන දානයෙන් ද, පරපුරෙන් පැමිණි ක්‍රියාමාර්ගයෙන් ද යම් යම් අයුරකින් යම් ආපදාවකදී යහපත ලැබෙයි නම් ඒ ඒ අයුරින් එහිලා කටයුතු කිරීමට වීර්යය කරන්නේ ය.

4. ඉදින් මා විසිනුත් අන්‍යයන් විසිනුත් ඒ අර්ථය නොලැබිය හැකි යැයි දන්නේ නම් ශෝක නොකොට ඉවසිය යුත්තේ ය. 'කර්මය දැඩි වූ දෙයකි. දැන් කුමක් කරම් දැ'යි."

මෙසේ වදාළ කල්හී මුණ්ඩ රජ තෙමේ ආයුෂ්මත් නාරදයන් වහන්සේගෙන් මෙය ඇසුවේ ය.

"ස්වාමීනී, මේ ධර්ම පරියායෙහි නම කුමක් ද?"

"මහාරාජයෙනි, මේ ධර්ම පරියාය 'සෝක හුල ඉදිරීම' නම් වෙයි"

"ස්වාමීනී, ඒකාන්තයෙන් ම 'ශෝක හුල ඉදිරීම' නම් වෙයි. ස්වාමීනී, ඒකාන්තයෙන් ම 'ශෝක හුල ඉදිරීම' නම් වෙයි. ස්වාමීනී, මේ ධර්ම පරියාය අසා මාගේ ශෝක හුල නැතිවී ගියේ ය."

ඉකිබිති මුණ්ඩ රජ තෙමේ කෝෂාරක්ෂක පියක අමාත්‍යයා ඇමතුවේ ය.

"එසේ වී නම් මිත්‍ර පියක ය, භද්‍රා දේවියගේ සිරුරු දවව්. ඇයට ස්තූපයක් ද කරව්. අද පටන් දූන් අපි නහන්නෙමු. සුවඳ විලවුන් ගල්වන්නෙමු. ආහාර අනුභව කරන්නෙමු. කර්මාන්තයන්හි ද යොදවන්නෙමු."

සාදු! සාදු!! සාදු!!!

සෝකසල්ලහරණ සූත්‍රය නිමා විය.

පස්වෙනි මුණ්ඩරාජ වර්ගය අවසන් විය.

- එහි පිළිවෙල උද්දානය යි :

පඤ්චභෝග සූත්‍රය, සප්පුරිස සූත්‍රය, ඉට්ඨ සූත්‍රය, මනාපදායී සූත්‍රය, අභිසන්ද සූත්‍රය, සම්පදා සූත්‍රය, ධන සූත්‍රය, ඨාන සූත්‍රය, කෝසල සූත්‍රය සහ සෝකසල්ලහරණ සූත්‍රය වශයෙන් මෙහි සූත්‍ර දශයකි.

පළමු පණ්ණාසකය නිමා විය.

දෙවන පණ්ණාසකය

1. නීවරණ වර්ගය

5.2.1.1.

නීවරණ සූත්‍රය

නීවරණ ගැන වදාළ දෙසුම

එක් සමයක භාග්‍යවතුන් වහන්සේ සැවැත් නුවර ජේතවනය නම් වූ අනේපිඬු සිටුහුගේ ආරාමයෙහි වැඩවසන සේක. එකල්හී භාග්‍යවතුන් වහන්සේ "මහණෙනි" යි භික්ෂූන් ඇමතූ සේක. "පින්වතුන් වහන්සැ"යි ඒ භික්ෂූහු භාග්‍යවතුන් වහන්සේට පිළිවදන් දුන්හ. භාග්‍යවතුන් වහන්සේ මෙය වදාළ සේක.

මහණෙනි, සිතේ දියුණුව අවුරාගෙන සිටින, සිතේ දියුණුවට බාධා පමුණුවන, සිත මැඬගෙන සිටින, ප්‍රඥාව දුර්වල කරන, මේ නීවරණයෝ පසකි. ඒ කවර පසක් ද යත්;

මහණෙනි, කාමච්ඡන්දය යනු සිතේ දියුණුව අවුරාගෙන සිටින, සිතේ දියුණුවට බාධා පමුණුවන, සිත මැඬගෙන සිටින, ප්‍රඥාව දුර්වල කරන දෙයකි. ව්‍යාපාදය යනු සිතේ දියුණුව අවුරාගෙන සිටින, සිතේ දියුණුවට බාධා පමුණුවන, සිත මැඬගෙන සිටින, ප්‍රඥාව දුර්වල කරන දෙයකි. ථීනමිද්ධය යනු සිතේ දියුණුව අවුරාගෙන සිටින, සිතේ දියුණුවට බාධා පමුණුවන, සිත මැඬගෙන සිටින, ප්‍රඥාව දුර්වල කරන දෙයකි. උද්ධච්ච කුක්කුච්චය යනු සිතේ දියුණුව අවුරාගෙන සිටින, සිතේ දියුණුවට බාධා පමුණුවන, සිත මැඬගෙන සිටින, ප්‍රඥාව දුර්වල කරන දෙයකි. විචිකිච්ඡාව යනු සිතේ දියුණුව අවුරාගෙන සිටින, සිතේ දියුණුවට බාධා පමුණුවන, සිත මැඬගෙන සිටින, ප්‍රඥාව දුර්වල කරන දෙයකි.

මහණෙනි, මේ වනාහී සිතේ දියුණුව අවුරාගෙන සිටින, සිතේ දියුණුවට බාධා පමුණුවන, සිත මැඬගෙන සිටින, ප්‍රඥාව දුර්වල කරන, නීවරණයෝ පස යි.

මහණෙනි, ඒකාන්තයෙන් ම ඒ භික්ෂුව සිතේ දියුණුව අවුරාගෙන සිටින, සිතේ දියුණුවට බාධා පමුණුවන, සිත මැඬගෙන සිටින, ප්‍රඥාව දුර්වල කරන මේ පංච නීවරණ ප්‍රහාණය නොකොට, දුර්වල ව, දුර්වල වූ ප්‍රඥාවකින් තමාගේ යහපත දන්නේ ය කියා හෝ අන්‍යයන්ගේ යහපත දන්නේ ය කියා හෝ දෙපක්ෂයෙහි ම යහපත දන්නේ ය කියා හෝ මනුෂ්‍ය ස්වභාවයට වඩා උතුම් වූ ආර්ය වූ ඥාන දර්ශන විශේෂයක් සාක්ෂාත් කරන්නේ ය කියා හෝ යන්න සිදු නොවන දෙයකි.

මහණෙනි, එය මෙබඳු දෙයකි. කන්දකින් ඇද හැලෙන ඉතා දුර ගලා බස්නා වේගවත් සැඩ පහර ඇති සියල්ල ගසාගෙන යන සුළු වූ නදියක් වෙයි ද, පුරුෂයෙක් ඒ නදියෙන් දෙපස නඟුලෙන් කළ ඇළවල් විවෘත කරන්නේ නම්, මෙසේ වූ කල්හී මහණෙනි, ඒ නදියෙහි මැද සැඩ පහර විසිරී ගියේ, පැතිරී ගියේ, වැළකුණේ දුරට නොයන්නේ ය. වේගවත් සැඩ පහර නොවන්නේ ය. සියල්ල ගසාගෙන යන සුළු නොවෙන්නේ ය.

එසෙයින් ම මහණෙනි, ඒකාන්තයෙන් ම ඒ භික්ෂුව සිතේ දියුණුව අවුරාගෙන සිටින, සිතේ දියුණුවට බාධා පමුණුවන, සිත මැඬගෙන සිටින, ප්‍රඥාව දුර්වල කරන මේ පංච නීවරණ ප්‍රහාණය නොකොට, දුර්වල ව, දුර්වල වූ ප්‍රඥාවකින් තමාගේ යහපත දන්නේ ය කියා හෝ අන්‍යයන්ගේ යහපත දන්නේ ය කියා හෝ දෙපක්ෂයෙහි ම යහපත දන්නේ ය කියා හෝ මනුෂ්‍ය ස්වභාවයට වඩා උතුම් වූ ආර්ය වූ ඥාන දර්ශන විශේෂයක් සාක්ෂාත් කරන්නේ ය කියා හෝ යන්න සිදු නොවන දෙයකි.

මහණෙනි, ඒකාන්තයෙන් ම ඒ භික්ෂුව සිතේ දියුණුව අවුරාගෙන සිටින, සිතේ දියුණුවට බාධා පමුණුවන, සිත මැඬගෙන සිටින, ප්‍රඥාව දුර්වල කරන මේ පංච නීවරණ ප්‍රහාණය කොට, බලවත් වූ ප්‍රඥාවකින් තමාගේ යහපත දන්නේ ය කියා හෝ අන්‍යයන්ගේ යහපත දන්නේ ය කියා හෝ දෙපක්ෂයෙහි ම යහපත දන්නේ ය කියා හෝ මනුෂ්‍ය ස්වභාවයට වඩා උතුම් වූ ආර්ය වූ ඥාන දර්ශන විශේෂයක් සාක්ෂාත් කරන්නේ ය කියා හෝ යන්න සිදු වන දෙයකි.

මහණෙනි, එය මෙබඳු දෙයකි. කන්දකින් ඇද හැලෙන ඉතා දුර ගලා බස්නා වේගවත් සැඩ පහර ඇති සියල්ල ගසාගෙන යන සුළු වූ නදියක් වෙයි

ද, පුරුෂයෙක් ඒ නදියෙන් දෙපස නගුලෙන් කළ ඇළවල් වසා දමන්නේ නම්, මෙසේ වූ කල්හී මහණෙනි, ඒ නදියෙහි මැද සැඩ පහර නොවිසිරී ගියේ, නොපැතිරී ගියේ, නොවැළකුණේ දුරට යන්නේ ය. වේගවත් සැඩ පහර වන්නේ ය. සියල්ල ගසාගෙන යන සුළු වන්නේ ය.

එසෙයින් ම මහණෙනි, ඒකාන්තයෙන් ම ඒ භික්ෂුව සිතේ දියුණුව අවුරාගෙන සිටින, සිතේ දියුණුවට බාධා පමුණුවන, සිත මැඩගෙන සිටින, ප්‍රඥාව දුර්වල කරන මේ පංච නීවරණ ප්‍රහාණය කොට, බලවත් වූ ප්‍රඥාවකින් තමාගේ යහපත දන්නේ ය කියා හෝ අන්‍යයන්ගේ යහපත දන්නේ ය කියා හෝ දෙපක්ෂයෙහි ම යහපත දන්නේ ය කියා හෝ මනුෂ්‍ය ස්වභාවයට වඩා උතුම් වූ ආර්ය වූ ඥාන දර්ශන විශේෂයක් සාක්ෂාත් කරන්නේ ය කියා හෝ යන්න සිදුවන දෙයකි.

සාදු! සාදු!! සාදු!!!

නීවරණ සූත්‍රය නිමා විය.

5.2.1.2.
අකුසල රාසි සූත්‍රය
අකුසල් රැස ගැන වදාළ දෙසුම

සැවැත් නුවර දී ය ....

මහණෙනි, අකුසල රාශිය වශයෙන් යමක් සඳහා මැනැවින් කිව යුතු නම් එය මේ පංච නීවරණයන් උදෙසා ම කිව යුත්තේ ය. මහණෙනි, යම් මේ පංච නීවරණයන් ඇද්ද මෙය මුළුමනින් ම අකුසල රාශියකි. ඒ කවර පසක් ද යත්; කාමච්ඡන්ද නීවරණය ය, ව්‍යාපාද නීවරණය ය, ථීනමිද්ධ නීවරණය ය, උද්ධච්ච කුක්කුච්ච නීවරණය ය, විචිකිච්ඡා නීවරණය ය.

මහණෙනි, අකුසල රාශිය වශයෙන් යමක් සඳහා මැනැවින් කිව යුතු නම් එය මේ පංච නීවරණයන් උදෙසා ම කිව යුත්තේ ය. මහණෙනි, යම් මේ පංච නීවරණයන් ඇද්ද මෙය මුළුමනින් ම අකුසල රාශියකි.

සාදු! සාදු!! සාදු!!!

අකුසල රාසි සූත්‍රය නිමා විය.

5.2.1.3.
පධානියංග සූත්‍රය
ප්‍රධන් වෙර වැඩීමෙහි අංග ගැන වදාළ දෙසුම

සැවැත් නුවර දී ය......

මහණෙනි, ප්‍රධන් වෙර වැඩීමෙහි මේ අංග පසකි. ඒ කවර පසක් ද යත්;

1. මහණෙනි, මෙහිලා භික්ෂුව ශ්‍රද්ධාව ඇත්තේ වෙයි. තථාගතයන්ගේ අවබෝධය අදහන්නේ වෙයි. එනම් 'ඒ භාග්‍යවතුන් වහන්සේ මේ මේ කරුණින් අරහං වන සේක. සම්මා සම්බුද්ධ වන සේක. විජ්ජාචරණ සම්පන්න වන සේක. සුගත වන සේක. ලෝකවිදූ වන සේක. අනුත්තරෝ පුරිසදම්ම සාරථී වන සේක. සත්ථා දේවමනුස්සානං වන සේක. බුද්ධ වන සේක. භගවා වන සේක' යනුවෙනි.

2. අල්ප ආබාධ ඇත්තේ වෙයි. අල්ප රෝග ඇත්තේ වෙයි. සම ව දිරවන වඩා ත් සීත නොවූ ත්, වඩා ත් උෂ්ණ නොවූ ත් මධ්‍ය ම ආහාර දිරවන ප්‍රධන් වීර්යයට ඔරොත්තු දෙන ආකාරයේ ග්‍රහණියකින් සමන්විත වූයේ වෙයි.

3. වංචා නැත්තේ වෙයි. මායා නැත්තේ වෙයි. ඒ වූ සැටියෙන් ම තමාගේ ස්වභාවය ශාස්තෲන් වහන්සේට හෝ නුවණැති සබ්‍රහ්මචාරීන් වහන්සේලාට හෝ හෙළිදරව් කරන්නේ වෙයි.

4. අකුසල් දහම් ප්‍රහාණය කිරීම පිණිස ත්, කුසල් දහම් උපදවා ගැනීම පිණිස ත් පටන්ගත් වීරිය ඇත්තේ වෙයි. බලවත් වීරිය ඇත්තේ වෙයි. දැඩි පරාක්‍රමයෙන් යුක්ත වූයේ වෙයි. කුසල් දහම්හි නොපසුබස්නා වීරිය ඇත්තේ වෙයි.

5. ප්‍රඥාවන්ත වෙයි. හටගැනීම ත්, නැතිවීම ත් දැකීමට සමර්ථ ප්‍රඥාවෙන් යුක්ත වූයේ වෙයි. ආර්ය වූ තියුණු අවබෝධය ඇති කරවන, මැනැවින් දුක් ක්ෂය කරවන ප්‍රඥාවෙන් යුක්ත වූයේ වෙයි.

මහණෙනි, මේ වනාහී ප්‍රධන් වෙර වැඩීමෙහි අංග පස යි.

සාදු! සාදු!! සාදු!!!

පධානියංග සූත්‍රය නිමා විය.

5.2.1.4.
අසමය - සමය සූත්‍රය
නොකාලය - කාලය ගැන වදාළ දෙසුම

සැවැත් නුවර දී ය ....

මහණෙනි, ප්‍රධන් වීර්යය කිරීමට මේ නොකාලයන් පසකි. ඒ කවර පසක් ද යත්;

මහණෙනි, මෙහිලා භික්ෂුව ජරා ජීර්ණ වූයේ වෙයි. ජරාවෙන් මඩනා ලද්දේ වෙයි. මහණෙනි, මේ ප්‍රධන් වීර්යයට කාලය නොවූ පළමුවැන්න යි.

තවද මහණෙනි, භික්ෂුව රෝගී වූයේ වෙයි. රෝගයෙන් මඩනා ලද්දේ වෙයි. මහණෙනි, මේ ප්‍රධන් වීර්යයට කාලය නොවූ දෙවැන්න යි.

තවද මහණෙනි, දුර්භික්ෂයක් ඇතිවූයේ වෙයි. වගාවන් වැනසී ගියේ ආහාර සොයා ගැනීමට අපහසු වූයේ වෙයි. පාත්‍රය ගෙන පිඬු සිඟා යෑමෙන් යැපෙන්නට දුෂ්කර වෙයි. මහණෙනි, මේ ප්‍රධන් වීර්යයට කාලය නොවූ තෙවැන්න යි.

තවද මහණෙනි, භය ඇති වූයේ වෙයි. වන වැදුණු සොරුන්ගෙන් වන බිය හේතුවෙන් රථයන්ට නැගී ජනපදවැසියෝ රැකවරණ සොයා දුව යති. මහණෙනි, මේ ප්‍රධන් වීර්යයට කාලය නොවූ සිව්වැන්න යි.

තවද මහණෙනි, සංඝයා බිඳුණේ වෙයි. මහණෙනි, සංඝයා භේද බින්න වූ කල්හී එකිනෙකාට හට ආක්‍රෝශ කරන්නාහු වෙති. එකිනෙකා හට තර්ජනය කරන්නාහු වෙති. එකිනෙකා හට විරුද්ධ ජනයා පිරිවරන්නාහු වෙති. එකිනෙකා හට හෙළා බැහැර කරන්නාහු වෙති. එහිලා නොපැහැදුණු වුන් තවත් නොපැහැදී යති. පැහැදුණා වූ ඇතැම් කෙනෙකුන් වෙනස් වී යති. මහණෙනි, මේ ප්‍රධන් වීර්යයට කාලය නොවූ පස්වැන්න යි.

මහණෙනි, මේ වනාහී ප්‍රධන් වීර්යය කිරීමට නොකාලයන් පස යි.

මහණෙනි, ප්‍රධන් වීර්යය කිරීමට මේ කාලයන් පසකි. ඒ කවර පසක් ද යත්;

මහණෙනි, මෙහිලා භික්ෂුව තරුණ වූයේ වෙයි. තරුණ වූයේ කළු කෙස්

ඇත්තේ සොඳුරු යෞවන වයසින් යුක්ත වූයේ, පළමු වයසෙහි සිටියේ වෙයි. මහණෙනි, මේ ප්‍රධන් වීර්යයට කාලය වූ පළමුවැන්න යි.

තවද මහණෙනි, භික්ෂුව අල්ප ආබාධ අත්තේ වෙයි. අල්ප රෝග ඇත්තේ වෙයි. සම ව දිරවන වඩා ත් සීත නොවූ ත්, වඩා ත් උෟෂ්ණ නොවූ ත් මධ්‍ය ම ආහාර දිරවන ප්‍රධන් වීර්යයට ඔරොත්තු දෙන ආකාරයේ ග්‍රහණියකින් සමන්විත වූයේ වෙයි. මහණෙනි, මේ ප්‍රධන් වීර්යයට කාලය වූ දෙවැන්න යි.

තවද මහණෙනි, සුභික්ෂ ඇතිවූයේ වෙයි. වගාවන් සරුසාර වූයේ, ආහාර සොයා ගැනීමට පහසු වූයේ වෙයි. පාත්‍රය ගෙන පිඬු සිඟා යෑමෙන් යැපෙන්නට පහසු වෙයි. මහණෙනි, මේ ප්‍රධන් වීර්යයට කාලය වූ තෙවැන්න යි.

තවද මහණෙනි, මිනිස්සු සමගි ව සමගියෙන් සතුටු වෙමින් වාද විවාද නොකරමින් කිරි හා දිය එක් වූ කලක මෙන් ඔවුනොවුන් ප්‍රිය ඇසින් බලමින් වාසය කරති. මහණෙනි, මේ ප්‍රධන් වීර්යයට කාලය වූ සිව්වැන්න යි.

තවද මහණෙනි, සංඝයා සමගි වූයේ වෙයි. සමගියෙන් සතුටු වූයේ වෙයි. වාද විවාද නොකරන්නේ වෙයි. එක අරමුණක් උදෙසා සුවසේ වසන්නේ වෙයි. මහණෙනි, සංඝයා සමගි ව සිටින කල්හී එකිනෙකාට හට ආක්‍රෝශ නොකරන්නාහු වෙති. එකිනෙකා හට තර්ජනය නොකරන්නාහු වෙති. එකිනෙකා හට විරුද්ධ ජනයා නොපිරිවරන්නාහු වෙති. එකිනෙකා හට හෙළා බැහැර නොකරන්නාහු වෙති. එහිලා නොපැහැදුණු වුන් පැහැදී යති. පහන් වූවෝ වඩාත් පැහැදී යති. මහණෙනි, මේ ප්‍රධන් වීර්යයට කාලය වූ පස්වැන්න යි.

මහණෙනි, මේ වනාහී ප්‍රධන් වීර්යය කිරීමට කාලයන් පස යි.

සාදු! සාදු!! සාදු!!!

අසමය - සමය සූත්‍රය නිමා විය.

5.2.1.5.
මාතාපුත්ත සූත්‍රය
මව හා පුතු ගැන වදාළ දෙසුම

එක් සමයක භාග්‍යවතුන් වහන්සේ සැවැත් නුවර ජේතවන නම් අනේපිඬු සිටුහුගේ ආරාමයෙහි වැඩවසන සේක. එසමයෙහි සැවැත් නුවර භික්ෂුවක් වූ පුත්‍රයා ත්, භික්ෂුණියක් වූ මෑණියනුත් වස් සමාදන් වූහ.

ඔවුහු එකිනෙකා නිතර දකින්නට කැමති ව සිටියහ. මව් ද නිතර පුතු දකින්නට කැමති ව සිටියා ය. පුත්‍රයා ද නිතර මව් දකින්නට කැමති ව සිටියා ය. මොවුන්ගේ නිතර දැකීම හේතුවෙන් බැඳීමක් හටගත්තේ ය. බැඳීම හටගැනීම හේතුවෙන් විශ්වාසයක් ඇති වූයේ ය. විශ්වාසය ඇතිවීම හේතුවෙන් කාමරාග යෙහි සිත බැසගත්තේ ය. ඔවුහු කාමරාගයේ බැසගත් සිත් ඇති ව ශික්ෂාව ප්‍රතික්ෂේප නොකොට, ශික්ෂා ව රැකීමෙහි දුර්වල බව නොපවසා අඹුසැමියන් ලෙස හැසිරුණාහ.

ඉක්බිති බොහෝ භික්ෂූහු භාග්‍යවතුන් වහන්සේ වෙත එළැඹියහ. එළැඹ භාග්‍යවතුන් වහන්සේට සකසා වන්දනා කොට එකත්පස් ව හිඳගත්හ. එකත්පස් ව හුන් ඒ භික්ෂූහු භාග්‍යවතුන් වහන්සේට මෙය සැළ කළහ.

"ස්වාමීනී, මෙහි සැවැත් නුවර භික්ෂුවක් වූ පුත්‍රයා ත්, භික්ෂුණියක් වූ මෑණියනුත් වස් සමාදන් වූහ. ඔවුහු එකිනෙකා නිතර දකින්නට කැමති ව සිටියහ. මව් ද නිතර පුතු දකින්නට කැමති ව සිටියා ය. පුත්‍රයා ද නිතර මව් දකින්නට කැමති ව සිටියා ය. මොවුන්ගේ නිතර දැකීම හේතුවෙන් බැඳීමක් හටගත්තේ ය. බැඳීම හටගැනීම හේතුවෙන් විශ්වාසයක් ඇති වූයේ ය. විශ්වාසය ඇතිවීම හේතුවෙන් කාමරාගයෙහි සිත බැසගත්තේ ය. ඔවුහු කාමරාගයේ බැසගත් සිත් ඇති ව ශික්ෂාව ප්‍රතික්ෂේප නොකොට, ශික්ෂා ව රැකීමෙහි දුර්වල බව නොපවසා අඹුසැමියන් ලෙස හැසිරුණාහ."

"කිම? මහණෙනි, ඒ හිස් පුරුෂයා මව පුතා කෙරෙහි ත් රාගයෙන් නොඇලෙන බව හෝ පුතා මව කෙරෙහි රාගයෙන් නොඇලෙන බව හෝ නොහඟියි ද?

මහණෙනි, යම් රූපයක් මෙබඳු වූ කෙලෙස් හටගන්නා සුළු වෙයි ද, මෙබඳු වූ කැමැත්ත හටගන්නා සුළු වෙයි ද, මෙබඳු වූ මත්වීමකට පැමිණෙන

සුළු වෙයි ද, මෙබඳු වූ බැඳීමකට සිර වෙන සුළු වෙයි ද, මෙබඳු වූ මුසපත් බවකට පත්වෙන සුළු වෙයි ද, මෙබඳු වූ අනුත්තර වූ අරහත්වයට අන්තරායකර වෙයි ද, මහණෙනි, යම් මේ ස්ත්‍රී රූපය බඳු වෙනත් එක රූපයක් වත් මම නුවණැසින් නොදකිමි. මහණෙනි, ස්ත්‍රී රූපයෙහි ඇලුණු, එහි ගිජු වූ, එහි ගැලුණු, එහි මුසපත් වූ, එහි බැසගත් සත්වයෝ වෙත් ද, ඔවුහු ස්ත්‍රී රූපයෙහි වසඟයට පත් ව බොහෝ කල් ශෝක කරති.

මහණෙනි, යම් ශබ්දයක් ....(පෙ).... යම් ගන්ධයක් ....(පෙ).... යම් රසයක් ....(පෙ).... යම් පහසක් මෙබඳු වූ කෙලෙස් හටගන්නා සුළු වෙයි ද, මෙබඳු වූ කැමැත්ත හටගන්නා සුළු වෙයි ද, මෙබඳු වූ මත්වීමකට පැමිණෙන සුළු වෙයි ද, මෙබඳු වූ බැඳීමකට සිර වෙන සුළු වෙයි ද, මෙබඳු වූ මුසපත් බවකට පත්වෙන සුළු වෙයි ද, මෙබඳු වූ අනුත්තර වූ අරහත්වයට අන්තරායකර වෙයි ද, මහණෙනි, යම් මේ ස්ත්‍රී පහස බඳු වෙනත් එක පහසක් වත් මම නුවණැසින් නොදකිමි. මහණෙනි, ස්ත්‍රී පහසෙහි ඇළුණු, එහි ගිජු වූ, එහි ගැළුණු, එහි මුසපත් වූ, එහි බැසගත් සත්වයෝ වෙත් ද, ඔවුහු ස්ත්‍රී පහසෙහි වසඟයට පත් ව බොහෝ කල් ශෝක කරති.

මහණෙනි, ස්ත්‍රිය ගමන් කරන්නී ද පුරුෂයාගේ සිත යටකොට සිටියි. ස්ත්‍රිය සිටගෙන සිටින්නී ද, වාඩිවී සිටින්නී ද, සැතැපී සිටින්නී ද, සිනහ සෙන්නී ද, තෙපලන්නී ද, ගයන්නී ද, හඬන්නී ද, මිය ගියා ද, ඉදිමී සිටින්නී ද, පුරුෂයාගේ සිත යටකොට සිටියි. මහණෙනි, යමක් අරභයා හාත්පසින් වටකරගත් මාරයාගේ මර උගුල යැයි මැනැවින් කිව යුත්තේ නම් එසේ කිව යුත්තේ ස්ත්‍රිය අරභයා ය.

(ගාථා)

1. කඩුවක් අතින් ගත් කෙනෙක් හා ද කතා බස් කළාට කම් නැත. පිශාචයෙක් හා කතා බස් කළාට කම් නැත. යම් සර්පයෙකු විසින් දෂ්ට කරනු ලද්දේ ජීවත් නොවෙයි ද, එබඳු ඝෝර විෂ ඇති සර්පයෙකු හා ගැටුණ ද කම් නැත.

2. හුදෙකලාව තනිව ම ස්ත්‍රියක හා කතා නොකළ යුත්තේ ය. සිහි මුළා වූ තැනැත්තා විසින් ස්ත්‍රියගේ බැල්මෙන් ද, සිනහවෙන් ද බැඳී යන්නේ ය.

3. එමෙන් ම නොමනා ලෙස හැඳ පැළඳ ගත් මිහිරි වදන් තෙපළන ඔවුහු ජනයා ව සිර කර ගනිති. මේ ස්ත්‍රීහු මිය ගිය නමුත්, ඉදිමුණු නමුත්

ගැටෙන්නට නුසුදුසු ය.

4. මනෝරම්‍ය වූ රූප, ශබ්ද, ගන්ධ, රස, ස්පර්ශ යන පංච කාමගුණයන් ස්ත්‍රී රූපයෙහි දකින්නට ලැබේ.

5. කාමය නම් වූ බිහිසුණු සැඩ පහරින් ඇදගෙන යනු ලබන කාමයන්ගේ සැබෑ තතු නොදන්නා වූ ඔවුන්ගේ සංසාරයෙහි කාලය ද භවයෙන් භවය ඉපිද ඉපිද යාමට පෙරටු කොට ඇත්තාහ.

6. යම් කෙනෙක් කාමයන්ගේ සැබෑ තතු අවබෝධ කොට කිසි ලෙසකිනුත් බිය රහිත ව හැසිරෙත් ද, යම් කෙනෙක් ආශ්‍රවයන්ගේ ක්ෂය වීම නම් වූ අරහත්වයට පත්වූවාහු ද, ඔවුහු ඒකාන්තයෙන් ම ලෝකයෙන් එතෙර වූවාහු ය.

සාදු! සාදු!! සාදු!!!

මාතාපුත්ත සූත්‍රය නිමා විය.

5.2.1.6.
උපජ්ඣාය සූත්‍රය
උපාධ්‍යායන් වහන්සේ ගැන වදාළ දෙසුම

සැවැත් නුවර දී ය .....

එකල්හී එක්තරා භික්ෂුවක් තම උපාධ්‍යායන් වහන්සේ කරා පැමිණියේ ය. පැමිණ තම උපාධ්‍යායන් වහන්සේට මෙය පැවසුවේ ය.

"ස්වාමීනී, මාගේ ශරීරයෙහි හටගත් බරක් ඇත්තේ ය. මා බැලිය යුතු දිශාව ද මට නොවැටහෙයි. කුසල් දහම් ද මට නොවැටහෙයි. මාගේ සිත නිදිමතෙන් යට කොට සිටියි. කිසි කැමැත්තක් නැති ව ධර්මයෙහි හැසිරෙමි. මට ධර්මය පිළිබඳ ව ත් සැක ඇත්තේ ය."

ඉක්බිති ඒ භික්ෂුව ඒ සද්ධිවිහාරික භික්ෂුව ද කැඳවාගෙන භාග්‍යවතුන් වහන්සේ වෙත පැමිණියේ ය. පැමිණ භාග්‍යවතුන් වහන්සේට සකසා වන්දනා කොට එකත්පස් ව හිඳ ගත්තේ ය. එකත්පස් ව හුන් ඒ භික්ෂුව භාග්‍යවතුන් වහන්සේට මෙය සැළ කළේ ය.

"ස්වාමීනී, මේ භික්ෂුව මෙසේ පවසයි. 'ස්වාමීනී, මාගේ ශරීරයෙහි හටගත් බරක් ඇත්තේ ය. මා බැලිය යුතු දිශාව ද මට නොවැටහෙයි. කුසල් දහම් ද මට නොවැටහෙයි. මාගේ සිත නිදිමතෙන් යට කොට සිටියි. කිසි කැමැත්තක් නැති ව ධර්මයෙහි හැසිරෙමි. මට ධර්මය පිළිබඳ ව ත් සැක ඇත්තේ ය' යි."

"භික්ෂුව, ඔහොම වෙනවා නොවැ. ඉන්ද්‍රියන්හි වසා ගත් දොරටු නැත්නම්, වළඳන ආහාරයෙහි අර්ථය නොදන්නේ නම්, නිදිවරමින් කුසල් වැඩීමට නොවෙහෙසෙයි නම්, කුසල ධර්මයන් නොදකියි නම්, රාත්‍රී පෙරයම - පශ්චිම යාමයෙහි බෝධිපාක්ෂික ධර්මයන් දියුණු කරගැනීමට නොවෙහෙසෙයි නම්, යම් හෙයකින් එබන්දහුගේ කය හටගත් බර ඇත්තේ ම ය. බැලිය යුතු දිශාව ද නොපෙනේ ම ය. ධර්මයත් නොවැටහෙන්නේ ම ය. නිදිමතෙන් සිත මැඬගෙන සිටින්නේ ම ය. නොකැමැත්තෙන් බඹසර වසන්නේ ම ය. ධර්මයන් පිළිබඳ සැක ඇතිවන්නේ ම ය. එහෙයින් භික්ෂුව ඔබ විසින් හික්මිය යුත්තේ මේ අයුරින් ය. 'ඉන්ද්‍රියන්හි වැසූ දොරටු ඇත්තෙක් වන්නෙමි. වළඳන දානයෙහි අර්ථය දැනගන්නෙමි. නිදිවරා වෙහෙසී කුසල් වඩන්නෙමි. කුසල් දහම් මැනැවින් හඳුනාගන්නෙමි. පෙරයම - පැසුළුයම බෝධිපාක්ෂික ධර්මයන් දියුණු කරගන්නට වෙහෙසෙන්නෙමි' යි. භික්ෂුව, ඔබ විසින් හික්මිය යුත්තේ ඔය අයුරින් ය."

එකල්හී ඒ භික්ෂුව භාග්‍යවතුන් වහන්සේ විසින් මේ අවවාදයෙන් අවවාද කරනු ලැබුවේ හුනස්නෙන් නැගිට භාග්‍යවතුන් වහන්සේ සකසා වන්දනා කොට පැදකුණු කොට පිටත් ව ගියේ ය.

ඉක්බිති ඒ භික්ෂුව හුදෙකලා වූයේ ය. අප්‍රමාදී ව කෙලෙස් තවන වීරියෙන් යුතුව දහමට දිවි පුදා වාසය කරන්නේ යම් කරුණක් පිණිස කුලපුත්‍රයෝ මැනැවින් ගිහි ගෙයින් නික්ම බුදු සසුනෙහි පැවිදි වෙත් ද, ඒ බඹසරෙහි අවසානය වන අනුත්තර වූ අරහත්වය නොබෝ කලකින් ම මේ ජීවිතයේ දී තම විශිෂ්ට ඥානයෙන් සාක්ෂාත් කොට වාසය කළේ ය. 'ඉපදීම ක්ෂය වූයේ ය. බඹසර වාසය නිමා කරන ලදී. කළ යුත්ත කරන ලදී. නිවන පිණිස කළ යුතු අන් දෙයක් නැතැ' යි දැනගත්තේ ය. ඒ භික්ෂුව එක්තරා රහතන් වහන්සේ නමක් බවට පත්වූයේ ය.

එකල්හී අරහත්වයට පත් ඒ භික්ෂුව තම උපාධ්‍යායන් වහන්සේ වෙත පැමිණියේ ය. පැමිණ උපාධ්‍යායන් වහන්සේට මෙය පැවසුවේ ය.

"ස්වාමීනී, මාගේ ශරීරයෙහි හටගත් බරක් නැත්තේ ය. මා බැලිය යුතු

දිශාව ද මට වැටහෙයි. කුසල් දහම් ද මට වැටහෙයි. මාගේ සිත නිදිමතෙන් යට කොට නොසිටියි. කැමැත්තෙන් යුතු ව ධර්මයෙහි හැසිරෙමි. මට ධර්මය පිළිබඳ ව සැක නැත්තේ ය."

ඉක්බිති ඒ භික්ෂුව ඒ සද්ධිවිහාරික භික්ෂුව ද කැඳවාගෙන භාග්‍යවතුන් වහන්සේ වෙත පැමිණියේ ය. පැමිණ භාග්‍යවතුන් වහන්සේ වෙත සකසා වන්දනා කොට එකත්පස් ව හිඳ ගත්තේ ය. එකත්පස් ව හුන් ඒ භික්ෂුව භාග්‍යවතුන් වහන්සේට මෙය සැළ කළේ ය.

"ස්වාමීනී, මේ භික්ෂුව මෙසේ පවසයි. 'ස්වාමීනී, මාගේ ශරීරයෙහි හටගත් බරක් නැත්තේ ය. මා බැලිය යුතු දිශාව ද මට වැටහෙයි. කුසල් දහම් ද මට වැටහෙයි. මාගේ සිත නිදිමතෙන් යට කොට නොසිටියි. කැමැත්තෙන් යුතු ව ධර්මයෙහි හැසිරෙමි. මට ධර්මය පිළිබඳ ව සැක නැත්තේ යැ'යි."

"භික්ෂුව, ඔහොම වෙනවා නොවැ. ඉන්ද්‍රියන්හි වසා ගත් දොරටු ඇත්නම්, වළඳන ආහාරයෙහි අර්ථය දන්නේ නම්, නිදිවරමින් කුසල් වැඩීමට වෙහෙසෙයි නම්, කුසල ධර්මයන් දකියි නම්, රාත්‍රී පෙරයම - පශ්චිම යාමයෙහි බෝධිපාක්ෂික ධර්මයන් දියුණු කරගැනීමට වෙහෙසෙයි නම්, යම් හෙයකින් එබන්දහුගේ කය හටගත් බර නැත්තේ ම ය. බැලිය යුතු දිශාව ද පෙනේ ම ය. ධර්මයත් වැටහෙන්නේ ම ය. නිදිමතෙන් සිත මැඩගෙන නොසිටින්නේ ම ය. කැමැත්තෙන් බඹසර වසන්නේ ම ය. ධර්මයන් පිළිබඳ සැක නැතිවන්නේ ම ය.

එහෙයින් මහණෙනි, ඔබ විසින් හික්මිය යුත්තේ මේ අයුරින් ය. 'ඉන්ද්‍රියන්හි වැසූ දොරටු ඇත්තෙක් වන්නෙමු. වළඳන දානයෙහි අර්ථය දැනගන්නෙමු. නිදිවරා වෙහෙසී කුසල් වඩන්නෙමු. කුසල් දහම් මැනැවින් හඳුනාගන්නෙමු. පෙරයම - පැසුළුයම බෝධිපාක්ෂික ධර්මයන් දියුණු කරගන්නට වෙහෙසෙන්නෙමු' යි. මහණෙනි, ඔබ විසින් හික්මිය යුත්තේ ඔය අයුරින් ය."

සාදු! සාදු!! සාදු!!!

උපජ්ඣාය සූත්‍රය නිමා විය.

5.2.1.7.
ඨාන සූත්‍රය
සිහි කළ යුතු කාරණය ගැන වදාළ දෙසුම

සැවැත් නුවර දී ය.....

මහණෙනි, ස්ත්‍රියක විසින් වේවා, පුරුෂයෙකු විසින් වේවා, ගිහියෙකු විසින් වේවා, පැවිද්දෙකු විසින් වේවා නිතර නුවණින් මෙනෙහි කළ යුතු මේ කරුණු පසකි. ඒ කවර කරුණු පසක් ද යත්;

'ජරා ජීර්ණ වන ස්වභාවය ඇත්තෙක් වෙමි. ජරාව නොඉක්ම වූවෙක් වෙමි' යි ස්ත්‍රියක විසින් වේවා, පුරුෂයෙකු විසින් වේවා, ගිහියෙකු විසින් වේවා, පැවිද්දෙකු විසින් වේවා නිතර නුවණින් මෙනෙහි කළ යුත්තේ ය.

'රෝගී වන ස්වභාවය ඇත්තෙක් වෙමි. රෝග නොඉක්ම වූවෙක් වෙමි' යි ස්ත්‍රියක විසින් වේවා, පුරුෂයෙකු විසින් වේවා, ගිහියෙකු විසින් වේවා, පැවිද්දෙකු විසින් වේවා නිතර නුවණින් මෙනෙහි කළ යුත්තේ ය.

'මරණයට පත්වන ස්වභාවය ඇත්තෙක් වෙමි. මරණය නොඉක්ම වූවෙක් වෙමි' යි ස්ත්‍රියක විසින් වේවා, පුරුෂයෙකු විසින් වේවා, ගිහියෙකු විසින් වේවා, පැවිද්දෙකු විසින් වේවා නිතර නුවණින් මෙනෙහි කළ යුත්තේ ය.

'මා හට ප්‍රිය මනාප වූ සෑම දෙයක් කෙරෙන් ම වෙනස් වීමකට පත්වන්නේ ය, වෙන් වීමකට පත්වන්නේ ය' යි ස්ත්‍රියක විසින් වේවා, පුරුෂයෙකු විසින් වේවා, ගිහියෙකු විසින් වේවා, පැවිද්දෙකු විසින් වේවා නිතර නුවණින් මෙනෙහි කළ යුත්තේ ය.

'මාගේ ක්‍රියාව තමන්ගේ දෙය කොට ඇත්තෙමි. ක්‍රියාව දායාදය කොට ඇත්තෙමි. ක්‍රියාව ම උත්පත්ති කාරණය කොට ඇත්තෙමි. ක්‍රියාව ඥාතියා කොට ඇත්තෙමි. ක්‍රියාව පිළිසරණ කොට ඇත්තෙමි. යහපත් වූ හෝ පවිටු වූ හෝ යම් ක්‍රියාවක් කරන්නෙම් නම් එය දායාද කොට සිටින්නෙමි' යි ස්ත්‍රියක විසින් වේවා, පුරුෂයෙකු විසින් වේවා, ගිහියෙකු විසින් වේවා, පැවිද්දෙකු විසින් වේවා නිතර නුවණින් මෙනෙහි කළ යුත්තේ ය.

මහණෙනි, කවර කරුණක් හේතුවෙන් ද 'ජරා ජීර්ණ වන ස්වභාවය

ඇත්තෙක් වෙමි. ජරාව නොඉක්ම වූවෙක් වෙමි' යි ස්ත්‍රියක විසින් වේවා, පුරුෂයෙකු විසින් වේවා, ගිහියෙකු විසින් වේවා, පැවිද්දෙකු විසින් වේවා නිතර නුවණින් මෙනෙහි කළ යුත්තේ ? මහණෙනි, යම් මත් වීමකින් මත්වන සත්වයෝ කයෙන් දුෂ්චරිතයෙහි හැසිරෙත් ද, වචනයෙන් දුෂ්චරිතයෙහි හැසිරෙත් ද, මනසින් දුෂ්චරිතයෙහි හැසිරෙත් ද, එබඳු වූ යෞවනය පිළිබඳ ව යෞවන මදයක් සත්වයන් හට ඇත්තේ ය. ජරා ජීර්ණවීම පිළිබඳ ව නිතර මෙනෙහි කරන්නේ නම් යෞවනයෙහි යම් යෞවන මදයක් ඔහුට ඇද්ද, එය මුළුමනින් ම නැතිවී හෝ යයි. නැතහොත් තුනී හෝ වෙයි. මහණෙනි, මෙම අර්ථය සළකා බැලීම නිසා ය 'ජරා ජීර්ණ වන ස්වභාවය ඇත්තෙක් වෙමි. ජරාව නොඉක්ම වූවෙක් වෙමි' යි ස්ත්‍රියක විසින් වේවා, පුරුෂයෙකු විසින් වේවා, ගිහියෙකු විසින් වේවා, පැවිද්දෙකු විසින් වේවා නිතර නුවණින් මෙනෙහි කළ යුත්තේ.

මහණෙනි, කවර කරුණක් හේතුවෙන් ද 'රෝගී වන ස්වභාවය ඇත්තෙක් වෙමි. රෝග නොඉක්ම වූවෙක් වෙමි' යි ස්ත්‍රියක විසින් වේවා, පුරුෂයෙකු විසින් වේවා, ගිහියෙකු විසින් වේවා, පැවිද්දෙකු විසින් වේවා නිතර නුවණින් මෙනෙහි කළ යුත්තේ ? මහණෙනි, යම් මත් වීමකින් මත්වන සත්වයෝ කයෙන් දුෂ්චරිතයෙහි හැසිරෙත් ද, වචනයෙන් දුෂ්චරිතයෙහි හැසිරෙත් ද, මනසින් දුෂ්චරිතයෙහි හැසිරෙත් ද, එබඳු වූ ආරෝග්‍ය පිළිබඳ ව ආරෝග්‍ය මදයක් සත්වයන් හට ඇත්තේ ය. රෝගී වීම පිළිබඳ ව නිතර මෙනෙහි කරන්නේ නම් ආරෝග්‍යයෙහි යම් ආරෝග්‍ය මදයක් ඔහුට ඇද්ද, එය මුළුමනින් ම නැතිවී හෝ යයි. නැතහොත් තුනී හෝ වෙයි. මහණෙනි, මෙම අර්ථය සළකා බැලීම නිසා ය 'රෝගී වන ස්වභාවය ඇත්තෙක් වෙමි. රෝග නොඉක්ම වූවෙක් වෙමි' යි ස්ත්‍රියක විසින් වේවා, පුරුෂයෙකු විසින් වේවා, ගිහියෙකු විසින් වේවා, පැවිද්දෙකු විසින් වේවා නිතර නුවණින් මෙනෙහි කළ යුත්තේ.

මහණෙනි, කවර කරුණක් හේතුවෙන් ද 'මරණයට පත්වන ස්වභාවය ඇත්තෙක් වෙමි. මරණය නොඉක්ම වූවෙක් වෙමි' යි ස්ත්‍රියක විසින් වේවා, පුරුෂයෙකු විසින් වේවා, ගිහියෙකු විසින් වේවා, පැවිද්දෙකු විසින් වේවා නිතර නුවණින් මෙනෙහි කළ යුත්තේ ? මහණෙනි, යම් මත් වීමකින් මත්වන සත්වයෝ කයෙන් දුෂ්චරිතයෙහි හැසිරෙත් ද, වචනයෙන් දුෂ්චරිතයෙහි හැසිරෙත් ද, මනසින් දුෂ්චරිතයෙහි හැසිරෙත් ද, එබඳු වූ ජීවිතය පිළිබඳ ව ජීවිත මදයක් සත්වයන් හට ඇත්තේ ය. මරණය පිළිබඳ ව නිතර මෙනෙහි කරන්නේ නම් ජීවිතයෙහි යම් ජීවිත මදයක් ඔහුට ඇද්ද, එය මුළුමනින් ම නැතිවී හෝ යයි. නැතහොත් තුනී හෝ වෙයි. මහණෙනි, මෙම අර්ථය සළකා බැලීම නිසා ය 'මරණයට පත්වන ස්වභාවය ඇත්තෙක් වෙමි. මරණය නොඉක්ම

වූවෙක් වෙමි' යි ස්ත්‍රියක විසින් වේවා, පුරුෂයෙකු විසින් වේවා, ගිහියෙකු විසින් වේවා, පැවිද්දෙකු විසින් වේවා නිතර නුවණින් මෙනෙහි කළ යුත්තේ.

මහණෙනි, කවර කරුණක් හේතුවෙන් ද 'මා හට ප්‍රිය මනාප වූ සෑම දෙයක් කෙරෙන් ම වෙනස් වීමකට පත්වන්නේ ය, වෙන් වීමකට පත්වන්නේ ය' යි ස්ත්‍රියක විසින් වේවා, පුරුෂයෙකු විසින් වේවා, ගිහියෙකු විසින් වේවා, පැවිද්දෙකු විසින් වේවා නිතර නුවණින් මෙනෙහි කළ යුත්තේ ? මහණෙනි, යම් රාගයකින් ඇලී ගිය සත්වයෝ කයෙන් දුෂ්චරිතයෙහි හැසිරෙත් ද, වචනයෙන් දුෂ්චරිතයෙහි හැසිරෙත් ද, මනසින් දුෂ්චරිතයෙහි හැසිරෙත් ද, එබඳු වූ ප්‍රිය වූ දෙය කෙරෙහි ඡන්දරාගය සත්වයන් හට ඇත්තේ ය. ප්‍රියයන්ගෙන් වෙන්වීම පිළිබඳ ව නිතර මෙනෙහි කරන්නේ නම් ප්‍රිය වූ දේ කෙරෙහි යම් ඡන්දරාගයක් ඔහුට ඇද්ද, එය මුළුමනින් ම නැතිවී හෝ යයි. නැතහොත් තුනී හෝ වෙයි. මහණෙනි, මෙම අර්ථය සළකා බැලීම නිසා ය 'මා හට ප්‍රිය මනාප වූ සෑම දෙයක් කෙරෙන් ම වෙනස් වීමකට පත්වන්නේ ය, වෙන් වීමකට පත්වන්නේ ය' යි ස්ත්‍රියක විසින් වේවා, පුරුෂයෙකු විසින් වේවා, ගිහියෙකු විසින් වේවා, පැවිද්දෙකු විසින් වේවා නිතර නුවණින් මෙනෙහි කළ යුත්තේ.

මහණෙනි, කවර කරුණක් හේතුවෙන් ද 'මාගේ ක්‍රියාව තමන්ගේ දෙය කොට ඇත්තෙමි. ක්‍රියාව දායාදය කොට ඇත්තෙමි. ක්‍රියාව ම උත්පත්ති කාරණය කොට ඇත්තෙමි. ක්‍රියාව ඥාතියා කොට ඇත්තෙමි. ක්‍රියාව පිළිසරණ කොට ඇත්තෙමි. යහපත් වූ හෝ පව්ටු වූ හෝ යම් ක්‍රියාවක් කරන්නෙම් නම් එය දායාද කොට සිටින්නෙමි' යි ස්ත්‍රියක විසින් වේවා, පුරුෂයෙකු විසින් වේවා, ගිහියෙකු විසින් වේවා, පැවිද්දෙකු විසින් වේවා නිතර නුවණින් මෙනෙහි කළ යුත්තේ ? මහණෙනි, සත්වයන් හට කායික දුෂ්චරිතය ද, වාචසික දුෂ්චරිතය ද, මානසික දුෂ්චරිතය ද ඇත්තේ ය. තමන්ගේ ක්‍රියාව පිළිබඳ ව නිතර මෙනෙහි කරන්නේ නම් ඔහුට යම් දුෂ්චරිතයක් ඇද්ද, එය මුළුමනින් ම නැතිවී හෝ යයි. නැතහොත් තුනී හෝ වෙයි. මහණෙනි, මෙම අර්ථය සළකා බැලීම නිසා ය 'මාගේ ක්‍රියාව තමන්ගේ දෙය කොට ඇත්තෙමි. ක්‍රියාව දායාදය කොට ඇත්තෙමි. ක්‍රියාව ම උත්පත්ති කාරණය කොට ඇත්තෙමි. ක්‍රියාව ඥාතියා කොට ඇත්තෙමි. ක්‍රියාව පිළිසරණ කොට ඇත්තෙමි. යහපත් වූ හෝ පව්ටු වූ හෝ යම් ක්‍රියාවක් කරන්නෙම් නම් එය දායාද කොට සිටින්නෙමි' යි ස්ත්‍රියක විසින් වේවා, පුරුෂයෙකු විසින් වේවා, ගිහියෙකු විසින් වේවා, පැවිද්දෙකු විසින් වේවා නිතර නුවණින් මෙනෙහි කළ යුත්තේ.

මහණෙනි, ඒ ආර්ය ශ්‍රාවකයා මෙසේ නුවණින් සිහි කරයි. 'හුදෙකලාව මම් පමණක් ජරාවට පත්වන ස්වභාවයෙන් යුතු ව ජරාව නොඉක්මවා

සිටින්නෙම් නොවෙමි. වැලිදු යම්තාක් සත්වයන්ගේ මෙලොවට පැමිණීමක්, මෙලොවින් යාමක්, චුතියක්, උපතක් ඇද්ද ඒ සියළු සත්වයෝ ජරාජීර්ණවන ස්වභාවයෙන් යුක්තයහ. ජරාව ඉක්මවා නොසිටිති' යි. එකරුණ නිතර නුවණින් මෙනෙහි කරන කල්හී ඔහුට ලොව්තුරු මාර්ගය උපදින්නේ ය. හේ ඒ මාර්ගය සේවනය කරයි. භාවිත කරයි. බහුල වශයෙන් ප්‍රගුණ කරයි. ඒ මාර්ගය සේවනය කරන, භාවිත කරන, බහුල වශයෙන් ප්‍රගුණ කරන, ඔහුගේ සංයෝජනයෝ ප්‍රහාණය වී යති. කෙලෙස් අනුසයෝ නැති වී යති.

'හුදෙකලාව මම් පමණක් රෝගවලට පත්වන ස්වභාවයෙන් යුතු ව රෝගය නොඉක්මවා සිටින්නෙම් නොවෙමි. වැලිදු යම්තාක් සත්වයන්ගේ මෙලොවට පැමිණීමක්, මෙලොවින් යාමක්, චුතියක්, උපතක් ඇද්ද ඒ සියළු සත්වයෝ රෝගීවන ස්වභාවයෙන් යුක්තයහ. රෝග ඉක්මවා නොසිටිති' යි. එකරුණ නිතර නුවණින් මෙනෙහි කරන කල්හී ඔහුට ලොව්තුරු මාර්ගය උපදින්නේ ය. හේ ඒ මාර්ගය සේවනය කරයි. භාවිත කරයි. බහුල වශයෙන් ප්‍රගුණ කරයි. ඒ මාර්ගය සේවනය කරන, භාවිත කරන, බහුල වශයෙන් ප්‍රගුණ කරන, ඔහුගේ සංයෝජනයෝ ප්‍රහාණය වී යති. කෙලෙස් අනුසයෝ නැති වී යති.

'හුදෙකලාව මම් පමණක් මරණයට පත්වන ස්වභාවයෙන් යුතු ව මරණය නොඉක්මවා සිටින්නෙම් නොවෙමි. වැලිදු යම්තාක් සත්වයන්ගේ මෙලොවට පැමිණීමක්, මෙලොවින් යාමක්, චුතියක්, උපතක් ඇද්ද ඒ සියළු සත්වයෝ මියයන ස්වභාවයෙන් යුක්තයහ. මරණය ඉක්මවා නොසිටිති' යි. එකරුණ නිතර නුවණින් මෙනෙහි කරන කල්හී ඔහුට ලොව්තුරු මාර්ගය උපදින්නේ ය. හේ ඒ මාර්ගය සේවනය කරයි. භාවිත කරයි. බහුල වශයෙන් ප්‍රගුණ කරයි. ඒ මාර්ගය සේවනය කරන, භාවිත කරන, බහුල වශයෙන් ප්‍රගුණ කරන, ඔහුගේ සංයෝජනයෝ ප්‍රහාණය වී යති. කෙලෙස් අනුසයෝ නැති වී යති.

'මා හට පමණක් ප්‍රිය මනාප වූ සියළු දේ කෙරෙන් වෙන්වන්නට සිදු වීම ද, වෙන් වන ස්වභාවය ද නැත්තේ ය. වැලිදු යම්තාක් සත්වයන්ගේ මෙලොවට පැමිණීමක්, මෙලොවින් යාමක්, චුතියක්, උපතක් ඇද්ද ඒ සියළු සත්වයන් හට ප්‍රිය මනාප වූ සියළු දේ කෙරෙන් වෙන්වන්නට සිදු වීම ද, වෙන් වන ස්වභාවය ද ඇත්තේ ය' යි. එකරුණ නිතර නුවණින් මෙනෙහි කරන කල්හී ඔහුට ලොව්තුරු මාර්ගය උපදින්නේ ය. හේ ඒ මාර්ගය සේවනය කරයි. භාවිත කරයි. බහුල වශයෙන් ප්‍රගුණ කරයි. ඒ මාර්ගය සේවනය කරන, භාවිත කරන, බහුල වශයෙන් ප්‍රගුණ කරන, ඔහුගේ සංයෝජනයෝ ප්‍රහාණය වී යති. කෙලෙස් අනුසයෝ නැති වී යති.

'හුදෙකලාව මා පමණක් මාගේ ක්‍රියාව තමන්ගේ දෙය කොට ඇත්තෙමි, ක්‍රියාව දායාදය කොට ඇත්තෙමි, ක්‍රියාව ම උත්පත්ති කාරණය කොට ඇත්තෙමි, ක්‍රියාව ඥාතියා කොට ඇත්තෙමි, ක්‍රියාව පිළිසරණ කොට ඇත්තෙමි, යහපත් වූ හෝ පවිටු වූ හෝ යම් ක්‍රියාවක් කරන්නෙම් නම් එය දායාද කොට සිටින්නෙම් නොවෙමි. වැලිදු යම්තාක් සත්වයන්ගේ මෙලොවට පැමිණීමක්, මෙලොවින් යාමක්, චුතියක්, උපතක් ඇද්ද ඒ සියළු සත්වයෝ තමාගේ ක්‍රියාව තමන්ගේ දෙය කොට ඇත්තාහු ය, ක්‍රියාව දායාදය කොට ඇත්තාහු ය, ක්‍රියාව ම උත්පත්ති කාරණය කොට ඇත්තාහු ය, ක්‍රියාව ඥාතියා කොට ඇත්තාහු ය, ක්‍රියාව පිළිසරණ කොට ඇත්තාහු ය, යහපත් වූ හෝ පවිටු වූ හෝ යම් ක්‍රියාවක් කරන්නාහු නම් එය දායාද කොට සිටින්නාහු ය' යි. එකරුණ නිතර නුවණින් මෙනෙහි කරන කල්හී ඔහුට ලොව්තුරු මාර්ගය උපදින්නේ ය. හේ ඒ මාර්ගය සේවනය කරයි. භාවිත කරයි. බහුල වශයෙන් ප්‍රගුණ කරයි. ඒ මාර්ගය සේවනය කරන, භාවිත කරන, බහුල වශයෙන් ප්‍රගුණ කරන, ඔහුගේ සංයෝජනයෝ ප්‍රහාණය වී යති. කෙලෙස් අනුසයෝ නැති වී යති.

(ගාථා)

1. රෝග හටගන්නා ස්වභාව ඇති, ජරා ජීර්ණ වන ස්වභාව ඇති, එමෙන් ම මැරෙන ස්වභාව ඇති, පෘථග්ජන සත්වයෝ එබඳු වූ ම සත්වයන් දැක අන්‍යයන් පිළිකුල් කරති.

2. මෙබඳු ස්වභාවයෙන් යුතු සත්වයන් කෙරෙහි මම් පිළිකුල් කොට දකින්නෙම් නම්, මෙබඳු ස්වභාවයෙන් ම වාසය කරන මා හට එය ගැලපෙන දෙයක් නොවෙමි.

3. ඒ මම මෙබඳු ස්වභාවයෙන් වාසය කරමින් නිකෙලෙස් වූ අරහත් ධර්මය අවබෝධ කොට ආරෝග්‍යයෙහි ද, යෞවනයෙහි ද, ජීවිතයෙහි ද යම් මත්වීමක් ඇත් නම්,

4. ඒ සියළු මත්වීම් මැඩගෙන නෛෂ්ක්‍රම්‍ය නම් වූ උතුම් පැවිදි බව බිය රහිත තැන ලෙස දැක්කෙමි. ඒ මා හට නිවන් අවබෝධ කිරීම පිණිස බලවත් පැතුමකුත්, උත්සාහයකුත් වූයේ ය.

5. දැන් මම ළාමක කාමයන් සේවනය කිරීමට නුසුදුස්සෙක්මි. බ්‍රහ්මචරිය පිළිසරණ කොටගෙන ආපසු නොවැටෙන නිවන් මග යන්නෙමි.

සාදු! සාදු!! සාදු!!!

ඨාන සූත්‍රය නිමා විය.

5.2.1.8.
ලිච්ඡවිකුමාර සූත්‍රය
ලිච්ඡවි කුමාරවරු ගැන වදාළ දෙසුම

එක් සමයක භාග්‍යවතුන් වහන්සේ විශාලා මහනුවර මහාවනයෙහි කූටාගාර ශාලාවෙහි වැඩවසන සේක. එකල්හී භාග්‍යවතුන් වහන්සේ පෙරවරුවෙහි සිවුරු හැඳ පොරවාගෙන පාත්‍රය හා සිවුර ගෙන විශාලා මහනුවර පිඬු පිණිස වැඩි සේක. විශාලාවෙහි පිඬු පිණිස හැසිර පසුබත් කාලයෙහි පිණ්ඩපාතයෙන් වැළකී මහාවනයෙහි ඇතුළට වැඩම කොට එක්තරා රුක් සෙවණක දිවා විහරණය පිණිස වැඩහුන් සේක.

එසමයෙහි බොහෝ ලිච්ඡවි කුමාරවරු දුනු ඊතල රැගෙන දඩයම් සුනඛ සමූහයක් පිරිවරාගෙන මහා වනයෙහි ඔබමොබ ඇවිදින්නාහු එක්තරා රුක් සෙවණක දිවා විහරණය පිණිස වැඩසිටින භාග්‍යවතුන් වහන්සේ ව දුටහ. දැක දුනු ඊතල ආදිය පසෙක තබා දඩයම් සුනඛ සමූහයා පසෙකට යවා භාග්‍යවතුන් වහන්සේ වෙත පැමිණියාහු ය. පැමිණ භාග්‍යවතුන් වහන්සේට සකසා වන්දනා කොට නිහඬ ව නිහඬ ව දෑත් ඇඳිලි බැඳ භාග්‍යවතුන් වහන්සේ ව ඇසුරු කරත්.

එසමයෙහි මහානාම ලිච්ඡවි රජු මහාවනයෙහි ව්‍යායාම පිණිස ඇවිද යන්නේ ඒ ලිච්ඡවී කුමාරවරු නිහඬ ව නිහඬ ව ඇඳිලි බැඳ භාග්‍යවතුන් වහන්සේ ඇසුරු කරනා අයුරු දුටුවේ ය. දැක භාග්‍යවතුන් වහන්සේ වෙත පැමිණියේ ය. පැමිණ භාග්‍යවතුන් වහන්සේට සකසා වන්දනා කොට එකත්පස් ව හිඳගත්තේ ය. එකත්පස් ව හුන් මහානාම ලිච්ඡවි රජු උදානයක් පහළ කළේ ය. 'වජ්ජීහු දියුණුවට පත්වන්නාහු ය. වජ්ජීහු දියුණුවට පත්වන්නාහු ය' යි.

"කිම? මහානාමය, ඔබ මෙසේ පවසන්නේ 'වජ්ජීහු දියුණුවට පත්වන්නාහු ය. වජ්ජීහු දියුණුවට පත්වන්නාහු ය' යි?"

"ස්වාමීනී, මේ ලිච්ඡවි කුමාරවරු චණ්ඩ යි. ඵරුෂ යි. දැඩි ගතියෙන් යුක්ත යි. උක්ගස් වේවා, මසං ගෙඩි වේවා, කැවුම් වේවා, මුං කැරලි වේවා, තල කැරලි වේවා ලිච්ඡවි පවුල්වලට තෑගි පිණිස යවත් නම් මොවුහු ඒවා පවා පැහැර පැහැර කති. කුල ස්ත්‍රීන් හට, කුල කුමාරිකාවන් හට පසුපසින් ගොස් පිටුපසින් පහර දෙති. ඒ උදවිය දැන් මේ නිහඬ ව නිහඬ ව ඇඳිලි බැඳ භාග්‍යවතුන් වහන්සේ ව ඇසුරු කරති."

"මහානාමය, යම්කිසි කුලපුත්‍රයෙකු තුළ කරුණු පහක් දකින්නට ලැබෙයි නම්, ඔහු ඔටුණු පළන් ක්ෂත්‍රිය රජෙකුට වේවා, පියාගේ සම්පත් භුක්ති විඳින රටවැසියෙකුට වේවා, සේනාවෙහි සෙන්පතියෙකුට වේවා ගමෙහි ගම් දෙටුවෙකුට වේවා, පිරිසෙහි පිරිස් ප්‍රධානයෙකුට වේවා, යම්කිසි කුලයක අධිපති බවක් කරයි ද, එය දියුණුවට පත්වීම කැමති විය යුත්තේ ය. පරිහානියක් නොවෙයි. ඒ කවර පසක් ද යත්;

1. මහානාමය, මෙහිලා කුලපුත්‍ර තෙමේ නැගී සිටි වීරියෙන් යුතු ව, අත් පා වෙහෙසීමෙන් යුතු ව, ඩහදිය වැගිරීමෙන් යුතු ව, ධාර්මික ව උපයා සපයා ගත් භෝග සම්පත් වලින් මව්පියන්ට සත්කාර කරන්නේ ය, ගරුකාර කරන්නේ ය, බුහුමන් දක්වන්නේ ය, පුදන්නේ ය. දරුවන්ගෙන් සත්කාර ලද, ගරුකාර ලද, බුහුමන් ලද, පිදුම් ලද මව්පියෝ ඔහුට කල්‍යාණ මනසින් ආසිරි පතති. 'බොහෝ කල් ජීවත් වේවා ! දීර්ඝ ආයුෂයෙන් පාලනය කෙරේවා !' යි. මහානාමය, මව්පියන්ගේ අනුකම්පාවට පාත්‍ර වූ කුලපුත්‍රයා හට දියුණුවක් ම කැමති විය යුත්තේ ය. පිරිහීමක් නොවෙයි.

2. තව ද මහානාමය, කුලපුත්‍ර තෙමේ නැගී සිටි වීරියෙන් යුතු ව, අත් පා වෙහෙසීමෙන් යුතු ව, ඩහදිය වැගිරීමෙන් යුතු ව, ධාර්මික ව උපයා සපයා ගත් භෝග සම්පත් වලින් අඹුදරු දාස කම්කරු පුරුෂයන්ට සත්කාර කරන්නේ ය, ගරුකාර කරන්නේ ය, බුහුමන් දක්වන්නේ ය, පුදන්නේ ය. ඔහුගෙන් සත්කාර ලද, ගරුකාර ලද, බුහුමන් ලද, පිදුම් ලද අඹුදරු දාස කම්කරු පුරුෂයෝ ඔහුට කල්‍යාණ මනසින් ආසිරි පතති. 'බොහෝ කල් ජීවත් වේවා ! දීර්ඝ ආයුෂයෙන් පාලනය කෙරේවා !' යි. මහානාමය, අඹුදරු දාස කම්කරු පුරුෂයන්ගේ අනුකම්පාවට පාත්‍ර වූ කුලපුත්‍රයා හට දියුණුවක් ම කැමති විය යුත්තේ ය. පිරිහීමක් නොවෙයි.

3. තව ද මහානාමය, කුලපුත්‍ර තෙමේ නැගී සිටි වීරියෙන් යුතු ව, අත් පා වෙහෙසීමෙන් යුතු ව, ඩහදිය වැගිරීමෙන් යුතු ව, ධාර්මික ව උපයා සපයා ගත් භෝග සම්පත් වලින් තම කුඹුරු වතුපිටි ආදියෙහි කටයුතු කරන්නන් හට සත්කාර කරන්නේ ය, ගරුකාර කරන්නේ ය, බුහුමන් දක්වන්නේ ය, පුදන්නේ ය. ඔහුගෙන් සත්කාර ලද, ගරුකාර ලද, බුහුමන් ලද, පිදුම් ලද කුඹුරු වතුපිටි ආදියෙහි කටයුතු කරන්නෝ ඔහුට කල්‍යාණ මනසින් ආසිරි පතති. 'බොහෝ කල් ජීවත් වේවා ! දීර්ඝ ආයුෂයෙන් පාලනය කෙරේවා !' යි. මහානාමය, කුඹුරු වතුපිටි ආදියෙහි කටයුතු කරන්නන්ගේ අනුකම්පාවට පාත්‍ර වූ කුලපුත්‍රයා හට දියුණුවක් ම කැමති විය යුත්තේ ය. පිරිහීමක් නොවෙයි.

4. තව ද මහානාමය, කුලපුත්‍ර තෙමේ නැගී සිටි වීරියෙන් යුතු ව, අත් පා වෙහෙසීමෙන් යුතු ව, ඩහදිය වැගිරීමෙන් යුතු ව, ධාර්මික ව උපයා සපයා ගත් භෝග සම්පත් වලින් පූජා පිළිගන්නා දේවතාවුන් හට සත්කාර කරන්නේ ය, ගරුකාර කරන්නේ ය, බුහුමන් දක්වන්නේ ය, පුදන්නේ ය. ඔහුගෙන් සත්කාර ලද, ගරුකාර ලද, බුහුමන් ලද, පිදුම් ලද පූජා පිළිගන්නා දේවතාවෝ ඔහුට කල්‍යාණ මනසින් ආසිරි පතති. 'බොහෝ කල් ජීවත් වේවා ! දීර්ඝ ආයුෂයෙන් පාලනය කෙරේවා !' යි. මහානාමය, දේවතාවන්ගේ අනුකම්පාවට පාත්‍ර වූ කුලපුත්‍රයා හට දියුණුවක් ම කැමති විය යුත්තේ ය. පිරිහීමක් නොවෙයි.

5. තව ද මහානාමය, කුලපුත්‍ර තෙමේ නැගී සිටි වීරියෙන් යුතු ව, අත් පා වෙහෙසීමෙන් යුතු ව, ඩහදිය වැගිරීමෙන් යුතු ව, ධාර්මික ව උපයා සපයා ගත් භෝග සම්පත් වලින් ශ්‍රමණ බ්‍රාහ්මණයන් හට සත්කාර කරන්නේ ය, ගරුකාර කරන්නේ ය, බුහුමන් දක්වන්නේ ය, පුදන්නේ ය. ඔහුගෙන් සත්කාර ලද, ගරුකාර ලද, බුහුමන් ලද, පිදුම් ලද ශ්‍රමණ බ්‍රාහ්මණයෝ ඔහුට කල්‍යාණ මනසින් ආසිරි පතති. 'බොහෝ කල් ජීවත් වේවා ! දීර්ඝ ආයුෂයෙන් පාලනය කෙරේවා !' යි. මහානාමය, ශ්‍රමණ බ්‍රාහ්මණයන්ගේ අනුකම්පාවට පාත්‍ර වූ කුලපුත්‍රයා හට දියුණුවක් ම කැමති විය යුත්තේ ය. පිරිහීමක් නොවෙයි.

මහානාමය, යම්කිසි කුලපුත්‍රයෙකු තුළ මේ කරුණු පහ දකින්නට ලැබෙයි නම්, ඔහු ඔටුණු පළන් ක්ෂත්‍රිය රජෙකුට වේවා, පියාගේ සම්පත් භුක්ති විඳින රටවැසියෙකුට වේවා, සේනාවෙහි සෙන්පතියෙකුට වේවා ගමෙහි ගම් දෙටුවෙකුට වේවා, පිරිසෙහි පිරිස් ප්‍රධානයෙකුට වේවා, යම්කිසි කුලයක අධිපති බවක් කරයි ද, එය දියුණුවට පත්වීම කැමති විය යුත්තේ ය. පරිහානියක් නොවෙයි.

(ගාථා)

1. හැම කල්හි මව්පියන්ගේ කටයුතු සොයා බලන අඹු දරුවන්ට හිතෛෂී වූ ඇතුළු ජනයාගේ අර්ථ සිද්ධිය සළකන, තමා නිසා ජීවත් වෙන අන් අයට ද යහපත කරයි නම්,

2. නැණවතුන්ගේ වචනයෙහි අරුත් දන්නා සිල්වත් වූ තැනැත්තා මියගිය ඥාතීන්ට ත්, මෙලොව ජීවත් වන ඥාතීන්ට ත් යන උභය පක්ෂයට ම යහපත සළසයි නම්,

3. ශ්‍රමණ බ්‍රාහ්මණයන්ට ද, දෙවියන්ට ද යහපත සළසන නුවණැත්තා ධාර්මික ව ගිහි ගෙයි වාසය කරමින් හැමට සතුට දනවයි.

4. හෙතෙම යහපත් කර්මයන් කොට ප්‍රශංසාවට නිසි වූයේ පිදුම් ලබන්නේ වෙයි. මෙහිදී ද ප්‍රශංසාවට බඳුන් වෙයි. පරලොව සුගතියෙහි ඉපිද සතුටු වෙයි.

සාදු! සාදු!! සාදු!!!

ලිච්ඡවිකුමාර සූත්‍රය නිමා විය.

5.2.1.9.
පඨම බුඩ්ඪපබ්බජිත සූත්‍රය
වයසට ගොස් පැවිදිවූවහු ගැන වදාළ පළමු දෙසුම

සැවැත් නුවර දී ය .....

මහණෙනි, පස් කරුණකින් සමන්විත වූ වයසට ගොස් පැවිදි වූ කෙනා දුර්ලභ වෙයි. ඒ කවර කරුණු පසකින් ද යත්;

මහණෙනි, වයසට ගොස් පැවිදි වූ කෙනා සියුම් දහම් කරුණු දන්නේ ය යන්න දුර්ලභ ය. ආකල්ප සම්පත්තියෙන් යුතු බව දුර්ලභ ය. බහුශ්‍රැත බව දුර්ලභ ය. ධර්මකථික බව දුර්ලභ ය. විනයධර බව දුර්ලභ ය.

මහණෙනි, මේ පස් කරුණෙන් සමන්විත වූ වයසට ගොස් පැවිදි වූ කෙනා දුර්ලභ වෙයි.

සාදු! සාදු!! සාදු!!!

පඨම බුඩ්ඪපබ්බජිත සූත්‍රය නිමා විය.

5.2.1.10.
දුතිය බුඩ්ඪපබ්බජිත සූත්‍රය
වයසට ගොස් පැවිදිවූවහු ගැන වදාළ දෙවෙනි දෙසුම

සැවැත් නුවර දී ය .....

මහණෙනි, පස් කරුණකින් සමන්විත වූ වයසට ගොස් පැවිදි වූ කෙනා දුර්ලභ වෙයි. ඒ කවර කරුණු පසකින් ද යත්;

මහණෙනි, වයසට ගොස් පැවිදි වූ කෙනා කීකරු වන්නේ ය යන්න දුර්ලභ ය. මැනැවින් දහම් කරුණු ඉගෙන ගන්නා බව දුර්ලභ ය. අවවාදය පැදකුණු කොට ගන්නා බව දුර්ලභ ය. ධර්මකථික බව දුර්ලභ ය. විනයධර බව දුර්ලභ ය.

මහණෙනි, මේ පස් කරුණෙන් සමන්විත වූ වයසට ගොස් පැවිදි වූ කෙනා දුර්ලභ වෙයි.

සාදු! සාදු!! සාදු!!!

දුතිය බුඩ්ඪපබ්බජිත සූත්‍රය නිමා විය.

පළමු නීවරණ වර්ගය අවසන් විය.

- **එහි පිළිවෙල උද්දානය යි :**

නීවරණ සූත්‍රය, අකුසලරාසි සූත්‍රය, පධානියංග සූත්‍රය, සමය සූත්‍රය, මාතාපුත්ත සූත්‍රය, උපජ්ඣාය සූත්‍රය, ඨාන සූත්‍රය, ලිච්ඡවි කුමාර සූත්‍රය සහ බුඩ්ඪපබ්බජිත සූත්‍ර දෙක වශයෙන් මෙහි සූත්‍ර දශයකි.

2. සඤ්ඤා වර්ගය

5.2.2.1.
පඨම සඤ්ඤා සූත්‍රය
සංඥා ගැන වදාළ පළමු දෙසුම

සැවැත් නුවර දී ය .....

මහණෙනි, මේ පස් වැදෑරුම් සංඥාවන් දියුණු කරගත් විට, බහුල වශයෙන් ප්‍රගුණ කරගත් විට මහත්ඵල ඇත්තේ ය. මහානිශංස ඇත්තේ ය. අමා නිවන පිහිට කොට ඇත්තේ ය. අමා නිවන කෙළවර කොට ඇත්තේ ය. ඒ කවර පසක් ද යත්;

අසුභ සංඥාව ය, මරණ සංඥාව ය, ආදීනව සංඥාව ය, ආහාරයෙහි පිළිකුල් සංඥාව ය, සියළු ලෝකයෙහි නොඇලෙන සංඥාව ය.

මහණෙනි, මේ පස් වැදෑරුම් සංඥාවන් දියුණු කරගත් විට, බහුල වශයෙන් ප්‍රගුණ කරගත් විට මහත්ඵල ඇත්තේ ය. මහානිශංස ඇත්තේ ය. අමා නිවන පිහිට කොට ඇත්තේ ය. අමා නිවන කෙළවර කොට ඇත්තේ ය.

සාදු! සාදු!! සාදු!!!

පඨම සඤ්ඤා සූත්‍රය නිමා විය.

5.2.2.2.
දුතිය සඤ්ඤා සූත්‍රය
සංඥා ගැන වදාළ දෙවෙනි දෙසුම

සැවැත් නුවර දී ය .....

මහණෙනි, මේ පස් වැදෑරුම් සංඥාවන් දියුණු කරගත් විට, බහුල

වශයෙන් ප්‍රගුණ කරගත් විට මහත්ඵල ඇත්තේ ය. මහානිශංස ඇත්තේ ය. අමා නිවන පිහිට කොට ඇත්තේ ය. අමා නිවන කෙළවර කොට ඇත්තේ ය. ඒ කවර පසක් ද යත්;

අනිත්‍ය සංඥාව ය, අනාත්ම සංඥාව ය, මරණ සංඥාව ය, ආහාරයෙහි පිළිකුල් සංඥාව ය, සියළු ලෝකයෙහි නොඇලෙන සංඥාව ය.

මහණෙනි, මේ පස් වැදෑරුම් සංඥාවන් දියුණු කරගත් විට, බහුල වශයෙන් ප්‍රගුණ කරගත් විට මහත්ඵල ඇත්තේ ය. මහානිශංස ඇත්තේ ය. අමා නිවන පිහිට කොට ඇත්තේ ය. අමා නිවන කෙළවර කොට ඇත්තේ ය.

සාදු! සාදු!! සාදු!!!

දුතිය සඤ්ඤා සූත්‍රය නිමා විය.

5.2.2.3.
පඨම වඩ්ඪි සූත්‍රය
දියුණුව ගැන වදාළ පළමු දෙසුම

සැවැත් නුවර දී ය .....

මහණෙනි, පස් වැදෑරුම් දියුණුවකින් දියුණුවට පත්වන ආර්ය ශ්‍රාවකයා ආර්ය වූ දියුණුවෙන් දියුණු වෙයි. ජීවිතයෙහි සාරය ගන්නා සුළු වෙයි. උත්තමාර්ථය ගන්නා සුළු වෙයි. ඒ කවර පසක් ද යත්;

ශ්‍රද්ධාවෙන් දියුණු වෙයි. සීලයෙන් දියුණු වෙයි. ශ්‍රැතයෙන් දියුණු වෙයි. ත්‍යාගයෙන් දියුණු වෙයි. ප්‍රඥාවෙන් දියුණු වෙයි.

මහණෙනි, මේ පස් වැදෑරුම් දියුණුවකින් දියුණුවට පත්වන ආර්ය ශ්‍රාවකයා ආර්ය වූ දියුණුවෙන් දියුණු වෙයි. ජීවිතයෙහි සාරය ගන්නා සුළු වෙයි. උත්තමාර්ථය ගන්නා සුළු වෙයි.

(ගාථා)

1. යමෙක් මෙලොවෙහි ශ්‍රද්ධාවෙන් ද, සීලයෙන් ද, ප්‍රඥාවෙන් ද, ත්‍යාග යෙන් ද, ශ්‍රැතයෙන් ද දියුණු වෙයි නම්, නුවණැති එබඳු සත්පුරුෂයා

තමා ලද ජීවිතයෙහි සාරය ලබාගන්නේ ය.

සාදු! සාදු!! සාදු!!!

පඨම වඩ්ඪි සූත්‍රය නිමා විය.

5.2.2.4.
දුතිය වඩ්ඪි සූත්‍රය
දියුණුව ගැන වදාළ දෙවෙනි දෙසුම

සැවැත් නුවර දී ය .....

මහණෙනි, පස් වැදෑරුම් දියුණුවකින් දියුණුවට පත්වන ආර්ය ශ්‍රාවිකාව ආර්ය වූ දියුණුවෙන් දියුණු වන්නී ය. ජීවිතයෙහි සාරය ගන්නා සුළු වන්නී ය. උත්තමාර්ථය ගන්නා සුළු වන්නී ය. ඒ කවර පසක් ද යත්;

ශ්‍රද්ධාවෙන් දියුණු වෙයි. සීලයෙන් දියුණු වෙයි. ශ්‍රැතයෙන් දියුණු වෙයි. ත්‍යාගයෙන් දියුණු වෙයි. ප්‍රඥාවෙන් දියුණු වෙයි.

මහණෙනි, මේ පස් වැදෑරුම් දියුණුවකින් දියුණුවට පත්වන ආර්ය ශ්‍රාවිකාව ආර්ය වූ දියුණුවෙන් දියුණු වන්නී ය. ජීවිතයෙහි සාරය ගන්නා සුළු වන්නී ය. උත්තමාර්ථය ගන්නා සුළු වන්නී ය.

(ගාථා)

1. යම් තැනැත්තියක් මෙලොවෙහි ශ්‍රද්ධාවෙන් ද, සීලයෙන් ද, ප්‍රඥාවෙන් ද, ත්‍යාගයෙන් ද, ශ්‍රැතයෙන් ද දියුණු වන්නී නම්, එබඳු සිල්වත් උපාසිකා තොමෝ තමා ලද ජීවිතයෙහි සාරය ලබාගන්නී ය.

සාදු! සාදු!! සාදු!!!

දුතිය වඩ්ඪි සූත්‍රය නිමා විය.

5.2.2.5.
අලං සාකච්ඡ සූත්‍රය
සාකච්ඡා කළ හැකි බව ගැන වදාළ දෙසුම

සැවැත් නුවර දී ය .....

මහණෙනි, පස් කරුණකින් සමන්විත වූ භික්ෂුව සබ්‍රහ්මචාරීන් වහන්සේලා සමඟ සාකච්ඡාවට සුදුසු වෙයි. ඒ කවර කරුණු පසකින් ද යත්;

මහණෙනි, මෙහිලා භික්ෂුව තමා ද සීල සම්පන්න වූයේ වෙයි. සීල සම්පත්තිය පිළිබඳ කථාවෙහි පැන නගින ප්‍රශ්නයන් විසඳන්නේ වෙයි. තමා ද සමාධි සම්පන්න වූයේ වෙයි. සමාධි සම්පත්තිය පිළිබඳ කථාවෙහි පැන නගින ප්‍රශ්නයන් විසඳන්නේ වෙයි. තමා ද ප්‍රඥා සම්පන්න වූයේ වෙයි. ප්‍රඥා සම්පත්තිය පිළිබඳ කථාවෙහි පැන නගින ප්‍රශ්නයන් විසඳන්නේ වෙයි. තමා ද විමුක්ති සම්පන්න වූයේ වෙයි. විමුක්ති සම්පත්තිය පිළිබඳ කථාවෙහි පැන නගින ප්‍රශ්නයන් විසඳන්නේ වෙයි. තමා ද විමුක්ති ඥාන දර්ශන සම්පත්තියෙන් යුක්ත වූයේ වෙයි. විමුක්ති ඥාන දර්ශන සම්පත්තිය පිළිබඳ කථාවෙහි පැන නගින ප්‍රශ්නයන් විසඳන්නේ වෙයි.

මහණෙනි, මේ පස් කරුණකින් සමන්විත වූ භික්ෂුව සබ්‍රහ්මචාරීන් වහන්සේලා සමඟ සාකච්ඡාවට සුදුසු වෙයි.

සාදු! සාදු!! සාදු!!!

අලං සාකච්ඡ සූත්‍රය නිමා විය.

5.2.2.6.
අලං සාජීව සූත්‍රය
ජීවිකාව කළ හැකි බව ගැන වදාළ දෙසුම

සැවැත් නුවර දී ය .....

මහණෙනි, පස් කරුණකින් සමන්විත වූ භික්ෂුව සබ්‍රහ්මචාරීන්

වහන්සේලා සමඟ එකට ජීවත් වීමට සුදුසු වෙයි. ඒ කවර කරුණු පසකින් ද යත්;

මහණෙනි, මෙහිලා භික්ෂුව තමා ද සීල සම්පන්න වූයේ වෙයි. සීල සම්පත්තිය පිළිබඳ කථාවෙහි පැන නඟින ප්‍රශ්නයන් විසඳන්නේ වෙයි. තමා ද සමාධි සම්පන්න වූයේ වෙයි. සමාධි සම්පත්තිය පිළිබඳ කථාවෙහි පැන නඟින ප්‍රශ්නයන් විසඳන්නේ වෙයි. තමා ද ප්‍රඥා සම්පන්න වූයේ වෙයි. ප්‍රඥා සම්පත්තිය පිළිබඳ කථාවෙහි පැන නඟින ප්‍රශ්නයන් විසඳන්නේ වෙයි. තමා ද විමුක්ති සම්පන්න වූයේ වෙයි. විමුක්ති සම්පත්තිය පිළිබඳ කථාවෙහි පැන නඟින ප්‍රශ්නයන් විසඳන්නේ වෙයි. තමා ද විමුක්ති ඥාන දර්ශන සම්පත්තියෙන් යුක්ත වූයේ වෙයි. විමුක්ති ඥාන දර්ශන සම්පත්තිය පිළිබඳ කථාවෙහි පැන නඟින ප්‍රශ්නයන් විසඳන්නේ වෙයි.

මහණෙනි, මේ පස් කරුණකින් සමන්විත වූ භික්ෂුව සබ්‍රහ්මචාරීන් වහන්සේලා සමඟ එකට ජීවත් වීමට සුදුසු වෙයි.

සාදු! සාදු!! සාදු!!!

අලං සාජීව සූත්‍රය නිමා විය.

5.2.2.7.
පඨම ඉද්ධිපාද සූත්‍රය
ඉර්ධිපාද ගැන වදාළ පළමු දෙසුම

සැවැත් නුවර දී ය .....

මහණෙනි, යම්කිසි භික්ෂුවක් හෝ භික්ෂුණියක් හෝ පස් වැදෑරුම් ධර්මයන් දියුණු කරන්නේ නම්, පස් වැදෑරුම් ධර්මයන් බහුල වශයෙන් ප්‍රගුණ කරන්නේ නම් ඔහු විසින් දෙවැදෑරුම් වූ ප්‍රතිඵලයන්ගෙන් එක්තරා ප්‍රතිඵලයක් කැමති විය යුත්තේ ය. එනම් මේ ජීවිතයේ දී ම අරහත්වය හෝ කෙලෙස් ඇති කල්හි අනාගාමී භාවය යි. ඒ කවර පසක් ද යත්;

මහණෙනි, මෙහිලා භික්ෂුව බලවත් කැමැත්තෙන් යුතු ව උපදවා ගත් සමාධියේ හා ප්‍රධන් වීර්යයෙන් යුතු ව ඉර්ධිපාදය වඩයි. බලවත් වීරියෙන් යුතු ව උපදවා ගත් සමාධිය ....(පෙ).... බලවත් සිතකින් යුතු ව උපදවා ගත්

සමාධිය ....(පෙ).... බලවත් විමසීමෙන් යුතු ව උපදවා ගත් සමාධියේ හා ප්‍රධන් වීර්යයෙන් යුතු ව ඉර්ධිපාදය වඩයි. පස්වැන්න වනාහී දිගට ම ගනු ලබන උත්සාහය ම යි.

මහණෙනි, යම්කිසි භික්ෂුවක් හෝ භික්ෂුණියක් හෝ මේ පස් වැදෑරුම් ධර්මයන් දියුණු කරන්නේ නම්, පස් වැදෑරුම් ධර්මයන් බහුල වශයෙන් ප්‍රගුණ කරන්නේ නම් ඔහු විසින් දෙවැදෑරුම් වූ ප්‍රතිඵලයන්ගෙන් එක්තරා ප්‍රතිඵලයක් කැමති විය යුත්තේ ය. එනම් මේ ජීවිතයේ දී ම අරහත්වය හෝ කෙලෙස් ඇති කල්හි අනාගාමී භාවය යි.

සාදු! සාදු!! සාදු!!!

පඨම ඉද්ධිපාද සූත්‍රය නිමා විය.

5.2.2.8.
දුතිය ඉද්ධිපාද සූත්‍රය
ඉර්ධිපාද ගැන වදාළ දෙවෙනි දෙසුම

සැවැත් නුවර දී ය .....

මහණෙනි, සම්බුද්ධත්වයට පෙර අභිසම්බෝධිය නොලැබුවේ බෝධිසත්ව වූයේ ම මම ධර්ම පසක් දියුණු කළෙමි. ධර්ම පසක් බහුල වශයෙන් ප්‍රගුණ කළෙමි.

බලවත් කැමැත්තෙන් යුතු ව උපදවා ගත් සමාධියේ හා ප්‍රධන් වීර්යයෙන් යුතු ව ඉර්ධිපාදය වැඩුවෙමි. බලවත් වීරියෙන් යුතු ව උපදවා ගත් සමාධිය ....(පෙ).... බලවත් සිතකින් යුතු ව උපදවා ගත් සමාධිය ....(පෙ).... බලවත් විමසීමෙන් යුතු ව උපදවා ගත් සමාධියේ හා ප්‍රධන් වීර්යයෙන් යුතු ව ඉර්ධිපාදය වැඩුවෙමි. පස්වැන්න වනාහී දිගට ම ගනු ලැබූ උත්සාහය ම යි.

මහණෙනි, ඒ මම දිගට ම ගනු ලැබූ උත්සාහය ම පස්වෙනි කොට ඇති මේ ධර්මයන් දියුණු කරලීමෙන්, බහුල ව ප්‍රගුණ කරලීමෙන්, විශිෂ්ට ඥානයෙන් සාක්ෂාත් කරලිය යුතු යම් යම් ධර්මයන් ඇද්ද, ඒවා විශිෂ්ට ඥානයෙන් සාක්ෂාත් කිරීම පිණිස සිත නැඹුරු කළෙමි. ඒ ඒ ඥානයන් පිළිබඳ ව ඒ ඒ තන්හි දී ප්‍රත්‍යක්ෂ කරගැනීමට නිසි සමර්ථභාවයට පැමිණියෙමි.

ඉදින් මම කැමති වෙම් නම් 'අනේකවිධ ඉර්ධි ප්‍රාතිහාර්යයන් අත්දකින්නෙමි. තනි කෙනෙක් ව සිට බොහෝ අය වන්නෙමි. ....(පෙ).... බ්‍රහ්මලෝකය දක්වා කයින් වසඟයෙහි පවත්වන්නෙමි' යි. ඒ ඒ තන්හි ඒ ඒ ඥානය අත්දැකීමට ඒවා ප්‍රත්‍යක්ෂ කිරීමෙහිලා සමර්ථ භාවයට පැමිණියෙමි. ....(පෙ)....

ඉදින් මම කැමති වෙම් නම් ....(පෙ).... ආශ්‍රවයන් ක්ෂය වීමෙන් (අනාශ්‍රව වූ චේතෝ විමුක්තිය ත්, ප්‍රඥා විමුක්තිය ත්) ....(පෙ).... සාක්ෂාත් කොට එයට පැමිණ වාසය කරන්නෙමි' යි. ඒ ඒ තන්හි ඒ ඒ ඥානය අත්දැකීමට ඒවා ප්‍රත්‍යක්ෂ කිරීමෙහිලා සමර්ථ භාවයට පැමිණියෙමි.

සාදු! සාදු!! සාදු!!!

දුතිය ඉද්ධිපාද සූත්‍රය නිමා විය.

5.2.2.9.
නිබ්බිදා සූත්‍රය
අවබෝධයෙන් ම එපා වීම ගැන වදාළ දෙසුම

සැවැත් නුවර දී ය ......

මහණෙනි, මේ පස් වැදෑරුම් ධර්මයන් දියුණු කරගත් විට, බහුල කරගත් විට ඒකාන්තයෙන් ම අවබෝධයෙන් එපාවීම පිණිස ත්, නොඇල්ම පිණිස ත්, තෘෂ්ණා නිරෝධය පිණිස ත්, කෙලෙස් සංසිඳීම පිණිස ත්, විශිෂ්ට ඥානය පිණිස ත්, අවබෝධය පිණිස ත්, නිවන පිණිස ත් පවතින්නේ ය. ඒ කවර පසක් ද යත්;

මහණෙනි, මෙහිලා භික්ෂුව කය පිළිබඳ ව අසුභ වශයෙන් නුවණින් දකිමින් වාසය කරයි. ආහාරයෙහි පිළිකුල් සංඥාවෙන් යුක්ත ව, සියළු ලෝකයෙහි නොඇලෙන සංඥාවෙන් යුක්ත ව, සියළු සංස්කාරයන් හි අනිත්‍ය නුවණින් දකිමින්, මරණ සංඥාව තමා තුළ මැනැවින් පිහිටුවා ගෙන සිටින්නේ වෙයි.

මහණෙනි, මේ පස් වැදෑරුම් ධර්මයන් දියුණු කරගත් විට, බහුල කරගත් විට ඒකාන්තයෙන් ම අවබෝධයෙන් එපාවීම පිණිස ත්, නොඇල්ම පිණිස

ත්, තෘෂ්ණා නිරෝධය පිණිස ත්, කෙලෙස් සංසිඳීම පිණිස ත්, විශිෂ්ට ඥානය පිණිස ත්, අවබෝධය පිණිස ත්, නිවන පිණිස ත් පවතින්නේ ය.

සාදු! සාදු!! සාදු!!!

නිබ්බිදා සූත්‍රය නිමා විය.

5.2.2.10.
ආසවක්ඛය සූත්‍රය
ආශ්‍රවයන් ක්ෂය වීම ගැන වදාළ දෙසුම

සැවැත් නුවර දී ය ......

මහණෙනි, මේ පස් වැදෑරුම් ධර්මයන් දියුණු කරගත් විට, බහුල කරගත් විට ආශ්‍රවයන් ක්ෂය වීම පිණිස පවතින්නේ ය. ඒ කවර පසක් ද යත්;

මහණෙනි, මෙහිලා භික්ෂුව කය පිළිබඳ ව අසුභ වශයෙන් නුවණින් දකිමින් වාසය කරයි. ආහාරයෙහි පිළිකුල් සංඥාවෙන් යුක්ත ව, සියළු ලෝකයෙහි නොඇලෙන සංඥාවෙන් යුක්ත ව, සියළු සංස්කාරයන් හි අනිත්‍ය නුවණින් දකිමින්, මරණ සංඥාව තමා තුළ මැනැවින් පිහිටුවා ගෙන සිටින්නේ වෙයි.

මහණෙනි, මේ පස් වැදෑරුම් ධර්මයන් දියුණු කරගත් විට, බහුල කරගත් විට ආශ්‍රවයන් ක්ෂය වීම පිණිස පවතින්නේ ය.

සාදු! සාදු!! සාදු!!!

ආසවක්ඛය සූත්‍රය නිමා විය.

දෙවෙනි සද්ධා වර්ගය අවසන් විය.

- එහි පිළිවෙල උද්දානය යි :

සද්ධා සූත්‍ර දෙක, වඩ්ඪී සූත්‍ර දෙක, සාකච්ඡා සූත්‍රය, සාජීව සූත්‍රය, ඉද්ධිපාද සූත්‍ර දෙක, නිබ්බිදා සූත්‍රය සහ ආසවක්ඛය සූත්‍රය වශයෙන් මෙහි සූත්‍ර දශයකි.

3. අනාගතභය වර්ගය

5.2.3.1.
පඨම චේතෝවිමුත්තිඵල සූත්‍රය
චේතෝ විමුක්ති ඵලය ගැන වදාළ පළමු දෙසුම

සැවැත් නුවර දී ය .....

මහණෙනි, මේ පස් වැදෑරුම් ධර්මයන් දියුණු කරගත් විට, බහුල වශයෙන් ප්‍රගුණ කරගත් විට චේතෝ විමුක්ති ඵලය ද ලැබෙන්නේ, චේතෝ විමුක්ති ඵලය ද අනුසස් කොට ඇත්තේ වෙයි. ප්‍රඥා විමුක්ති ඵලය ද ලැබෙන්නේ, ප්‍රඥා විමුක්ති ඵලය ද අනුසස් කොට ඇත්තේ වෙයි. ඒ කවර පසක් ද යත්;

මහණෙනි, මෙහිලා භික්ෂුව කය පිළිබඳ ව අසුභ වශයෙන් නුවණින් දකිමින් වාසය කරයි. ආහාරයෙහි පිළිකුල් සංඥාවෙන් යුක්ත ව, සියළු ලෝකයෙහි නොඇලෙන සංඥාවෙන් යුක්ත ව, සියළු සංස්කාරයන් හි අනිත්‍ය නුවණින් දකිමින්, මරණ සංඥාව තමා තුළ මැනැවින් පිහිටුවා ගෙන සිටින්නේ වෙයි.

මහණෙනි, මේ පස් වැදෑරුම් ධර්මයන් දියුණු කරගත් විට, බහුල වශයෙන් ප්‍රගුණ කරගත් විට චේතෝ විමුක්ති ඵලය ද ලැබෙන්නේ, චේතෝ විමුක්ති ඵලය ද අනුසස් කොට ඇත්තේ වෙයි. ප්‍රඥා විමුක්ති ඵලය ද ලැබෙන්නේ, ප්‍රඥා විමුක්ති ඵලය ද අනුසස් කොට ඇත්තේ වෙයි.

මහණෙනි, යම් කලක භික්ෂුව චේතෝ විමුක්තියෙන් හා ප්‍රඥා විමුක්තියෙන් යුක්ත වෙයි ද, මහණෙනි, මේ භික්ෂුව 'උක්ඛිත්තපළිඝ' හෙවත් අවිද්‍යාව නමැති බාධාව ඔසොවා බැහැර කළේ යැයි කියනු ලැබේ. 'සංකිණ්ණ පරිඛ' හෙවත් සසර වට අගල සිඳ බිඳ වැනසුවේ යැයි කියනු ලැබේ. 'අබ්බූල්හේසික' හෙවත් තෘෂ්ණාව නමති ඒෂිකා ස්ථම්භය උදුරා සිඳ දැම්මේ යැයි කියනු ලැබේ. 'නිරග්ගල' හෙවත් අගුල විවර කළේ යැයි කියනු ලැබේ. 'ආර්ය පන්නධජ පන්නභාර' හෙවත් මාන නමැති කොඩිය බිඳ හෙලූ

කෙලෙස් බර බැහැර කළ ශ්‍රේෂ්ඨයා යැයි කියනු ලැබේ. 'විසංයුත්ත' හෙවත් සසරෙන් වෙන් වූයේ යැයි කියනු ලැබේ.

මහණෙනි, භික්ෂුව 'උක්ඛිත්තපළිඝ' හෙවත් අවිද්‍යාව නමැති බාධාව ඔසොවා බැහැර කළේ කෙසේ ද? මහණෙනි, මෙහිලා භික්ෂුවගේ අවිද්‍යාව ප්‍රහීණ වූයේ ය. මුලින් ම සිඳී ගියේ ය. මුදුන් කරටිය සිඳුණු තල් ගසක් මෙන් වූයේ ය. අභාවයට පත්වූයේ ය. නැවත නූපදින ස්වභාවයට පත්වූයේ ය. මහණෙනි, මෙසේ භික්ෂුව 'උක්ඛිත්තපළිඝ' නම් වෙයි.

මහණෙනි, භික්ෂුව 'සංකිණ්ණ පරිඛ' හෙවත් සසර වට අගල සිඳ බිඳ වැනසුවේ කෙසේ ද? මහණෙනි, මෙහිලා භික්ෂුවගේ පුනර්භවය ඇතිවෙන ඉපදෙන සසර ප්‍රහීණ වූයේ ය. ....(පෙ).... මහණෙනි, මෙසේ භික්ෂුව 'සංකිණ්ණ පරිඛ' නම් වෙයි.

මහණෙනි, භික්ෂුව 'අබ්බූළ්හේසික' හෙවත් තෘෂ්ණාව නමති ඒෂිකා ස්ථම්භය උදුරා සිඳ දැම්මේ කෙසේ ද? මහණෙනි, මෙහිලා භික්ෂුවගේ තෘෂ්ණාව ප්‍රහීණ වූයේ ය. මුලින් ම සිඳී ගියේ ය. මුදුන් කරටිය සිඳුණු තල් ගසක් මෙන් වූයේ ය. අභාවයට පත්වූයේ ය. නැවත නූපදින ස්වභාවයට පත්වූයේ ය. මහණෙනි, මෙසේ භික්ෂුව 'අබ්බූළ්හේසික' නම් වෙයි.

මහණෙනි, භික්ෂුව 'නිරග්ගල' හෙවත් අගුල විවර කළේ කෙසේ ද? මහණෙනි, මෙහිලා භික්ෂුවගේ පංච ඕරම්භාගීය සංයෝජනයන් ප්‍රහීණ වූයේ ය. මුලින් ම සිඳී ගියේ ය. මුදුන් කරටිය සිඳුණු තල් ගසක් මෙන් වූයේ ය. අභාවයට පත්වූයේ ය. නැවත නූපදින ස්වභාවයට පත්වූයේ ය. මහණෙනි, මෙසේ භික්ෂුව 'නිරග්ගල' නම් වෙයි.

මහණෙනි, භික්ෂුව ආර්ය වූයේ ත්, පන්නධජ වූයේ ත්, පන්නභාර වූයේ ත්, විසංයුත්ත වූයේ ත් කෙසේ ද? මහණෙනි, මෙහිලා භික්ෂුවගේ අස්මිමානය ප්‍රහීණ වූයේ ය. මුලින් ම සිඳී ගියේ ය. මුදුන් කරටිය සිඳුණු තල් ගසක් මෙන් වූයේ ය. අභාවයට පත්වූයේ ය. නැවත නූපදින ස්වභාවයට පත්වූයේ ය. මහණෙනි, මෙසේ භික්ෂුව ආර්ය වූයේ, පන්නධජ වූයේ, පන්නභාර වූයේ, විසංයුත්ත වූයේ වෙයි.

සාදු! සාදු!! සාදු!!!

පඨම චේතෝවිමුත්තිඵල සූත්‍රය නිමා විය.

5.2.3.2.
දුතිය චේතෝවිමුත්තිඵල සූත්‍රය
චේතෝ විමුක්ති ඵලය ගැන වදාළ දෙවෙනි දෙසුම

සැවැත් නුවර දී ය .....

මහණෙනි, මේ පස් වැදෑරුම් ධර්මයන් දියුණු කරගත් විට, බහුල වශයෙන් ප්‍රගුණ කරගත් විට චේතෝ විමුක්ති ඵලය ද ලැබෙන්නේ, චේතෝ විමුක්ති ඵලය ද අනුසස් කොට ඇත්තේ වෙයි. ප්‍රඥා විමුක්ති ඵලය ද ලැබෙන්නේ, ප්‍රඥා විමුක්ති ඵලය ද අනුසස් කොට ඇත්තේ වෙයි. ඒ කවර පසක් ද යත්;

අනිත්‍ය සංඥාව ය, අනිත්‍යයෙහි දුක්ඛ සංඥාව ය, දුකෙහි අනාත්ම සංඥාව ය, ප්‍රහාණ සංඥාව ය, විරාග සංඥාව ය.

මහණෙනි, මේ පස් වැදෑරුම් ධර්මයන් දියුණු කරගත් විට, බහුල වශයෙන් ප්‍රගුණ කරගත් විට චේතෝ විමුක්ති ඵලය ද ලැබෙන්නේ, චේතෝ විමුක්ති ඵලය ද අනුසස් කොට ඇත්තේ වෙයි. ප්‍රඥා විමුක්ති ඵලය ද ලැබෙන්නේ, ප්‍රඥා විමුක්ති ඵලය ද අනුසස් කොට ඇත්තේ වෙයි.

මහණෙනි, යම් කලක භික්ෂුව චේතෝ විමුක්තියෙන් හා ප්‍රඥා විමුක්තියෙන් යුක්ත වෙයි ද, මහණෙනි, මේ භික්ෂුව 'උක්ඛිත්තපළිඝ' හෙවත් අවිද්‍යාව නමැති බාධාව ඔසොවා බැහැර කළේ යැයි කියනු ලැබේ. 'සංකිණ්ණ පරිඛ' හෙවත් සසර වට අගල සිඳ බිඳ වැනසුවේ යැයි කියනු ලැබේ. 'අබ්බූළ්හේසික' හෙවත් තෘෂ්ණාව නැමති ඒෂිකා ස්ථම්භය උදුරා සිඳ දැම්මේ යැයි කියනු ලැබේ. 'නිරග්ගල' හෙවත් අගුල විවර කළේ යැයි කියනු ලැබේ. 'ආර්‍ය පන්නධජ පන්නභාර' හෙවත් මාන නමැති කොඩිය බිඳ හෙළූ කෙලෙස් බර බැහැර කළ ශ්‍රේෂ්ඨයා යැයි කියනු ලැබේ. 'විසංයුත්ත' හෙවත් සසරෙන් වෙන් වූයේ යැයි කියනු ලැබේ.

මහණෙනි, භික්ෂුව 'උක්ඛිත්තපළිඝ' හෙවත් අවිද්‍යාව නමැති බාධාව ඔසොවා බැහැර කළේ කෙසේ ද? මහණෙනි, මෙහිලා භික්ෂුවගේ අවිද්‍යාව ප්‍රහීණ වූයේ ය. මුලින් ම සිඳී ගියේ ය. මුදුන් කරටිය සිඳුණු තල් ගසක් මෙන් වූයේ ය. අභාවයට පත්වූයේ ය. නැවත නූපදින ස්වභාවයට පත්වූයේ ය. මහණෙනි, මෙසේ භික්ෂුව 'උක්ඛිත්තපළිඝ' නම් වෙයි.

මහණෙනි, භික්ෂුව 'සංකිණ්ණ පරිඛ' හෙවත් සසර වට අගල සිඳ බිඳ වැනසුවේ කෙසේ ද? මහණෙනි, මෙහිලා භික්ෂුවගේ පුනර්භවය ඇතිවෙන ඉපදෙන සසර ප්‍රහීණ වූයේ ය. ....(පෙ).... මහණෙනි, මෙසේ භික්ෂුව 'සංකිණ්ණ පරිඛ' නම් වෙයි.

මහණෙනි, භික්ෂුව 'අබ්බූළ්හේසික' හෙවත් තෘෂ්ණාව නැමති ඒෂිකා ස්ථම්භය උදුරා සිඳ දැම්මේ කෙසේ ද? මහණෙනි, මෙහිලා භික්ෂුවගේ තෘෂ්ණාව ප්‍රහීණ වූයේ ය. මුලින් ම සිඳී ගියේ ය. මුදුන් කරටිය සිඳුණු තල් ගසක් මෙන් වූයේ ය. අභාවයට පත්වූයේ ය. නැවත නූපදින ස්වභාවයට පත්වූයේ ය. මහණෙනි, මෙසේ භික්ෂුව 'අබ්බූළ්හේසික' නම් වෙයි.

මහණෙනි, භික්ෂුව 'නිරග්ගල' හෙවත් අගුල විවර කළේ කෙසේ ද? මහණෙනි, මෙහිලා භික්ෂුවගේ පංච ඕරම්භාගීය සංයෝජනයන් ප්‍රහීණ වූයේ ය. මුලින් ම සිඳී ගියේ ය. මුදුන් කරටිය සිඳුණු තල් ගසක් මෙන් වූයේ ය. අභාවයට පත්වූයේ ය. නැවත නූපදින ස්වභාවයට පත්වූයේ ය. මහණෙනි, මෙසේ භික්ෂුව 'නිරග්ගල' නම් වෙයි.

මහණෙනි, භික්ෂුව ආර්ය වූයේ ත්, පන්නධජ වූයේ ත්, පන්නභාර වූයේ ත්, විසංයුත්ත වූයේ ත් කෙසේ ද? මහණෙනි, මෙහිලා භික්ෂුවගේ අස්මිමානය ප්‍රහීණ වූයේ ය. මුලින් ම සිඳී ගියේ ය. මුදුන් කරටිය සිඳුණු තල් ගසක් මෙන් වූයේ ය. අභාවයට පත්වූයේ ය. නැවත නූපදින ස්වභාවයට පත්වූයේ ය. මහණෙනි, මෙසේ භික්ෂුව ආර්ය වූයේ, පන්නධජ වූයේ, පන්නභාර වූයේ, විසංයුත්ත වූයේ වෙයි.

සාදු! සාදු!! සාදු!!!

දුතිය චේතෝවිමුත්තිඵල සූත්‍රය නිමා විය.

5.2.3.3.
පඨම ධම්මවිහාරී සූත්‍රය
ධම්මවිහාරී භික්ෂුව ගැන වදාළ පළමු දෙසුම

සැවැත් නුවර දී ය......

එකල්හී එක්තරා භික්ෂුවක් භාග්‍යවතුන් වහන්සේ වෙත පැමිණියේ ය.

පැමිණ භාග්‍යවතුන් වහන්සේට සකසා වන්දනා කොට එකත්පස් ව හිඳ ගත්තේ ය. එකත්පස් ව හුන් ඒ භික්ෂුව භාග්‍යවතුන් වහන්සේට මෙය පැවසුවේ ය.

"ස්වාමීනී, 'ධම්මවිහාරී, ධම්මවිහාරී' යැයි කියනු ලැබේ. ස්වාමීනී, භික්ෂුවක් ධම්මවිහාරී යැයි කිව යුතු වන්නේ කවර කරුණු මත ද?"

"භික්ෂුව, මෙහිලා භික්ෂුවක් ධර්මය ඉගෙන ගනියි. එනම් සුත්ත, ගෙය්‍ය, වෙය්‍යාකරණ, ගාථා, උදාන, ඉතිවුත්තක, ජාතක, අබ්භූතධම්ම, වේදල්ල යනුවෙනි. හේ ධර්ම අධ්‍යයනයෙන් දවස ගෙවයි. භාවනාව අත්හරියි. තමා තුළ චිත්ත සමාධියෙහි නොයෙදෙයි. භික්ෂුව, මේ භික්ෂුව පරියාප්ති බහුලයෙක් යැයි කියනු ලැබේ. ධම්මවිහාරී නොවෙයි.

තව ද භික්ෂුව, භික්ෂුවක් ඇසූ පරිදි, ඉගෙන ගත් පරිදි ධර්මය විස්තර වශයෙන් අන්‍යයන් හට දේශනා කරයි. හේ ඒ ධර්මය හඳුන්වාදීමෙන් දවස ගෙවයි. භාවනාව අත්හරියි. තමා තුළ චිත්ත සමාධියෙහි නොයෙදෙයි. භික්ෂුව, මේ භික්ෂුව සඤ්ඤප්ති බහුලයෙක් යැයි කියනු ලැබේ. ධම්මවිහාරී නොවෙයි.

තව ද භික්ෂුව, භික්ෂුවක් ඇසූ පරිදි, ඉගෙන ගත් පරිදි ධර්මය විස්තර වශයෙන් සජ්ඣායනා කරයි. හේ ඒ ධර්මය සජ්ඣායනාවෙන් දවස ගෙවයි. භාවනාව අත්හරියි. තමා තුළ චිත්ත සමාධියෙහි නොයෙදෙයි. භික්ෂුව, මේ භික්ෂුව සජ්ඣාය බහුලයෙක් යැයි කියනු ලැබේ. ධම්මවිහාරී නොවෙයි.

තව ද භික්ෂුව, භික්ෂුවක් ඇසූ පරිදි, ඉගෙන ගත් පරිදි ධර්මය සිතින් අනුවිතර්ක කරයි. නැවත නැවත විචාරා බලයි. මනසින් විමසා බලයි. හේ ඒ ධර්ම විතර්කයෙන් දවස ගෙවයි. භාවනාව අත්හරියි. තමා තුළ චිත්ත සමාධියෙහි නොයෙදෙයි. භික්ෂුව, මේ භික්ෂුව විතර්ක බහුලයෙක් යැයි කියනු ලැබේ. ධම්මවිහාරී නොවෙයි.

භික්ෂුව, මෙහිලා භික්ෂුවක් ධර්මය ඉගෙන ගනියි. එනම් සුත්ත, ගෙය්‍ය, වෙය්‍යාකරණ, ගාථා, උදාන, ඉතිවුත්තක, ජාතක, අබ්භූතධම්ම, වේදල්ල යනුවෙනි. හේ ධර්ම අධ්‍යයනයෙන් දවස නොගෙවයි. භාවනාව අත් නොහරියි. තමා තුළ චිත්ත සමාධියෙහි යෙදෙයි. භික්ෂුව, මෙසේ භික්ෂුව ධම්මවිහාරී වෙයි.

භික්ෂුව, මේ අයුරින් මා විසින් පරියාප්ති බහුලයා ගැන දෙසන ලද්දේ ය. සඤ්ඤප්ති බහුලයා ගැන දෙසන ලද්දේ ය. සජ්ඣාය බහුලයා ගැන දෙසන ලද්දේ ය. විතර්ක බහුලයා ගැන දෙසන ලද්දේ ය. ධම්මවිහාරී භික්ෂුව ගැන දෙසන ලද්දේ ය.

භික්ෂුව, ශ්‍රාවකයන් හට හිතෛෂී වූ අනුකම්පාවෙන් යුතු වූ ශාස්තෘවරයෙකු විසින් අනුකම්පාව උපදවා යමක් කළ යුත්තේ ද, එය මා විසින් ඔබට කරන ලද්දේ ය. භික්ෂුව, ඔය රුක් සෙවණ ඇත. ඔය හිස් කුටි ඇත. භික්ෂුව, දැහැන් වඩව්. ප්‍රමාදයට පත් නොවෙව්. පසු ව පසුතැවිල්ලට පත් නොවෙව්. මෙය අපගේ අනුශාසනාව යි."

සාදු! සාදු!! සාදු!!!

පඨම ධම්මවිහාරී සූත්‍රය නිමා විය.

5.2.3.4.
දුතිය ධම්මවිහාරී සූත්‍රය
ධම්මවිහාරී භික්ෂුව ගැන වදාළ දෙවෙනි දෙසුම

සැවැත් නුවර දී ය......

එකල්හී එක්තරා භික්ෂුවක් භාග්‍යවතුන් වහන්සේ වෙත පැමිණියේ ය. පැමිණ භාග්‍යවතුන් වහන්සේට සකසා වන්දනා කොට එකත්පස් ව හිඳ ගත්තේ ය. එකත්පස් ව හුන් ඒ භික්ෂුව භාග්‍යවතුන් වහන්සේට මෙය පැවසුවේ ය.

"ස්වාමීනී, 'ධම්මවිහාරී, ධම්මවිහාරී' යැයි කියනු ලැබේ. ස්වාමීනී, භික්ෂුවක් ධම්මවිහාරී යැයි කිව යුතු වන්නේ කවර කරුණු මත ද?"

"භික්ෂුව, මෙහිලා භික්ෂුවක් ධර්මය ඉගෙන ගනියි. එනම් සුත්ත, ගෙය්‍ය, වෙය්‍යාකරණ, ගාථා, උදාන, ඉතිවුත්තක, ජාතක, අබ්භූතධම්ම, වේදල්ල යනුවෙනි. ඒ පරියාප්ති ධර්මයෙන් ඔබ්බට ඇති ඒ ධර්මයෙහි අර්ථ ප්‍රඥාවෙන් නොදනියි. භික්ෂුව, මේ භික්ෂුව පරියාප්ති බහුලයෙක් යැයි කියනු ලැබේ. ධම්මවිහාරී නොවෙයි.

තව ද භික්ෂුව, භික්ෂුවක් ඇසූ පරිදි, ඉගෙන ගත් පරිදි ධර්මය විස්තර වශයෙන් අන්‍යයන් හට දේශනා කරයි. ඒ දේශනා කරන ධර්මයෙන් ඔබ්බට ඇති ඒ ධර්මයෙහි අර්ථ ප්‍රඥාවෙන් නොදනියි. භික්ෂුව, මේ භික්ෂුව සඤ්ඤප්ති බහුලයෙක් යැයි කියනු ලැබේ. ධම්මවිහාරී නොවෙයි.

තව ද භික්ෂුව, භික්ෂුවක් ඇසූ පරිදි, ඉගෙන ගත් පරිදි ධර්මය විස්තර වශයෙන් සජ්ඣායනා කරයි. ඒ සජ්ඣායනා කරන ධර්මයෙන් ඔබ්බට ඇති ඒ

ධර්මයෙහි අර්ථ ප්‍රඥාවෙන් නොදනියි. භික්ෂුව, මේ භික්ෂුව සජ්ඣාය බහුලයෙක් යැයි කියනු ලැබේ. ධම්මවිහාරී නොවෙයි.

තව ද භික්ෂුව, භික්ෂුවක් ඇසූ පරිදි, ඉගෙන ගත් පරිදි ධර්මය සිතින් අනුවිතර්ක කරයි. නැවත නැවත විචාරා බලයි. මනසින් විමසා බලයි. ඒ විතර්ක කරන ධර්මයෙන් ඔබ්බට ඇති ඒ ධර්මයෙහි අර්ථ ප්‍රඥාවෙන් නොදනියි. භික්ෂුව, මේ භික්ෂුව විතර්ක බහුලයෙක් යැයි කියනු ලැබේ. ධම්මවිහාරී නොවෙයි.

භික්ෂුව, මෙහිලා භික්ෂුවක් ධර්මය ඉගෙන ගනියි. එනම් සුත්ත, ගෙය්‍ය, වෙය්‍යාකරණ, ගාථා, උදාන, ඉතිවුත්තක, ජාතක, අබ්භූතධම්ම, වේදල්ල යනුවෙනි. ඒ පරියාප්ති ධර්මයෙන් ඔබ්බට ඇති ඒ ධර්මයෙහි අර්ථ ප්‍රඥාවෙන් දනියි. භික්ෂුව, මෙසේ භික්ෂුව ධම්මවිහාරී වෙයි.

භික්ෂුව, මේ අයුරින් මා විසින් පරියාප්ති බහුලයා ගැන දෙසන ලද්දේ ය. සඤ්ඤප්ති බහුලයා ගැන දෙසන ලද්දේ ය. සජ්ඣාය බහුලයා ගැන දෙසන ලද්දේ ය. විතර්ක බහුලයා ගැන දෙසන ලද්දේ ය. ධම්මවිහාරී භික්ෂුව ගැන දෙසන ලද්දේ ය.

භික්ෂුව, ශ්‍රාවකයන් හට හිතෛෂී වූ අනුකම්පාවෙන් යුතු වූ ශාස්තෘවරයෙකු විසින් අනුකම්පාව උපදවා යමක් කළ යුත්තේ ද, එය මා විසින් ඔබට කරන ලද්දේ ය. භික්ෂුව, ඔය රුක් සෙවණ ඇත. ඔය හිස් කුටි ඇත. භික්ෂුව, දැහැන් වඩව්. ප්‍රමාදයට පත් නොවෙව්. පසු ව පසුතැවිල්ලට පත් නොවෙව්. මෙය අපගේ අනුශාසනාව යි.”

සාදු! සාදු!! සාදු!!!

දුතිය ධම්මවිහාරී සූත්‍රය නිමා විය.

5.2.3.5.
පඨම යෝධාජීවූපම සූත්‍රය
යුද භටයා උපමා කොට වදාළ පළමු දෙසුම

සැවැත් නුවර දී ය .....

මහණෙනි, ලෝකයෙහි මේ යුද භටයෝ පස් දෙනෙක් විද්‍යමාන ව සිටිති. ඒ කවර පස් දෙනෙක් ද යත්;

මහණෙනි, මෙහිලා ඇතැම් යුද හටයෙක් සංග්‍රාම භූමියෙන් උඩට නැගෙන දූහුවිලි දකීමෙන් ම කම්පා වෙයි. විශේෂයෙන් කම්පා වෙයි. ධෛර්යමත් ව සිටින්නට නොහැකි වෙයි. සංග්‍රාම භූමියට බසින්නට නොහැකි වෙයි. මහණෙනි, මෙබඳු ස්වභාව ඇති ඇතැම් යුද හටයෙක් ඇත්තේ ය. මහණෙනි, මේ ලෝකයෙහි දකින්නට ලැබෙන මේ පළමු යුද හටයා ය.

තව ද මහණෙනි, ඇතැම් යුද හටයෙක් සංග්‍රාම භූමියෙන් උඩට නැගෙන දූහුවිලි දැකීම ඉවසයි. වැලිදු ඈතින් පෙනෙන ලෙල දෙමින් ඇති කොඩි අග දැකීමෙන් කම්පා වෙයි. විශේෂයෙන් කම්පා වෙයි. ධෛර්යමත් ව සිටින්නට නොහැකි වෙයි. සංග්‍රාම භූමියට බසින්නට නොහැකි වෙයි. මහණෙනි, මෙබඳු ස්වභාව ඇති ඇතැම් යුද හටයෙක් ඇත්තේ ය. මහණෙනි, මේ ලෝකයෙහි දකින්නට ලැබෙන මේ දෙවෙනි යුද හටයා ය.

තව ද මහණෙනි, ඇතැම් යුද හටයෙක් සංග්‍රාම භූමියෙන් උඩට නැගෙන දූහුවිලි දැකීම ඉවසයි. ඈතින් පෙනෙන ලෙල දෙමින් ඇති කොඩි අග දැකීම ඉවසයි. වැලිදු සතුරන්ගේ සිව්රඟ සේනා ශබ්දය ඇසීමෙන් කම්පා වෙයි. විශේෂයෙන් කම්පා වෙයි. ධෛර්යමත් ව සිටින්නට නොහැකි වෙයි. සංග්‍රාම භූමියට බසින්නට නොහැකි වෙයි. මහණෙනි, මෙබඳු ස්වභාව ඇති ඇතැම් යුද හටයෙක් ඇත්තේ ය. මහණෙනි, මේ ලෝකයෙහි දකින්නට ලැබෙන මේ තෙවෙනි යුද හටයා ය.

තව ද මහණෙනි, ඇතැම් යුද හටයෙක් සංග්‍රාම භූමියෙන් උඩට නැගෙන දූහුවිලි දැකීම ඉවසයි. ඈතින් පෙනෙන ලෙල දෙමින් ඇති කොඩි අග දැකීම ඉවසයි. සතුරන්ගේ සිව්රඟ සේනා ශබ්දය ඇසීම ඉවසයි. වැලිදු තමන් වෙත එල්ල වන සුළු ප්‍රහාරයෙනුත් කඩා වැටෙයි. විකෘතියට පත් වෙයි. මහණෙනි, මෙබඳු ස්වභාව ඇති ඇතැම් යුද හටයෙක් ඇත්තේ ය. මහණෙනි, මේ ලෝකයෙහි දකින්නට ලැබෙන මේ සිව්වෙනි යුද හටයා ය.

තව ද මහණෙනි, ඇතැම් යුද හටයෙක් සංග්‍රාම භූමියෙන් උඩට නැගෙන දූහුවිලි දැකීම ඉවසයි. ඈතින් පෙනෙන ලෙල දෙමින් ඇති කොඩි අග දැකීම ඉවසයි. සතුරන්ගේ සිව්රඟ සේනා ශබ්දය ඇසීම ඉවසයි. තමන් වෙත එල්ල වන සුළු ප්‍රහාරය ඉවසයි. හේ ඒ සංග්‍රාමය දිනා ජයගත් යුද්ධය ඇත්තේ ඒ සංග්‍රාම භූමියෙහි වාසය කරයි. මහණෙනි, මෙබඳු ස්වභාව ඇති ඇතැම් යුද හටයෙක් ඇත්තේ ය. මහණෙනි, මේ ලෝකයෙහි දකින්නට ලැබෙන මේ පස්වෙනි යුද හටයා ය.

මහණෙනි, ලෝකයෙහි මේ යුද හටයෝ පස් දෙනා විද්‍යමාන ව සිටිති.

එසෙයින් ම මහණෙනි, භික්ෂූන් අතර ද පස් වැදෑරුම් යුද භටයන් උපමා කොට ඇති පුද්ගලයෝ පස් දෙනෙක් දකින්නට ලැබෙති. ඒ කවර පස් දෙනෙක් ද යත්;

මහණෙනි, මෙහිලා භික්ෂුව උඩට නැගෙන දූහුවිලි දැකීමෙන් ම කම්පා වෙයි. විශේෂයෙන් කම්පා වෙයි. ධෛර්යමත් ව සිටින්නට නොහැකි වෙයි. බඹසර හැසිරෙන්නට නොහැකි වෙයි. ශික්ෂාවෙහි දුර්වල බව ප්‍රකාශ කොට, ශික්ෂාව ප්‍රතික්ෂේප කොට ලාමක ගිහි බවට වැටෙයි. ඔහුට ඇති උඩට නැගෙන දූහුවිලි යනු කුමක් ද? මහණෙනි, මෙහිලා භික්ෂුව අසවල් ගමෙහි හෝ අසවල් නියම් ගමෙහි හෝ ස්ත්‍රියක් වේවා යුවතියක් වේවා ඉතා රූපවත් ය, දර්ශනීය ය, ප්‍රසාදජනක ය, උත්තම ශරීර වර්ණයෙන් යුතු ව, අඟපසඟින් යුතු ව සිටින්නී යැයි අසයි. හේ එය අසා කාම විතර්කයෙහි ගැලෙයි. එය ම සිත සිතා සිටියි. බඹසරෙහි රැඳෙන්නට අසමර්ථ වෙයි. ශික්ෂාවෙහි දුර්වල බව ප්‍රකාශ කොට, ශික්ෂාව ප්‍රතික්ෂේප කොට ලාමක ගිහි බවට වැටෙයි. මෙය ඔහුට උඩට නැගුණු දූහුවිල්ලයි.

මහණෙනි, ඒ යුද භටයා යම් සේ සංග්‍රාම භූමියෙන් උඩට නැගෙන දූහුවිලි දැකීමෙන් ම කම්පා වෙයි ද, විශේෂයෙන් කම්පා වෙයි ද, ධෛර්යමත් ව සිටින්නට නොහැකි වෙයි ද, සංග්‍රාම භූමියට බසින්නට නොහැකි වෙයි ද, මහණෙනි, මම මේ පුද්ගලයා ඔහුට උපමා කොට කියමි. මහණෙනි, මෙබඳු ස්වභාව ඇති ඇතැම් පුද්ගලයෙක් ඇත්තේ ය. මහණෙනි, පළමුවෙනි යුද භටයාට උපමා කළ පුද්ගලයා භික්ෂූන් අතරෙහි ද දකින්නට ලැබෙයි.

තව ද මහණෙනි, භික්ෂුව උඩට නැගෙන දූහුවිලි දැකීම ඉවසයි. එනමුදු කොඩියේ අග දැකීමෙන් කම්පා වෙයි. විශේෂයෙන් කම්පා වෙයි. ධෛර්යමත් ව සිටින්නට නොහැකි වෙයි. බඹසර හැසිරෙන්නට නොහැකි වෙයි. ශික්ෂාවෙහි දුර්වල බව ප්‍රකාශ කොට, ශික්ෂාව ප්‍රතික්ෂේප කොට ලාමක ගිහි බවට වැටෙයි. ඔහුගේ කොඩි අග දැකීම යනු කුමක් ද? මහණෙනි, මෙහිලා භික්ෂුව අසවල් ගමෙහි හෝ අසවල් නියම් ගමෙහි හෝ ස්ත්‍රියක් වේවා යුවතියක් වේවා ඉතා රූපවත් ය, දර්ශනීය ය, ප්‍රසාදජනක ය, උත්තම ශරීර වර්ණයෙන් යුතු ව, අඟපසඟින් යුතු ව සිටින්නී යැයි නොඅසයි. එනමුදු තෙමේ ම ඉතා රූපවත් වූ, පැහැපත් වූ ප්‍රසාදජනක වූ, උතුම් ශරීර වර්ණය ඇති, මනා අඟපසඟ ඇති ස්ත්‍රියක හෝ යුවතියක හෝ දකියි. හේ ඇය දැක කාම විතර්කයෙහි ගැලෙයි. එය ම සිත සිතා සිටියි. බඹසරෙහි රැඳෙන්නට අසමර්ථ වෙයි. ශික්ෂාවෙහි දුර්වල බව ප්‍රකාශ කොට, ශික්ෂාව ප්‍රතික්ෂේප කොට ලාමක ගිහි බවට වැටෙයි. මෙය ඔහුට කොඩි අග යි.

මහණෙනි, ඒ යුද භටයා යම් සේ සංග්‍රාම භූමියෙන් උඩට නැගෙන දූහුවිලි දැකීම ඉවසයි ද, එහෙත් කොඩි අග දැකීමෙන් කම්පා වෙයි ද, විශේෂයෙන් කම්පා වෙයි ද, ධෛර්යමත් ව සිටින්නට නොහැකි වෙයි ද, සංග්‍රාම භූමියට බසින්නට නොහැකි වෙයි ද, මහණෙනි, මම මේ පුද්ගලයා ඔහුට උපමා කොට කියමි. මහණෙනි, මෙබඳු ස්වභාව ඇති ඇතැම් පුද්ගලයෙක් ඇත්තේ ය. මහණෙනි, දෙවෙනි යුද භටයාට උපමා කළ පුද්ගලයා භික්ෂූන් අතරෙහි ද දකින්නට ලැබෙයි.

තව ද මහණෙනි, භික්ෂුව උඩට නැගෙන දූහුවිලි දැකීම ඉවසයි. කොඩියේ අග දැකීම ඉවසයි. සතුරු යුද සේනාවේ රණහඬ අසා කම්පා වෙයි. විශේෂයෙන් කම්පා වෙයි. ධෛර්යමත් ව සිටින්නට නොහැකි වෙයි. බඹසර හැසිරෙන්නට නොහැකි වෙයි. ශික්ෂාවෙහි දුර්වල බව ප්‍රකාශ කොට, ශික්ෂාව ප්‍රතික්ෂේප කොට ලාමක ගිහි බවට වැටෙයි. ඔහුගේ රණහඬ ඇසීම යනු කුමක් ද? මහණෙනි, මෙහිලා භික්ෂුව අරණ්‍යයට ගියේ හෝ රුක් සෙවණට ගියේ හෝ හිස් කුටියකට ගියේ හෝ වෙයි. ඔහු වෙත පැමිණෙන ස්ත්‍රියක් අවමන් පිණිස සිනහසෙයි. හුවා දක්වා කතා කරයි. අත් සොළවමින් මහා හඬින් සිනහසෙයි. කවටකම් කරයි. හේ අවමන් පිණිස සිනහසෙන, හුවා දක්වා කතා කරන, මහ හඬින් සිනහසෙන, කවටකම් කරන ස්ත්‍රිය හේතුකොට ගෙන කාම විතර්කයෙහි ගැලෙයි. එය ම සිත සිතා සිටියි. බඹසරෙහි රැඳෙන්නට අසමර්ථ වෙයි. ශික්ෂාවෙහි දුර්වල බව ප්‍රකාශ කොට, ශික්ෂාව ප්‍රතික්ෂේප කොට ලාමක ගිහි බවට වැටෙයි. මෙය ඔහුට රණහඬ ඇසීම යි.

මහණෙනි, ඒ යුද භටයා යම් සේ සංග්‍රාම භූමියෙන් උඩට නැගෙන දූහුවිලි දැකීම ඉවසයි ද, කොඩි අග දැකීම ඉවසයි ද, එහෙත් සතුරු රණහඬ අසා කම්පා වෙයි ද, විශේෂයෙන් කම්පා වෙයි ද, ධෛර්යමත් ව සිටින්නට නොහැකි වෙයි ද, සංග්‍රාම භූමියට බසින්නට නොහැකි වෙයි ද, මහණෙනි, මම මේ පුද්ගලයා ඔහුට උපමා කොට කියමි. මහණෙනි, මෙබඳු ස්වභාව ඇති ඇතැම් පුද්ගලයෙක් ඇත්තේ ය. මහණෙනි, තෙවෙනි යුද භටයාට උපමා කළ පුද්ගලයා භික්ෂූන් අතරෙහි ද දකින්නට ලැබෙයි.

තව ද මහණෙනි, භික්ෂුව උඩට නැගෙන දූහුවිලි දැකීම ඉවසයි. කොඩියේ අග දැකීම ඉවසයි. සතුරු යුද සේනාවේ රණහඬ ඉවසයි. එහෙත් ස්වල්ප වූ ප්‍රහාරයෙන් කඩා වැටෙයි. විකෘතියට පත්වෙයි. ඔහුට ලැබෙන ස්වල්ප වූ ප්‍රහාරය යනු කුමක් ද? මහණෙනි, මෙහිලා භික්ෂුව අරණ්‍යයට ගියේ හෝ රුක් සෙවණට ගියේ හෝ හිස් කුටියකට ගියේ හෝ වෙයි. ඔහු වෙත පැමිණෙන

ස්ත්‍රියක් තමන් සමීපයෙහි වාඩි වෙයි. තම සිරුරට ගැටෙමින් හේත්තු වෙයි. තමා මත්තෙහි ඇද වැටෙයි. හේ ස්ත්‍රිය විසින් සමීප ව හිඳිනු ලබන්නේ, ගැටී හේත්තු වෙනු ලබන්නේ, තමා මත්තෙහි වැටෙනු ලබන්නේ, ශික්ෂාව ප්‍රතික්ෂේප නොකොට, ශික්ෂාවෙහි දුර්වල බව පහළ නොකොට ඒ ස්ත්‍රිය සමඟ අඹුසැමියන් සේ හැසිරෙන්නේ ය. මෙය ඔහුට ලැබෙන ප්‍රහාරය යි.

මහණෙනි, ඒ යුද භටයා යම් සේ සංග්‍රාම භූමියෙන් උඩට නැගෙන දූහුවිලි දැකීම ඉවසයි ද, කොඩි අග දැකීම ඉවසයි ද, සතුරු රණහඬ අසා ඉවසයි ද, එහෙත් ස්වල්ප වූ ප්‍රහාරයකින් කඩා ගෙන වැටෙයි ද, ප්‍රකෘති ස්වභාවය අහිමි වෙයි ද, මහණෙනි, මම මේ පුද්ගලයා ඔහුට උපමා කොට කියමි. මහණෙනි, මෙබඳු ස්වභාව ඇති ඇතැම් පුද්ගලයෙක් ඇත්තේ ය. මහණෙනි, සිව්වෙනි යුද භටයාට උපමා කළ පුද්ගලයා භික්ෂූන් අතරෙහි ද දකින්නට ලැබෙයි.

තව ද මහණෙනි, භික්ෂුව උඩට නැගෙන දූහුවිලි දැකීම ඉවසයි. කොඩියේ අග දැකීම ඉවසයි. සතුරු යුද සේනාවේ රණහඬ ඉවසයි. ස්වල්ප වූ ප්‍රහාරය ඉවසයි. හේ යුද්ධය ජයගන්නේ ය. දිනාගත් යුද්ධය ඇත්තේ සංග්‍රාම භූමියෙහි වාසය කරයි. ඔහුගේ සංග්‍රාම විජය යනු කුමක් ද?

මහණෙනි, මෙහිලා භික්ෂුව අරණ්‍යයට ගියේ හෝ රුක් සෙවණට ගියේ හෝ හිස් කුටියකට ගියේ හෝ වෙයි. ඔහු වෙත පැමිණෙන ස්ත්‍රියක් තමන් සමීපයෙහි වාඩි වෙයි. තම සිරුරට ගැටෙමින් හේත්තු වෙයි. තමා මත්තෙහි ඇද වැටෙයි. එවිට හේ ස්ත්‍රිය විසින් සමීප ව හිඳිනු ලබන්නේ, ගැටී හේත්තු වෙනු ලබන්නේ, තමා මත්තෙහි වැටෙනු ලබන්නේ, ඇයගේ අත් වෙළුම් ගලවා ස්ත්‍රියගේ ග්‍රහණයෙන් මිදී යම් ම තැනකට කැමති සේ යයි.

හේ හුදෙකලා සෙනසුන් ඇසුරු කරයි. අරණ්‍යය, රුක් සෙවණ, පර්වතය, දිය ඇලි, ගිරි ගුහා, සුසාන, වන පෙත, නිදහස් තැන, පිදුරු කුටි ආදී හුදෙකලා තැන් සේවනය කරයි. හේ අරණ්‍යගත වූයේ හෝ රුක් සෙවණකට ගියේ හෝ හිස් කුටියකට ගියේ හෝ පළඟක් බැඳ කය ඍජු කොට භාවනා අරමුණෙහි සිහිය පිහිටුවා වාඩි වෙයි.

හේ තම ලොවෙහි ඇති ලෝභය අත්හැර ලෝභ රහිත වූ සිතින් වාසය කරයි. සිත ලෝභයෙන් පිරිසිදු කරයි. ද්වේෂයෙන් සිත දූෂිත වීම අත්හැර ද්වේෂ රහිත සිතින් සියළු ප්‍රාණීන් කෙරෙහි හිතානුකම්පී ව වාසය කරයි. ව්‍යාපාද දෝෂයෙන් සිත පිරිසිදු කරයි. ථීනමිද්ධය අත්හැර ථීනමිද්ධයෙන් තොර ව ආලෝක සංඥී ව සිහිනුවණින් යුතු ව වාසය කරයි. ථීනමිද්ධයෙන් සිත පිරිසිදු කරයි. සිතේ විසිරීම ත්, පසුතැවීම ත් අත්හැර නොවිසිරෙන ශාන්ත සිතින් වාසය

කරයි. උද්ධච්ච කුක්කුච්චයෙන් සිත පිරිසිදු කරයි. සැකය අත්හැර සැකයෙන් එතෙර වූයේ කුසල් දහම් පිළිබඳ කෙසේද කෙසේද යන සැකයෙන් තොරව වාසය කරයි. විචිකිච්ඡාවෙන් සිත පිරිසිදු කරයි.

හේ මේ සිතට උපක්ලේශ වූ ප්‍රඥාව දුර්වල කරන පංච නීවරණයන් දුරු කොට කාමයන්ගෙන් වෙන් ව ....(පෙ).... පළමු ධ්‍යානය ....(පෙ).... දෙවෙනි ධ්‍යානය ....(පෙ).... තුන්වෙනි ධ්‍යානය ....(පෙ).... සිව්වෙනි ධ්‍යානය උපදවා වාසය කරන්නේ වෙයි.

මෙසේ හේ සිත සමාධිමත් වූ කල්හී, පිරිසිදු වූ කල්හී, බබලන කල්හී, උපක්ලේශ නැති කල්හී, උපක්ලේශ රහිත කල්හී, මෘදු වූ කල්හී, කර්මණ්‍ය ව මැනැවින් පිහිටා නිශ්චල බවට පත් ව තිබෙන කල්හී ....(පෙ).... ආශ්‍රවයන් ක්ෂය වීම පිණිස සිත යොමු කරයි. හේ මෙය දුක යැයි ඒ වූ සැටියෙන් ම අවබෝධ කරයි. මෙය දුකෙහි හටගැනීම යැයි ඒ වූ සැටියෙන් ම අවබෝධ කරයි. මෙය දුකෙහි නිරෝධය යැයි ඒ වූ සැටියෙන් ම අවබෝධ කරයි. මෙය දුක නිරුද්ධ වන මාර්ගය යැයි ඒ වූ සැටියෙන් ම අවබෝධ කරයි. මේවා ආශ්‍රවයෝ යැයි ඒ වූ සැටියෙන් ම අවබෝධ කරයි. මේ ආශ්‍රවයන්ගේ හටගැනීම යැයි ඒ වූ සැටියෙන් ම අවබෝධ කරයි. මේ ආශ්‍රව නිරෝධය යැයි ඒ වූ සැටියෙන් ම අවබෝධ කරයි. මේ ආශ්‍රව නිරුද්ධ වන්නා වූ වැඩපිළිවෙල යැයි ඒ වූ සැටියෙන් ම අවබෝධ කරයි.

මේ අයුරින් දන්නා, මේ අයුරින් දක්නා ඔහුගේ සිත කාමාශ්‍රවයෙන් ද නිදහස් වෙයි. ඔහුගේ සිත භවාශ්‍රවයෙන් ද නිදහස් වෙයි. ඔහුගේ සිත අවිජ්ජාශ්‍රවයෙන් ද නිදහස් වෙයි. කෙලෙසුන්ගෙන් නිදහස් වූ කල්හී නිදහස් වූයේ යැයි ඥානය ඇතිවෙයි. 'ඉපදීම ක්ෂය විය. බඹසර වාසය සපුරන ලදී. කළ යුත්ත කරන ලදී. නිවන පිණිස වෙන කළ යුතු දෙයක් නැතැ'යි දැනගනියි. ඔහුගේ සංග්‍රාමවිජය මෙය යි.

මහණෙනි, ඒ යුද භටයා යම් සේ සංග්‍රාම භූමියෙන් උඩට නැගෙන දූහුවිලි දැකීම ඉවසයි ද, කොඩි අග දැකීම ඉවසයි ද, සතුරු රණහඬ අසා ඉවසයි ද, එහෙත් ස්වල්ප වූ ප්‍රහාරය ඉවසයි ද, යුද්ධය දිනයි ද, දිනාගත් යුද්ධයෙන් යුතුව සංග්‍රාම භූමියෙහි වාසය කරයි ද, මහණෙනි, මම මේ පුද්ගලයා ඔහුට උපමා කොට කියමි. මහණෙනි, මෙබඳු ස්වභාව ඇති ඇතැම් පුද්ගලයෙක් ඇත්තේ ය. මහණෙනි, පස්වෙනි යුද භටයාට උපමා කළ පුද්ගලයා භික්ෂූන් අතරෙහි ද දකින්නට ලැබෙයි.

මහණෙනි, භික්ෂූන් අතර ද පස් වැදෑරුම් යුද භටයන් උපමා කොට ඇති මේ පුද්ගලයෝ පස් දෙනා දකින්නට ලැබෙති.

සාදු! සාදු!! සාදු!!!

පඨම යෝධාජීවූපම සූත්‍රය නිමා විය.

5.2.3.6.
දුතිය යෝධාජීවූපම සූත්‍රය
යුද භටයා උපමා කොට වදාළ දෙවෙනි දෙසුම

සැවැත් නුවර දී ය .....

මහණෙනි, ලෝකයෙහි මේ යුද භටයෝ පස් දෙනෙක් විද්‍යමාන ව සිටිති. ඒ කවර පස් දෙනෙක් ද යත්;

මහණෙනි, මෙහිලා ඇතැම් යුද භටයෙක් කඩු පළිහ ගෙන, දුනු හියවුරු සදා යුද සේනාවෙන් යුතු ව සංග්‍රාම භූමියට ඇතුළු වෙයි. හේ ඒ යුද්ධයේ දී උත්සාහ කරයි. වීරිය කරයි. එසේ උත්සාහ කරන, වීරිය කරන ඔහු ව සතුරෝ නසත්. මරණයට පමුණුවත්. මහණෙනි, මෙබඳු ස්වභාව ඇති ඇතැම් යුද භටයෙක් ඇත්තේ ය. මහණෙනි, මේ ලෝකයෙහි දකින්නට ලැබෙන මේ පළමු යුද භටයා ය.

තව ද මහණෙනි, ඇතැම් යුද භටයෙක් කඩු පළිහ ගෙන, දුනු හියවුරු සදා යුද සේනාවෙන් යුතු ව සංග්‍රාම භූමියට ඇතුළු වෙයි. හේ ඒ යුද්ධයේ දී උත්සාහ කරයි. වීරිය කරයි. එසේ උත්සාහ කරන, වීරිය කරන ඔහුට සතුරෝ විදිත්. එවිට ඔහු යුද භූමියෙන් බැහැර ගෙන යයි. බැහැරට ගෙන ගොස් ඥාතීන්ට භාර දෙති. ඒ ඥාතීන් ඔහු ව වෙදෙකු වෙත ගෙනයන්නේ ඒ උපස්ථායක ඥාතීන් කරා නොගොස් ම අතරමගදී මරණයට පත් වෙයි. මහණෙනි, මෙබඳු ස්වභාව ඇති ඇතැම් යුද භටයෙක් ඇත්තේ ය. මහණෙනි, මේ ලෝකයෙහි දකින්නට ලැබෙන මේ දෙවෙනි යුද භටයා ය.

තව ද මහණෙනි, ඇතැම් යුද භටයෙක් කඩු පළිහ ගෙන, දුනු හියවුරු සදා යුද සේනාවෙන් යුතු ව සංග්‍රාම භූමියට ඇතුළු වෙයි. හේ ඒ යුද්ධයේ දී උත්සාහ කරයි. වීරිය කරයි. එසේ උත්සාහ කරන, වීරිය කරන ඔහුට සතුරෝ

විදිත්. එවිට ඔහු යුද භූමියෙන් බැහැර ගෙන යයි. බැහැරට ගෙන ගොස් ඥාතීන්ට භාර දෙති. ඒ ඥාතීන් ඔහු ව වෙදෙකු වෙත ගෙනයන්නේ ඒ උපස්ථායක ඥාතීන් කරා ගෙන යති. ඒ යුද භටයාට උපස්ථාන කරති. සේවා කරති. ඒ ඥාතීන් විසින් පිරිවරනු ලබන්නේ උපස්ථාන කරන්නේ නමුත් ඒ තුවාලයෙන් ම ඔහු මරණයට පත් වෙයි. මහණෙනි, මෙබඳු ස්වභාව ඇති ඇතැම් යුද භටයෙක් ඇත්තේ ය. මහණෙනි, මේ ලෝකයෙහි දකින්නට ලැබෙන මේ තෙවෙනි යුද භටයා ය.

තව ද මහණෙනි, ඇතැම් යුද භටයෙක් කඩු පළිහ ගෙන, දුනු හියවුරු සදා යුද සේනාවෙන් යුතු ව සංග්‍රාම භූමියට ඇතුළු වෙයි. හේ ඒ යුද්ධයේ දී උත්සාහ කරයි. වීරිය කරයි. එසේ උත්සාහ කරන, වීරිය කරන ඔහුට සතුරෝ විදිත්. එවිට ඔහු යුද භූමියෙන් බැහැර ගෙන යයි. බැහැරට ගෙන ගොස් ඥාතීන්ට භාර දෙති. ඒ ඥාතීන් ඔහු ව වෙදෙකු වෙත ගෙනයන්නේ ඒ උපස්ථායක ඥාතීන් කරා ගෙන යති. ඒ යුද භටයාට උපස්ථාන කරති. ඒ ඥාතීන් විසින් පිරිවරනු ලබන්නේ උපස්ථාන කරන්නේ ඒ තුවාලය සුවපත් වී ඔහු ඒ ආබාධයෙන් නැගී සිටියි. මහණෙනි, මෙබඳු ස්වභාව ඇති ඇතැම් යුද භටයෙක් ඇත්තේ ය. මහණෙනි, මේ ලෝකයෙහි දකින්නට ලැබෙන මේ සිව්වෙනි යුද භටයා ය.

තව ද මහණෙනි, ඇතැම් යුද භටයෙක් කඩු පළිහ ගෙන, දුනු හියවුරු සදා යුද සේනාවෙන් යුතුව සංග්‍රාම භූමියට ඇතුළු වෙයි. හේ ඒ යුද්ධයේ දී ජයග්‍රහණය කොට දිනාගත් යුද්ධය ඇත්තේ ඒ යුද භූමියේ ම වාසය කරයි. මහණෙනි, මෙබඳු ස්වභාව ඇති ඇතැම් යුද භටයෙක් ඇත්තේ ය. මහණෙනි, මේ ලෝකයෙහි දකින්නට ලැබෙන මේ පස්වෙනි යුද භටයා ය.

මහණෙනි, ලෝකයෙහි මේ යුද භටයෝ පස් දෙනා විද්‍යමාන ව සිටිති.

එසෙයින් ම මහණෙනි, භික්ෂූන් අතර ද පස් වැදෑරුම් යුද භටයන් උපමා කොට ඇති පුද්ගලයෝ පස් දෙනෙක් දකින්නට ලැබෙති. ඒ කවර පස් දෙනෙක් ද යත්;

මහණෙනි, මෙහිලා භික්ෂුව එක්තරා ගමක් හෝ නියම්ගමක් හෝ ඇසුරු කොට වාසය කරයි. හේ පෙරවරුවෙහි සිවුරු හැඳ පොරොවාගෙන පාත්‍රය හා සිවුරු ගෙන ඒ ගමට හෝ නියම්ගමට හෝ පිඬු පිණිස පිවිසෙයි. හේ නොරැක ගත් කයින් යුතු ව, නොරැක ගත් වචනයෙන් යුතු ව, නොරැක ගත් සිතින් යුතු ව, එළඹ සිටි සිහියෙන් තොර ව, අසංවර ඉඳුරන් ඇති ව යයි. හේ එහිදී නොමනා ලෙස වස්ත්‍ර හැඳ ගත්, නොමනා ලෙස වස්ත්‍ර පොරොවා

ගත් ස්ත්‍රියක් දකියි. නොමනා ලෙස හැඳගත්, නොමනා ලෙස පොරොවා ගත් වස්ත්‍ර ඇති ඒ ස්ත්‍රිය දැක ඔහුගේ සිත රාගයෙන් කුසල් මග දුර්වල කරයි. රාගය විසින් කුසල් දුර්වල කළ සිතින් ඔහු ශික්ෂාව ප්‍රතික්ෂේප නොකොට, දුර්වල බව පහළ නොකොට අඹුසැමියන් ලෙස හැසිරෙයි.

මහණෙනි, ඒ යුද හටයා යම් සේ කඩු පළිහ ගෙන, දුනු හියවුරු සදා යුද සේනාවෙන් යුතු ව සංග්‍රාම භූමියට ඇතුළු වෙයි ද, හේ ඒ යුද්ධයේ දී උත්සාහ කරයි ද, වීරිය කරයි ද, එසේ උත්සාහ කරන, වීරිය කරන ඔහු ව සතුරෝ නසත් ද, මරණයට පමුණුවත් ද, මහණෙනි, මම මේ පුද්ගලයා ඔහුට උපමා කොට කියමි. මහණෙනි, මෙබඳු ස්වභාව ඇති ඇතැම් පුද්ගලයෙක් ඇත්තේ ය. මහණෙනි, පළමුවෙනි යුද හටයාට උපමා කළ පුද්ගලයා භික්ෂූන් අතරෙහි ද දකින්නට ලැබෙයි.

තව ද මහණෙනි, භික්ෂුව එක්තරා ගමක් හෝ නියම්ගමක් හෝ ඇසුරු කොට වාසය කරයි. හේ පෙරවරුවෙහි සිවුරු හැඳ පොරොවාගෙන පාත්‍රය හා සිවුරු ගෙන ඒ ගමට හෝ නියම්ගමට හෝ පිඬු පිණිස පිවිසෙයි. හේ නොරැක ගත් කයින් යුතු ව, නොරැක ගත් වචනයෙන් යුතු ව, නොරැක ගත් සිතින් යුතු ව, එළඹ සිටි සිහියෙන් තොර ව, අසංවර ඉඳුරන් ඇතිව යයි. හේ එහිදී නොමනා ලෙස වස්ත්‍ර හැඳ ගත්, නොමනා ලෙස වස්ත්‍ර පොරොවා ගත් ස්ත්‍රියක් දකියි. නොමනා ලෙස හැඳගත්, නොමනා ලෙස පොරොවා ගත් වස්ත්‍ර ඇති ඒ ස්ත්‍රිය දැක ඔහුගේ සිත රාගයෙන් කුසල් මග දුර්වල කරයි. ඔහු රාගයෙන් පහර කන ලද සිතින් යුතුව කයෙන් දැවෙමින් සිටියි. සිතින් ද දැවෙමින් සිටියි. එවිට ඔහුට මෙසේ සිතෙයි. 'මම් ආරාමයට ගොස් 'ආයුෂ්මත්නි, මම රාගයෙන් පීඩාවට පත්වුණෙමි. රාගයෙන් මඬනා ලද්දෙමි. නිවන් මගෙහි හැසිරෙන්නට හැකියාවක් නැත්තෙමි. ශික්ෂාව ප්‍රතික්ෂේප කොට, ශික්ෂාවෙහි දුර්වල බව ප්‍රකාශ කොට ලාමක ගිහි බවට පත්වන්නෙමි' යි භික්ෂූන්ට ආරෝචනය කරන්නෙම් නම් මැනැවි.' මෙසේ සිතා ඔහු ආරාමයට යන්නේ අතරමගදී ආරාමයට නොගොස් ම ශික්ෂාවෙහි දුර්වල බව ප්‍රකාශ කොට, ශික්ෂාව ප්‍රතික්ෂේප කොට ලාමක ගිහි බවට පත්වෙයි.

මහණෙනි, ඒ යුද හටයා යම් සේ කඩු පළිහ ගෙන, දුනු හියවුරු සදා යුද සේනාවෙන් යුතු ව සංග්‍රාම භූමියට ඇතුළු වෙයි ද, හේ ඒ යුද්ධයේ දී උත්සාහ කරයි ද, වීරිය කරයි ද, එසේ උත්සාහ කරන, වීරිය කරන ඔහුට සතුරෝ විදිත් ද, එවිට ඔහු යුද භූමියෙන් බැහැර ගෙන යයි ද, බැහැරට ගෙන ගොස් ඥාතීන්ට භාර දෙත් ද, ඒ ඥාතීන් ඔහු ව වෙදෙකු වෙත ගෙනයන්නේ ඒ උපස්ථායක ඥාතීන් කරා නොගොස් ම අතරමගදී මරණයට පත් වෙයි ද,

මහණෙනි, මම මේ පුද්ගලයා ඔහුට උපමා කොට කියමි. මහණෙනි, මෙබඳු ස්වභාව ඇති ඇතැම් පුද්ගලයෙක් ඇත්තේ ය. මහණෙනි, දෙවෙනි යුද භටයාට උපමා කළ පුද්ගලයා භික්ෂූන් අතරෙහි ද දකින්නට ලැබෙයි.

තව ද මහණෙනි, භික්ෂුව එක්තරා ගමක් හෝ නියම්ගමක් හෝ ඇසුරු කොට වාසය කරයි. හේ පෙරවරුවෙහි සිවුරු හැඳ පොරොවාගෙන පාත්‍රය හා සිවුරු ගෙන ඒ ගමට හෝ නියම්ගමට හෝ පිඬු පිණිස පිවිසෙයි. හේ නොරැක ගත් කයින් යුතු ව, නොරැක ගත් වචනයෙන් යුතු ව, නොරැක ගත් සිතින් යුතු ව, එළඹ සිටි සිහියෙන් තොර ව, අසංවර ඉඳුරන් ඇති ව යයි. හේ එහිදී නොමනා ලෙස වස්ත්‍ර හැඳ ගත්, නොමනා ලෙස වස්ත්‍ර පොරොවා ගත් ස්ත්‍රියක් දකියි. නොමනා ලෙස හැඳගත්, නොමනා ලෙස පොරොවා ගත් වස්ත්‍ර ඇති ඒ ස්ත්‍රිය දැක ඔහුගේ සිත රාගයෙන් කුසල් මග දුර්වල කරයි. ඔහු රාගයෙන් පහර කන ලද සිතින් යුතු ව කයෙන් දැවෙමින් සිටියි. සිතින් ද දැවෙමින් සිටියි. එවිට ඔහුට මෙසේ සිතෙයි. 'මම් ආරාමයට ගොස් 'ආයුෂ්මත්නි, මම රාගයෙන් පීඩාවට පත්වුණෙමි. රාගයෙන් මඩනා ලද්දෙමි. නිවන් මගෙහි හැසිරෙන්නට හැකියාවක් නැත්තෙමි. ශික්ෂාව ප්‍රතික්ෂේප කොට, ශික්ෂාවෙහි දුර්වල බව ප්‍රකාශ කොට ලාමක ගිහි බවට පත්වන්නෙමි' යි භික්ෂූන්ට ආරෝචනය කරන්නෙම් නම් මැනැවි.' මෙසේ සිතා ඔහු ආරාමයට ගොස් භික්ෂූන්ට ආරෝචනය කරයි. 'ආයුෂ්මත්නි, මම රාගයෙන් පීඩාවට පත්වුණෙමි. රාගයෙන් මඩනා ලද්දෙමි. නිවන් මගෙහි හැසිරෙන්නට හැකියාවක් නැත්තෙමි. ශික්ෂාව ප්‍රතික්ෂේප කොට, ශික්ෂාවෙහි දුර්වල බව ප්‍රකාශ කොට ලාමක ගිහි බවට පත්වන්නෙමි' යි.

එවිට ඒ සබ්‍රහ්මචාරීහු ඔහුට අවවාද කරති. අනුශාසනා කරති. 'ආයුෂ්මත, භාග්‍යවතුන් වහන්සේ විසින් වදාරණ ලද්දේ කාමයන් අල්ප ආශ්වාදයෙන් යුතු බව යි. බොහෝ දුක්, බොහෝ කරදර ඇති බව යි. එහි ආදීනව බොහෝ ඇති බව යි. භාග්‍යවතුන් වහන්සේ විසින් වදාරණ ලද්දේ කාමය ඇට සැකිල්ලක් බඳු දෙයක් බව යි. බොහෝ දුක්, බොහෝ කරදර ඇති බව යි. එහි ආදීනව බොහෝ ඇති බව යි. භාග්‍යවතුන් වහන්සේ විසින් වදාරණ ලද්දේ කාමය මස් වැදැල්ලක් බඳු දෙයක් බව යි. බොහෝ දුක්, බොහෝ කරදර ඇති බව යි. එහි ආදීනව බොහෝ ඇති බව යි. භාග්‍යවතුන් වහන්සේ විසින් වදාරණ ලද්දේ කාමය ඇවිල ගත් තණ හුලක් බඳු දෙයක් බව යි. බොහෝ දුක්, බොහෝ කරදර ඇති බව යි. එහි ආදීනව බොහෝ ඇති බව යි. භාග්‍යවතුන් වහන්සේ විසින් වදාරණ ලද්දේ කාමය ගිනි අඟුරු වළක් බඳු දෙයක් බව යි. බොහෝ දුක්, බොහෝ කරදර ඇති බව යි. එහි ආදීනව බොහෝ ඇති බව යි. භාග්‍යවතුන් වහන්සේ විසින් වදාරණ ලද්දේ කාමය සුළු මොහොතකට

පෙනෙන සිහිනයක් බඳු දෙයක් බව යි. බොහෝ දුක්, බොහෝ කරදර ඇති බව යි. එහි ආදීනව බොහෝ ඇති බව යි. භාග්‍යවතුන් වහන්සේ විසින් වදාරණ ලද්දේ කාමය අනුන්ගෙන් ඉල්ලා ගත් දෙයක් බඳු දෙයක් බව යි. බොහෝ දුක්, බොහෝ කරදර ඇති බව යි. එහි ආදීනව බොහෝ ඇති බව යි. භාග්‍යවතුන් වහන්සේ විසින් වදාරණ ලද්දේ කාමය යනු ගසක ඇති ගෙඩි බඳු දෙයක් බව යි. බොහෝ දුක්, බොහෝ කරදර ඇති බව යි. එහි ආදීනව බොහෝ ඇති බව යි. භාග්‍යවතුන් වහන්සේ විසින් වදාරණ ලද්දේ කාමය මස් කපන කොටයක් බඳු දෙයක් බව යි. බොහෝ දුක්, බොහෝ කරදර ඇති බව යි. එහි ආදීනව බොහෝ ඇති බව යි. භාග්‍යවතුන් වහන්සේ විසින් වදාරණ ලද්දේ කාමය තියුණු සැතක් බඳු දෙයක් බව යි. බොහෝ දුක්, බොහෝ කරදර ඇති බව යි. එහි ආදීනව බොහෝ ඇති බව යි. භාග්‍යවතුන් වහන්සේ විසින් වදාරණ ලද්දේ කාමය බිහිසුණු සර්පයෙකුගේ හිසක් බඳු දෙයක් බව යි. බොහෝ දුක්, බොහෝ කරදර ඇති බව යි. එහි ආදීනව බොහෝ ඇති බව යි. ආයුෂ්මත, බඹසරෙහි ඇළුම් කෙරේවා! ආයුෂ්මත, ශික්ෂාවෙහි දුර්වල බව ප්‍රකාශ කොට ශික්ෂාව ප්‍රතික්ෂේප කොට ගිහි බවට පත් නොවේවා!'

මෙසේ සබ්‍රහ්මචාරීන් විසින් අවවාද කරද්දී, අනුශාසනා කරද්දී, ඔහු මෙසේ කියයි. 'ආයුෂ්මත, භාග්‍යවතුන් වහන්සේ විසින් කාමයන් අල්ප ආශ්වාද ඇති බව ත්, බොහෝ දුක් ඇති බව ත්, බොහෝ කරදර ඇති බව ත්, එහි ආදීනව බොහෝ ඇති බවත් වදාරණ ලද්දේ ම ය. එනමුදු මම බඹසර රකින්නට නොහැක්කෙමි. ශික්ෂාවෙහි දුර්වල බව ප්‍රකාශ කොට, ශික්ෂාව ප්‍රතික්ෂේප කොට ගිහි බවට පත්වන්නෙමි' යි. හේ ශික්ෂාවෙහි දුර්වල බව ප්‍රකාශ කොට, ශික්ෂාව ප්‍රතික්ෂේප කොට ගිහි බවට පත්වෙයි.

මහණෙනි, ඒ යුද භටයා යම් සේ කඩු පළිහ ගෙන, දුනු හියවුරු සදා යුද සේනාවෙන් යුතු ව සංග්‍රාම භූමියට ඇතුළු වෙයි ද, හේ ඒ යුද්ධයේ දී උත්සාහ කරයි ද, වීරිය කරයි ද, එසේ උත්සාහ කරන, වීරිය කරන ඔහුට සතුරෝ විදිත් ද, එවිට ඔහු යුද භූමියෙන් බැහැර ගෙන යයි ද, බැහැරට ගෙන ගොස් ඥාතීන්ට භාර දෙත් ද, ඒ ඥාතීන් ඔහු ව වෙදෙකු වෙත ගෙනයන්නේ ඒ උපස්ථායක ඥාතීන් කරා ගෙන යත් ද, ඒ යුද භටයාට උපස්ථාන කරත් ද, ඒ ඥාතීන් විසින් පිරිවරනු ලබන්නේ උපස්ථාන කරන්නේ නමුත් ඒ තුවාලයෙන් ම ඔහු මරණයට පත් වෙයි ද, මහණෙනි, මම මේ පුද්ගලයා ඔහුට උපමා කොට කියමි. මහණෙනි, මෙබඳු ස්වභාව ඇති ඇතැම් පුද්ගලයෙක් ඇත්තේ ය. මහණෙනි, තුන්වෙනි යුද භටයාට උපමා කළ පුද්ගලයා භික්ෂූන් අතරෙහි ද දකින්නට ලැබෙයි.

තව ද මහණෙනි, භික්ෂුව එක්තරා ගමක් හෝ නියම්ගමක් හෝ ඇසුරු කොට වාසය කරයි. හේ පෙරවරුවෙහි සිවුරු හැඳ පොරොවාගෙන පාත්‍රය හා සිවුරු ගෙන ඒ ගමට හෝ නියම්ගමට හෝ පිඬු පිණිස පිවිසෙයි. හේ නොරැක ගත් කයින් යුතු ව, නොරැක ගත් වචනයෙන් යුතු ව, නොරැක ගත් සිතින් යුතු ව, එළඹ සිටි සිහියෙන් තොර ව, අසංවර ඉඳුරන් ඇති ව යයි. හේ එහිදී නොමනා ලෙස වස්ත්‍ර හැඳ ගත්, නොමනා ලෙස වස්ත්‍ර පොරොවා ගත් ස්ත්‍රියක් දකියි. නොමනා ලෙස හැඳගත්, නොමනා ලෙස පොරොවා ගත් වස්ත්‍ර ඇති ඒ ස්ත්‍රිය දැක ඔහුගේ සිත රාගයෙන් කුසල් මග දුර්වල කරයි. ඔහු රාගයෙන් පහර කන ලද සිතින් යුතුව කයෙන් දැවෙමින් සිටියි. සිතින් ද දැවෙමින් සිටියි. එවිට ඔහුට මෙසේ සිතෙයි. 'මම් ආරාමයට ගොස් 'ආයුෂ්මත්නි, මම රාගයෙන් පීඩාවට පත්වුණෙමි. රාගයෙන් මඬනා ලද්දෙමි. නිවන් මගෙහි හැසිරෙන්නට හැකියාවක් නැත්තෙමි. ශික්ෂාව ප්‍රතික්ෂේප කොට, ශික්ෂාවෙහි දුර්වල බව ප්‍රකාශ කොට ලාමක ගිහි බවට පත්වන්නෙමි' යි භික්ෂූන්ට ආරෝචනය කරන්නෙම් නම් මැනැවි.' මෙසේ සිතා ඔහු ආරාමයට ගොස් භික්ෂූන්ට ආරෝචනය කරයි. 'ආයුෂ්මත්නි, මම රාගයෙන් පීඩාවට පත්වුණෙමි. රාගයෙන් මඬනා ලද්දෙමි. නිවන් මගෙහි හැසිරෙන්නට හැකියාවක් නැත්තෙමි. ශික්ෂාවෙහි දුර්වල බව ප්‍රකාශ කොට ලාමක ගිහි බවට පත්වන්නෙමි' යි.

එවිට ඒ සබ්‍රහ්මචාරීහු ඔහුට අවවාද කරති. අනුශාසනා කරති. 'ආයුෂ්මත, භාග්‍යවතුන් වහන්සේ විසින් වදාරණ ලද්දේ කාමයන් අල්ප ආශ්වාදයෙන් යුතු බව යි. බොහෝ දුක්, බොහෝ කරදර ඇති බව යි. එහි ආදීනව බොහෝ ඇති බව යි. භාග්‍යවතුන් වහන්සේ විසින් වදාරණ ලද්දේ කාමය ඇට සැකිල්ලක් බඳු දෙයක් බව යි. බොහෝ දුක්, බොහෝ කරදර ඇති බව යි. එහි ආදීනව බොහෝ ඇති බව යි. භාග්‍යවතුන් වහන්සේ විසින් වදාරණ ලද්දේ කාමය මස් වැදැල්ලක් බඳු දෙයක් බව යි. බොහෝ දුක්, බොහෝ කරදර ඇති බව යි. එහි ආදීනව බොහෝ ඇති බව යි. භාග්‍යවතුන් වහන්සේ විසින් වදාරණ ලද්දේ කාමය ඇවිල ගත් තණ හුලක් බඳු දෙයක් බව යි. ....(පෙ).... භාග්‍යවතුන් වහන්සේ විසින් වදාරණ ලද්දේ කාමය ගිනි අඟුරු වළක් බඳු දෙයක් බව යි. ....(පෙ).... භාග්‍යවතුන් වහන්සේ විසින් වදාරණ ලද්දේ කාමය සුළු මොහොතකට පෙනෙන සිහිනයක් බඳු දෙයක් බව යි. ....(පෙ).... භාග්‍යවතුන් වහන්සේ විසින් වදාරණ ලද්දේ කාමය අනුන්ගෙන් ඉල්ලා ගත් දෙයක් බඳු දෙයක් බව යි. ....(පෙ).... භාග්‍යවතුන් වහන්සේ විසින් වදාරණ ලද්දේ කාමය යනු ගසක ඇති ගෙඩි බඳු දෙයක් බව යි. ....(පෙ).... භාග්‍යවතුන් වහන්සේ විසින් වදාරණ ලද්දේ කාමය මස් කපන කොටයක් බඳු දෙයක් බව යි. ....(පෙ).... භාග්‍යවතුන් වහන්සේ විසින් වදාරණ ලද්දේ කාමය තියුණු සැතක් බඳු දෙයක්

බව යි. ....(පෙ).... භාග්‍යවතුන් වහන්සේ විසින් වදාරණ ලද්දේ කාමය බිහිසුණු සර්පයෙකුගේ හිසක් බඳු දෙයක් බව යි. බොහෝ දුක්, බොහෝ කරදර ඇති බව යි. එහි ආදීනව බොහෝ ඇති බව යි. ආයුෂ්මත, බඹසරෙහි ඇළුම් කෙරේවා! ආයුෂ්මත, ශික්ෂාවෙහි දුර්වල බව ප්‍රකාශ කොට, ශික්ෂාව ප්‍රතික්ෂේප කොට ගිහි බවට පත් නොවේවා!'

මෙසේ සබ්‍රහ්මචාරීන් විසින් අවවාද කරද්දී, අනුශාසනා කරද්දී, ඔහු මෙසේ කියයි. 'ආයුෂ්මත්නි, මම උත්සාහ කරන්නෙමි. ඒ ධර්මය ධරා ගන්නෙමි. ආයුෂ්මත්නි, මම සිත් අලවා වසන්නෙමි. ආයුෂ්මත්නි, මම දැන් ශික්ෂාවෙහි දුර්වල බව ප්‍රකාශ කොට, ශික්ෂාව ප්‍රතික්ෂේප කොට ලාමක ගිහි බවට පත් නොවන්නෙමි' යි.

මහණෙනි, ඒ යුද භටයා යම් සේ කඩු පලිහ ගෙන, දුනු හියවුරු සදා යුද සේනාවෙන් යුතු ව සංග්‍රාම භූමියට ඇතුළු වෙයි ද, හේ ඒ යුද්ධයේ දී උත්සාහ කරයි ද, වීරිය කරයි ද, එසේ උත්සාහ කරන, වීරිය කරන ඔහුට සතුරෝ විදිත් ද, එවිට ඔහු යුද භූමියෙන් බැහැර ගෙන යයි ද, බැහැරට ගෙන ගොස් ඥාතීන්ට භාර දෙත් ද, ඒ ඥාතීන් ඔහු ව වෙදෙකු වෙත ගෙනයන්නේ ඒ උපස්ථායක ඥාතීන් කරා ගෙන යත් ද, ඒ යුද භටයාට උපස්ථාන කරත් ද, ඒ ඥාතීන් විසින් පිරිවරනු ලබන්නේ උපස්ථාන කරන්නේ ඒ තුවාලය සුවපත් වී ඔහු ඒ ආබාධයෙන් නැගී සිටියි ද, මහණෙනි, මම මේ පුද්ගලයා ඔහුට උපමා කොට කියමි. මහණෙනි, මෙබඳු ස්වභාව ඇති ඇතැම් පුද්ගලයෙක් ඇත්තේ ය. මහණෙනි, සිව්වෙනි යුද භටයාට උපමා කළ පුද්ගලයා භික්ෂූන් අතරෙහි ද දකින්නට ලැබෙයි.

තව ද මහණෙනි, භික්ෂුව එක්තරා ගමක් හෝ නියම්ගමක් හෝ ඇසුරු කොට වාසය කරයි. හේ පෙරවරුවෙහි සිවුරු හැඳ පොරොවාගෙන පාත්‍රය හා සිවුරු ගෙන ඒ ගමට හෝ නියම්ගමට හෝ පිඬු පිණිස පිවිසෙයි. හේ රැක ගත් කයින් යුතු ව, රැක ගත් වචනයෙන් යුතු ව, රැක ගත් සිතින් යුතු ව, එළඹ සිටි සිහියෙන් යුතු ව, සංවර ඉඳුරන් ඇති ව යයි.

හේ ඇසින් රූපයක් දැක සළකුණු නොගන්නේ වෙයි. සළකුණක කොටසක් වත් නොගන්නේ වෙයි. යම් හෙයකින් ඇස නම් වූ ඉන්ද්‍රිය අසංවර ව වාසය කරද්දී ලෝභ ද්වේෂ ආදී පාපී අකුසලයෝ තමා ව លුහුබැඳ එත් නම් එහි සංවරය පිණිස පිළිපදියි. ඇස නම් ඉන්ද්‍රිය රකියි. ඇස නම් වූ ඉන්ද්‍රියෙහි සංවරයට පැමිණෙයි. කනින් ශබ්දයක් අසා ....(පෙ).... නාසයෙන් ආඝ්‍රාණය කොට ....(පෙ).... දිවෙන් රස විඳ ....(පෙ).... කයින් පහස ලබා ....(පෙ).... හේ

මනසින් අරමුණක් දැන සළකුණු නොගන්නේ වෙයි. සළකුණක කොටසක් වත් නොගන්නේ වෙයි. යම් හෙයකින් මනස නම් වූ ඉන්ද්‍රිය අසංවර ව වාසය කරද්දී ලෝභ ද්වේෂ ආදී පාපී අකුසලයෝ තමා ව ලුහුබැඳ එත් නම් එහි සංවරය පිණිස පිළිපදියි. මනස නම් ඉන්ද්‍රිය රකියි. මනස නම් වූ ඉන්ද්‍රියෙහි සංවරයට පැමිණෙයි.

හේ පසුබත් කාලයෙහි පිණ්ඩපාතයෙන් වැළකී සිටියේ හුදෙකලා සෙනසුන් ඇසුරු කරයි. අරණ්‍යය, රුක් සෙවණ, පර්වතය, දිය ඇලි, ගිරි ගුහා, සුසාන, වන පෙත, නිදහස් තැන, පිදුරු කුටි ආදී හුදෙකලා තැන් සේවනය කරයි. හේ අරණ්‍යගත වූයේ හෝ රුක් සෙවණකට ගියේ හෝ හිස් කුටියකට ගියේ හෝ පළඟක් බැඳ කය ඍජු කොට භාවනා අරමුණෙහි සිහිය පිහිටුවා වාඩි වෙයි.

හේ තම ලොවෙහි ඇති ලෝභය අත්හැර ලෝභ රහිත වූ සිතින් වාසය කරයි. සිත ලෝභයෙන් පිරිසිදු කරයි. ද්වේෂයෙන් සිත දූෂිත වීම අත්හැර ද්වේෂ රහිත සිතින් සියළු ප්‍රාණීන් කෙරෙහි හිතානුකම්පී ව වාසය කරයි. ව්‍යාපාද දෝෂයෙන් සිත පිරිසිදු කරයි. ථීනමිද්ධය අත්හැර ථීනමිද්ධයෙන් තොර ව ආලෝක සංඥී ව සිහිනුවණින් යුතු ව වාසය කරයි. ථීනමිද්ධයෙන් සිත පිරිසිදු කරයි. සිතේ විසිරීම ත්, පසුතැවීම ත් අත්හැර නොවිසිරෙන ශාන්ත සිතින් වාසය කරයි. උද්ධච්ච කුක්කුච්චයෙන් සිත පිරිසිදු කරයි. සැකය අත්හැර සැකයෙන් එතෙර වූයේ කුසල් දහම් පිළිබඳ කෙසේද කෙසේද යන සැකයෙන් තොර ව වාසය කරයි. විචිකිච්ඡාවෙන් සිත පිරිසිදු කරයි.

හේ මේ සිතට උපක්ලේශ වූ ප්‍රඥාව දුර්වල කරන පංච නීවරණයන් දුරු කොට කාමයන්ගෙන් වෙන් ව ....(පෙ).... පළමු ධ්‍යානය ....(පෙ).... දෙවෙනි ධ්‍යානය ....(පෙ).... තුන්වෙනි ධ්‍යානය ....(පෙ).... සිව්වෙනි ධ්‍යානය උපදවා වාසය කරන්නේ වෙයි.

මෙසේ හේ සිත සමාධිමත් වූ කල්හී, පිරිසිදු වූ කල්හී, බබලන කල්හී, උපක්ලේශ නැති කල්හී, උපක්ලේශ රහිත කල්හී, මෘදු වූ කල්හී, කර්මණ්‍ය ව මැනැවින් පිහිටා නිශ්චල බවට පත් ව තිබෙන කල්හී ....(පෙ).... ආශ්‍රවයන් ක්ෂය වීම පිණිස සිත යොමු කරයි. හේ මෙය දුක යැයි ඒ වූ සැටියෙන් ම අවබෝධ කරයි. මෙය දුකෙහි හටගැනීම යැයි ඒ වූ සැටියෙන් ම අවබෝධ කරයි. මෙය දුකෙහි නිරෝධය යැයි ඒ වූ සැටියෙන් ම අවබෝධ කරයි. මෙය දුක නිරුද්ධ වන මාර්ගය යැයි ඒ වූ සැටියෙන් ම අවබෝධ කරයි. මේවා ආශ්‍රවයෝ යැයි ඒ වූ සැටියෙන් ම අවබෝධ කරයි. මේ ආශ්‍රවයන්ගේ හටගැනීම යැයි ඒ වූ

සැටියෙන් ම අවබෝධ කරයි. මේ ආශ්‍රව නිරෝධය යැයි ඒ වූ සැටියෙන් ම අවබෝධ කරයි. මේ ආශ්‍රව නිරුද්ධ වන්නා වූ වැඩපිළිවෙල යැයි ඒ වූ සැටියෙන් ම අවබෝධ කරයි.

මේ අයුරින් දන්නා, මේ අයුරින් දක්නා ඔහුගේ සිත කාමාශ්‍රවයෙන් ද නිදහස් වෙයි. ඔහුගේ සිත භවාශ්‍රවයෙන් ද නිදහස් වෙයි. ඔහුගේ සිත අවිජ්ජාශ්‍රවයෙන් ද නිදහස් වෙයි. කෙලෙසුන්ගෙන් නිදහස් වූ කල්හී නිදහස් වූයේ යැයි ඥානය ඇතිවෙයි. 'ඉපදීම ක්ෂය විය. බඹසර වාසය සපුරන ලදී. කළ යුත්ත කරන ලදී. නිවන පිණිස වෙන කළ යුතු දෙයක් නැතැ'යි දැනගනියි.

මහණෙනි, යම් සේ ඒ යුද භටයෙක් කඩු පළිහ ගෙන, දුනු හියවුරු සදා යුද සේනාවෙන් යුතු ව සංග්‍රාම භූමියට ඇතුළු වෙයි ද, හේ ඒ යුද්ධයේ දී ජයග්‍රහණය කොට දිනාගත් යුද්ධය ඇත්තේ ඒ යුදභූමියේ ම වාසය කරයි ද, මහණෙනි, මම මේ පුද්ගලයා ඔහුට උපමා කොට කියමි. මහණෙනි, මෙබඳු ස්වභාව ඇති ඇතැම් පුද්ගලයෙක් ඇත්තේ ය. මහණෙනි, පස්වෙනි යුද භටයාට උපමා කළ පුද්ගලයා භික්ෂූන් අතරෙහි ද දකින්නට ලැබෙයි.

මහණෙනි, භික්ෂූන් අතර ද පස් වැදෑරුම් යුද භටයන් උපමා කොට ඇති මේ පුද්ගලයෝ පස් දෙනා දකින්නට ලැබෙති.

සාදු! සාදු!! සාදු!!!

දුතිය යෝධාජීවූපම සූත්‍රය නිමා විය.

5.2.3.7.

පඨම අනාගත භය සූත්‍රය

අනාගත භය ගැන වදාළ පළමු දෙසුම

සැවැත් නුවර දී ය ....

මහණෙනි, මේ පස් වැදෑරුම් අනාගත භය දකිනා අරණ්‍යවාසී භික්ෂුව විසින් අප්‍රමාදී ව කෙලෙස් තවන වීරියෙන් යුතු ව දහමට දිවි පුදා නොපත් මාර්ගඵලාධිගමයන් ලැබීම පිණිස ත්, නොඅත්දුටු මාර්ගඵලාධිගමයන් අත්දැකීම පිණිස ත්, සාක්ෂාත් නොකළ මාර්ගඵලාධිගමයන් සාක්ෂාත් කිරීම පිණිස ත් වාසය කරන්නට සුදුසු ම ය. ඒ කවර පසක් ද යත්;

මහණෙනි, මෙහිලා අරණ්‍යවාසී භික්ෂුව මෙසේ නුවණින් මෙනෙහි කරයි. 'මම වනාහී මෙකල හුදෙකලාවෙහි වනයෙහි වාසය කරමි. හුදෙකලාවෙහි වනයෙහි වාසය කරන මා හට සර්පයෙක් හෝ දෂ්ට කරන්නේ ය. ගෝනුස්සෙක් හෝ දෂ්ට කරන්නේ ය. පත්තෑයෙක් හෝ දෂ්ට කරන්නේ ය. එයින් මාගේ මරණය සිදුවිය හැක්කේ ය. එය මා හට අන්තරායයකි. එහෙයින් මම නොපත් මාර්ගඵලාධිගමයන් ලැබීම පිණිස ත්, නොඅත්දුටු මාර්ගඵලාධිගමයන් අත්දැකීම පිණිස ත්, සාක්ෂාත් නොකළ මාර්ගඵලාධිගමයන් සාක්ෂාත් කිරීම පිණිස ත් වීරිය අරඹමි' යි. මහණෙනි, මේ පළමුවෙනි අනාගත භය දකිනා අරණ්‍යවාසී භික්ෂුව විසින් අප්‍රමාදී ව කෙලෙස් තවන වීරියෙන් යුතු ව දහමට දිවි පුදා නොපත් මාර්ගඵලාධිගමයන් ලැබීම පිණිස ත්, නොඅත්දුටු මාර්ගඵලාධිගමයන් අත්දැකීම පිණිස ත්, සාක්ෂාත් නොකළ මාර්ගඵලාධිගමයන් සාක්ෂාත් කිරීම පිණිස ත් වාසය කරන්නට සුදුසු ම ය.

තව ද මහණෙනි, අරණ්‍යවාසී භික්ෂුව මෙසේ නුවණින් මෙනෙහි කරයි. 'මම වනාහී මෙකල හුදෙකලාවෙහි වනයෙහි වාසය කරමි. හුදෙකලාවෙහි වනයෙහි වාසය කරන මම පය පැකිලී හෝ වැටෙන්නෙම් නම්, මා වැළඳූ දානය අජීර්ණ වන්නෙම් නම්, මාගේ පිත හෝ කිපෙන්නේ නම්, මාගේ සෙම හෝ කිපෙන්නේ නම්, මාගේ වාතය හෝ කිපෙන්නේ නම්, එයින් මාගේ මරණය සිදුවිය හැක්කේ ය. එය මා හට අන්තරායයකි. එහෙයින් මම නොපත් මාර්ගඵලාධිගමයන් ලැබීම පිණිස ත්, නොඅත්දුටු මාර්ගඵලාධිගමයන් අත්දැකීම පිණිස ත්, සාක්ෂාත් නොකළ මාර්ගඵලාධිගමයන් සාක්ෂාත් කිරීම පිණිස ත් වීරිය අරඹමි' යි. මහණෙනි, මේ දෙවෙනි අනාගත භය දකිනා අරණ්‍යවාසී භික්ෂුව විසින් අප්‍රමාදී ව කෙලෙස් තවන වීරියෙන් යුතු ව දහමට දිවි පුදා නොපත් මාර්ගඵලාධිගමයන් ලැබීම පිණිස ත්, නොඅත්දුටු මාර්ගඵලාධිගමයන් අත්දැකීම පිණිස ත්, සාක්ෂාත් නොකළ මාර්ගඵලාධිගමයන් සාක්ෂාත් කිරීම පිණිස ත් වාසය කරන්නට සුදුසු ම ය.

තව ද මහණෙනි, අරණ්‍යවාසී භික්ෂුව මෙසේ නුවණින් මෙනෙහි කරයි. 'මම වනාහී මෙකල හුදෙකලාවෙහි වනයෙහි වාසය කරමි. හුදෙකලාවෙහි වනයෙහි වාසය කරන මම සිංහයෙකු සමඟ හෝ ව්‍යාඝ්‍රයෙකු සමඟ හෝ දිවියෙකු සමඟ හෝ වළසෙකු සමඟ හෝ කරබානා වළසෙකු සමඟ හෝ මෙවැනි බිහිසුණු වන සතෙකු සමඟ හෝ එකතු වන්නෙම් නම් ඔවුහු මගේ ජීවිතය වනසන්නාහු ය. එයින් මාගේ මරණය සිදුවිය හැක්කේ ය. එය මා හට අන්තරායයකි. එහෙයින් මම නොපත් මාර්ගඵලාධිගමයන් ලැබීම පිණිස ත්, නොඅත්දුටු මාර්ගඵලාධිගමයන් අත්දැකීම පිණිස ත්, සාක්ෂාත් නොකළ

මාර්ගඵලාධිගමයන් සාක්ෂාත් කිරීම පිණිස ත් වීරිය අරඹමි' යි. මහණෙනි, මේ තුන්වෙනි අනාගත භය දකිනා අරණ්‍යවාසී භික්ෂුව විසින් අප්‍රමාදී ව කෙලෙස් තවන වීරියෙන් යුතු ව දහමට දිවි පුදා නොපත් මාර්ගඵලාධිගමයන් ලැබීම පිණිස ත්, නොඅත්දුටු මාර්ගඵලාධිගමයන් අත්දැකීම පිණිස ත්, සාක්ෂාත් නොකළ මාර්ගඵලාධිගමයන් සාක්ෂාත් කිරීම පිණිස ත් වාසය කරන්නට සුදුසු ම ය.

තව ද මහණෙනි, අරණ්‍යවාසී භික්ෂුව මෙසේ නුවණින් මෙනෙහි කරයි. 'මම වනාහී මෙකල හුදෙකලාවෙහි වනයෙහි වාසය කරමි. හුදෙකලාවෙහි වනයෙහි වාසය කරන මම සොරකම් කළ හෝ සොරකම් නොකළ හෝ පුද්ගලයන් සමඟ ඇසුරට වැටෙන්නෙම් නම් ඔවුහු මාගේ දිවි තොර කරන්නාහ. එයින් මාගේ මරණය සිදුවිය හැක්කේ ය. එය මා හට අන්තරායයකි. එහෙයින් මම නොපත් මාර්ගඵලාධිගමයන් ලැබීම පිණිස ත්, නොඅත්දුටු මාර්ගඵලාධි ගමයන් අත්දැකීම පිණිස ත්, සාක්ෂාත් නොකළ මාර්ගඵලාධිගමයන් සාක්ෂාත් කිරීම පිණිස ත් වීරිය අරඹමි' යි. මහණෙනි, මේ සිව්වෙනි අනාගත භය දකිනා අරණ්‍යවාසී භික්ෂුව විසින් අප්‍රමාදී ව කෙලෙස් තවන වීරියෙන් යුතු ව දහමට දිවි පුදා නොපත් මාර්ගඵලාධිගමයන් ලැබීම පිණිස ත්, නොඅත්දුටු මාර්ගඵලාධි ගමයන් අත්දැකීම පිණිස ත්, සාක්ෂාත් නොකළ මාර්ගඵලාධිගමයන් සාක්ෂාත් කිරීම පිණිස ත් වාසය කරන්නට සුදුසු ම ය.

තව ද මහණෙනි, මෙහිලා අරණ්‍යවාසී භික්ෂුව මෙසේ නුවණින් මෙනෙහි කරයි. 'මම වනාහී මෙකල හුදෙකලාවෙහි වනයෙහි වාසය කරමි. අරණ්‍යයෙහි වනාහී බිහිසුණු අමනුෂ්‍යයෝ සිටිත් ම ය. ඔවුහු මගේ ජීවිතය තොර කරන්නාහු ය. එයින් මාගේ මරණය සිදුවිය හැක්කේ ය. එය මා හට අන්තරායයකි. එහෙයින් මම නොපත් මාර්ගඵලාධිගමයන් ලැබීම පිණිස ත්, නොඅත්දුටු මාර්ගඵලාධි ගමයන් අත්දැකීම පිණිස ත්, සාක්ෂාත් නොකළ මාර්ගඵලාධිගමයන් සාක්ෂාත් කිරීම පිණිස ත් වීරිය අරඹමි' යි. මහණෙනි, මේ පස්වෙනි අනාගත භය දකිනා අරණ්‍යවාසී භික්ෂුව විසින් අප්‍රමාදී ව කෙලෙස් තවන වීරියෙන් යුතු ව දහමට දිවි පුදා නොපත් මාර්ගඵලාධිගමයන් ලැබීම පිණිස ත්, නොඅත්දුටු මාර්ගඵලාධි ගමයන් අත්දැකීම පිණිස ත්, සාක්ෂාත් නොකළ මාර්ගඵලාධිගමයන් සාක්ෂාත් කිරීම පිණිස ත් වාසය කරන්නට සුදුසු ම ය.

මහණෙනි, මේ පස් වැදෑරුම් අනාගත භය දකිනා අරණ්‍යවාසී භික්ෂුව විසින් අප්‍රමාදී ව කෙලෙස් තවන වීරියෙන් යුතුව දහමට දිවි පුදා නොපත් මාර්ගඵලාධිගමයන් ලැබීම පිණිස ත්, නොඅත්දුටු මාර්ගඵලාධිගමයන් අත්දැකීම පිණිස ත්, සාක්ෂාත් නොකළ මාර්ගඵලාධිගමයන් සාක්ෂාත් කිරීම පිණිස ත්

වාසය කරන්නට සුදුසු ම ය.

සාදු! සාදු!! සාදු!!!

පඨම අනාගත භය සූත්‍රය නිමා විය.

5.2.3.8.
දුතිය අනාගත භය සූත්‍රය
අනාගත භය ගැන වදාළ දෙවන දෙසුම

සැවැත් නුවර දී ය ....

මහණෙනි, මේ පස් වැදෑරුම් අනාගත භය දකිනා භික්ෂුව විසින් අප්‍රමාදී ව කෙලෙස් තවන වීරියෙන් යුතු ව දහමට දිවි පුදා නොපත් මාර්ගඵලාධිගමයන් ලැබීම පිණිස ත්, නොඅත්දුටු මාර්ගඵලාධිගමයන් අත්දැකීම පිණිස ත්, සාක්ෂාත් නොකළ මාර්ගඵලාධිගමයන් සාක්ෂාත් කිරීම පිණිස ත් වාසය කරන්නට සුදුසු ම ය. ඒ කවර පසක් ද යත්;

මහණෙනි, මෙහිලා භික්ෂුව මෙසේ නුවණින් මෙනෙහි කරයි. 'මම වනාහී මෙකල තරුණ වූයේ යොවුන් වූයේ ඉතා කළු කෙස් ඇත්තේ සොඳුරු වූ යෞවනයෙන් යුක්ත වූයේ පළමු වයසේ සිටිමි. යම් හෙයකින් මේ ශරීරය ජරාවෙන් ස්පර්ශ කරනු ලබන්නේ ද, එබඳු කාලයක් එන්නේ ම ය. ජරා ජීර්ණ ව ජරාවෙන් මැඩුණු කල්හී බුදුරජුන්ගේ අනුශාසනය මෙනෙහි කරන්නට පහසු නැත්තේ ය. අරණ්‍ය, වනපෙත්, දුර ඈත සෙනසුන් සේවනය කරන්නට පහසු නැත්තේ ය. මා වෙත ඒ අනිෂ්ට වූ, අකාන්ත වූ, අමනාප වූ ඒ ජරා ධර්මය සැණෙකින් පැමිණෙන්නේ ය. එයට පෙර ම මම නොපත් මාර්ගඵලාධිගමයන් ලැබීම පිණිස ත්, නොඅත්දුටු මාර්ගඵලාධිගමයන් අත්දැකීම පිණිස ත්, සාක්ෂාත් නොකළ මාර්ගඵලාධිගමයන් සාක්ෂාත් කිරීම පිණිස ත් වීරිය අරඹමි. යම් ධර්මයකින් සමන්විත වූ මම ජරාජීර්ණ වූයේ නමුත් පහසුවෙන් වාසය කරන්නෙමි' යි. මහණෙනි, මේ පළමුවෙනි අනාගත භය දකිනා භික්ෂුව විසින් අප්‍රමාදී ව කෙලෙස් තවන වීරියෙන් යුතු ව දහමට දිවි පුදා නොපත් මාර්ගඵලාධිගමයන් ලැබීම පිණිස ත්, නොඅත්දුටු මාර්ගඵලාධිගමයන් අත්දැකීම පිණිස ත්, සාක්ෂාත් නොකළ මාර්ගඵලාධිගමයන් සාක්ෂාත් කිරීම පිණිස ත් වාසය කරන්නට සුදුසු ම ය.

තව ද මහණෙනි, භික්ෂුව මෙසේ නුවණින් මෙනෙහි කරයි. 'මම වනාහී මෙකල අල්ප ආබාධ ඇත්තේ වෙමි. අල්ප රෝග ඇත්තේ වෙමි. සම ව දිරවන වඩා ත් සීත නොවූ ත්, වඩා ත් උෂ්ණ නොවූ ත්, මධ්‍යම ආහාර දිරවන ප්‍රධන් වීර්යයට ඔරොත්තු දෙන ආකාරයේ ග්‍රහණියකින් සමන්විත වූයේ වෙමි. යම් හෙයකින් මේ ශරීරය රෝගයෙන් ස්පර්ශ කරනු ලබන්නේ ද, එබඳු කාලයක් එන්නේ ම ය. රෝගී ව රෝගයෙන් මැඬුණු කල්හී බුදුරජුන්ගේ අනුශාසනය මෙනෙහි කරන්නට පහසු නැත්තේ ය. අරණ්‍ය, වනපෙත්, සෙනසුන් සේවනය කරන්නට පහසු නැත්තේ ය. මා වෙත ඒ අනිෂ්ට වූ, අකාන්ත වූ, අමනාප වූ ඒ රෝගයන් සැණෙකින් පැමිණෙන්නේ ය. එයට පෙර ම මම නොපත් මාර්ගඵලාධිගමයන් ලැබීම පිණිස ත්, නොඅත්දුටු මාර්ගඵලාධිගමයන් අත්දැකීම පිණිස ත්, සාක්ෂාත් නොකළ මාර්ගඵලාධිගමයන් සාක්ෂාත් කිරීම පිණිස ත් වීරිය අරඹමි. යම් ධර්මයකින් සමන්විත වූ මම රෝගී වූයේ නමුත් පහසුවෙන් වාසය කරන්නෙමි' මහණෙනි, මේ දෙවෙනි අනාගත භය දකිනා භික්ෂුව විසින් අප්‍රමාදී ව කෙලෙස් තවන වීරියෙන් යුතු ව දහමට දිවි පුදා නොපත් මාර්ගඵලාධිගමයන් ලැබීම පිණිස ත්, නොඅත්දුටු මාර්ගඵලාධිගමයන් අත්දැකීම පිණිස ත්, සාක්ෂාත් නොකළ මාර්ගඵලාධිගමයන් සාක්ෂාත් කිරීම පිණිස ත් වාසය කරන්නට සුදුසු ම ය.

මහණෙනි, මෙහිලා භික්ෂුව මෙසේ නුවණින් මෙනෙහි කරයි. 'මෙකල වනාහී සුභික්ෂ ඇතිවූයේ වෙයි. වගාවන් සරුසාර වූයේ, ආහාර සොයා ගැනීමට පහසු වූයේ වෙයි. පාත්‍රය ගෙන පිඬු සිඟා යැමෙන් යැපෙන්නට පහසු වෙයි. යම් හෙයකින් දුර්භික්ෂයක් ඇතිවන්නේ නම්, වගාවන් වැනසී යන්නේ නම්, ආහාර සොයා ගැනීමට අපහසු වන්නේ ම ය. පාත්‍රය ගෙන පිඬු සිඟා යැමෙන් යැපෙන්නට දුෂ්කර වන්නේ ම ය. එබඳු කාලයක් එන්නේ ම ය. දුර්භික්ෂයෙහි වනාහී මිනිස්සු ආහාරපාන ඇති තැන් සොයා සංක්‍රමණය කරති. එහි බොහෝ ජනයා එකට රැස් වී සිටිති. එකට වාසය කරති. බොහෝ ජනයා රැස් වී එකට වාසය කරන කල්හී බුදුරජුන්ගේ අනුශාසනය මෙනෙහි කරන්නට පහසු නැත්තේ ය. අරණ්‍ය, වනපෙත්, දුර ඈත සෙනසුන් සේවනය කරන්නට පහසු නැත්තේ ය. මා වෙත ඒ අනිෂ්ට වූ, අකාන්ත වූ, අමනාප වූ ඒ දුර්භික්ෂය සැණෙකින් පැමිණෙන්නේ ය. එයට පෙර ම මම නොපත් මාර්ගඵලාධිගමයන් ලැබීම පිණිස ත්, නොඅත්දුටු මාර්ගඵලාධිගමයන් අත්දැකීම පිණිස ත්, සාක්ෂාත් නොකළ මාර්ගඵලාධිගමයන් සාක්ෂාත් කිරීම පිණිස ත් වීරිය අරඹමි. යම් ධර්මයකින් සමන්විත වූ මම දුර්භික්ෂයකට පැමිණියේ නමුත් පහසුවෙන් වාසය කරන්නෙමි' යි. මහණෙනි, මේ තුන්වෙනි අනාගත භය දකිනා භික්ෂුව විසින් අප්‍රමාදී ව කෙලෙස් තවන වීරියෙන් යුතු ව දහමට දිවි

පුදා නොපත් මාර්ගඵලාධිගමයන් ලැබීම පිණිස ත්, නොඅත්දුටු මාර්ගඵලාධිගමයන් අත්දැකීම පිණිස ත්, සාක්ෂාත් නොකළ මාර්ගඵලාධිගමයන් සාක්ෂාත් කිරීම පිණිස ත් වාසය කරන්නට සුදුසු ම ය.

තව ද මහණෙනි, භික්ෂුව මෙසේ නුවණින් මෙනෙහි කරයි. 'මෙකල වනාහී මිනිස්සු සමගි ව සමගියෙන් සතුටු වෙමින් වාද විවාද නොකරමින් කිරි හා දිය එක් වූ කලක මෙන් ඔවුනොවුන් ප්‍රිය ඇසින් බලමින් වාසය කරති. යම් හෙයකින් භය ඇති වන්නේ ද, වන වැදුණු සොරුන්ගෙන් වන බිය හේතුවෙන් රථයන්ට නැගී ජනපදවැසියෝ රැකවරණ සොයා දුව යන්නාහු ද, එබඳු කාලයක් එන්නේ ම ය. භයෙහි වනාහී මිනිස්සු ආරක්ෂාව ඇති තැන් සොයා සංක්‍රමණය කරති. එහි බොහෝ ජනයා එකට රැස් වී සිටිති. එකට වාසය කරති. බොහෝ ජනයා රැස් වී එකට වාසය කරන කල්හී බුදුරජුන්ගේ අනුශාසනය මෙනෙහි කරන්නට පහසු නැත්තේ ය. අරණ්‍ය, වනපෙත්, දුර ඈත සෙනසුන් සේවනය කරන්නට පහසු නැත්තේ ය. මා වෙත ඒ අනිෂ්ට වූ, අකාන්ත වූ, අමනාප වූ ඒ භය සැණෙකින් පැමිණෙන්නේ ය. එයට පෙර ම මම නොපත් මාර්ගඵලාධිගමයන් ලැබීම පිණිස ත්, නොඅත්දුටු මාර්ගඵලාධිගමයන් අත්දැකීම පිණිස ත්, සාක්ෂාත් නොකළ මාර්ගඵලාධිගමයන් සාක්ෂාත් කිරීම පිණිස ත් වීරිය අරඹමි. යම් ධර්මයකින් සමන්විත වූ මම භයකට පැමිණියේ නමුත් පහසුවෙන් වාසය කරන්නෙමි' යි. මහණෙනි, මේ සිව්වෙනි අනාගත භය දකිනා භික්ෂුව විසින් අප්‍රමාදී ව කෙලෙස් තවන වීරියෙන් යුතු ව දහමට දිවි පුදා නොපත් මාර්ගඵලාධිගමයන් ලැබීම පිණිස ත්, නොඅත්දුටු මාර්ගඵලාධිගමයන් අත්දැකීම පිණිස ත්, සාක්ෂාත් නොකළ මාර්ගඵලාධිගමයන් සාක්ෂාත් කිරීම පිණිස ත් වාසය කරන්නට සුදුසු ම ය.

තව ද මහණෙනි, භික්ෂුව මෙසේ නුවණින් මෙනෙහි කරයි. 'මෙකල වනාහී සංඝයා සමගි වූයේ වෙයි. සමගියෙන් සතුටු වූයේ වෙයි. වාද විවාද නොකරන්නේ වෙයි. එක අරමුණක් උදෙසා සුවසේ වසන්නේ වෙයි. යම් හෙයකින් සංඝයා බිඳුණේ වෙයි නම් එබඳු කාලයක් එන්නේ ම ය. සංඝයා භේද බින්න වූ කල්හී බුදුරජුන්ගේ අනුශාසනය මෙනෙහි කරන්නට පහසු නැත්තේ ය. අරණ්‍ය, වනපෙත්, දුර ඈත සෙනසුන් සේවනය කරන්නට පහසු නැත්තේ ය. මා වෙත ඒ අනිෂ්ට වූ, අකාන්ත වූ, අමනාප වූ ඒ සංඝභේදය සැණෙකින් පැමිණෙන්නේ ය. එයට පෙර ම මම නොපත් මාර්ගඵලාධිගමයන් ලැබීම පිණිස ත්, නොඅත්දුටු මාර්ගඵලාධිගමයන් අත්දැකීම පිණිස ත්, සාක්ෂාත් නොකළ මාර්ගඵලාධිගමයන් සාක්ෂාත් කිරීම පිණිස ත් වීරිය අරඹමි. යම් ධර්මයකින් සමන්විත වූ මම භින්න වූ සංඝයා අතරට පැමිණියේ නමුත්

පහසුවෙන් වාසය කරන්නෙමි' යි. මහණෙනි, මේ පස්වෙනි අනාගත භය දකිනා භික්ෂුව විසින් අප්‍රමාදී ව කෙලෙස් තවන වීරියෙන් යුතු ව දහමට දිවි පුදා නොපත් මාර්ගඵලාධිගමයන් ලැබීම පිණිස ත්, නොඅත්දුටු මාර්ගඵලාධිග මයන් අත්දැකීම පිණිස ත්, සාක්ෂාත් නොකළ මාර්ගඵලාධිගමයන් සාක්ෂාත් කිරීම පිණිස ත් වාසය කරන්නට සුදුසු ම ය.

මහණෙනි, මේ පස් වැදෑරුම් අනාගත භය දකිනා භික්ෂුව විසින් අප්‍රමාදී ව කෙලෙස් තවන වීරියෙන් යුතු ව දහමට දිවි පුදා නොපත් මාර්ගඵලාධිගමයන් ලැබීම පිණිස ත්, නොඅත්දුටු මාර්ගඵලාධිගමයන් අත්දැකීම පිණිස ත්, සාක්ෂාත් නොකළ මාර්ගඵලාධිගමයන් සාක්ෂාත් කිරීම පිණිස ත් වාසය කරන්නට සුදුසු ම ය.

සාදු! සාදු!! සාදු!!!

දුතිය අනාගත භය සූත්‍රය නිමා විය.

5.2.3.9.
තතිය අනාගත භය සූත්‍රය
අනාගත භය ගැන වදාළ තෙවන දෙසුම

සැවැත් නුවර දී ය ....

මහණෙනි, මේ අනාගත භය පසකි. මෙකල මේවා හටගෙන නැත්තේ ය. අනාගතයෙහි හටගන්නාහු ය. ඔබ විසින් මෙය දැනගත යුත්තේ ය. දැන ඒවා ප්‍රහාණය කිරීම පිණිස උත්සාහ දැරිය යුත්තේ ය. ඒ කවර පසක් ද යත්;

මහණෙනි, අනාගතයෙහි අභාවිත කය ඇති, අභාවිත සිල් ඇති, අභාවිත සිත් ඇති, අභාවිත ප්‍රඥා ඇති භික්ෂූහු පහළ වන්නාහු ය. එසේ අභාවිත කයෙන් යුතු, අභාවිත සීලයෙන් යුතු, අභාවිත සිතින් යුතු, අභාවිත ප්‍රඥාවෙන් යුතු ඒ භික්ෂූහු අන්‍යයන් උපසම්පදා කරති. ඒ භික්ෂූහු ඔවුන් අධිසීලයෙහි, අධිචිත්තයෙහි, අධිප්‍රඥාවෙහි හික්මවන්නට අසමත් වෙති. එවිට ඔවුනුත් අභාවිත කය ඇත්තෝ අභාවිත සිල් ඇත්තෝ අභාවිත සිත් ඇත්තෝ අභාවිත ප්‍රඥා ඇත්තෝ වන්නාහු ය. එසේ අභාවිත කයෙන් යුතු, අභාවිත සීලයෙන් යුතු, අභාවිත සිතින් යුතු, අභාවිත ප්‍රඥාවෙන් යුතු ඒ භික්ෂූහු අන්‍යයන් උපසම්පදා

කරති. ඒ භික්ෂූහු ත් ඔවුන් අධිසීලයෙහි, අධිචිත්තයෙහි, අධිප්‍රඥාවෙහි හික්මවන්නට අසමත් වෙති. එවිට ඔවුනුත් අභාවිත කය ඇත්තෝ අභාවිත සිල් ඇත්තෝ අභාවිත සිත් ඇත්තෝ අභාවිත ප්‍රඥා ඇත්තෝ වන්නාහු ය. මහණෙනි, මෙසේ ධර්මය පිරිහීමෙන්, විනය පිරිහී යන්නේ ය. විනය පිරිහීමෙන්, ධර්මය පිරිහී යන්නේ ය. මහණෙනි, මෙය පළමුවෙනි අනාගත භය යි. මෙකල මෙය හටගෙන නැත්තේ ය. අනාගතයෙහි හටගන්නේ ය. ඔබ විසින් මෙය දැනගත යුත්තේ ය. දැන එය ප්‍රහාණය කිරීම පිණිස උත්සාහ දැරිය යුත්තේ ය.

තව ද මහණෙනි, අනාගතයෙහි අභාවිත කය ඇති, අභාවිත සිල් ඇති, අභාවිත සිත් ඇති, අභාවිත ප්‍රඥා ඇති භික්ෂූහු පහළ වන්නාහු ය. එසේ අභාවිත කයෙන් යුතු, අභාවිත සීලයෙන් යුතු, අභාවිත සිතින් යුතු, අභාවිත ප්‍රඥාවෙන් යුතු ඒ භික්ෂූහු අන්‍යයන්ට තමා ඇසුරෙහි සිටීමට නිස්සය දෙති. ඒ භික්ෂූහු ඔවුන් අධිසීලයෙහි, අධිචිත්තයෙහි, අධිප්‍රඥාවෙහි හික්මවන්නට අසමත් වෙති. එවිට ඔවුනුත් අභාවිත කය ඇත්තෝ අභාවිත සිල් ඇත්තෝ අභාවිත සිත් ඇත්තෝ අභාවිත ප්‍රඥා ඇත්තෝ වන්නාහු ය. එසේ අභාවිත කයෙන් යුතු, අභාවිත සීලයෙන් යුතු, අභාවිත සිතින් යුතු, අභාවිත ප්‍රඥාවෙන් යුතු ඒ භික්ෂූහු අන්‍යයන් තමා ඇසුරෙහි සිටීමට නිස්සය දෙති. ඒ භික්ෂූහු ත් ඔවුන් අධිසීලයෙහි, අධිචිත්තයෙහි, අධිප්‍රඥාවෙහි හික්මවන්නට අසමත් වෙති. එවිට ඔවුනුත් අභාවිත කය ඇත්තෝ අභාවිත සිල් ඇත්තෝ අභාවිත සිත් ඇත්තෝ අභාවිත ප්‍රඥා ඇත්තෝ වන්නාහු ය. මහණෙනි, මෙසේ ධර්මය පිරිහීමෙන්, විනය පිරිහී යන්නේ ය. විනය පිරිහීමෙන්, ධර්මය පිරිහී යන්නේ ය. මහණෙනි, මෙය දෙවෙනි අනාගත භය යි. මෙකල මෙය හටගෙන නැත්තේ ය. අනාගතයෙහි හටගන්නේ ය. ඔබ විසින් මෙය දැනගත යුත්තේ ය. දැන එය ප්‍රහාණය කිරීම පිණිස උත්සාහ දැරිය යුත්තේ ය.

තව ද මහණෙනි, අනාගතයෙහි අභාවිත කය ඇති, අභාවිත සිල් ඇති, අභාවිත සිත් ඇති, අභාවිත ප්‍රඥා ඇති භික්ෂූහු පහළ වන්නාහු ය. එසේ අභාවිත කයෙන් යුතු, අභාවිත සීලයෙන් යුතු, අභාවිත සිතින් යුතු, අභාවිත ප්‍රඥාවෙන් යුතු ඒ භික්ෂූහු ගැඹුරු ධර්ම කථාව ප්‍රඥාසම්පන්න ප්‍රශ්නෝත්තර සාකච්ඡා කරන්නට ගොස් අනුන්ට ගරහමිනුත්, ලාභ සත්කාර කීර්ති ප්‍රශංසාවන්ට බැස ගනිමිනුත් සිටිමින් එය වටහා නොගන්නාහු ය. මහණෙනි, මෙසේ ධර්මය පිරිහීමෙන්, විනය පිරිහී යන්නේ ය. විනය පිරිහීමෙන්, ධර්මය පිරිහී යන්නේ ය. මහණෙනි, මෙය තුන්වෙනි අනාගත භය යි. මෙකල මෙය හටගෙන නැත්තේ ය. අනාගතයෙහි හටගන්නේ ය. ඔබ විසින් මෙය දැනගත යුත්තේ ය. දැන එය ප්‍රහාණය කිරීම පිණිස උත්සාහ දැරිය යුත්තේ ය.

තව ද මහණෙනි, අනාගතයෙහි අභාවිත කය ඇති, අභාවිත සිල් ඇති, අභාවිත සිත් ඇති, අභාවිත ප්‍රඥා ඇති භික්ෂූහු පහළ වන්නාහු ය. එසේ අභාවිත කයෙන් යුතු, අභාවිත සීලයෙන් යුතු, අභාවිත සිතින් යුතු, අභාවිත ප්‍රඥාවෙන් යුතු ඒ භික්ෂූහු තථාගත භාෂිත වූ ගැඹුරු වූ ගැඹුරු අර්ථ ඇති ලොව්තුරු වූ ස්කන්ධ - ධාතු - ආයතනාදී ශූන්‍යතා ප්‍රතිසංයුක්ත වූ යම් සූත්‍රාන්ත ධර්මයන් ඇද්ද, ඒවා දේශනා කරන කල්හී සවන්දීමට රුචි නොකරන්නාහු ය. සවන් යොමු නොකරන්නාහු ය. අවබෝධය පිණිස සිත නොපිහිටුවන්නාහු ය. ඒ ධර්මයන් ඉගෙන ගත යුතු යැයි ප්‍රගුණ කළ යුතු යැයි නොසිතන්නාහු ය. යම් ඒ ශ්ලෝක බන්ධනය කරන ලද, කවීන්ට අයත් වූ, විසිතුරු අකුරු ඇති, විසිතුරු වචන ඇති, සසුනෙන් බැහැර ව ගිය බාහිර ශ්‍රාවකයන් විසින් ගොතන ලද යම් සූත්‍රාන්ත වෙත් නම් ඒවා දෙසන කල්හී සවන්දීමට රුචි කරන්නාහු ය. සවන් යොමු කරන්නාහු ය. අවබෝධය පිණිස සිත පිහිටුවන්නාහු ය. ඒ ධර්මයන් ඉගෙන ගත යුතු යැයි ප්‍රගුණ කළ යුතු යැයි සිතන්නාහු ය. මහණෙනි, මෙසේ ධර්මය පිරිහීමෙන්, විනය පිරිහී යන්නේ ය. විනය පිරිහීමෙන්, ධර්මය පිරිහී යන්නේ ය. මහණෙනි, මෙය සිව්වෙනි අනාගත භය යි. මෙකල මෙය හටගෙන නැත්තේ ය. අනාගතයෙහි හටගන්නේ ය. ඔබ විසින් මෙය දැනගත යුත්තේ ය. දැන එය ප්‍රහාණය කිරීම පිණිස උත්සාහ දැරිය යුත්තේ ය.

තව ද මහණෙනි, අනාගතයෙහි අභාවිත කය ඇති, අභාවිත සිල් ඇති, අභාවිත සිත් ඇති, අභාවිත ප්‍රඥා ඇති භික්ෂූහු පහළ වන්නාහු ය. එසේ අභාවිත කයෙන් යුතු, අභාවිත සීලයෙන් යුතු, අභාවිත සිතින් යුතු, අභාවිත ප්‍රඥාවෙන් යුතු ඒ ස්ථවිර භික්ෂූහු සිව්පස ලාභය බහුල කොට වසන්නාහු ය. ශාසනය ලිහිල් කොට, පිරිහෙන කරුණු ලංකර ගන්නාහු ය. ඒ පිරිහෙන කරුණු පෙරට ගෙන, හුදෙකලා භාවනාවෙහි යෙදීම පිණිස වෙර වැඩීම අත්හරින්නාහු ය. නොපත් මාර්ගඵලාධිගමයන් ලැබීම පිණිස ත්, නොඅත්දුටු මාර්ගඵලාධිගමයන් අත්දැකීම පිණිස ත්, සාක්ෂාත් නොකළ මාර්ගඵලාධිගමයන් සාක්ෂාත් කිරීම පිණිස ත් වීරිය නොඅරඹන්නාහු ය. ඔවුන්ගෙන් පැවිදි බව ලබන පශ්චිම ජනතාව ද ඔවුන්ගේ දෘෂ්ටියට පැමිණෙන්නේ ය. ඒ පශ්චිම ජනයෝ ද සිව්පස ලාභය බහුල කොට වසන්නාහු ය. ශාසනය ලිහිල් කොට, පිරිහෙන කරුණු ලංකර ගන්නාහු ය. ඒ පිරිහෙන කරුණු පෙරට ගෙන, හුදෙකලා භාවනාවෙහි යෙදීම පිණිස වෙර වැඩීම අත්හරින්නාහු ය. නොපත් මාර්ගඵලාධිගමයන් ලැබීම පිණිස ත්, නොඅත්දුටු මාර්ගඵලාධිගමයන් අත්දැකීම පිණිස ත්, සාක්ෂාත් නොකළ මාර්ගඵලාධිගමයන් සාක්ෂාත් කිරීම පිණිස ත් වීරිය නොඅරඹන්නාහු ය. මහණෙනි, මෙසේ ධර්මය පිරිහීමෙන්, විනය පිරිහී යන්නේ ය. විනය පිරිහීමෙන්, ධර්මය පිරිහී යන්නේ ය. මහණෙනි, මෙය පස්වෙනි අනාගත භය

යි. මෙකල මෙය හටගෙන නැත්තේ ය. අනාගතයෙහි හටගන්නේ ය. ඔබ විසින් මෙය දැනගත යුත්තේ ය. දැන එය ප්‍රහාණය කිරීම පිණිස උත්සාහ දැරිය යුත්තේ ය.

මහණෙනි, මේ අනාගත භය පස යි. මෙකල මේවා හටගෙන නැත්තේ ය. අනාගතයෙහි හටගන්නාහු ය. ඔබ විසින් මෙය දැනගත යුත්තේ ය. දැන ඒවා ප්‍රහාණය කිරීම පිණිස උත්සාහ දැරිය යුත්තේ ය.

සාදු! සාදු!! සාදු!!!

තතිය අනාගත භය සූත්‍රය නිමා විය.

5.2.3.10.
චතුත්ථ අනාගත භය සූත්‍රය
අනාගත භය ගැන වදාළ සිව්වන දෙසුම

සැවැත් නුවර දී ය ....

මහණෙනි, මේ අනාගත භය පසකි. මෙකල මේවා හටගෙන නැත්තේ ය. අනාගතයෙහි හටගන්නාහු ය. ඔබ විසින් මෙය දැනගත යුත්තේ ය. දැන ඒවා ප්‍රහාණය කිරීම පිණිස උත්සාහ දැරිය යුත්තේ ය. ඒ කවර පසක් ද යත්;

මහණෙනි, අනාගතයෙහි භික්ෂූහු අලංකාර සිවුරු කෙරෙහි කැමති වන්නාහු ය. ඔවුහු අලංකාර සිවුරු පෙරවීමට කැමති වෙමින් පාංශුකූල චීවරය අත්හරින්නාහු ය. අරණ්‍යයෙහි, දුර ඈත වන සෙනසුන්හි වාසය කිරීම ද අත්හරින්නාහු ය. ගම් නියම්ගම් රාජධානි වෙත පැමිණ වාසය කරන්නාහු ය. සිවුරු ලබාගැනීම පිණිස ද, අනේකප්‍රකාරයෙන් ශ්‍රමණ සාරුප්‍ය නොවූ කටයුතුවලට මැදිහත් වෙන්නාහු ය. මහණෙනි, මෙය පළමු වෙනි අනාගත භය යි. මෙකල මෙය හටගෙන නැත්තේ ය. අනාගතයෙහි හටගන්නේ ය. ඔබ විසින් මෙය දැනගත යුත්තේ ය. දැන එය ප්‍රහාණය කිරීම පිණිස උත්සාහ දැරිය යුත්තේ ය.

තව ද මහණෙනි, අනාගතයෙහි භික්ෂූහු ප්‍රණීත ආහාරපාන කෙරෙහි කැමති වන්නාහු ය. ඔවුහු ප්‍රණීත ආහාරපානයන්ට කැමති වෙමින් පිඬු සිඟා යෑම අත්හරින්නාහු ය. අරණ්‍යයෙහි, දුර ඈත වන සෙනසුන්හි වාසය කිරීම

ද අත්හරින්නාහු ය. ගම් නියම්ගම් රාජධානි වෙත පැමිණ වාසය කරන්නාහු ය. ප්‍රණීත ආහාර පාන සොයනු පිණිස ද, අනේකප්‍රකාරයෙන් ශ්‍රමණ සාරුප්‍ය නොවූ කටයුතුවලට මැදිහත් වෙන්නාහු ය. මහණෙනි, මෙය දෙවෙනි අනාගත භය යි. මෙකල මෙය හටගෙන නැත්තේ ය. අනාගතයෙහි හටගන්නේ ය. ඔබ විසින් මෙය දැනගත යුත්තේ ය. දැන එය ප්‍රහාණය කිරීම පිණිස උත්සාහ දැරිය යුත්තේ ය.

තව ද මහණෙනි, අනාගතයෙහි භික්ෂූහු අලංකාර කුටි සෙනසුන් කෙරෙහි කැමති වන්නාහු ය. ඔවුහු අලංකාර කුටි සෙනසුන් වලට කැමති වෙමින් රුක් සෙවනෙහි වාසය කිරීම අත්හරින්නාහු ය. අරණ්‍යයෙහි, දුර ඈත වන සෙනසුන්හි වාසය කිරීම ද අත්හරින්නාහු ය. ගම් නියම්ගම් රාජධානි වෙත පැමිණ වාසය කරන්නාහු ය. අලංකාර කුටි සෙනසුන් පිණිස ද, අනේකප්‍රකාරයෙන් ශ්‍රමණ සාරුප්‍ය නොවූ කටයුතුවලට මැදිහත් වෙන්නාහු ය. මහණෙනි, මෙය තුන්වෙනි අනාගත භය යි. මෙකල මෙය හටගෙන නැත්තේ ය. අනාගතයෙහි හටගන්නේ ය. ඔබ විසින් මෙය දැනගත යුත්තේ ය. දැන එය ප්‍රහාණය කිරීම පිණිස උත්සාහ දැරිය යුත්තේ ය.

තව ද මහණෙනි, අනාගතයෙහි භික්ෂූහු භික්ෂුණීන්, සික්ඛමානාවන්, සාමණේරීන් සමඟ එකට එක් ව වාසය කරන්නාහු ය. මහණෙනි, භික්ෂුණීන්, සික්ඛමානාවන්, සාමණේරීන් සමඟ එකට වාසය කිරීම ඇති කල්හී මෙය කැමති විය යුත්තේ ය. එනම් අකමැත්තෙන් බඹසර හැසිරෙන්නාහු ය. එසේ ත් නැත්නම් වෙනත් කිලිටි වූ ආපත්තියකට පත්වන්නාහු ය. එසේ ත් නැත්නම් ශික්ෂාව ප්‍රතික්ෂේප කොට ගිහි වන්නාහු ය කියා ය. මහණෙනි, මෙය සිව්වෙනි අනාගත භය යි. මෙකල මෙය හටගෙන නැත්තේ ය. අනාගතයෙහි හටගන්නේ ය. ඔබ විසින් මෙය දැනගත යුත්තේ ය. දැන එය ප්‍රහාණය කිරීම පිණිස උත්සාහ දැරිය යුත්තේ ය.

තව ද මහණෙනි, අනාගතයෙහි භික්ෂූහු ආරාමිකයන් හා සාමණේරයින් සමඟ එකට එක් ව වාසය කරන්නාහු ය. මහණෙනි, ආරාමිකයන් හා සාමණේරයින් සමඟ එකට වාසය කිරීම ඇති කල්හී මෙය කැමති විය යුත්තේ ය. එනම් නොයෙක් ආකාරයෙන් ආහාරපානාදිය රැස් කොට සන්නිධිකාර පරිභෝජනයෙහි යෙදීම ත්, ගස් කොළන් වගා කිරීම පිණිස පොළොව කැණවීම පිණිස ත්, ගස් වැල් සිඳලීම පිණිස ත් ඕළාරික නිමිති පහළ කරන්නාහු ය. මහණෙනි, මෙය පස්වෙනි අනාගත භය යි. මෙකල මෙය හටගෙන නැත්තේ ය. අනාගතයෙහි හටගන්නේ ය. ඔබ විසින් මෙය දැනගත යුත්තේ ය. දැන එය ප්‍රහාණය කිරීම පිණිස උත්සාහ දැරිය යුත්තේ ය.

මහණෙනි, මේ අනාගත භය පස යි. මෙකල මේවා හටගෙන නැත්තේ ය. අනාගතයෙහි හටගන්නාහු ය. ඔබ විසින් මෙය දැනගත යුත්තේ ය. දැන ඒවා ප්‍රහාණය කිරීම පිණිස උත්සාහ දැරිය යුත්තේ ය.

සාදු! සාදු!! සාදු!!!

චතුත්ථ අනාගත භය සූත්‍රය නිමා විය.

තුන්වෙනි අනාගතභය වර්ගය අවසන් විය.

- එහි පිළිවෙල උද්දානය යි :

චේතෝ විමුත්ති සූත්‍ර දෙක, ධම්මවිහාරී සූත්‍ර දෙක, යෝධාජීව සූත්‍ර දෙක සහ අනාගත භය සූත්‍ර සතර වශයෙන් මෙහි සූත්‍ර දශයකි.

4. ථේර වර්ගය

5.2.4.1.
රජනීය සූත්‍රය
රාගයට කරුණු වූ දේ ගැන වදාළ දෙසුම

සැවැත් නුවර දී ය .....

මහණෙනි, පස් කරුණකින් සමන්විත වූ ස්ථවිර භික්ෂුව සබ්‍රහ්මචාරීන් වහන්සේලාට අප්‍රිය ද වෙයි. අමනාප ද වෙයි. නිගරු ද වෙයි. අගෞරව ද වෙයි. ඒ කවර පසක් ද යත්;

රාගයට කරුණු වූ දේ කෙරෙහි ඇලී යයි. ද්වේෂයට කරුණු වූ දේ කෙරෙහි ද්වේෂ වෙයි. මෝහයට කරුණු වූ දේ කෙරෙහි මුලා වෙයි. කෝපයට කරුණු වූ දේ කෙරෙහි කිපෙයි. මත්වීමට කරුණු වූ දේ කෙරෙහි මත් වෙයි.

මහණෙනි, මේ පස් කරුණෙන් සමන්විත වූ ස්ථවිර භික්ෂුව සබ්‍රහ්මචාරීන් වහන්සේලාට අප්‍රිය ද වෙයි. අමනාප ද වෙයි. නිගරු ද වෙයි. අගෞරව ද වෙයි.

මහණෙනි, පස් කරුණකින් සමන්විත වූ ස්ථවිර භික්ෂුව සබ්‍රහ්මචාරීන් වහන්සේලාට ප්‍රිය ද වෙයි. මනාප ද වෙයි. ගරු ද වෙයි. ගෞරව ද වෙයි. ඒ කවර පසක් ද යත්;

රාගයට කරුණු වූ දේ කෙරෙහි නොඇලෙයි. ද්වේෂයට කරුණු වූ දේ කෙරෙහි ද්වේෂ නොකරයි. මෝහයට කරුණු වූ දේ කෙරෙහි මුලා නොවෙයි. කෝපයට කරුණු වූ දේ කෙරෙහි නොකිපෙයි. මත්වීමට කරුණු වූ දේ කෙරෙහි මත් නොවෙයි.

මහණෙනි, මේ පස් කරුණෙන් සමන්විත වූ ස්ථවිර භික්ෂුව සබ්‍රහ්මචාරීන් වහන්සේලාට ප්‍රිය ද වෙයි. මනාප ද වෙයි. ගරු ද වෙයි. ගෞරව ද වෙයි.

සාදු! සාදු!! සාදු!!!

රජනීය සූත්‍රය නිමා විය.

5.2.4.2.
වීතරාග සූත්‍රය
වීතරාගී බව ගැන වදාළ දෙසුම

සැවැත් නුවර දී ය .....

මහණෙනි, පස් කරුණකින් සමන්විත වූ ස්ථවිර භික්ෂුව සබ්‍රහ්මචාරීන් වහන්සේලාට අප්‍රිය ද වෙයි. අමනාප ද වෙයි. නිගරු ද වෙයි. අගෞරව ද වෙයි. ඒ කවර පසක් ද යත්;

රාගය දුරු නොකළේ වෙයි. ද්වේෂය දුරු නොකළේ වෙයි. මෝහය දුරු නොකළේ වෙයි. ගුණමකු වූයේ වෙයි. එකට එක කරන්නේ වෙයි.

මහණෙනි, මේ පස් කරුණෙන් සමන්විත වූ ස්ථවිර භික්ෂුව සබ්‍රහ්මචාරීන් වහන්සේලාට අප්‍රිය ද වෙයි. අමනාප ද වෙයි. නිගරු ද වෙයි. අගෞරව ද වෙයි.

මහණෙනි, පස් කරුණකින් සමන්විත වූ ස්ථවිර භික්ෂුව සබ්‍රහ්මචාරීන් වහන්සේලාට ප්‍රිය ද වෙයි. මනාප ද වෙයි. ගරු ද වෙයි. ගෞරව ද වෙයි. ඒ කවර පසක් ද යත්;

රාගය දුරු කළේ වෙයි. ද්වේෂය දුරු කළේ වෙයි. මෝහය දුරු කළේ වෙයි. ගුණමකු නොවූයේ වෙයි. එකට එක නොකරන්නේ වෙයි.

මහණෙනි, මේ පස් කරුණෙන් සමන්විත වූ ස්ථවිර භික්ෂුව සබ්‍රහ්මචාරීන් වහන්සේලාට ප්‍රිය ද වෙයි. මනාප ද වෙයි. ගරු ද වෙයි. ගෞරව ද වෙයි.

සාදු! සාදු!! සාදු!!!

වීතරාග සූත්‍රය නිමා විය.

5.2.4.3.

කුහක සූත්‍රය

කුහක බව ගැන වදාළ දෙසුම

සැවැත් නුවර දී ය .....

මහණෙනි, පස් කරුණකින් සමන්විත වූ ස්ථවිර භික්ෂුව සබ්‍රහ්මචාරීන් වහන්සේලාට අප්‍රිය ද වෙයි. අමනාප ද වෙයි. නිගරු ද වෙයි. අගෞරව ද වෙයි. ඒ කවර පසක් ද යත්;

කුහකයෙක් වෙයි. ලාභාපේක්ෂාවෙන් චාටු බස් කියන්නෙක් වෙයි. නිමිති හඟවා කතා කරන්නෙක් වෙයි. අනුන් නැති තැන ගුණ හෙළා කතා කරන්නේ වෙයි. ලාභයෙන් ලාභය සොයන්නේ වෙයි.

මහණෙනි, මේ පස් කරුණෙන් සමන්විත වූ ස්ථවිර භික්ෂුව සබ්‍රහ්මචාරීන් වහන්සේලාට අප්‍රිය ද වෙයි. අමනාප ද වෙයි. නිගරු ද වෙයි. අගෞරව ද වෙයි.

මහණෙනි, පස් කරුණකින් සමන්විත වූ ස්ථවිර භික්ෂුව සබ්‍රහ්මචාරීන් වහන්සේලාට ප්‍රිය ද වෙයි. මනාප ද වෙයි. ගරු ද වෙයි. ගෞරව ද වෙයි. ඒ කවර පසක් ද යත්;

කුහකයෙක් නොවෙයි. ලාභාපේක්ෂාවෙන් චාටු බස් නොකියන්නෙක් වෙයි. නිමිති හඟවා කතා නොකරන්නෙක් වෙයි. අනුන් නැති තැන ගුණ හෙළා කතා නොකරන්නේ වෙයි. ලාභයෙන් ලාභය නොසොයන්නේ වෙයි.

මහණෙනි, මේ පස් කරුණෙන් සමන්විත වූ ස්ථවිර භික්ෂුව සබ්‍රහ්මචාරීන් වහන්සේලාට ප්‍රිය ද වෙයි. මනාප ද වෙයි. ගරු ද වෙයි. ගෞරව ද වෙයි.

සාදු! සාදු!! සාදු!!!

කුහක සූත්‍රය නිමා විය.

5.2.4.4.
අස්සද්ධ සූත්‍රය
ශ්‍රද්ධා නැති බව ගැන වදාළ දෙසුම

සැවැත් නුවර දී ය .....

මහණෙනි, පස් කරුණකින් සමන්විත වූ ස්ථවිර භික්ෂුව සබ්‍රහ්මචාරීන් වහන්සේලාට අප්‍රිය ද වෙයි. අමනාප ද වෙයි. නිගරු ද වෙයි. අගෞරව ද වෙයි. ඒ කවර පසක් ද යත්;

ශ්‍රද්ධාව නැත්තේ වෙයි. ලැජ්ජාව නැත්තේ වෙයි. භය නැත්තේ වෙයි. කුසීත වෙයි. ප්‍රඥා නැත්තේ වෙයි.

මහණෙනි, මේ පස් කරුණෙන් සමන්විත වූ ස්ථවිර භික්ෂුව සබ්‍රහ්මචාරීන් වහන්සේලාට අප්‍රිය ද වෙයි. අමනාප ද වෙයි. නිගරු ද වෙයි. අගෞරව ද වෙයි.

මහණෙනි, පස් කරුණකින් සමන්විත වූ ස්ථවිර භික්ෂුව සබ්‍රහ්මචාරීන් වහන්සේලාට ප්‍රිය ද වෙයි. මනාප ද වෙයි. ගරු ද වෙයි. ගෞරව ද වෙයි. ඒ කවර පසක් ද යත්;

ශ්‍රද්ධාව ඇත්තේ වෙයි. ලැජ්ජාව ඇත්තේ වෙයි. භය ඇත්තේ වෙයි. පටන් ගත් වීරිය ඇත්තේ වෙයි. ප්‍රඥා ඇත්තේ වෙයි.

මහණෙනි, මේ පස් කරුණෙන් සමන්විත වූ ස්ථවිර භික්ෂුව සබ්‍රහ්මචාරීන් වහන්සේලාට ප්‍රිය ද වෙයි. මනාප ද වෙයි. ගරු ද වෙයි. ගෞරව ද වෙයි.

සාදු! සාදු!! සාදු!!!

අස්සද්ධ සූත්‍රය නිමා විය.

5.2.4.5.
අක්ඛම සූත්‍රය
ඉවසනු නොහැකි බව ගැන වදාළ දෙසුම

සැවැත් නුවර දී ය .....

මහණෙනි, පස් කරුණකින් සමන්විත වූ ස්ථවිර භික්ෂුව සබ්‍රහ්මචාරීන් වහන්සේලාට අප්‍රිය ද වෙයි. අමනාප ද වෙයි. නිගරු ද වෙයි. අගෞරව ද වෙයි. ඒ කවර පසක් ද යත්;

ඇසින් දකින රූපයන් අභියස ඉවසනු නොහැකි වෙයි. කනට ඇසෙන ශබ්දයන් අභියස ඉවසනු නොහැකි වෙයි. නාසයට දැනෙන ගන්ධයන් අභියස ඉවසනු නොහැකි වෙයි. දිවට දැනෙන රසයන් අභියස ඉවසනු නොහැකි වෙයි. කයට දැනෙන පහස අභියස ඉවසනු නොහැකි වෙයි.

මහණෙනි, මේ පස් කරුණෙන් සමන්විත වූ ස්ථවිර භික්ෂුව සබ්‍රහ්මචාරීන් වහන්සේලාට අප්‍රිය ද වෙයි. අමනාප ද වෙයි. නිගරු ද වෙයි. අගෞරව ද වෙයි.

මහණෙනි, පස් කරුණකින් සමන්විත වූ ස්ථවිර භික්ෂුව සබ්‍රහ්මචාරීන් වහන්සේලාට ප්‍රිය ද වෙයි. මනාප ද වෙයි. ගරු ද වෙයි. ගෞරව ද වෙයි. ඒ කවර පසක් ද යත්;

ඇසින් දකින රූපයන් අභියස ඉවසනු හැකි වෙයි. කනට ඇසෙන ශබ්දයන් අභියස ඉවසනු හැකි වෙයි. නාසයට දැනෙන ගන්ධයන් අභියස ඉවසනු හැකි වෙයි. දිවට දැනෙන රසයන් අභියස ඉවසනු හැකි වෙයි. කයට දැනෙන පහස අභියස ඉවසනු හැකි වෙයි.

මහණෙනි, මේ පස් කරුණෙන් සමන්විත වූ ස්ථවිර භික්ෂුව සබ්‍රහ්මචාරීන් වහන්සේලාට ප්‍රිය ද වෙයි. මනාප ද වෙයි. ගරු ද වෙයි. ගෞරව ද වෙයි.

සාදු! සාදු!! සාදු!!!

අක්ඛම සූත්‍රය නිමා විය.

5.2.4.6.
පටිසම්භිදා සූත්‍රය
පටිසම්භිදා ගැන වදාළ දෙසුම

සැවැත් නුවර දී ය .....

මහණෙනි, පස් කරුණකින් සමන්විත වූ ස්ථවිර භික්ෂුව සබ්‍රහ්මචාරීන් වහන්සේලාට ප්‍රිය ද වෙයි. මනාප ද වෙයි. ගරු ද වෙයි. ගෞරව ද වෙයි. ඒ කවර පසක් ද යත්;

අත්ථ පටිසම්භිදාවට පැමිණියේ වෙයි. ධම්ම පටිසම්භිදාවට පැමිණියේ වෙයි. නිරුක්ති පටිසම්භිදාවට පැමිණියේ වෙයි. පටිභාන පටිසම්භිදාවට පැමිණියේ වෙයි. සබ්‍රහ්මචාරීන් වහන්සේලාගේ කුඩා මහත් යම් කටයුතු ඇද්ද, එහිලා දක්ෂ වෙයි. අනලස් ඇත්තේ වෙයි. උපාය වීමසංනයෙන් යුතු වූයේ වෙයි. මනා ලෙස පිළිවෙලකට කිරීමට සමර්ථ වූයේ වෙයි.

මහණෙනි, මේ පස් කරුණෙන් සමන්විත වූ ස්ථවිර භික්ෂුව සබ්‍රහ්මචාරීන් වහන්සේලාට ප්‍රිය ද වෙයි. මනාප ද වෙයි. ගරු ද වෙයි. ගෞරව ද වෙයි.

සාදු! සාදු!! සාදු!!!

පටිසම්භිදා සූත්‍රය නිමා විය.

5.2.4.7.
සීල සූත්‍රය
සීලය ගැන වදාළ දෙසුම

සැවැත් නුවර දී ය .....

මහණෙනි, පස් කරුණකින් සමන්විත වූ ස්ථවිර භික්ෂුව සබ්‍රහ්මචාරීන් වහන්සේලාට ප්‍රිය ද වෙයි. මනාප ද වෙයි. ගරු ද වෙයි. ගෞරව ද වෙයි. ඒ කවර පසක් ද යත්;

භික්ෂුව සිල්වත් වෙයි. ප්‍රාතිමෝක්ෂ සංවරයෙන් සංවර වූයේ වෙයි. යහපත් ඇවතුම් පැවතුම් ඇති ව වසන්නේ වෙයි. අණුමාත්‍ර වූ වරදෙහි ත් බිය දකින සුළු ව සමාදන් වූ ශික්ෂාපදයන්හි හික්මෙන්නේ වෙයි.

ධර්මය බොහෝ සෙයින් අසන ලද්දේ වෙයි. ඒ ඇසූ දහම් ධරන්නේ වෙයි. ඒ ඇසූ දහම් සිත්හිලා රැස් කරගන්නේ වෙයි. යම් ඒ ධර්මයෝ කල්‍යාණ වූ පටන් ගැනීමකින් යුක්ත වෙත් ද, කල්‍යාණ වූ මැදකින් යුක්ත වෙත් ද, කල්‍යාණ වූ අවසානයකින් යුක්ත වෙත් ද, අර්ථ සහිත වෙත් ද, පැහැදිලි වචනයෙන් යුක්ත වෙත් ද, හැම ලෙසින් ම පිරිපුන් පිරිසිදු නිවන් මග පවසත් ද, එබඳු වූ ධර්මයෝ ඔහු විසින් බොහෝ කොට අසන ලද්දාහු ය. ධාරණය කරගන්නා ලද්දාහු ය. වචනයෙන් පිරිවහන ලද්දාහු ය. මනසින් විමසන ලද්දාහු ය. නුවණින් අවබෝධ කරන ලද්දාහු ය.

කල්‍යාණ වචන ඇත්තේ වෙයි. කල්‍යාණ වදන් පවසන්නේ වෙයි. වැදගත් වචනයෙන් යුක්ත වූයේ, නොවිසුරුණු වචන ඇත්තේ, නිදොස් වචන ඇත්තේ, අරුත් මතුවෙන වචන භාවිත කරන්නේ වෙයි.

ගැඹුරු චිත්ත දියුණුවෙන් යුතු මෙලොව දී ලැබෙන සැප විහරණ ඇති සතරක් වූ ධ්‍යානයන් කැමති සේ ලබන්නේ වෙයි. සුවසේ ලබන්නේ වෙයි. බොහෝ කොට ලබන්නේ වෙයි.

ආශ්‍රවයන් ක්ෂය වීමෙන් අනාශ්‍රව වූ චිත්ත විමුක්තිය ත්, ප්‍රඥා විමුක්තිය ත් මෙලොවදී ම තම විශිෂ්ට ඥානයෙන් සාක්ෂාත් කොට පැමිණ වසන්නේ වෙයි.

මහණෙනි, මේ පස් කරුණෙන් සමන්විත වූ ස්ථවිර භික්ෂුව සබ්‍රහ්මචාරීන් වහන්සේලාට ප්‍රිය ද වෙයි. මනාප ද වෙයි. ගරු ද වෙයි. ගෞරව ද වෙයි.

සාදු! සාදු!! සාදු!!!

සීල සූත්‍රය නිමා විය.

5.2.4.8.
ථේර සූත්‍රය
ස්ථවිර භික්ෂුව ගැන වදාළ දෙසුම

සැවැත් නුවර දී ය .....

මහණෙනි, පස් කරුණකින් සමන්විත වූ ස්ථවිර භික්ෂුව බොහෝ ජනයාට අහිත පිණිස පිළිපන්නේ වෙයි. බොහෝ ජනයාට දුක් පිණිස ද, බොහෝ ජනයාට ද, දෙව් මිනිසුන්ට ද අනර්ථය පිණිස, අහිත පිණිස, දුක් පිණිස පිළිපන්නේ වෙයි. ඒ කවර කරුණු පසකින් ද යත්;

පැවිදි බව තුළ බොහෝ රාත්‍රීන් ගෙවා, පැවිදි ව බොහෝ කල් ගෙවා ස්ථවිර බවට පත් වූයේ වෙයි.

ප්‍රසිද්ධ වූයේ වෙයි. ගිහි පැවිදි යස පිරිවර ඇත්තේ බොහෝ ජනයා පිරිවර කොට ඇත්තේ වෙයි.

සිවුරු, පිණ්ඩපාත, සේනාසන, ගිලන්පස බෙහෙත් පිරිකර ලබන සුළු වූයේ වෙයි.

ධර්මය බොහෝ සෙයින් අසන ලද්දේ වෙයි. ඒ ඇසූ දහම් ධරන්නේ වෙයි. ඒ ඇසූ දහම් සිත්හිලා රැස් කරගන්නේ වෙයි. යම් ඒ ධර්මයෝ කල්‍යාණ වූ පටන් ගැනීමකින් යුක්ත වෙත් ද, කල්‍යාණ වූ මැදකින් යුක්ත වෙත් ද, කල්‍යාණ වූ අවසානයකින් යුක්ත වෙත් ද, අර්ථ සහිත වෙත් ද, පැහැදිලි වචනයෙන් යුක්ත වෙත් ද, හැම ලෙසින් ම පිරිපුන් පිරිසිදු නිවන් මග පවසත් ද, එබඳු වූ ධර්මයෝ ඔහු විසින් බොහෝ කොට අසන ලද්දාහු ය. ධාරණය කරගන්නා ලද්දාහු ය. වචනයෙන් පිරිවහන ලද්දාහු ය. මනසින් විමසන ලද්දාහු ය. නුවණින් අවබෝධ නොකරන ලද්දාහු ය.

මිථ්‍යා දෘෂ්ටික වූයේ වෙයි. විපරීත දැක්මෙන් යුක්ත වූයේ වෙයි. ඒ ස්ථවිර භික්ෂුව බොහෝ ජනයා ධර්ම මාර්ගයෙන් බැහැර කොට අධර්මයෙහි පිහිටුවයි.

එවිට 'පැවිදි බව තුළ බොහෝ රාත්‍රීන් ගෙවා, පැවිදි ව බොහෝ කල් ගෙවා ස්ථවිර බවට පත් වූ භික්ෂුවක් නොවැ' යි කියමින් ඔහුගේ අදහසට අනුගත වෙති.

'මේ ස්ථවිර භික්ෂුව ප්‍රසිද්ධ නොවැ. ගිහි පැවිදි යස පිරිවර ඇත්තේ බොහෝ ජනයා පිරිවර කොට ඇත්තේ නොවැ' යි කියමින් ඔහුගේ අදහසට අනුගත වෙති.

'මේ ස්ථවිර භික්ෂුව සිවුරු, පිණ්ඩපාත, සේනාසන, ගිලන්පස බෙහෙත් පිරිකර ලබන සුළු වූයේ නොවැ' යි කියමින් ඔහුගේ අදහසට අනුගත වෙති.

'මේ ස්ථවිර භික්ෂුව බහුශ්‍රැත වූයේ සුතධර වූයේ රැස්කරගත් බොහෝ දහම් දැනුම ඇත්තේ නොවැ' යි කියමින් ඔහුගේ අදහසට අනුගත වෙති.

මහණෙනි, මේ පස් කරුණෙන් සමන්විත වූ ස්ථවිර භික්ෂුව බොහෝ ජනයාට අහිත පිණිස පිළිපන්නේ වෙයි. බොහෝ ජනයාට දුක් පිණිස ද, බොහෝ ජනයාට ද, දෙව් මිනිසුන්ට ද අනර්ථය පිණිස, අහිත පිණිස, දුක් පිණිස පිළිපන්නේ වෙයි.

මහණෙනි, පස් කරුණකින් සමන්විත වූ ස්ථවිර භික්ෂුව බොහෝ ජනයාට හිත පිණිස පිළිපන්නේ වෙයි. බොහෝ ජනයාට සැප පිණිස ද, බොහෝ ජනයාට ද, දෙව් මිනිසුන්ට ද අර්ථය පිණිස, හිත පිණිස, සැප පිණිස පිළිපන්නේ වෙයි. ඒ කවර කරුණු පසකින් ද යත්;

පැවිදි බව තුළ බොහෝ රාත්‍රීන් ගෙවා, පැවිදි ව බොහෝ කල් ගෙවා ස්ථවිර බවට පත් වූයේ වෙයි.

ප්‍රසිද්ධ වූයේ වෙයි. ගිහි පැවිදි යස පිරිවර ඇත්තේ බොහෝ ජනයා පිරිවර කොට ඇත්තේ වෙයි.

සිවුරු, පිණ්ඩපාත, සේනාසන, ගිලන්පස බෙහෙත් පිරිකර ලබන සුළු වූයේ වෙයි.

ධර්මය බොහෝ සෙයින් අසන ලද්දේ වෙයි. ඒ ඇසූ දහම් ධරන්නේ වෙයි. ඒ ඇසූ දහම් සිත්හිලා රැස් කරගන්නේ වෙයි. යම් ඒ ධර්මයෝ කල්‍යාණ වූ පටන් ගැනීමකින් යුක්ත වෙත් ද, කල්‍යාණ වූ මැදකින් යුක්ත වෙත් ද, කල්‍යාණ වූ අවසානයකින් යුක්ත වෙත් ද, අර්ථ සහිත වෙත් ද, පැහැදිලි වචනයෙන් යුක්ත වෙත් ද, හැම ලෙසින් ම පිරිපුන් පිරිසිදු නිවන් මග පවසත් ද, එබඳු වූ ධර්මයෝ ඔහු විසින් බොහෝ කොට අසන ලද්දාහු ය. ධාරණය කරගන්නා ලද්දාහු ය. වචනයෙන් පිරිවහන ලද්දාහු ය. මනසින් විමසන ලද්දාහු ය. නුවණින් අවබෝධ කරන ලද්දාහු ය.

සම්මා දිට්ඨියෙන් යුක්ත වූයේ වෙයි. අවිපරීත දැක්මෙන් යුක්ත වූයේ වෙයි. ඒ ස්ථවිර භික්ෂුව බොහෝ ජනයා අධර්ම මාර්ගයෙන් බැහැර කොට ධර්මයෙහි පිහිටුවයි.

එවිට 'පැවිදි බව තුළ බොහෝ රාත්‍රීන් ගෙවා, පැවිදි ව බොහෝ කල් ගෙවා ස්ථවිර බවට පත් වූ භික්ෂුවක් නොවැ' යි කියමින් ඔහුගේ අදහසට අනුගත වෙති.

'මේ ස්ථවිර භික්ෂුව ප්‍රසිද්ධ නොවැ. ගිහි පැවිදි යස පිරිවර ඇත්තේ බොහෝ ජනයා පිරිවර කොට ඇත්තේ නොවැ' යි කියමින් ඔහුගේ අදහසට අනුගත වෙති.

'මේ ස්ථවිර භික්ෂුව සිවුරු, පිණ්ඩපාත, සේනාසන, ගිලන්පස බෙහෙත් පිරිකර ලබන සුළු වූයේ නොවැ' යි කියමින් ඔහුගේ අදහසට අනුගත වෙති.

'මේ ස්ථවිර භික්ෂුව බහුශ්‍රැත වූයේ සූතධර වූයේ රැස්කරගත් බොහෝ දහම් දැනුම ඇත්තේ නොවැ' යි කියමින් ඔහුගේ අදහසට අනුගත වෙති.

මහණෙනි, මේ පස් කරුණෙන් සමන්විත වූ ස්ථවිර භික්ෂුව බොහෝ ජනයාට හිත පිණිස පිළිපන්නේ වෙයි. බොහෝ ජනයාට සැප පිණිස ද, බොහෝ ජනයාට ද, දෙව් මිනිසුන්ට ද අර්ථය පිණිස, හිත පිණිස, සැප පිණිස පිළිපන්නේ වෙයි.

සාදු! සාදු!! සාදු!!!

ථේර සූත්‍රය නිමා විය.

5.2.4.9.
පඨම සේඛ සූත්‍රය
හික්මෙන භික්ෂුව ගැන වදාළ පළමු දෙසුම

සැවැත් නුවර දී ය .....

මහණෙනි, මේ පස් කරුණ ධර්මයෙහි හික්මෙන භික්ෂුවගේ පරිහානිය පිණිස පවතින්නේ ය. ඒ කවර කරුණු පසක් ද යත්;

බාහිර කටයුතු කෙරෙහි ඇලී සිටීම, දායකකාරකාදීන් සමඟ කතාවෙහි ඇලී සිටීම, නින්දෙහි ඇලී සිටීම, පිරිස සමඟ ඇලී සිටීම, විමුක්ති චිත්තය ලැබූ අයුරු ගැන ප්‍රත්‍යවේක්ෂා නොකරයි.

මහණෙනි, මේ පස් කරුණ ධර්මයෙහි හික්මෙන භික්ෂුවගේ පරිහානිය පිණිස පවතින්නේ ය.

මහණෙනි, මේ පස් කරුණ ධර්මයෙහි හික්මෙන භික්ෂුවගේ නොපිරිහීම පිණිස පවතින්නේ ය. ඒ කවර කරුණු පසක් ද යත්;

බාහිර කටයුතු කෙරෙහි ඇලී නොසිටීම, දායකකාරකාදීන් සමඟ කතාවෙහි ඇලී නොසිටීම, නින්දෙහි ඇලී නොසිටීම, පිරිස සමඟ ඇලී නොසිටීම, විමුක්ති චිත්තය ලැබූ අයුරු ගැන ප්‍රත්‍යවේක්ෂා කරයි.

මහණෙනි, මේ පස් කරුණ ධර්මයෙහි හික්මෙන භික්ෂුවගේ නොපිරිහීම පිණිස පවතින්නේ ය.

සාදු! සාදු!! සාදු!!!

පඨම සේඛ සූත්‍රය නිමා විය.

5.2.4.10.
දුතිය සේඛ සූත්‍රය
හික්මෙන භික්ෂුව ගැන වදාළ දෙවෙනි දෙසුම

සැවැත් නුවර දී ය .....

මහණෙනි, මේ පස් කරුණ ධර්මයෙහි හික්මෙන භික්ෂුවගේ පරිහානිය පිණිස පවතින්නේ ය. ඒ කවර කරුණු පසක් ද යත්;

මහණෙනි, මෙහිලා ධර්මයෙහි හික්මෙන භික්ෂුව බොහෝ බාහිර කටයුතු ඇත්තේ වෙයි. කළ යුතු බොහෝ දෑ ඇත්තේ වෙයි. කළ යුතු දෑ පිළිබඳ ව මෙසේ මෙසේ කළ යුතු යැයි ව්‍යක්ත වූයේ වෙයි. භාවනාව අත්හරියි. තමා තුළ චිත්ත සමාධිය ඇති කරගැනීම පිණිස නොයෙදෙයි. මහණෙනි, දහමේ හික්මෙන භික්ෂුවගේ පරිහානිය පිණිස පවතින පළමුවෙනි කරුණ මෙය යි.

තව ද මහණෙනි, ධර්මයෙහි හික්මෙන භික්ෂුව අල්පමාත්‍ර වූ කටයුත්තකින් දවස ම ගෙවා දමයි. භාවනාව අත්හරියි. තමා තුළ චිත්ත සමාධිය ඇති කරගැනීම පිණිස නොයෙදෙයි. මහණෙනි, දහමේ හික්මෙන භික්ෂුවගේ පරිහානිය පිණිස පවතින දෙවෙනි කරුණ මෙය යි.

තව ද මහණෙනි, ධර්මයෙහි හික්මෙන භික්ෂුව ගිහි පැවිද්දන් හා සමීප ව වාසය කරයි. තමන්ට නොගැලපෙන ගිහියන් හා සමීප ඇසුරක් පවත්වයි. භාවනාව අත්හරියි. තමා තුළ චිත්ත සමාධිය ඇති කරගැනීම පිණිස නොයෙදෙයි. මහණෙනි, දහමේ හික්මෙන භික්ෂුවගේ පරිහානිය පිණිස පවතින තුන්වෙනි කරුණ මෙය යි.

තව ද මහණෙනි, ධර්මයෙහි හික්මෙන භික්ෂුව වේලාසනින් ගමට පිවිසෙයි. දවල් බොහෝ ගෙවා ආපසු එයි. භාවනාව අත්හරියි. තමා තුළ චිත්ත සමාධිය ඇති කරගැනීම පිණිස නොයෙදෙයි. මහණෙනි, දහමේ හික්මෙන භික්ෂුවගේ පරිහානිය පිණිස පවතින සිව්වෙනි කරුණ මෙය යි.

තව ද මහණෙනි, ධර්මයෙහි හික්මෙන භික්ෂුව කෙලෙස් ගැලවී යන, දහම් මගට රුකුල් දෙන යම් ඒ කථාවන් ඇද්ද, එනම්, තම ගුණ ප්‍රකට නොකිරීම ගැන කථාව, ලද දෙයින් සතුටු වීම ගැන කථාව, හුදෙකලා විවේකය ගැන කථාව, ගිහි පැවිද්දන් හා දැඩි ව සමීප නොවීම ගැන කථාව, පටන් ගත් වීරිය ගැන කථාව, සීලය ගැන කථාව, සමාධිය ගැන කථාව, ප්‍රඥාව ගැන කථාව, විමුක්තිය ගැන කථාව, විමුක්ති ඥාන දර්ශනය ගැන කථාව ය. මෙබඳු වූ කථාවන් කැමති සේ නොලබන්නේ වෙයි. සුව සේ, බොහෝ සෙයින් නොලබන්නේ වෙයි. භාවනාව අත්හරියි. තමා තුළ චිත්ත සමාධිය ඇති කරගැනීම පිණිස නොයෙදෙයි. මහණෙනි, දහමේ හික්මෙන භික්ෂුවගේ පරිහානිය පිණිස පවතින පස්වෙනි කරුණ මෙය යි.

මහණෙනි, මේ පස් කරුණ ධර්මයෙහි හික්මෙන භික්ෂුවගේ පරිහානිය පිණිස පවතින්නේ ය.

මහණෙනි, මේ පස් කරුණ ධර්මයෙහි හික්මෙන භික්ෂුවගේ නොපිරිහීම පිණිස පවතින්නේ ය. ඒ කවර කරුණු පසක් ද යත්;

මහණෙනි, මෙහිලා ධර්මයෙහි හික්මෙන භික්ෂුව බොහෝ බාහිර කටයුතු නැත්තේ වෙයි. කළ යුතු බොහෝ දෑ නැත්තේ වෙයි. කළ යුතු දෑ පිළිබඳ ව මෙසේ මෙසේ කළ යුතු යැයි නැණවත් වූයේ වෙයි. භාවනාව අත් නොහරියි. තමා තුළ චිත්ත සමාධිය ඇති කරගැනීම පිණිස යෙදෙයි. මහණෙනි, දහමේ හික්මෙන භික්ෂුවගේ නොපිරිහීම පිණිස පවතින පළමුවෙනි කරුණ මෙය යි.

තව ද මහණෙනි, ධර්මයෙහි හික්මෙන භික්ෂුව අල්පමාත්‍ර වූ කටයුත්තකින් දවස ම ගෙවා නොදමයි. භාවනාව අත් නොහරියි. තමා තුළ චිත්ත සමාධිය ඇති කරගැනීම පිණිස යෙදෙයි. මහණෙනි, දහමේ හික්මෙන භික්ෂුවගේ නොපිරිහීම පිණිස පවතින දෙවෙනි කරුණ මෙය යි.

තව ද මහණෙනි, ධර්මයෙහි හික්මෙන භික්ෂුව ගිහි පැවිද්දන් හා සමීප ව වාසය නොකරයි. තමන්ට නොගැලපෙන ගිහියන් හා සමීප ඇසුරක් නොපවත්වයි. භාවනාව අත් නොහරියි. තමා තුළ චිත්ත සමාධිය ඇති කරගැනීම පිණිස යෙදෙයි. මහණෙනි, දහමේ හික්මෙන භික්ෂුවගේ නොපිරිහීම පිණිස පවතින තෙවෙනි කරුණ මෙය යි.

තව ද මහණෙනි, ධර්මයෙහි හික්මෙන භික්ෂුව වේලාසනින් ගමට නොපිවිසෙයි. දවල් බොහෝ ගෙවා ආපසු නොඑයි. භාවනාව අත් නොහරියි. තමා තුළ චිත්ත සමාධිය ඇති කරගැනීම පිණිස යෙදෙයි. මහණෙනි, දහමේ හික්මෙන භික්ෂුවගේ නොපිරිහීම පිණිස පවතින සිව්වෙනි කරුණ මෙය යි.

තව ද මහණෙනි, ධර්මයෙහි හික්මෙන භික්ෂුව කෙලෙස් ගැලවී යන, දහම් මගට රුකුල් දෙන යම් ඒ කථාවන් ඇද්ද, එනම්, තම ගුණ ප්‍රකට නොකිරීම ගැන කථාව, ලද දෙයින් සතුටු වීම ගැන කථාව, හුදෙකලා විවේකය ගැන කථාව, ගිහි පැවිද්දන් හා දැඩි ව සමීප නොවීම ගැන කථාව, පටන් ගත් වීරිය ගැන කථාව, සීලය ගැන කථාව, සමාධිය ගැන කථාව, ප්‍රඥාව ගැන කථාව, විමුක්තිය ගැන කථාව, විමුක්ති ඥාන දර්ශනය ගැන කථාව ය. මෙබඳු වූ කථාවන් කැමති සේ ලබන්නේ වෙයි. සුව සේ, බොහෝ සෙයින් ලබන්නේ වෙයි. භාවනාව අත් නොහරියි. තමා තුළ චිත්ත සමාධිය ඇති කරගැනීම පිණිස යෙදෙයි. මහණෙනි, දහමේ හික්මෙන භික්ෂුවගේ නොපිරිහීම පිණිස පවතින පස්වෙනි කරුණ මෙය යි.

මහණෙනි, මේ පස් කරුණ ධර්මයෙහි හික්මෙන භික්ෂුවගේ නොපිරිහීම පිණිස පවතින්නේ ය.

සාදු! සාදු!! සාදු!!!

දුතිය සේඛ සූත්‍රය නිමා විය.

සිව්වෙනි ථේර වර්ගය අවසන් විය.

- එහි පිළිවෙල උද්දානය යි :

රජනීය සූත්‍රය, වීතරාග සූත්‍රය, කුහක සූත්‍රය, අස්සද්ධ සූත්‍රය, අක්ඛම සූත්‍රය, පටිසම්භිදා සූත්‍රය, සීල සූත්‍රය, ථේර සූත්‍රය, සහ සේඛ සූත්‍ර දෙක වශයෙන් මෙහි සූත්‍ර දශයකි.

5. කකුධ වර්ගය

5.2.5.1.
පඨම සම්පදා සූත්‍රය
සම්පත්ති ගැන වදාළ පළමු දෙසුම

සැවැත් නුවර දී ය .....

මහණෙනි, මේ සම්පත්තීහු පසකි. ඒ කවර පසක් ද යත්;

ශ්‍රද්ධා සම්පත්තිය, සීල සම්පත්තිය, ශ්‍රැත සම්පත්තිය, ත්‍යාග සම්පත්තිය, ප්‍රඥා සම්පත්තිය ය.

මහණෙනි, මේ වනාහී සම්පත්තීහු පස යි.

සාදු! සාදු!! සාදු!!!

පඨම සම්පදා සූත්‍රය නිමා විය.

5.2.5.2.
දුතිය සම්පදා සූත්‍රය
සම්පත්ති ගැන වදාළ දෙවෙනි දෙසුම

සැවැත් නුවර දී ය .....

මහණෙනි, මේ සම්පත්තීහු පසකි. ඒ කවර පසක් ද යත්;

සීල සම්පත්තිය, සමාධි සම්පත්තිය, ප්‍රඥා සම්පත්තිය, විමුක්ති සම්පත්තිය, විමුක්ති ඥානදර්ශන සම්පත්තිය ය.

මහණෙනි, මේ වනාහී සම්පත්තීහු පස යි.

සාදු! සාදු!! සාදු!!!

දුතිය සම්පදා සූත්‍රය නිමා විය.

5.2.5.3.
අඤ්ඤ බ්‍යාකරණ සූත්‍රය
අරහත්වය පැවසීම ගැන වදාළ දෙසුම

සැවැත් නුවර දී ය .....

මහණෙනි, මේ අරහත් වූ බව ප්‍රකාශ කරන කරුණු පසකි. ඒ කවර පසක් ද යත්;

නුවණ මද හෙයින් මුලාවට පත්වීම කරණ කොට ගෙන අරහත් වූ බව ප්‍රකාශ කරයි. පවිටු ආශාවෙන් යුක්ත වූයේ පවිටු ආශාවෙන් මැඬුණු සිතින් අරහත් වූ බව ප්‍රකාශ කරයි. උමතු වීමෙන් චිත්ත වික්ෂේපයට පත්වීමෙන් අරහත් වූ බව ප්‍රකාශ කරයි. නිවන් මග මුළා වීමෙන් හටගත් අධිමානයෙන් යුතුව අරහත් වූ බව ප්‍රකාශ කරයි. සැබෑ ලෙස ම අරහත් වූ බව ප්‍රකාශ කරයි.

මහණෙනි, මේ වනාහී අරහත් වූ බව ප්‍රකාශ කරන කරුණු පස යි.

සාදු! සාදු!! සාදු!!!

අඤ්ඤ බ්‍යාකරණ සූත්‍රය නිමා විය.

5.2.5.4.
ඵාසුවිහාර සූත්‍රය
පහසුවෙන් වාසය කිරීම ගැන වදාළ දෙසුම

සැවැත් නුවර දී ය .....

මහණෙනි, මේ පහසුවෙන් වාසය කිරීම් පසකි. ඒ කවර පසක් ද යත්;

මහණෙනි, මෙහිලා භික්ෂුව කාමයන්ගෙන් වෙන් ව, අකුසල ධර්මයන් ගෙන් වෙන් ව, විතර්ක විචාර සහිත වූ විවේකයෙන් හටගත් ප්‍රීති සුඛය ඇති පළමුවෙනි ධ්‍යානය උපදවාගෙන වාසය කරයි. විතර්ක විචාරයන් සංසිඳීමෙන් ....(පෙ).... දෙවෙනි ධ්‍යානය ....(පෙ).... තුන්වෙනි ධ්‍යානය ....(පෙ).... සතර වෙනි ධ්‍යානය උපදවාගෙන වාසය කරයි. ආශ්‍රවයන් ක්ෂය වීමෙන් අනාශ්‍රව වූ චිත්ත විමුක්තිය ත් ප්‍රඥා විමුක්තිය ත් මේ ජීවිතයේ දී ම තම විශිෂ්ට ඥානයෙන් සාක්ෂාත් කොට එයට පැමිණ වාසය කරයි.

මහණෙනි, මේ වනාහී පහසුවෙන් වාසය කිරීම් පස යි.

සාදු! සාදු!! සාදු!!!

ඵාසුවිහාර සූත්‍රය නිමා විය.

5.2.5.5.
අකුප්ප සූත්‍රය
නොසැලීම ගැන වදාළ දෙසුම

සැවැත් නුවර දී ය .....

මහණෙනි, පස් කරුණකින් සමන්විත වූ භික්ෂුව සුළු කලකින් ම අකෝප්‍ය වූ අරහත්වය අවබෝධ කරන්නේ ය. ඒ කවර කරුණු පසකින් ද යත්;

මහණෙනි, මෙහිලා භික්ෂුව අත්ථ පටිසම්භිදාවට පැමිණියේ වෙයි. ධම්ම පටිසම්භිදාවට පැමිණියේ වෙයි. නිරුක්ති පටිසම්භිදාවට පැමිණියේ වෙයි. පටිභාන පටිසම්භිදාවට පැමිණියේ වෙයි. සිත විමුක්තියට පත් වූයේ යම් අයුරින් ද එය ප්‍රත්‍යවේක්ෂා කරයි.

මහණෙනි, මේ පස් කරුණෙන් සමන්විත වූ භික්ෂුව සුළු කලකින් ම අකෝප්‍ය වූ අරහත්වය අවබෝධ කරන්නේ ය.

සාදු! සාදු!! සාදු!!!

අකුප්ප සූත්‍රය නිමා විය.

5.2.5.6.
දුතිය අකුප්ප සූත්‍රය
නොසැලීම ගැන වදාළ දෙවෙනි දෙසුම

සැවැත් නුවර දී ය .....

මහණෙනි, පස් කරුණකින් සමන්විත වූ භික්ෂුව ආනාපානසති භාවනාව වඩන්නේ සුළු කලකින් ම අකෝප්‍ය වූ අරහත්වය අවබෝධ කරන්නේ ය. ඒ කවර කරුණු පසකින් ද යත්;

මහණෙනි, මෙහිලා භික්ෂුව අල්ප දෙයින් යුක්ත වූයේ වෙයි. අල්ප කටයුතු ඇත්තේ වෙයි. පහසුවෙන් පෝෂණය කළ හැක්කේ වෙයි. ජීවත් වීමට ලැබෙන දේ කෙරෙහි හොඳින් සංතෝෂ වන්නේ වෙයි.

අල්පාහාර ඇත්තේ වෙයි. කුස පිරී යන තෙක් ම ආහාර නොගන්නේ වෙයි.

අල්ප නින්ද ඇත්තේ වෙයි. නිදි වැරීමෙහි යුක්ත වූයේ වෙයි.

ධර්මය බොහෝ සෙයින් අසන ලද්දේ වෙයි. ඒ ඇසූ දහම් ධරන්නේ වෙයි. ඒ ඇසූ දහම් සිත්හිලා රැස් කරගන්නේ වෙයි. යම් ඒ ධර්මයෝ කල්‍යාණ වූ පටන් ගැනීමකින් යුක්ත වෙත් ද, කල්‍යාණ වූ මැදකින් යුක්ත වෙත් ද, කල්‍යාණ වූ අවසානයකින් යුක්ත වෙත් ද, අර්ථ සහිත වෙත් ද, පැහැදිලි වචනයෙන් යුක්ත වෙත් ද, හැම ලෙසින් ම පිරිපුන් පිරිසිදු නිවන් මග පවසත් ද, එබඳු වූ ධර්මයෝ ඔහු විසින් බොහෝ කොට අසන ලද්දාහු ය. ධාරණය කරගන්නා ලද්දාහු ය. වචනයෙන් පිරිවහන ලද්දාහු ය. මනසින් විමසන ලද්දාහු ය. නුවණින් අවබෝධ කරන ලද්දාහු ය.

සිත විමුක්තියට පත් වූයේ යම් අයුරින් ද එය ප්‍රත්‍යවේක්ෂා කරයි.

මහණෙනි, මේ පස් කරුණෙන් සමන්විත වූ භික්ෂුව ආනාපානසති භාවනාව වඩන්නේ සුළු කලකින් ම අකෝප්‍ය වූ අරහත්වය අවබෝධ කරන්නේ ය.

සාදු! සාදු!! සාදු!!!

දුතිය අකුප්ප සූත්‍රය නිමා විය.

5.2.5.7.
තතිය අකුප්ප සූත්‍රය
නොසැලීම ගැන වදාළ තෙවෙනි දෙසුම

සැවැත් නුවර දී ය .....

මහණෙනි, පස් කරුණකින් සමන්විත වූ භික්ෂුව අනාපානසති භාවනාව වඩන්නේ සුළු කලකින් ම අකෝප්‍ය වූ අරහත්වය අවබෝධ කරන්නේ ය. ඒ කවර කරුණු පසකින් ද යත්;

මහණෙනි, මෙහිලා භික්ෂුව අල්ප දෙයින් යුක්ත වූයේ වෙයි. අල්ප කටයුතු ඇත්තේ වෙයි. පහසුවෙන් පෝෂණය කළ හැක්කේ වෙයි. ජීවත් වීමට ලැබෙන දේ කෙරෙහි හොඳින් සංතෝෂ වන්නේ වෙයි.

අල්පාහාර ඇත්තේ වෙයි. කුස පිරී යන තෙක් ම ආහාර නොගන්නේ වෙයි.

අල්ප නින්ද ඇත්තේ වෙයි. නිදි වැරීමෙහි යුක්ත වූයේ වෙයි.

කෙලෙස් ගැලවී යන, දහම් මගට රුකුල් දෙන යම් ඒ කථාවන් ඇද්ද, එනම්, තම ගුණ ප්‍රකට නොකිරීම ගැන කථාව, ...(පෙ).... මෙබඳු වූ කථාවන් කැමති සේ ලබන්නේ වෙයි. සුව සේ, බොහෝ සෙයින් ලබන්නේ වෙයි.

සිත විමුක්තියට පත් වූයේ යම් අයුරින් ද එය ප්‍රත්‍යවේක්ෂා කරයි.

මහණෙනි, මේ පස් කරුණෙන් සමන්විත වූ භික්ෂුව අනාපානසති භාවනාව වඩන්නේ සුළු කලකින් ම අකෝප්‍ය වූ අරහත්වය අවබෝධ කරන්නේ ය.

සාදු! සාදු!! සාදු!!!

තතිය අකුප්ප සූත්‍රය නිමා විය.

5.2.5.8.
චතුත්ථ අකුප්ප සූත්‍රය
නොසැලීම ගැන වදාළ සිව්වෙනි දෙසුම

සැවැත් නුවර දී ය .....

මහණෙනි, පස් කරුණකින් සමන්විත වූ භික්ෂුව අනාපානසති භාවනාව බහුල ව වඩන්නේ සුළු කලකින් ම අකෝප්‍ය වූ අරහත්වය අවබෝධ කරන්නේ ය. ඒ කවර කරුණු පසකින් ද යත්;

මහණෙනි, මෙහිලා භික්ෂුව අල්ප දෙයින් යුක්ත වූයේ වෙයි. අල්ප කටයුතු ඇත්තේ වෙයි. පහසුවෙන් පෝෂණය කළ හැක්කේ වෙයි. ජීවත් වීමට ලැබෙන දේ කෙරෙහි හොඳින් සංතෝෂ වන්නේ වෙයි. අල්පාහාර ඇත්තේ වෙයි. කුස පිරී යන තෙක් ම ආහාර නොගන්නේ වෙයි. අල්ප නින්ද ඇත්තේ වෙයි. නිදි වැරීමෙහි යුක්ත වූයේ වෙයි. අරණ්‍යයෙහි වාසය කරන්නේ, ඈත දුර සෙනසුන්හි වසන්නේ වෙයි. සිත විමුක්තියට පත් වූයේ යම් අයුරින් ද එය ප්‍රත්‍යවේක්ෂා කරයි.

මහණෙනි, මේ පස් කරුණෙන් සමන්විත වූ භික්ෂුව අනාපානසති භාවනාව බහුල ව වඩන්නේ සුළු කලකින් ම අකෝප්‍ය වූ අරහත්වය අවබෝධ කරන්නේ ය.

සාදු! සාදු!! සාදු!!!

චතුත්ථ අකුප්ප සූත්‍රය නිමා විය.

5.2.5.9.
සීහ සූත්‍රය
සිංහයා උපමා කොට වදාළ දෙසුම

සැවැත් නුවර දී ය .....

මහණෙනි, මෘගරාජ වූ සිංහ තෙමේ සවස් වරුවෙහි ලැග සිටි තැනින්

කලඑළි බසියි. එසේ ලැග සිටි තැනින් නික්ම අවුත් කෙසරු සළා ඇඟ සොළවයි. කෙසරු සළා ඇඟ සොළොවා හාත්පස සිව් දිශාව බලයි. හාත්පස සිව් දිශාව බලා තෙවිටක් සිංහනාද කරයි. එසේ තුන් යලක් සිංහනාද කොට ගොදුරු පිණිස නික්ම යයි.

ඉදින් හේ ඇතෙකුට හෝ පහර දෙයි නම් සකස් කොට ම පහර දෙයි. නොසකස් කොට නොවෙයි. මී ගවයෙකුට හෝ පහර දෙයි නම් සකස් කොට ම පහර දෙයි. නොසකස් කොට නොවෙයි. ගවයෙකුට හෝ පහර දෙයි නම් සකස් කොට ම පහර දෙයි. නොසකස් කොට නොවෙයි. දිවියෙකුට හෝ පහර දෙයි නම් සකස් කොට ම පහර දෙයි. නොසකස් කොට නොවෙයි. කුඩා වූ සතෙකුට හෝ පහර දෙයි නම්, යටත් පිරිසෙයින් සාවෙකු බළලෙකුට හෝ පහර දෙයි නම් සකස් කොට ම පහර දෙයි. නොසකස් කොට නොවෙයි. මක් නිසාද යත්, මා අභ්‍යාස කළ දඩයම් මාර්ගය නොනැසේවා යි.

මහණෙනි, සිංහයා යනු තථාගත අරහත් සම්මා සම්බුදුරජුන්ට පවසන නමකි. මහණෙනි, තථාගතයන් වහන්සේ යම් පිරිස් අතර ධර්ම දේශනා කරත් නම්, එය තථාගතයන්ගේ සිංහනාදය වෙයි.

මහණෙනි, ඉදින් තථාගතයන් වහන්සේ භික්ෂූන් හට ධර්මය දේශනා කරත් නම් තථාගතයාණෝ සකස් කොට ම ධර්මය දේශනා කරති. නොසකස් කොට නොවෙයි.

මහණෙනි, ඉදින් තථාගතයන් වහන්සේ භික්ෂුණීන් හට ධර්මය දේශනා කරත් නම් තථාගතයාණෝ සකස් කොට ම ධර්මය දේශනා කරති. නොසකස් කොට නොවෙයි.

මහණෙනි, ඉදින් තථාගතයන් වහන්සේ උපාසකයන් හට ධර්මය දේශනා කරත් නම් තථාගතයාණෝ සකස් කොට ම ධර්මය දේශනා කරති. නොසකස් කොට නොවෙයි.

මහණෙනි, ඉදින් තථාගතයන් වහන්සේ උපාසිකාවන් හට ධර්මය දේශනා කරත් නම් තථාගතයාණෝ සකස් කොට ම ධර්මය දේශනා කරති. නොසකස් කොට නොවෙයි.

මහණෙනි, ඉදින් තථාගතයන් වහන්සේ පෘථග්ජනයන් හට ධර්මය දේශනා කරත් නම් තථාගතයාණෝ යටත් පිරිසෙයින් තණ කපාගෙන එන්නවුන්, කුරුළු වැද්දන් ආදීන්ට ද ධර්මය දේශනා කරත් නම් තථාගතයාණෝ සකස් කොට ම ධර්මය දේශනා කරති. නොසකස් කොට නොවෙයි.

එයට හේතුව කුමක් ද?

මහණෙනි, තථාගතයන් වහන්සේ ධර්මය ගුරු කොට ධර්ම ගෞරවයෙන් යුතු වෙති.

සාදු! සාදු!! සාදු!!!

සීහ සූත්‍රය නිමා විය.

5.2.5.10.
කකුධ සූත්‍රය
කකුධ දිව්‍යපුත්‍රයා අරභයා වදාළ දෙසුම

මා විසින් මෙසේ අසන ලදී.

එක් සමයක භාග්‍යවතුන් වහන්සේ කොසඹෑ නුවර ඝෝෂිතාරාමයෙහි වැඩවසන සේක. එසමයෙහි ආයුෂ්මත් මහා මොග්ගල්ලානයන් වහන්සේගේ උපස්ථායක වූ කකුධ නම් කෝලිය පුත්‍ර තෙමේ කළුරිය කොට වැඩි කලක් නොවූයේ එක්තරා මනෝමය දෙව්ලොවක උපන්නේ වෙයි. ඔහුට මෙබඳු වූ ආත්මභාවයක් ලැබී තිබුණේ ය. එනම් සුවිශාල මගධ කෙත් යායෙහි ගමකට අයත් සුවිසල් කුඹුරු යායවල් දෙක තුනක් යම් පමණ වූයේ ද හේ එබඳු ප්‍රමාණයේ ආත්මභාවයක් ලැබුවේ නමුත් කිසිවකුට හෝ පීඩාවක් නොකරයි.

එකල්හී කකුධ දිව්‍යපුත්‍ර තෙමේ ආයුෂ්මත් මහා මොග්ගල්ලානයන් වහන්සේ වෙත පැමිණියේ ය. පැමිණ ආයුෂ්මත් මහා මොග්ගල්ලානයන් වහන්සේට සකසා වන්දනා කොට එකත්පස් ව සිට ගත්තේ ය. එකත්පස් ව සිටි කකුධ දිව්‍යපුත්‍ර තෙමේ ආයුෂ්මත් මහාමොග්ගල්ලානයන් වහන්සේට මෙය සැළ කළේ ය.

"ස්වාමීනී, දේවදත්තට මෙබඳු වූ ආශාවක් උපන්නේ ය. එනම් 'මම භික්ෂු සංඝයා පරිහරණය කරන්නෙමි' යි. ස්වාමීනී, දේවදත්තයා ඒ සිත ඉපදවීම ත් සමඟ ම ඔහුගේ ඉර්ධියෙන් පිරිහී ගියේ ය."

කකුධ දිව්‍යපුත්‍ර තෙමේ මෙය පැවසුවේ ය. මෙය පවසා ආයුෂ්මත් මහා මොග්ගල්ලානයන් වහන්සේට සකසා වන්දනා කොට පැදකුණු කොට එහි ම නොපෙනී ගියේ ය.

ඉක්බිති ආයුෂ්මත් මහා මොග්ගල්ලානයන් වහන්සේ භාග්‍යවතුන් වහන්සේ වෙත වැඩියහ. වැඩම කොට භාග්‍යවතුන් වහන්සේට සකසා වන්දනා කොට එකත්පස් ව හිඳගත්හ. එකත්පස් ව හුන් ආයුෂ්මත් මහා මොග්ගල්ලානයන් වහන්සේ භාග්‍යවතුන් වහන්සේට මෙය සැළකළහ.

"ස්වාමීනී, මාගේ උපස්ථායක වූ කකුධ නම් කෝලිය පුත්‍ර තෙමේ කළුරිය කොට වැඩි කලක් නොවූයේ එක්තරා මනෝමය දෙව්ලොවක උපන්නේ වෙයි. ඔහුට මෙබඳු වූ ආත්මභාවයක් ලැබී තිබුණේ ය. එනම් සුවිශාල මගධ කෙත් යායෙහි ගමකට අයත් සුවිසල් කුඹුරු යායවල් දෙක තුනක් යම් පමණ වූයේ ද, හේ එබඳු ප්‍රමාණයේ ආත්මභාවයක් ලැබුවේ නමුත් කිසිවකුට හෝ පීඩාවක් නොකරයි.

එකල්හී ස්වාමීනී, කකුධ දිව්‍යපුත්‍ර තෙමේ මා වෙත පැමිණියේ ය. පැමිණ මා හට සකසා වන්දනා කොට එකත්පස් ව සිට ගත්තේ ය. එකත්පස් ව සිටි කකුධ දිව්‍යපුත්‍ර තෙමේ මට මෙය සැළ කළේ ය.

'ස්වාමීනී, දේවදත්තට මෙබඳු වූ ආශාවක් උපන්නේ ය. එනම් 'මම භික්ෂු සංඝයා පරිහරණය කරන්නෙමි' යි. ස්වාමීනී, දේවදත්තයා ඒ සිත ඉපදවීම ත් සමඟ ම ඔහුගේ ඉර්ධියෙන් පිරිහී ගියේ ය' යි.

ස්වාමීනී, කකුධ දිව්‍යපුත්‍ර තෙමේ මෙය පැවසුවේ ය. මෙය පවසා මට සකසා වන්දනා කොට පැදකුණු කොට එහි ම නොපෙනී ගියේ ය."

"කිම ? මොග්ගල්ලානයෙනි, ඔබ තම සිතින් කකුධ දිව්‍යපුත්‍රයා සිතූ අයුරු දැනගන්නා ලද්දේ ද? එනම් 'කකුධ දිව්‍ය පුත්‍ර තෙමේ යමක් කියයි නම් ඒ සියල්ල ඒ අයුරින් ම වෙයි. අන් අයුරකින් නොවෙයි' කියා ?"

"ස්වාමීනී, කකුධ දිව්‍ය පුත්‍ර තෙමේ යමක් කියයි නම් ඒ සියල්ල ඒ අයුරින් ම වෙයි. අන් අයුරකින් නොවෙයි කියා මවිසින් සිය සිතින් කකුධ දිව්‍ය පුත්‍රයා සිතූ අයුරු දැනගන්නා ලද්දේ ය."

"මොග්ගල්ලානයෙනි, ඔය වචනය රැකගනුව. දැන් දේවදත්ත හිස් පුරුෂයා තමා ම තමා ගැන පළ කරන්නේ ය.

මොග්ගලානයෙනි, ලෝකයෙහි මේ ශාස්තෲවරු පස් දෙනෙක් දකින්නට ලැබෙති. ඒ කවර පස් දෙනෙක් ද යත්;

1. මොග්ගල්ලානයෙනි, මෙහිලා ඇතැම් ශාස්තෲවරයෙක් නොපිරිසිදු සිල් ඇත්තේ ම පිරිසිදු සිල් ඇත්තෙක් වෙමි යි ප්‍රතිඥා දෙයි. මාගේ සීලය පිරිසිදු

ය. බබලයි. නොකිලිටි ය කියා ය. නමුත් ඔහු පිළිබඳ ව ශ්‍රාවකයෝ මෙසේ දනිති. 'මේ භවත් ශාස්තෘ තෙමේ නොපිරිසිදු සිල් ඇත්තේ ම පිරිසිදු සිල් ඇත්තෙක් වෙමි යි ප්‍රතිඥා දෙයි. මාගේ සීලය පිරිසිදු ය. බබලයි. නොකිලිටි ය කියා ය. වැලිදු අපි මෙය ගිහියන්ට පවසන්නෙමු නම් ඔහු ඒ ගැන අසතුටු වෙයි. යමක් ඔහුට අසතුටු වෙයි ද, එබඳු දෙයක් අපි කෙසේ නම් කියමු ද? සිවුරු, පිණ්ඩපාත, සේනාසන, ගිලන්පස බෙහෙත් පිරිකරින් ලෝකයා ඔහුට සළකයි. ඔහු යමක් කරන්නේ ද, එයින් හේ තමා ව ම ප්‍රකට කරගන්නේ ය.'

මොග්ගල්ලානයෙනි, මෙබඳු ස්වරූප ඇති ශාස්තෘවරයා ව ශ්‍රාවකයෝ සීලයෙන් රක්ෂා කරති. මෙබඳු වූ ශාස්තෘවරයා ශ්‍රාවකයන්ගෙන් සීලයෙහිලා රැකවරණ පතන්නේ ය.

2. තව ද මොග්ගල්ලානයෙනි, ඇතැම් ශාස්තෘවරයෙක් නොපිරිසිදු ජීවිකාව ඇත්තේ ම පිරිසිදු ජීවිකාව ඇත්තෙක් වෙමි යි ප්‍රතිඥා දෙයි. මාගේ ජීවිකාව පිරිසිදු ය. බබලයි. නොකිලිටි ය කියා ය. නමුත් ඔහු පිළිබඳ ව ශ්‍රාවකයෝ මෙසේ දනිති. 'මේ භවත් ශාස්තෘ තෙමේ නොපිරිසිදු ජීවිකාව ඇත්තේ ම පිරිසිදු ජීවිකාව ඇත්තෙක් වෙමි යි ප්‍රතිඥා දෙයි. මාගේ ජීවිකාව පිරිසිදු ය. බබලයි. නොකිලිටි ය කියා ය. වැලිදු අපි මෙය ගිහියන්ට පවසන්නෙමු නම් ඔහු ඒ ගැන අසතුටු වෙයි. යමක් ඔහුට අසතුටු වෙයි ද, එබඳු දෙයක් අපි කෙසේ නම් කියමු ද? සිවුරු, පිණ්ඩපාත, සේනාසන, ගිලන්පස බෙහෙත් පිරිකරින් ලෝකයා ඔහුට සළකයි. ඔහු යමක් කරන්නේ ද, එයින් හේ තමා ව ම ප්‍රකට කරගන්නේ ය.'

මොග්ගල්ලානයෙනි, මෙබඳු ස්වරූප ඇති ශාස්තෘවරයා ව ශ්‍රාවකයෝ ජීවිකාවෙන් රක්ෂා කරති. මෙබඳු වූ ශාස්තෘවරයා ශ්‍රාවකයන්ගෙන් ජීවිකාවෙහිලා රැකවරණ පතන්නේ ය.

3. තව ද මොග්ගල්ලානයෙනි, ඇතැම් ශාස්තෘවරයෙක් නොපිරිසිදු ධර්ම දේශනා ඇත්තේ ම පිරිසිදු ධර්ම දේශනා ඇත්තෙක් වෙමි යි ප්‍රතිඥා දෙයි. මාගේ ධර්ම දේශනාව පිරිසිදු ය. බබලයි. නොකිලිටි ය කියා ය. නමුත් ඔහු පිළිබඳ ව ශ්‍රාවකයෝ මෙසේ දනිති. 'මේ භවත් ශාස්තෘ තෙමේ නොපිරිසිදු ධර්ම දේශනාව ඇත්තේ ම පිරිසිදු ධර්ම දේශනාව ඇත්තෙක් වෙමි යි ප්‍රතිඥා දෙයි. මාගේ ධර්ම දේශනාව පිරිසිදු ය. බබලයි. නොකිලිටි ය කියා ය. වැලිදු අපි මෙය ගිහියන්ට පවසන්නෙමු නම් ඔහු ඒ ගැන අසතුටු වෙයි. යමක් ඔහුට අසතුටු වෙයි ද, එබඳු දෙයක් අපි කෙසේ නම් කියමු ද? සිවුරු, පිණ්ඩපාත, සේනාසන, ගිලන්පස බෙහෙත් පිරිකරින් ලෝකයා ඔහුට සළකයි. ඔහු යමක් කරන්නේ ද, එයින් හේ තමා ව ම ප්‍රකට කරගන්නේ ය.'

මොග්ගල්ලානයෙනි, මෙබඳු ස්වරූප ඇති ශාස්තෘවරයා ව ශ්‍රාවකයෝ ධර්ම දේශනාවෙන් රක්ෂා කරති. මෙබඳු වූ ශාස්තෘවරයා ශ්‍රාවකයන්ගෙන් ධර්ම දේශනාවෙහිලා රැකවරණ පතන්නේ ය.

4. තව ද මොග්ගල්ලානයෙනි, ඇතැම් ශාස්තෘවරයෙක් නොපිරිසිදු කථා ව්‍යවහාර ඇත්තේ ම පිරිසිදු කථා ව්‍යවහාර ඇත්තෙක් වෙමි යි ප්‍රතිඥා දෙයි. මාගේ කථා ව්‍යවහාරය පිරිසිදු ය. බබලයි. නොකිලිටි ය කියා ය. නමුත් ඔහු පිළිබඳ ව ශ්‍රාවකයෝ මෙසේ දනිති. 'මේ භවත් ශාස්තෘ තෙමේ නොපිරිසිදු කථා ව්‍යවහාර ඇත්තේ ම පිරිසිදු කථා ව්‍යවහාර ඇත්තෙක් වෙමි යි ප්‍රතිඥා දෙයි. මාගේ කථා ව්‍යවහාරය පිරිසිදු ය. බබලයි. නොකිලිටි ය කියා ය. වැලිදු අපි මෙය ගිහියන්ට පවසන්නෙමු නම් ඔහු ඒ ගැන අසතුටු වෙයි. යමක් ඔහුට අසතුටු වෙයි ද, එබඳු දෙයක් අපි කෙසේ නම් කියමු ද? සිවුරු, පිණ්ඩපාත, සේනාසන, ගිලන්පස බෙහෙත් පිරිකරින් ලෝකයා ඔහුට සළකයි. ඔහු යමක් කරන්නේ ද, එයින් හේ තමා ව ම ප්‍රකට කරගන්නේ ය.'

මොග්ගල්ලානයෙනි, මෙබඳු ස්වරූප ඇති ශාස්තෘවරයා ව ශ්‍රාවකයෝ කථා ව්‍යවහාරයෙන් රක්ෂා කරති. මෙබඳු වූ ශාස්තෘවරයා ශ්‍රාවකයන්ගෙන් කථා ව්‍යවහාරයෙහිලා රැකවරණ පතන්නේ ය.

5. තව ද මොග්ගල්ලානයෙනි, ඇතැම් ශාස්තෘවරයෙක් නොපිරිසිදු ඥාන දර්ශනය ඇත්තේ ම පිරිසිදු ඥාන දර්ශනය ඇත්තෙක් වෙමි යි ප්‍රතිඥා දෙයි. මාගේ ඥාන දර්ශනය පිරිසිදු ය. බබලයි. නොකිලිටි ය කියා ය. නමුත් ඔහු පිළිබඳ ව ශ්‍රාවකයෝ මෙසේ දනිති. 'මේ භවත් ශාස්තෘ තෙමේ නොපිරිසිදු ඥාන දර්ශනය ඇත්තේ ම පිරිසිදු ඥාන දර්ශනය ඇත්තෙක් වෙමි යි ප්‍රතිඥා දෙයි. මාගේ ඥාන දර්ශනය පිරිසිදු ය. බබලයි. නොකිලිටි ය කියා ය. වැලිදු අපි මෙය ගිහියන්ට පවසන්නෙමු නම් ඔහු ඒ ගැන අසතුටු වෙයි. යමක් ඔහුට අසතුටු වෙයි ද, එබඳු දෙයක් අපි කෙසේ නම් කියමු ද? සිවුරු, පිණ්ඩපාත, සේනාසන, ගිලන්පස බෙහෙත් පිරිකරින් ලෝකයා ඔහුට සළකයි. ඔහු යමක් කරන්නේ ද, එයින් හේ තමා ව ම ප්‍රකට කරගන්නේ ය.'

මොග්ගල්ලානයෙනි, මෙබඳු ස්වරූප ඇති ශාස්තෘවරයා ව ශ්‍රාවකයෝ ඥාන දර්ශනයෙන් රක්ෂා කරති. මෙබඳු වූ ශාස්තෘවරයා ශ්‍රාවකයන්ගෙන් ඥාන දර්ශනයෙහිලා රැකවරණ පතන්නේ ය.

මොග්ගලානයෙනි, ලෝකයෙහි මේ ශාස්තෘවරු පස් දෙනා දකින්නට ලැබෙති.

මොග්ගල්ලානයෙනි, මම වනාහී පිරිසිදු සිල් ඇති වූයේ ම පිරිසිදු සිල් ඇති බවට ප්‍රතිඥා දෙමි. මාගේ සීලය පිරිසිදු ය. බබලයි. නොකිලිටි ය කියා ය. ශ්‍රාවකයෝ සීලයෙන් මාව ආරක්ෂා නොකරති. මම ද ශ්‍රාවකයන්ගෙන් සීලයෙහිලා රැකවරණ නොපතමි.

මොග්ගල්ලානයෙනි, මම වනාහී පිරිසිදු ජීවිකාව ඇති වූයේ ම පිරිසිදු ජීවිකාව ඇති බවට ප්‍රතිඥා දෙමි. මාගේ ජීවිකාව පිරිසිදු ය. බබලයි. නොකිලිටි ය කියා ය. ශ්‍රාවකයෝ ජීවිකාවෙන් මාව ආරක්ෂා නොකරති. මම ද ශ්‍රාවකයන් ගෙන් ජීවිකාවෙහිලා රැකවරණ නොපතමි.

මොග්ගල්ලානයෙනි, මම වනාහී පිරිසිදු ධර්ම දේශනාව ඇති වූයේ ම පිරිසිදු ධර්ම දේශනාව ඇති බවට ප්‍රතිඥා දෙමි. මාගේ ධර්ම දේශනාව පිරිසිදු ය. බබලයි. නොකිලිටි ය කියා ය. ශ්‍රාවකයෝ ධර්ම දේශනාවෙන් මාව ආරක්ෂා නොකරති. මම ද ශ්‍රාවකයන්ගෙන් ධර්ම දේශනාවෙහිලා රැකවරණ නොපතමි.

මොග්ගල්ලානයෙනි, මම වනාහී පිරිසිදු කථා ව්‍යවහාරය ඇති වූයේ ම පිරිසිදු කථා ව්‍යවහාරය ඇති බවට ප්‍රතිඥා දෙමි. මාගේ කථා ව්‍යවහාරය පිරිසිදු ය. බබලයි. නොකිලිටි ය කියා ය. ශ්‍රාවකයෝ කථා ව්‍යවහාරයෙන් මාව ආරක්ෂා නොකරති. මම ද ශ්‍රාවකයන්ගෙන් කථා ව්‍යවහාරයෙහිලා රැකවරණ නොපතමි.

මොග්ගල්ලානයෙනි, මම වනාහී පිරිසිදු ඥාන දර්ශනය ඇති වූයේ ම පිරිසිදු ඥාන දර්ශනය ඇති බවට ප්‍රතිඥා දෙමි. මාගේ ඥාන දර්ශනය පිරිසිදු ය. බබලයි. නොකිලිටි ය කියා ය. ශ්‍රාවකයෝ ඥාන දර්ශනයෙන් මාව ආරක්ෂා නොකරති. මම ද ශ්‍රාවකයන්ගෙන් ඥාන දර්ශනයෙහිලා රැකවරණ නොපතමි.”

සාදු! සාදු!! සාදු!!!

කකුධ සූත්‍රය නිමා විය.

පස්වෙනි කකුධ වර්ගය අවසන් විය.

- එහි පිළිවෙල උද්දානය යි :

සම්පදා සූත්‍ර දෙක, ඛ්‍යාකරණ සූත්‍රය, ඵාසුවිහාර සූත්‍රය, අකුප්ප සූත්‍ර සතර, සීහ සූත්‍රය සහ කකුධ සූත්‍රය වශයෙන් මෙහි සූත්‍ර දශයකි.

දෙවෙනි පණ්ණාසකය නිමා විය.

තෙවන පණ්ණාසකය

1. ඵාසුවිහාර වර්ගය

5.3.1.1.
සේඛ වේසාරජ්ජ සූත්‍රය
සේඛ භික්ෂුවගේ විශාරද බව ගැන වදාළ දෙසුම

සැවැත් නුවර දී ය ......

මහණෙනි, සේඛ භික්ෂුව හට විශාරද බව ඇතිකරන මේ ධර්මයෝ පසකි. ඒ කවර පසක් ද යත්;

මහණෙනි, මෙහිලා භික්ෂුව ශ්‍රද්ධා ඇත්තේ වෙයි. සිල්වත් වෙයි. බහුශ්‍රැත වෙයි. පටන් ගත් වීරිය ඇත්තේ වෙයි. ප්‍රඥාවන්ත වෙයි.

මහණෙනි, ශ්‍රද්ධා නැති භික්ෂුව හට යම් පීඩාවක් ඇත්නම් ශ්‍රද්ධා ඇති භික්ෂුව හට ඒ පීඩාව නොවෙයි. එහෙයින් මේ ශ්‍රද්ධා ඇති බව නම් වූ ධර්මය සේඛ භික්ෂුවට විශාරද බව ඇති කරයි.

මහණෙනි, දුස්සීල භික්ෂුව හට යම් පීඩාවක් ඇත්නම් සිල්වත් භික්ෂුව හට ඒ පීඩාව නොවෙයි. එහෙයින් මේ සිල්වත් බව නම් වූ ධර්මය සේඛ භික්ෂුවට විශාරද බව ඇති කරයි.

මහණෙනි, අල්පශ්‍රැත භික්ෂුව හට යම් පීඩාවක් ඇත්නම් බහුශ්‍රැත භික්ෂුව හට ඒ පීඩාව නොවෙයි. එහෙයින් මේ බහුශ්‍රැත බව නම් වූ ධර්මය සේඛ භික්ෂුවට විශාරද බව ඇති කරයි.

මහණෙනි, කුසීත භික්ෂුව හට යම් පීඩාවක් ඇත්නම් පටන්ගත් වීරිය ඇති භික්ෂුව හට ඒ පීඩාව නොවෙයි. එහෙයින් මේ පටන්ගත් වීරිය ඇති බව

නම් වූ ධර්මය සේඛ භික්ෂුවට විශාරද බව ඇති කරයි.

මහණෙනි, දුෂ්ප්‍රාඥ භික්ෂුව හට යම් පීඩාවක් ඇත්නම් ප්‍රඥාවන්ත භික්ෂුව හට ඒ පීඩාව නොවෙයි. එහෙයින් මේ ප්‍රඥාව ඇති බව නම් වූ ධර්මය සේඛ භික්ෂුවට විශාරද බව ඇති කරයි.

මහණෙනි, මේ වනාහී සේඛ භික්ෂුව හට විශාරද බව ඇතිකරන ධර්මයෝ පස යි.

සාදු! සාදු!! සාදු!!!

සේඛ වේසාරජ්ජ සූත්‍රය නිමා විය.

5.3.1.2.
සංකිත සූත්‍රය
සැක කරන බව ගැන වදාළ දෙසුම

සැවැත් නුවර දී ය ......

මහණෙනි, පස් කරුණකින් සමන්විත වූ භික්ෂුව අකෝප්‍ය වූ අරහත්වයට පත්වූයේ නමුත් පාප භික්ෂුවක් යැයි යළි යළි ත් සැක කරන්නේ, හැම අයුරින් සැක කරන්නේ වෙයි. ඒ කවර පසක් ද යත්;

මහණෙනි, මෙහිලා භික්ෂුව ගණිකාවන් වාසය කරන තැන් කරා පිඬු සිඟා යයි. වැන්දඹුවන් වාසය කරන තැන් කරා පිඬු සිඟා යයි. මහළු මෙනෙවියන් වාසය කරන තැන් කරා පිඬු සිඟා යයි. නපුංසකයන් වාසය කරන තැන් කරා පිඬු සිඟා යයි. භික්ෂුණීන් වාසය කරන තැන් කරා පිඬු සිඟා යයි.

මහණෙනි, මේ පස් කරුණෙන් සමන්විත වූ භික්ෂුව අකෝප්‍ය වූ අරහත්වයට පත්වූයේ නමුත් පාප භික්ෂුවක් යැයි යළි යළි ත් සැක කරන්නේ, හැම අයුරින් සැක කරන්නේ වෙයි.

සාදු! සාදු!! සාදු!!!

සංකිත සූත්‍රය නිමා විය.

5.3.1.3.
මහා චෝර සූත්‍රය
මහා සොරා ගැන වදාළ දෙසුම

සැවැත් නුවර දී ය ......

මහණෙනි, පස් කරුණකින් සමන්විත වූ මහා සොරා ගෙවල් ද බිඳියි. පැහැරගැනීම් ද කරයි. එක් ගෙයක් වටකොට ද පැහැර ගනියි. මංපැහැරීම් ද කරයි. ඒ කවර පසක් ද යත්;

මහණෙනි, මෙහිලා මහා චෞරයා විෂම තැන් ඇසුරු කරන්නේ වෙයි. ආවරණ තැන් ඇසුරු කරන්නේ වෙයි. බලවත් තැන් ඇසුරු කරන්නේ වෙයි. භෝග සම්පත් දෙන්නේ වෙයි. හුදෙකලාව හැසිරෙන්නේ වෙයි.

මහණෙනි, මහා චෞරයා විෂම තැන් ඇසුරු කරන්නේ කෙසේ ද? මහණෙනි, මෙහිලා මහා චෞර තෙමේ නදී දුර්ගයන් ඇසුරු කරන්නේ වෙයි. ළං නොවිය හැකි පර්වතයන් ඇසුරු කරන්නේ වෙයි. මහණෙනි, මෙසේ මහා චෞරයා විෂම තැන් ඇසුරු කරන්නේ වෙයි.

මහණෙනි, මහා චෞරයා ආවරණ තැන් ඇසුරු කරන්නේ කෙසේ ද? මහණෙනි, මෙහිලා මහා චෞර තෙමේ උස් ව වැඩුණු තෘණ ගහණයෙන් යුක්ත තැන් ඇත්තේ ද, එක් ව වැඩුණු ගස් කොළන් ගහණ ව ඇති තැන් ඇත්තේ වෙයි ද, ඝන වනලැහැබ් ඇත්තේ වෙයි ද, එබඳු තැන් ඇසුරු කරන්නේ වෙයි. මහණෙනි, මෙසේ මහා චෞරයා ආවරණ තැන් ඇසුරු කරන්නේ වෙයි.

මහණෙනි, මහා චෞරයා බලවත් තැන් ඇසුරු කරන්නේ කෙසේ ද? මහණෙනි, මෙහිලා මහා චෞර තෙමේ රජුන් හෝ රාජමහාමාත්‍යයන් හෝ ඇසුරු කරන්නේ වෙයි. ඔහුට මෙසේ සිතෙයි. 'ඉදින් මා ගැන කිසිවෙක් හෝ කිසිදෙයක් කියයි නම් මේ රජු හෝ රාජමහාමාත්‍යයෝ හෝ ඒ කරුණ යටපත් කොට මා ගැන හොඳ පවසන්නාහු ය. ඉදින් ඔහුට කිසිවෙක් කිසිවක් කියයි නම් රජු හෝ රාජමහාමාත්‍යයෝ හෝ ඔහුගේ අපරාධය යටපත් කොට හොඳ කියති. මහණෙනි, මෙසේ මහා චෞරයා බලවත් තැන් ඇසුරු කරන්නේ වෙයි.

මහණෙනි, මහා චෞරයා භෝග සම්පත් දෙන්නේ කෙසේ ද? මහණෙනි, මෙහිලා මහා චෞර තෙමේ ආඪ්‍ය වූයේ, මහත් ධනයකින් යුතු වූයේ, මහත්

භෝග සම්පත් ඇත්තේ වෙයි. ඔහුට මෙසේ සිතෙයි. 'ඉදින් යමෙක් මා ගැන කිසිවක් කියයි නම් මම ඔහුට තෑගි භෝග දීමෙන් සතුටු කරන්නෙමි' යි. ඉදින් ඔහුට කිසිවෙක් කිසිවක් කියයි නම් ඔහු තෑගි භෝගයන්ගෙන් සළකයි. මහණෙනි, මෙසේ මහා චෞරයා භෝග සම්පත් දෙන්නේ වෙයි.

මහණෙනි, මහා චෞරයා හුදෙකලාව හැසිරෙන්නේ කෙසේ ද? මහණෙනි, මෙහිලා මහා චෞර තෙමේ හුදෙකලා වූයේ ම අනුන් සතු දේ පැහැර ගන්නේ වෙයි. මක් නිසාද යත්, මාගේ රහස් සාකච්ඡාවෝ බැහැරට නොයත්වා යි කියා ය. මහණෙනි, මෙසේ මහා චෞරයා හුදෙකලාව හැසිරෙන්නේ වෙයි.

මහණෙනි, මේ පස් කරුණෙන් සමන්විත වූ මහා සොරා ගෙවල් ද බිඳියි. පැහැරගැනීම් ද කරයි. එක් ගෙයක් වටකොට ද පැහැර ගනියි. මංපැහැරීම් ද කරයි.

එසෙයින් ම මහණෙනි, පස් කරුණකින් සමන්විත වූ පව්ටු භික්ෂුව සාරා දැමූ ගුණ ඇති, නසා ගත් ජීවිතයක් පරිහරණය කරයි. වරදින් යුක්ත වූයේ නුවණැත්තන්ගේ දෝෂයට ද ලක්වෙයි. බොහෝ පව් ද රැස් කරයි. ඒ කවර පසක් ද යත්;

මහණෙනි, මෙහිලා පව්ටු භික්ෂුව විෂම තැන් ඇසුරු කරන්නේ වෙයි. ආවරණ තැන් ඇසුරු කරන්නේ වෙයි. බලවත් තැන් ඇසුරු කරන්නේ වෙයි. භෝග සම්පත් දෙන්නේ වෙයි. හුදෙකලාව හැසිරෙන්නේ වෙයි.

මහණෙනි, පව්ටු භික්ෂුව විෂම තැන් ඇසුරු කරන්නේ කෙසේ ද? මහණෙනි, මෙහිලා පව්ටු භික්ෂුව විෂම වූ කායික ක්‍රියාවන්ගෙන් යුක්ත වූයේ වෙයි. විෂම වූ වාචසික ක්‍රියාවන්ගෙන් යුක්ත වූයේ වෙයි. විෂම වූ මානසික ක්‍රියාවන්ගෙන් යුක්ත වූයේ වෙයි. මහණෙනි, මෙසේ පව්ටු භික්ෂුව විෂම තැන් ඇසුරු කරන්නේ වෙයි.

මහණෙනි, පව්ටු භික්ෂුව ආවරණ තැන් ඇසුරු කරන්නේ කෙසේ ද? මහණෙනි, මෙහිලා පව්ටු භික්ෂුව මිථ්‍යා දෘෂ්ටික වූයේ වෙයි. අන්තයට ගිය මිථ්‍යා දෘෂ්ටියෙන් යුක්ත වූයේ වෙයි. මහණෙනි, මෙසේ පව්ටු භික්ෂුව ආවරණ තැන් ඇසුරු කරන්නේ වෙයි.

මහණෙනි, පව්ටු භික්ෂුව බලවත් තැන් ඇසුරු කරන්නේ කෙසේ ද? මහණෙනි, මෙහිලා පව්ටු භික්ෂුව රජුන් හෝ රාජමහාමාත්‍යයන් හෝ ඇසුරු කරන්නේ වෙයි. ඔහුට මෙසේ සිතෙයි. 'ඉදින් මා ගැන කිසිවෙක් හෝ කිසිදෙයක් කියයි නම් මේ රජු හෝ රාජමහාමාත්‍ය හෝ ඒ කරුණ යටපත්

කොට මා ගැන හොඳ පවසන්නාහු ය. ඉදින් ඔහුට කිසිවෙක් කිසිවක් කියයි නම් රජු හෝ රාජමහාමාත්‍යයෝ හෝ ඔහුගේ අපරාධය යටපත් කොට හොඳ කියති. මහණෙනි, මෙසේ පවිටු භික්ෂුව බලවත් තැන් ඇසුරු කරන්නේ වෙයි.

මහණෙනි, පවිටු භික්ෂුව භෝග සම්පත් දෙන්නේ කෙසේ ද? මහණෙනි, මෙහිලා පවිටු භික්ෂුව චීවර, පිණ්ඩපාත, සේනාසන, ගිලන්පස බෙහෙත් පිරිකර ආදිය ලබන සුළු වූයේ වෙයි. ඔහුට මෙසේ සිතෙයි. 'ඉදින් යමෙක් මා ගැන කිසිවක් කියයි නම් මම ඔහුට තෑගි භෝග දීමෙන් සතුටු කරන්නෙමි' යි. ඉදින් ඔහුට කිසිවෙක් කිසිවක් කියයි නම් ඔහු තෑගි භෝගයන්ගෙන් සළකයි. මහණෙනි, මෙසේ පවිටු භික්ෂුව භෝග සම්පත් දෙන්නේ වෙයි.

මහණෙනි, පවිටු භික්ෂුව හුදෙකලාව හැසිරෙන්නේ කෙසේ ද? මහණෙනි, මෙහිලා පවිටු භික්ෂුව ඈත ජනපදයන්හි තනි ව වාසය කරන්නේ වෙයි. හේ එහිදී දායක පවුල් වෙත පැමිණ ලාභ සත්කාර ලබයි. මහණෙනි, මෙසේ පවිටු භික්ෂුව හුදෙකලාව හැසිරෙන්නේ වෙයි.

මහණෙනි, මේ පස් කරුණෙන් සමන්විත වූ පවිටු භික්ෂුව සාරා දැමූ ගුණ ඇති, නසා ගත් ජීවිතයක් පරිහරණය කරයි. වරදින් යුක්ත වූයේ නුවණැත්තන්ගේ දෝෂයට ද ලක්වෙයි. බොහෝ පව් ද රැස් කරයි.

සාදු! සාදු!! සාදු!!!

මහා චෝර සූත්‍රය නිමා විය.

5.3.1.4.
සමණ සුඛුමාල සූත්‍රය
සුකුමාල ශ්‍රමණයා ගැන වදාළ දෙසුම

සැවැත් නුවර දී ය .....

මහණෙනි, පස් කරුණකින් සමන්විත වූ භික්ෂුව ශ්‍රමණයන් අතර ශ්‍රමණ සුකුමාල හෙවත් සැප බහුල ශ්‍රමණයාණෝ යැයි කියනු ලැබේ. ඒ කවර කරුණු පසක් ද යත්;

මහණෙනි, මෙහිලා භික්ෂුව ඇරයුම් කරනු ලබන්නේ ම බොහෝ සිවුරු පරිහරණය කරයි. ඇරයුම් නොලබන්නේ නම් අල්ප වශයෙනි. ඇරයුම් කරනු

ලබන්නේ ම බොහෝ පිණ්ඩපාතය පරිහරණය කරයි. ඇරයුම් නොලබන්නේ නම් අල්ප වශයෙනි. ඇරයුම් කරනු ලබන්නේ ම බොහෝ සෙනසුන් පරිහරණය කරයි. ඇරයුම් නොලබන්නේ නම් අල්ප වශයෙනි. ඇරයුම් කරනු ලබන්නේ ම බොහෝ ගිලන්පස බෙහෙත් පිරිකර පරිහරණය කරයි. ඇරයුම් නොලබන්නේ නම් අල්ප වශයෙනි.

යම් සබ්‍රහ්මචාරීන් වහන්සේලා සමඟ එක් ව වාසය කරයි ද, ඒ භික්ෂුව හට සබ්‍රහ්මචාරීන් වහන්සේලා මනාප වූ කාය කර්මයන් බහුල ව පවත්වන්නාහු ය. අමනාප දේ අල්ප වශයෙනි. මනාප වූ වචී කර්මයන් බහුල ව පවත්වන්නාහු ය. අමනාප දේ අල්ප වශයෙනි. මනාප වූ මනෝ කර්මයන් බහුල ව පවත්වන්නාහු ය. අමනාප දේ අල්ප වශයෙනි. මනාප වූ උපහාරයන් බහුල ව උපහාර කරති. අමනාප දේ අල්ප වශයෙනි.

යම්කිසි වේදනාවෝ හටගනිත් නම් එනම්, පිතෙන් හටගත් විඳීම් වේවා, සෙමෙන් හටගත් විඳීම් වේවා, වාතයෙන් හටගත් විඳීම් වේවා, තුන්දොස් කිපීමෙන් හටගත් විඳීම් වේවා, ඍතු විපර්යාසයෙන් හටගත් විඳීම් වේවා, විෂම පරිහරණයෙන් හටගත් විඳීම් වේවා, උපක්‍රමයෙන් හටගත් විඳීම් වේවා, කර්ම විපාකයෙන් හටගත් විඳීම් වේවා, ඒ වේදනා ඒ භික්ෂුවට හටගන්නේ බහුල වශයෙන් නොවෙයි. අල්ප වූ ආබාධ ඇත්තේ වෙයි.

ගැඹුරු චිත්ත දියුණුවෙන් යුතු මෙලොව දී ලැබෙන සැප විහරණ ඇති සතරක් වූ ධ්‍යානයන් කැමති සේ ලබන්නේ වෙයි. නිදුකින් ලබන්නේ වෙයි. බොහෝ සේ ලබන්නේ වෙයි.

ආශ්‍රවයන් ක්ෂය වීමෙන් අනාශ්‍රව වූ චිත්ත විමුක්තිය ත්, ප්‍රඥා විමුක්තිය ත් මේ ජීවිතයේදී ම සිය විශිෂ්ට නුවණින් සාක්ෂාත් කොට එයට පැමිණ වසන්නේ වෙයි.

මහණෙනි, මේ පස් කරුණෙන් සමන්විත වූ භික්ෂුව ශ්‍රමණයන් අතර ශ්‍රමණ සුකුමාල හෙවත් සැප බහුල ශ්‍රමණයාණෝ යැයි කියනු ලැබේ.

මහණෙනි, යමෙකු අරහයා ශ්‍රමණයන් අතර ශ්‍රමණ සුකුමාලයෙකි යි මැනැවින් කියන්නේ නම් මහණෙනි, ශ්‍රමණයන් අතර ශ්‍රමණ සුකුමාලයෙකි යි කියා මනාකොට කියනු ලබන්නේ මා අරහයා ය.

මහණෙනි, මම් වනාහී ඇරයුම් කරනු ලබන්නේ ම බොහෝ සිවුරු පරිහරණය කරමි. ඇරයුම් නොලබන්නේ නම් අල්ප වශයෙනි. ඇරයුම් කරනු ලබන්නේ ම බොහෝ පිණ්ඩපාතය ....(පෙ).... සෙනසුන් ....(පෙ).... ඇරයුම්

නොලබන්නේ නම් අල්ප වශයෙනි. ඇරයුම් කරනු ලබන්නේ ම බොහෝ ගිලන්පස බෙහෙත් පිරිකර පරිහරණය කරමි. ඇරයුම් නොලබන්නේ නම් අල්ප වශයෙනි.

යම් භික්ෂූන් සමඟ එක් ව වාසය කරම් ද, ඒ මා හට ඔවුහු මනාප වූ කාය කර්මයන් බහුල ව පවත්වන්නාහු ය. අමනාප දේ අල්ප වශයෙනි. මනාප වූ වචී කර්මයන් බහුල ව පවත්වන්නාහු ය. අමනාප දේ අල්ප වශයෙනි. මනාප වූ මනෝ කර්මයන් බහුල ව පවත්වන්නාහු ය. අමනාප දේ අල්ප වශයෙනි. මනාප වූ උපහාරයන් බහුල ව උපහාර කරති. අමනාප දේ අල්ප වශයෙනි.

යම්කිසි වේදනාවෝ හටගනිත් නම් එනම්, පිතෙන් හටගත් විඳීම් වේවා, සෙමෙන් හටගත් විඳීම් වේවා, වාතයෙන් හටගත් විඳීම් වේවා, තුන්දොස් කිපීමෙන් හටගත් විඳීම් වේවා, ඍතු විපර්යාසයෙන් හටගත් විඳීම් වේවා, විෂම පරිහරණයෙන් හටගත් විඳීම් වේවා, උපක්‍රමයෙන් හටගත් විඳීම් වේවා, කර්ම විපාකයෙන් හටගත් විඳීම් වේවා, ඒ වේදනා ඒ මා හට හටගන්නේ බහුල වශයෙන් නොවෙයි. අල්ප වූ ආබාධ ඇත්තේ වෙමි.

ගැඹුරු චිත්ත දියුණුවෙන් යුතු මෙලොව දී ලැබෙන සැප විහරණ ඇති සතරක් වූ ධ්‍යානයන් කැමති සේ ලබන්නේ වෙමි. නිදුකින් ලබන්නේ වෙමි. බොහෝ සේ ලබන්නේ වෙමි.

ආශ්‍රවයන් ක්ෂය වීමෙන් අනාශ්‍රව වූ චිත්ත විමුක්තිය ත්, ප්‍රඥා විමුක්තිය ත් මේ ජීවිතයේදී ම සිය විශිෂ්ට නුවණින් සාක්ෂාත් කොට එයට පැමිණ වසන්නේ වෙමි.

මහණෙනි, යමෙකු අරහයා ශ්‍රමණයන් අතර ශ්‍රමණ සුකුමාලයෙකි යි මැනැවින් කියන්නේ නම් මහණෙනි, ශ්‍රමණයන් අතර ශ්‍රමණ සුකුමාලයෙකි යි කියා මනාකොට කියනු ලබන්නේ මා අරහයා ය.

සාදු! සාදු!! සාදු!!!

සමණ සුඛුමාල සූත්‍රය නිමා විය.

5.3.1.5.
ඵාසුවිහාර සූත්‍රය
පහසුවෙන් වාසය කිරීම ගැන වදාළ දෙසුම

සැවැත් නුවර දී ය .....

මහණෙනි, මේ පහසුවෙන් වාසය කිරීම් පසකි. ඒ කවර පසක් ද යත්;

මහණෙනි, මෙහිලා භික්ෂුව තුළ සබ්‍රහ්මචාරීන් වහන්සේලා කෙරෙහි එළිපිට ත්, රහසේ ත් මෛත්‍රී කාය කර්මයන් එළඹ සිටියේ වෙයි. මෛත්‍රී වචී කර්මය ....(පෙ).... සබ්‍රහ්මචාරීන් වහන්සේලා කෙරෙහි එළිපිට ත්, රහසේ ත් මෛත්‍රී මනෝ කර්මයන් එළඹ සිටියේ වෙයි.

යම් මේ සීලයක් ඇද්ද, එය නොකඩ කොට, සිදුරු රහිත ව, පැල්ලම් රහිත ව, කැලැල් රහිත ව, තෘෂ්ණා දාස බව රහිත ව, නැණවතුන්ගෙන් ප්‍රශංසා ලැබෙන පරිදි, තෘෂ්ණා දෘෂ්ටි ආදිය මිශ්‍ර නොකොට, සමාධිය පිණිස පවතින යම් සීලයක් ඇද්ද, සබ්‍රහ්මචාරීන් වහන්සේලා සමඟ එළිපිට ත්, රහසේ ත් සීලයෙන් සමාන වූයේ වෙයි.

ආර්ය වූ, නිවන පිණිස පවතින, මැනැවින් දුක් අවසන් කරනු ලබන, යම් දෘෂ්ටියක් ඇද්ද, එබඳු වූ දෘෂ්ටියකින් සබ්‍රහ්මචාරීන් වහන්සේලා සමඟ එළිපිට ත්, රහසේ ත් සමාන වූයේ වෙයි.

මහණෙනි, මේ වනාහී පහසුවෙන් වාසය කිරීම් පස යි.

සාදු! සාදු!! සාදු!!!

ඵාසුවිහාර සූත්‍රය නිමා විය.

5.3.1.6.
ආනන්ද සූත්‍රය
අනඳ තෙරුන් හට වදාළ දෙසුම

එක් සමයක භාග්‍යවතුන් වහන්සේ කොසඹෑ නුවර ඝෝෂිතාරාමයෙහි වැඩවසන සේක. එකල්හී ආයුෂ්මත් ආනන්දයන් වහන්සේ භාග්‍යවතුන්

වහන්සේ වෙත වැඩියහ. වැඩම කොට භාග්‍යවතුන් වහන්සේට සකසා වන්දනා කොට එකත්පස් ව හිඳගත්හ. එකත්පස් ව හුන් ආයුෂ්මත් ආනන්දයන් වහන්සේ භාග්‍යවතුන් වහන්සේට මෙය පැවසූහ.

"ස්වාමීනී, භික්ෂුවක් සංඝයා අතර වාසය කරද්දී සුවසේ වාසය කරන්නේ කොපමණ කරුණු මත ද?"

"ආනන්දයෙනි, යම් කලක භික්ෂුව තමා ත් සීල සම්පන්න වූයේ වෙයි ද, අනුන්ගේ අධිසීලයෙහිලා උපවාද නොකරන්නේ වෙයි ද, ආනන්දයෙනි, මෙපමණකිනුත් සංඝයා අතර වාසය කරන භික්ෂුව සුවසේ වසන්නේ ය."

"ස්වාමීනී, සංඝයා අතර වාසය කරන භික්ෂුව සුවසේ වසන්නේ යම් සේ ද, එබඳු ම අන්‍ය වූ කරුණකුත් තිබෙන්නේ ද?"

"තිබෙන්නේ ය, ආනන්දයෙනි. යම් කලක භික්ෂුව තමා ත් සීල සම්පන්න වූයේ වෙයි ද, අනුන්ගේ අධිසීලයෙහිලා උපවාද නොකරන්නේ වෙයි ද, තමාගේ කටයුතු දක්නා සුළු වෙයි ද, අනුන් කළ නොකළ දෑ නොදකින්නේ වෙයි ද, ආනන්දයෙනි, මෙපමණකිනුත් සංඝයා අතර වාසය කරන භික්ෂුව සුවසේ වසන්නේ ය."

"ස්වාමීනී, සංඝයා අතර වාසය කරන භික්ෂුව සුවසේ වසන්නේ යම් සේ ද, එබඳු ම අන්‍ය වූ කරුණකුත් තිබෙන්නේ ද?"

"තිබෙන්නේ ය, ආනන්දයෙනි. යම් කලක භික්ෂුව තමා ත් සීල සම්පන්න වූයේ වෙයි ද, අනුන්ගේ අධිසීලයෙහිලා උපවාද නොකරන්නේ වෙයි ද, තමාගේ කටයුතු දක්නා සුළු වෙයි ද, අනුන් කළ නොකළ දෑ නොදකින්නේ වෙයි ද, අප්‍රකට ව සිටින්නේ වෙයි ද, ඒ අප්‍රසිද්ධභාවය හේතුවෙන් නොපසුතැවෙන්නේ වෙයි ද, ආනන්දයෙනි, මෙපමණකිනුත් සංඝයා අතර වාසය කරන භික්ෂුව සුවසේ වසන්නේ ය."

"ස්වාමීනී, සංඝයා අතර වාසය කරන භික්ෂුව සුවසේ වසන්නේ යම් සේ ද, එබඳු ම අන්‍ය වූ කරුණකුත් තිබෙන්නේ ද?"

"තිබෙන්නේ ය, ආනන්දයෙනි. යම් කලක භික්ෂුව තමා ත් සීල සම්පන්න වූයේ වෙයි ද, අනුන්ගේ අධිසීලයෙහිලා උපවාද නොකරන්නේ වෙයි ද, තමාගේ කටයුතු දක්නා සුළු වෙයි ද, අනුන් කළ නොකළ දෑ නොදකින්නේ වෙයි ද, අප්‍රකට ව සිටින්නේ වෙයි ද, ඒ අප්‍රසිද්ධභාවය හේතුවෙන් නොපසුතැවෙන්නේ වෙයි ද, ගැඹුරු චිත්ත දියුණුවෙන් යුතු මේ ජීවිතයේ සැප සේ වාසය කිරීම නම් වූ සතරක් වූ ධ්‍යානයන් කැමති සේ ත්, පහසුවෙනුත්, බොහෝ සෙයිනුත්

ලබන්නේ වෙයි ද, ආනන්දයෙනි, මෙපමණකිනුත් සංඝයා අතර වාසය කරන භික්ෂුව සුවසේ වසන්නේ ය."

"ස්වාමීනී, සංඝයා අතර වාසය කරන භික්ෂුව සුවසේ වසන්නේ යම් සේ ද, එබඳු ම අන්‍ය වූ කරුණකුත් තිබෙන්නේ ද?"

"තිබෙන්නේ ය, ආනන්දයෙනි. යම් කලක භික්ෂුව තමා ත් සීල සම්පන්න වූයේ වෙයි ද, අනුන්ගේ අධිසීලයෙහිලා උපවාද නොකරන්නේ වෙයි ද, තමාගේ කටයුතු දක්නා සුළු වෙයි ද, අනුන් කළ නොකළ දෑ නොදකින්නේ වෙයි ද, අප්‍රකට ව සිටින්නේ වෙයි ද, ඒ අප්‍රසිද්ධභාවය හේතුවෙන් නොපසුතැවෙන්නේ වෙයි ද, ගැඹුරු චිත්ත දියුණුවෙන් යුතු මේ ජීවිතයේ සැප සේ වාසය කිරීම නම් වූ සතරක් වූ ධ්‍යානයන් කැමති සේ ත්, පහසුවෙනුත්, බොහෝ සෙයිනුත් ලබන්නේ වෙයි ද, ආශ්‍රවයන් ක්ෂය වීමෙන් අනාශ්‍රව වූ චේතෝ විමුක්තිය ත්, ප්‍රඥා විමුක්තිය ත් මෙලොව දී ම සිය විශිෂ්ට ඥානයෙන් සාක්ෂාත් කොට එයට පැමිණ වසන්නේ වෙයි. ආනන්දයෙනි, මෙපමණකිනුත් සංඝයා අතර වාසය කරන භික්ෂුව සුවසේ වසන්නේ ය.

ආනන්දයෙනි, මේ ආශ්‍රවයන් ක්ෂය වීම නම් වූ පහසුවෙන් වාසය කිරීමට වඩා උත්තරීතර වූ ප්‍රණීතතර වූ පහසුවෙන් වාසය කිරීමක් නැතැයි කියමි."

සාදු! සාදු!! සාදු!!!

ආනන්ද සූත්‍රය නිමා විය.

5.3.1.7.
සීල සම්පන්න සූත්‍රය
සීල සම්පන්න වීම ගැන වදාළ දෙසුම

සැවැත් නුවර දී ය .....

මහණෙනි, පස් කරුණකින් සමන්විත වූ භික්ෂුව ආහුණෙය්‍ය වෙයි, පාහුණෙය්‍ය වෙයි, දක්ඛිණෙය්‍ය වෙයි, අංජලිකරණීය වෙයි, ලොවෙහි අනුත්තර පින්කෙත වෙයි. ඒ කවර කරුණු පසකින් ද යත්;

මහණෙනි, මෙහිලා භික්ෂුව සීල සම්පන්න වෙයි. සමාධි සම්පන්න වෙයි. ප්‍රඥා සම්පන්න වෙයි. විමුක්ති සම්පන්න වෙයි. විමුක්ති ඥානදර්ශන

සම්පන්න වෙයි.

මහණෙනි, මේ පස් කරුණෙන් සමන්විත වූ භික්ෂුව ආහුණෙය්‍ය වෙයි, පාහුණෙය්‍ය වෙයි, දක්ඛිණෙය්‍ය වෙයි, අංජලිකරණීය වෙයි, ලොවෙහි අනුත්තර පින්කෙත වෙයි.

සාදු! සාදු!! සාදු!!!

සීලසම්පන්න සූත්‍රය නිමා විය.

5.3.1.8.
අසේඛ සූත්‍රය
නිවන් මග සම්පූර්ණ කළ භික්ෂුව ගැන වදාළ දෙසුම

සැවැත් නුවර දී ය .....

මහණෙනි, පස් කරුණකින් සමන්විත වූ භික්ෂුව ආහුණෙය්‍ය වෙයි, ...(පෙ).... ලොවෙහි අනුත්තර පින්කෙත වෙයි. ඒ කවර කරුණු පසකින් ද යත්;

මහණෙනි, මෙහිලා භික්ෂුව හික්මීම සම්පූර්ණ කරන ලද සීල ස්කන්ධයෙන් යුක්ත වූයේ වෙයි. හික්මීම සම්පූර්ණ කරන ලද සමාධි ස්කන්ධයෙන් යුක්ත වූයේ වෙයි. හික්මීම සම්පූර්ණ කරන ලද ප්‍රඥා ස්කන්ධයෙන් යුක්ත වූයේ වෙයි. හික්මීම සම්පූර්ණ කරන ලද විමුක්ති ස්කන්ධයෙන් යුක්ත වූයේ වෙයි. හික්මීම සම්පූර්ණ කරන ලද විමුක්ති ඥානදර්ශන ස්කන්ධයෙන් යුක්ත වූයේ වෙයි.

මහණෙනි, මේ පස් කරුණෙන් සමන්විත වූ භික්ෂුව ආහුණෙය්‍ය වෙයි, ...(පෙ).... ලොවෙහි අනුත්තර පින්කෙත වෙයි.

සාදු! සාදු!! සාදු!!!

අසේඛ සූත්‍රය නිමා විය.

5.3.1.9.
චාතුද්දිස සූත්‍රය
සිව් දිශාව ගැන වදාළ දෙසුම

සැවැත් නුවර දී ය .....

මහණෙනි, පස් කරුණකින් සමන්විත වූ භික්ෂුව සිව් දිශාවේ කොතැනට ගිය ත් සුවසේ සිටින්නේ වෙයි. ඒ කවර කරුණු පසකින් ද යත්;

මහණෙනි, මෙහිලා භික්ෂුව සිල්වත් වෙයි. ප්‍රාතිමෝක්ෂ සංවරයෙන් සංවර වූයේ වෙයි. යහපත් ඇවතුම් පැවතුම් ඇති ව වසන්නේ වෙයි. අණුමාත්‍ර වූ වරදෙහි ත් බිය දකින සුළු ව සමාදන් වූ ශික්ෂාපදයන්හි හික්මෙන්නේ වෙයි.

ධර්මය බොහෝ සෙයින් අසන ලද්දේ වෙයි. ඒ ඇසූ දහම් ධරන්නේ වෙයි. ඒ ඇසූ දහම් සිත්හිලා රැස් කරගන්නේ වෙයි. යම් ඒ ධර්මයෝ කල්‍යාණ වූ පටන් ගැනීමෙකින් යුක්ත වෙත් ද, කල්‍යාණ වූ මැදකින් යුක්ත වෙත් ද, කල්‍යාණ වූ අවසානයකින් යුක්ත වෙත් ද, අර්ථ සහිත වෙත් ද, පැහැදිලි වචනයෙන් යුක්ත වෙත් ද, හැම ලෙසින් ම පිරිපුන් පිරිසිදු නිවන් මග පවසත් ද, එබඳු වූ ධර්මයෝ ඔහු විසින් බොහෝ කොට අසන ලද්දාහු ය. ධාරණය කරගන්නා ලද්දාහු ය. වචනයෙන් පිරිවහන ලද්දාහු ය. මනසින් විමසන ලද්දාහු ය. නුවණින් අවබෝධ කරන ලද්දාහු ය.

ලද දෙයින් සතුටු වන්නේ වෙයි. චීවර, පිණ්ඩපාත, සේනාසන, ගිලන්පස බෙහෙත් පිරිකර ආදිය ලැබුණු පමණකින් සතුටට පත්වන්නේ වෙයි.

ගැඹුරු චිත්ත දියුණුවෙන් යුතු මෙලොව දී ලැබෙන සැප විහරණ ඇති සතරක් වූ ධ්‍යානයන් කැමති සේ ලබන්නේ වෙයි. නිදුකින් ලබන්නේ වෙයි. බොහෝ සේ ලබන්නේ වෙයි.

ආශ්‍රවයන් ක්ෂය වීමෙන් අනාශ්‍රව වූ චිත්ත විමුක්තිය ත්, ප්‍රඥා විමුක්තිය ත් මේ ජීවිතයේදී ම සිය විශිෂ්ට නුවණින් සාක්ෂාත් කොට එයට පැමිණ වසන්නේ වෙයි.

මහණෙනි, මේ පස් කරුණෙන් සමන්විත වූ භික්ෂුව සිව් දිශාවේ කොතැනට ගිය ත් සුවසේ සිටින්නේ වෙයි.

සාදු! සාදු!! සාදු!!!

චාතුද්දිස සූත්‍රය නිමා විය.

5.3.1.10.
අරඤ්ඤ සූත්‍රය
අරණ්‍යය ගැන වදාළ දෙසුම

සැවැත් නුවර දී ය .....

මහණෙනි, පස් කරුණකින් සමන්විත වූ භික්ෂුව අරණ්‍ය, වනපෙත්, දුර ඈත ගැඹුරු වන සෙනසුන් ඇසුරු කරන්නට සුදුසු වූයේ වෙයි. ඒ කවර කරුණු පසකින් ද යත්;

මහණෙනි, මෙහිලා භික්ෂුව සිල්වත් වෙයි. ප්‍රාතිමෝක්ෂ සංවරයෙන් සංවර වූයේ වෙයි. ....(පෙ).... සමාදන් වූ ශික්ෂාපදයන්හි හික්මෙන්නේ වෙයි.

ධර්මය බොහෝ සෙයින් අසන ලද්දේ වෙයි. ....(පෙ).... එබඳු වූ ධර්මයෝ ....(පෙ).... නුවණින් අවබෝධ කරන ලද්දාහු ය.

පටන් ගත් වීරිය ඇත්තේ වෙයි. අකුසල් දහම් ප්‍රහාණය පිණිස ත්, කුසල් දහම් උපදවා ගැනීම පිණිස ත් දැඩි වූ ත්, දැඩි පරාක්‍රමයෙන් යුක්ත වූ ත්, කුසල් දහම්හි නොපසුබස්නා වීරියෙන් යුක්ත වූයේ ත් වෙයි.

ගැඹුරු චිත්ත දියුණුවෙන් යුතු මෙලොව දී ලැබෙන සැප විහරණ ඇති සතරක් වූ ධ්‍යානයන් කැමති සේ ලබන්නේ වෙයි. නිදුකින් ලබන්නේ වෙයි. බොහෝ සේ ලබන්නේ වෙයි.

ආශ්‍රවයන් ක්ෂය වීමෙන් අනාශ්‍රව වූ චිත්ත විමුක්තිය ත්, ප්‍රඥා විමුක්තිය ත් මේ ජීවිතයේදී ම සිය විශිෂ්ට නුවණින් සාක්ෂාත් කොට එයට පැමිණ වසන්නේ වෙයි.

මහණෙනි, මේ පස් කරුණෙන් සමන්විත වූ භික්ෂුව අරණ්‍ය, වනපෙත්, දුර ඈත ගැඹුර වන සෙනසුන් ඇසුරු කරන්නට සුදුසු වූයේ වෙයි.

සාදු! සාදු!! සාදු!!!

අරඤ්ඤ සූත්‍රය නිමා විය.

පළමුවෙනි ඵාසුවිහාර වර්ගය අවසන් විය.

- එහි පිළිවෙල උද්දානය යි :

වේසාරජ්ජ සූත්‍රය, සංකිත සූත්‍රය, මහාචෝර සූත්‍රය, සමණ සුඛුමාල සූත්‍රය, ඵාසුවිහාර සූත්‍රය, ආනන්ද සූත්‍රය, සීලසම්පන්න සූත්‍රය, අසේඛ සූත්‍රය, චාතුද්දිස සූත්‍රය සහ අරඤ්ඤ සූත්‍රය වශයෙන් මෙහි සූත්‍ර දශයකි.

2. අන්ධකවින්ද වර්ගය

5.3.2.1.
කුලූපග සූත්‍රය
කුලයට පැමිණෙන භික්ෂුව ගැන වදාළ දෙසුම

සැවැත් නුවර දී ය ......

මහණෙනි, පස් කරුණකින් යුක්ත වූ කුලූපග භික්ෂුව එම දායක පවුල් තුළ අප්‍රියභාවයට ද, අමනාපයට ද, නොගරු බවට ද, අගෞරවයට ද පාත්‍ර වෙයි. ඒ කවර පසක් ද යත්;

තමා හා මිත්‍ර නොවූවන් කෙරෙහි විශ්වාස ඇත්තේ වෙයි. ප්‍රධානයෙකු නොවී සිටියදී අධිපතියෙකු සෙයින් විධාන කරන්නේ වෙයි. විසිරී නොගිය පවුල් විසුරුවීම සඳහා ඇසුරු කරන්නේ වෙයි. කනට ළං කොට රහසේ කතා කරන සුළු වූයේ වෙයි. බොහෝ දේ ඉල්ලන්නේ වෙයි.

මහණෙනි, මේ පස් කරුණෙන් යුක්ත වූ කුලූපග භික්ෂුව එම දායක පවුල් තුළ අප්‍රියභාවයට ද, අමනාපයට ද, නොගරු බවට ද, අගෞරවයට ද පාත්‍රවෙයි.

මහණෙනි, පස් කරුණකින් යුක්ත වූ කුලූපග භික්ෂුව එම දායක පවුල් තුළ ප්‍රියභාවයට ද, මනාපයට ද, ගරු බවට ද, ගෞරවයට ද පාත්‍ර වෙයි. ඒ කවර පසක් ද යත්;

තමා හා මිත්‍ර නොවූවන් කෙරෙහි විශ්වාස නැත්තේ වෙයි. ප්‍රධානයෙකු නොවී සිටියදී අධිපතියෙකු සෙයින් විධාන නොකරන්නේ වෙයි. විසිරී නොගිය පවුල් විසුරුවීම සඳහා ඇසුරු නොකරන්නේ වෙයි. කනට ළං කොට රහසේ කතා නොකරන සුළු වූයේ වෙයි. බොහෝ දේ නොඉල්ලන්නේ වෙයි.

මහණෙනි, මේ පස් කරුණෙන් යුක්ත වූ කුලූපග භික්ෂුව එම දායක පවුල් තුළ ප්‍රියභාවයට ද, මනාපයට ද, ගරු බවට ද, ගෞරවයට ද පාත්‍ර වෙයි.

සාදු! සාදු!! සාදු!!!

කුලූපග සූත්‍රය නිමා විය.

5.3.2.2.
පච්ඡාසමණ සූත්‍රය
උවටැන් සඳහා ගෙන යන පසු ශ්‍රමණයා ගැන වදාළ දෙසුම

සැවැත් නුවර දී ය .....

මහණෙනි, පස් කරුණකින් සමන්නාගත භික්ෂුව උවටැන් සඳහා පසු ශ්‍රමණයෙකු වශයෙන් නොගත යුත්තේ ය. ඒ කවර පස් කරුණකින් ද යත්;

ඉතා දුරින් හෝ යයි, ඉතාමත් ළඟින් හෝ යයි. පාත්‍රයෙන් දුන් දෙය නොගන්නේ වෙයි. ඇවතට පත් විය හැකි වචන කතා කරන්නවුන් නොවළක්වන්නේ වෙයි. උපාධ්‍යායන් වහන්සේ කතා කරමින් සිටියදී මැදට පැන කතා කරන්නේ වෙයි. බුද්ධිමත් නොවූයේ, කෙළතොළු වූයේ දුෂ්ප්‍රාඥ වූයේ වෙයි.

මහණෙනි, මේ පස් කරුණෙන් සමන්නාගත භික්ෂුව උවටැන් සඳහා පසු ශ්‍රමණයෙකු වශයෙන් නොගත යුත්තේ ය.

මහණෙනි, පස් කරුණකින් සමන්නාගත භික්ෂුව උවටැන් සඳහා පසු ශ්‍රමණයෙකු වශයෙන් ගත යුත්තේ ය. ඒ කවර පස් කරුණකින් ද යත්;

ඉතා දුරින් හෝ නොයයි, ඉතාමත් ළඟින් හෝ නොයයි. පාත්‍රයෙන් දුන් දෙය ගන්නේ වෙයි. ඇවතට පත් විය හැකි වචන කතා කරන්නවුන් වළක්වන්නේ වෙයි. උපාධ්‍යායන් වහන්සේ කතා කරමින් සිටියදී මැදට පැන කතා නොකරන්නේ වෙයි. බුද්ධිමත් වූයේ, කෙළතොළු නොවූයේ ප්‍රාඥාවන්ත වූයේ වෙයි.

මහණෙනි, මේ පස් කරුණෙන් සමන්නාගත භික්ෂුව උවටැන් සඳහා පසු ශ්‍රමණයෙකු වශයෙන් ගත යුත්තේ ය.

සාදු! සාදු!! සාදු!!!

පච්ඡාසමණ සූත්‍රය නිමා විය.

5.3.2.3.
සම්මා සමාධි සූත්‍රය
සම්මා සමාධිය ගැන වදාළ දෙසුම

සැවැත් නුවර දී ය .....

මහණෙනි, පස් කරුණකින් සමන්විත වූ භික්ෂුව සම්මා සමාධිය උපදවාගෙන වාසය කරන්නට අසමත් වෙයි. ඒ කවර පසක් ද යත්;

ඇසින් දකින රූපයන් අභියස ඉවසනු නොහැකි වෙයි. කනට ඇසෙන ශබ්දයන් අභියස ඉවසනු නොහැකි වෙයි. නාසයට දැනෙන ගන්ධයන් අභියස ඉවසනු නොහැකි වෙයි. දිවට දැනෙන රසයන් අභියස ඉවසනු නොහැකි වෙයි. කයට දැනෙන පහස අභියස ඉවසනු නොහැකි වෙයි.

මහණෙනි, මේ පස් කරුණෙන් සමන්විත වූ භික්ෂුව සම්මා සමාධිය උපදවාගෙන වාසය කරන්නට අසමත් වෙයි.

මහණෙනි, පස් කරුණකින් සමන්විත වූ භික්ෂුව සම්මා සමාධිය උපදවාගෙන වාසය කරන්නට සමත් වෙයි. ඒ කවර පසක් ද යත්;

ඇසින් දකින රූපයන් අභියස ඉවසනු හැකි වෙයි. කනට ඇසෙන ශබ්දයන් අභියස ඉවසනු හැකි වෙයි. නාසයට දැනෙන ගන්ධයන් අභියස ඉවසනු හැකි වෙයි. දිවට දැනෙන රසයන් අභියස ඉවසනු හැකි වෙයි. කයට දැනෙන පහස අභියස ඉවසනු හැකි වෙයි.

මහණෙනි, මේ පස් කරුණෙන් සමන්විත වූ භික්ෂුව සම්මා සමාධිය උපදවාගෙන වාසය කරන්නට සමත් වෙයි.

සාදු! සාදු!! සාදු!!!

සම්මා සමාධි සූත්‍රය නිමා විය.

5.3.2.4.
අන්ධකවින්ද සූත්‍රය
අන්ධකවින්දයෙහි දී වදාළ දෙසුම

එක් සමයක භාග්‍යවතුන් වහන්සේ මගධයෙහි අන්ධකවින්දයෙහි වැඩවාසය කරන සේක. එකල්හී ආයුෂ්මත් ආනන්දයන් වහන්සේ භාග්‍යවතුන් වහන්සේ වෙත එළැඹියහ. එළඹ භාග්‍යවතුන් වහන්සේට සකසා වන්දනා කොට එකත් පස් ව හිඳගත්හ. එකත්පස් ව හුන් ආයුෂ්මත් ආනන්ද තෙරුන් හට භාග්‍යවතුන් වහන්සේ මෙය වදාළ සේක.

"ආනන්දයෙනි, යම් ඒ භික්ෂූහු නවක වූ පැවිදි ව වැඩි කලක් නොවූ මේ ධර්ම විනයට අළුතින් පැමිණියාහු වෙත් ද, ආනන්දයෙනි, ඔබ විසින් ඒ භික්ෂූහු පංච ධර්මයක් තුළ සමාදන් කරවිය යුත්තාහු ය. යෙදවිය යුත්තාහු ය. පිහිටුවිය යුත්තාහු ය. ඒ කවර ධර්මයන් පසක් ද යත්;

'ආයුෂ්මත්නි, එව්. ඔබ සිල්වත් වව්. ප්‍රාතිමෝක්ෂ සංවරයෙන් සංවර වව්. යහපත් ඇවතුම් පැවතුම් ඇති ව වසව්. අණුමාත්‍ර වූ වරදෙහි ත් බිය දකින සුළු ව සමාදන් වූ ශික්ෂාපදයන්හි හික්මෙව්.' මෙසේ ප්‍රාතිමෝක්ෂ සංවර සීලයෙහි සමාදන් කරවිය යුත්තාහු ය. යෙදවිය යුත්තාහු ය. පිහිටුවිය යුත්තාහු ය.

'ආයුෂ්මත්නි, එව්. ඔබ ඉන්ද්‍රියන්හි වසාගත් දොරටු ඇති ව වාසය කරව්. සිහිය නමැති ආරක්ෂාවෙන් යුක්ත ව ස්ථානෝචිත ප්‍රඥාවෙන් යුතු සිහියෙන් යුක්ත ව රැකගත් සිතින් යුක්ත ව සිහිය නම් වූ රැකවරණ සහිත සිතින් යුක්ත ව වාසය කරව්.' මෙසේ ඉන්ද්‍රිය සංවරයෙහි සමාදන් කරවිය යුත්තාහු ය. යෙදවිය යුත්තාහු ය. පිහිටුවිය යුත්තාහු ය.

'ආයුෂ්මත්නි, එව්. ඔබ ස්වල්ප කථාවෙන් යුක්ත වව්. සීමාවක් ඇති ව කතා කරව්.' මෙසේ සීමාවක් ඇති කථාවෙහි සමාදන් කරවිය යුත්තාහු ය. යෙදවිය යුත්තාහු ය. පිහිටුවිය යුත්තාහු ය.

'ආයුෂ්මත්නි, එව්. ඔබ අරණ්‍යවාසී ව වාසය කරව්. අරණ්‍ය, වනපෙත්, දුර ඈත සෙනසුන් සේවනය කරව්.' මෙසේ කාය විවේකයෙහි සමාදන් කරවිය යුත්තාහු ය. යෙදවිය යුත්තාහු ය. පිහිටුවිය යුත්තාහු ය.

'ආයුෂ්මත්නි, එව්. ඔබ සම්මා දිට්ඨියෙන් යුක්ත වව්. නිවැරදි දැක්මකින්

යුක්ත වව්.' මෙසේ නිවැරදි දැක්මෙහි සමාදන් කරවිය යුත්තාහු ය. යෙදවිය යුත්තාහු ය. පිහිටුවිය යුත්තාහු ය.

ආනන්දයෙනි, යම් ඒ භික්ෂූහු නවක වූ පැවිදි ව වැඩි කලක් නොවූ මේ ධර්ම විනයට අළුතින් පමිණියාහු වෙත් ද, ආනන්දය, ඔබ විසින් ඒ භික්ෂූහු මේ පංච ධර්මය තුළ සමාදන් කරවිය යුත්තාහු ය. යෙදවිය යුත්තාහු ය. පිහිටුවිය යුත්තාහු ය.

සාදු! සාදු!! සාදු!!!

අන්ධකවින්ද සූත්‍රය නිමා විය.

5.3.2.5.
මච්ඡරී සූත්‍රය
මසුරු භික්ෂුණිය ගැන වදාළ දෙසුම

සැවැත් නුවර දී ය .....

මහණෙනි, පස් කරුණකින් යුක්ත වූ භික්ෂුණිය ඔසොවාගෙන පැමිණි බරක් බිම තබන සෙයින් නිරයෙහි උපදින්නී ය. ඒ කවර පස් කරුණකින් ද යත්;

ආවාසයෙහි මසුරු බවින් යුක්තවන්නී වෙයි. දායක පවුල් කෙරෙහි මසුරු බවින් යුක්තවන්නී වෙයි. ලාභ සත්කාරයෙහි මසුරු බවින් යුක්තවන්නී වෙයි. ගුණ වර්ණනාවෙහි මසුරු බවින් යුක්තවන්නී වෙයි. ධර්මයෙහි මසුරු බවින් යුක්තවන්නී වෙයි.

මහණෙනි, මේ පස් කරුණෙන් යුක්ත වූ භික්ෂුණිය ඔසොවාගෙන පැමිණි බරක් බිම තබන සෙයින් නිරයෙහි උපදින්නී ය.

මහණෙනි, පස් කරුණකින් යුක්ත වූ භික්ෂුණිය ඔසොවාගෙන පැමිණි බරක් බිම තබන සෙයින් සුගතියෙහි උපදින්නී ය. ඒ කවර පස් කරුණකින් ද යත්;

ආවාසයෙහි මසුරු බවින් යුක්තවන්නී නොවෙයි. දායක පවුල් කෙරෙහි මසුරු බවින් යුක්තවන්නී නොවෙයි. ලාභ සත්කාරයෙහි මසුරු බවින් යුක්තවන්නී නොවෙයි. ගුණ වර්ණනාවෙහි මසුරු බවින් යුක්තවන්නී නොවෙයි.

ධර්මයෙහි මසුරු බවින් යුක්තවන්නී නොවෙයි.

මහණෙනි, මේ පස් කරුණෙන් යුක්ත වූ භික්ෂුණිය ඔසොවාගෙන පැමිණි බරක් බිම තබන සෙයින් සුගතියෙහි උපදින්නී ය.

සාදු! සාදු!! සාදු!!!

මච්ඡරී සූත්‍රය නිමා විය.

5.3.2.6.
වණ්ණ සූත්‍රය
වර්ණනා කිරීම ගැන වදාළ දෙසුම

සැවැත් නුවර දී ය .....

මහණෙනි, පස් කරුණකින් යුක්ත වූ භික්ෂුණිය ඔසොවාගෙන පැමිණි බරක් බිම තබන සෙයින් නිරයෙහි උපදින්නී ය. ඒ කවර පස් කරුණකින් ද යත්;

නොදැන නොවිමසා ගුණ නොකිව යුත්තාගේ ගුණ කියන්නී වෙයි. නොදැන නොවිමසා ගුණ කිව යුත්තාගේ නුගුණ කියන්නී වෙයි. නොදැන නොවිමසා නොපැහැදිය යුතු තැන පහදින්නී වෙයි. නොදැන නොවිමසා පැහැදිය යුතු තැන නොපහදින්නී වෙයි. ශ්‍රද්ධාවෙන් පූජා කළ දෙය නාස්ති කරන්නී වෙයි.

මහණෙනි, මේ පස් කරුණෙන් යුක්ත වූ භික්ෂුණිය ඔසොවාගෙන පැමිණි බරක් බිම තබන සෙයින් නිරයෙහි උපදින්නී ය.

මහණෙනි, පස් කරුණකින් යුක්ත වූ භික්ෂුණිය ඔසොවාගෙන පැමිණි බරක් බිම තබන සෙයින් සුගතියෙහි උපදින්නී ය. ඒ කවර පස් කරුණකින් ද යත්;

දැන විමසා නුගුණ කිව යුත්තාගේ නුගුණ කියන්නී වෙයි. දැන විමසා ගුණ කිව යුත්තාගේ ගුණ කියන්නී වෙයි. දැන විමසා නොපැහැදිය යුතු තැන නොපහදින්නී වෙයි. දැන විමසා පැහැදිය යුතු තැන පහදින්නී වෙයි. ශ්‍රද්ධාවෙන් පූජා කළ දෙය නාස්ති නොකරන්නී වෙයි.

මහණෙනි, මේ පස් කරුණෙන් යුක්ත වූ භික්ෂුණිය ඔසොවාගෙන පැමිණි බරක් බිම තබන සෙයින් සුගතියෙහි උපදින්නී ය.

සාදු! සාදු!! සාදු!!!

වණ්ණ සූත්‍රය නිමා විය.

5.3.2.7.
ඉස්සුකී සූත්‍රය
ඊර්ෂ්‍යා ඇති භික්ෂුණිය ගැන වදාළ දෙසුම

සැවැත් නුවර දී ය .....

මහණෙනි, පස් කරුණකින් යුක්ත වූ භික්ෂුණිය ඔසොවාගෙන පැමිණි බරක් බිම තබන සෙයින් නිරයෙහි උපදින්නී ය. ඒ කවර පස් කරුණකින් ද යත්;

නොදැන නොවිමසා ගුණ නොකිව යුත්තාගේ ගුණ කියන්නී වෙයි. නොදැන නොවිමසා ගුණ කිව යුත්තාගේ නුගුණ කියන්නී වෙයි. ඊර්ෂ්‍යා කරන්නී වෙයි. මසුරු වන්නී වෙයි. ශ්‍රද්ධාවෙන් පූජා කළ දෙය නාස්ති කරන්නී වෙයි.

මහණෙනි, මේ පස් කරුණෙන් යුක්ත වූ භික්ෂුණිය ඔසොවාගෙන පැමිණි බරක් බිම තබන සෙයින් නිරයෙහි උපදින්නී ය.

මහණෙනි, පස් කරුණකින් යුක්ත වූ භික්ෂුණිය ඔසොවාගෙන පැමිණි බරක් බිම තබන සෙයින් සුගතියෙහි උපදින්නී ය. ඒ කවර පස් කරුණකින් ද යත්;

දැන විමසා නුගුණ කිව යුත්තාගේ නුගුණ කියන්නී වෙයි. දැන විමසා ගුණ කිව යුත්තාගේ ගුණ කියන්නී වෙයි. ඊර්ෂ්‍යා නොකරන්නී වෙයි. මසුරු නොවන්නී වෙයි. ශ්‍රද්ධාවෙන් පූජා කළ දෙය නාස්ති නොකරන්නී වෙයි.

මහණෙනි, මේ පස් කරුණෙන් යුක්ත වූ භික්ෂුණිය ඔසොවාගෙන පැමිණි බරක් බිම තබන සෙයින් සුගතියෙහි උපදින්නී ය.

සාදු! සාදු!! සාදු!!!

ඉස්සුකී සූත්‍රය නිමා විය.

5.3.2.8.
මිච්ඡාදිට්ඨික සූත්‍රය
මිසදිටු ගත් භික්ෂුණිය ගැන වදාළ දෙසුම

සැවැත් නුවර දී ය .....

මහණෙනි, පස් කරුණකින් යුක්ත වූ භික්ෂුණිය ඔසොවාගෙන පැමිණි බරක් බිම තබන සෙයින් නිරයෙහි උපදින්නී ය. ඒ කවර පස් කරුණකින් ද යත්;

නොදැන නොවිමසා ගුණ නොකිව යුත්තාගේ ගුණ කියන්නී වෙයි. නොදැන නොවිමසා ගුණ කිව යුත්තාගේ නුගුණ කියන්නී වෙයි. මිසදිටු ගත්තී වෙයි. මිථ්‍යා සංකල්ප ඇත්තී වෙයි. ශ්‍රද්ධාවෙන් පූජා කළ දෙය නාස්ති කරන්නී වෙයි.

මහණෙනි, මේ පස් කරුණෙන් යුක්ත වූ භික්ෂුණිය ඔසොවාගෙන පැමිණි බරක් බිම තබන සෙයින් නිරයෙහි උපදින්නී ය.

මහණෙනි, පස් කරුණකින් යුක්ත වූ භික්ෂුණිය ඔසොවාගෙන පැමිණි බරක් බිම තබන සෙයින් සුගතියෙහි උපදින්නී ය. ඒ කවර පස් කරුණකින් ද යත්;

දැන විමසා නුගුණ කිව යුත්තාගේ නුගුණ කියන්නී වෙයි. දැන විමසා ගුණ කිව යුත්තාගේ ගුණ කියන්නී වෙයි. සම්දිටු ගත්තී වෙයි. සම්මා සංකල්ප ඇත්තී වෙයි. ශ්‍රද්ධාවෙන් පූජා කළ දෙය නාස්ති නොකරන්නී වෙයි.

මහණෙනි, මේ පස් කරුණෙන් යුක්ත වූ භික්ෂුණිය ඔසොවාගෙන පැමිණි බරක් බිම තබන සෙයින් සුගතියෙහි උපදින්නී ය.

සාදු! සාදු!! සාදු!!!

මිච්ඡාදිට්ඨික සූත්‍රය නිමා විය.

5.3.2.9.
මිච්ඡාවාචා සූත්‍රය
මිථ්‍යා වාචා ඇති භික්ෂුණිය ගැන වදාළ දෙසුම

සැවැත් නුවර දී ය .....

මහණෙනි, පස් කරුණකින් යුක්ත වූ භික්ෂුණිය ඔසොවාගෙන පැමිණි බරක් බිම තබන සෙයින් නිරයෙහි උපදින්නී ය. ඒ කවර පස් කරුණකින් ද යත්;

නොදැන නොවිමසා ගුණ නොකිව යුත්තාගේ ගුණ කියන්නී වෙයි. නොදැන නොවිමසා ගුණ කිව යුත්තාගේ නුගුණ කියන්නී වෙයි. මිථ්‍යා වචන ඇත්තී වෙයි. මිථ්‍යා ක්‍රියා ඇත්තී වෙයි. ශ්‍රද්ධාවෙන් පූජා කළ දෙය නාස්ති කරන්නී වෙයි.

මහණෙනි, මේ පස් කරුණෙන් යුක්ත වූ භික්ෂුණිය ඔසොවාගෙන පැමිණි බරක් බිම තබන සෙයින් නිරයෙහි උපදින්නී ය.

මහණෙනි, පස් කරුණකින් යුක්ත වූ භික්ෂුණිය ඔසොවාගෙන පැමිණි බරක් බිම තබන සෙයින් සුගතියෙහි උපදින්නී ය. ඒ කවර පස් කරුණකින් ද යත්;

දැන විමසා නුගුණ කිව යුත්තාගේ නුගුණ කියන්නී වෙයි. දැන විමසා ගුණ කිව යුත්තාගේ ගුණ කියන්නී වෙයි. නිවැරදි වචන ඇත්තී වෙයි. නිවැරදි ක්‍රියා ඇත්තී වෙයි. ශ්‍රද්ධාවෙන් පූජා කළ දෙය නාස්ති නොකරන්නී වෙයි.

මහණෙනි, මේ පස් කරුණෙන් යුක්ත වූ භික්ෂුණිය ඔසොවාගෙන පැමිණි බරක් බිම තබන සෙයින් සුගතියෙහි උපදින්නී ය.

සාදු! සාදු!! සාදු!!!

මිච්ඡාවාචා සූත්‍රය නිමා විය.

5.3.2.10.
මිච්ඡාවායාම සූත්‍රය
මිථ්‍යා වීර්යය ඇති භික්ෂුණිය ගැන වදාළ දෙසුම

සැවැත් නුවර දී ය .....

මහණෙනි, පස් කරුණකින් යුක්ත වූ භික්ෂුණිය ඔසොවාගෙන පැමිණි බරක් බිම තබන සෙයින් නිරයෙහි උපදින්නී ය. ඒ කවර පස් කරුණකින් ද යත්;

නොදන නොවිමසා ගුණ නොකිව යුත්තාගේ ගුණ කියන්නී වෙයි. නොදන නොවිමසා ගුණ කිව යුත්තාගේ නුගුණ කියන්නී වෙයි. වැරදි වීර්යය ඇත්තී වෙයි. වැරදි සිහිය ඇත්තී වෙයි. ශ්‍රද්ධාවෙන් පූජා කළ දෙය නාස්ති කරන්නී වෙයි.

මහණෙනි, මේ පස් කරුණෙන් යුක්ත වූ භික්ෂුණිය ඔසොවාගෙන පැමිණි බරක් බිම තබන සෙයින් නිරයෙහි උපදින්නී ය.

මහණෙනි, පස් කරුණකින් යුක්ත වූ භික්ෂුණිය ඔසොවාගෙන පැමිණි බරක් බිම තබන සෙයින් සුගතියෙහි උපදින්නී ය. ඒ කවර පස් කරුණකින් ද යත්;

දන විමසා නුගුණ කිව යුත්තාගේ නුගුණ කියන්නී වෙයි. දන විමසා ගුණ කිව යුත්තාගේ ගුණ කියන්නී වෙයි. නිවැරදි වීර්යය ඇත්තී වෙයි. නිවැරදි සිහිය ඇත්තී වෙයි. ශ්‍රද්ධාවෙන් පූජා කළ දෙය නාස්ති නොකරන්නී වෙයි.

මහණෙනි, මේ පස් කරුණෙන් යුක්ත වූ භික්ෂුණිය ඔසොවාගෙන පැමිණි බරක් බිම තබන සෙයින් සුගතියෙහි උපදින්නී ය.

සාදු! සාදු!! සාදු!!!

මිච්ඡාවායාම සූත්‍රය නිමා විය.

දෙවෙනි අන්ධකවින්ද වර්ගය අවසන් විය.

- **එහි පිළිවෙල උද්දානය යි :**

කුලූපග සූත්‍රය, පච්ඡාසමණ සූත්‍රය, සම්මා සමාධි සූත්‍රය, අන්ධකවින්ද සූත්‍රය, මච්ඡරී සූත්‍රය, වණ්ණ සූත්‍රය, ඉස්සුකී සූත්‍රය, මිච්ඡා දිට්ඨික සූත්‍රය, මිච්ඡා වාචා සූත්‍රය සහ මිච්ඡා වායාම සූත්‍රය වශයෙන් මෙහි සූත්‍ර දශයකි.

3. ගිලාන වර්ගය

5.3.3.1.
ගිලාන සූත්‍රය
ගිලන් භික්ෂුව ගැන වදාළ දෙසුම

එක් සමයක භාග්‍යවතුන් වහන්සේ විශාලා මහනුවර මහාවනයෙහි කූටාගාර ශාලාවෙහි වැඩවසන සේක. එකල්හී භාග්‍යවතුන් වහන්සේ සවස් වරුවෙහි භාවනාවෙන් නැගී සිටි සේක් ගිලන්හල වෙත වැඩි සේක. එහිදී භාග්‍යවතුන් වහන්සේ එක්තරා භික්ෂුවක් දුර්වල ව ගිලන් ව සිටිනු දුටු සේක. දැක පණවන ලද අසුනෙහි වැඩහුන් සේක. වැඩහුන් භාග්‍යවතුන් වහන්සේ භික්ෂූන් ඇමතූ සේක.

"මහණෙනි, පස් වැදෑරුම් ධර්මයක් යම්කිසි ගිලන් භික්ෂුවක් විසින් අත්නොහැර සිටියි නම්, ඔහු විසින් මෙය කැමති විය යුත්තේ ය. එනම් සුළු කලකදී ආශ්‍රවයන් ක්ෂය වීමෙන් අනාශ්‍රව වූ චිත්ත විමුක්තිය ත්, ප්‍රඥා විමුක්ති ත් සිය විශිෂ්ට වූ නුවණින් සාක්ෂාත් කොට එයට පැමිණ වසන්නේ ය යන කරුණ යි. ඒ කවර ධර්මයන් පසක් ද යත්;

මහණෙනි, මෙහිලා භික්ෂුව කය පිළිබඳ ව අසුභ වශයෙන් නුවණින් දකිමින් වාසය කරයි. ආහාරයෙහි පිළිකුල් සංඥාව ඇත්තේ වෙයි. සියලු ලෝකයෙහි නොඇලෙන සංඥාව ඇත්තේ වෙයි. සියළු සංස්කාරයන් කෙරෙහි අනිත්‍ය වශයෙන් නුවණින් දකින්නේ වෙයි. ඔහු තුළ මරණ සංඥාව මැනැවින් පිහිටියේ වෙයි.

මහණෙනි, මේ පස් වැදෑරුම් ධර්මය යම්කිසි ගිලන් භික්ෂුවක් විසින් අත්නොහැර සිටියි නම්, ඔහු විසින් මෙය කැමති විය යුත්තේ ය. එනම් සුළු කලකදී ආශ්‍රවයන් ක්ෂය වීමෙන් අනාශ්‍රව වූ චිත්ත විමුක්තිය ත්, ප්‍රඥා විමුක්ති

ත් සිය විශිෂ්ට වූ නුවණින් සාක්ෂාත් කොට එයට පැමිණ වසන්නේ ය යන කරුණ යි.

සාදු! සාදු!! සාදු!!!

ගිලාන සූත්‍රය නිමා විය.

5.3.3.2.
සතිසූපට්ඨිත සූත්‍රය
මැනැවින් පිහිටි සිහිය ගැන වදාළ දෙසුම

සැවැත් නුවර දී ය .....

මහණෙනි, යම්කිසි භික්ෂුවක් වේවා, භික්ෂුණියක් වේවා පස් වැදෑරුම් ධර්මයක් දියුණු කරයි නම්, පස් වැදෑරුම් ධර්මයක් බහුල වශයෙන් ප්‍රගුණ කරයි නම් ඔහු විසින් දෙවැදෑරුම් ප්‍රතිඵලයන්ගෙන් එක්තරා ප්‍රතිඵලයක් කැමති විය යුත්තේ ය. එනම් මෙලොවදී ම අරහත්වයට පත්වීම හෝ කෙලෙස් ඉතුරු ව ඇති කල්හී අනාගාමී වීම හෝ ය. ඒ කවර ධර්මයන් පසක් ද යත්;

මහණෙනි, මෙහිලා භික්ෂුවගේ ඇතුළාන්තයෙහි සිහිය මැනැවින් පිහිටියේ වෙයි. ධර්මයන් පිළිබඳ ව දියුණුවට වැඩීගෙන යන ප්‍රඥාවෙන් යුතුව කය කෙරෙහි අසුභය නුවණින් දකිමින් වාසය කරයි. ආහාරයේ පිළිකුල් සංඥාවෙන් යුතු වෙයි. සියළු ලෝකය කෙරෙහි නොඇලෙන සංඥාවෙන් යුතු වෙයි. සියළු සංස්කාරයන් කෙරෙහි අනිත්‍ය වශයෙන් නුවණින් දකින්නේ වෙයි.

මහණෙනි, යම්කිසි භික්ෂුවක් වේවා, භික්ෂුණියක් වේවා මෙම පස් වැදෑරුම් ධර්මය දියුණු කරයි නම්, මෙම පස් වැදෑරුම් ධර්මය බහුල වශයෙන් ප්‍රගුණ කරයි නම් ඔහු විසින් දෙවැදෑරුම් ප්‍රතිඵලයන්ගෙන් එක්තරා ප්‍රතිඵලයක් කැමති විය යුත්තේ ය. එනම් මෙලොවදී ම අරහත්වයට පත්වීම හෝ කෙලෙස් ඉතුරු ව ඇති කල්හී අනාගාමී වීම හෝ ය.

සාදු! සාදු!! සාදු!!!

සතිසූපට්ඨිත සූත්‍රය නිමා විය.

5.3.3.3.
දුපට්ඨාකගිලාන සූත්‍රය
උපස්ථානයට දුෂ්කර ගිලනා ගැන වදාළ දෙසුම

සැවැත් නුවර දී ය .....

මහණෙනි, පස් කරුණකින් සමන්විත වූ ගිලනා උපස්ථානයට දුෂ්කර වෙයි. ඒ කවර පස් කරුණකින් ද යත්;

රෝගයට හිත නොවූ දේ කරන්නේ වෙයි. හිත වූ දෙයෙහි පමණ නොදන්නේ වෙයි. බෙහෙත් පාවිච්චි නොකරන්නේ වෙයි. යහපත කැමති වූ ගිලානෝපස්ථායකයා හට 'වැඩෙන රෝගය වැඩෙන බව හෝ සංසිඳෙන රෝගය සංසිඳෙන බව හෝ' වශයෙන් රෝගයෙහි සැබෑ වූ ස්වභාවය නොපවසන්නේ වෙයි. උපන්නා වූ තියුණු වූ රළු වූ කටුක වූ අමිහිරි වූ අමනාප වූ මාරාන්තික වූ ශාරීරික දුක්ඛ වේදනාවන් නොඉවසන සුළු වූයේ වෙයි.

මහණෙනි, මේ පස් කරුණෙන් සමන්විත වූ ගිලනා උපස්ථානයට දුෂ්කර වෙයි.

මහණෙනි, පස් කරුණකින් සමන්විත වූ ගිලනා උපස්ථානයට පහසු වෙයි. ඒ කවර පස් කරුණකින් ද යත්;

රෝගයට හිත වූ දේ කරන්නේ වෙයි. හිත වූ දෙයෙහි පමණ දන්නේ වෙයි. බෙහෙත් පාවිච්චි කරන්නේ වෙයි. යහපත කැමති වූ ගිලානෝපස්ථායකයා හට 'වැඩෙන රෝගය වැඩෙන බව හෝ සංසිඳෙන රෝගය සංසිඳෙන බව හෝ' වශයෙන් රෝගයෙහි සැබෑ වූ ස්වභාවය පවසන්නේ වෙයි. උපන්නා වූ තියුණු වූ රළු වූ කටුක වූ අමිහිරි වූ අමනාප වූ මාරාන්තික වූ ශාරීරික දුක්ඛ වේදනාවන් ඉවසන සුළු වූයේ වෙයි.

මහණෙනි, මේ පස් කරුණෙන් සමන්විත වූ ගිලනා උපස්ථානයට පහසු වෙයි.

සාදු! සාදු!! සාදු!!!

දුපට්ඨාකගිලාන සූත්‍රය නිමා විය.

5.3.3.4.
ගිලානුපට්ඨාක සූත්‍රය
ගිලානෝපස්ථායකයා ගැන වදාළ දෙසුම

සැවැත් නුවර දී ය .....

මහණෙනි, පස් කරුණකින් සමන්විත වූ ගිලානෝපස්ථායකයා ගිලානෝපස්ථානයට නුසුදුසු වෙයි. ඒ කවර පස් කරුණකින් ද යත්;

බෙහෙත් පිළියෙල කරන්නට ප්‍රතිබල නොවෙයි. රෝගයට හිත අහිත දේ ගැන නොදන්නේ වෙයි, රෝගයට අහිත දේ දෙන්නේ වෙයි, රෝගයට හිත දේ ඉවත් කරන්නේ වෙයි. මෙත් සිතින් තොර වූයේ ලාභාපේක්ෂාවෙන් ගිලනාට උපස්ථාන කරන්නේ වෙයි. රෝගියාගේ මල හෝ මූත්‍රා හෝ වමනය හෝ කෙළ හෝ බැහැර කරන්නට පිළිකුල් ඇත්තේ වෙයි. රෝගියාට කලින් කල දැහැමි කථාවෙන් කරුණු පවසන්නට, සමාදන් කරවන්නට, උනන්දු කරවන්නට, සතුටු කරවන්නට ප්‍රතිබල නොවෙයි.

මහණෙනි, මේ පස් කරුණෙන් සමන්විත වූ ගිලානෝපස්ථායකයා ගිලානෝපස්ථානයට නුසුදුසු වෙයි.

මහණෙනි, පස් කරුණකින් සමන්විත වූ ගිලානෝපස්ථායකයා ගිලානෝපස්ථානයට සුදුසු වෙයි. ඒ කවර පස් කරුණකින් ද යත්;

බෙහෙත් පිළියෙල කරන්නට ප්‍රතිබල වෙයි. රෝගයට හිත අහිත දේ ගැන දන්නේ වෙයි, රෝගයට අහිත දේ ඉවත් කරන්නේ වෙයි, රෝගයට හිත දේ දෙන්නේ වෙයි. මෙත් සිතින් යුතු වූයේ ලාභාපේක්ෂාවෙන් තොර ව ගිලනාට උපස්ථාන කරන්නේ වෙයි. රෝගියාගේ මල හෝ මූත්‍රා හෝ වමනය හෝ කෙළ හෝ බැහැර කරන්නට පිළිකුල් නැත්තේ වෙයි. රෝගියාට කලින් කල දැහැමි කථාවෙන් කරුණු පවසන්නට, සමාදන් කරවන්නට, උනන්දු කරවන්නට, සතුටු කරවන්නට ප්‍රතිබල වෙයි.

මහණෙනි, මේ පස් කරුණෙන් සමන්විත වූ ගිලානෝපස්ථායකයා ගිලානෝපස්ථානයට සුදුසු වෙයි.

සාදු! සාදු!! සාදු!!!

ගිලානුපට්ඨාක සූත්‍රය නිමා විය.

5.3.3.5.
පඨම ආයුස්ස සූත්‍රය
ආයුෂයට හිත දේ ගැන වදාළ පළමු දෙසුම

සැවැත් නුවර දී ය .....

මහණෙනි, මේ ආයුෂයට හිත නොවූ දේවල් පසකි. ඒ කවර පසක් ද යත්;

රෝගයට හිත නොවූ දේ කරන්නේ වෙයි. හිත වූ දේ ගැන පමණ නොදන්නේ වෙයි. ගත් ආහාර නොදිරවා තිබෙද්දී තව තවත් අනුභව කරන්නේ වෙයි. නොකල්හී ඇවිදින්නේ වෙයි. බඹසර නැත්තේ වෙයි.

මහණෙනි, මේ වනාහී ආයුෂයට හිත නොවූ දේවල් පස යි.

මහණෙනි, මේ ආයුෂයට හිත වූ දේවල් පසකි. ඒ කවර පසක් ද යත්;

රෝගයට හිත වූ දේ කරන්නේ වෙයි. හිත වූ දේ ගැන පමණ දන්නේ වෙයි. ගත් ආහාර නොදිරවා තිබෙද්දී තව තවත් අනුභව නොකරන්නේ වෙයි. කල්හී ඇවිදින්නේ වෙයි. බඹසර ඇත්තේ වෙයි.

මහණෙනි, මේ වනාහී ආයුෂයට හිත වූ දේවල් පස යි.

සාදු! සාදු!! සාදු!!!

පඨම ආයුස්ස සූත්‍රය නිමා විය.

5.3.3.6.
දුතිය ආයුස්ස සූත්‍රය
ආයුෂයට හිත දේ ගැන වදාළ දෙවෙනි දෙසුම

සැවැත් නුවර දී ය .....

මහණෙනි, මේ ආයුෂයට හිත නොවූ දේවල් පසකි. ඒ කවර පසක් ද යත්;

රෝගයට හිත නොවූ දේ කරන්නේ වෙයි. හිත වූ දේ ගැන පමණ නොදන්නේ වෙයි. ගත් ආහාර නොදිරවා තිබෙද්දී තව තවත් අනුභව කරන්නේ වෙයි. දුස්සීල වෙයි. පවිටු මිතුරන් ඇත්තේ වෙයි.

මහණෙනි, මේ වනාහී ආයුෂයට හිත නොවූ දේවල් පස යි.

මහණෙනි, මේ ආයුෂයට හිත වූ දේවල් පසකි. ඒ කවර පසක් ද යත්;

රෝගයට හිත වූ දේ කරන්නේ වෙයි. හිත වූ දේ ගැන පමණ දන්නේ වෙයි. ගත් ආහාර නොදිරවා තිබෙද්දී තව තවත් අනුභව නොකරන්නේ වෙයි. සිල්වත් වෙයි. කලණ මිතුරන් ඇත්තේ වෙයි.

මහණෙනි, මේ වනාහී ආයුෂයට හිත වූ දේවල් පස යි.

සාදු! සාදු!! සාදු!!!

දුතිය ආයුස්ස සූත්‍රය නිමා විය.

5.3.3.7.
වපකාස සූත්‍රය
වෙන් ව වාසය කිරීම ගැන වදාළ දෙසුම

සැවැත් නුවර දී ය .....

මහණෙනි, පස් කරුණකින් සමන්විත වූ භික්ෂුව සංඝයාගෙන් වෙන් ව වාසය කරන්නට නුසුදුසු වෙයි. ඒ කවර කරුණු පසකින් ද යත්;

මහණෙනි, මෙහිලා භික්ෂුව ලද සිවුරකින් නොසතුටු වන්නේ වෙයි. ලද ආහාරයෙන් නොසතුටු වන්නේ වෙයි. ලද කුටියෙන් නොසතුටු වන්නේ වෙයි. ලද ගිලන්පස බෙහෙත් පිරිකරෙන් නොසතුටු වන්නේ වෙයි. කාම සංකල්ප බහුල ව වාසය කරයි.

මහණෙනි, මේ පස් කරුණෙන් සමන්විත වූ භික්ෂුව සංඝයාගෙන් වෙන් ව වාසය කරන්නට නුසුදුසු වෙයි.

මහණෙනි, පස් කරුණකින් සමන්විත වූ භික්ෂුව සංඝයාගෙන් වෙන් ව වාසය කරන්නට සුදුසු වෙයි. ඒ කවර කරුණු පසකින් ද යත්;

මහණෙනි, මෙහිලා භික්ෂුව ලද සිවුරකින් සතුටු වන්නේ වෙයි. ලද ආහාරයෙන් සතුටු වන්නේ වෙයි. ලද කුටියෙන් සතුටු වන්නේ වෙයි. ලද ගිලන්පස බෙහෙත් පිරිකරෙන් සතුටු වන්නේ වෙයි. නෙක්ඛම්ම සංකල්ප බහුල ව වාසය කරයි.

මහණෙනි, මේ පස් කරුණෙන් සමන්විත වූ භික්ෂුව සංඝයාගෙන් වෙන් ව වාසය කරන්නට සුදුසු වෙයි.

සාදු! සාදු!! සාදු!!!

වපකාස සූත්‍රය නිමා විය.

5.3.3.8.
සමණ දුක්ඛ - සුඛ සූත්‍රය
භික්ෂුවගේ දුක - සැප ගැන වදාළ දෙසුම

සැවැත් නුවර දී ය .....

මහණෙනි, ශ්‍රමණයාට ඇති මේ දුක් පසකි. ඒ කවර පසක් ද යත්;

මහණෙනි, මෙහිලා භික්ෂුව ලද සිවුරකින් නොසතුටු වන්නේ වෙයි. ලද ආහාරයෙන් නොසතුටු වන්නේ වෙයි. ලද කුටියෙන් නොසතුටු වන්නේ වෙයි. ලද ගිලන්පස බෙහෙත් පිරිකරෙන් නොසතුටු වන්නේ වෙයි. අකමැත්තෙන් යුතු ව බඹසර හැසිරෙයි.

මහණෙනි, ශ්‍රමණයාට ඇත්තේ මේ දුක් පස යි.

මහණෙනි, ශ්‍රමණයාට ඇති මේ සැප පසකි. ඒ කවර පසක් ද යත්;

මහණෙනි, මෙහිලා භික්ෂුව ලද සිවුරකින් සතුටු වන්නේ වෙයි. ලද ආහාරයෙන් සතුටු වන්නේ වෙයි. ලද කුටියෙන් සතුටු වන්නේ වෙයි. ලද ගිලන්පස බෙහෙත් පිරිකරෙන් සතුටු වන්නේ වෙයි. ඉතා කැමැත්තෙන් යුතු ව බඹසර හැසිරෙයි.

මහණෙනි, ශ්‍රමණයාට ඇත්තේ මේ සැප පස යි.

සාදු! සාදු!! සාදු!!!

සමණ දුක්ඛ සුඛ සූත්‍රය නිමා විය.

5.3.3.9.
පරිකුප්ප සූත්‍රය
කිපෙන ස්වභාවය ඇති තැනැත්තා ගැන වදාළ දෙසුම

සැවැත් නුවර දී ය .....

මහණෙනි, මේ පස් දෙනා අපාගත වන්නෝ ය. නිරයෙහි උපදින්නෝ ය. කිපෙන ස්වභාවයෙන් යුතු වූවාහු පිළියම් නැත්තාහු වෙති. ඒ කවර පස් දෙනෙක් ද යත්;

මව ජීවිතයෙන් තොර කරන ලද්දේ වෙයි. පියා ජීවිතයෙන් තොර කරන ලද්දේ වෙයි. රහත් භික්ෂුව ජීවිතයෙන් තොර කරන ලද්දේ වෙයි. දුෂ්ට සිතින් තථාගතයන් වහන්සේගේ ලේ සොලවන ලද්දේ වෙයි. සංඝභේදය කරන ලද්දේ වෙයි.

මහණෙනි, මේ පස් දෙනා අපාගත වන්නෝ ය. නිරයෙහි උපදින්නෝ ය. කිපෙන ස්වභාවයෙන් යුතු වූවාහු පිළියම් නැත්තාහු වෙති.

සාදු! සාදු!! සාදු!!!

පරිකුප්ප සූත්‍රය නිමා විය.

5.3.3.10.
සම්පදා සූත්‍රය
සම්පත්ති ගැන වදාළ දෙසුම

සැවැත් නුවර දී ය .....

මහණෙනි, මේ ව්‍යසනයෝ පසකි. ඒ කවර පසක් ද යත්;

ඥාති ව්‍යසනය, භෝග ව්‍යසනය, රෝග ව්‍යසනය, සීල ව්‍යසනය, දෘෂ්ටි ව්‍යසනය ය.

මහණෙනි, සත්වයෝ ඥාති ව්‍යසන හේතුවෙන් හෝ භෝග ව්‍යසන

හේතුවෙන් හෝ රෝග ව්‍යසන හේතුවෙන් හෝ කය බිඳී මරණින් මතු අපාය, දුර්ගති, විනිපාත නම් වූ නිරයෙහි නූපදින්නාහු ය.

මහණෙනි, සීල ව්‍යසනයෙන් හෝ දෘෂ්ටි ව්‍යසනයෙන් හෝ සත්වයෝ කය බිඳී මරණින් මතු අපාය, දුර්ගති, විනිපාත නම් වූ නිරයෙහි උපදින්නාහු ය.

මහණෙනි, මේ වනාහී ව්‍යසනයෝ පස යි.

මහණෙනි, මේ සම්පත්තීහු පසකි. ඒ කවර පසක් ද යත්;

ඥාති සම්පත්තිය, භෝග සම්පත්තිය, නීරෝග සම්පත්තිය, සීල සම්පත්තිය, දෘෂ්ටි සම්පත්තිය ය.

මහණෙනි, සත්වයෝ ඥාති සම්පත්තිය හේතුවෙන් හෝ භෝග සම්පත්තිය හේතුවෙන් හෝ නීරෝග සම්පත්තිය හේතුවෙන් හෝ කය බිඳී මරණින් මතු සුගති සංඛ්‍යාත ස්වර්ගයෙහි නූපදින්නාහු ය.

මහණෙනි, සීල සම්පත්තියෙන් හෝ දෘෂ්ටි සම්පත්තියෙන් හෝ සත්වයෝ කය බිඳී මරණින් මතු සුගති සංඛ්‍යාත ස්වර්ගයෙහි උපදින්නාහු ය.

මහණෙනි, මේ වනාහී සම්පත්තීහු පස යි.

සාදු! සාදු!! සාදු!!!

සම්පදා සූත්‍රය නිමා විය.

තුන්වෙනි ගිලාන වර්ගය අවසන් විය.

- **එහි පිළිවෙල උද්දානය යි :**

ගිලාන සූත්‍රය, සතිසූපට්ඨිත සූත්‍රය, උපට්ඨාක සූත්‍ර දෙක, අනායුස්ස සූත්‍ර දෙක, වපකාස සූත්‍රය, සමණ දුක්ඛ-සුඛ සූත්‍රය, පරිකුප්ප සූත්‍රය සහ සම්පදා සූත්‍රය වශයෙන් මෙහි සූත්‍ර දශයකි.

4. රාජ වර්ගය

5.3.4.1.
පඨම චක්කානුවත්තන සූත්‍රය
ආඥා චක්‍රය පැවැත්වීම ගැන වදාළ පළමු දෙසුම

සැවැත් නුවර දී ය .....

මහණෙනි, පස් කරුණකින් සමන්විත වූ සක්විති රජ තෙමේ ධර්මයෙන් ම අණසක පවත්වයි. කිසිදු මනුෂ්‍ය වූ සතුරු ප්‍රාණියෙකු විසින් ඒ ආඥා චක්‍රය ආපස්සට හැරවිය නොහැක්කේ ය. ඒ කවර පසකින් ද යත්;

මහණෙනි, මෙහිලා සක්විති රජ තෙමේ කරුණු කාරණාවන්හි අරුත් දන්නේ වෙයි. රාජ ප්‍රවේණි ධර්මය දන්නේ වෙයි. රාජ කෘත්‍යයෙහි පමණ දන්නේ වෙයි. කාලය දන්නේ වෙයි. පිරිස් පරිහරණය දන්නේ වෙයි.

මහණෙනි, මේ පස් කරුණෙන් සමන්විත වූ සක්විති රජ තෙමේ ධර්මයෙන් ම අණසක පවත්වයි. කිසිදු මනුෂ්‍ය වූ සතුරු ප්‍රාණියෙකු විසින් ඒ ආඥා චක්‍රය ආපස්සට හැරවිය නොහැක්කේ ය.

එසෙයින් ම මහණෙනි, පස් කරුණකින් සමන්විත වූ තථාගත අරහත් සම්මා සම්බුදුරජාණන් වහන්සේ ධර්මයෙන් ම අනුත්තර වූ ධර්මචක්‍රය පවත්වති. ශ්‍රමණයෙකු විසින් හෝ බ්‍රාහ්මණයෙකු විසින් හෝ දෙවියෙකු විසින් හෝ මාරයෙකු විසින් හෝ බ්‍රහ්මයෙකු විසින් හෝ ලෝකයෙහි කිසිවෙකු විසින් හෝ ඒ අනුත්තර ධර්ම චක්‍රය ආපස්සට හැරවිය නොහැක්කේ ය. ඒ කවර පසකින් ද යත්;

මහණෙනි, මෙහිලා තථාගත අරහත් සම්මා සම්බුදුරජාණන් වහන්සේ අර්ථය දන්නාහු ය. ධර්මය දන්නාහු ය. පමණ දන්නාහු ය. කාලය දන්නාහු ය. පිරිස දන්නාහු ය.

මහණෙනි, මේ පස් කරුණෙන් සමන්විත වූ තථාගත අරහත් සම්මා සම්බුදුරජාණන් වහන්සේ ධර්මයෙන් ම අනුත්තර වූ ධර්මචක්‍රය පවත්වති. ශ්‍රමණයෙකු විසින් හෝ බ්‍රාහ්මණයෙකු විසින් හෝ දෙවියෙකු විසින් හෝ මාරයෙකු විසින් හෝ බ්‍රහ්මයෙකු විසින් හෝ ලෝකයෙහි කිසිවෙකු විසින් හෝ ඒ අනුත්තර ධර්ම චක්‍රය ආපස්සට හැරවිය නොහැක්කේ ය.

සාදු! සාදු!! සාදු!!!

පඨම චක්කානුවත්තන සූත්‍රය නිමා විය.

5.3.4.2.
දුතිය චක්කානුවත්තන සූත්‍රය
ආඥා චක්‍රය පැවැත්වීම ගැන වදාළ දෙවෙනි දෙසුම

සැවැත් නුවර දී ය .....

මහණෙනි, සක්විති රජුගේ ජ්‍යෙෂ්ඨ පුත්‍රයා පස් කරුණකින් සමන්විත වූයේ තම පියරජු විසින් පවත්වන ලද ආඥා චක්‍රය ධර්මයෙන් ම පවත්වයි. කිසිදු මනුෂ්‍ය වූ සතුරු ප්‍රාණියෙකු විසින් ඒ ආඥා චක්‍රය ආපස්සට හැරවිය නොහැක්කේ ය. ඒ කවර පසකින් ද යත්;

මහණෙනි, මෙහිලා සක්විති රජුගේ ජ්‍යෙෂ්ඨ පුත්‍රයා කරුණු කාරණාවන්හි අරුත් දන්නේ වෙයි. රාජ ප්‍රවේණි ධර්මය දන්නේ වෙයි. රාජ කෘත්‍යයෙහි පමණ දන්නේ වෙයි. කාලය දන්නේ වෙයි. පිරිස් පරිහරණය දන්නේ වෙයි.

මහණෙනි, සක්විති රජුගේ ජ්‍යෙෂ්ඨ පුත්‍රයා මේ පස් කරුණෙන් සමන්විත වූයේ තම පියරජු විසින් පවත්වන ලද ආඥා චක්‍රය ධර්මයෙන් ම පවත්වයි. කිසිදු මනුෂ්‍ය වූ සතුරු ප්‍රාණියෙකු විසින් ඒ ආඥා චක්‍රය ආපස්සට හැරවිය නොහැක්කේ ය.

එසෙයින් ම මහණෙනි, පස් කරුණකින් සමන්විත වූ සාරිපුත්තයෝ තථාගත අරහත් සම්මා සම්බුදුරජාණන් වහන්සේ විසින් ප්‍රවර්තනය කරන ලද අනුත්තර වූ ධර්මචක්‍රය මනාකොට ප්‍රවර්තනය කරති. ශ්‍රමණයෙකු විසින් හෝ බ්‍රාහ්මණයෙකු විසින් හෝ දෙවියෙකු විසින් හෝ මාරයෙකු විසින් හෝ බ්‍රහ්මයෙකු විසින් හෝ ලෝකයෙහි කිසිවෙකු විසින් හෝ ඒ අනුත්තර ධර්ම චක්‍රය ආපස්සට හැරවිය නොහැක්කේ ය. ඒ කවර පසකින් ද යත්;

මහණෙනි, මෙහිලා සාරිපුත්තයෝ අර්ථය දන්නාහු ය. ධර්මය දන්නාහු ය. පමණ දන්නාහු ය. කාලය දන්නාහු ය. පිරිස දන්නාහු ය.

මහණෙනි, මේ පස් කරුණෙන් සමන්විත වූ සාරිපුත්තයෝ තථාගත අරහත් සම්මා සම්බුදුරජාණන් වහන්සේ විසින් ප්‍රවර්තනය කරන ලද අනුත්තර වූ ධර්මචක්‍රය මනාකොට ප්‍රවර්තනය කරති. ශ්‍රමණයෙකු විසින් හෝ බ්‍රාහ්මණයෙකු විසින් හෝ දෙවියෙකු විසින් හෝ මාරයෙකු විසින් හෝ බ්‍රහ්මයෙකු විසින් හෝ ලෝකයෙහි කිසිවෙකු විසින් හෝ ඒ අනුත්තර ධර්ම චක්‍රය ආපස්සට හැරවිය නොහැක්කේ ය.

සාදු! සාදු!! සාදු!!!

දුතිය චක්කානුවත්තන සූත්‍රය නිමා විය.

5.3.4.3.
ධම්මරාජ සූත්‍රය
ධර්මරාජයා ගැන වදාළ දෙසුම

සැවැත් නුවර දී ය .....

"මහණෙනි, යම් චක්‍රවර්තී රජෙක් ධාර්මික වූයේ ධර්මරාජ වූයේ, හේ පවා රජෙකුගෙන් තොර ව ආඥා චක්‍රය නොපවත්වන්නේ ය."

මෙසේ වදාළ කල්හී එක්තරා භික්ෂුවක් භාග්‍යවතුන් වහන්සේගෙන් මෙය ඇසුවේ ය.

"ස්වාමීනී, ධාර්මික වූ ධර්මරාජ වූ චක්‍රවර්තී රජු හට රාජයා වූයේ කවරෙක් ද?"

"භික්ෂුව, ධර්මය යි" භාග්‍යවතුන් වහන්සේ වදාළ සේක.

"භික්ෂුව, මෙහිලා ධාර්මික වූ ධර්මරාජ වූ චක්‍රවර්තී රජු ධර්මය ම ඇසුරු කොට, ධර්මයට ම සත්කාර කොට, ධර්මයට ම ගෞරව කොට, ධර්මයට ම බුහුමන් කොට, ධර්මය නමැති කොඩිය ඇති ව, ධර්මය නැමති කේතුව ඇති ව, ධර්මය අධිපති කොට ඇතුළු නුවර ජනයා කෙරෙහි ධාර්මික වූ රැකවරණ ආරක්ෂා සංවිධාන කරයි.

තව ද භික්ෂුව, මෙහිලා ධාර්මික වූ ධර්මරාජ වූ චක්‍රවර්තී රජු ධර්මය ම ඇසුරු කොට, ධර්මයට ම සත්කාර කොට, ධර්මයට ම ගෞරව කොට, ධර්මයට ම බුහුමන් කොට, ධර්මය නමැති කොඩිය ඇති ව, ධර්මය නැමති කේතුව ඇති ව, ධර්මය අධිපති කොට රජුගෙන් යැපෙන ක්ෂත්‍රියයන් කෙරෙහි ද, බලසේනා කෙරෙහි ද, බ්‍රාහ්මණ ගෘහපතියන් කෙරෙහි ද, නිගම ජනපදවාසීන් කෙරෙහි ද, ශ්‍රමණ බ්‍රාහ්මණයන් කෙරෙහි ද, මෘග පක්ෂීන් කෙරෙහි ද ධාර්මික වූ රැකවරණ ආරක්ෂා සංවිධාන කරයි.

භික්ෂුව, ඒ ධාර්මික වූ ධර්මරාජ වූ චක්‍රවර්තී රජු ධර්මය ම ඇසුරු කොට, ධර්මයට ම සත්කාර කොට, ධර්මයට ම ගෞරව කොට, ධර්මයට ම බුහුමන් කොට, ධර්මය නමැති කොඩිය ඇති ව, ධර්මය නැමති කේතුව ඇති ව, ධර්මය අධිපති කොට ඇතුළු නුවර ජනයා කෙරෙහි ධාර්මික වූ රැකවරණ ආරක්ෂා සංවිධාන කොට, රජුගෙන් යැපෙන ක්ෂත්‍රියයන් කෙරෙහි ද, බලසේනා කෙරෙහි ද, බ්‍රාහ්මණ ගෘහපතියන් කෙරෙහි ද, නිගම ජනපදවාසීන් කෙරෙහි ද, ශ්‍රමණ බ්‍රාහ්මණයන් කෙරෙහි ද, මෘග පක්ෂීන් කෙරෙහි ද ධාර්මික වූ රැකවරණ ආරක්ෂා සංවිධාන කොට, ධර්මයෙන් ම ආඥා චක්‍රය පවත්වයි. කිසිදු මනුෂ්‍ය වූ සතුරු ප්‍රාණියෙකු විසින් ඒ ආඥා චක්‍රය ආපස්සට හැරවිය නොහැක්කේ ය.

එසෙයින් ම භික්ෂුව, ධාර්මික වූ ධර්මරාජ වූ තථාගත අරහත් සම්මා සම්බුදුරජාණන් වහන්සේ ධර්මය ම ඇසුරු කොට, ධර්මයට ම සත්කාර කොට, ධර්මයට ම ගෞරව කොට, ධර්මයට ම බුහුමන් කොට, ධර්මය නැමති කොඩිය ඇති ව, ධර්මය නමැති කේතුව ඇති ව, ධර්මය අධිපති කොට භික්ෂූන් කෙරෙහි ධාර්මික වූ ආරක්ෂා රැකවරණ සංවිධාන කරයි. එනම් 'මෙබඳු වූ කාය කර්මයන් සේවනය කළ යුත්තේ ය. මෙබඳු වූ කාය කර්මයන් සේවනය නොකළ යුත්තේ ය. මෙබඳු වූ වචී කර්මයන් සේවනය කළ යුත්තේ ය. මෙබඳු වූ වචී කර්මයන් සේවනය නොකළ යුත්තේ ය. මෙබඳු වූ මනෝ කර්මයන් සේවනය කළ යුත්තේ ය. මෙබඳු වූ මනෝ කර්මයන් සේවනය නොකළ යුත්තේ ය. මෙබඳු වූ ජීවිකාව සේවනය කළ යුත්තේ ය. මෙබඳු වූ ජීවිකාව සේවනය නොකළ යුත්තේ ය. මෙබඳු වූ ගම් නියම්ගම් සේවනය කළ යුත්තේ ය. මෙබඳු වූ ගම් නියම්ගම් සේවනය නොකළ යුත්තේ ය.'

තව ද භික්ෂුව, ධාර්මික වූ ධර්මරාජ වූ තථාගත අරහත් සම්මා සම්බුදුරජාණන් වහන්සේ ධර්මය ම ඇසුරු කොට, ධර්මයට ම සත්කාර කොට, ධර්මයට ම ගෞරව කොට, ධර්මයට ම බුහුමන් කොට, ධර්මය නමැති කොඩිය ඇති ව, ධර්මය නමැති කේතුව ඇති ව, ධර්මය අධිපති කොට

භික්ෂුණීන් කෙරෙහි ධාර්මික වූ ආරක්ෂා රැකවරණ සංවිධාන කරයි. ....(පෙ).... උපාසකයන් කෙරෙහි ....(පෙ).... උපාසිකාවන් කෙරෙහි ධාර්මික වූ ආරක්ෂා රැකවරණ සංවිධාන කරයි. එනම් 'මෙබඳු වූ කාය කර්මයන් සේවනය කළ යුත්තේ ය. මෙබඳු වූ කාය කර්මයන් සේවනය නොකළ යුත්තේ ය. මෙබඳු වූ වචී කර්මයන් සේවනය කළ යුත්තේ ය. මෙබඳු වූ වචී කර්මයන් සේවනය නොකළ යුත්තේ ය. මෙබඳු වූ මනෝ කර්මයන් සේවනය කළ යුත්තේ ය. මෙබඳු වූ මනෝ කර්මයන් සේවනය නොකළ යුත්තේ ය. මෙබඳු වූ ජීවිකාව සේවනය කළ යුත්තේ ය. මෙබඳු වූ ජීවිකාව සේවනය නොකළ යුත්තේ ය. මෙබඳු වූ ගම් නියම්ගම් සේවනය කළ යුත්තේ ය. මෙබඳු වූ ගම් නියම්ගම් සේවනය නොකළ යුත්තේ ය.'

භික්ෂුව, ඒ ධාර්මික වූ ධර්මරාජ වූ තථාගත අරහත් සම්මා සම්බුදුරජාණන් වහන්සේ ධර්මය ම ඇසුරු කොට, ධර්මයට ම සත්කාර කොට, ධර්මයට ම ගෞරව කොට, ධර්මයට ම බුහුමන් කොට, ධර්මය නමැති කොඩිය ඇති ව, ධර්මය නමැති කේතුව ඇති ව, ධර්මය අධිපති කොට භික්ෂූන් කෙරෙහි ධාර්මික වූ ආරක්ෂා රැකවරණ සංවිධාන කොට, භික්ෂුණීන් කෙරෙහි ධාර්මික වූ ආරක්ෂා රැකවරණ සංවිධාන කොට, උපාසකයන් කෙරෙහි ධාර්මික වූ ආරක්ෂා රැකවරණ සංවිධාන කොට, උපාසිකාවන් කෙරෙහි ධාර්මික වූ ආරක්ෂා රැකවරණ සංවිධාන කොට, ධර්මයෙන් ම අනුත්තර වූ ධර්ම චක්‍රය ප්‍රවර්තනය කරති. ශ්‍රමණයෙකු විසින් හෝ බ්‍රාහ්මණයෙකු විසින් හෝ දෙවියෙකු විසින් හෝ මාරයෙකු විසින් හෝ බ්‍රහ්මයෙකු විසින් හෝ ලෝකයෙහි කිසිවෙකු විසින් හෝ ඒ අනුත්තර ධර්ම චක්‍රය ආපස්සට හැරවිය නොහැක්කේ ය.

සාදු! සාදු!! සාදු!!!

ධම්මරාජ සූත්‍රය නිමා විය.

5.3.4.4.
ඛත්තියරාජ සූත්‍රය
ක්ෂත්‍රිය රජු ගැන වදාළ දෙසුම

සැවැත් නුවර දී ය .....

මහණෙනි, කරුණු පසකින් සමන්විත වූ ඔටුණු පළන් ක්ෂත්‍රිය රජු යම්

යම් දිශාවක වාසය කරයි නම් තමන්ගේ විජිතයෙහි ම වාසය කරන්නේ ය. ඒ කවර පසකින් ද යත්;

මහණෙනි, මෙහිලා ඔටුණු පළන් ක්ෂත්‍රීය රජු මව් පාර්ශවයෙනුත්, පිය පාර්ශවයෙනුත් යන උභය පාර්ශවයෙන් ම සුජාත උපතක් ලැබුවේ වෙයි. පිරිසිදු මව් කුසකින් උපන්නේ වෙයි. සත්වෙනි මී මුතු පරම්පරාව තෙක් ජාතිවාදයෙන් බැහැර නොකරන ලද්දේ උපක්‍රෝශ නොකරන ලද්දේ වෙයි.

ආඪ්‍ය වූයේ මහත් ධන ඇත්තේ මහත් භෝග ඇත්තේ පිරී ගිය ධාන්‍යා ගාර ඇත්තේ පිරී ගිය භාණ්ඩාගාර ඇත්තේ වෙයි.

බලවත් වූයේ වෙයි. කීකරු වූයේ තමන්ගේ අවවාදයට අනුව කටයුතු කරන්නා වූ සිව්රඟ සේනාවෙන් යුක්ත වූයේ වෙයි.

ඔහුගේ පුත්‍රයා වනාහී නුවණැත්තෙක් වෙයි. ව්‍යක්ත වෙයි. ස්ථානෝචිත ප්‍රඥාවෙන් යුක්ත වෙයි. අතීතානාගත වර්තමාන අරුත් සිතීමට ප්‍රතිබල වෙයි. ඒ රජු හට මේ කරුණු සතරින් යස පිරිවර වැඩෙයි.

හේ මේ පස්වෙනි යස පිරිවර නම් වූ කරුණින් යුක්ත වූයේ යම් යම් දිශාවක වාසය කරයි නම් තමන්ගේ ම විජිතයක වාසය කරයි. මක්නිසාද යත්, මහණෙනි, දිනූ තැනැත්තාට එය එසේ ම වන්නේ ය.

එසෙයින් ම මහණෙනි, පස් කරුණකින් සමන්විත වූ භික්ෂුව යම් යම් දිශාවක වාසය කරයි ද, විමුක්ති සිතින් ම වාසය කරයි. ඒ කවර පසකින් ද යත්;

මහණෙනි, මෙහිලා භික්ෂුව සිල්වත් වෙයි. ප්‍රාතිමෝක්ෂ සංවරයෙන් සංවර වූයේ වෙයි. යහපත් ඇවතුම් පැවතුම් ඇති ව වසන්නේ වෙයි. අණුමාත්‍ර වූ වරදෙහි ත් බිය දකින සුළු ව සමාදන් වූ ශික්ෂාපදයන්හි හික්මෙන්නේ වෙයි. සුජාත උපතක් ලද ඔටුණු පළන් ක්ෂත්‍රීය රජෙකු සේ ය.

ධර්මය බොහෝ සෙයින් අසන ලද්දේ වෙයි. ඒ ඇසූ දහම් ධරන්නේ වෙයි. ඒ ඇසූ දහම් සිත්හිලා රැස් කරගන්නේ වෙයි. යම් ඒ ධර්මයෝ කල්‍යාණ වූ පටන් ගැනීමකින් යුක්ත වෙත් ද, කල්‍යාණ වූ මැදකින් යුක්ත වෙත් ද, කල්‍යාණ වූ අවසානයකින් යුක්ත වෙත් ද, අර්ථ සහිත වෙත් ද, පැහැදිලි වචනයෙන් යුක්ත වෙත් ද, හැම ලෙසින් ම පිරිපුන් පිරිසිදු නිවන් මග පවසත් ද, එබඳු වූ ධර්මයෝ ඔහු විසින් බොහෝ කොට අසන ලද්දාහු ය. ධාරණය කරගන්නා ලද්දාහු ය. වචනයෙන් පිරිවහන ලද්දාහු ය. මනසින් විමසන ලද්දාහු ය. නුවණින්

අවබෝධ කරන ලද්දාහු ය. ආඪ්‍ය වූ මහා ධන ඇති මහා භෝග ඇති පිරිපුන් ධාන්‍යාගාර, භාණ්ඩාගාර ඇති ඔටුණු පළන් ක්ෂත්‍රීය රජෙකු සෙයිනි.

අරඹන ලද වීරිය ඇත්තේ වෙයි. අකුසල් දහම් ප්‍රහාණය කිරීමට හා කුසල් දහම් උපදවා ගැනීමට දැඩි වීරියෙන් යුතු වූයේ, දැඩි පරාක්‍රමයෙන් යුතු වූයේ, කුසල් දහම් පිළිබඳ ව පසුබට නොවන වීරිය ඇත්තේ වෙයි. බලසම්පන්න වූ ඔටුණු පළන් ක්ෂත්‍රීය රජෙකු සෙයිනි.

ප්‍රඥාවන්ත වෙයි. හටගැනීම ත්, නැතිවීම ත් දැකීමට සමර්ථ ප්‍රඥාවෙන් යුක්ත වූයේ වෙයි. ආර්ය වූ තියුණු අවබෝධය ඇති කරවන, මැනැවින් දුක් ක්ෂය කරවන ප්‍රඥාවෙන් යුක්ත වූයේ වෙයි. පුත්‍ර රත්නයෙන් යුතු ඔටුණු පළන් ක්ෂත්‍රීය රජෙකු සෙයිනි.

ඒ භික්ෂුවට මේ කරුණු සතර විමුක්තිය මුහුකුරවා දෙයි. හේ පස්වෙනි වූ විමුක්තිය නම් වූ ධර්මයෙන් යුක්ත වූයේ යම් යම් දිශාවක වාසය කරයි නම් විමුක්ති සිතින් ම වාසය කරයි. මක් නිසාද යත්, මහණෙනි, විමුක්තියට පත් සිත් ඇත්තහුට එය එසේ ම වන්නේ ය.

සාදු! සාදු!! සාදු!!!

ඛත්තියරාජ සූත්‍රය නිමා විය.

5.3.4.5.
පඨම පත්ථනා සූත්‍රය
ප්‍රාර්ථනාව ගැන වදාළ පළමු දෙසුම

සැවැත් නුවර දී ය .....

මහණෙනි, ඔටුණු පළන් ක්ෂත්‍රිය රජුගේ අංග පසකින් සමන්විත වූ ජ්‍යෙෂ්ඨ පුත්‍රයා රාජ්‍යය ප්‍රාර්ථනා කරයි. ඒ කවර පස් අංගයකින් ද යත්;

මහණෙනි, මෙහිලා ඔටුනු පළන් ක්ෂත්‍රිය රජුගේ ජ්‍යෙෂ්ඨ පුත්‍රයා මව් පාර්ශවයෙනුත්, පිය පාර්ශවයෙනුත් යන උභය පාර්ශවයෙන් ම සුජාත උපතක් ලැබුවේ වෙයි. පිරිසිදු මව් කුසකින් උපන්නේ වෙයි. සත්වෙනි මී මුතු පරම්පරාව තෙක් ජාතිවාදයෙන් බැහැර නොකරන ලද්දේ උපක්‍රෝශ නොකරන ලද්දේ වෙයි.

අභිරූපවත් වූයේ වෙයි. සොඳුරු දැකුම් ඇත්තේ වෙයි. ප්‍රසාදය ඇති කරන්නේ වෙයි. උතුම් පැහැපත් බවින් යුක්ත වූයේ වෙයි.

මව්පියන් හට ප්‍රියමනාප වූයේ වෙයි.

නිගම ජනපදවාසීන් හට ප්‍රියමනාප වූයේ වෙයි.

ඔටුණු පළන් ක්ෂත්‍රිය රජුන්ගේ යම් ඒ ශිල්පයෝ ඇද්ද, හස්ති ශිල්පය වේවා, අශ්ව ශිල්පය වේවා, රථ ශිල්පය වේවා, ධනු ශිල්පය වේවා, කඩු ශිල්පය වේවා, එහිලා පිරිපුන් ව හික්මුණේ වෙයි.

ඔහුට මෙසේ සිතෙයි. 'මම් වනාහී මව් පාර්ශවයෙනුත්, පිය පාර්ශවයෙනුත් යන උභය පාර්ශවයෙන් ම සුජාත උපතක් ලැබුවේ වෙමි. පිරිසිදු මව් කුසකින් උපන්නේ වෙමි. සත්වෙනි මී මුතු පරම්පරාව තෙක් ජාතිවාදයෙන් බැහැර නොකරන ලද්දේ උපක්‍රෝශ නොකරන ලද්දේ වෙමි. කුමක් නිසා මම් රාජ්‍යය නොපතන්නෙම් ද?

මම් වනාහී අභිරූපවත් වූයේ වෙමි. සොඳුරු දැකුම් ඇත්තේ වෙමි. ප්‍රසාදය ඇති කරන්නේ වෙමි. උතුම් පැහැපත් බවින් යුක්ත වූයේ වෙමි. කුමක් නිසා මම් රාජ්‍යය නොපතන්නෙම් ද?

මම් වනාහී මව්පියන් හට ප්‍රියමනාප වූයේ වෙමි. කුමක් නිසා මම් රාජ්‍යය නොපතන්නෙම් ද?

මම් වනාහී නිගම ජනපදවාසීන් හට ප්‍රියමනාප වූයේ වෙමි. කුමක් නිසා මම් රාජ්‍යය නොපතන්නෙම් ද?

මම් වනාහී ඔටුණු පළන් ක්ෂත්‍රීය රජුන්ගේ යම් ඒ ශිල්පයෝ ඇද්ද, හස්ති ශිල්පය වේවා, අශ්ව ශිල්පය වේවා, රථ ශිල්පය වේවා, ධනු ශිල්පය වේවා, කඩු ශිල්පය වේවා, එහිලා පිරිපුන් ව හික්මුණේ වෙමි. කුමක් නිසා මම් රාජ්‍යය නොපතන්නෙම් දැ' යි.

මහණෙනි, ඔටුණු පළන් ක්ෂත්‍රීය රජුගේ මේ අංග පසින් සමන්විත වූ ජ්‍යෙෂ්ඨ පුත්‍රයා රාජ්‍යය ප්‍රාර්ථනා කරයි.

එසෙයින් ම මහණෙනි, පස් කරුණකින් සමන්විත වූ භික්ෂුව ආශ්‍රවයන්ගේ ක්ෂය ය වූ අරහත්වය ප්‍රාර්ථනා කරයි. ඒ කවර පස් කරුණකින් ද යත්;

මහණෙනි, මෙහිලා භික්ෂුව සැදැහැවත් වූයේ වෙයි. තථාගතයන්ගේ අවබෝධය අදහන්නේ වෙයි. එනම් 'ඒ භාග්‍යවතුන් වහන්සේ මේ මේ කරුණින්

අරහං වන සේක. සම්මා සම්බුද්ධ වන සේක. විජ්ජාචරණ සම්පන්න වන සේක. සුගත වන සේක. ලෝකවිදූ වන සේක. අනුත්තරෝ පුරිසදම්ම සාරථී වන සේක. සත්ථා දේවමනුස්සානං වන සේක. බුද්ධ වන සේක. භගවා වන සේක' යනුවෙනි.

අල්පාබාධ ඇත්තේ වෙයි. අල්ප රෝග ඇත්තේ වෙයි. ඉතා ශීත ත් නොවූ, ඉතා උෂ්ණ ත් නොවූ සම සේ ආහාර පැසවන මධ්‍යම වූ ප්‍රධන් වීර්යයට ඔරොත්තු දෙන ග්‍රහණියකින් යුක්ත වූයේ වෙයි.

වංචා නැත්තේ වෙයි. මායා නැත්තේ වෙයි. ශාස්තෘන් වහන්සේට හෝ නුවණැති සබ්‍රහ්මචාරීන් වහන්සේලාට හෝ තමාගේ සැබෑ ස්වභාවය හෙළි දරව් කරන්නේ වෙයි.

අරඹන ලද වීරිය ඇත්තේ වෙයි. අකුසල් දහම් ප්‍රහාණය කිරීමට හා කුසල් දහම් උපදවා ගැනීමට දැඩි වීරියෙන් යුතු වූයේ, දැඩි පරාක්‍රමයෙන් යුතු වූයේ, කුසල් දහම් පිළිබඳ ව පසුබට නොවන වීරිය ඇත්තේ වෙයි.

ප්‍රඥාවන්ත වෙයි. හටගැනීම ත්, නැතිවීම ත් දැකීමට සමර්ථ ප්‍රඥාවෙන් යුක්ත වූයේ වෙයි. ආර්ය වූ තියුණු අවබෝධය ඇති කරවන, මැනැවින් දුක් ක්ෂය කරවන ප්‍රඥාවෙන් යුක්ත වූයේ වෙයි.

ඔහුට මෙසේ සිතෙයි. 'මම් වනාහී සැදැහැවත් වූයේ වෙමි. තථාගතයන් වහන්සේගේ අවබෝධය අදහන්නේ වෙමි. එනම් 'ඒ භාග්‍යවතුන් වහන්සේ මේ මේ කරුණින් අරහං වන සේක. සම්මා සම්බුද්ධ වන සේක. විජ්ජාචරණ සම්පන්න වන සේක. සුගත වන සේක. ලෝකවිදූ වන සේක. අනුත්තරෝ පුරිසදම්ම සාරථී වන සේක. සත්ථා දේවමනුස්සානං වන සේක. බුද්ධ වන සේක. භගවා වන සේක' යනුවෙනි. කුමක් හෙයින් මම් ආශ්‍රවයන්ගේ ක්ෂය වීම නම් වූ අරහත්වය නොපතන්නෙම් ද?

මම් වනාහී අල්පාබාධ ඇත්තේ වෙමි. අල්ප රෝග ඇත්තේ වෙමි. ඉතා ශීත ත් නොවූ, ඉතා උෂ්ණ ත් නොවූ සම සේ ආහාර පැසවන මධ්‍යම වූ ප්‍රධන් වීර්යයට ඔරොත්තු දෙන ග්‍රහණියකින් යුක්ත වූයේ වෙමි. කුමක් හෙයින් මම් ආශ්‍රවයන්ගේ ක්ෂය වීම නම් වූ අරහත්වය නොපතන්නෙම් ද?

මම් වනාහී වංචා නැත්තේ වෙමි. මායා නැත්තේ වෙමි. ශාස්තෘන් වහන්සේට හෝ නුවණැති සබ්‍රහ්මචාරීන් වහන්සේලාට හෝ තමාගේ සැබෑ ස්වභාවය හෙළි දරව් කරන්නේ වෙමි. කුමක් හෙයින් මම් ආශ්‍රවයන්ගේ ක්ෂය වීම නම් වූ අරහත්වය නොපතන්නෙම් ද?

මම් වනාහී අරඹන ලද වීරිය ඇත්තේ වෙමි. අකුසල් දහම් ප්‍රහාණය කිරීමට හා කුසල් දහම් උපදවා ගැනීමට දැඩි වීරියෙන් යුතු වූයේ, දැඩි පරාක්‍රමයෙන් යුතු වූයේ, කුසල් දහම් පිළිබඳ ව පසුබට නොවන වීරිය ඇත්තේ වෙමි. කුමක් හෙයින් මම් ආශ්‍රවයන්ගේ ක්ෂය වීම නම් වූ අරහත්වය නොපතන්නෙම් ද?

මම් වනාහී ප්‍රඥාවන්ත වෙමි. හටගැනීම ත්, නැතිවීම ත් දැකීමට සමර්ථ ප්‍රඥාවෙන් යුක්ත වූයේ වෙමි. ආර්ය වූ තියුණු අවබෝධය ඇති කරවන, මැනැවින් දුක් ක්ෂය කරවන ප්‍රඥාවෙන් යුක්ත වූයේ වෙමි. කුමක් හෙයින් මම් ආශ්‍රවයන්ගේ ක්ෂය වීම නම් වූ අරහත්වය නොපතන්නෙම් දැ' යි.

මහණෙනි, මේ පංච ධර්මයෙන් සමන්විත වූ භික්ෂුව ආශ්‍රවයන්ගේ ක්ෂය වීම නම් වූ අරහත්වය ප්‍රාර්ථනා කරයි.

සාදු! සාදු!! සාදු!!!

පඨම පත්ථනා සූත්‍රය නිමා විය.

5.3.4.6.
දුතිය පත්ථනා සූත්‍රය
ප්‍රර්ථනාව ගැන වදාළ දෙවෙනි දෙසුම

සැවැත් නුවර දී ය .....

මහණෙනි, ඔටුණු පළන් ක්ෂත්‍රීය රජුගේ අංග පසකින් සමන්විත වූ ජ්‍යෙෂ්ඨ පුත්‍රයා යුවරජ තනතුර ප්‍රාර්ථනා කරයි. ඒ කවර පස් අංගයකින් ද යත්;

මහණෙනි, මෙහිලා ඔටුනු පළන් ක්ෂත්‍රීය රජුගේ ජ්‍යෙෂ්ඨ පුත්‍රයා මව් පාර්ශවයෙනුත්, පිය පාර්ශවයෙනුත් යන උභය පාර්ශවයෙන් ම සුජාත උපතක් ලැබුවේ වෙයි. පිරිසිදු මව් කුසකින් උපන්නේ වෙයි. සත්වෙනි මී මුතු පරම්පරාව තෙක් ජාතිවාදයෙන් බැහැර නොකරන ලද්දේ උපක්‍රෝශ නොකරන ලද්දේ වෙයි.

අභිරූපවත් වූයේ වෙයි. සොඳුරු දැකුම් ඇත්තේ වෙයි. ප්‍රසාදය ඇති කරන්නේ වෙයි. උතුම් පැහැපත් බවින් යුක්ත වූයේ වෙයි.

මව්පියන් හට ප්‍රියමනාප වූයේ වෙයි.

බල සේනාවන්ට ප්‍රියමනාප වූයේ වෙයි.

අතීත, අනාගත, වර්තමාන අභිවෘද්ධිදායක කරුණු සිතන්නට ප්‍රතිබල සම්පන්න වූ නුවණැති ව්‍යක්ත පණ්ඩිතයෙක් වෙයි.

ඔහුට මෙසේ සිතෙයි. 'මම් වනාහී මව් පාර්ශවයෙනුත්, පිය පාර්ශවයෙනුත් යන උභය පාර්ශවයෙන් ම සුජාත උපතක් ලැබුවේ වෙමි. පිරිසිදු මව් කුසකින් උපන්නේ වෙමි. සත්වෙනි මී මුතු පරම්පරාව තෙක් ජාතිවාදයෙන් බැහැර නොකරන ලද්දේ උපක්‍රෝශ නොකරන ලද්දේ වෙමි. කුමක් නිසා මම් යුවරජ තනතුර නොපතන්නෙම් ද?

මම් වනාහී අභිරූපවත් වූයේ වෙමි. සොඳුරු දකුම් ඇත්තේ වෙමි. ප්‍රසාදය ඇති කරන්නේ වෙමි. උතුම් පැහැපත් බවින් යුක්ත වූයේ වෙමි. කුමක් නිසා මම් යුවරජ තනතුර නොපතන්නෙම් ද?

මම් වනාහී මව්පියන් හට ප්‍රියමනාප වූයේ වෙමි. කුමක් නිසා මම් යුවරජ තනතුර නොපතන්නෙම් ද?

මම් වනාහී බල සේනාවන් හට ප්‍රියමනාප වූයේ වෙමි. කුමක් නිසා මම් යුවරජ තනතුර නොපතන්නෙම් ද?

මම් වනාහී අතීත, අනාගත, වර්තමාන අභිවෘද්ධිදායක කරුණු සිතන්නට ප්‍රතිබල සම්පන්න වූ නුවණැති ව්‍යක්ත පණ්ඩිතයෙක් වෙමි. කුමක් නිසා මම් යුවරජ තනතුර නොපතන්නෙම් ද?' යි.

මහණෙනි, ඔටුණු පළන් ක්ෂත්‍රිය රජුගේ මේ අංග පසින් සමන්විත වූ ජ්‍යෙෂ්ඨ පුත්‍රයා යුවරජ තනතුර ප්‍රාර්ථනා කරයි.

එසෙයින් ම මහණෙනි, පස් කරුණකින් සමන්විත වූ භික්ෂුව ආශ්‍රවයන්ගේ ක්ෂය ය වූ අරහත්වය ප්‍රාර්ථනා කරයි. ඒ කවර පස් කරුණකින් ද යත්;

මහණෙනි, මෙහිලා භික්ෂුව සිල්වත් වූයේ වෙයි. ....(පෙ).... ශික්ෂාපද සමාදන් ව හික්මෙයි.

බහුශ්‍රැත වූයේ වෙයි. ....(පෙ).... නුවණින් දක්නා ලද්දේ වෙයි.

සතර සතිපට්ඨානයන් තුළ මැනැවින් සිත පිහිටුවාගත්තේ වෙයි.

අරඹන ලද වීරිය ඇත්තේ වෙයි. අකුසල් දහම් ප්‍රහාණය කිරීමට හා කුසල් දහම් උපදවා ගැනීමට දැඩි වීරියෙන් යුතු වූයේ, දැඩි පරාක්‍රමයෙන් යුතු වූයේ, කුසල් දහම් පිළිබඳ ව පසුබට නොවන වීරිය ඇත්තේ වෙයි.

ප්‍රඥාවන්ත වෙයි. හටගැනීම ත්, නැතිවීම ත් දැකීමට සමර්ථ ප්‍රඥාවෙන්

යුක්ත වූයේ වෙයි. ආර්ය වූ තියුණු අවබෝධය ඇති කරවන, මැනැවින් දුක් ක්ෂය කරවන ප්‍රඥාවෙන් යුක්ත වූයේ වෙයි.

ඔහුට මෙසේ සිතෙයි. 'මම් වනාහී සිල්වත් වෙමි. ප්‍රාතිමෝක්ෂ සංවරයෙන් සංවර වූයේ වෙමි. යහපත් ඇවතුම් පැවතුම් ඇති ව වසන්නේ වෙමි. අණුමාත්‍ර වූ වරදෙහි ත් බිය දකින සුළු ව සමාදන් වූ ශික්ෂාපදයන්හි හික්මෙන්නේ වෙමි. කුමක් හෙයින් මම් ආශ්‍රවයන්ගේ ක්ෂය වීම නම් වූ අරහත්වය නොපතන්නෙම් ද?

මම් වනාහී ධර්මය බොහෝ සෙයින් අසන ලද්දේ වෙමි. ඒ ඇසූ දහම් ධරන්නේ වෙමි. ඒ ඇසූ දහම් සිත්හිලා රැස් කරගන්නේ වෙමි. යම් ඒ ධර්මයෝ කල්‍යාණ වූ පටන් ගැනීමකින් යුක්ත වෙත් ද, කල්‍යාණ වූ මැදකින් යුක්ත වෙත් ද, කල්‍යාණ වූ අවසානයකින් යුක්ත වෙත් ද, අර්ථ සහිත වෙත් ද, පැහැදිලි වචනයෙන් යුක්ත වෙත් ද, හැම ලෙසින් ම පිරිපුන් පිරිසිදු නිවන් මග පවසත් ද, එබඳු වූ ධර්මයෝ මා විසින් බොහෝ කොට අසන ලද්දාහු ය. ධාරණය කරගන්නා ලද්දාහු ය. වචනයෙන් පිරිවහන ලද්දාහු ය. මනසින් විමසන ලද්දාහු ය. නුවණින් අවබෝධ කරන ලද්දාහු ය. කුමක් හෙයින් මම් ආශ්‍රවයන්ගේ ක්ෂය වීම නම් වූ අරහත්වය නොපතන්නෙම් ද?

මම් වනාහී සතර සතිපට්ඨානයන් තුළ මැනැවින් සිත පිහිටුවාගත්තේ වෙමි. කුමක් හෙයින් මම් ආශ්‍රවයන්ගේ ක්ෂය වීම නම් වූ අරහත්වය නොපතන්නෙම් ද?

මම් වනාහී අරඹන ලද වීරිය ඇත්තේ වෙමි. අකුසල් දහම් ප්‍රහාණය කිරීමට හා කුසල් දහම් උපදවා ගැනීමට දැඩි වීරියෙන් යුතු වූයේ, දැඩි පරාක්‍රමයෙන් යුතු වූයේ, කුසල් දහම් පිළිබඳ ව පසුබට නොවන වීරිය ඇත්තේ වෙමි. කුමක් හෙයින් මම් ආශ්‍රවයන්ගේ ක්ෂය වීම නම් වූ අරහත්වය නොපතන්නෙම් ද?

මම් වනාහී ප්‍රඥාවන්ත වෙමි. හටගැනීම ත්, නැතිවීම ත් දැකීමට සමර්ථ ප්‍රඥාවෙන් යුක්ත වූයේ වෙමි. ආර්ය වූ තියුණු අවබෝධය ඇති කරවන, මැනැවින් දුක් ක්ෂය කරවන ප්‍රඥාවෙන් යුක්ත වූයේ වෙමි. කුමක් හෙයින් මම් ආශ්‍රවයන්ගේ ක්ෂය වීම නම් වූ අරහත්වය නොපතන්නෙම් දැ' යි.

මහණෙනි, මේ පංච ධර්මයෙන් සමන්විත වූ භික්ෂුව ආශ්‍රවයන්ගේ ක්ෂය වීම නම් වූ අරහත්වය ප්‍රාර්ථනා කරයි.

සාදු! සාදු!! සාදු!!!

දුතිය පත්ථනා සූත්‍රය නිමා විය.

5.3.4.7.
අප්පංසුපති සූත්‍රය
අල්ප නින්ද ගැන වදාළ දෙසුම

සැවැත් නුවර දී ය .....

මහණෙනි, මේ පස් දෙනා රාත්‍රියෙහි සුළු වෙලාවක් නිදාගනිති. බොහෝ කොට නිදිවරති. ඒ කවර පස් දෙනෙක් ද යත්;

මහණෙනි, පුරුෂයා කෙරෙහි අපේක්ෂා ඇති ස්ත්‍රිය රාත්‍රියෙහි සුළු වෙලාවක් නිදාගනියි. බහුල වශයෙන් නිදි වරයි. මහණෙනි, ස්ත්‍රිය කෙරෙහි අපේක්ෂා ඇති පුරුෂයා රාත්‍රියෙහි සුළු වෙලාවක් නිදාගනියි. බහුල වශයෙන් නිදි වරයි. මහණෙනි, වස්තු පැහැර ගැනීමෙහි අපේක්ෂා ඇති සොරා රාත්‍රියෙහි සුළු වෙලාවක් නිදාගනියි. බහුල වශයෙන් නිදි වරයි. මහණෙනි, රාජකෘත්‍යයෙහි අපේක්ෂා ඇති රජු රාත්‍රියෙහි සුළු වෙලාවක් නිදාගනියි. බහුල වශයෙන් නිදි වරයි. මහණෙනි, කෙලෙසුන්ගෙන් නිදහස් වීමෙහි අපේක්ෂා ඇති භික්ෂුව රාත්‍රියෙහි සුළු වෙලාවක් නිදාගනියි. බහුල වශයෙන් නිදි වරයි.

මහණෙනි, මේ පස් දෙනා රාත්‍රියෙහි සුළු වෙලාවක් නිදාගනිති. බොහෝ කොට නිදිවරති.

සාදු! සාදු!! සාදු!!!

අප්පංසුපති සූත්‍රය නිමා විය.

5.3.4.8.
භත්තාදක සූත්‍රය
බොහෝ බත් අනුභවය ගැන වදාළ දෙසුම

සැවැත් නුවර දී ය .....

මහණෙනි, රජුගේ හස්තිරාජයා පස් කරුණකින් සමන්විත වූයේ බොහෝ බත් අනුභව කරන්නේ ද වෙයි. අන්‍යයන්ට බාධා වන සේ ඉඩ අවුරා සිටින්නේ ද වෙයි. තැන තැන බෙටි දමන්නේ වෙයි. ඇතුන් ගණින තැන ඉදිරියෙන්

සිටින්නේ වෙයි. මොහු රජුගේ හස්තියා ම යන සංඛ්‍යාවට යයි. ඒ කවර කරුණු පසකින් ද?

මහණෙනි, මෙහිලා රජුගේ හස්තියා රූපයන් නොඉවසන්නේ වෙයි. ශබ්දයන් නොඉවසන්නේ වෙයි. ගන්ධයන් නොඉවසන්නේ වෙයි. රසයන් නොඉවසන්නේ වෙයි. ස්පර්ශයන් නොඉවසන්නේ වෙයි.

මහණෙනි, රජුගේ හස්තිරාජයා මේ පස් කරුණෙන් සමන්විත වූයේ බොහෝ බත් අනුභව කරන්නේ ද වෙයි. අන්‍යයන්ට බාධා වන සේ ඉඩ අවුරා සිටින්නේ ද වෙයි. තැන තැන බෙටි දමන්නේ වෙයි. ඇතුන් ගණින තැන ඉදිරියෙන් සිටින්නේ වෙයි. මොහු රජුගේ හස්තියා ම යන සංඛ්‍යාවට යයි.

එසෙයින් ම මහණෙනි, පස් කරුණකින් සමන්විත භික්ෂුව බොහෝ බත් අනුභව කරන්නේ ද වෙයි. අන්‍යයන්ට බාධා වන සේ ඉඩ අවුරා සිටින්නේ ද වෙයි. ඇඳ පුටු මඩින්නේ වෙයි. දානයට සංඝයා ගණින තැන ඉදිරියෙන් සිටින්නේ වෙයි. මොහු ද භික්ෂුවක් ය යන සංඛ්‍යාවට යයි. ඒ කවර කරුණු පසකින් ද?

මහණෙනි, මෙහිලා භික්ෂුව රූපයන් නොඉවසන්නේ වෙයි. ශබ්දයන් නොඉවසන්නේ වෙයි. ගන්ධයන් නොඉවසන්නේ වෙයි. රසයන් නොඉවසන්නේ වෙයි. ස්පර්ශයන් නොඉවසන්නේ වෙයි.

මහණෙනි, මේ පස් කරුණෙන් සමන්විත භික්ෂුව බොහෝ බත් අනුභව කරන්නේ ද වෙයි. අන්‍යයන්ට බාධා වන සේ ඉඩ අවුරා සිටින්නේ ද වෙයි. ඇඳ පුටු මඩින්නේ වෙයි. දානයට සංඝයා ගණින තැන ඉදිරියෙන් සිටින්නේ වෙයි. මොහු ද භික්ෂුවක් ය යන සංඛ්‍යාවට යයි.

සාදු! සාදු!! සාදු!!!

භත්තාදක සූත්‍රය නිමා විය.

5.3.4.9.
අක්ඛම සූත්‍රය
නොඉවසීම ගැන වදාළ දෙසුම

සැවැත් නුවර දී ය .....

මහණෙනි, රජුගේ හස්තියා කරුණු පසකින් යුක්ත වූයේ රාජ යෝග්‍ය නොවෙයි. රාජ පරිහරණයට සුදුසු නොවෙයි. රාජකීය අංගයක් ය යන සංඛ්‍යාවට නොවැටෙන්නේ වෙයි. ඒ කවර කරුණු පසකින් ද යත්;

මහණෙනි, මෙහිලා රජුගේ හස්තියා රූපයන් නොඉවසන්නේ වෙයි. ශබ්දයන් නොඉවසන්නේ වෙයි. ගන්ධයන් නොඉවසන්නේ වෙයි. රසයන් නොඉවසන්නේ වෙයි. ස්පර්ශයන් නොඉවසන්නේ වෙයි.

මහණෙනි, රජුගේ හස්තියා රූපයන් නොඉවසන්නේ කෙසේ ද? මහණෙනි, මෙහිලා රජුගේ හස්තියා යුද බිමට පිවිසියේ ඇත් සේනාව හෝ දැක, අශ්ව සේනාව හෝ දැක, රථ සේනාව හෝ දැක, පාබල සේනාව හෝ දැක කම්පා වෙයි. විශේෂයෙන් කම්පා වෙයි. දැඩි ව සිටින්නට නොහැකි වෙයි. සංග්‍රාම භූමියට බැසගන්නට නොහැකි වෙයි. මහණෙනි, මෙසේ රජුගේ හස්තියා රූපයන් නොඉවසන්නේ වෙයි.

මහණෙනි, රජුගේ හස්තියා ශබ්දයන් නොඉවසන්නේ කෙසේ ද? මහණෙනි, මෙහිලා රජුගේ හස්තියා යුද බිමට පිවිසියේ හස්ති නාදය හෝ අසා, අශ්ව නාදය හෝ අසා, රථ ශබ්දය හෝ අසා, පාබල හඬ හෝ අසා, බෙර හඬ, පනා බෙර හඬ, සක් හඬ, තූර්යනාද හඬ ආදිය අසා කම්පා වෙයි. විශේෂයෙන් කම්පා වෙයි. දැඩි ව සිටින්නට නොහැකි වෙයි. සංග්‍රාම භූමියට බැසගන්නට නොහැකි වෙයි. මහණෙනි, මෙසේ රජුගේ හස්තියා ශබ්දයන් නොඉවසන්නේ වෙයි.

මහණෙනි, රජුගේ හස්තියා ගන්ධයන් නොඉවසන්නේ කෙසේ ද? මහණෙනි, රජුගේ හස්තියා යුද බිමට පිවිසියේ යම් ඒ රජුගේ අභිජාත හස්තීහු සංග්‍රාමයෙහි බැසගෙන සිටිත් ද, ඔවුන්ගේ මල මූත්‍ර ගන්ධය ආඝ්‍රාණය කොට කම්පා වෙයි. විශේෂයෙන් කම්පා වෙයි. දැඩි ව සිටින්නට නොහැකි වෙයි. සංග්‍රාම භූමියට බැසගන්නට නොහැකි වෙයි. මහණෙනි, මෙසේ රජුගේ හස්තියා ගන්ධයන් නොඉවසන්නේ වෙයි.

මහණෙනි, රජුගේ හස්තියා රසයන් නොඉවසන්නේ කෙසේ ද? මහණෙනි, මෙහිලා රජුගේ හස්තියා යුද බිමට පිවිසියේ එක් දිනකට හෝ තෘණ ජලය ආදිය නොලැබීමෙන්, දින දෙකකින් හෝ, තුනකින් හෝ, හතරකින් හෝ, පහකින් හෝ තෘණ ජලය ආදිය නොලැබීමෙන් කම්පා වෙයි. විශේෂයෙන් කම්පා වෙයි. දැඩි ව සිටින්නට නොහැකි වෙයි. සංග්‍රාම භූමියට බැසගන්නට නොහැකි වෙයි. මහණෙනි, මෙසේ රජුගේ හස්තියා රසයන් නොඉවසන්නේ වෙයි.

මහණෙනි, රජුගේ හස්තියා ස්පර්ශයන් නොඉවසන්නේ කෙසේ ද? මහණෙනි, මෙහිලා රජුගේ හස්තියා යුද බිමට පිවිසියේ එක් හී පහරකින් හෝ විදුම් කන ලද්දේ, ඊ පහර දෙකකින් හෝ තුනකින් හෝ සතරකින් හෝ පහකින් හෝ විදුම් කන ලද්දේ කම්පා වෙයි. විශේෂයෙන් කම්පා වෙයි. දැඩි ව සිටින්නට නොහැකි වෙයි. සංග්‍රාම භූමියට බැසගන්නට නොහැකි වෙයි. මහණෙනි, මෙසේ රජුගේ හස්තියා ස්පර්ශයන් නොඉවසන්නේ වෙයි.

මහණෙනි, රජුගේ හස්තියා මේ කරුණු පසෙන් යුක්ත වූයේ රාජ යෝග්‍ය නොවෙයි. රාජ පරිහරණයට සුදුසු නොවෙයි. රාජකීය අංගයක් ය යන සංඛ්‍යාවට නොවැටෙන්නේ වෙයි.

මෙසෙයින් ම මහණෙනි, අංග පසකින් සමන්විත වූ භික්ෂුව ආහුණෙය්‍ය නොවෙයි. පාහුණෙය්‍ය නොවෙයි. දක්ඛිණෙය්‍ය නොවෙයි. අංජලිකරණීය නොවෙයි. ලෝකයාගේ අනුත්තර පින්කෙත ද නොවෙයි. ඒ කවර අංග පසකින් ද යත්;

මහණෙනි, මෙහිලා භික්ෂුව රූපයන් නොඉවසන්නේ වෙයි. ශබ්දයන් නොඉවසන්නේ වෙයි. ගන්ධයන් නොඉවසන්නේ වෙයි. රසයන් නොඉවසන්නේ වෙයි. ස්පර්ශයන් නොඉවසන්නේ වෙයි.

මහණෙනි, භික්ෂුව රූපයන් නොඉවසන්නේ කෙසේ ද? මහණෙනි, මෙහිලා භික්ෂුව ඇසින් රූපයක් දැක රාගය ඇති වන රූපය කෙරෙහි රාගය ඇති කර ගනියි. සිත සමාහිත කරගන්නට නොහැකි වෙයි. මහණෙනි, මෙසේ භික්ෂුව රූපයන් නොඉවසන්නේ වෙයි.

මහණෙනි, භික්ෂුව ශබ්දයන් නොඉවසන්නේ කෙසේ ද? මහණෙනි, මෙහිලා භික්ෂුව කනින් ශබ්දයක් අසා රාගය ඇති වන ශබ්දය කෙරෙහි රාගය ඇති කර ගනියි. සිත සමාහිත කරගන්නට නොහැකි වෙයි. මහණෙනි, මෙසේ භික්ෂුව ශබ්දයන් නොඉවසන්නේ වෙයි.

මහණෙනි, භික්ෂුව ගන්ධයන් නොඉවසන්නේ කෙසේ ද? මහණෙනි, මෙහිලා භික්ෂුව නාසයෙන් ගන්ධයක් ආඝ්‍රාණය කොට රාගය ඇති වන ගන්ධය කෙරෙහි රාගය ඇති කර ගනියි. සිත සමාහිත කරගන්නට නොහැකි වෙයි. මහණෙනි, මෙසේ භික්ෂුව ගන්ධයන් නොඉවසන්නේ වෙයි.

මහණෙනි, භික්ෂුව රසයන් නොඉවසන්නේ කෙසේ ද? මහණෙනි, මෙහිලා භික්ෂුව දිවෙන් රසයක් විඳ රාගය ඇති වන රසය කෙරෙහි රාගය ඇති කර ගනියි. සිත සමාහිත කරගන්නට නොහැකි වෙයි. මහණෙනි, මෙසේ භික්ෂුව රසයන් නොඉවසන්නේ වෙයි.

මහණෙනි, භික්ෂුව ස්පර්ශයන් නොඉවසන්නේ කෙසේ ද? මහණෙනි, මෙහිලා භික්ෂුව කයින් යමක් ස්පර්ශ කොට රාගය ඇති වන ස්පර්ශය කෙරෙහි රාගය ඇති කර ගනියි. සිත සමාහිත කරගන්නට නොහැකි වෙයි. මහණෙනි, මෙසේ භික්ෂුව ස්පර්ශයන් නොඉවසන්නේ වෙයි.

මහණෙනි, මේ අංග පසෙන් සමන්විත වූ භික්ෂුව ආහුණෙය්‍ය නොවෙයි. පාහුණෙය්‍ය නොවෙයි. දක්ඛිණෙය්‍ය නොවෙයි. අංජලිකරණීය නොවෙයි. ලෝකයාගේ අනුත්තර පින්කෙත ද නොවෙයි.

මහණෙනි, රජුගේ හස්තියා කරුණු පසකින් යුක්ත වූයේ රාජ යෝග්‍ය වෙයි. රාජ පරිහරණයට සුදුසු වෙයි. රාජකීය අංගයක් ය යන සංඛ්‍යාවට වැටෙන්නේ වෙයි. ඒ කවර කරුණු පසකින් ද යත්;

මහණෙනි, මෙහිලා රජුගේ හස්තියා රූපයන් ඉවසන්නේ වෙයි. ශබ්දයන් ඉවසන්නේ වෙයි. ගන්ධයන් ඉවසන්නේ වෙයි. රසයන් ඉවසන්නේ වෙයි. ස්පර්ශයන් ඉවසන්නේ වෙයි.

මහණෙනි, රජුගේ හස්තියා රූපයන් ඉවසන්නේ කෙසේ ද? මහණෙනි, මෙහිලා රජුගේ හස්තියා යුද බිමට පිවිසියේ ඇත් සේනාව හෝ දැක, අශ්ව සේනාව හෝ දැක, රථ සේනාව හෝ දැක, පාබල සේනාව හෝ දැක කම්පා නොවෙයි. විශේෂයෙන් කම්පා නොවෙයි. දැඩි ව සිටියි. සංග්‍රාම භූමියට බැස ගන්නට හැකි වෙයි. මහණෙනි, මෙසේ රජුගේ හස්තියා රූපයන් ඉවසන්නේ වෙයි.

මහණෙනි, රජුගේ හස්තියා ශබ්දයන් ඉවසන්නේ කෙසේ ද? මහණෙනි, මෙහිලා රජුගේ හස්තියා යුද බිමට පිවිසියේ හස්ති නාදය හෝ අසා, අශ්ව නාදය හෝ අසා, රථ ශබ්දය හෝ අසා, පාබල හඬ හෝ අසා, බෙර හඬ, පනා බෙර හඬ, සක් හඬ, තූර්යනාද හඬ ආදිය අසා කම්පා නොවෙයි. විශේෂයෙන් කම්පා නොවෙයි. දැඩි ව සිටියි. සංග්‍රාම භූමියට බැසගන්නට හැකි වෙයි. මහණෙනි, මෙසේ රජුගේ හස්තියා ශබ්දයන් ඉවසන්නේ වෙයි.

මහණෙනි, රජුගේ හස්තියා ගන්ධයන් ඉවසන්නේ කෙසේ ද? මහණෙනි, රජුගේ හස්තියා යුද බිමට පිවිසියේ යම් ඒ රජුගේ අභිජාත හස්තීහු සංග්‍රාමයෙහි බැසගෙන සිටිත් ද, ඔවුන්ගේ මල මූත්‍ර ගන්ධය ආඝ්‍රාණය කොට කම්පා නොවෙයි. විශේෂයෙන් කම්පා නොවෙයි. දැඩි ව සිටියි. සංග්‍රාම භූමියට බැස ගන්නට හැකි වෙයි. මහණෙනි, මෙසේ රජුගේ හස්තියා ගන්ධයන් ඉවසන්නේ වෙයි.

මහණෙනි, රජුගේ හස්තියා රසයන් ඉවසන්නේ කෙසේ ද? මහණෙනි, මෙහිලා රජුගේ හස්තියා යුද බිමට පිවිසියේ එක් දිනකට හෝ තෘණ ජලය ආදිය නොලැබීමෙන්, දින දෙකකින් හෝ, තුනකින් හෝ, හතරකින් හෝ, පහකින් හෝ තෘණ ජලය ආදිය නොලැබීමෙන් කම්පා නොවෙයි. විශේෂයෙන් කම්පා නොවෙයි. දැඩි ව සිටියි. සංග්‍රාම භූමියට බැසගන්නට හැකි වෙයි. මහණෙනි, මෙසේ රජුගේ හස්තියා රසයන් ඉවසන්නේ වෙයි.

මහණෙනි, රජුගේ හස්තියා ස්පර්ශයන් ඉවසන්නේ කෙසේ ද? මහණෙනි, මෙහිලා රජුගේ හස්තියා යුද බිමට පිවිසියේ එක් හී පහරකින් හෝ විදුම් කන ලද්දේ, ඊ පහර දෙකකින් හෝ තුනකින් හෝ සතරකින් හෝ පහකින් හෝ විදුම් කන ලද්දේ කම්පා නොවෙයි. විශේෂයෙන් කම්පා නොවෙයි. දැඩි ව සිටියි. සංග්‍රාම භූමියට බැසගන්නට හැකි වෙයි. මහණෙනි, මෙසේ රජුගේ හස්තියා ස්පර්ශයන් ඉවසන්නේ වෙයි.

මහණෙනි, රජුගේ හස්තියා මේ කරුණු පසෙන් යුක්ත වූයේ රාජ යෝග්‍ය වෙයි. රාජ පරිහරණයට සුදුසු වෙයි. 'රාජකීය අංගයක්' ය යන සංඛ්‍යාවට වැටෙන්නේ වෙයි.

මෙසෙයින් ම මහණෙනි, අංග පසකින් සමන්විත වූ භික්ෂුව ආහුණෙය්‍ය වෙයි. පාහුණෙය්‍ය වෙයි. දක්ඛිණෙය්‍ය වෙයි. අංජලිකරණීය වෙයි. ලෝකයාගේ අනුත්තර පින්කෙත ද වෙයි. ඒ කවර අංග පසකින් ද යත්;

මහණෙනි, මෙහිලා භික්ෂුව රූපයන් ඉවසන්නේ වෙයි. ශබ්දයන් ඉවසන්නේ වෙයි. ගන්ධයන් ඉවසන්නේ වෙයි. රසයන් ඉවසන්නේ වෙයි. ස්පර්ශයන් ඉවසන්නේ වෙයි.

මහණෙනි, භික්ෂුව රූපයන් ඉවසන්නේ කෙසේ ද? මහණෙනි, මෙහිලා භික්ෂුව ඇසින් රූපයක් දැක රාගය ඇති වන රූපය කෙරෙහි රාගය ඇති නොකර ගනියි. සිත සමාහිත කරගන්නට හැකි වෙයි. මහණෙනි, මෙසේ භික්ෂුව රූපයන් ඉවසන්නේ වෙයි.

මහණෙනි, භික්ෂුව ශබ්දයන් ඉවසන්නේ කෙසේ ද? මහණෙනි, මෙහිලා භික්ෂුව කනින් ශබ්දයක් අසා රාගය ඇති වන ශබ්දය කෙරෙහි රාගය ඇති නොකර ගනියි. සිත සමාහිත කරගන්නට හැකි වෙයි. මහණෙනි, මෙසේ භික්ෂුව ශබ්දයන් ඉවසන්නේ වෙයි.

මහණෙනි, භික්ෂුව ගන්ධයන් ඉවසන්නේ කෙසේ ද? මහණෙනි, මෙහිලා භික්ෂුව නාසයෙන් ගන්ධයක් ආඝ්‍රාණය කොට රාගය ඇති වන ගන්ධය කෙරෙහි

රාගය ඇති නොකර ගනියි. සිත සමාහිත කරගන්නට හැකි වෙයි. මහණෙනි, මෙසේ භික්ෂුව ගන්ධයන් ඉවසන්නේ වෙයි.

මහණෙනි, භික්ෂුව රසයන් ඉවසන්නේ කෙසේ ද? මහණෙනි, මෙහිලා භික්ෂුව දිවෙන් රසයක් විඳ රාගය ඇති වන රසය කෙරෙහි රාගය ඇති නොකර ගනියි. සිත සමාහිත කරගන්නට හැකි වෙයි. මහණෙනි, මෙසේ භික්ෂුව රසයන් ඉවසන්නේ වෙයි.

මහණෙනි, භික්ෂුව ස්පර්ශයන් ඉවසන්නේ කෙසේ ද? මහණෙනි, මෙහිලා භික්ෂුව කයින් යමක් ස්පර්ශ කොට රාගය ඇති වන ස්පර්ශය කෙරෙහි රාගය ඇති නොකර ගනියි. සිත සමාහිත කරගන්නට හැකි වෙයි. මහණෙනි, මෙසේ භික්ෂුව ස්පර්ශයන් ඉවසන්නේ වෙයි.

මහණෙනි, මේ අංග පසෙන් සමන්විත වූ භික්ෂුව ආහුණෙයය වෙයි. පාහුණෙයය වෙයි. දක්ඛිණෙයය වෙයි. අංජලිකරණීය වෙයි. ලෝකයාගේ අනුත්තර පින්කෙත ද වෙයි.

සාදු! සාදු!! සාදු!!!

අක්ඛම සූත්‍රය නිමා විය.

5.3.4.10.
සෝතාර සූත්‍රය
අසන්නා ගැන වදාළ දෙසුම

සැවැත් නුවර දී ය .....

මහණෙනි, රජුගේ හස්තියා පස් කරුණකින් සමන්විත වූයේ රාජ යෝග්‍ය වෙයි. රාජ පරිහරණයට සුදුසු වෙයි. රාජකීය අංගයක් ය යන සංඛ්‍යාවට වැටෙයි. ඒ කවර පස් කරුණකින් ද යත්;

මහණෙනි, මෙහිලා රජුගේ හස්තියා අසන්නේ ද වෙයි. නසන්නේ ද වෙයි. රකින්නේ ද වෙයි. ඉවසන්නේ ද වෙයි. යන්නේ ද වෙයි.

මහණෙනි, රජුගේ හස්තියා අසන්නේ කෙසේ ද? මහණෙනි, මෙහිලා ඇතුන් පුහුණු කරන්නා රජුගේ හස්තියා ලවා කලින් කළ දෙයක් වේවා,

නොකළ දෙයක් වේවා, යම් ම දෙයක් කරවයි නම් එහිදී ලැබෙන විධානය ඉතා ඕනෑකමින් මෙනෙහි කොට මුළු සිත ම යොමු කොට, යොමු කළ කන් ඇතිව අසන්නේ වෙයි. මහණෙනි, මෙසේ රජුගේ හස්තියා අසන්නේ වෙයි.

මහණෙනි, රජුගේ හස්තියා නසන්නේ කෙසේ ද? මහණෙනි, මෙහිලා රජුගේ හස්තියා යුද භූමියට පිවිසියේ ඇතා ත් නසයි. ඇතා පිට නැගි කෙනා ත් නසයි. අසු ත් නසයි. අසරුවා ත් නසයි. රථය ත් නසයි. රථයෙහි නැගි කෙනා ත් නසයි. පාබල සේනාවත් නසයි. මහණෙනි, මෙසේ රජුගේ හස්තියා නසන්නේ වෙයි.

මහණෙනි, රජුගේ හස්තියා රකින්නේ කෙසේ ද? මහණෙනි, මෙහිලා රජුගේ හස්තියා යුද භූමියට ගියේ තමන්ගේ ඉදිරි කය රකින්නේ ය. පිටුපස කය ද රකින්නේ ය. ඉදිරි පා රකින්නේ ය. පසු පා රකින්නේ ය. හිස රකින්නේ ය. කන් රකින්නේ ය. දළ රකින්නේ ය. සොඬ රකින්නේ ය. වලිගය රකින්නේ ය. ඇතු පිට නැගි කෙනා රකින්නේ ය. මහණෙනි, මෙසේ රජුගේ හස්තියා රකින්නේ වෙයි.

මහණෙනි, රජුගේ හස්තියා ඉවසන්නේ කෙසේ ද? මහණෙනි, මෙහිලා රජුගේ හස්තියා ඉවසන්නේ වෙයි. සැත් පහර ද ඉවසයි. කඩු පහර ද ඉවසයි. හී පහර ද ඉවසයි. පොරෝ පහර ද ඉවසයි. බෙර, පනාබෙර, සක්බෙර, ගැටබෙර ආදී තූර්යයන්ගේ මහා හඬ ද ඉවසයි. මහණෙනි, මෙසේ රජුගේ හස්තියා ඉවසන්නේ වෙයි.

මහණෙනි, රජුගේ හස්තියා යන්නේ කෙසේ ද? මහණෙනි, මෙහිලා ඇතුන් පුහුණු කරන්නා රජුගේ හස්තියා කලින් ගිය දිශාවකට වේවා, නොගිය දිශාවකට වේවා, යම් ම දිශාවකට මෙහෙයවයි නම් ඒ දිශාව කරා වහා යන්නේ වෙයි. මහණෙනි, මෙසේ රජුගේ හස්තියා යන්නේ වෙයි.

මහණෙනි, රජුගේ හස්තියා මේ පස් කරුණෙන් සමන්විත වූයේ රාජ යෝග්‍ය වෙයි. රාජ පරිහරණයට සුදුසු වෙයි. රාජකීය අංගයක් ය යන සංඛ්‍යාවට වැටෙයි.

මෙසෙයින් ම මහණෙනි, අංග පසකින් සමන්විත වූ භික්ෂුව ආහුණෙය්‍ය වෙයි. පාහුණෙය්‍ය වෙයි. දක්ඛිණෙය්‍ය වෙයි. අංජලිකරණීය වෙයි. ලෝකයාගේ අනුත්තර පින්කෙත ද වෙයි. ඒ කවර අංග පසකින් ද යත්;

මහණෙනි, මෙහිලා භික්ෂුව අසන්නේ ද වෙයි. නසන්නේ ද වෙයි. රකින්නේ ද වෙයි. ඉවසන්නේ ද වෙයි. යන්නේ ද වෙයි.

මහණෙනි, භික්ෂුව අසන්නේ කෙසේ ද? මහණෙනි, මෙහිලා භික්ෂුව තථාගතයන් වහන්සේ විසින් දෙසන ලද ධර්ම විනය දේශනා කරනු ලබන කල්හී ඉතා ඕනෑකමින් යුතුව මෙනෙහි කොට, මුළු සිත ම එයට යොමු කොට, යොමු කළ කන් ඇතිව ධර්මය අසයි. මහණෙනි, මෙසේ භික්ෂුව අසන්නේ වෙයි.

මහණෙනි, භික්ෂුව නසන්නේ කෙසේ ද? මහණෙනි, මෙහිලා භික්ෂුව උපන් කාම විතර්කය නොඉවසයි. දුරු කරයි. බැහැර කරයි. නැති කරයි. අභාවයට පමුණුවයි. උපන් ව්‍යාපාද විතර්කය නොඉවසයි. දුරු කරයි. බැහැර කරයි. නැති කරයි. අභාවයට පමුණුවයි. උපන් විහිංසා විතර්කය නොඉවසයි. දුරු කරයි. බැහැර කරයි. නැති කරයි. අභාවයට පමුණුවයි. ව උපනුපන් පාපී අකුසල් දහම් නොඉවසයි. දුරු කරයි. බැහැර කරයි. නැති කරයි. අභාවයට පමුණුවයි. මහණෙනි, මෙසේ භික්ෂුව නසන්නේ වෙයි.

මහණෙනි, භික්ෂුව රකින්නේ කෙසේ ද? මහණෙනි, මෙහිලා භික්ෂුව ඇසින් රූපයක් දැක සළකුණු නොගන්නේ වෙයි. සළකුණක කොටසක් හෝ නොගන්නේ වෙයි. යම් කරුණක් හේතුවෙන් ඇස නම් වූ ඉන්ද්‍රිය අසංවර ව වාසය කරද්දී ලෝභය ද්වේෂය ආදී පවිටු අකුසල් තමා පසුපස හඹා එයි ද, ඒ ඇසෙහි සංවරය පිණිස පිළිපන්නේ වෙයි. ඇස නම් වූ ඉන්ද්‍රිය රකියි. ඇස නම් වූ ඉන්ද්‍රියෙහි සංවරයට පැමිණෙයි. කනින් ශබ්දයක් අසා ....(පෙ).... නාසයෙන් ගන්ධයක් ආඝ්‍රාණය කොට ....(පෙ).... දිවෙන් රසයක් විඳ ....(පෙ).... කයෙන් පහසක් ලබා ....(පෙ).... මනසින් අරමුණක් දැන සළකුණු නොගන්නේ වෙයි. සළකුණක කොටසක් හෝ නොගන්නේ වෙයි. යම් කරුණක් හේතුවෙන් මනස නම් වූ ඉන්ද්‍රිය අසංවර ව වාසය කරද්දී ලෝභය ද්වේෂය ආදී පවිටු අකුසල් තමා පසුපස හඹා එයි ද, ඒ මනසෙහි සංවරය පිණිස පිළිපන්නේ වෙයි. මනස නම් වූ ඉන්ද්‍රිය රකියි. මනස නම් වූ ඉන්ද්‍රියෙහි සංවරයට පැමිණෙයි. මහණෙනි, මෙසේ භික්ෂුව රකින්නේ වෙයි.

මහණෙනි, භික්ෂුව ඉවසන්නේ කෙසේ ද? මහණෙනි, මෙහිලා භික්ෂුව ඉවසන්නේ වෙයි. සීත ද, රස්නය ද, බඩගින්න ද, පිපාසය ද, මැසි මදුරුවන් ගෙන්, අව් සුළං වලින්, සර්පාදීන්ගෙන් ලැබෙන කටුක පහස ඉවසන්නේ වෙයි. නපුරු ලෙස කියූ, නපුරු ලෙස පැමිණි නපුරු වචනයන් ඉවසන්නේ වෙයි. උපන්නා වූ තියුණු වූ රළු වූ කටුක වූ අමිහිරි වූ අමනාප වූ මාරාන්තික වූ ශාරීරික වේදනා ඉවසන සුළු වූයේ වෙයි. මහණෙනි, මෙසේ භික්ෂුව ඉවසන්නේ වෙයි.

මහණෙනි, භික්ෂුව යන්නේ කෙසේ ද? මහණෙනි, මෙහිලා භික්ෂුව යම් මේ දිශාවක් මේ දීර්ඝ සසරෙහි නොගිය විරූ වෙයි ද, එනම් යම් මේ සියළු සංස්කාරයන්ගේ සංසිඳීමක් ඇද්ද, සියළු උපධීන්ගේ දුරු වීමක් ඇද්ද, සියළු තෘෂ්ණාවන්ගේ ක්ෂය වීමක් ඇද්ද, විරාගයක් ඇද්ද, නිරෝධයක් ඇද්ද, නිවනක් ඇද්ද, ඒ නිවන ඇති දිශාවට වහා යන්නේ වෙයි. මහණෙනි, මෙසේ භික්ෂුව යන්නේ වෙයි.

මහණෙනි, මේ අංග පසින් සමන්විත වූ භික්ෂුව ආහුණෙය්‍ය වෙයි. පාහුණෙය්‍ය වෙයි. දක්ඛිණෙය්‍ය වෙයි. අංජලිකරණීය වෙයි. ලෝකයාගේ අනුත්තර පින්කෙත ද වෙයි.

සාදු! සාදු!! සාදු!!!

සෝතාර සූත්‍රය නිමා විය.

සිව්වෙනි රාජ වර්ගය අවසන් විය.

- **එහි පිළිවෙල උද්දානය යි :**

චක්කානුවත්තන සූත්‍ර දෙක, ධම්මරාජ සූත්‍රය, දිසා සූත්‍රය, පත්ථනා සූත්‍ර දෙක, අප්පංසුපති සූත්‍රය, භත්තාද සූත්‍රය, අක්ඛම සූත්‍රය සහ සෝතාර සූත්‍රය වශයෙන් මෙහි සූත්‍ර දශයකි.

5. තිකණ්ඩකී වර්ගය

5.3.5.1.
අවජානාති සූත්‍රය
හෙළාදැකීම ගැන වදාළ දෙසුම

සැවැත් නුවර දී ය .....

මහණෙනි, මේ පුද්ගලයෝ පස් දෙනා ලෝකයෙහි දකින්නට ලැබෙති. ඒ කවර පස් දෙනෙක් ද යත්;

දී හෙලා දකින්නේ ය. එකට වාසය කොට හෙලා දකින්නේ ය. වහා ගන්නා දොරටු ඇත්තේ වෙයි. අස්ථිර බවින් යුක්ත වූයේ වෙයි. නොවැටහෙන නුවණ රහිතයෙක් වෙයි.

මහණෙනි, පුද්ගලයෙක් දී හෙලා දකින්නේ කෙසේ ද? මහණෙනි, මෙහිලා පුද්ගලයෙකුට චීවර, පිණ්ඩපාත, සෙනසුන්, බෙහෙත් පිරිකර ආදිය දෙන්නේ වෙයි. ඔහුට මෙසේ සිතෙයි. 'මම දෙමි. මොහු පිළිගනියි' කියමින් ඒ පුද්ගලයාට දී හෙළා දකියි. මෙසේ මහණෙනි, පුද්ගලයා දී අවමන් කරයි.

මහණෙනි, පුද්ගලයෙක් එකට වාසය කොට හෙලා දකින්නේ කෙසේ ද? මහණෙනි, මෙහිලා පුද්ගලයෙක් තව පුද්ගලයෙකු සමඟ දෙතුන් වසරක් හෝ එකට වාසය කරයි. එසේ එකට වාසය කොට ඔහු පිළිබඳ කරුණු කියමින් හෙලා දකියි. මහණෙනි, මෙසේ පුද්ගලයා එකට වාසය කොට හෙලා දකියි.

මහණෙනි, පුද්ගලයෙක් වහා ගන්නා දොරටු ඇත්තේ කෙසේ ද? මහණෙනි, මෙහිලා ඇතැම් පුද්ගලයෙක් අන්‍යයන්ගේ ගුණයක් හෝ අගුණයක් හෝ කියන කල්හී එය වහා ම සොයා නොබලා පිළිගන්නේ වෙයි. මහණෙනි, මෙසේ පුද්ගලයා වහා ගන්නා දොරටු ඇත්තේ වෙයි.

මහණෙනි, පුද්ගලයෙක් අස්ථිර බවින් යුක්ත වන්නේ කෙසේ ද? මහණෙනි, මෙහිලා ඇතැම් පුද්ගලයෙක් ස්වල්ප වූ ශ්‍රද්ධා ඇත්තේ වෙයි. ස්වල්ප භක්ති ඇත්තේ වෙයි. ස්වල්ප ප්‍රේම ඇත්තේ වෙයි. ස්වල්ප ප්‍රසාද ඇත්තේ වෙයි. මහණෙනි, මෙසේ පුද්ගලයා අස්ථිර බවින් යුක්ත වූයේ වෙයි.

මහණෙනි, පුද්ගලයෙක් නොවැටහෙන්නේ නුවණ රහිත වූයේ කෙසේ ද? මහණෙනි, මෙහිලා පුද්ගලයෙක් කුසලාකුසල ධර්මයන් නොදනියි. හරි වැරදි දේ නොදනියි. උසස් පහත් දේ නොදනියි. පින් පව් ආදියෙහි එකිනෙකට විරුද්ධ ව ඇති කරුණ නොදනියි. මහණෙනි, මෙසේ පුද්ගලයා නොවැටහෙන්නේ නුවණ රහිතයෙක් වෙයි.

මහණෙනි, මේ පුද්ගලයෝ පස් දෙනා ලෝකයෙහි දකින්නට ලැබෙති.

සාදු! සාදු!! සාදු!!!

අවජානාති සූත්‍රය නිමා විය.

5.3.5.2.
ආරම්භති සූත්‍රය
ඇවැතට පැමිණීම ගැන වදාළ දෙසුම

සැවැත් නුවර දී ය .....

මහණෙනි, මහණෙනි, මෙහිලා පුද්ගලයෝ පස් දෙනෙක් ලෝකයෙහි විද්‍යමාන ව සිටිති. ඒ කවර පස් දෙනෙක් ද යත්;

මහණෙනි, මෙහිලා ඇතැම් පුද්ගලයෙක් ඇවැතට ද පැමිණෙයි. පසුතැවෙන්නේ ද වෙයි. යම් තැනක ඔහුට උපන් ඒ පාපී අකුසල් ඉතිරි නැති ව නිරුද්ධ වෙයි නම් ඒ චිත්ත විමුක්තිය ත්, ප්‍රඥා විමුක්තිය ත් ඒ වූ සැටියෙන් ම නොදන්නේ වෙයි.

මහණෙනි, මෙහිලා ඇතැම් පුද්ගලයෙක් ඇවැතට ද පැමිණෙයි. නොපසුතැවෙන්නේ වෙයි. යම් තැනක ඔහුට උපන් ඒ පාපී අකුසල් ඉතිරි නැති ව නිරුද්ධ වෙයි නම් ඒ චිත්ත විමුක්තිය ත්, ප්‍රඥා විමුක්තිය ත් ඒ වූ සැටියෙන් ම නොදන්නේ වෙයි.

මහණෙනි, මෙහිලා ඇතැම් පුද්ගලයෙක් ඇවැතට නොපැමිණෙයි. පෙර සිදු වූ ඇවැත් ගැන පසුතැවෙන්නේ ද වෙයි. යම් තැනක ඔහුට උපන් ඒ පාපී අකුසල් ඉතිරි නැති ව නිරුද්ධ වෙයි නම් ඒ චිත්ත විමුක්තිය ත්, ප්‍රඥා විමුක්තිය ත් ඒ වූ සැටියෙන් ම නොදන්නේ වෙයි.

මහණෙනි, මෙහිලා ඇතැම් පුද්ගලයෙක් ඇවැතට නොපැමිණෙයි. නොපසුතැවෙන්නේ වෙයි. යම් තැනක ඔහුට උපන් ඒ පාපී අකුසල් ඉතිරි නැති ව නිරුද්ධ වෙයි නම් ඒ චිත්ත විමුක්තිය ත්, ප්‍රඥා විමුක්තිය ත් ඒ වූ සැටියෙන් ම නොදන්නේ වෙයි.

මහණෙනි, මෙහිලා ඇතැම් පුද්ගලයෙක් ඇවැතට නොපැමිණෙයි. නොපසුතැවෙන්නේ වෙයි. යම් තැනක ඔහුට උපන් ඒ පාපී අකුසල් ඉතිරි නැති ව නිරුද්ධ වෙයි නම් ඒ චිත්ත විමුක්තිය ත්, ප්‍රඥා විමුක්තිය ත් ඒ වූ සැටියෙන් ම දන්නේ වෙයි.

මහණෙනි, එහිලා යම් පුද්ගලයෙක් ඇවතට පැමිණුනේ ද, පසුතැවෙයි නම් යම් හෙයකින් ඔහුට උපන් ඒ පාපී අකුසල් ඉතිරි නැති ව නිරුද්ධ වෙයි නම් ඒ චිත්ත විමුක්තිය ත්, ප්‍රඥා විමුක්තිය ත් ඒ වූ සැටියෙන් ම නොදන්නේ නම්, ඔහුට මෙසේ කිව යුත්තේ ය. 'ආයුෂ්මතුන්ට ඇවැතට පැමිණීමෙන් හටගත් ආශ්‍රවයෝ දකින්නට තිබෙති. පසුතැවිල්ලෙන් උපන් ආශ්‍රවයෝ වැඩෙති. ඒකාන්තයෙන් ආයුෂ්මත් තෙමේ ඇවැතට පැමිණීමෙන් හටගත් ආශ්‍රවයන් ප්‍රහාණය කොට පසුතැවිල්ලෙන් හටගත් ආශ්‍රවයන් දුරු කොට සිත ත්, ප්‍රඥාව ත් වඩන්නේ නම් මැනැවි. මෙසේ ආයුෂ්මතුන් මෙහි පස්වන පුද්ගලයා හා සම සම වන්නේ ය.'

මහණෙනි, එහිලා යම් පුද්ගලයෙක් ඇවතට පැමිණුනේ ද, නොපසුතැවෙයි නම් යම් හෙයකින් ඔහුට උපන් ඒ පාපී අකුසල් ඉතිරි නැති ව නිරුද්ධ වෙයි නම් ඒ චිත්ත විමුක්තිය ත්, ප්‍රඥා විමුක්තිය ත් ඒ වූ සැටියෙන් ම නොදන්නේ නම්, ඔහුට මෙසේ කිව යුත්තේ ය. 'ආයුෂ්මතුන්ට ඇවැතට පැමිණීමෙන් හටගත් ආශ්‍රවයෝ දකින්නට තිබෙති. එනමුදු පසුතැවිල්ලෙන් උපන් ආශ්‍රවයෝ නොවැඩෙති. ඒකාන්තයෙන් ආයුෂ්මත් තෙමේ ඇවැතට පැමිණීමෙන් හටගත් ආශ්‍රවයන් ප්‍රහාණය කොට සිත ත්, ප්‍රඥාව ත් වඩන්නේ නම් මැනැවි. මෙසේ ආයුෂ්මතුන් මෙහි පස්වන පුද්ගලයා හා සම සම වන්නේ ය.'

මහණෙනි, එහිලා යම් පුද්ගලයෙක් ඇවතට නොපැමිණියේ නමුත් පසුතැවෙයි නම් යම් හෙයකින් ඔහුට උපන් ඒ පාපී අකුසල් ඉතිරි නැති ව නිරුද්ධ වෙයි නම් ඒ චිත්ත විමුක්තිය ත්, ප්‍රඥා විමුක්තිය ත් ඒ වූ සැටියෙන්

ම නොදන්නේ නම්, ඔහුට මෙසේ කිව යුත්තේ ය. 'ආයුෂ්මතුන්ට ඇවැතට පැමිණීමෙන් හටගත් ආශ්‍රවයෝ දකින්නට නොලැබෙති. නමුත් පසුතැවිල්ලෙන් උපන් ආශ්‍රවයෝ වැඩෙති. ඒකාන්තයෙන් ආයුෂ්මත් තෙමේ පසුතැවිල්ලෙන් හටගත් ආශ්‍රවයන් දුරු කොට සිත ත්, ප්‍රඥාව ත් වඩන්නේ නම් මැනැවි. මෙසේ ආයුෂ්මතුන් මෙහි පස්වන පුද්ගලයා හා සම සම වන්නේ ය.'

මහණෙනි, එහිලා යම් පුද්ගලයෙක් ඇවතට නොපැමිණියේ නම් නොපසුතැවෙයි නම් යම් හෙයකින් ඔහුට උපන් ඒ පාපී අකුසල් ඉතිරි නැති ව නිරුද්ධ වෙයි නම් ඒ චිත්ත විමුක්තිය ත්, ප්‍රඥා විමුක්තිය ත් ඒ වූ සැටියෙන් ම නොදන්නේ නම්, ඔහුට මෙසේ කිව යුත්තේ ය. 'ආයුෂ්මතුන්ට ඇවැතට පැමිණීමෙන් හටගත් ආශ්‍රවයෝ දකින්නට නොලැබෙති. පසුතැවිල්ලෙන් උපන් ආශ්‍රවයෝ නොවැඩෙති. ඒකාන්තයෙන් ආයුෂ්මත් තෙමේ සිත ත්, ප්‍රඥාව ත් වඩන්නේ නම් මැනැවි. මෙසේ ආයුෂ්මතුන් මෙහි පස්වන පුද්ගලයා හා සම සම වන්නේ ය.'

මෙසේ මහණෙනි, කලින් කී සතර පුද්ගලයෝ මේ පස්වන පුද්ගලයා සම කොට මෙසේ අවවාද කරන කල්හී, අනුශාසනා කරන කල්හී අනුපිළිවෙලින් ආශ්‍රවයන්ගේ ක්ෂයයට පත්වන්නාහු ය.

සාදු! සාදු!! සාදු!!!

ආරම්භති සූත්‍රය නිමා විය.

5.3.5.3.
සාරන්දද සූත්‍රය
සාරන්දද සෑයෙහි දී වදාළ දෙසුම

එක් සමයක භාග්‍යවතුන් වහන්සේ විශාලා මහනුවර මහාවනයෙහි කූටාගාර ශාලාවෙහි වැඩවෙසෙන සේක. එකල්හී භාග්‍යවතුන් වහන්සේ පෙරවරුවෙහි සිවුරු හැඳ පොරවා ගෙන පාත්‍රය හා සිවුරු ගෙන විශාලා මහනුවරට පිඬු පිණිස වැඩි සේක.

එසමයෙහි සාරන්දද සෑයෙහි රැස් ව සිටි පන්සියයක් පමණ වූ ලිච්ඡවීන් අතර මේ කතාබහ ඇතිවූයේ ය.

'ලෝකයෙහි පස් වැදෑරුම් රත්නයන්ගේ පහළ වීම දුර්ලභ ය. ඒ කවර පංච රත්නයක් ද යත්;

ලෝකයෙහි හස්තිරත්නයේ පහළ වීම දුර්ලභ ය. ලෝකයෙහි අශ්වරත්නයේ පහළ වීම දුර්ලභ ය. ලෝකයෙහි මාණික්‍යරත්නයේ පහළ වීම දුර්ලභ ය. ලෝකයෙහි ස්ත්‍රීරත්නයේ පහළ වීම දුර්ලභ ය. ලෝකයෙහි ගෘහපතිරත්නයේ පහළ වීම දුර්ලභ ය. මේ පංච රත්නයන්ගේ පහළ වීම ලෝකයේ දුර්ලභ ය.'

එකල්හී ලිච්ඡවීහු මාර්ගයෙහි පුරුෂයෙක් තැබුවාහු ය. 'එම්බා පුරුෂය, යම් විටක ඔබ භාග්‍යවතුන් වහන්සේ මෙදෙසට වඩිනා අයුරු දකින්නෙහි නම් එය අපට දන්වාලව' යි.

ඒ පුරුෂයා දුරින් ම වඩින භාග්‍යවතුන් වහන්සේ ව දූක්කේ ය. දූක ලිච්ඡවීන් කරා ගියේ ය. ගොස් ලිච්ඡවීන්ට මෙසේ පැවසුවේ ය.

"භවත්නි, අරහත් සම්මා සම්බුදු වූ ඒ භාග්‍යවතුන් වහන්සේ වඩිනා සේක. යමකට දූන් කාලය නම් එය දනිව්."

ඉක්බිති ඒ ලිච්ඡවීහු භාග්‍යවතුන් වහන්සේ කරා ගියහ. ගොස් භාග්‍යවතුන් වහන්සේට සකසා වන්දනා කොට එකත්පස් ව සිටියහ. එකත්පස් ව සිටි ඒ ලිච්ඡවීහු භාග්‍යවතුන් වහන්සේට මෙය සැළ කළහ.

"ස්වාමීනී, භාග්‍යවතුන් වහන්සේ සාරන්දද සෑයට අනුකම්පාව උපදවා වඩිනා සේක් නම් මැනැවි."

භාග්‍යවතුන් වහන්සේ නිහඬ බවින් යුතු ව ඉවසා වදාළ සේක.

ඉක්බිති භාග්‍යවතුන් වහන්සේ සාරන්දද සෑය වෙත වැඩම කළහ. වැඩම කොට පණවන ලද අසුනෙහි වැඩහුන් සේක. වැඩහිඳ භාග්‍යවතුන් වහන්සේ ලිච්ඡවීන් ඇමතූ සේක.

"ලිච්ඡවිවරුනි, දූන් ඔබ කවර කථාවකින් යුක්ත ව සිටියාහු ද? ඔබගේ කවර කථාවක් අඩාල වූයේ ද?"

"ස්වාමීනී මෙහි රැස් ව සිටි අප අතර මේ කතාබහ ඇතිවූයේ ය. 'ලෝකයෙහි පස් වැදෑරුම් රත්නයන්ගේ පහළ වීම දුර්ලභ ය. ඒ කවර පංච රත්නයක් ද යත්; ලෝකයෙහි හස්තිරත්නයේ පහළ වීම දුර්ලභ ය. ලෝකයෙහි අශ්වරත්නයේ පහළ වීම දුර්ලභ ය. ලෝකයෙහි මාණික්‍යරත්නයේ පහළ

වීම දුර්ලභ ය. ලෝකයෙහි ස්ත්‍රීරත්නයේ පහළ වීම දුර්ලභ ය. ලෝකයෙහි ගෘහපතිරත්නයේ පහළ වීම දුර්ලභ ය. මේ පංච රත්නයන්ගේ පහළ වීම ලෝකයේ දුර්ලභ ය' යනුවෙනි."

"ඒකාන්තයෙන් ම කාමයෙහි බැසගත් ලිච්ඡවීන් වන ඔබ අතර කාමයන් අරභයා ම කථාව හටගත්තේ ය.

ලිච්ඡවිවරුනි, ලෝකයෙහි පස් වැදෑරුම් රත්නයන්ගේ පහළ වීම දුර්ලභ ය. ඒ කවර පසක් ද යත්;

තථාගත අරහත් සම්මා සම්බුදුරජුන්ගේ පහළ වීම ලෝකයෙහි දුර්ලභ ය. තථාගත ප්‍රවිදිත වූ ධර්ම විනය දේශනා කරන පුද්ගලයා ලෝකයෙහි දුර්ලභ ය. තථාගත ප්‍රවිදිත ධර්ම විනය දේශනා කරන විට අවබෝධ කරන පුද්ගලයා ලෝකයෙහි දුර්ලභ ය. තථාගත ප්‍රවිදිත ධර්ම විනය දෙසන කල්හී එය අවබෝධ කොට ධර්මානුධර්ම ප්‍රතිපදාවට පිළිපන් පුද්ගලයා ලෝකයෙහි දුර්ලභ ය. කෙළෙහි ගුණ දන්නා, කෙළෙහි ගුණ සිහි කරන පුද්ගලයා ලෝකයෙහි දුර්ලභ ය.

ලිච්ඡවිවරුනි, මේ පංච රත්නයන්ගේ පහළ වීම ලෝකයෙහි දුර්ලභ ය."

සාදු! සාදු!! සාදු!!!

සාරන්දද සූත්‍රය නිමා විය.

5.3.5.4.
තිකණ්ඩකී සූත්‍රය
තිකණ්ඩකී වනයෙහි දී වදාළ දෙසුම

එක් සමයක භාග්‍යවතුන් වහන්සේ සාකේතයෙහි තිකණ්ඩකී වනයෙහි වැඩවෙසෙන සේක. එකල්හී භාග්‍යවතුන් වහන්සේ "මහණෙනි" යි භික්ෂූන් ඇමතූ සේක. "පින්වතුන් වහන්සැ" යි ඒ භික්ෂූහු භාග්‍යවතුන් වහන්සේට පිළිවදන් දුන්හ. භාග්‍යවතුන් වහන්සේ මෙය වදාළ සේක.

මහණෙනි, භික්ෂුව කලින් කල පිළිකුල් නොවූ අරමුණෙහි පිළිකුල් සංඥාවෙන් වාසය කරන්නේ නම් මැනැවි.

මහණෙනි, භික්ෂුව කලින් කල පිළිකුල් වූ අරමුණෙහි නොපිළිකුල් සංඥාවෙන් වාසය කරන්නේ නම් මැනැවි.

මහණෙනි, භික්ෂුව කලින් කල පිළිකුල් නොවූ අරමුණෙහි ද, පිළිකුල් අරමුණෙහි ද, පිළිකුල් සංඥාවෙන් වාසය කරන්නේ නම් මැනැවි.

මහණෙනි, භික්ෂුව කලින් කල පිළිකුල් අරමුණෙහි ද, පිළිකුල් නොවූ අරමුණෙහි ද, නොපිළිකුල් සංඥාවෙන් වාසය කරන්නේ නම් මැනැවි.

මහණෙනි, භික්ෂුව කලින් කල පිළිකුල් නොවූ අරමුණ ත්, පිළිකුල් අරමුණ ත් යන දෙක ම දුරු කොට සිහියෙන් හා නුවණින් යුතු ව උපේක්ෂාවෙන් වාසය කරන්නේ නම් මැනැවි.

මහණෙනි, භික්ෂුව කුමන අරුතක් උදෙසා ද, පිළිකුල් නොවූ අරමුණෙහි පිළිකුල් සංඥාවෙන් වාසය කරන්නේ? රාගය උපදවන අරමුණුවල මට රාගය නූපදීවා යි කියා ය. මහණෙනි, මේ අරුත සඳහා ය නොපිළිකුල් අරමුණෙහි පිළිකුල් සංඥාවෙන් වාසය කරන්නේ.

මහණෙනි, භික්ෂුව කුමන අරුතක් උදෙසා ද, පිළිකුල් වූ අරමුණෙහි නොපිළිකුල් සංඥාවෙන් වාසය කරන්නේ? ද්වේෂය උපදවන අරමුණුවල මට ද්වේෂය නූපදීවා යි කියා ය. මහණෙනි, මේ අරුත සඳහා ය පිළිකුල් අරමුණෙහි නොපිළිකුල් සංඥාවෙන් වාසය කරන්නේ.

මහණෙනි, භික්ෂුව කුමන අරුතක් උදෙසා ද, පිළිකුල් නොවූ අරමුණෙහි ද, පිළිකුල් අරමුණෙහි ද පිළිකුල් සංඥාවෙන් වාසය කරන්නේ? රාගය උපදවන අරමුණුවල මට රාගය නූපදීවා, ද්වේෂය උපදවන අරමුණුවල මට ද්වේෂය නූපදීවා යි කියා ය. මහණෙනි, මේ අරුත සඳහා ය නොපිළිකුල් අරමුණෙහි ද, පිළිකුල් අරමුණෙහි ද, පිළිකුල් සංඥාවෙන් වාසය කරන්නේ.

මහණෙනි, භික්ෂුව කුමන අරුතක් උදෙසා ද, පිළිකුල් වූ අරමුණෙහි ද, නොපිළිකුල් අරමුණෙහි ද නොපිළිකුල් සංඥාවෙන් වාසය කරන්නේ? ද්වේෂය උපදවන අරමුණුවල මට ද්වේෂය නූපදීවා, රාගය උපදවන අරමුණුවල මට රාගය නූපදීවා යි කියා ය. මහණෙනි, මේ අරුත සඳහා ය පිළිකුල් අරමුණෙහි ද, නොපිළිකුල් අරමුණෙහි ද, නොපිළිකුල් සංඥාවෙන් වාසය කරන්නේ.

මහණෙනි, භික්ෂුව කුමන අරුතක් උදෙසා ද, පිළිකුල් නොවූ අරමුණ ත්, පිළිකුල් අරමුණ ත් යන දෙක ම දුරු කොට සිහියෙන් හා නුවණින් යුතු ව උපේක්ෂාවෙන් වාසය කරන්නේ? මට කිසි අරමුණක කොතැනක වත් රාගය

උපදවන අරමුණුවල රාගය නූපදීවා, මට කිසි අරමුණක කොතැනක වත් ද්වේෂය උපදවන අරමුණුවල ද්වේෂය නූපදීවා, මට කිසි අරමුණක කොතැනක වත් මෝහය උපදින අරමුණුවල මෝහය නූපදීවා යි කියා ය. මහණෙනි, මේ අරුත සඳහා ය පිළිකුල් නොවූ අරමුණ ත්, පිළිකුල් අරමුණ ත් යන දෙක ම දුරු කොට සිහියෙන් හා නුවණින් යුතු ව උපේක්ෂාවෙන් වාසය කරන්නේ.

සාදු! සාදු!! සාදු!!!

තිකණ්ඩකී සූත්‍රය නිමා විය.

5.3.5.5.
නිරය සූත්‍රය
නිරය ගැන වදාළ දෙසුම

සැවැත් නුවර දී ය .....

මහණෙනි, පස් කරුණකින් සමන්විත වූ පුද්ගලයා ඔසොවාගෙන පැමිණි බරක් බිම තබන සෙයින් නිරයෙහි උපදින්නේ ය. ඒ කවර කරුණු පසක් ද යත්;

සතුන් මරන්නේ වෙයි. සොරකම් කරන්නේ වෙයි. කාමයෙහි වරදවා හැසිරෙන්නේ වෙයි. බොරු කියන්නේ වෙයි. මත්වීමට ත්, ප්‍රමාදයට ත් හේතු වන මත්පැන් - මත්ද්‍රව්‍ය භාවිත කරන්නේ වෙයි.

මහණෙනි, මේ පස් කරුණෙන් සමන්විත වූ පුද්ගලයා ඔසොවාගෙන පැමිණි බරක් බිම තබන සෙයින් නිරයෙහි උපදින්නේ ය.

මහණෙනි, පස් කරුණකින් සමන්විත වූ පුද්ගලයා ඔසොවාගෙන පැමිණි බරක් බිම තබන සෙයින් සුගතියෙහි උපදින්නේ ය. ඒ කවර කරුණු පසක් ද යත්;

සතුන් මැරීමෙන් වැළකුණේ වෙයි. සොරකමින් වැළකුණේ වෙයි. කාමයෙහි වරදවා හැසිරීමෙන් වැළකුණේ වෙයි. බොරු කීමෙන් වැළකුණේ වෙයි. මත්වීමට ත්, ප්‍රමාදයට ත් හේතු වන මත්පැන් - මත්ද්‍රව්‍ය භාවිතයෙන් වැළකුණේ වෙයි.

මහණෙනි, මේ පස් කරුණෙන් සමන්විත වූ පුද්ගලයා ඔසොවාගෙන පැමිණි බරක් බිම තබන සෙයින් සුගතියෙහි උපදින්නේ ය.

සාදු! සාදු!! සාදු!!!

නිරය සූත්‍රය නිමා විය.

5.3.5.6.
භික්ඛුමිත්ත සූත්‍රය
භික්ෂු මිත්‍රයා ගැන වදාළ දෙසුම

සැවැත් නුවර දී ය .....

මහණෙනි, පස් කරුණකින් සමන්විත වූ භික්ෂු මිත්‍රයා ඇසුරු නොකළ යුත්තේ ය. ඒ කවර පස් කරුණකින් ද යත්;

බාහිර වැඩ කටයුතු කරවයි. අර්බුද උපදවයි. මුල් පෙළේ භික්ෂූන් හට විරුද්ධ ව සිටියි. දීර්ඝ චාරිකාවෙහි කිසි අරමුණක් නැති ව යන චාරිකාවෙහි යෙදී සිටියි. කලින් කලට ධර්ම කථාවෙන් කරුණු කියන්නට, සමාදන් කරවන්නට, උත්සාහවත් කරවන්නට, සතුටු කරවන්නට ප්‍රතිබල නොවෙයි.

මහණෙනි, මේ පස් කරුණෙන් සමන්විත වූ භික්ෂු මිත්‍රයා ඇසුරු නොකළ යුත්තේ ය.

මහණෙනි, පස් කරුණකින් සමන්විත වූ භික්ෂු මිත්‍රයා ඇසුරු කළ යුත්තේ ය. ඒ කවර පස් කරුණකින් ද යත්;

බාහිර වැඩ කටයුතු නොකරවයි. අර්බුද නූපදවයි. මුල් පෙළේ භික්ෂූන් හට විරුද්ධ ව නොසිටියි. දීර්ඝ චාරිකාවෙහි කිසි අරමුණක් නැති ව යන චාරිකාවෙහි යෙදී නොසිටියි. කලින් කලට ධර්ම කථාවෙන් කරුණු කියන්නට, සමාදන් කරවන්නට, උත්සාහවත් කරවන්නට, සතුටු කරවන්නට ප්‍රතිබල වෙයි.

මහණෙනි, මේ පස් කරුණෙන් සමන්විත වූ භික්ෂු මිත්‍රයා ඇසුරු කළ යුත්තේ ය.

සාදු! සාදු!! සාදු!!!

භික්ඛුමිත්ත සූත්‍රය නිමා විය.

5.3.5.7.
අසප්පුරිස දාන සූත්‍රය
අසත්පුරුෂයින්ගේ දානය ගැන වදාළ දෙසුම

සැවැත් නුවර දී ය .....

මහණෙනි, මේ අසත්පුරුෂ දානයෝ පසකි. ඒ කවර පසක් ද යත්;

නොසකස් කොට දන් දෙයි. අගෞරවයෙන් දන් දෙයි. සියතින් දන් නොදෙයි. බැහැර කරන දෙයක් මෙන් දන් දෙයි. එහි විපාක තමාට ලැබෙන්නේ යැයි විශ්වාස නොකොට දන් දෙයි.

මහණෙනි, මේ වනාහී අසත්පුරුෂ දානයෝ පස යි.

මහණෙනි, මේ සත්පුරුෂ දානයෝ පසකි. ඒ කවර පසක් ද යත්;

සකස් කොට දන් දෙයි. ගෞරවයෙන් දන් දෙයි. සියතින් දන් දෙයි. බැහැර නොකරන දෙයක් මෙන් දන් දෙයි. එහි විපාක තමාට ලැබෙන්නේ යැයි විශ්වාස කොට දන් දෙයි.

මහණෙනි, මේ වනාහී සත්පුරුෂ දානයෝ පස යි.

සාදු! සාදු!! සාදු!!!

අසප්පුරිස දාන සූත්‍රය නිමා විය.

5.3.5.8.
සප්පුරිස දාන සූත්‍රය
සත්පුරුෂයින්ගේ දානය ගැන වදාළ දෙසුම

සැවැත් නුවර දී ය .....

මහණෙනි, මේ සත්පුරුෂ දානයෝ පසකි. ඒ කවර පසක් ද යත්;

ශ්‍රද්ධාවෙන් දන් දෙයි. සකස් කොට දන් දෙයි. සුදුසු කාලයෙහි දන්

දෙයි. දෙන දේ කෙරෙහි බැඳීමක් නැති ව දන් දෙයි. තමා ව ත්, අනුන් ව ත් පීඩාවකට පත් නොකොට දන් දෙයි.

මහණෙනි, ශ්‍රද්ධාවෙන් දන් දී යම් යම් තැනක දානයෙහි විපාකය හටගනියි නම් ආඪ්‍ය වූයේ වෙයි. මහා ධනය, මහා භෝග ඇත්තේ වෙයි. අභිරූපවත් වෙයි. දර්ශනීය වෙයි. සිත් පහදවන්නේ වෙයි. උතුම් වර්ණ සෞන්දර්යයෙන් යුක්ත වූයේ වෙයි.

මහණෙනි, සකස් කොට දන් දී යම් යම් තැනක දානයෙහි විපාකය හටගනියි නම් ආඪ්‍ය වූයේ වෙයි. මහා ධනය, මහා භෝග ඇත්තේ වෙයි. ඔහුට යම් ඒ පුත්‍රයෝ වෙත් නම්, බිරින්දෑවරු වෙත් නම්, දාසයෝ වෙත් නම්, පුරුෂයෝ වෙත් නම්, කම්කරුවෝ වෙත් නම් ඔවුහු ඔහුගේ වචනයට අවනත වෙති. සවන් යොමු කරති. ඔහු පවසන දෙය වටහා ගැනීමට සිත පිහිටුවති.

මහණෙනි, සුදුසු කල දන් දී යම් යම් තැනක දානයෙහි විපාකය හටගනියි නම් ආඪ්‍ය වූයේ වෙයි. මහා ධනය, මහා භෝග ඇත්තේ වෙයි. සුදුසු කාලයට ලැබෙන ඔහුගේ සම්පත් බොහෝ වෙති.

මහණෙනි, දන් දෙය දෙයට නොබැඳී දන් දී යම් යම් තැනක දානයෙහි විපාකය හටගනියි නම් ආඪ්‍ය වූයේ වෙයි. මහා ධනය, මහා භෝග ඇත්තේ වෙයි. උදාර වූ පංච කාම ගුණයන් පරිහරණය කරනු පිණිස ඔහුගේ සිත නැමෙයි.

මහණෙනි, තමා ව ත් අනුන් ව ත් නොපෙළා දන් දී යම් යම් තැනක දානයෙහි විපාකය හටගනියි නම් ආඪ්‍ය වූයේ වෙයි. මහා ධනය, මහා භෝග ඇත්තේ වෙයි. ඔහුගේ සම්පත් කිසි අයුරකින් විනාශයට පත් නොවෙයි. ගින්නෙන් වේවා, ජලයෙන් වේවා, රජයෙන් වේවා, සොරුන්ගෙන් වේවා, තමන්ට අප්‍රිය වූවන්ගේ දායාදයක් ලෙස වේවා විනාශ නොවෙයි.

මහණෙනි, මේ වනාහී සත්පුරුෂ දානයෝ පස යි.

සාදු! සාදු!! සාදු!!!

සප්පුරිස දාන සූත්‍රය නිමා විය.

5.3.5.9.
පඨම සමය විමුත්ත සූත්‍රය
කෙලෙස් යටපත් වූ විට ලැබෙන චිත්ත දියුණුව ගැන වදාළ පළමු දෙසුම

සැවැත් නුවර දී ය .....

මහණෙනි, මේ පස් කරුණ සමය විමුක්ත භික්ෂුවගේ පරිහානිය පිණිස පවතියි. ඒ කවර කරුණු පසක් ද යත්;

බාහිර වැඩකටයුතුවල ඇලී සිටීම, කථාවෙහි ඇලී සිටීම, නින්දෙහි ඇලී සිටීම, පිරිස සමඟ ඇලී සිටීම, සිත විමුක්තියට පත් වූයේ යම් අයුරකින් ද එය ප්‍රත්‍යවේක්ෂා නොකිරීම ය.

මහණෙනි, මේ පස් කරුණ සමය විමුක්ත භික්ෂුවගේ පරිහානිය පිණිස පවතියි.

මහණෙනි, මේ පස් කරුණ සමය විමුක්ත භික්ෂුවගේ නොපිරිහීම පිණිස පවතියි. ඒ කවර කරුණු පසක් ද යත්;

බාහිර වැඩකටයුතුවල ඇලී නොසිටීම, කථාවෙහි ඇලී නොසිටීම, නින්දෙහි ඇලී නොසිටීම, පිරිස සමඟ ඇලී නොසිටීම, සිත විමුක්තියට පත් වූයේ යම් අයුරකින් ද එය ප්‍රත්‍යවේක්ෂා කිරීම ය.

මහණෙනි, මේ පස් කරුණ සමය විමුක්ත භික්ෂුවගේ නොපිරිහීම පිණිස පවතියි.

සාදු! සාදු!! සාදු!!!

පඨම සමය විමුත්ත සූත්‍රය නිමා විය.

5.3.5.10.
දුතිය සමය විමුත්ත සූත්‍රය
කෙලෙස් යටපත් වූ විට ලැබෙන චිත්ත දියුණුව ගැන වදාළ දෙවෙනි දෙසුම

සැවැත් නුවර දී ය .....

මහණෙනි, මේ පස් කරුණ සමය විමුක්ත භික්ෂුවගේ පරිහානිය පිණිස පවතියි. ඒ කවර කරුණු පසක් ද යත්;

බාහිර වැඩකටයුතුවල ඇලී සිටීම, කථාවෙහි ඇලී සිටීම, නින්දෙහි ඇලී සිටීම, ඉඳුරන්හි නොවැසූ දොරටු ඇති බව, ආහාරයේ අරුත නොදන සිටීම ය. මහණෙනි, මේ පස් කරුණ සමය විමුක්ත භික්ෂුවගේ පරිහානිය පිණිස පවතියි.

මහණෙනි, මේ පස් කරුණ සමය විමුක්ත භික්ෂුවගේ නොපිරිහීම පිණිස පවතියි. ඒ කවර කරුණු පසක් ද යත්;

බාහිර වැඩකටයුතුවල ඇලී නොසිටීම, කථාවෙහි ඇලී නොසිටීම, නින්දෙහි ඇලී නොසිටීම, ඉඳුරන්හි වැසූ දොරටු ඇති බව, ආහාරයේ අරුත දන සිටීම ය. මහණෙනි, මේ පස් කරුණ සමය විමුක්ත භික්ෂුවගේ නොපිරිහීම පිණිස පවතියි.

සාදු! සාදු!! සාදු!!!

දුතිය සමය විමුත්ත සූත්‍රය නිමා විය.

පස්වෙනි තිකණ්ඩකී වර්ගය අවසන් විය.

- එහි පිළිවෙල උද්දානය යි :

අවජානාති සූත්‍රය, ආරම්භති සූත්‍රය, සාරන්දද සූත්‍රය, තිකණ්ඩකී සූත්‍රය, නිරය සූත්‍රය, මිත්ත සූත්‍රය, අසප්පුරිස දාන සූත්‍රය, සප්පුරිස දාන සූත්‍රය සහ සමය විමුත්ත සූත්‍ර දෙක වශයෙන් මෙහි සූත්‍ර දශයකි.

තෙවෙනි පණ්ණාසකය නිමා විය.

සිව්වෙනි පණ්ණාසකය

1. සද්ධම්ම වර්ගය

5.4.1.1.
පඨම සම්මත්තනියාම සූත්‍රය
ආර්ය මාර්ගයට බැසගැනීම ගැන වදාළ පළමු දෙසුම

සැවැත් නුවර දී ය ......

මහණෙනි, පස් කරුණකින් සමන්විත වූ භික්ෂුව සද්ධර්මය අසන්නේ නමුත් කුසල් දහම් තුළ ආර්ය මාර්ගයට බැසගන්නට අසමර්ථ වෙයි. ඒ කවර කරුණු පසකින් ද යත්;

දහම් කථාවට පරිභව කරයි. ධර්ම කථිකයාට පරිභව කරයි. තමාට පරිභව කරයි. විසිරුණු සිතින් යුතු ව එකඟ නොවූ සිතින් යුතු ව ධර්මය අසයි. වැරදි අයුරින් මෙනෙහි කරයි.

මහණෙනි, මේ පස් කරුණෙන් සමන්විත වූ භික්ෂුව සද්ධර්මය අසන්නේ නමුත් කුසල් දහම් තුළ ආර්ය මාර්ගයට බැසගන්නට අසමර්ථ වෙයි.

මහණෙනි, පස් කරුණකින් සමන්විත වූ භික්ෂුව සද්ධර්මය අසන්නේ කුසල් දහම් තුළ ආර්ය මාර්ගයට බැසගන්නට සමර්ථ වෙයි. ඒ කවර කරුණු පසකින් ද යත්;

දහම් කථාවට පරිභව නොකරයි. ධර්ම කථිකයාට පරිභව නොකරයි. තමාට පරිභව නොකරයි. නොවිසිරුණු සිතින් යුතු ව එකඟ වූ සිතින් යුතු ව ධර්මය අසයි. නුවණින් යුතුව මෙනෙහි කරයි.

මහණෙනි, මේ පස් කරුණෙන් සමන්විත වූ භික්ෂුව සද්ධර්මය අසන්නේ

කුසල් දහම් තුළ ආර්ය මාර්ගයට බැසගන්නට සමර්ථ වෙයි.

සාදු! සාදු!! සාදු!!!

පඨම සම්මත්තනියාම සූත්‍රය නිමා විය.

5.4.1.2.
දුතිය සම්මත්තනියාම සූත්‍රය
ආර්ය මාර්ගයට බැසගැනීම ගැන වදාළ දෙවන දෙසුම

සැවැත් නුවර දී ය ......

මහණෙනි, පස් කරුණකින් සමන්විත වූ භික්ෂුව සද්ධර්මය අසන්නේ නමුත් කුසල් දහම් තුළ ආර්ය මාර්ගයට බැසගන්නට අසමර්ථ වෙයි. ඒ කවර කරුණු පසකින් ද යත්;

දහම් කථාවට පරිභව කරයි. ධර්ම කථිකයාට පරිභව කරයි. තමාට පරිභව කරයි. නුවණ නොවැඩෙන්නේ කෙළතොළු වූයේ දුෂ්ප්‍රාඥ වෙයි. අවබෝධ නොකළ දෙය පිළිබඳ ව අවබෝධ වූයේ ය යන මාන්නය ඇත්තේ වෙයි.

මහණෙනි, මේ පස් කරුණෙන් සමන්විත වූ භික්ෂුව සද්ධර්මය අසන්නේ නමුත් කුසල් දහම් තුළ ආර්ය මාර්ගයට බැසගන්නට අසමර්ථ වෙයි.

මහණෙනි, පස් කරුණකින් සමන්විත වූ භික්ෂුව සද්ධර්මය අසන්නේ කුසල් දහම් තුළ ආර්ය මාර්ගයට බැසගන්නට සමර්ථ වෙයි. ඒ කවර කරුණු පසකින් ද යත්;

දහම් කථාවට පරිභව නොකරයි. ධර්ම කථිකයාට පරිභව නොකරයි. තමාට පරිභව නොකරයි. ජඩ නොවූයේ කෙළතොළු නොවූයේ ප්‍රාඥාවන්ත වෙයි. අවබෝධ නොකළ දෙය පිළිබඳ ව අවබෝධ වූයේ ය යන මාන්නය නැත්තේ වෙයි.

මහණෙනි, මේ පස් කරුණෙන් සමන්විත වූ භික්ෂුව සද්ධර්මය අසන්නේ කුසල් දහම් තුළ ආර්ය මාර්ගයට බැසගන්නට සමර්ථ වෙයි.

සාදු! සාදු!! සාදු!!!

දුතිය සම්මත්තනියාම සූත්‍රය නිමා විය.

5.4.1.3.
තතිය සම්මත්තනියාම සූත්‍රය
ආර්ය මාර්ගයට බැසගැනීම ගැන වදාළ තෙවන දෙසුම

සැවැත් නුවර දී ය ......

මහණෙනි, පස් කරුණකින් සමන්විත වූ භික්ෂුව සද්ධර්මය අසන්නේ නමුත් කුසල් දහම් තුළ ආර්ය මාර්ගයට බැසගන්නට අසමර්ථ වෙයි. ඒ කවර කරුණු පසකින් ද යත්;

ගුණමකු වූයේ ගුණමකු බවින් මැඩගත් සිතින් යුතු ව ධර්මය අසයි. වාදවිවාද නගන සිතින් යුතු ව සිදුරු සොයන සුළු වූයේ ධර්මය අසයි. ධර්ම දේශකයා කෙරෙහි ක්‍රෝධයෙන් ගැටුණු සිත් ඇති ව දැඩි බවින් සිටින්නේ වෙයි. නුවණ නොවැඩෙන්නේ කෙළතොළු වූයේ දුෂ්ප්‍රාඥ වෙයි. අවබෝධ නොකළ දෙය පිළිබඳ ව අවබෝධ වූයේ ය යන මාන්නය ඇත්තේ වෙයි.

මහණෙනි, මේ පස් කරුණෙන් සමන්විත වූ භික්ෂුව සද්ධර්මය අසන්නේ නමුත් කුසල් දහම් තුළ ආර්ය මාර්ගයට බැසගන්නට අසමර්ථ වෙයි.

මහණෙනි, පස් කරුණකින් සමන්විත වූ භික්ෂුව සද්ධර්මය අසන්නේ කුසල් දහම් තුළ ආර්ය මාර්ගයට බැසගන්නට සමර්ථ වෙයි. ඒ කවර කරුණු පසකින් ද යත්;

ගුණමකු නොවූයේ ගුණමකු බවින් නොමැඩගත් සිතින් යුතු ව ධර්මය අසයි. වාදවිවාද නොනගන සිතින් යුතු ව සිදුරු නොසොයන සුළු වූයේ ධර්මය අසයි. ධර්ම දේශකයා කෙරෙහි ක්‍රෝධයෙන් නොගැටුණු සිත් ඇති ව දැඩි බවින් තොර ව සිටින්නේ වෙයි. ජඩ නොවූයේ කෙළතොළු නොවූයේ ප්‍රඥාවන්ත වෙයි. අවබෝධ නොකළ දෙය පිළිබඳ ව අවබෝධ වූයේ ය යන මාන්නය නැත්තේ වෙයි.

මහණෙනි, මේ පස් කරුණෙන් සමන්විත වූ භික්ෂුව සද්ධර්මය අසන්නේ කුසල් දහම් තුළ ආර්ය මාර්ගයට බැසගන්නට සමර්ථ වෙයි.

සාදු! සාදු!! සාදු!!!

තතිය සම්මත්තනියාම සූත්‍රය නිමා විය.

5.4.1.4.
පඨම සද්ධම්ම සම්මෝස සූත්‍රය
සද්ධර්මයෙහි වැනසීම ගැන වදාළ පළමු දෙසුම

සැවැත් නුවර දී ය .....

මහණෙනි, මේ පස් කරුණ සද්ධර්මයෙහි වැනසීම පිණිස, අතුරුදහන් වීම පිණිස පවතින්නේ ය. ඒ කවර කරුණු පසක් ද යත්;

මහණෙනි, මෙහිලා භික්ෂූහු සකස් කොට ධර්මය නොඅසති. සකස් කොට ධර්මය ඉගෙන නොගනිති. සකස් කොට ධර්මය ධරා නොගනිති. සකස් කොට දැරූ ධර්මයන්ගේ අර්ථය නුවණින් නොවිමසති. සකස් කොට අර්ථය දැන, ධර්මය දැන, ධර්මානුධර්ම ප්‍රතිපදාවෙහි නොයෙදෙති.

මහණෙනි, මේ පස් කරුණ සද්ධර්මයෙහි වැනසීම පිණිස, අතුරුදහන් වීම පිණිස පවතින්නේ ය.

මහණෙනි, මේ පස් කරුණ සද්ධර්මයෙහි පැවැත්ම පිණිස, විනාශ නොවීම පිණිස, අතුරුදහන් නොවීම පිණිස පවතින්නේ ය. ඒ කවර කරුණු පසක් ද යත්;

මහණෙනි, මෙහිලා භික්ෂූහු සකස් කොට ධර්මය අසති. සකස් කොට ධර්මය ඉගෙන ගනිති. සකස් කොට ධර්මය ධරා ගනිති. සකස් කොට දැරූ ධර්මයන්ගේ අර්ථය නුවණින් විමසති. සකස් කොට අර්ථය දැන, ධර්මය දැන, ධර්මානුධර්ම ප්‍රතිපදාවෙහි යෙදෙති.

මහණෙනි, මේ පස් කරුණ සද්ධර්මයෙහි පැවැත්ම පිණිස, විනාශ නොවීම පිණිස, අතුරුදහන් නොවීම පිණිස පවතින්නේ ය.

සාදු! සාදු!! සාදු!!!

පඨම සද්ධම්ම සම්මෝස සූත්‍රය නිමා විය.

5.4.1.5.
දුතිය සද්ධම්ම සම්මෝස සූත්‍රය
සද්ධර්මයෙහි වැනසීම ගැන වදාළ දෙවෙනි දෙසුම

සැවැත් නුවර දී ය .....

මහණෙනි, මේ පස් කරුණ සද්ධර්මයෙහි වැනසීම පිණිස, අතුරුදහන් වීම පිණිස පවතින්නේ ය. ඒ කවර කරුණු පසක් ද යත්;

මහණෙනි, මෙහිලා භික්ෂූහු සුත්ත, ගෙය්‍ය, වෙය්‍යාකරණ, ගාථා, උදාන, ඉතිවුත්තක, ජාතක, අබ්භූතධම්ම, වේදල්ල යන නවාංග ශාස්තෘ ශාසන ධර්මය ඉගෙන නොගනිති. මහණෙනි, සද්ධර්මයෙහි වැනසීම පිණිස, අතුරුදහන් වීම පිණිස පවතින පළමු කරුණ මෙය යි.

තව ද මහණෙනි, භික්ෂූහු යම් අයුරින් අසන ලද, යම් අයුරින් ඉගෙන ගන්නා ලද ධර්මය අන්‍යයන්ට විස්තර වශයෙන් දේශනා නොකරති. මහණෙනි, සද්ධර්මයෙහි වැනසීම පිණිස, අතුරුදහන් වීම පිණිස පවතින දෙවන කරුණ මෙය යි.

තව ද මහණෙනි, භික්ෂූහු යම් අයුරින් අසන ලද, යම් අයුරින් ඉගෙන ගන්නා ලද ධර්මය අන්‍යයන්ට විස්තර වශයෙන් කටපාඩම් නොකරවති. මහණෙනි, සද්ධර්මයෙහි වැනසීම පිණිස, අතුරුදහන් වීම පිණිස පවතින තෙවන කරුණ මෙය යි.

තව ද මහණෙනි, භික්ෂූහු යම් අයුරින් අසන ලද, යම් අයුරින් ඉගෙන ගන්නා ලද ධර්මය විස්තර වශයෙන් සජ්ඣායනා නොකරති. මහණෙනි, සද්ධර්මයෙහි වැනසීම පිණිස, අතුරුදහන් වීම පිණිස පවතින සිව්වන කරුණ මෙය යි.

තව ද මහණෙනි, භික්ෂූහු යම් අයුරින් අසන ලද, යම් අයුරින් ඉගෙන ගන්නා ලද ධර්මය නැවත නැවත සිතෙන් විතර්ක නොකරති. නැවත නැවත විචාර නොකරති. මනසින් නොවිමසති. මහණෙනි, සද්ධර්මයෙහි වැනසීම පිණිස, අතුරුදහන් වීම පිණිස පවතින පස්වන කරුණ මෙය යි.

මහණෙනි, මේ පස් කරුණ සද්ධර්මයෙහි වැනසීම පිණිස, අතුරුදහන් වීම පිණිස පවතින්නේ ය.

මහණෙනි, මේ පස් කරුණ සද්ධර්මයෙහි පැවැත්ම පිණිස, විනාශ නොවීම පිණිස, අතුරුදහන් නොවීම පිණිස පවතින්නේ ය. ඒ කවර කරුණු පසක් ද යත්;

මහණෙනි, මෙහිලා භික්ෂූහු සුත්ත, ගෙය්‍ය, වෙය්‍යාකරණ, ගාථා, උදාන, ඉතිවුත්තක, ජාතක, අබ්භූතධම්ම, වේදල්ල යන නවාංග ශාස්තෘ ශාසන ධර්මය ඉගෙන ගනිති. මහණෙනි, සද්ධර්මයෙහි පැවැත්ම පිණිස, විනාශ නොවීම පිණිස, අතුරුදහන් නොවීම පිණිස පවතින පළමු කරුණ මෙය යි.

තව ද මහණෙනි, භික්ෂූහු යම් අයුරින් අසන ලද, යම් අයුරින් ඉගෙන ගන්නා ලද ධර්මය අන්‍යයන්ට විස්තර වශයෙන් දේශනා කරති. මහණෙනි, සද්ධර්මයෙහි පැවැත්ම පිණිස, විනාශ නොවීම පිණිස, අතුරුදහන් නොවීම පිණිස පවතින දෙවන කරුණ මෙය යි.

තව ද මහණෙනි, භික්ෂූහු යම් අයුරින් අසන ලද, යම් අයුරින් ඉගෙන ගන්නා ලද ධර්මය අන්‍යයන්ට විස්තර වශයෙන් කටපාඩම් කරවති. මහණෙනි, සද්ධර්මයෙහි පැවැත්ම පිණිස, විනාශ නොවීම පිණිස, අතුරුදහන් නොවීම පිණිස පවතින තෙවන කරුණ මෙය යි.

තව ද මහණෙනි, භික්ෂූහු යම් අයුරින් අසන ලද, යම් අයුරින් ඉගෙන ගන්නා ලද ධර්මය විස්තර වශයෙන් සජ්ඣායනා කරති. මහණෙනි, සද්ධර්මයෙහි පැවැත්ම පිණිස, විනාශ නොවීම පිණිස, අතුරුදහන් නොවීම පිණිස පවතින සිව්වන කරුණ මෙය යි.

තව ද මහණෙනි, භික්ෂූහු යම් අයුරින් අසන ලද, යම් අයුරින් ඉගෙන ගන්නා ලද ධර්මය නැවත නැවත සිතෙන් විතර්ක කරති. නැවත නැවත විචාර කරති. මනසින් විමසති. මහණෙනි, සද්ධර්මයෙහි පැවැත්ම පිණිස, විනාශ නොවීම පිණිස, අතුරුදහන් නොවීම පිණිස පවතින පස්වන කරුණ මෙය යි.

මහණෙනි, මේ පස් කරුණ සද්ධර්මයෙහි පැවැත්ම පිණිස, විනාශ නොවීම පිණිස, අතුරුදහන් නොවීම පිණිස පවතින්නේ ය.

සාදු! සාදු!! සාදු!!!

දුතිය සද්ධම්ම සම්මෝස සූත්‍රය නිමා විය.

5.4.1.6.
තතිය සද්ධම්ම සම්මෝස සූත්‍රය
සද්ධර්මයෙහි වැනසීම ගැන වදාළ තෙවන දෙසුම

සැවැත් නුවර දී ය .....

මහණෙනි, මේ පස් කරුණ සද්ධර්මයෙහි වැනසීම පිණිස, අතුරුදහන් වීම පිණිස පවතින්නේ ය. ඒ කවර කරුණු පසක් ද යත්;

මහණෙනි, මෙහිලා භික්ෂූහු වැරදි ලෙස ගන්නා ලද සූත්‍රාන්තයන් වැරදි ලෙස පෙළගස්වන ලද පද ව්‍යංජනයන්ගෙන් යුතුව ඉගෙන ගනිති. මහණෙනි, වැරදි ලෙස පෙළගස්වන ලද පද ව්‍යංජන ඇති කල්හී අර්ථය ද වරදින්නේ වෙයි. මහණෙනි, සද්ධර්මයෙහි වැනසීම පිණිස, අතුරුදහන් වීම පිණිස පවතින පළමු කරුණ මෙය යි.

තව ද මහණෙනි, භික්ෂූහු අකීකරු වෙති. අකීකරු බව ඇති කරන දෙයින් යුක්ත වෙති. නොඉවසමින්, අනුශාසනාව පැදකුණු කොට නොගනිති. මහණෙනි, සද්ධර්මයෙහි වැනසීම පිණිස, අතුරුදහන් වීම පිණිස පවතින දෙවෙනි කරුණ මෙය යි.

තව ද මහණෙනි, යම් ඒ භික්ෂූහු බහුශ්‍රැත වෙත් ද, තමා වෙතට පමුණුවාගන්නා ලද ධර්මය ඇත්තාහු වෙත් ද, ධර්මධර වෙත් ද, විනයධර වෙත් ද, මාතෘකාධර වෙත් ද, ඔවුහු සූත්‍රාන්තයන් අන්‍යයන් හට සකස් කොට කටපාඩම් නොකරවති. ඔවුන්ගේ ඇවෑමෙන් සූත්‍රාන්තය මුල් සිඳුණේ වෙයි. පිළිසරණ නැතිවූයේ වෙයි. මහණෙනි, සද්ධර්මයෙහි වැනසීම පිණිස, අතුරුදහන් වීම පිණිස පවතින තෙවෙනි කරුණ මෙය යි.

තව ද මහණෙනි, ස්ථවිර භික්ෂූහු සිව්පස ලාභය බහුල කොට වසන්නාහු ය. ශාසනය ලිහිල් කොට පිරිහෙන කරුණු ලංකර ගන්නාහු ය. ඒ පිරිහෙන කරුණු පෙරට ගෙන හුදෙකලා භාවනාවෙහි යෙදීම පිණිස වෙර වැඩීම අත්හරින්නාහු ය. නොපත් මාර්ගඵලාධිගමයන් ලැබීම පිණිස ත්, නොඅත්දුටු මාර්ගඵලාධිගමයන් අත්දැකීම පිණිස ත්, සාක්ෂාත් නොකළ මාර්ගඵලාධිග මයන් සාක්ෂාත් කිරීම පිණිස ත් වීරිය නොඅරඹන්නාහු ය. ඔවුන්ගෙන් පැවිදි බව ලබන පශ්චිම ජනතාව ද ඔවුන්ගේ දෘෂ්ටියට පැමිණෙන්නේ ය. ඒ පශ්චිම ජනයෝ ද සිව්පස ලාභය බහුල කොට වසන්නාහු ය. ශාසනය ලිහිල් කොට

පිරිහෙන කරුණු ළංකර ගන්නාහු ය. ඒ පිරිහෙන කරුණු පෙරට ගෙන හුදෙකලා භාවනාවෙහි යෙදීම පිණිස වෙර වැඩීම අත්හරින්නාහු ය. නොපත් මාර්ගඵලාධිගමයන් ලැබීම පිණිස ත්, නොඅත්දුටු මාර්ගඵලාධිගමයන් අත්දැකීම පිණිස ත්, සාක්ෂාත් නොකළ මාර්ගඵලාධිගමයන් සාක්ෂාත් කිරීම පිණිස ත් වීරිය නොඅරඹන්නාහු ය. මහණෙනි, සද්ධර්මයෙහි වැනසීම පිණිස, අතුරුදහන් වීම පිණිස පවතින සිව්වෙනි කරුණ මෙය යි.

තවද මහණෙනි, සංඝයා බිඳුණේ වෙයි. මහණෙනි, සංඝයා භේද බින්න වූ කල්හී එකිනෙකාට හට ආක්‍රෝශ කරන්නාහු වෙති. එකිනෙකා හට තර්ජනය කරන්නාහු වෙති. එකිනෙකා හට විරුද්ධ ජනයා පිරිවරන්නාහු වෙති. එකිනෙකා හට හෙළා බැහැර කරන්නාහු වෙති. එහිලා නොපැහැදුණු වුන් තවත් නොපැහැදී යති. පැහැදුණා වූ ඇතැම් කෙනෙකුන් වෙනස් වී යති. මහණෙනි, සද්ධර්මයෙහි වැනසීම පිණිස, අතුරුදහන් වීම පිණිස පවතින පස්වෙනි කරුණ මෙය යි.

මහණෙනි, මේ පස් කරුණ සද්ධර්මයෙහි වැනසීම පිණිස, අතුරුදහන් වීම පිණිස පවතින්නේ ය.

මහණෙනි, මේ පස් කරුණ සද්ධර්මයෙහි පැවැත්ම පිණිස, විනාශ නොවීම පිණිස, අතුරුදහන් නොවීම පිණිස පවතින්නේ ය. ඒ කවර කරුණු පසක් ද යත්;

මහණෙනි, මෙහිලා භික්ෂූහු මැනැවින් ගන්නා ලද සූත්‍රාන්තයන් මැනැවින් පෙළගස්වන ලද පද ව්‍යංජනයන්ගෙන් යුතු ව ඉගෙන ගනිති. මහණෙනි, මැනැවින් පෙළගස්වන ලද පද ව්‍යංජන ඇති කල්හී අර්ථය ද මැනැවින් මතුවන්නේ වෙයි. මහණෙනි, සද්ධර්මයෙහි පැවැත්ම පිණිස, විනාශ නොවීම පිණිස, අතුරුදහන් නොවීම පවතින පළමු කරුණ මෙය යි.

තව ද මහණෙනි, භික්ෂූහු කීකරු වෙති. කීකරු බව ඇති කරන දෙයින් යුක්ත වෙති. ඉවසමින් අනුශාසනාව පැදකුණු කොට ගනිති. මහණෙනි, සද්ධර්මයෙහි පැවැත්ම පිණිස, විනාශ නොවීම පිණිස, අතුරුදහන් නොවීම පිණිස පවතින දෙවෙනි කරුණ මෙය යි.

තව ද මහණෙනි, යම් ඒ භික්ෂූහු බහුශ්‍රැත වෙත් ද, තමා වෙතට පමුණුවාගන්නා ලද ධර්මය ඇත්තාහු වෙත් ද, ධර්මධර වෙත් ද, විනයධර වෙත් ද, මාතෘකාධර වෙත් ද, ඔවුහු සූත්‍රාන්තයන් අන්‍යයන් හට සකස් කොට කටපාඩම් කරවති. ඔවුන්ගේ ඇවෑමෙන් සූත්‍රාන්තය මුල් සිඳුණේ නොවෙයි.

පිළිසරණ සහිත වූයේ වෙයි. මහණෙනි, සද්ධර්මයෙහි පැවැත්ම පිණිස, විනාශ නොවීම පිණිස, අතුරුදහන් නොවීම පිණිස පවතින තෙවෙනි කරුණ මෙය යි.

තව ද මහණෙනි, ස්ථවිර භික්ෂූහු සිව්පස ලාභය බහුල කොට නොවසන්නාහු ය. ශාසනය ලිහිල් කොට නොගෙන පිරිහෙන කරුණු දුරු කරන්නාහු ය. ඒ පිරිහෙන කරුණු දුරු කොට හුදෙකලා භාවනාවෙහි යෙදීම පිණිස වෙර වඩන්නාහු ය. නොපත් මාර්ගඵලාධිගමයන් ලැබීම පිණිස ත්, නොඅත්දුටු මාර්ගඵලාධිගමයන් අත්දැකීම පිණිස ත්, සාක්ෂාත් නොකළ මාර්ගඵලාධිගමයන් සාක්ෂාත් කිරීම පිණිස ත් වීරිය අරඹන්නාහු ය. ඔවුන් ගෙන් පැවිදි බව ලබන පශ්චිම ජනතාව ද ඔවුන්ගේ දෘෂ්ටියට පැමිණෙන්නේ ය. ඒ පශ්චිම ජනයෝ ද සිව්පස ලාභය බහුල කොට නොවසන්නාහු ය. ශාසනය ලිහිල් කොට නොගෙන පිරිහෙන කරුණු දුරු කරන්නාහු ය. ඒ පිරිහෙන කරුණු දුරු කොට හුදෙකලා භාවනාවෙහි යෙදීම පිණිස වෙර වැඩීම අරඹන්නාහු ය. නොපත් මාර්ගඵලාධිගමයන් ලැබීම පිණිස ත්, නොඅත්දුටු මාර්ගඵලාධිගමයන් අත්දැකීම පිණිස ත්, සාක්ෂාත් නොකළ මාර්ගඵලාධිගමයන් සාක්ෂාත් කිරීම පිණිස ත් වීරිය අරඹන්නාහු ය. මහණෙනි, සද්ධර්මයෙහි පැවැත්ම පිණිස, විනාශ නොවීම පිණිස, අතුරුදහන් නොවීම පිණිස පවතින සිව්වෙනි කරුණ මෙය යි.

තවද මහණෙනි, සංඝයා සමඟි වූයේ වෙයි. මහණෙනි, සංඝයා සමඟි කල්හී සතුටු වන්නාහු, විවාද නොකරන්නාහු, එක් අරමුණක් ඇති ව පහසුවෙන් වාසය කරති. මහණෙනි, සංඝයා සමඟි ව සිටින කල්හී එකිනෙකාට හට ආක්‍රෝශ නොකරන්නාහු වෙති. එකිනෙකා හට තර්ජනය නොකරන්නාහු වෙති. එකිනෙකා හට විරුද්ධ ජනයා නොපිරිවරන්නාහු වෙති. එකිනෙකා හට හෙළා බැහැර නොකරන්නාහු වෙති. එහිලා නොපැහැදුණු වුන් පැහැදී යති. පැහැදුනවුන්ගේ පැහැදීම වැඩි දියුණු වෙයි. මහණෙනි, සද්ධර්මයෙහි පැවැත්ම පිණිස, විනාශ නොවීම පිණිස, අතුරුදහන් නොවීම පිණිස පවතින පස්වෙනි කරුණ මෙය යි.

මහණෙනි, මේ පස් කරුණ සද්ධර්මයෙහි පැවැත්ම පිණිස, විනාශ නොවීම පිණිස, අතුරුදහන් නොවීම පිණිස පවතින්නේ ය.

සාදු! සාදු!! සාදු!!!

තතිය සද්ධම්ම සම්මෝස සූත්‍රය නිමා විය.

5.4.1.7.
දුක්කථා සූත්‍රය
කිපෙන කථාව ගැන වදාළ දෙසුම

සැවැත් නුවර දී ය .....

මහණෙනි, ඒ ඒ පුද්ගලයා හට ගලපා බැලීම පිණිස පුද්ගලයන් පස් දෙනෙකුගේ කථාවන් කිපෙන කථාවන් වෙයි. ඒ කවර පස් දෙනෙකුගේ ද යත්;

මහණෙනි, ශ්‍රද්ධා රහිතයා හට ශ්‍රද්ධාව පිළිබඳ කථාව කිපෙන කථාවකි. දුස්සීලයා හට සීලය පිළිබඳ කථාව කිපෙන කථාවකි. අල්පශ්‍රැතයා හට බහුශ්‍රැත භාවය පිළිබඳ කථාව කිපෙන කථාවකි. මසුරු කෙනා හට දීම පිළිබඳ කථාව කිපෙන කථාවකි. දුෂ්ප්‍රාඥයා හට ප්‍රඥාව පිළිබඳ කථාව කිපෙන කථාවකි.

මහණෙනි, ශ්‍රද්ධා රහිතයා හට ශ්‍රද්ධාව පිළිබඳ කථාව කිපෙන කථාවක් වන්නේ කුමක් හෙයින් ද? මහණෙනි, ශ්‍රද්ධා රහිතයා ශ්‍රද්ධාව පිළිබඳ කථාව කරන කල්හී ගැටෙයි, කිපෙයි, ව්‍යාපාදයට පැමිණෙයි, විරුද්ධ ව නැගී සිටියි. කෝපය ත්, ද්වේෂය ත්, නොසතුට ත් පහළ කරයි. එයට හේතුව කුමක් ද? මහණෙනි, හේ ශ්‍රද්ධා සම්පත්තිය තමා තුළ නොදකියි. ඒ හේතුවෙන් ශ්‍රද්ධා කථාව කරද්දී ප්‍රීතිය හා ප්‍රමුදිත බව නොලබයි. එනිසා ය ශ්‍රද්ධා රහිතයාට ශ්‍රද්ධාව පිළිබඳ කථාව කිපෙන කථාවක් වන්නේ.

මහණෙනි, දුස්සීලයා හට සීලය පිළිබඳ කථාව කිපෙන කථාවක් වන්නේ කුමක් හෙයින් ද? මහණෙනි, දුස්සීලයා සීලය පිළිබඳ කථාව කරන කල්හී ගැටෙයි, කිපෙයි, ව්‍යාපාදයට පැමිණෙයි, විරුද්ධ ව නැගී සිටියි. කෝපය ත්, ද්වේෂය ත්, නොසතුට ත් පහළ කරයි. එයට හේතුව කුමක් ද? මහණෙනි, හේ සීල සම්පත්තිය තමා තුළ නොදකියි. ඒ හේතුවෙන් සීල කථාව කරද්දී ප්‍රීතිය හා ප්‍රමුදිත බව නොලබයි. එනිසා ය දුස්සීලයාට සීලය පිළිබඳ කථාව කිපෙන කථාවක් වන්නේ.

මහණෙනි, අල්පශ්‍රැතයා හට බහුශ්‍රැත බව පිළිබඳ කථාව කිපෙන කථාවක් වන්නේ කුමක් හෙයින් ද? මහණෙනි, අල්පශ්‍රැතයා බහුශ්‍රැත බව පිළිබඳ කථාව කරන කල්හී ගැටෙයි, කිපෙයි, ව්‍යාපාදයට පැමිණෙයි, විරුද්ධ ව නැගී සිටියි. කෝපය ත්, ද්වේෂය ත්, නොසතුට ත් පහළ කරයි. එයට හේතුව කුමක් ද?

මහණෙනි, හේ ශ්‍රැත සම්පත්තිය තමා තුළ නොදකියි. ඒ හේතුවෙන් බහුශ්‍රැත බව පිළිබඳ කථාව කරද්දී ප්‍රීතිය හා ප්‍රමුදිත බව නොලබයි. එනිසා ය අල්පශ්‍රැතයාට බහුශ්‍රැත බව පිළිබඳ කථාව කිපෙන කථාවක් වන්නේ.

මහණෙනි, මසුරා හට ත්‍යාගී බව පිළිබඳ කථාව කිපෙන කථාවක් වන්නේ කුමක් හෙයින් ද? මහණෙනි, මසුරා ත්‍යාගී බව පිළිබඳ කථාව කරන කල්හී ගැටෙයි, කිපෙයි, ව්‍යාපාදයට පැමිණෙයි, විරුද්ධ ව නැගී සිටියි. කෝපය ත්, ද්වේෂය ත්, නොසතුට ත් පහළ කරයි. එයට හේතුව කුමක් ද? මහණෙනි, හේ ත්‍යාග සම්පත්තිය තමා තුළ නොදකියි. ඒ හේතුවෙන් ත්‍යාගී බව පිළිබඳ කථාව කරද්දී ප්‍රීතිය හා ප්‍රමුදිත බව නොලබයි. එනිසා ය මසුරාට ත්‍යාගී බව පිළිබඳ කථාව කිපෙන කථාවක් වන්නේ.

මහණෙනි, දුෂ්ප්‍රාඥයා හට ප්‍රඥාව පිළිබඳ කථාව කිපෙන කථාවක් වන්නේ කුමක් හෙයින් ද? මහණෙනි, දුෂ්ප්‍රාඥයා ප්‍රඥාව පිළිබඳ කථාව කරන කල්හී ගැටෙයි, කිපෙයි, ව්‍යාපාදයට පැමිණෙයි, විරුද්ධ ව නැගී සිටියි. කෝපය ත්, ද්වේෂය ත්, නොසතුට ත් පහළ කරයි. එයට හේතුව කුමක් ද? මහණෙනි, හේ ප්‍රඥා සම්පත්තිය තමා තුළ නොදකියි. ඒ හේතුවෙන් ප්‍රඥාව පිළිබඳ කථාව කරද්දී ප්‍රීතිය හා ප්‍රමුදිත බව නොලබයි. එනිසා ය දුෂ්ප්‍රාඥයාට ප්‍රඥාව පිළිබඳ කථාව කිපෙන කථාවක් වන්නේ.

මහණෙනි, ඒ ඒ පුද්ගලයා හට ගලපා බැලීම පිණිස පුද්ගලයන් පස් දෙනෙකුගේ කථාවන් කිපෙන කථාවන් වෙයි.

මහණෙනි, ඒ ඒ පුද්ගලයා හට ගලපා බැලීම පිණිස පුද්ගලයන් පස් දෙනෙකුගේ කථාවන් මිහිරි කථාවන් වෙයි. ඒ කවර පස් දෙනෙකුගේ ද යත්;

මහණෙනි, ශ්‍රද්ධාවන්තයා හට ශ්‍රද්ධාව පිළිබඳ කථාව මිහිරි කථාවකි. සිල්වතා හට සීලය පිළිබඳ කථාව මිහිරි කථාවකි. බහුශ්‍රැතයා හට බහුශ්‍රැත භාවය පිළිබඳ කථාව මිහිරි කථාවකි. ත්‍යාගවන්තයා හට දීම පිළිබඳ කථාව මිහිරි කථාවකි. ප්‍රඥාවන්තයා හට ප්‍රඥාව පිළිබඳ කථාව මිහිරි කථාවකි.

මහණෙනි, ශ්‍රද්ධාවන්තයා හට ශ්‍රද්ධාව පිළිබඳ කථාව මිහිරි කථාවක් වන්නේ කුමක් හෙයින් ද? මහණෙනි, ශ්‍රද්ධාවන්තයා ශ්‍රද්ධාව පිළිබඳ කථාව කරන කල්හී නොගැටෙයි, නොකිපෙයි, ව්‍යාපාදයට නොපැමිණෙයි, විරුද්ධ ව නැගී නොසිටියි. කෝපය ත්, ද්වේෂය ත්, නොසතුට ත් පහළ නොකරයි. එයට හේතුව කුමක් ද? මහණෙනි, හේ ශ්‍රද්ධා සම්පත්තිය තමා තුළ දකියි. ඒ හේතුවෙන් ශ්‍රද්ධා කථාව කරද්දී ප්‍රීතිය හා ප්‍රමුදිත බව ලබයි. එනිසා ය ශ්‍රද්ධාවන්තයාට ශ්‍රද්ධාව පිළිබඳ කථාව මිහිරි කථාවක් වන්නේ.

මහණෙනි, සීලවන්තයා හට සීලය පිළිබඳ කථාව මිහිරි කථාවක් වන්නේ කුමක් හෙයින් ද? මහණෙනි, සීලවන්තයා සීලය පිළිබඳ කථාව කරන කල්හී නොගැටෙයි, නොකිපෙයි, ව්‍යාපාදයට නොපැමිණෙයි, විරුද්ධ ව නැගී නොසිටියි. කෝපය ත්, ද්වේෂය ත්, නොසතුට ත් පහළ නොකරයි. එයට හේතුව කුමක් ද? මහණෙනි, හේ සීල සම්පත්තිය තමා තුළ දකියි. ඒ හේතුවෙන් සීල කථාව කරද්දී ප්‍රීතිය හා ප්‍රමුදිත බව ලබයි. එනිසා ය සීලවන්තයාට සීලය පිළිබඳ කථාව මිහිරි කථාවක් වන්නේ.

මහණෙනි, බහුශ්‍රැතයා හට බහුශ්‍රැත බව පිළිබඳ කථාව මිහිරි කථාවක් වන්නේ කුමක් හෙයින් ද? මහණෙනි, බහුශ්‍රැතයා බහුශ්‍රැත බව පිළිබඳ කථාව කරන කල්හී නොගැටෙයි, නොකිපෙයි, ව්‍යාපාදයට නොපැමිණෙයි, විරුද්ධ ව නැගී නොසිටියි. කෝපය ත්, ද්වේෂය ත්, නොසතුට ත් පහළ නොකරයි. එයට හේතුව කුමක් ද? මහණෙනි, හේ ශ්‍රැත සම්පත්තිය තමා තුළ දකියි. ඒ හේතුවෙන් බහුශ්‍රැත බව පිළිබඳ කථාව කරද්දී ප්‍රීතිය හා ප්‍රමුදිත බව ලබයි. එනිසා ය බහුශ්‍රැතයාට බහුශ්‍රැත බව පිළිබඳ කථාව මිහිරි කථාවක් වන්නේ.

මහණෙනි, ත්‍යාගවන්තයා හට ත්‍යාගී බව පිළිබඳ කථාව මිහිරි කථාවක් වන්නේ කුමක් හෙයින් ද? මහණෙනි, ත්‍යාගවන්තයා ත්‍යාගී බව පිළිබඳ කථාව කරන කල්හී නොගැටෙයි, නොකිපෙයි, ව්‍යාපාදයට නොපැමිණෙයි, විරුද්ධ ව නැගී නොසිටියි. කෝපය ත්, ද්වේෂය ත්, නොසතුට ත් පහළ නොකරයි. එයට හේතුව කුමක් ද? මහණෙනි, හේ ත්‍යාග සම්පත්තිය තමා තුළ දකියි. ඒ හේතුවෙන් ත්‍යාගී බව පිළිබඳ කථාව කරද්දී ප්‍රීතිය හා ප්‍රමුදිත බව ලබයි. එනිසා ය ත්‍යාගවන්තයාට ත්‍යාගී බව පිළිබඳ කථාව මිහිරි කථාවක් වන්නේ.

මහණෙනි, ප්‍රඥාවන්තයා හට ප්‍රඥාව පිළිබඳ කථාව මිහිරි කථාවක් වන්නේ කුමක් හෙයින් ද? මහණෙනි, ප්‍රඥාවන්තයා ප්‍රඥාව පිළිබඳ කථාව කරන කල්හී නොගැටෙයි, නොකිපෙයි, ව්‍යාපාදයට නොපැමිණෙයි, විරුද්ධ ව නැගී නොසිටියි. කෝපය ත්, ද්වේෂය ත්, නොසතුට ත් පහළ නොකරයි. එයට හේතුව කුමක් ද? මහණෙනි, හේ ප්‍රඥා සම්පත්තිය තමා තුළ දකියි. ඒ හේතුවෙන් ප්‍රඥාව පිළිබඳ කථාව කරද්දී ප්‍රීතිය හා ප්‍රමුදිත බව ලබයි. එනිසා ය ප්‍රඥාවන්තයාට ප්‍රඥාව පිළිබඳ කථාව මිහිරි කථාවක් වන්නේ.

මහණෙනි, ඒ ඒ පුද්ගලයා හට ගලපා බැලීම පිණිස පුද්ගලයන් පස් දෙනෙකුගේ කථාවන් මිහිරි කථාවන් වෙයි.

සාදු! සාදු!! සාදු!!!

දුක්කථා සූත්‍රය නිමා විය.

5.4.1.8.
සාරජ්ජ සූත්‍රය
තේජස් රහිත බව ගැන වදාළ දෙසුම

සැවැත් නුවර දී ය .....

මහණෙනි, පස් කරුණකින් සමන්විත වූ භික්ෂුව තේජස් රහිත බවට පැමිණියේ වෙයි. ඒ කවර පස් කරුණකින් ද යත්;

මහණෙනි, මෙහිලා භික්ෂුව ශ්‍රද්ධා නැත්තේ වෙයි. දුස්සීල වෙයි. අල්පශ්‍රැත වෙයි. කුසීත වෙයි. දුෂ්ප්‍රාඥ වෙයි.

මහණෙනි, මේ පස් කරුණෙන් සමන්විත වූ භික්ෂුව තේජස් රහිත බවට පැමිණියේ වෙයි.

මහණෙනි, පස් කරුණකින් සමන්විත වූ භික්ෂුව විශාරද බවට පැමිණියේ වෙයි. ඒ කවර පස් කරුණකින් ද යත්;

මහණෙනි, මෙහිලා භික්ෂුව ශ්‍රද්ධා ඇත්තේ වෙයි. සිල්වත් වෙයි. බහුශ්‍රැත වෙයි. පටන් ගත් වීරිය ඇත්තේ වෙයි. ප්‍රඥාවන්ත වෙයි.

මහණෙනි, මේ පස් කරුණෙන් සමන්විත වූ භික්ෂුව විශාරද බවට පැමිණියේ වෙයි.

සාදු! සාදු!! සාදු!!!

සාරජ්ජ සූත්‍රය නිමා විය.

5.4.1.9.
උදායී සූත්‍රය
උදායී තෙරුන් අරභයා වදාළ දෙසුම

මා විසින් මෙසේ අසන ලදී.

එක් සමයක භාග්‍යවතුන් වහන්සේ කොසඹෑ නුවර ඝෝෂිතාරාමයෙහි වැඩ වෙසෙන සේක. එසමයෙහි ආයුෂ්මත් උදායි තෙරණුවෝ මහත් ගිහි පිරිසක් පිරිවරාගෙන ධර්ම දේශනා කරමින් හුන්නාහු වෙති. එකල්හී ආයුෂ්මත් ආනන්දයන් වහන්සේ ආයුෂ්මත් උදායි තෙරුන් මහත් ගිහි පිරිසක් පිරිවරාගෙන දහම් දෙසමින් හිඳිනා අයුරු දුටහ. දැක භාග්‍යවතුන් වහන්සේ වෙත එළැඹියහ. එළැඹ භාග්‍යවතුන් වහන්සේට සකසා වන්දනා කොට එකත්පස් ව හිඳගත්හ. එකත්පස් ව හුන් ආයුෂ්මත් ආනන්දයන් වහන්සේ භාග්‍යවතුන් වහන්සේට මෙය සැළ කළහ.

"ස්වාමීනී, ආයුෂ්මත් උදායි තෙරණුවෝ මහත් ගිහි පිරිසක් පිරිවරාගෙන දහම් දෙසත්."

"ආනන්දයෙනි, අන්‍යයන් හට ධර්මය දේශනා කිරීම පහසු දෙයක් නොවෙයි. ආනන්දයෙනි, අන්‍යයන් හට ධර්මය දේශනා කරන්නා විසින් පංච ධර්මයක් තමා තුළ පිහිටුවා ගෙන අන්‍යයන් හට ධර්මය දේශනා කළ යුත්තේ ය. ඒ කවර ධර්මයන් පසක් ද යත්;

අනුපිළිවෙලින් දහම් කථාව කරන්නෙමි' යි අන්‍යයන් හට ධර්මය දෙසිය යුත්තේ ය. කරුණු දක්වමින් දහම් කථාව කරන්නෙමි' යි අන්‍යයන් හට ධර්මය දෙසිය යුත්තේ ය. අනුකම්පාව උපදවා දහම් කථාව කරන්නෙමි' යි අන්‍යයන් හට ධර්මය දෙසිය යුත්තේ ය. ලාභ සත්කාර කීර්ති ප්‍රශංසා අපේක්ෂා නොකොට දහම් කථාව කරන්නෙමි' යි අන්‍යයන් හට ධර්මය දෙසිය යුත්තේ ය. තමා හා අනුන් හා නොගැටී දහම් කථාව කරන්නෙමි' යි අන්‍යයන් හට ධර්මය දෙසිය යුත්තේ ය.

ආනන්දය, අන්‍යයන් හට ධර්මය දේශනා කිරීම පහසු දෙයක් නොවෙයි. ආනන්දය, අන්‍යයන් හට ධර්මය දේශනා කරන්නා විසින් මේ පංච ධර්මය තමා තුළ පිහිටුවා ගෙන අන්‍යයන් හට ධර්මය දේශනා කළ යුත්තේ ය."

සාදු! සාදු!! සාදු!!!

උදායී සූත්‍රය නිමා විය.

5.4.1.10.
දුප්පටිවිනෝදය සූත්‍රය
දුක සේ දුරු කළ යුතු දේ ගැන වදාළ දෙසුම

සැවැත් නුවර දී ය .....

මහණෙනි, උපන්නා වූ මේ පස් කරුණ දුක සේ දුරු කළ යුත්තේ ය. ඒ කවර පසක් ද යත්;

උපන්නා වූ රාගය දුක සේ දුරු කළ යුත්තේ ය. උපන්නා වූ ද්වේෂය දුක සේ දුරු කළ යුත්තේ ය. උපන්නා වූ මෝහය දුක සේ දුරු කළ යුත්තේ ය. උපන්නා වූ ප්‍රතිභානය දුක සේ දුරු කළ යුත්තේ ය. උපන්නා වූ ඇවිදින්නට ආසා කරන සිත දුක සේ දුරු කළ යුත්තේ ය.

මහණෙනි, උපන්නා වූ මේ පස් කරුණ දුක සේ දුරු කළ යුත්තේ ය.

සාදු! සාදු!! සාදු!!!

දුප්පටිවිනෝදය සූත්‍රය නිමා විය.

පළමුවෙනි සද්ධම්ම වර්ගය අවසන් විය.

● එහි පිළිවෙල උද්දානය යි :

සම්මත්තනියාම සූත්‍ර තුන, සද්ධම්ම සම්මෝස සූත්‍ර තුන, දුක්කථා සූත්‍රය, සාරජ්ජ සූත්‍රය, උදායි සූත්‍රය සහ දුප්පටිවිනෝදය සූත්‍රය වශයෙන් මෙහි සූත්‍ර දශයකි.

2. ආඝාත වර්ගය

5.4.2.1.
පඨම ආඝාත පටිවිනය සූත්‍රය
වෛරය දුරු කිරීම ගැන වදාළ පළමු දෙසුම

සැවැත් නුවර දී ය ......

මහණෙනි, යම් අරමුණක භික්ෂුව හට උපන් වෛරය මුළුමනින් ම දුරු කළ යුතු වෙයි ද, එබඳු වූ මේ වෛර දුරු කිරීම් පසකි. ඒ කවර පසක් ද යත්;

මහණෙනි, යම් පුද්ගලයෙකු කෙරෙහි වෛරය උපන්නේ නම්, ඒ පුද්ගලයා කෙරෙහි මෛත්‍රිය වැඩිය යුත්තේ ය. මෙසේ ඒ පුද්ගලයා කෙරෙහි උපන් වෛරය දුරු කළ යුත්තේ ය.

මහණෙනි, යම් පුද්ගලයෙකු කෙරෙහි වෛරය උපන්නේ නම්, ඒ පුද්ගලයා කෙරෙහි කරුණාව වැඩිය යුත්තේ ය. මෙසේ ඒ පුද්ගලයා කෙරෙහි උපන් වෛරය දුරු කළ යුත්තේ ය.

මහණෙනි, යම් පුද්ගලයෙකු කෙරෙහි වෛරය උපන්නේ නම්, ඒ පුද්ගලයා කෙරෙහි උපේක්ෂාව වැඩිය යුත්තේ ය. මෙසේ ඒ පුද්ගලයා කෙරෙහි උපන් වෛරය දුරු කළ යුත්තේ ය.

මහණෙනි, යම් පුද්ගලයෙකු කෙරෙහි වෛරය උපන්නේ නම්, ඒ පුද්ගලයා පිළිබඳව නොසිතීම, නොමෙනෙහි කිරීම පිළිපැදිය යුත්තේ ය. මෙසේ ඒ පුද්ගලයා කෙරෙහි උපන් වෛරය දුරු කළ යුත්තේ ය.

මහණෙනි, යම් පුද්ගලයෙකු කෙරෙහි වෛරය උපන්නේ නම්, ඒ පුද්ගලයා කෙරෙහි කර්මය ස්වකීය කොට ඇති බව පිහිටුවා ගත යුත්තේ ය.

'මේ ආයුෂ්මත් තෙමේ කර්මය ස්වකීය කොට ඇත්තේ ය. කර්මය දායාද කොට ඇත්තේ ය. කර්මය උප්පත්ති ස්ථානය කොට ඇත්තේ ය. කර්මය ඥාතියා කොට ඇත්තේ ය. කර්මය පිළිසරණ කොට ඇත්තේ ය. පුණ්‍ය වේවා පාප වේවා යම් කර්මයක් කරන්නේ ද එය ඔහුගේ දායාදය වන්නේ ය' යි. මෙසේ ඒ පුද්ගලයා කෙරෙහි උපන් වෛරය දුරු කළ යුත්තේ ය.

මහණෙනි, යම් අරමුණක භික්ෂුව හට උපන් වෛරය මුළුමනින් ම දුරු කළ යුතු වෙයි ද, එබඳු වූ මේ වෛර දුරු කිරීම් පස යි.

සාදු! සාදු!! සාදු!!!

පඨම ආඝාත පටිවිනය සූත්‍රය නිමා විය.

5.4.2.2.
දුතිය ආඝාත පටිවිනය සූත්‍රය
වෛරය දුරු කිරීම ගැන වදාළ දෙවෙනි දෙසුම

සැවැත් නුවර දී ය ......

එකල්හී ආයුෂ්මත් සාරිපුත්තයන් වහන්සේ 'ආයුෂ්මත් මහණෙනි' යි භික්ෂූන් ඇමතූ සේක. 'ආයුෂ්මතුන් වහන්ස' යි ඒ භික්ෂූහු ආයුෂ්මත් සාරිපුත්තයන් වහන්සේට පිළිවදන් දුන්හ. ආයුෂ්මත් සාරිපුත්තයන් වහන්සේ මෙය වදාළ සේක.

ආයුෂ්මත්නි, යම් අරමුණක භික්ෂුව හට උපන් වෛරය මුළුමනින් ම දුරු කළ යුතු වෙයි ද, එබඳු වූ මේ වෛර දුරු කිරීම පසකි. ඒ කවර පසක් ද යත්;

ආයුෂ්මත්නි, මෙහිලා ඇතැම් පුද්ගලයෙක් අපිරිසිදු කායික ක්‍රියා ඇත්තේ වෙයි. එනමුත් පිරිසිදු වාචසික ක්‍රියා ඇත්තේ වෙයි. ආයුෂ්මත්නි, මෙබඳු වූ පුද්ගලයා කෙරෙහි ත් වෛරය දුරු කළ යුත්තේ ය.

ආයුෂ්මත්නි, මෙහිලා ඇතැම් පුද්ගලයෙක් අපිරිසිදු වාචසික ක්‍රියා ඇත්තේ වෙයි. එනමුත් පිරිසිදු කායික ක්‍රියා ඇත්තේ වෙයි. ආයුෂ්මත්නි, මෙබඳු වූ පුද්ගලයා කෙරෙහි ත් වෛරය දුරු කළ යුත්තේ ය.

ආයුෂ්මත්නි, මෙහිලා ඇතැම් පුද්ගලයෙක් අපිරිසිදු කායික ක්‍රියා ඇත්තේ වෙයි. අපිරිසිදු වාචසික ක්‍රියා ඇත්තේ වෙයි. කලින් කලට භාවනාවෙහි සිත නතු වෙයි. සිතෙහි ප්‍රසාදය ඇතිවෙයි. ආයුෂ්මත්නි, මෙබඳු වූ පුද්ගලයා කෙරෙහි ත් වෛරය දුරු කළ යුත්තේ ය.

ආයුෂ්මත්නි, මෙහිලා ඇතැම් පුද්ගලයෙක් අපිරිසිදු කායික ක්‍රියා ඇත්තේ වෙයි. අපිරිසිදු වාචසික ක්‍රියා ඇත්තේ වෙයි. කලින් කලට භාවනාවෙහි සිත නතු නොවෙයි. සිතෙහි ප්‍රසාදය ඇති නොවෙයි. ආයුෂ්මත්නි, මෙබඳු වූ පුද්ගලයා කෙරෙහි ත් වෛරය දුරු කළ යුත්තේ ය.

ආයුෂ්මත්නි, මෙහිලා ඇතැම් පුද්ගලයෙක් පිරිසිදු කායික ක්‍රියා ඇත්තේ වෙයි. පිරිසිදු වාචසික ක්‍රියා ඇත්තේ වෙයි. කලින් කලට භාවනාවෙහි සිත නතු වෙයි. සිතෙහි ප්‍රසාදය ඇතිවෙයි. ආයුෂ්මත්නි, මෙබඳු වූ පුද්ගලයා කෙරෙහි ත් වෛරය දුරු කළ යුත්තේ ය.

1. ආයුෂ්මත්නි, එහිලා යම් මේ පුද්ගලයෙක් අපිරිසිදු කායික ක්‍රියා ඇත්තේ වෙයි නම්, එනමුත් පිරිසිදු වාචසික ක්‍රියා ඇත්තේ වෙයි නම්, ඒ පුද්ගලයා කෙරෙහි වෛරය දුරු කළ යුත්තේ කෙසේ ද?

ආයුෂ්මත්නි, එය මෙබඳු දෙයකි. පාංශුකූලික භික්ෂුවක් වීදියක පැරණි රෙදි කඩක් දැක එය වම් පයින් පාගා ගෙන දකුණු පයින් විහිදුවා බලා යම් ප්‍රයෝජනවත් කොටසක් ඇත්නම් එය ඉරාගෙන යන්නේ වෙයි ද, ආයුෂ්මත්නි, එපරිද්දෙන් ම යම් මේ පුද්ගලයෙක් අපිරිසිදු කාය සමාචාර ඇත්තේ පිරිසිදු වචී සමාචාර ඇත්තේ වෙයි ද, ඔහුගේ යම් අපිරිසිදු කාය සමාචාරයක් ඇද්ද එය වෛරය හටගත් මොහොතේ මෙනෙහි නොකළ යුත්තේ ය. ඔහුගේ යම් පිරිසිදු වාක් සමාචාරයක් ඇද්ද එසමයෙහි එය මෙනෙහි කළ යුත්තේ ය. මේ අයුරින් ඒ පුද්ගලයා කෙරෙහි උපන් වෛරය දුරු කළ යුත්තේ ය.

2. ආයුෂ්මත්නි, එහිලා ඇතැම් පුද්ගලයෙක් අපිරිසිදු වාචසික ක්‍රියා ඇත්තේ වෙයි නම්, එනමුත් පිරිසිදු කායික ක්‍රියා ඇත්තේ වෙයි නම්, ඒ පුද්ගලයා කෙරෙහි වෛරය දුරු කළ යුත්තේ කෙසේ ද?

ආයුෂ්මත්නි, එය මෙබඳු දෙයකි. දිය සෙවෙල්වලින් ද, දිය පරඬැලින් ද වැසී ගිය පොකුණක් ඇත්තේ ය. එකල්හී ග්‍රීස්මයෙන් තැවුණු ග්‍රීස්මයෙන් මැඬුණු ක්ලාන්ත වූ පීඩාවට පත් පිපාසිත පුරුෂයෙක් එන්නේ ය. ඔහු ඒ පොකුණට බැස දෑතින් සෙවෙල හා දිය පරඬැල් ඔබමොබ බැහැර කොට දෝතින් පැන් බී නික්ම යන්නේ ය. ආයුෂ්මත්නි, එපරිද්දෙන් ම යම් මේ පුද්ගලයෙක් අපිරිසිදු

වාක් සමාචාර ඇත්තේ පිරිසිදු කාය සමාචාර ඇත්තේ වෙයි ද, ඔහුගේ යම් අපිරිසිදු වාක් සමාචාරයක් ඇද්ද එය වෛරය හටගත් මොහොතේ මෙනෙහි නොකළ යුත්තේ ය. ඔහුගේ යම් පිරිසිදු කාය සමාචාරයක් ඇද්ද එසමයෙහි එය මෙනෙහි කළ යුත්තේ ය. මේ අයුරින් ඒ පුද්ගලයා කෙරෙහි උපන් වෛරය දුරු කළ යුත්තේ ය.

3. ආයුෂ්මත්නි, එහිලා ඇතැම් පුද්ගලයෙක් අපිරිසිදු කායික ක්‍රියා ඇත්තේ වෙයි නම්, අපිරිසිදු වාචසික ක්‍රියා ඇත්තේ වෙයි නම්, කලින් කලට භාවනාවෙහි සිත නතු වෙයි නම් සිතෙහි ප්‍රසාදය ඇතිවෙයි නම් ඒ පුද්ගලයා කෙරෙහි වෛරය දුරු කළ යුත්තේ කෙසේ ද?

ආයුෂ්මත්නි, එය මෙබඳු දෙයකි. ගව කුරයකින් සැදුණු වළක දිය ස්වල්පයක් ඇත්තේ ය. එකල්හී ග්‍රීස්මයෙන් තැවුණු ග්‍රීස්මයෙන් මැඩුණු ක්ලාන්ත වූ පීඩාවට පත් පිපාසිත පුරුෂයෙක් එන්නේ ය. ඔහුට මෙසේ සිතෙයි. 'මේ ගව කුරයෙන් සැදුණු වළෙහි දිය ස්වල්පයක් ඇත්තේ ය. ඉදින් මම අතින් හෝ බඳුනකින් හෝ ගෙන බොන්නෙම් නම් එය කැළඹෙන්නේ ය. පානය නොකළ හැකි බවට පත්වන්නේ ය. එයින් මම ගවයෙකු සෙයින් දැතිනුත් දෙපයිනුත් බිමට නැවී පැන් බී නික්ම යන්නේ නම් මැනැවැ' යි. ඉක්බිති හේ දැතිනුත්, දෙපයිනුත් බිමට නැවී ගවයෙකු සෙයින් පැන් බී නික්ම යන්නේ ය. ආයුෂ්මත්නි, එපරිද්දෙන් ම යම් මේ පුද්ගලයෙක් අපිරිසිදු කාය සමාචාර ඇත්තේ අපිරිසිදු වචී සමාචාර ඇත්තේ වෙයි ද, කලින් කලට භාවනාවෙහි සිත නතු වෙයි නම් සිතෙහි ප්‍රසාදය ඇතිවෙයි ද, ඔහුගේ යම් අපිරිසිදු කාය සමාචාරයක් ඇද්ද එය වෛරය හටගත් මොහොතේ මෙනෙහි නොකළ යුත්තේ ය. ඔහුගේ යම් අපිරිසිදු වාක් සමාචාරයක් ඇද්ද එය වෛරය හටගත් මොහොතේ මෙනෙහි නොකළ යුත්තේ ය. යම් හෙයකින් ඔහු කලින් කලට භාවනාවෙහි සිත නතු වූයේ නම් සිතෙහි ප්‍රසාදය ලැබුවේ නම් එසමයෙහි එය මෙනෙහි කළ යුත්තේ ය. මේ අයුරින් ඒ පුද්ගලයා කෙරෙහි උපන් වෛරය දුරු කළ යුත්තේ ය.

4. ආයුෂ්මත්නි, එහිලා ඇතැම් පුද්ගලයෙක් අපිරිසිදු කායික ක්‍රියා ඇත්තේ වෙයි නම්, අපිරිසිදු වාචසික ක්‍රියා ඇත්තේ වෙයි නම්, කලින් කලට භාවනාවෙහි සිත නතු නොවෙයි නම්, සිතෙහි ප්‍රසාදය ඇති නොවෙයි නම්, ඒ පුද්ගලයා කෙරෙහි වෛරය දුරු කළ යුත්තේ කෙසේ ද?

ආයුෂ්මත්නි, එය මෙබඳු දෙයකි. දීර්ඝ මාර්ගයකට පිළිපන් පුද්ගලයෙක් රෝගී ව දුක්ඛිත ව බොහෝ ගිලන් බවට පත්වූයේ ය. ඔහුට ඉදිරියෙන් ඇති ගම ද ඉතා දුර ය. ඔහුගේ පිටුපසින් ඇති ගම ද ඉතා දුර ය. ඔහු රෝගයට හිත වූ බොජුන් ද නොලබන්නේ ය. රෝගයට හිත වූ බෙහෙත් ද නොලබන්නේ ය.

ඔහුට ගැලපෙන උපස්ථායකයෙකු ද නොලබන්නේ ය. ඔහු ව ගමට පමුණුවා ලිය හැකි කෙනෙක් ද නොලබන්නේ ය. එකල්හී ඒ දීර්ඝ මාර්ගයට පිළිපන් එක්තරා පුරුෂයෙක් මොහු දකින්නේ ය. හේ ඒ පුරුෂයා කෙරෙහි කරුණාව ඇති කරගන්නේ ය. දයාව ඇති කරගන්නේ ය. අනුකම්පාව ඇති කරගන්නේ ය. 'අහෝ ! ඒකාන්තයෙන් මේ පුරුෂ තෙමේ රෝගයට හිත බොජුන් ලබන්නේ නම්, රෝගයට හිත බෙහෙත් ලබන්නේ නම්, ගැලපෙන උපස්ථායකයෙකු ලබන්නේ නම්, ගමට පමුණුවා ලිය හැකි කෙනෙකු ලබන්නේ නම් මැනැවි' යි. ඒ මක් නිසා ද යත්, මේ පුරුෂ තෙමේ මෙහිදී ම වෙනත් කරදරයකට පත් නොවේවා කියා ය. ආයුෂ්මත්නි, එපරිද්දෙන් ම යම් මේ පුද්ගලයෙක් අපිරිසිදු කාය සමාචාර ඇත්තේ වෙයි ද, අපිරිසිදු වචී සමාචාර ඇත්තේ වෙයි ද, කලින් කලට භාවනාවෙහි සිත නතු නොවෙයි ද, සිතෙහි ප්‍රසාදය ඇති නොවෙයි ද, ආයුෂ්මත්නි, මෙබඳු වූ පුද්ගලයා කෙරෙහි කරුණාව ඇති කරගත යුත්තේ ය. දයාව ඇති කරගත යුත්තේ ය. අනුකම්පාව ඇති කරගත යුත්තේ ය. 'අහෝ ! ඒකාන්තයෙන් ම මේ ආයුෂ්මත් තෙමේ කාය දුෂ්චරිතය අත්හැර කාය සුචරිතය වඩන්නේ නම්, වචී දුෂ්චරිතය අත්හැර වචී සුචරිතය වඩන්නේ නම්, මනෝ දුෂ්චරිතය අත්හැර මනෝ සුචරිතය වඩන්නේ නම් මැනැවි' යි. මක් නිසාද යත්, මේ ආයුෂ්මත් තෙමේ කය බිඳී මරණින් මතු අපාය දුර්ගති විනිපාත නම් වූ නිරයෙහි නූපදීවා යි. මේ අයුරින් ඒ පුද්ගලයා කෙරෙහි උපන් වෛරය දුරු කළ යුත්තේ ය.

5. ආයුෂ්මත්නි, එහිලා ඇතැම් පුද්ගලයෙක් පිරිසිදු කායික ක්‍රියා ඇත්තේ වෙයි නම් පිරිසිදු වාචසික ක්‍රියා ඇත්තේ වෙයි නම් කලින් කලට භාවනාවෙහි සිත නතු වෙයි නම් සිතෙහි ප්‍රසාදය ඇති වෙයි නම් ඒ පුද්ගලයා කෙරෙහි වෛරය දුරු කළ යුත්තේ කෙසේ ද?

ආයුෂ්මත්නි, එය මෙබඳු දෙයකි. පැහැදිලි ජලය ඇති, මිහිරි ජලය ඇති, සිහිල් ජලය ඇති, සුදු වැලි තලාව ඇති රමණීය වූ අනේක වෘක්ෂයෙන් ගැවසී ගත් පොකුණක් ඇත්තේ ය. එකල්හී ග්‍රීස්මයෙන් තැවුණු ග්‍රීස්මයෙන් මැඩුණු ක්ලාන්ත වූ පීඩාවට පත් පිපාසිත පුරුෂයෙක් එන්නේ ය. හේ ඒ පොකුණට බැස ස්නානය කොට පැන් ද පානය කොට ගොඩට අවුත් එහි ම රුක් සෙවණෙහි හිඳින්නේ හෝ වෙයි. නිදන්නේ හෝ වෙයි. ආයුෂ්මත්නි, එපරිද්දෙන් ම යම් මේ පුද්ගලයෙක් පිරිසිදු කාය සමාචාර ඇත්තේ වෙයි ද, පිරිසිදු වචී සමාචාර ඇත්තේ වෙයි ද, කලින් කලට භාවනාවෙහි සිත නතු වෙයි ද, සිතෙහි ප්‍රසාදය ඇති වෙයි ද, ඔහුගේ යම් පිරිසිදු කාය සමාචාරයක් ඇද්ද, ඔහුගේ ඒ කාය සමාචාරය එසමයෙහි මෙනෙහි කළ යුත්තේ ය. ඔහුගේ යම් පිරිසිදු වචී සමාචාරයක් ඇද්ද, ඔහුගේ ඒ වචී සමාචාරය එසමයෙහි මෙනෙහි

කළ යුත්තේ ය. ඔහු කලින් කල භාවනාවෙන් ලැබූ යම් නතු බවක් ඇද්ද, යම් චිත්ත ප්‍රසාදයක් ඇද්ද, ඔහුගේ එය එසමයෙහි මෙනෙහි කළ යුත්තේ ය. මේ අයුරින් ඒ පුද්ගලයා කෙරෙහි උපන් වෛරය දුරු කළ යුත්තේ ය. ආයුෂ්මත්නි, හැම අයුරින් ම පැහැදීම ඇති කරගත යුතු පුද්ගලයා කෙරෙහි පැමිණ සිත පහදින්නේ ය.

ආයුෂ්මත්නි, යම් අරමුණක භික්ෂුව හට උපන් වෛරය මුළුමනින් ම දුරු කළ යුතු වෙයි ද, එබඳු වූ මේ වෛර දුරු කිරීම පස යි.

සාදු! සාදු!! සාදු!!!

දුතිය ආඝාත පටිවිනය සූත්‍රය නිමා විය.

5.4.2.3.
සාකච්ඡා සූත්‍රය
සාකච්ඡාව ගැන වදාළ දෙසුම

සැවැත් නුවර දී ය .....

එකල්හී ආයුෂ්මත් සාරිපුත්තයන් වහන්සේ 'ආයුෂ්මත් මහණෙනි' යි භික්ෂූන් ඇමතූ සේක. 'ආයුෂ්මතුන් වහන්ස' යි ඒ භික්ෂූහු ආයුෂ්මත් සාරිපුත්තයන් වහන්සේට පිළිවදන් දුන්හ. ආයුෂ්මත් සාරිපුත්තයන් වහන්සේ මෙය වදාළ සේක.

ආයුෂ්මත්නි, පස් කරුණකින් සමන්විත වූ භික්ෂුව සබ්‍රහ්මචාරීන් වහන්සේලා සමඟ සාකච්ඡාවට සුදුසු වෙයි. ඒ කවර කරුණු පසකින් ද යත්;

ආයුෂ්මත්නි, මෙහිලා භික්ෂුව තමා ද සීල සම්පන්න වූයේ වෙයි. සීල සම්පත්තිය පිළිබඳ කථාවෙහි පැන නඟින ප්‍රශ්නයන් විසඳන්නේ වෙයි. තමා ද සමාධි සම්පන්න වූයේ වෙයි. සමාධි සම්පත්තිය පිළිබඳ කථාවෙහි පැන නඟින ප්‍රශ්නයන් විසඳන්නේ වෙයි. තමා ද ප්‍රඥා සම්පන්න වූයේ වෙයි. ප්‍රඥා සම්පත්තිය පිළිබඳ කථාවෙහි පැන නඟින ප්‍රශ්නයන් විසඳන්නේ වෙයි. තමා ද විමුක්ති සම්පන්න වූයේ වෙයි. විමුක්ති සම්පත්තිය පිළිබඳ කථාවෙහි පැන නඟින ප්‍රශ්නයන් විසඳන්නේ වෙයි. තමා ද විමුක්ති ඥානදර්ශනයෙන් යුක්ත වූයේ වෙයි. විමුක්ති ඥානදර්ශන සම්පත්තිය පිළිබඳ කථාවෙහි පැන නඟින ප්‍රශ්නයන් විසඳන්නේ වෙයි.

ආයුෂ්මත්නි, මේ පස් කරුණකින් සමන්විත වූ භික්ෂුව සබ්‍රහ්මචාරීන් වහන්සේලා සමඟ සාකච්ඡාවට සුදුසු වෙයි.

සාදු! සාදු!! සාදු!!!

සාකච්ඡා සූත්‍රය නිමා විය.

5.4.2.4.
සාජීව සූත්‍රය
ජීවිකාව ගැන වදාළ දෙසුම

සැවැත් නුවර දී ය .....

එකල්හී ආයුෂ්මත් සාරිපුත්තයන් වහන්සේ භික්ෂූන් ඇමතූ සේක. ....(පෙ)....

ආයුෂ්මත්නි, පස් කරුණකින් සමන්විත වූ භික්ෂුව සබ්‍රහ්මචාරීන් වහන්සේලා සමඟ එකට ජීවත් වීමට සුදුසු වෙයි. ඒ කවර කරුණු පසකින් ද යත්;

ආයුෂ්මත්නි, මෙහිලා භික්ෂුව තමා ද සීල සම්පන්න වූයේ වෙයි. සීල සම්පත්තිය පිළිබඳ කථාවෙහි පැන නඟින ප්‍රශ්නයන් විසඳන්නේ වෙයි. තමා ද සමාධි සම්පන්න වූයේ වෙයි. සමාධි සම්පත්තිය පිළිබඳ කථාවෙහි පැන නඟින ප්‍රශ්නයන් විසඳන්නේ වෙයි. තමා ද ප්‍රඥා සම්පන්න වූයේ වෙයි. ප්‍රඥා සම්පත්තිය පිළිබඳ කථාවෙහි පැන නඟින ප්‍රශ්නයන් විසඳන්නේ වෙයි. තමා ද විමුක්ති සම්පන්න වූයේ වෙයි. විමුක්ති සම්පත්තිය පිළිබඳ කථාවෙහි පැන නඟින ප්‍රශ්නයන් විසඳන්නේ වෙයි. තමා ද විමුක්ති ඥානදර්ශනයෙන් යුක්ත වූයේ වෙයි. විමුක්ති ඥානදර්ශන සම්පත්තිය පිළිබඳ කථාවෙහි පැන නඟින ප්‍රශ්නයන් විසඳන්නේ වෙයි.

ආයුෂ්මත්නි, මේ පස් කරුණකින් සමන්විත වූ භික්ෂුව සබ්‍රහ්මචාරීන් වහන්සේලා සමඟ එකට ජීවත් වීමට සුදුසු වෙයි.

සාදු! සාදු!! සාදු!!!

සාජීව සූත්‍රය නිමා විය.

5.4.2.5.
පඤ්හපුච්ඡා සූත්‍රය
ප්‍රශ්න විමසීම ගැන වදාළ දෙසුම

සැවැත් නුවර දී ය .....

එකල්හී ආයුෂ්මත් සාරිපුත්තයන් වහන්සේ භික්ෂූන් ඇමතූ සේක. ....(පෙ)....

ආයුෂ්මත්නි, යම්කිසි කෙනෙක් වෙන කෙනෙකුගෙන් ප්‍රශ්නයක් විමසයි නම් ඒ සියළු දෙනා මේ පස් කරුණෙන් හෝ මෙයින් එක්තරා කරුණකින් හෝ විමසන්නේ වෙයි. ඒ කවර පස් කරුණක් ද යත්;

නොවැටහෙන බැවින් මෝඩකමින් යුතුව අනුන්ගෙන් ප්‍රශ්න අසයි. පවිටු ආශා ඇත්තේ පවිටු ආශාවෙන් මඩනා ලද සිතෙන් අනුන්ගෙන් ප්‍රශ්න අසයි. පරිභව කිරීම පිණිස අනුන්ගෙන් ප්‍රශ්න අසයි. අවබෝධ කරගැනීම පිණිස අනුන්ගෙන් ප්‍රශ්න අසයි. එසේ ත් නැත්නම් මෙබඳු සිතකින් යුතුව අනුන්ගෙන් ප්‍රශ්න අසයි. 'ඉදින් මා විසින් අසන ප්‍රශ්නය මැනැවින් විසඳන්නේ නම් එය කුසලයකි. ඉදින් මා විසින් අසන ලද ප්‍රශ්නය මැනැවින් නොවිසඳයි නම් මම ඔහුට මැනැවින් විසඳා දෙන්නෙමි' යි කියා ය.

ආයුෂ්මත්නි, යම්කිසි කෙනෙක් වෙන කෙනෙකුගෙන් ප්‍රශ්නයක් විමසයි නම් ඒ සියළු දෙනා මේ පස් කරුණෙන් හෝ මෙයින් එක්තරා කරුණකින් හෝ විමසන්නේ වෙයි.

ආයුෂ්මත්නි, මම් වනාහී මෙබඳු සිතකින් යුතුව අනුන්ගෙන් ප්‍රශ්න අසමි. 'ඉදින් මා විසින් අසන ප්‍රශ්නය මැනැවින් විසඳන්නේ නම් එය කුසලයකි. ඉදින් මා විසින් අසන ලද ප්‍රශ්නය මැනැවින් නොවිසඳයි නම් මම ඔහුට මැනැවින් විසඳා දෙන්නෙමි' යි කියා ය.

සාදු! සාදු!! සාදු!!!

පඤ්හ පුච්ඡා සූත්‍රය නිමා විය.

5.4.2.6.
නිරෝධ සූත්‍රය
නිරෝධ සමාපත්තිය ගැන වදාළ දෙසුම

සැවැත් නුවර දී ය .....

එකල්හී ආයුෂ්මත් සාරිපුත්තයන් වහන්සේ භික්ෂූන් ඇමතූ සේක. ....(පෙ)....

"ආයුෂ්මත්නි, මෙහිලා සීලසම්පන්න වූ සමාධිසම්පන්න වූ ප්‍රඥාසම්පන්න වූ භික්ෂුව සංඥා වේදයිත නිරෝධයට සමවදින්නේ ද වෙයි. එයින් නැගිටින්නේ ද වෙයි යන කරුණ ඇත්තේ ම ය. ඉදින් මේ ජීවිතයේ දී අරහත්වයට පත් නොවෙයි නම් ගොරෝසු ආහාර අනුභව කරන දෙවියන් හා එක් වීම ඉක්මවා අන්‍යතර වූ මනෝමය කායික දෙව්ලොවක උපදින්නේ එහිදී ද සංඥා වේදයිත නිරෝධයට සමවදින්නේ ත් වෙයි, එයින් නැගිටින්නේ ත් වෙයි යන කරුණ ඇත්තේ ම ය."

මෙසේ වදාළ කල්හී ආයුෂ්මත් උදායි තෙරණුවෝ ආයුෂ්මත් සාරිපුත්තයන් වහන්සේට මෙය පැවසූහ.

"ආයුෂ්මත් සාරිපුත්තයෙනි, මෙය නොවිය හැකි දෙයකි. වන්නට ඉඩ නැති දෙයකි. යම් කරුණකින් ඒ භික්ෂුව ගොරෝසු ආහාර අනුභව කරන දෙවියන් හා එක් වීම ඉක්මවා අන්‍යතර වූ මනෝමය කායික දෙව්ලොවක උපදින්නේ එහිදී ද සංඥා වේදයිත නිරෝධයට සමවදින්නේ ත් වෙයි. එයින් නැගිටින්නේ ත් වෙයි යන කරුණ වන්නට ඉඩක් නැත්තේ ය."

දෙවෙනි වතාවේ ද ....(පෙ).... තුන්වෙනි වතාවේ ද ආයුෂ්මත් සාරිපුත්තයන් වහන්සේ භික්ෂූන් ඇමතූ සේක.

"ආයුෂ්මත්නි, මෙහිලා සීලසම්පන්න වූ සමාධිසම්පන්න වූ ප්‍රඥාසම්පන්න වූ භික්ෂුව සංඥා වේදයිත නිරෝධයට සමවදින්නේ ද වෙයි. එයින් නැගිටින්නේ ද වෙයි යන කරුණ ඇත්තේ ම ය. ඉදින් මේ ජීවිතයේ දී අරහත්වයට පත් නොවෙයි නම් ගොරෝසු ආහාර අනුභව කරන දෙවියන් හා එක් වීම ඉක්මවා අන්‍යතර වූ මනෝමය කායික දෙව්ලොවක උපදින්නේ එහිදී ද සංඥා වේදයිත නිරෝධයට සමවදින්නේ ත් වෙයි, එයින් නැගිටින්නේ ත් වෙයි යන කරුණ ඇත්තේ ම ය."

(දෙවෙනි වතාවට ද ....(පෙ)....) තුන් වෙනි වතාවට ද ආයුෂ්මත් උදායි තෙරණුවෝ ආයුෂ්මත් සාරිපුත්තයන් වහන්සේට මෙය පැවසූහ.

"ආයුෂ්මත් සාරිපුත්තයෙනි, මෙය නොවිය හැකි දෙයකි. වන්නට ඉඩ නැති දෙයකි. යම් කරුණකින් ඒ භික්ෂුව ගොරෝසු ආහාර අනුභව කරන දෙවියන් හා එක් වීම ඉක්මවා අන්‍යතර වූ මනෝමය කායික දෙව්ලොවක උපදින්නේ එහිදී ද සංඥා වේදයිත නිරෝධයට සමවදින්නේ ත් වෙයි, එයින් නැගිටින්නේ ත් වෙයි යන කරුණ වන්නට ඉඩක් නැත්තේ ය."

එකල්හී ආයුෂ්මත් සාරිපුත්තයන් වහන්සේට මේ අදහස ඇතිවූයේ ය. 'තුන් විටක් දක්වා ම අයුෂ්මත් උදායි තෙරණුවෝ මාගේ වචනය ප්‍රතික්ෂේප කළහ. කිසි භික්ෂුවක් හෝ මාගේ වචනය අනුමෝදන් නොවෙයි. මම් භාග්‍යවතුන් වහන්සේ වෙත යන්නෙම් නම් මැනැවැ'යි.

ඉක්බිති ආයුෂ්මත් සාරිපුත්තයන් වහන්සේ භාග්‍යවතුන් වහන්සේ වෙත වැඩියහ. වැඩම කොට භාග්‍යවතුන් වහන්සේට සකසා වන්දනා කොට එකත්පස් ව වැඩහුන්හ. එකත්පස් ව වැඩහුන් ආයුෂ්මත් සාරිපුත්තයන් වහන්සේ භික්ෂූන් ඇමතූහ.

"ආයුෂ්මත්නි, මෙහිලා සීලසම්පන්න වූ සමාධිසම්පන්න වූ ප්‍රඥාසම්පන්න වූ භික්ෂුව සංඥා වේදයිත නිරෝධයට සමවදින්නේ ද වෙයි. එයින් නැගිටින්නේ ද වෙයි යන කරුණ ඇත්තේ ම ය. ඉදින් මේ ජීවිතයේ දී අරහත්වයට පත් නොවෙයි නම් ගොරෝසු ආහාර අනුභව කරන දෙවියන් හා එක් වීම ඉක්මවා අන්‍යතර වූ මනෝමය කායික දෙව්ලොවක උපදින්නේ එහිදී ද සංඥා වේදයිත නිරෝධයට සමවදින්නේ ත් වෙයි, එයින් නැගිටින්නේ ත් වෙයි යන කරුණ ඇත්තේ ම ය."

මෙසේ වදාළ කල්හී ආයුෂ්මත් උදායි තෙරණුවෝ ආයුෂ්මත් සාරිපුත්තයන් වහන්සේට මෙය පැවසූහ.

"ආයුෂ්මත් සාරිපුත්තයෙනි, මෙය නොවිය හැකි දෙයකි. වන්නට ඉඩ නැති දෙයකි. යම් කරුණකින් ඒ භික්ෂුව ගොරෝසු ආහාර අනුභව කරන දෙවියන් හා එක් වීම ඉක්මවා අන්‍යතර වූ මනෝමය කායික දෙව්ලොවක උපදින්නේ එහිදී ද සංඥා වේදයිත නිරෝධයට සමවදින්නේ ත් වෙයි, එයින් නැගිටින්නේ ත් වෙයි යන කරුණ වන්නට ඉඩක් නැත්තේ ය."

දෙවෙනි වතාවේ ද ....(පෙ).... තුන්වෙනි වතාවේ ද ආයුෂ්මත් සාරිපුත්තයන් වහන්සේ භික්ෂූන් ඇමතූ සේක.

"ආයුෂ්මත්නි, මෙහිලා සීලසම්පන්න වූ සමාධිසම්පන්න වූ ප්‍රඥාසම්පන්න වූ භික්ෂුව සංඥා වේදයිත නිරෝධයට සමවදින්නේ ද වෙයි. එයින් නැගිටින්නේ ද වෙයි යන කරුණ ඇත්තේ ම ය. ඉදින් මේ ජීවිතයේ දී අරහත්වයට පත් නොවෙයි නම් ගොරෝසු ආහාර අනුභව කරන දෙවියන් හා එක් වීම ඉක්මවා අන්‍යතර වූ මනෝමය කායික දෙව්ලොවක උපදින්නේ එහිදී ද සංඥා වේදයිත නිරෝධයට සමවදින්නේ ත් වෙයි, එයින් නැගිටින්නේ ත් වෙයි යන කරුණ ඇත්තේ ම ය."

(දෙවෙනි වතාවට ද ....(පෙ)....) තුන් වෙනි වතාවට ද ආයුෂ්මත් උදායි තෙරණුවෝ ආයුෂ්මත් සාරිපුත්තයන් වහන්සේට මෙය පැවසූහ.

"ආයුෂ්මත් සාරිපුත්තයෙනි, මෙය නොවිය හැකි දෙයකි. වන්නට ඉඩ නැති දෙයකි. යම් කරුණකින් ඒ භික්ෂුව ගොරෝසු ආහාර අනුභව කරන දෙවියන් හා එක් වීම ඉක්මවා අන්‍යතර වූ මනෝමය කායික දෙව්ලොවක උපදින්නේ එහිදී ද සංඥා වේදයිත නිරෝධයට සමවදින්නේ ත් වෙයි, එයින් නැගිටින්නේ ත් වෙයි යන කරුණ වන්නට ඉඩක් නැත්තේ ය."

එකල්හී ආයුෂ්මත් සාරිපුත්තයන් වහන්සේට මේ අදහස ඇතිවිය. 'ආයුෂ්මත් උදායි තෙමේ භාග්‍යවතුන් වහන්සේ ඉදිරියෙහි ද තුන් විටක් දක්වා මාගේ වචනය ප්‍රතික්ෂේප කරයි. කිසි භික්ෂුවකුත් මාගේ වචනය අනුමෝදන් නොවෙයි. මම නිශ්ශබ්ද වන්නෙම් නම් මැනැවැ' යි. ඉක්බිති ආයුෂ්මත් සාරිපුත්තයන් වහන්සේ නිශ්ශබ්ද වූ සේක.

එකල්හී භාග්‍යවතුන් වහන්සේ ආයුෂ්මත් උදායි තෙරුන් ඇමතූ සේක.

"උදායි, ඔබ මනෝමය කය වශයෙන් අදහස් කළේ කුමක් ද?"

"ස්වාමීනී, යම් ඒ අරූපී සංඥාමය දෙවිවරු ඇද්ද, ඔවුන් ය."

"කිම? උදායි, බාල වූ, අව්‍යක්ත වූ ඔබගේ කථාවෙහි ඇත්තේ කුමක් ද? ඔබ ත් කතා කළ යුතු කෙනෙක් යැයි හඟින්නෙහි ද?"

ඉක්බිති භාග්‍යවතුන් වහන්සේ ආයුෂ්මත් ආනන්දයන් වහන්සේ ඇමතූ සේක.

"ආනන්දයෙනි, ස්ථවිර භික්ෂුවක වෙහෙසවන කල්හී එදෙස බලා හිඳින්නහු ද? ආනන්දයෙනි, ස්ථවිර භික්ෂුවක් කෙරෙහි වෙහෙසවනු කල්හී කරුණාවක් නම් ඇති නොවන්නේ ද?"

එකල්හී භාග්‍යවතුන් වහන්සේ භික්ෂූන් ඇමතූ සේක.

"මහණෙනි, මෙහිලා සීලසම්පන්න වූ සමාධිසම්පන්න වූ ප්‍රඥාසම්පන්න වූ භික්ෂුව සංඥා වේදයිත නිරෝධයට සමවදින්නේ ද වෙයි. එයින් නැගිටින්නේ ද වෙයි යන කරුණ ඇත්තේ ම ය. ඉදින් මේ ජීවිතයේ දී අරහත්වයට පත් නොවෙයි නම් ගොරෝසු ආහාර අනුභව කරන දෙවියන් හා එක් වීම ඉක්මවා අන්‍යතර වූ මනෝමය කායික දෙව්ලොවක උපදින්නේ එහිදී ද සංඥා වේදයිත නිරෝධයට සමවදින්නේ ත් වෙයි, එයින් නැගිටින්නේ ත් වෙයි යන කරුණ ඇත්තේ ම ය."

භාග්‍යවතුන් වහන්සේ මෙය වදාළ සේක. මෙය වදාළ සුගතයන් වහන්සේ හුනස්නෙන් නැගිට විහාරයට වැඩි සේක. ඉක්බිති ආයුෂ්මත් ආනන්දයන් වහන්සේ භාග්‍යවතුන් වහන්සේ වැඩම කොට නොබෝ වේලාවකින් ආයුෂ්මත් උපවානයන් වහන්සේ වෙත එළඹියහ. එළඹ ආයුෂ්මත් උපවානයන් වහන්සේට මෙය පැවසූහ.

"ආයුෂ්මත් උපවානයෙනි, මෙහිලා අන්‍ය භික්ෂූහු ස්ථවිර භික්ෂූන් වෙහෙසට පත් කරති. අපි ඔවුන්ගෙන් නොවිමසුවෙමු. ආයුෂ්මත් උපවානයෙනි, යම් හෙයකින් භාග්‍යවතුන් වහන්සේ සවස් වරුවෙහි භාවනාවෙන් නැගිට මෙකරුණ අරභයා වදාරණ සේක් නම් එය පුදුමයක් නොවෙයි. මෙහිලා ආයුෂ්මත් උපවානයන් හට යමක් වැටහෙයි නම් මැනැවි. දැන් අප තුළ පීඩාව බැස ගත්තේ ය."

එකල්හී භාග්‍යවතුන් වහන්සේ සවස් වරුවෙහි භාවනාවෙන් නැගිට උපස්ථාන ශාලාවට වැඩි සේක. වැඩම කොට පණවන ලද අසුනෙහි වැඩහුන් සේක. වැඩහුන් භාග්‍යවතුන් වහන්සේ ආයුෂ්මත් උපවානයන් ඇමතූ සේක.

"උපවානයෙනි, කවර කරුණුවලින් සමන්විත වූ ස්ථවිර භික්ෂුව සබ්‍රහ්මචාරීන් වහන්සේලාට ප්‍රිය වෙයි ද, මනාප වෙයි ද, ගරු වෙයි ද, සම්භාවනීය වෙයි ද?"

"ස්වාමීනී, පංච ධර්මයකින් සමන්විත ස්ථවිර භික්ෂුව සබ්‍රහ්මචාරීන් වහන්සේලාට ප්‍රිය වෙයි, මනාප වෙයි, ගරු වෙයි, සම්භාවනීය වෙයි. ඒ කවර කරුණු පසකින් ද යත්;

ස්වාමීනී, මෙහිලා ස්ථවිර භික්ෂුව සිල්වත් වෙයි. ....(පෙ).... සමාදන් වූ ශික්ෂාපදයන්හි හික්මෙන්නේ වෙයි. ධර්මය බොහෝ සෙයින් අසන ලද්දේ වෙයි. ....(පෙ).... නුවණින් අවබෝධ කරන ලද්දාහු ය. කල්‍යාණ වචන ඇත්තේ

වෙයි. කල්‍යාණ වදන් පවසන්නේ වෙයි. වැදගත් වචනයෙන් යුක්ත වූයේ, නොවිසුරුණු වචන ඇත්තේ, නිදොස් වචන ඇත්තේ, අරුත් මතුවෙන වචන භාවිත කරන්නේ වෙයි. ගැඹුරු චිත්ත දියුණුවෙන් යුතු මෙලොව දී ලැබෙන සැප විහරණ ඇති සතරක් වූ ධ්‍යානයන් කැමති සේ ලබන්නේ වෙයි. සුවසේ ලබන්නේ වෙයි. බොහෝ කොට ලබන්නේ වෙයි. ආශ්‍රවයන් ක්ෂය වීමෙන් ....(පෙ).... සාක්ෂාත් කොට පැමිණ වසන්නේ වෙයි.

ස්වාමීනී, මේ පංච ධර්මයෙන් සමන්විත ස්ථවිර භික්ෂුව සබ්‍රහ්මචාරීන් වහන්සේලාට ප්‍රිය වෙයි, මනාප වෙයි, ගරු වෙයි, සම්භාවනීය වෙයි."

"සාදු! සාදු! උපවානයෙනි, මේ පංච ධර්මයකින් සමන්විත ස්ථවිර භික්ෂුව සබ්‍රහ්මචාරීන් වහන්සේලාට ප්‍රිය වෙයි, මනාප වෙයි, ගරු වෙයි, සම්භාවනීය වෙයි. ඉදින් උපවානයෙනි, මේ පංච ධර්මයන් ස්ථවිර භික්ෂුව තුළ විද්‍යමාන නොවෙයි නම්, කවර කරුණක් අරභයා ඔහුට සබ්‍රහ්මචාරීන් වහන්සේලා සත්කාර කළ යුත්තාහු ද, ගරු කළ යුත්තාහු ද, බුහුමන් කළ යුත්තාහු ද, පිදිය යුත්තාහු ද? දත් කැඩී ගිය පමණින්, කෙස් පැසුණු පමණින්, සම රැළි ගැසුණු පමණින් ද? යම් හෙයකින් උපවානයෙනි, ස්ථවිර භික්ෂුව තුළ මේ පංච ධර්මයෝ විද්‍යමාන ව තිබෙත් ද, එහෙයින් ම සබ්‍රහ්මචාරීහු ඔහුට සත්කාර කරති. ගරුකාර කරති. බුහුමන් කරති. පුදති."

සාදු! සාදු!! සාදු!!!

නිරෝධ සූත්‍රය නිමා විය.

5.4.2.7.
චෝදනා සූත්‍රය
චෝදනා කිරීම ගැන වදාළ දෙසුම

සැවැත් නුවර දී ය .....

එකල්හී ආයුෂ්මත් සාරිපුත්තයන් වහන්සේ භික්ෂූන් ඇමතූ සේක. ....(පෙ)....

"ආයුෂ්මත්නි, අන්‍යයන්ට චෝදනා කරනු කැමති චෝදක භික්ෂුව විසින් පස් කරුණක් තමා තුළ පිහිටුවා ගෙන අන්‍යයන් හට චෝදනා කළ යුත්තේ ය. ඒ කවර කරුණු පසක් ද යත්;

සුදුසු කාලයෙහි කියමි, නොකාලයෙහි නොවෙයි. සත්‍ය වූ දෙයින් කියමි, අසත්‍යයෙන් නොවෙයි. මොලොක් බසින් කියමි, දරුණු වචනයෙන් නොවෙයි. යහපත් වූ දෙයින් කියමි, අයහපත් දෙයින් නොවෙයි. මෛත්‍රී සිතින් කියමි, ද්වේෂ සිතින් නොවෙයි.

ආයුෂ්මත්නි, අන්‍යයන්ට චෝදනා කරනු කැමති චෝදක භික්ෂුව විසින් මේ පස් කරුණ තමා තුළ පිහිටුවා ගෙන අන්‍යයන් හට චෝදනා කළ යුත්තේ ය.

ආයුෂ්මත්නි, මෙහිලා එක්තරා පුද්ගලයෙකු දකිමි. කාලයෙන් නොව අකාලයෙහි චෝදනා ලැබ කිපී සිටියි. සත්‍යයෙන් නොව අසත්‍යයෙන් චෝදනා ලැබ කිපී සිටියි. මෙලොක් බසින් නොව දරුණු වචනයෙන් චෝදනා ලැබ කිපී සිටියි. යහපත් දෙයින් නොව අයහපත් දෙයින් චෝදනා ලැබ කිපී සිටියි. මෛත්‍රී සිතින් නොව ද්වේෂ සිතින් චෝදනා ලැබ කිපී සිටියි.

ආයුෂ්මත්නි, අධර්මයෙන් චෝදනා ලැබූ භික්ෂුව හට පස් අයුරකින් නොවිපිළිසර බව ඉපිදවිය යුත්තේ ය.

'ආයුෂ්මතුන් චෝදනා ලැබුවේ සුදුසු කාලයෙහි නොව අකාලයෙහි ය. ඔබට විපිළිසර නොවීමට එය කරුණකි. චෝදනා ලැබුවේ සත්‍යයෙන් නොව අසත්‍යයෙනි. ඔබට විපිළිසර නොවීමට එය කරුණකි. චෝදනා ලැබුවේ මොලොක් බසින් නොව දරුණු වචනයෙනි. ඔබට විපිළිසර නොවීමට එය කරුණකි. චෝදනා ලැබුවේ යහපත් දෙයින් නොව අයහපත් දෙයිනි. ඔබට විපිළිසර නොවීමට එය කරුණකි. චෝදනා ලැබුවේ මෛත්‍රී සිතින් නොව ද්වේෂ සිතින් ය. ඔබට විපිළිසර නොවීමට එය කරුණකි.'

ආයුෂ්මත්නි, අධර්මයෙන් චෝදනා ලැබූ භික්ෂුව හට මේ පස් අයුරෙන් නොවිපිළිසර බව ඉපිදවිය යුත්තේ ය.

ආයුෂ්මත්නි, අධර්මයෙන් චෝදනා කළ භික්ෂුවට හට පස් අයුරකින් විපිළිසර බව ඉපිදවිය යුත්තේ ය.

'ආයුෂ්මතුන් චෝදනා කළේ සුදුසු කාලයෙහි නොව අකාලයෙහි ය. ඔබට විපිළිසර වීමට එය කරුණකි. චෝදනා කළේ සත්‍යයෙන් නොව අසත්‍යයෙනි. ඔබට විපිළිසර වීමට එය කරුණකි. චෝදනා කළේ මොලොක් බසින් නොව දරුණු වචනයෙනි. ඔබට විපිළිසර වීමට එය කරුණකි. චෝදනා කළේ යහපත් දෙයින් නොව අයහපත් දෙයිනි. ඔබට විපිළිසර වීමට එය කරුණකි. චෝදනා කළේ මෛත්‍රී සිතින් නොව ද්වේෂ සිතින් ය. ඔබට විපිළිසර වීමට එය කරුණකි.'

ආයුෂ්මත්නි, අධර්මයෙන් චෝදනා කළ භික්ෂුව හට මේ පස් අයුරෙන් විපිළිසර බව ඉපිදවිය යුත්තේ ය. එයට හේතුව කුමක් ද? ඒ අයුරින් තවත් භික්ෂුවකට අභූතයෙන් චෝදනා කළ යුතු යැයි නොසිතනු පිණිස යි.

ආයුෂ්මත්නි, මෙහිලා එක්තරා පුද්ගලයෙකු දකිමි. අකාලයෙන් නොව කාලයෙහි චෝදනා ලැබ කිපී සිටියි. අසත්‍යයෙන් නොව සත්‍යයෙන් චෝදනා ලැබ කිපී සිටියි. දරුණු බසින් නොව මොළොක් වචනයෙන් චෝදනා ලැබ කිපී සිටියි. අයහපත් දෙයින් නොව යහපත් දෙයින් චෝදනා ලැබ කිපී සිටියි. ද්වේෂ සිතින් නොව මෛත්‍රී සිතින් චෝදනා ලැබ කිපී සිටියි.

ආයුෂ්මත්නි, ධර්මයෙන් චෝදනා ලැබූ භික්ෂුව හට පස් අයුරකින් විපිළිසර බව ඉපිදවිය යුත්තේ ය.

'ආයුෂ්මතුන් චෝදනා ලැබුවේ අකාලයෙහි නොව සුදුසු කාලයෙහි ය. ඔබට විපිළිසර වීමට එය කරුණකි. ආයුෂ්මතුන් චෝදනා ලැබුවේ අසත්‍යයෙන් නොව සත්‍යයෙනි. ඔබට විපිළිසර වීමට එය කරුණකි. ආයුෂ්මතුන් චෝදනා ලැබුවේ දරුණු වචනයෙන් නොව මොලොක් බසිනි. ඔබට විපිළිසර වීමට එය කරුණකි. ආයුෂ්මතුන් චෝදනා ලැබුවේ අයහපත් දෙයින් නොව යහපත් දෙයිනි. ඔබට විපිළිසර වීමට එය කරුණකි. ආයුෂ්මතුන් චෝදනා ලැබුවේ ද්වේෂ සිතින් නොව මෛත්‍රී සිතින් ය. ඔබට විපිළිසර වීමට එය කරුණකි.'

ආයුෂ්මත්නි, ධර්මයෙන් චෝදනා ලැබූ භික්ෂුව හට මේ පස් අයුරෙන් විපිළිසර බව ඉපිදවිය යුත්තේ ය.

ආයුෂ්මත්නි, ධර්මයෙන් චෝදනා කළ භික්ෂුව පස් අයුරකින් නොවිපිළිසර බව ඉපිදවිය යුත්තේ ය.

'ආයුෂ්මතුන් චෝදනා කළේ අකාලයෙහි නොව සුදුසු කාලයෙහි ය. ඔබට විපිළිසර නොවීමට එය කරුණකි. ආයුෂ්මතුන් චෝදනා කළේ අසත්‍යයෙන් නොව සත්‍යයෙනි. ඔබට විපිළිසර නොවීමට එය කරුණකි. ආයුෂ්මතුන් චෝදනා කළේ දරුණු වචනයෙන් නොව මොළොක් බසිනි. ඔබට විපිළිසර නොවීමට එය කරුණකි. ආයුෂ්මතුන් චෝදනා කළේ අයහපත් දෙයින් නොව යහපත් දෙයිනි. ඔබට විපිළිසර නොවීමට එය කරුණකි. ආයුෂ්මතුන් චෝදනා කළේ ද්වේෂ සිතින් නොව මෛත්‍රී සිතින් ය. ඔබට විපිළිසර නොවීමට එය කරුණකි.'

ආයුෂ්මත්නි, ධර්මයෙන් චෝදනා කළ භික්ෂුව හට මේ පස් අයුරෙන් නොවිපිළිසර බව ඉපිදවිය යුත්තේ ය. එයට හේතුව කුමක් ද? ඒ අයුරින් තවත් භික්ෂුවකට සත්‍යයෙන් චෝදනා කළ යුතු යැයි සිතනු පිණිස යි.

ආයුෂ්මත්නි, චෝදනා ලැබූ පුද්ගලයා විසින් සත්‍යයෙහි ත්, නොකිපෙන බවෙහි ත් යන ධර්මයන් දෙක තුළ පිහිටා සිටිය යුතුය. ආයුෂ්මත්නි, ඉදින් මා හට වුවත් කාලයෙහි වේවා, අකාලයෙහි වේවා, සත්‍යයෙන් වේවා, අසත්‍යයෙන් වේවා, මොළොක් බසින් වේවා, දරුණු වචනයෙන් වේවා, යහපත් දෙයින් වේවා, අයහපත් දෙයින් වේවා, මෛත්‍රී සිතින් වේවා, ද්වේෂ සිතින් වේවා අන්‍යයෝ චෝදනා කරත් නම් මම් ද සත්‍යයෙහි ත්, නොකිපෙන බවෙහි ත් යන ධර්මයන් දෙක තුළ පිහිටා සිටිමි.

ඉදින් ඒ ධර්මය මා තුළ ඇතැයි දන්නෙම් නම් ඒ ධර්මය මා තුළ දකින්නට ඇතැයි කියමි. ඉදින් ඒ ධර්මය මා තුළ නැතැයි දන්නෙම් නම් ඒ ධර්මය මා තුළ දකින්නට නැතැයි කියමි."

"සාරිපුත්තයෙනි, ඔබ විසින් ඔය අයුරින් පැවසුව ද මෙහි ඇතැම් හිස් පුරුෂයෝ එය පැදකුණු කොට නොපිළිගනිති."

"ස්වාමීනී, යම් ශ්‍රද්ධා රහිත පුද්ගලයෝ වෙත් ද, ඔවුහු ජීවත් වීම උදෙසා ශ්‍රද්ධා නැති ව ගිහිගෙයින් නික්ම පැවිදි වූවාහු වෙති. කපටි වූ, මායා ඇති, වංචා ඇති, උඩඟු වූ ඔසොවා ගත් මාන නළ ඇති, චපල වූ, මුඛරි වූ, විසුරුණු වචන ඇති, ඉඳුරන්හි නොවැසූ දොරටු ඇති, භෝජනයෙහි අරුත් නොදන්නා, නිදිවරා කුසල් දහම් නොවඩන, මගඵල ලැබීමෙහි අපේක්ෂාවක් නැති, ශික්ෂාවෙහි තියුණු ගෞරව නැති, සිව්පසය බහුල කොට ඇති, ශාසනය ලිහිල් ව ගත්, පිරිහෙන කරුණු පෙරට ගත්, හුදෙකලා විවේකයෙහි වීරිය අත්හළ, කුසීත වූ හීන වීරිය ඇති, මුලා වූ සිහිය ඇති, නුවණ නැති, සමාහිත සිත් නැති, භ්‍රාන්ත සිත් ඇති, දුෂ්ප්‍රාඥ ව, කෙළතොළු ව සිටිත් ද මා විසින් මෙය කියන කල්හී ඔවුහු එය පැදකුණු කොට නොපිළිගනිති.

ස්වාමීනී, යම් ශ්‍රද්ධාවන්ත කුලපුත්‍රයෝ වෙත් ද, ඔවුහු ශ්‍රද්ධාවෙන් යුතු ව ගිහිගෙයින් නික්ම පැවිදි වූවාහු වෙති. කපටි නොවූ, මායා නැති, වංචා නැති, උඩඟු නොවූ, ඔසොවා ගත් මාන නළ නැති, චපල නොවූ, මුඛරි නොවූ, විසුරුණු වචන නැති, ඉඳුරන්හි වැසූ දොරටු ඇති, භෝජනයෙහි අරුත් දන්නා, නිදිවරා කුසල් දහම් වඩන, මගඵල ලැබීමෙහි අපේක්ෂාවක් ඇති, ශික්ෂාවෙහි තියුණු ගෞරව ඇති, සිව්පසය බහුල කොට නැති, ශාසනය ලිහිල් ව නොගත්, පිරිහෙන කරුණු පෙරට නොගත්, හුදෙකලා විවේකයෙහි වීරිය අත් නොහළ, පටන් ගත් වීරිය ඇති, දහමට දිවි පිදූ, පිහිටුවා ගත් සිහිය ඇති, නුවණ ඇති, සමාහිත සිත් ඇති, එකඟ වූ සිත් ඇති, ප්‍රඥාවන්ත වූ, කෙළතොළු නොවී සිටිත් ද මා විසින් මෙය කියන කල්හී ඔවුහු එය පැදකුණු කොට පිළිගනිති."

"සාරිපුත්තයෙනි, යම් ඒ ශ්‍රද්ධා රහිත පුද්ගලයෝ වෙත් ද, ඔවුහු ජීවත් වීම උදෙසා ශ්‍රද්ධා නැති ව ගිහිගෙයින් නික්ම පැවිදි වූවාහු වෙති. කපටි වූ, මායා ඇති, වංචා ඇති, උඩඟු වූ ඔසොවා ගත් මාන නළ ඇති, චපල වූ, මුඛරි වූ, විසුරුණු වචන ඇති, ඉඳුරන්හි නොවැසූ දොරටු ඇති, භෝජනයෙහි අරුත් නොදන්නා, නිදිවරා කුසල් දහම් නොවඩන, මගඵල ලැබීමෙහි අපේක්ෂාවක් නැති, ශික්ෂාවෙහි තියුණු ගෞරව නැති, සිව්පසය බහුල කොට ඇති, ශාසනය ලිහිල් ව ගත්, පිරිහෙන කරුණු පෙරට ගත්, හුදෙකලා විවේකයෙහි වීරිය අත්හළ, කුසීත වූ හීන වීරිය ඇති, මුලා වූ සිහිය ඇති, නුවණ නැති, සමාහිත සිත් නැති, භ්‍රාන්ත සිත් ඇති, දුෂ්ප්‍රාඥ ව, කෙළතොළු ව සිටිත් ද ඔවුහු පසෙක සිටිත්වා!

සාරිපුත්තයෙනි, යම් ඒ ශ්‍රද්ධාවන්ත කුලපුත්‍රයෝ වෙත් ද, ඔවුහු ශ්‍රද්ධාවෙන් යුතු ව ගිහිගෙයින් නික්ම පැවිදි වූවාහු වෙති. කපටි නොවූ, මායා නැති, වංචා නැති, උඩඟු නොවූ, ඔසොවා ගත් මාන නළ නැති, චපල නොවූ, මුඛරි නොවූ, විසුරුණු වචන නැති, ඉඳුරන්හි වැසූ දොරටු ඇති, භෝජනයෙහි අරුත් දන්නා, නිදිවරා කුසල් දහම් වඩන, මගඵල ලැබීමෙහි අපේක්ෂාවක් ඇති, ශික්ෂාවෙහි තියුණු ගෞරව ඇති, සිව්පසය බහුල කොට නැති, ශාසනය ලිහිල් ව නොගත්, පිරිහෙන කරුණු පෙරට නොගත්, හුදෙකලා විවේකයෙහි වීරිය අත් නොහළ, පටන් ගත් වීරිය ඇති, දහමට දිවි පිදූ, පිහිටුවා ගත් සිහිය ඇති, නුවණ ඇති, සමාහිත සිත් ඇති, එකඟ වූ සිත් ඇති, ප්‍රඥාවන්ත වූ, කෙළතොළු නොවී සිටිත් ද, සාරිපුත්ත, ඔවුන් උදෙසා ඔබ පවසාලව. සාරිපුත්තයෙනි, සබ්‍රහ්මචාරීන් හට අවවාද කරව. සාරිපුත්ත, සබ්‍රහ්මචාරීන් හට අනුශාසනා කරව. සබ්‍රහ්මචාරීන් අසද්ධර්මයෙන් උඩට ඔසොවා සද්ධර්මයෙහි පිහිටුවන්නෙමි යි සාරිපුත්තයෙනි, ඔබ විසින් මෙසේ හික්මිය යුත්තේ ය."

සාදු! සාදු!! සාදු!!!

චෝදනා සූත්‍රය නිමා විය.

5.4.2.8.
සීල සූත්‍රය
සීලය ගැන වදාළ දෙසුම

සැවැත් නුවර දී ය .....

එකල්හී ආයුෂ්මත් සාරිපුත්තයන් වහන්සේ භික්ෂූන් ඇමතූ සේක. ....(පෙ)....

"ආයුෂ්මත්නි, වැනසුණු සිල් ඇති දුසිල් තැනැත්තා හට සම්මා සමාධිය පිණිස වූ හේතුව නැසුණේ වෙයි. සම්මා සමාධිය නැති කල්හී 'සම්මා සමාධියෙන් තොර ව වසන්නහුට ඇත්ත ඇති සැටියෙන් ම දන්නා නුවණ පිණිස වූ හේතුව නැසුණේ වෙයි. ඇත්ත ඇති සැටියෙන් ම දන්නා නුවණින් නැති කල්හී ඇත්ත ඇති සැටියෙන් ම දන්නා නුවණින් තොර ව වසන්නහුට අවබෝධයෙන්ම එපා වී නොඇල්මට පත්වන බව පිණිස වූ හේතුව නැසුණේ වෙයි. අවබෝධයෙන් ම එපා වී නොඇල්මට පත්වීම නැති කල්හී අවබෝධයෙන් ම එපා වී නොඇල්මෙන් තොර ව වසන්නහුට තමා සදහට ම නිදහස් වී ගිය බව දන්නා නුවණ පිණිස වූ හේතුව නැසුණේ වෙයි.

ආයුෂ්මත්නි, එය මෙබඳු දෙයකි. ගිලිහී ගිය අතුඉති ඇති, ගිලිහී ගිය කොළ ඇති රුකක් ඇත්තේ ය. ඒ රුකෙහි පිට පොතු ත් වැඩී පිරිපුන් බවට නොයයි. ඇතුල් සිවිය ත්, එළය ත්, අරටුව ත් වැඩී පිරිපුන් බවට නොයයි. එසෙයින් ම ආයුෂ්මත්නි, වැනසුණු සිල් ඇති දුසිල් තැනැත්තා හට සම්මා සමාධිය පිණිස වූ හේතුව නැසුණේ වෙයි. සම්මා සමාධිය නැති කල්හී 'සම්මා සමාධියෙන් තොර ව වසන්නහුට ඇත්ත ඇති සැටියෙන් ම දන්නා නුවණ පිණිස වූ හේතුව නැසුණේ වෙයි. ඇත්ත ඇති සැටියෙන් ම දන්නා නුවණින් නැති කල්හී ඇත්ත ඇති සැටියෙන් ම දන්නා නුවණින් තොර ව වසන්නහුට අවබෝධයෙන්ම එපා වී නොඇල්මට පත්වන බව පිණිස වූ හේතුව නැසුණේ වෙයි. අවබෝධයෙන් ම එපා වී නොඇල්මට පත්වීම නැති කල්හී අවබෝධයෙන් ම එපා වී නොඇල්මෙන් තොර ව වසන්නහුට තමා සදහට ම නිදහස් වී ගිය බව දන්නා නුවණ පිණිස වූ හේතුව නැසුණේ වෙයි.

ආයුෂ්මත්නි, සීලයෙන් යුක්ත වූ සිල්වත් තැනැත්තා හට සම්මා සමාධිය නම් හේතුවෙන් යුක්ත වෙයි. සම්මා සමාධිය ඇති කල්හී 'සම්මා සමාධියෙන්

වසන්නහු ඇත්ත ඇති සැටියෙන් ම දන්නා නුවණ පිණිස වූ හේතුවෙන් ද යුක්ත වෙයි. ඇත්ත ඇති සැටියෙන් ම දන්නා නුවණ ඇති කල්හී ඇත්ත ඇති සැටියෙන් ම දන්නා නුවණින් වසන්නහු අවබෝධයෙන්ම එපා වී නොඇල්මට පත්වන බව පිණිස වූ හේතුවෙන් යුක්ත වෙයි. අවබෝධයෙන් ම එපා වී නොඇල්මට පත්වීම ඇති කල්හී අවබෝධයෙන් ම එපා වී නොඇල්මෙන් වසන්නහු තමා සදහට ම නිදහස් වී ගිය බව දන්නා නුවණ පිණිස වූ හේතුවෙන් යුක්ත වෙයි.

ආයුෂ්මත්නි, එය මෙබඳු දෙයකි. මැනැවින් වැඩී ගිය අතුඉති ඇති, මැනැවින් වැඩී ගිය කොළ ඇති රුකක් ඇත්තේ ය. ඒ රුකෙහි පිට පොතු ත් වැඩී පිරිපුන් බවට යයි. ඇතුල් සිවිය ත්, එළය ත්, අරටුව ත් වැඩී පිරිපුන් බවට යයි. එසෙයින් ම ආයුෂ්මත්නි, සීලයෙන් යුක්ත වූ සිල්වත් තැනැත්තාහට සම්මා සමාධිය පිණිස හේතුවෙන් යුක්ත වෙයි. සම්මා සමාධිය ඇති කල්හී 'සම්මා සමාධියෙන් වසන්නහු ඇත්ත ඇති සැටියෙන් ම දන්නා නුවණ පිණිස හේතුවෙන් ද යුක්ත වෙයි. ඇත්ත ඇති සැටියෙන් ම දන්නා නුවණ ඇති කල්හී ඇත්ත ඇති සැටියෙන් ම දන්නා නුවණින් වසන්නහු අවබෝධයෙන්ම එපා වී නොඇල්මට පත්වන බව පිණිස වූ හේතුවෙන් යුක්ත වෙයි. අවබෝධයෙන් ම එපා වී නොඇල්මට පත්වීම ඇති කල්හී අවබෝධයෙන් ම එපා වී නොඇල්මෙන් වසන්නහු තමා සදහට ම නිදහස් වී ගිය බව දන්නා නුවණ පිණිස වූ හේතුවෙන් යුක්ත වෙයි.

සාදු! සාදු!! සාදු!!!

සීල සූත්‍රය නිමා විය.

5.4.2.9.
ඛිප්පනිසන්ති සූත්‍රය
වහා වැටහීම ගැන වදාළ දෙසුම

සැවැත් නුවර දී ය .....

එකල්හී ආයුෂ්මත් ආනන්දයන් වහන්සේ ආයුෂ්මත් සාරිපුත්තයන් වහන්සේ වෙත පැමිණියහ. පැමිණ ආයුෂ්මත් සාරිපුත්තයන් වහන්සේ සමඟ සතුටු වූහ. සතුටු විය යුතු පිළිසඳර කතා බහ නිමවා එකත්පස් ව හිඳගත්හ.

එකත්පස් ව හුන් ආයුෂ්මත් ආනන්දයන් වහන්සේ ආයුෂ්මත් සාරිපුත්තයන් වහන්සේට මෙය පැවසූහ.

"ආයුෂ්මත් සාරිපුත්තයෙනි, කොපමණ කරුණකින් භික්ෂුව කුසල් දහම්හි වහා වැටහෙන නුවණ ඇත්තේ වෙයි ද? මනාකොට ගන්නා ලද්දේ වෙයි ද? බොහෝ කොට ගන්නේ වෙයි ද? ගන්නා ලද ධර්මය නොනැසෙන්නේ වෙයි ද?"

"ආයුෂ්මත් ආනන්දයෝ බහුශ්‍රැත වූවාහු නොවැ. ආයුෂ්මත් ආනන්දයන්ට ම මෙය වැටහේවා!"

"එසේ වී ආයුෂ්මත් සාරිපුත්තයෙනි, අසනු මැනැවි. මනාකොට මෙනෙහි කළ මැනැවි. පවසන්නෙමි."

"එසේ ය, ආයුෂ්මත" යි ආයුෂ්මත් සාරිපුත්තයන් වහන්සේ ආයුෂ්මත් ආනන්දයන් වහන්සේට පිළිවදන් දුන්හ. ආයුෂ්මත් ආනන්දයන් වහන්සේ මෙය වදාළහ.

"ආයුෂ්මත් සාරිපුත්තයෙනි, මෙහිලා භික්ෂුව අර්ථ දැනීමෙහි දක්ෂ වෙයි. ධර්මය දැනීමෙහි ත් දක්ෂ වෙයි. ධර්ම විග්‍රහයෙහි ත් දක්ෂ වෙයි. ධර්ම පද ව්‍යඤ්ජනයෙහි ත් දක්ෂ වෙයි. පූර්වාපර ගැලපීමෙහි ත් දක්ෂ වෙයි. ආයුෂ්මත් සාරිපුත්තයෙනි, මෙපමණකින් භික්ෂුව කුසල් දහම්හි වහා වැටහෙන නුවණ ඇත්තේ වෙයි. මනාකොට ගන්නා ලද්දේ වෙයි. බොහෝ කොට ගන්නේ වෙයි. ගන්නා ලද ධර්මය නොනැසෙන්නේ වෙයි."

"ආයුෂ්මත, ආශ්චර්යය යි! ආයුෂ්මත, අද්භූත යි! ආයුෂ්මත් ආනන්දයන් විසින් පවසන ලද්දේ මොනතරම් සුභාෂිතයක් ද? ආයුෂ්මත් ආනන්දයන් මේ පංච ධර්මයෙන් සමන්විත යැයි අපි දරා සිටිමු. එනම් ආයුෂ්මත් ආනන්දයෝ අර්ථ දැනීමෙහි දක්ෂයහ. ධර්මය දැනීමෙහි ත් දක්ෂයහ. ධර්ම විග්‍රහයෙහි ත් දක්ෂයහ. ධර්ම පද ව්‍යඤ්ජනයෙහි ත් දක්ෂයහ. පූර්වාපර ගැලපීමෙහි ත් දක්ෂයහ."

සාදු! සාදු!! සාදු!!!

ඛිප්පනිසන්ති සූත්‍රය නිමා විය.

5.4.2.10.
භද්දජී සූත්‍රය
භද්දජී තෙරුන්ට වදාළ දෙසුම

එක් සමයක ආයුෂ්මත් ආනන්දයන් වහන්සේ කොසඹෑ නුවර ඝෝෂිතාරාමයෙහි වැඩවෙසෙති. එකල්හී ආයුෂ්මත් භද්දජී තෙරණුවෝ ආයුෂ්මත් ආනන්දයන් වහන්සේ වෙත පැමිණියහ. පැමිණ ආයුෂ්මත් ආනන්දයන් වහන්සේ සමඟ සතුටු වූහ. සතුටු විය යුතු පිළිසඳර කතා බහ නිමවා එකත්පස් ව හිඳගත්හ. එකත්පස් ව හුන් ආයුෂ්මත් භද්දජී තෙරුන් හට ආයුෂ්මත් ආනන්දයන් වහන්සේ මෙය පැවසූහ.

"කිම? ආයුෂ්මත් භද්දජී, දකින දෙයෙහි අග්‍ර වූයේ කුමක් ද? අසන දෙයෙහි අග්‍ර වූයේ කුමක් ද? සැප අතුරින් අග්‍ර වූයේ කුමක් ද? සංඥාවන් අතුරින් අග්‍ර වූයේ කුමක් ද? භවයන් අතුරින් අග්‍ර වූයේ කුමක් ද?"

"ආයුෂ්මත, සියල්ල මැඩලූ, අන්‍යයන්ට නොමැඩලිය හැකි, සියල්ල දක්නා වූ, සියල්ලෙහි ආනුභාවය පවත්වන බ්‍රහ්මරාජයෙක් ඇත්තේ ය. යමෙක් ඒ බඹහු දකියි නම් මෙය දකිනා දේ අතර අග්‍ර වෙයි.

ආයුෂ්මත, සැපයෙන් පිරී පැතිරී ගිය ආභස්සර නම් දෙවියෝ සිටිති. ඔවුහු කිසියම් කලක, 'අහෝ සැපයකි, අහෝ සැපයකි' කියමින් උදන් අනති. යමෙක් ඒ හඬ අසයි ද මෙය අසන දේ අතර අග්‍ර වෙයි.

ආයුෂ්මත, සුභකිණ්හක නම් දෙවියෝ සිටිති. ඔවුහු සුවපත් ව තිබෙන්නා වූ සැපය ම විඳිති. මෙය සැප අතර අග්‍ර වෙයි.

ආයුෂ්මත, ආකිඤ්චඤ්ඤායතනයෙහි උපන් දෙවියෝ සිටිති. මෙය සංඥා අතර අග්‍ර වෙයි.

ආයුෂ්මත, නේවසඤ්ඤානාසඤ්ඤායතනයෙහි උපන් දෙවියෝ සිටිති. මෙය භවයන් අතර අග්‍ර වෙයි."

"ආයුෂ්මත් භද්දජීගේ මෙම ප්‍රකාශය යම් මේ බොහෝ ජනයාගේ කියමන හා සම වෙනවා නොවැ."

"ආයුෂ්මත් ආනන්දයෝ බහුශ්‍රැත වූවාහු ය. ආයුෂ්මත් ආනන්දයන්ට ම

මෙකරුණ වැටහේවා!"

"එසේ වී නම් ආයුෂ්මත් භද්දජී, අසව. මැනැවින් මෙනෙහි කරව. පවසන්නෙමි."

"එසේ ය ආයුෂ්මත" යි ආයුෂ්මත් භද්දජී තෙරණුවෝ ආයුෂ්මත් ආනන්දයන් වහන්සේට පිළිවදන් දුන්හ. ආයුෂ්මත් ආනන්දයන් වහන්සේ මෙය වදාළහ.

"ආයුෂ්මත, යම් අයුරකින් දකින්නහුට එහි අතරක් නොතබා ආශ්‍රවයන් ක්ෂය වී යයි නම්, මෙය දකින දේ අතර අග්‍ර වෙයි.

යම් අයුරකින් අසන්නහුට එහි අතරක් නොතබා ආශ්‍රවයන් ක්ෂය වී යයි නම්, මෙය අසන දේ අතර අග්‍ර වෙයි. යම් අයුරකින් සැප සේ වසන්නහුට එහි අතරක් නොතබා ආශ්‍රවයන් ක්ෂය වී යයි නම්, මෙය සැප ඇති දේ අතර අග්‍ර වෙයි.

යම් අයුරකින් සංඥා ඇත්තහුට එහි අතරක් නොතබා ආශ්‍රවයන් ක්ෂය වී යයි නම්, මෙය සංඥාවන් අතර අග්‍ර වෙයි.

යම් ආත්මභාවයක සිටියහුට එහි අතරක් නොතබා ආශ්‍රවයන් ක්ෂය වී යයි නම්, මෙය භවයන් අතර අග්‍ර වෙයි."

සාදු! සාදු!! සාදු!!!

භද්දජී සූත්‍රය නිමා විය.

දෙවෙනි ආඝාත වර්ගය අවසන් විය.

- **එහි පිළිවෙල උද්දානය යි :**

ආඝාත විනය සූත්‍ර දෙක, සාකච්ඡා සූත්‍රය, සාජීව සූත්‍රය, පඤ්හපුච්ඡා සූත්‍රය, නිරෝධ සූත්‍රය, චෝදනා සූත්‍රය, සීල සූත්‍රය, නිසන්ති සූත්‍රය සහ භද්දජී සූත්‍රය වශයෙන් මෙහි සූත්‍ර දශයකි.

3. උපාසක වර්ගය

5.4.3.1.
සාරජ්ජ සූත්‍රය
තේජස් රහිත බව ගැන වදාළ දෙසුම

එක් සමයක භාග්‍යවතුන් වහන්සේ සැවැත් නුවර ජේතවනය නම් වූ අනේපිඬු සිටුහුගේ ආරාමයෙහි වැඩවසන සේක. එකල්හී භාග්‍යවතුන් වහන්සේ "මහණෙනි" යි භික්ෂූන් ඇමතූ සේක. "පින්වතුන් වහන්සැ"යි ඒ භික්ෂූහු භාග්‍යවතුන් වහන්සේට පිළිවදන් දුන්හ. භාග්‍යවතුන් වහන්සේ මෙය වදාළ සේක.

මහණෙනි, පස් කරුණකින් සමන්විත වූ උපාසකයා තේජස් රහිත බවට පැමිණියේ වෙයි. ඒ කවර පස් කරුණකින් ද යත්;

සතුන් මරන්නේ වෙයි. සොරකම් කරන්නේ වෙයි. වැරදි කාමයෙහි හැසිරෙන්නේ වෙයි. බොරු කියන්නේ වෙයි. මත්වීමට හා ප්‍රමාදයට හේතු වන මත්පැන් - මත්ද්‍රව්‍ය භාවිත කරන්නේ වෙයි.

මහණෙනි, මේ පස් කරුණෙන් සමන්විත වූ උපාසකයා තේජස් රහිත බවට පැමිණියේ වෙයි.

මහණෙනි, පස් කරුණකින් සමන්විත වූ උපාසකයා විශාරද බවට පැමිණියේ වෙයි. ඒ කවර පස් කරුණකින් ද යත්;

සතුන් මැරීමෙන් වැළකුණේ වෙයි. සොරකම් කිරීමෙන් වැළකුණේ වෙයි. වැරදි කාමයෙහි හැසිරීමෙන් වැළකුණේ වෙයි. බොරු කීමෙන් වැළකුණේ වෙයි. මත්වීමට හා ප්‍රමාදයට හේතු වන මත්පැන් - මත්ද්‍රව්‍ය භාවිත කිරීමෙන් වැළකුණේ වෙයි.

මහණෙනි, මේ පස් කරුණෙන් සමන්විත වූ උපාසකයා විශාරද බවට පැමිණියේ වෙයි.

සාදු! සාදු!! සාදු!!!

සාරජ්ජ සූත්‍රය නිමා විය.

5.4.3.2.
විසාරද සූත්‍රය
විශාරද බව ගැන වදාළ දෙසුම

සැවැත් නුවර දී ය .....

මහණෙනි, පස් කරුණකින් සමන්විත වූ උපාසකයා විශාරද නැත්තේ ගිහිගෙදර වාසය කරයි. ඒ කවර පස් කරුණකින් ද යත්;

සතුන් මරන්නේ වෙයි. ....(පෙ).... මත්වීමට හා ප්‍රමාදයට හේතුවන මත්පැන් - මත්ද්‍රව්‍ය භාවිත කරන්නේ වෙයි.

මහණෙනි, මේ පස් කරුණෙන් සමන්විත වූ උපාසකයා විශාරද නැත්තේ ගිහිගෙදර වාසය කරයි.

මහණෙනි, පස් කරුණකින් සමන්විත වූ උපාසකයා විශාරද බවට පැමිණියේ ගිහිගෙදර වාසය කරයි. ඒ කවර පස් කරුණකින් ද යත්;

සතුන් මැරීමෙන් වැළකුණේ වෙයි. ....(පෙ).... මත්වීමට හා ප්‍රමාදයට හේතුවන මත්පැන් - මත්ද්‍රව්‍ය භාවිත කිරීමෙන් වැළකුණේ වෙයි.

මහණෙනි, මේ පස් කරුණෙන් සමන්විත වූ උපාසකයා විශාරද බවට පැමිණියේ ගිහිගෙදර වාසය කරයි.

සාදු! සාදු!! සාදු!!!

විසාරද සූත්‍රය නිමා විය.

5.4.3.3.
නිරය සූත්‍රය
නිරයෙහි උපත ගැන වදාළ දෙසුම

සැවැත් නුවර දී ය .....

මහණෙනි, පස් කරුණකින් සමන්විත වූ උපාසකයා ඔසොවාගෙන පැමිණි බරක් බිම තබන සෙයින් නිරයෙහි උපදින්නේ ය. ඒ කවර පස් කරුණකින් ද යත්;

සතුන් මරන්නේ වෙයි. ....(පෙ).... මත්වීමට හා ප්‍රමාදයට හේතුවන මත්පැන් - මත්ද්‍රව්‍ය භාවිත කරන්නේ වෙයි.

මහණෙනි, මේ පස් කරුණෙන් සමන්විත වූ උපාසකයා ඔසොවාගෙන පැමිණි බරක් බිම තබන සෙයින් නිරයෙහි උපදින්නේ ය.

මහණෙනි, පස් කරුණකින් සමන්විත වූ උපාසකයා ඔසොවාගෙන පැමිණි බරක් බිම තබන සෙයින් සුගතියෙහි උපදින්නේ ය. ඒ කවර පස් කරුණකින් ද යත්;

සතුන් මැරීමෙන් වැළකුණේ වෙයි. ....(පෙ).... මත්වීමට හා ප්‍රමාදයට හේතුවන මත්පැන් - මත්ද්‍රව්‍ය භාවිත කිරීමෙන් වැළකුණේ වෙයි.

මහණෙනි, මේ පස් කරුණෙන් සමන්විත වූ උපාසක තෙමේ ඔසොවාගෙන පැමිණි බරක් බිම තබන සෙයින් සුගතියෙහි උපදින්නේ ය.

සාදු! සාදු!! සාදු!!!

නිරය සූත්‍රය නිමා විය.

5.4.3.4
වේර සූත්‍රය
වෛරය ඇති වන කරුණු ගැන වදාළ දෙසුම

සැවැත් නුවර දී ය ....

එකල්හී අනාථපිණ්ඩික ගෘහපති තෙමේ භාග්‍යවතුන් වහන්සේ යම් තැනක වැඩසිටි සේක් ද, එතැනට පැමිණියේ ය. පැමිණ භාග්‍යවතුන් වහන්සේට සකසා වන්දනා කොට එකත්පස් ව හිඳ ගත්තේ ය. එකත්පස් ව හුන් අනාථපිණ්ඩික ගෘහපති හට භාග්‍යවතුන් වහන්සේ මෙය වදාළ සේක.

"ගෘහපතිය, භය වෛර ඇතිවන කරුණු පහ ප්‍රහාණය නොකිරීමෙන් දුස්සීලයෙකැයි කියනු ලැබේ. නිරයෙහි ද උපදින්නේ ය. ඒ කවර පසක් ද යත්;

සතුන් මැරීම ය. සොරකම් කිරීම ය. වැරදි කාමයෙහි හැසිරීම ය. බොරු කීම ය. මත්වීමට හා ප්‍රමාදයට හේතුවන මත්පැන් - මත්ද්‍රව්‍ය භාවිතය ය.

ගෘහපතිය, මේ භය වෛර ඇතිවන කරුණු පහ ප්‍රහාණය නොකිරීමෙන් දුස්සීලයෙකැයි කියනු ලැබේ. නිරයෙහි ද උපදින්නේ ය.

ගෘහපතිය, භය වෛර ඇතිවන කරුණු පහ ප්‍රහාණය කිරීමෙන් සිල්වතෙකැයි කියනු ලැබේ. සුගතියෙහි ද උපදින්නේ ය. ඒ කවර පසක් ද යත්;

සතුන් මැරීම ය. සොරකම් කිරීම ය. වැරදි කාමයෙහි හැසිරීම ය. බොරු කීම ය. මත්වීමට හා ප්‍රමාදයට හේතුවන මත්පැන් - මත්ද්‍රව්‍ය භාවිතය ය.

ගෘහපතිය, මේ භය වෛර ඇතිවන කරුණු පහ ප්‍රහාණය කිරීමෙන් සිල්වතෙකැයි කියනු ලැබේ. සුගතියෙහි ද උපදින්නේ ය.

ගෘහපතිය, යමෙක් ප්‍රාණඝාතය කරන්නේ, ප්‍රාණඝාතය හේතුවෙන් මෙලොව දී ද යම් භයක් හා වෛරයක් උපදවා ගනියි ද, පරලොව දී ද යම් භයක් හා වෛරයක් උපදවා ගනියි ද, සිතින් ද දුක් දොම්නස් විඳියි ද, ප්‍රාණඝාතයෙන් වැළකී සිටින තැනැත්තා ඒ මෙලොව දී ලබන භය හා වෛර නොලබයි. පරලොව දී ලබන භය හා වෛර ත් නොලබයි. මානසික දුක් දොම්නසුත් නොවිඳියි. මේ අයුරින් ප්‍රාණඝාතයෙන් වැළකී සිටින්නහුගේ භය හා වෛර සංසිඳුණේ වෙයි.

ගෘහපතිය, නුදුන් දේ සොරකම් කරනා තැනැත්තා ....(පෙ).... කාමයන්හි අනාචාරී ව හැසිරෙන්නා ....(පෙ).... අසත්‍ය දේ පවසන්නා ....(පෙ).... ගෘහපතිය, යමෙක් මත් වීමට ත්, ප්‍රමාදයට ත් හේතුවෙන සුරාමේරය පානය කරන්නේ, මත් වීමට ත්, ප්‍රමාදයට ත් හේතුවෙන සුරාමේරය හේතුවෙන් මෙලොව දී ද යම් භයක් හා වෛරයක් උපදවා ගනියි ද, පරලොව දී ද යම් භයක් හා වෛරයක් උපදවා ගනියි ද, සිතින් ද දුක් දොම්නස් විඳියි ද, මත් වීමට ත්, ප්‍රමාදයට ත්

හේතුවෙන සුරාමේරයෙන් වැළකී සිටින තැනැත්තා ඒ මෙලොව දී ලබන භය හා වෛර නොලබයි. පරලොව දී ලබන භය හා වෛර ත් නොලබයි. මානසික දුක් දොම්නසුත් නොවිඳියි. මේ අයුරින් මත් වීමට ත්, ප්‍රමාදයට ත් හේතුවෙන සුරාමේරයෙන් වැළකී සිටින්නහුගේ භය හා වෛර සංසිඳුණේ වෙයි.

(ගාථා)

1. යමෙක් සතුන් මරයි ද, බොරු කියයි ද, ලෝකයෙහි නොදුන් දේ පැහැර ගනියි ද, අනුන්ගේ අඹුවන් කරා යයි ද, යම් මිනිසෙක් මත්පැන් මත්ද්‍රව්‍ය භාවිත කරයි ද,

2. මේ වෛරය ඇතිවන කරුණු පස ප්‍රහාණය නොකිරීමෙන් හේ දුස්සීලයෙකැයි කියනු ලැබේ. ඒ දුෂ්ප්‍රාඥ තැනැත්තා කය බිඳී මරණින් මතු නිරයෙහි උපදින්නේ ය.

3. යමෙක් සතුන් නොමරයි ද, බොරු නොකියයි ද, ලෝකයෙහි නොදුන් දේ පැහැර නොගනියි ද, අනුන්ගේ අඹුවන් කරා නොයයි ද, යම් මිනිසෙක් මත්පැන් මත්ද්‍රව්‍ය භාවිත නොකරයි ද,

4. මේ වෛරය ඇතිවන කරුණු පස ප්‍රහාණය කිරීමෙන් හේ සිල්වතෙකැයි කියනු ලැබේ. ඒ ප්‍රඥාවන්ත තැනැත්තා කය බිඳී මරණින් මතු සුගතියෙහි උපදින්නේ ය.

සාදු! සාදු!! සාදු!!!

වේර සූත්‍රය නිමා විය.

5.4.3.5.
උපාසක චණ්ඩාල සූත්‍රය
උපාසක සැඩොලා ගැන වදාළ දෙසුම

සැවැත් නුවර දී ය .....

මහණෙනි, පස් කරුණකින් සමන්විත වූ උපාසකයා උපාසක සැඩොලෙක් ද වෙයි. උපාසක කසලයෙක් ද වෙයි. උපාසක පිළිකුලෙක් ද වෙයි. ඒ කවර පසකින් ද යත්;

ශ්‍රද්ධාව නැත්තේ වෙයි. දුස්සීල වෙයි. සුභ නැකැත්, සුභ නිමිති බලන්නේ බාහිර මංගල කරුණු සොයන්නේ වෙයි. කර්මය නොව මංගල කරුණු විශ්වාස කරයි. මේ ශාසනයෙන් බාහිර ව දන් පැන් පුදන පුද්ගලයන් සොයයි. එහිලා ද පෙර පරිද්දෙන් ම කටයුතු කරයි.

මහණෙනි, මේ පස් කරුණෙන් සමන්විත වූ උපාසකයා උපාසක සැඩොලෙක් ද වෙයි. උපාසක කසලයෙක් ද වෙයි. උපාසක පිළිකුලෙක් ද වෙයි.

මහණෙනි, පස් කරුණකින් සමන්විත වූ උපාසකයා උපාසක රත්නයක් ද වෙයි. උපාසක පියුමක් ද වෙයි. උපාසක සුදු නෙළුමක් ද වෙයි. ඒ කවර පසකින් ද යත්;

ශ්‍රද්ධාව ඇත්තේ වෙයි. සිල්වත් වෙයි. සුභ නැකැත්, සුභ නිමිති නොබලන්නේ බාහිර මංගල කරුණු නොසොයන්නේ වෙයි. මංගල කරුණු නොව කර්මය විශ්වාස කරයි. මේ ශාසනයෙන් බාහිර ව දන් පැන් පුදන පුද්ගලයන් නොසොයයි. එහිලා ද පෙර පරිද්දෙන් ම කටයුතු කරයි.

මහණෙනි, මේ පස් කරුණෙන් සමන්විත වූ උපාසකයා උපාසක රත්නයක් ද වෙයි. උපාසක පියුමක් ද වෙයි. උපාසක සුදු නෙළුමක් ද වෙයි.

සාදු! සාදු!! සාදු!!!

උපාසක චණ්ඩාල සූත්‍රය නිමා විය.

5.4.3.6.
පීති සූත්‍රය
ප්‍රීතිය ගැන වදාළ දෙසුම

සැවැත් නුවර දී ය .....

එකල්හී අනාථපිණ්ඩික ගෘහපති තෙමේ පන්සියයක් පමණ උපාසකවරුන් පිරිවරා භාග්‍යවතුන් වහන්සේ යම් තැනක වැඩසිටි සේක් ද, එතැනට පැමිණියේ ය. පැමිණ භාග්‍යවතුන් වහන්සේට සකසා වන්දනා කොට එකත්පස් ව හිඳ ගත්තේ ය. එකත්පස් ව හුන් අනාථපිණ්ඩික ගෘහපති හට භාග්‍යවතුන් වහන්සේ මෙය වදාළ සේක.

"ගෘහපතිය, ඔබත් සිවුරු, පිණ්ඩපාත, සේනාසන, ගිලන්පස බෙහෙත් පිරිකරින් භික්ෂු සංඝයාට උපස්ථාන කරන්නාහු ය. ගෘහපතිය, එපමණකින් ම සංතෝෂයට පත් නොවිය යුත්තේ ය. එනම් 'අපි සිවුරු, පිණ්ඩපාත, සේනාසන, ගිලන්පස බෙහෙත් පිරිකරින් භික්ෂු සංඝයාට උපස්ථාන කරමු' යි.

එහෙයින් ගෘහපතිය, මෙසේ හික්මිය යුත්තේ ය. 'කිම? අපි කලින් කල හුදෙකලා විවේකයෙන් ප්‍රීතිය උපදවාගෙන වසන්නෙමු ද' යි. ගෘහපතිය, ඔබ හික්මිය යුත්තේ මෙසේ ය."

මෙසේ වදාළ කල්හී ආයුෂ්මත් සාරිපුත්තයන් වහන්සේ භාග්‍යවතුන් වහන්සේට මෙය වදාළහ.

"ස්වාමීනී, ආශ්චර්ය යි! ස්වාමීනී, අද්භූත යි! ස්වාමීනී, භාග්‍යවතුන් වහන්සේ විසින් මේ වදාරණ ලද්දේ මොනතරම් සුභාෂිතයක් ද? එනම්, 'ගෘහපතිය, ඔබත් සිවුරු, පිණ්ඩපාත, සේනාසන, ගිලන්පස බෙහෙත් පිරිකරින් භික්ෂු සංඝයාට උපස්ථාන කරන්නාහු ය. ගෘහපතිය, එපමණකින් ම සංතෝෂයට පත් නොවිය යුත්තේ ය. එනම් 'අපි සිවුරු, පිණ්ඩපාත, සේනාසන, ගිලන්පස බෙහෙත් පිරිකරින් භික්ෂු සංඝයාට උපස්ථාන කරමු' යි.

එහෙයින් ගෘහපතිය, මෙසේ හික්මිය යුත්තේ ය. 'කිම? අපි කලින් කල හුදෙකලා විවේකයෙන් ප්‍රීතිය උපදවාගෙන වසන්නෙමු ද' යි. ගෘහපතිය, ඔබ හික්මිය යුත්තේ මෙසේ ය' යි.

ස්වාමීනී, යම් කලක ආර්ය ශ්‍රාවකයා හුදෙකලාවෙහි ප්‍රීතිය උපදවා ගෙන වාසය කරයි නම් එසමයෙහි ඔහු තුළ පස් කරුණක් නැත්තේ ය.

ඔහුට කාමයන් අරභයා හටගන්නා යම් දුකක් දොම්නසක් ඇද්ද, එසමයෙහි ඔහුට එය ද නැත්තේ ය. ඔහුට කාමයන් අරභයා හටගන්නා යම් සැපක් සොම්නසක් ඇද්ද, එසමයෙහි ඔහුට එය ද නැත්තේ ය. ඔහුට අකුසල් අරභයා හටගන්නා යම් දුකක් දොම්නසක් ඇද්ද, එසමයෙහි ඔහුට එය ද නැත්තේ ය. ඔහුට අකුසල් අරභයා හටගන්නා යම් සැපක් සොම්නසක් ඇද්ද, එසමයෙහි ඔහුට එය ද නැත්තේ ය. ඔහුට කුසල් අරභයා හටගන්නා යම් දුකක් දොම්නසක් ඇද්ද, එසමයෙහි ඔහුට එය ද නැත්තේ ය."

ස්වාමීනී, යම් කලක ආර්ය ශ්‍රාවකයා හුදෙකලාවෙහි ප්‍රීතිය උපදවා ගෙන වාසය කරයි නම් එසමයෙහි ඔහු තුළ මේ පස් කරුණ නැත්තේ ය.

"සාදු! සාදු! සාරිපුත්තයෙනි, යම් කලක ආර්ය ශ්‍රාවකයා හුදෙකලාවෙහි ප්‍රීතිය උපදවා ගෙන වාසය කරයි නම් එසමයෙහි ඔහු තුළ පස් කරුණක් නැත්තේ ය.

ඔහුට කාමයන් අරභයා හටගන්නා යම් දුකක් දොම්නසක් ඇද්ද, එසමයෙහි ඔහුට එය ද නැත්තේ ය. ඔහුට කාමයන් අරභයා හටගන්නා යම් සැපක් සොම්නසක් ඇද්ද, එසමයෙහි ඔහුට එය ද නැත්තේ ය. ඔහුට අකුසල් අරභයා හටගන්නා යම් දුකක් දොම්නසක් ඇද්ද, එසමයෙහි ඔහුට එය ද නැත්තේ ය. ඔහුට අකුසල් අරභයා හටගන්නා යම් සැපක් සොම්නසක් ඇද්ද, එසමයෙහි ඔහුට එය ද නැත්තේ ය. ඔහුට කුසල් අරභයා හටගන්නා යම් දුකක් දොම්නසක් ඇද්ද, එසමයෙහි ඔහුට එය ද නැත්තේ ය.

සාරිපුත්තයෙනි, යම් කලක ආර්ය ශ්‍රාවකයා හුදෙකලාවෙහි ප්‍රීතිය උපදවා ගෙන වාසය කරයි නම් එසමයෙහි ඔහු තුළ මේ පස් කරුණ නැත්තේ ය.

සාදු! සාදු!! සාදු!!!

පීති සූත්‍රය නිමා විය.

5.4.3.7.
වණිජ්ජා සූත්‍රය
ව්‍යාපාර ගැන වදාළ දෙසුම

සැවැත් නුවර දී ය .....

මහණෙනි, උපාසකයා විසින් මේ පස් වැදෑරුම් වෙළඳාම් නොකළ යුත්තේ ය. ඒ කවර පසක් ද යත්;

සත්ව ඝාතනය පිණිස වූ ආයුධ වෙළඳාම ය. වහල් වෙළඳාම ය. මස් පිණිස සතුන් වෙළඳාම ය. මත්පැන්, මත්ද්‍රව්‍ය වෙළඳාම ය. වසවිෂ වෙළඳාම ය.

මහණෙනි, උපාසකයා විසින් මේ පස් වැදෑරුම් වෙළඳාම් නොකළ යුත්තේ ය.

සාදු! සාදු!! සාදු!!!

වණිජ්ජා සූත්‍රය නිමා විය.

5.4.3.8.
රාජ සූත්‍රය
රජු ගැන වදාළ දෙසුම

සැවැත් නුවර දී ය .....

"මහණෙනි, මේ ගැන කුමක් සිතව් ද? 'මේ පුරුෂයා සතුන් මැරීම අත්හැර සතුන් මැරීමෙන් වැළකී සිටියි' කියා රජවරු ඔහු රැගෙන ගොස් සතුන් මැරීමෙන් වැළකීම හේතුවෙන් නසත් ය කියා හෝ සිර කරත් ය කියා හෝ රටින් නෙරපත් ය කියා හෝ යම් කැමැති වූ දෙයක් කරත් ය කියා හෝ ඔබ විසින් දකින ලද්දේ හෝ වෙයි ද? අසන ලද්දේ හෝ වෙයි ද?" "ස්වාමීනී, එය නොවේ ම ය."

"මැනැවි මහණෙනි. මහණෙනි, 'මේ පුරුෂයා සතුන් මැරීම අත්හැර සතුන් මැරීමෙන් වැළකී සිටියි' කියා රජවරු ඔහු රැගෙන ගොස් සතුන් මැරීමෙන් වැළකීම හේතුවෙන් නසත් ය කියා හෝ සිර කරත් ය කියා හෝ රටින් නෙරපත් ය කියා හෝ යම් කැමැති වූ දෙයක් කරත් ය කියා හෝ මා විසිනුත් නොදකින ලද්දේ වෙයි. නොඅසන ලද්දේ වෙයි.

වැලිදු ඔහු විසින් කරන ලද පාපී ක්‍රියාව ඒ අයුරින් ම 'මේ පුරුෂයා ස්ත්‍රියක හෝ පුරුෂයෙකු හෝ ජීවිතයෙන් තොර කළේ ය' කියා දැනුම් දෙයි. රජවරු ඔහු රැගෙන ගොස් සතුන් මැරීම හේතුවෙන් නසත් ය කියා හෝ සිර කරත් ය කියා හෝ රටින් නෙරපත් ය කියා හෝ යම් කැමැති වූ දෙයක් කරත් ය කියා හෝ ඔබ විසින් දකින ලද්දේ හෝ වෙයි ද? අසන ලද්දේ හෝ වෙයි ද? අසන්නට ලැබෙන්නේ හෝ වෙයි ද?" "ස්වාමීනී, එය අප විසින් දකින ලද්දේ ත් වෙයි. අසන ලද්දේ ත් වෙයි. අසන්නට ලැබෙන්නේ ත් වෙයි."

"මහණෙනි, මේ ගැන කුමක් සිතව් ද? 'මේ පුරුෂයා සොරකම අත්හැර සොරකමෙන් වැළකී සිටියි' කියා රජවරු ඔහු රැගෙන ගොස් සොරකමෙන් වැළකීම හේතුවෙන් නසත් ය කියා හෝ සිර කරත් ය කියා හෝ රටින් නෙරපත් ය කියා හෝ යම් කැමැති වූ දෙයක් කරත් ය කියා හෝ ඔබ විසින් දකින ලද්දේ හෝ වෙයි ද? අසන ලද්දේ හෝ වෙයි ද?" "ස්වාමීනී, එය නොවේ ම ය."

"මැනැවි මහණෙනි, මහණෙනි, 'මේ පුරුෂයා සොරකම් කිරීම අත්හැර සොරකමෙන් වැළකී සිටියි' කියා රජවරු ඔහු රැගෙන ගොස් සොරකමෙන්

වැළකීම හේතුවෙන් නසත් ය කියා හෝ සිර කරත් ය කියා හෝ රටින් නෙරපත් ය කියා හෝ යම් කැමැති වූ දෙයක් කරත් ය කියා හෝ මා විසිනුත් නොදකින ලද්දේ වෙයි. නොඅසන ලද්දේ වෙයි.

වැලිදු ඔහු විසින් කරන ලද පාපී ක්‍රියාව ඒ අයුරින් ම 'මේ පුරුෂයා ගමෙහි වේවා වනයෙහි වේවා නුදුන් දෙය සොර සිතින් පැහැර ගත්තේ ය' කියා දැනුම් දෙයි. රජවරු ඔහු රැගෙන ගොස් සොරකම හේතුවෙන් නසත් ය කියා හෝ සිර කරත් ය කියා හෝ රටින් නෙරපත් ය කියා හෝ යම් කැමැති වූ දෙයක් කරත් ය කියා හෝ ඔබ විසින් දකින ලද්දේ හෝ වෙයි ද? අසන ලද්දේ හෝ වෙයි ද?" "ස්වාමීනී, එය අප විසින් දකින ලද්දේ ත් වෙයි. අසන ලද්දේ ත් වෙයි. අසන්නට ලැබෙන්නේ ත් වෙයි."

"මහණෙනි, මේ ගැන කුමක් සිතව් ද? 'මේ පුරුෂයා කාමයේ වරදවා හැසිරීම අත්හැර කාමයෙහි වරදවා හැසිරීමෙන් වැළකී සිටියි' කියා රජවරු ඔහු රැගෙන ගොස් කාමයෙහි වරදවා හැසිරීමෙන් වැළකීම හේතුවෙන් නසත් ය කියා හෝ සිර කරත් ය කියා හෝ රටින් නෙරපත් ය කියා හෝ යම් කැමැති වූ දෙයක් කරත් ය කියා හෝ ඔබ විසින් දකින ලද්දේ හෝ වෙයි ද? අසන ලද්දේ හෝ වෙයි ද?" "ස්වාමීනී, එය නොවේ ම ය."

"මැනැවි මහණෙනි. මහණෙනි, 'මේ පුරුෂයා කාමයෙහි වරදවා හැසිරීම අත්හැර කාමයෙහි වරදවා හැසිරීමෙන් වැළකී සිටියි' කියා රජවරු ඔහු රැගෙන ගොස් කාමයෙහි වරදවා හැසිරීමෙන් වැළකීම හේතුවෙන් නසත් ය කියා හෝ සිර කරත් ය කියා හෝ රටින් නෙරපත් ය කියා හෝ යම් කැමැති වූ දෙයක් කරත් ය කියා හෝ මා විසිනුත් නොදකින ලද්දේ වෙයි. නොඅසන ලද්දේ වෙයි.

වැලිදු ඔහු විසින් කරන ලද පාපී ක්‍රියාව ඒ අයුරින් ම 'මේ පුරුෂයා අන්‍ය ස්ත්‍රීන් ද, අන්‍ය මෙනෙවියන් ද දූෂණය කළේ ය' කියා දැනුම් දෙයි. රජවරු ඔහු රැගෙන ගොස් කාමයෙහි වරදවා හැසිරීම හේතුවෙන් නසත් ය කියා හෝ සිර කරත් ය කියා හෝ රටින් නෙරපත් ය කියා හෝ යම් කැමැති වූ දෙයක් කරත් ය කියා හෝ ඔබ විසින් දකින ලද්දේ හෝ වෙයි ද? අසන ලද්දේ හෝ වෙයි ද?" "ස්වාමීනී, එය අප විසින් දකින ලද්දේ ත් වෙයි. අසන ලද්දේ ත් වෙයි. අසන්නට ලැබෙන්නේ ත් වෙයි."

"මහණෙනි, මේ ගැන කුමක් සිතව් ද? 'මේ පුරුෂයා බොරු කීම අත්හැර බොරු කීමෙන් වැළකී සිටියි' කියා රජවරු ඔහු රැගෙන ගොස් බොරු කීමෙන් වැළකීම හේතුවෙන් නසත් ය කියා හෝ සිර කරත් ය කියා හෝ රටින් නෙරපත්

ය කියා හෝ යම් කැමැති වූ දෙයක් කරත් ය කියා හෝ ඔබ විසින් දකින ලද්දේ හෝ වෙයි ද? අසන ලද්දේ හෝ වෙයි ද?" "ස්වාමීනී, එය නොවේ ම ය."

"මැනැවි මහණෙනි. මහණෙනි, 'මේ පුරුෂයා බොරු කීම අත්හැර බොරු කීමෙන් වැළකී සිටියි' කියා රජවරු ඔහු රැගෙන ගොස් බොරු කීමෙන් වැළකීම හේතුවෙන් නසත් ය කියා හෝ සිර කරත් ය කියා හෝ රටින් නෙරපත් ය කියා හෝ යම් කැමැති වූ දෙයක් කරත් ය කියා හෝ මා විසිනුත් නොදකින ලද්දේ වෙයි. නොඅසන ලද්දේ වෙයි.

වැලිදු ඔහු විසින් කරන ලද පාපී ක්‍රියාව ඒ අයුරින් ම 'මේ පුරුෂයා ගෘහපතියෙකුගේ වේවා ගෘහපති පුත්‍රයෙකුගේ වේවා යහපත බොරු කීමෙන් නසන ලද්දේ ය' කියා දැනුම් දෙයි. රජවරු ඔහු රැගෙන ගොස් බොරු කීම හේතුවෙන් නසත් ය කියා හෝ සිර කරත් ය කියා හෝ රටින් නෙරපත් ය කියා හෝ යම් කැමැති වූ දෙයක් කරත් ය කියා හෝ ඔබ විසින් දකින ලද්දේ හෝ වෙයි ද? අසන ලද්දේ හෝ වෙයි ද?" "ස්වාමීනී, එය අප විසින් දකින ලද්දේ ත් වෙයි. අසන ලද්දේ ත් වෙයි"

"මහණෙනි, මේ ගැන කුමක් සිතව් ද? 'මේ පුරුෂයා මත්පැන් මත්ද්‍රව්‍ය භාවිතය අත්හැර මත්පැන් මත්ද්‍රව්‍ය භාවිතයෙන් වැළකී සිටියි' කියා රජවරු ඔහු රැගෙන ගොස් මත්පැන් මත්ද්‍රව්‍ය භාවිතයෙන් වැළකීම හේතුවෙන් නසත් ය කියා හෝ සිර කරත් ය කියා හෝ රටින් නෙරපත් ය කියා හෝ යම් කැමැති වූ දෙයක් කරත් ය කියා හෝ ඔබ විසින් දකින ලද්දේ හෝ වෙයි ද? අසන ලද්දේ හෝ වෙයි ද?" "ස්වාමීනී, එය නොවේ ම ය."

"මැනැවි මහණෙනි. මහණෙනි, 'මේ පුරුෂයා මත්පැන් මත්ද්‍රව්‍ය භාවිතය අත්හැර මත්පැන් මත්ද්‍රව්‍ය භාවිතයෙන් වැළකී සිටියි' කියා රජවරු ඔහු රැගෙන ගොස් මත්පැන් මත්ද්‍රව්‍ය භාවිතයෙන් වැළකීම හේතුවෙන් නසත් ය කියා හෝ සිර කරත් ය කියා හෝ රටින් නෙරපත් ය කියා හෝ යම් කැමැති වූ දෙයක් කරත් ය කියා හෝ මා විසිනුත් නොදකින ලද්දේ වෙයි. නොඅසන ලද්දේ වෙයි. අසන්නට ලැබෙන්නේ ත් වෙයි.

වැලිදු ඔහු විසින් කරන ලද පාපී ක්‍රියාව ඒ අයුරින් ම 'මේ පුරුෂයා මත්වීමට ත් ප්‍රමාදයට ත් හේතුවන මත්පැන් මත්ද්‍රව්‍ය භාවිත කොට ස්ත්‍රියක හෝ පුරුෂයෙකු හෝ ජීවිතයෙන් තොර කළේ ය, මේ පුරුෂයා මත්වීමට ත් ප්‍රමාදයට ත් හේතුවන මත්පැන් මත්ද්‍රව්‍ය භාවිත කොට ගමෙහි වේවා, වනයෙහි වේවා නුදුන් දේ සොර සිතින් පැහැර ගත්තේ ය, මේ පුරුෂයා මත්වීමට ත් ප්‍රමාදයට ත් හේතුවන මත්පැන් මත්ද්‍රව්‍ය භාවිත කොට අන්‍ය ස්ත්‍රීන් අන්‍ය

මෙනෙවියන් දූෂණය කළේ ය, මේ පුරුෂයා මත්වීමට ත් ප්‍රමාදයට ත් හේතුවන මත්පැන් මත්ද්‍රව්‍ය භාවිත කොට ගෘහපතියෙකුගේ හෝ ගෘහපති පුත්‍රයෙකුගේ හෝ යහපත බොරු කීමෙන් වැනසුවේ ය' කියා දනුම් දෙයි. රජවරු ඔහු රැගෙන ගොස් මත්වීමට ත් ප්‍රමාදයට ත් හේතුවන මත්පැන් මත්ද්‍රව්‍ය භාවිතා කිරීම හේතුවෙන් නසත් ය කියා හෝ සිර කරත් ය කියා හෝ රටින් නෙරපත් ය කියා හෝ යම් කැමැති වූ දෙයක් කරත් ය කියා හෝ ඔබ විසින් දකින ලද්දේ හෝ වෙයි ද? අසන ලද්දේ හෝ වෙයි ද?" "ස්වාමීනී, එය අප විසින් දකින ලද්දේ ත් වෙයි. අසන ලද්දේ ත් වෙයි. අසන්නට ලැබෙන්නේ ත් වෙයි."

සාදු! සාදු!! සාදු!!!

රාජ සූත්‍රය නිමා විය.

5.4.3.9
ගිහී සූත්‍රය
ගිහියා ගැන වදාළ දෙසුම

සැවැත් නුවර දී ය ....

එකල්හී අනාථපිණ්ඩික ගෘහපති තෙමේ පන්සියයක් උපාසකවරුන් පිරිවරා භාග්‍යවතුන් වහන්සේ යම් තැනක වැඩසිටි සේක් ද, එතැනට පැමිණියේ ය. පැමිණ භාග්‍යවතුන් වහන්සේට සකසා වන්දනා කොට එකත්පස් ව හිඳ ගත්තේ ය. එකල්හී භාග්‍යවතුන් වහන්සේ ආයුෂ්මත් සාරිපුත්තයන් වහන්සේට මෙය වදාළ සේක.

"සාරිපුත්තයෙනි, සුදු වත් හඳිනා යම්කිසි ගිහියෙකු පන්සිල්හි පිහිටා සංවර වූ ක්‍රියා ඇති ව ගැඹුරු චිත්ත දියුණුවෙන් යුතු මෙලොව ලබන සැප විහරණය ඇති සතරක් වූ ධර්මයන් කැමති සේ ලබන්නේ, නිදුකින් ලබන්නේ, බොහෝ සේ ලබන්නේ වෙයි ද, එබඳු ගිහියෙකු ගැන දන්නෙහි ද? හේ කැමති නම් තමා ගැන තමා ම පවසන්නේ ය. 'නිරයෙන් මිදුණු කෙනෙක්මි. තිරිසන් අපායෙන් මිදුණු කෙනෙක්මි. ප්‍රේත විෂයෙන් මිදුණු කෙනෙක්මි. අපාය දුර්ගති විනිපාතියෙන් මිදුණු කෙනෙක්මි. අපායට නොවැටෙන ස්වභාව ඇත්තේ වෙමි. නියත වශයෙන් නිවන පිහිට කොට ඇති සෝවාන් වූ කෙනෙක්මි' යි.

කවර පන්සිල්හි ද සංවර වූ ක්‍රියා ඇති ව වසන්නේ?

සාරිපුත්තයෙනි, මෙහිලා ආර්ය ශ්‍රාවකයා සතුන් මැරීමෙන් වැළකුණේ වෙයි. සොරකමින් වැළකුණේ වෙයි. වැරදි කාම සේවනයෙන් වැළකුණේ වෙයි. බොරු කීමෙන් වැළකුණේ වෙයි. මත්වීමට ත් ප්‍රමාදයට ත් හේතුවන මත්පැන් මත්ද්‍රව්‍ය භාවිතයෙන් වැළකුණේ වෙයි. මේ පන්සිල් හි සංවර වූ ක්‍රියා ඇත්තේ වෙයි.

ගැඹුරු චිත්ත දියුණුවෙන් යුතු මෙලොව ලබන සැප විහරණය ඇති සතරක් වූ කවර ධර්මයන් කැමති සේ ලබන්නේ, නිදුකින් ලබන්නේ, බොහෝ සේ ලබන්නේ ද?

සාරිපුත්තයෙනි, මෙහිලා ආර්ය ශ්‍රාවකයා බුදුරජුන් කෙරෙහි නොසෙල්වෙන ප්‍රසාදයෙන් යුක්ත වෙයි. එනම් 'මේ මේ කරුණින් ඒ භාග්‍යවතුන් වහන්සේ අරහං වන සේක, සම්මා සම්බුද්ධ වන සේක, විජ්ජාචරණ සම්පන්න වන සේක. සුගත වන සේක. ලෝකවිදූ වන සේක, අනුත්තරෝ පුරිසදම්ම සාරථී වන සේක, සත්ථා දේවමනුස්සානං වන සේක, බුද්ධ වන සේක, භගවා වන සේක'යි. නොපිරිසිදු සිතෙහි පිරිසිදු බව පිණිස, නොබබලන සිතෙහි බැබලීම පිණිස වූ ගැඹුරු චිත්ත දියුණුවෙන් යුතු මෙලොව ලබන සැප විහරණය ඇති ව අත්දකින පළමු කරුණ මෙය යි.

තව ද සාරිපුත්තයෙනි, ආර්ය ශ්‍රාවකයා ධර්මය පිළිබඳ ව නොසෙල්වෙන ප්‍රසාදයෙන් යුක්ත වෙයි. එනම් 'භාග්‍යවතුන් වහන්සේ විසින් වදාරණ ලද ධර්මය ස්වාක්ඛාත වන සේක. සන්දිට්ඨික වන සේක. අකාලික වන සේක. ඒහිපස්සික වන සේක. ඕපනයික වන සේක. පච්චත්තං වේදිතබ්බෝ විඤ්ඤූහී වන සේක' යි. නොපිරිසිදු සිතෙහි පිරිසිදු බව පිණිස, නොබබලන සිතෙහි බැබලීම පිණිස වූ ගැඹුරු චිත්ත දියුණුවෙන් යුතු මෙලොව ලබන සැප විහරණය ඇති ව අත්දකින දෙවන කරුණ මෙය යි.

තව ද සාරිපුත්තයෙනි, ආර්ය ශ්‍රාවකයා ශ්‍රාවක සංඝයා පිළිබඳ ව ද නොසෙල්වෙන ප්‍රසාදයෙන් යුක්ත වෙයි. එනම් 'භාග්‍යවතුන් වහන්සේගේ ශ්‍රාවක සංඝරත්නය සුපටිපන්න වන සේක. භාග්‍යවතුන් වහන්සේගේ ශ්‍රාවක සංඝරත්නය උජුපටිපන්න වන සේක. භාග්‍යවතුන් වහන්සේගේ ශ්‍රාවක සංඝරත්නය ඤායපටිපන්න වන සේක. භාග්‍යවතුන් වහන්සේගේ ශ්‍රාවක සංඝරත්නය සාමීචිපටිපන්න වන සේක. පුරුෂ යුගල සතරකින් යුතු වන සේක. පුරුෂ පුද්ගල අට දෙනෙකුගෙන් යුතු වන සේක. ආහුණෙය්‍ය වන සේක. පාහුණෙය්‍ය වන සේක. දක්ඛිණෙය්‍ය වන සේක. අංජලිකරණීය වන සේක. ලොවෙහි අනුත්තර පින්කෙත වන සේක'යි. නොපිරිසිදු සිතෙහි පිරිසිදු බව

පිණිස, නොබබලන සිතෙහි බැබලීම පිණිස වූ ගැඹුරු චිත්ත දියුණුවෙන් යුතු මෙලොව ලබන සැප විහරණය ඇති ව අත්දකින තෙවන කරුණ මෙය යි.

තව ද සාරිපුත්තයෙනි, ආර්ය ශ්‍රාවකයා ආර්යකාන්ත සීලයෙන් ද යුක්ත වෙයි. එනම්, නොබිඳුණු, සිදුරු රහිත වූ, පැල්ලම් නැති, කැලැල් නැති, ණය නැති, නුවණැත්තන් විසින් පසසනු ලබන, මිසදිටු මත ස්පර්ශ නොකළ, සමාධිය පිණිස හිත වූ සීලයකින් යුක්ත වෙයි. නොපිරිසිදු සිතෙහි පිරිසිදු බව පිණිස, නොබබලන සිතෙහි බැබලීම පිණිස වූ ගැඹුරු චිත්ත දියුණුවෙන් යුතු මෙලොව ලබන සැප විහරණය ඇති ව අත්දකින සිව්වන කරුණ මෙය යි.

ගැඹුරු චිත්ත දියුණුවෙන් යුතු මෙලොව ලබන සැප විහරණය ඇති සතරක් වූ මේ ධර්මයන් කැමති සේ ලබන්නේ, නිදුකින් ලබන්නේ, බොහෝ සේ ලබන්නේ ය.

සාරිපුත්තයෙනි, සුදු වත් හඳිනා යම්කිසි ගිහියෙකු පන්සිල්හි පිහිටා සංවර වූ ක්‍රියා ඇතිව ගැඹුරු චිත්ත දියුණුවෙන් යුතු මෙලොව ලබන සැප විහරණය ඇති සතරක් වූ ධර්මයන් කැමති සේ ලබන්නේ, නිදුකින් ලබන්නේ, බොහෝ සේ ලබන්නේ වෙයි ද, එබඳු ගිහියෙකු ගැන දන්නෙහි ද? හේ කැමති නම් තමා ගැන තමා ම පවසන්නේ ය. 'නිරයෙන් මිදුණු කෙනෙක්මි. තිරිසන් අපායෙන් මිදුණු කෙනෙක්මි. ප්‍රේත විෂයෙන් මිදුණු කෙනෙක්මි. අපාය දුර්ගති විනිපාතියෙන් මිදුණු කෙනෙක්මි. අපායට නොවැටෙන ස්වභාව ඇත්තෙමි. නියත වශයෙන් නිවන පිහිට කොට ඇති සෝවාන් වූ කෙනෙක්මි' යි.

(ගාථා)

1. නිරයෙහි බිය දැක නුවණැත්තා පව් අත්හරින්නේ ය. ආර්ය ධර්මය වූ පංච ශීලය සමාදන් ව පව් අත්හරින්නේ ය.

2. තමා තුළ ඇති වීරිය දැන දැන ප්‍රාණීන්ට හිංසා නොකරන්නේ ය. දැන දැන බොරු නොකියන්නේ ය. අනුන් අයත් දෙය සොරකම් නොකරන්නේ ය.

3. සිය බිරිඳ සමඟ සතුටු වන්නේ පර අඹුවන් කෙරෙහි නොඇලෙන්නේ ය. මනුෂ්‍යයා සිහිසන් නැති කරවන මත්පැන් මත්ද්‍රව්‍ය භාවිත නොකරන්නේ ය.

4. සම්බුදුරජුන් සිහිකරන්නේ ය. නැවත නැවත ධර්මය මෙනෙහි කරන්නේ ය. දෙව්ලොව උපත පිණිස හිත වූ මෙත් සිත වඩන්නේ ය.

5. පිනෙන් ප්‍රයෝජන ඇති පින් සොයන්නා වූ තැනැත්තා හට දීමට යමක් ඇති කල්හී පළමු කොට නිකෙලෙස් උතුමන් හට දෙන්නේ නම් ඒ දක්ෂිණාව මහත්ඵල ලැබ දෙයි.

6. සාරිපුත්තයෙනි, ඒකාන්තයෙන් සත්පුරුෂයන් ගැන පවසමි. මාගේ වචනය අසව. මෙසේ කළු පැහැ වේවා, සුදු වේවා, රතු වේවා, රන් පැහැ වේවා,

7. ලප සහිත වේවා, සමාන රූ ඇති වේවා, පරෙවි පැහැ ඇති වේවා, මෙසේ යම් ඒ ගවයන් කෙරෙහි ශ්‍රේෂ්ඨ ගවයෙක් ඇද්ද,

8. බර ඉසිලීමෙහි සමත් වූ බලවත් වූ යහපත් ජවයෙන් හා වීරියෙන් යුක්ත වූයේ නම් ඔහුව ම බර ඉසිලීමට යොදති. එහිලා ඔහුගේ වර්ණය සලකා බලනු නොලැබේ.

9. මේ අයුරින් ම මිනිසුන් අතර යම්කිසි වර්ණයක කෙනෙක් උපන්නේ ද ක්ෂත්‍රීය කුලයෙහි වේවා, බ්‍රාහ්මණ කුලයෙහි වේවා, වෛශ්‍ය කුලයෙහි වේවා, ශුද්‍ර කුලයෙහි වේවා, සැඬොල් පුක්කුස කුලයෙහි වේවා,

10. යම් ම වූ මේ වර්ණයන් අතුරින් යම්කිසි කුලයක උපන්නේ, දමනයට පත් වූයේ, මනා ඇවතුම් පැවතුම් ඇත්තේ, ධර්මයේ පිහිටියේ, සිල්වත් වූයේ, සත්‍යවාදී වූයේ, ලැජ්ජා ඇත්තේ,

11. ඉපදෙන මැරෙන සසර නැතිවූයේ, පිරිපුන් බඹසර ඇත්තේ, කෙලෙස් බර බැහැර කළේ, කෙලෙසුන් හා එක් නොවූයේ, කළ යුත්ත කරන ලද්දේ, ආශ්‍රව රහිත වූයේ,

12. සසරින් එතෙරට ගියේ, කිසි දෙයක් කෙරෙහි උපාදාන වශයෙන් නොගෙන නිවී ගියේ, ඒ කෙලෙස් රහිත වූ පින් කෙතෙහි පුදන ලද දක්ෂිණාව මහත්ඵල වෙයි.

13. මෙය නොදන්නා ප්‍රඥා රහිත අශ්‍රැතවත් බාලයෝ ම බුදුසසුනෙන් බැහැර ව බොහෝ පින් තකා දන් දෙති. පින් කෙත වූ සත්පුරුෂයන් ඇසුරු නොකරති.

14. යමෙක් ප්‍රඥාවන්ත ව නුවණින් එඩිතර යැයි සම්මත ව සිට සත්පුරුෂයන් ඇසුරු කරත් ද, ඔවුන්ගේ ශ්‍රද්ධාව ද සුගතයන් වහන්සේ කෙරෙහි හටගෙන මුල් බැස පිහිටා ඇත්තේ ය.

15. ඔවුහු දෙව්ලොවට ද යති. මෙහි උතුම් කුලයක හෝ උපදිති. ඒ නුවණැත්තෝ අනුක්‍රමයෙන් නිවන කරා යන්නාහු ය.

සාදු! සාදු!! සාදු!!!

ගිහී සූත්‍රය නිමා විය.

5.4.3.10.
ගවේසී සූත්‍රය
ගවේසී උපාසක ගැන වදාළ දෙසුම

එක් සමයක භාග්‍යවතුන් වහන්සේ කොසොල් ජනපදයෙහි මහත් භික්ෂු සංඝයා සමඟ චාරිකාවෙහි වඩින සේක. එකල්හී භාග්‍යවතුන් වහන්සේ දීර්ඝ මාර්ගයට පිළිපන් සේක් එක්තරා ප්‍රදේශයකදී මහා සල්වනයක් දුටු සේක. දැක මගින් බැහැර වී ඒ සල්වනය වෙත වැඩි සේක. වැඩම කොට ඒ සල්වනයෙහි ඇතුළට පිවිස එක්තරා ප්‍රදේශයක දී මඳ සිනහ පහළ කළ සේක.

එකල්හී ආයුෂ්මත් ආනන්දයන් වහන්සේට මෙය සිතුණේ ය. 'භාග්‍යවතුන් වහන්සේගේ සිනහ පහළ කිරීමට හේතු වූයේ කුමක් ද? ප්‍රත්‍ය වූයේ කුමක් ද? තථාගතයන් වහන්සේලා නොකරුණෙහි සිනහ පහළ නොකරන සේක' යි. ඉක්බිති ආයුෂ්මත් ආනන්දයන් වහන්සේ භාග්‍යවතුන් වහන්සේට මෙය වදාළ සේක.

"ස්වාමීනී, භාග්‍යවතුන් වහන්සේගේ සිනහ පහළ කිරීමට හේතු වූයේ කුමක් ද? ප්‍රත්‍ය වූයේ කුමක් ද? තථාගතයන් වහන්සේලා නොකරුණෙහි සිනහ පහළ නොකරන සේක."

"ආනන්දයෙනි, මේ පෙර වූ දෙයකි. මේ ප්‍රදේශයෙහි ඉතා දියුණුවට පත් වූ සැප සම්පත් පිරුණු බොහෝ ජනයා ගැවසී ගත් මිනිසුන් ගෙන් පිරී ගිය නගරයක් තිබුණේ ය. ආනන්දයෙනි, කාශ්‍යප නම් වූ ඒ භාග්‍යවත් අරහත් සම්මා සම්බුදුරජාණන් වහන්සේ ඒ නගරය ඇසුරු කොට වාසය කළහ. ආනන්දයෙනි, කාශ්‍යප නම් ඒ භාග්‍යවත් අරහත් සම්මා සම්බුදුරජාණන් වහන්සේට ගවේසී නමින් සිල් නොපුරන උපාසකයෙක් සිටියේ ය. ආනන්දයෙනි, ගවේසී උපාසක විසින් උපාසක බවට පමුණුවන ලද පන්සියයක් පමණ උපාසකයෝ ද සිල් නොපුරන්නෝ වූහ.

ඉක්බිති ආනන්දයෙනි, ගවේසී උපාසක හට මෙය සිතුණේ ය. 'මම වනාහී මේ පන්සියයක් උපාසකයින්ට බොහෝ උපකාර ඇත්තෙක්මි. මුලින් ම සිටින්නෙක්මි. සමාදන් කරවන්නෙක්මි. මමත් සිල් නොපුරන්නෙක්මි. මේ පන්සියයක් උපාසකයෝ ද සිල් නොපුරන්නෝ ය. මෙකරුණෙන් සම සම වෙයි. වැඩි වෙනසක් නැත්තේ ය. එහෙයින් වැඩිපුර දෙයක් මම කරන්නෙම් නම් මැනැවි' යි.

ඉක්බිති ආනන්දයෙනි, ගවේසී උපාසක ඒ පන්සියයක් උපාසකයින් කරා ගියේ ය. ගොස් ඒ පන්සියයක් උපාසකයින්ට මෙකරුණ සැළ කළේ ය. 'ආයුෂ්මත්නි, මා අද පටන් සිල් පිරිපුන් කරන්නෙකු ලෙස පිළිගනිව්.'

එකල්හී ආනන්දයෙනි, ඒ පන්සියයක් උපාසකවරුන්ට මෙය සිතුණේ ය. 'ආර්ය වූ ගවේසී තෙමේ අපට බොහෝ උපකාර ය. මුලින් ම සිටියි. සමාදන් කරවයි. ආර්ය වූ ගවේසී වනාහී සීලයෙහි පරිපූරකාරී වන්නේ ය. කිම? අපි ද එසේ නොවන්නෙමු ද?'

ඉක්බිති ආනන්දයෙනි, ඒ පන්සියයක් උපාසකයෝ ද ගවේසී උපාසක කරා ගියහ. ගොස් ගවේසී උපාසකට මෙය පැවසූහ. 'ආර්ය වූ ගවේසී තෙමේ අද පටන් මේ පන්සියයක් උපාසකයෝ සිල් පිරිපුන් කරන්නන් ලෙස පිළිග නීවා' යි.

ඉක්බිති ආනන්දයෙනි, ගවේසී උපාසක හට මෙය සිතුණේ ය. 'මම වනාහී මේ පන්සියයක් උපාසකයින්ට බොහෝ උපකාර ඇත්තෙක්මි. මුලින් ම සිටින්නෙක්මි. සමාදන් කරවන්නෙක්මි. මමත් සිල් පුරන්නෙක්මි. මේ පන්සියයක් උපාසකයෝ ද සිල් පුරන්නෝ ය. මෙකරුණෙන් සම සම වෙයි. වැඩි වෙනසක් නැත්තේ ය. එහෙයින් වැඩිපුර දෙයක් මම කරන්නෙම් නම් මැනැවි' යි.

ඉක්බිති ආනන්දයෙනි, ගවේසී උපාසක ඒ පන්සියයක් උපාසකයින් කරා ගියේ ය. ගොස් ඒ පන්සියයක් උපාසකයින්ට මෙකරුණ සැළ කළේ ය. 'ආයුෂ්මත්නි, මා අද පටන් ලාමක දෙයක් වූ අඹුසැමියන් ලෙස හැසිරීමෙන් වෙන් වී අබ්‍රහ්මචාරී බව දුරු කොට බ්‍රහ්මචාරී ව සිටින්නෙකු ලෙස පිළිගනිව්.'

එකල්හී ආනන්දයෙනි, ඒ පන්සියයක් උපාසකවරුන්ට මෙය සිතුණේ ය. 'ආර්ය වූ ගවේසී තෙමේ අපට බොහෝ උපකාර ය. මුලින් ම සිටියි. සමාදන් කරවයි. ආර්ය වූ ගවේසී වනාහී ලාමක දෙයක් වූ අඹුසැමියන් ලෙස හැසිරීමෙන් වෙන් වී අබ්‍රහ්මචාරී බව දුරු කොට බ්‍රහ්මචාරී ව සිටියි. කිම? අපි ද එසේ නොවන්නෙමු ද?'

ඉක්බිති ආනන්දයෙනි, ඒ පන්සියයක් උපාසකයෝ ද ගවේසී උපාසක කරා ගියහ. ගොස් ගවේසී උපාසකට මෙය පැවසූහ. 'ආර්ය වූ ගවේසී තෙමේ අද පටන් මේ පන්සියයක් උපාසකයෝ ලාමක දෙයක් වූ අඹුසැමියන් ලෙස හැසිරීමෙන් වෙන් වී අබ්‍රහ්මචාරී බව දුරු කොට බ්‍රහ්මචාරී ව සිටින්නන් ලෙස පිළිගනීවා' යි.

ඉක්බිති ආනන්දයෙනි, ගවේසී උපාසක හට මෙය සිතුණේ ය. 'මම වනාහී මේ පන්සියයක් උපාසකයින්ට බොහෝ උපකාර ඇත්තෙක්මි. මුලින් ම සිටින්නෙක්මි. සමාදන් කරවන්නෙක්මි. මම ත් සිල් පුරන්නෙක්මි. මේ පන්සියයක් උපාසකයෝ ද සිල් පුරන්නෝ ය. මම ත් ලාමක දෙයක් වූ අඹුසැමියන් ලෙස හැසිරීමෙන් වෙන් වී අබ්‍රහ්මචාරී බව දුරු කොට බ්‍රහ්මචාරී ව සිටිමි. මේ පන්සියයක් උපාසකයෝ ද ලාමක දෙයක් වූ අඹුසැමියන් ලෙස හැසිරීමෙන් වෙන් වී අබ්‍රහ්මචාරී බව දුරු කොට බ්‍රහ්මචාරී ව සිටින්නෝ ය. මෙකරුණෙන් සම සම වෙයි. වැඩි වෙනසක් නැත්තේ ය. එහෙයින් වැඩිපුර දෙයක් මම කරන්නෙම් නම් මැනැවි' යි.

ඉක්බිති ආනන්දයෙනි, ගවේසී උපාසක ඒ පන්සියයක් උපාසකයින් කරා ගියේ ය. ගොස් ඒ පන්සියයක් උපාසකයින්ට මෙකරුණ සැළ කළේ ය. 'ආයුෂ්මත්නි, මා අද පටන් රාත්‍රී භෝජනයෙන් වැළකුණු විකල් බොජුනෙන් වැළකුණු උදේ වරුවෙහි ආහාර ගන්නා කෙනෙකු ලෙස පිළිගනිව්.'

එකල්හී ආනන්දයෙනි, ඒ පන්සියයක් උපාසකවරුන්ට මෙය සිතුණේ ය. 'ආර්ය වූ ගවේසී තෙමේ අපට බොහෝ උපකාර ය. මුලින් ම සිටියි. සමාදන් කරවයි. ආර්ය වූ ගවේසී වනාහී රාත්‍රී භෝජනයෙන් වැළකුණු විකල් බොජුනෙන් වැළකුණු උදේ වරුවෙහි ආහාර ගන්නා කෙනෙකු ව සිටියි. කිම? අපි ද එසේ නොවන්නෙමු ද?'

ඉක්බිති ආනන්දයෙනි, ඒ පන්සියයක් උපාසකයෝ ද ගවේසී උපාසක කරා ගියහ. ගොස් ගවේසී උපාසකට මෙය පැවසූහ. 'ආර්ය වූ ගවේසී තෙමේ අද පටන් මේ පන්සියයක් උපාසකයෝ රාත්‍රී භෝජනයෙන් වැළකුණු විකල් බොජුනෙන් වැළකුණු උදේ වරුවෙහි ආහාර ගන්නන් ලෙස පිළිගනීවා' යි.

ඉක්බිති ආනන්දයෙනි, ගවේසී උපාසක හට මෙය සිතුණේ ය. 'මම වනාහී මේ පන්සියයක් උපාසකයින්ට බොහෝ උපකාර ඇත්තෙක්මි. මුලින් ම සිටින්නෙක්මි. සමාදන් කරවන්නෙක්මි. මම ත් සිල් පුරන්නෙක්මි. මේ පන්සියයක් උපාසකයෝ ද සිල් පුරන්නෝ ය. මම ත් ලාමක දෙයක් වූ අඹුසැමියන් ලෙස හැසිරීමෙන් වෙන් වී අබ්‍රහ්මචාරී බව දුරු කොට බ්‍රහ්මචාරී

ව සිටිමි. මේ පන්සියයක් උපාසකයෝ ද ලාමක දෙයක් වූ අඹුසැමියන් ලෙස හැසිරීමෙන් වෙන් වී අබ්‍රහ්මචාරී බව දුරු කොට බ්‍රහ්මචාරී ව සිටින්නෝ ය. මම ත් රාත්‍රී භෝජනයෙන් වැළකුණු විකල් බොජුනෙන් වැළකුණු උදේ වරුවෙහි ආහාර ගන්නෙක්මි. මේ පන්සියයක් උපාසකයෝ ද රාත්‍රී භෝජනයෙන් වැළකුණු විකල් බොජුනෙන් වැළකුණු උදේ වරුවෙහි ආහාර ගන්නෝ ය. මෙකරුණෙන් සම සම වෙයි. වැඩි වෙනසක් නැත්තේ ය. එහෙයින් වැඩිපුර දෙයක් මම කරන්නෙම් නම් මැනැවි' යි.

ඉක්බිති ආනන්දයෙනි, ගවේසී උපාසක කාශ්‍යප භාග්‍යවත් අරහත් සම්මා සම්බුදුරජුන් කරා ගියේ ය. ගොස් කාශ්‍යප භාග්‍යවත් අරහත් සම්මා සම්බුදුරජුන්ට මෙය සැළ කළේ ය. 'ස්වාමීනී, භාග්‍යවතුන් වහන්සේ සමීපයෙහි මම පැවිදි බව ලබම්වා! උපසම්පදාව ලබම්වා!' යි. ආනන්දයෙනි, ගවේසී උපාසක කාශ්‍යප භාග්‍යවත් අරහත් සම්මා සම්බුදුරජුන් වෙතින් පැවිද්ද ලැබුවේ ය. උපසම්පදාව ලැබුවේ ය.

ආනන්දයෙනි, උපසම්පදාව ලැබ සුළු කලෙකින් ගවේසී භික්ෂුව හුදෙකලා වූයේ ය. අප්‍රමාදී ව කෙලෙස් තවන වීරියෙන් යුතුව දහමට දිවි පුදා වාසය කරන්නේ යම් කරුණක් පිණිස කුලපුත්‍රයෝ මැනැවින් ගිහි ගෙයින් නික්ම බුදු සසුනෙහි පැවිදි වෙත් ද, ඒ බඹසරෙහි අවසානය වන අනුත්තර වූ අරහත්වය නොබෝ කලකින් ම මේ ජීවිතයේ දී තම විශිෂ්ට ඥානයෙන් සාක්ෂාත් කොට පැමිණ වාසය කළේ ය. 'ඉපදීම ක්ෂය වූයේ ය. බඹසර වාසය නිමා කරන ලදී. කළ යුත්ත කරන ලදී. නිවන පිණිස කළ යුතු අන් දෙයක් නැතැ' යි දැනගත්තේ ය. ඒ ගවේසී භික්ෂුව එක්තරා රහතන් වහන්සේ නමක් බවට පත්වූයේ ය.

එකල්හී ආනන්දයෙනි, ඒ පන්සියයක් උපාසකවරුන්ට මෙය සිතුණේ ය. 'ආර්ය වූ ගවේසී තෙමේ අපට බොහෝ උපකාර ය. මුලින් ම සිටියි. සමාදන් කරවයි. ආර්ය වූ ගවේසී කෙස් රැවුල් බහා කසාවත් හැඳ පෙරව ගිහිගෙයින් නික්ම පැවිදි වූයේ ය. කිම? අපි ද එසේ නොවන්නෙමු ද?'

ඉක්බිති ආනන්දයෙනි, ඒ පන්සියයක් උපාසකවරු කාශ්‍යප භාග්‍යවත් අරහත් සම්මා සම්බුදුරජුන් කරා ගියහ. ගොස් කාශ්‍යප භාග්‍යවත් අරහත් සම්මා සම්බුදුරජුන්ට මෙය සැළ කළහ. 'ස්වාමීනී, භාග්‍යවතුන් වහන්සේ සමීපයෙහි අපි පැවිදි බව ලබම්හ! උපසම්පදාව ලබම්හ!' යි. ආනන්දයෙනි, ඒ පන්සියයක් උපාසකවරු කාශ්‍යප භාග්‍යවත් අරහත් සම්මා සම්බුදුරජුන් වෙතින් පැවිද්ද ලැබූහ. උපසම්පදාව ලැබූහ.

ආනන්දයෙනි, එකල්හී ගවේසී භික්ෂුවට මේ අදහස ඇතිවූයේ ය. 'මම් වනාහී අනුත්තර වූ විමුක්ති සුවය සුව සේ, නිදුකින්, විපුල සේ ලබනසුළු වූයේ වෙමි. ඒකාන්තයෙන් මේ පන්සියයක් භික්ෂූහු ද අනුත්තර වූ විමුක්ති සුවය සුව සේ, නිදුකින්, විපුල සේ ලබනසුළු වෙත් නම් යහපති' යි.

ආනන්දයෙනි, එකල්හී ඒ පන්සියයක් භික්ෂූහු ත් හුදෙකලා වූහ. අප්‍රමාදී ව කෙලෙස් තවන වීරියෙන් යුතුව දහමට දිවි පුදා වාසය කරන්නාහු යම් කරුණක් පිණිස කුලපුත්‍රයෝ මැනැවින් ගිහි ගෙයින් නික්ම බුදු සසුනෙහි පැවිදි වෙත් ද, ඒ බඹසරෙහි අවසානය වන අනුත්තර වූ අරහත්වය නොබෝ කලකින් ම මේ ජීවිතයේ දී තම විශිෂ්ට ඥානයෙන් සාක්ෂාත් කොට වාසය කළහ. 'ඉපදීම ක්ෂය වූයේ ය. බඹසර වාසය නිමා කරන ලදී. කළ යුත්ත කරන ලදී. නිවන පිණිස කළ යුතු අන් දෙයක් නැතැ' යි දැනගත්හ.

මෙසේ ආනන්දයෙනි, ගවේසී ප්‍රමුඛ ඒ පන්සියයක් භික්ෂූහු මතු මත්තෙහි උසස් උසස් දේ කරා යන්නට වෑයම් කරන්නාහු අනුත්තර වූ විමුක්ති සුඛය සාක්ෂාත් කළාහු ය.

එහෙයින් ආනන්දයෙනි, මෙහිලා මෙසේ හික්මිය යුත්තේ ය. 'මතු මත්තෙහි උසස් උසස් දේ කරා යන්නට වෑයම් කරමින් අනුත්තර වූ විමුක්ති සුඛය සාක්ෂාත් කරන්නෙමු' යි. ආනන්දයෙනි, ඔබ විසින් මෙසේ හික්මිය යුත්තේ ය.

සාදු! සාදු!! සාදු!!!

ගවේසී සූත්‍රය නිමා විය.

තුන්වෙනි උපාසක වර්ගය අවසන් විය.

- එහි පිළිවෙල උද්දානය යි :

සාරජ්ජ සූත්‍රය, විසාරද සූත්‍රය, නිරය සූත්‍රය, වේර සූත්‍රය, චණ්ඩාල සූත්‍රය, පීති සූත්‍රය, වණිජ්ජා සූත්‍රය, රාජ සූත්‍රය, ගිහි සූත්‍රය සහ ගවේසී සූත්‍රය වශයෙන් මෙහි සූත්‍ර දශයකි.

4. ආරඤ්ඤක වර්ගය

5.4.4.1.
ආරඤ්ඤක සූත්‍රය
අරණ්‍යයෙහි වසන්නා ගැන වදාළ දෙසුම

මහණෙනි, මේ පස් දෙනා අරණ්‍යයෙහි වසන්නෝ ය. ඒ කවර පස් දෙනෙක් ද යත්;

නොවැටහීමෙන් යුතු තැනැත්තා මෝඩකම හේතුවෙන් ආරණ්‍යවාසික වෙයි. පාපී ආශාවෙන් යුතු පාපී ආශාවෙන් මඩනා ලද සිතින් යුතු වූයේ ආරණ්‍යවාසික වෙයි. උමතු වූයේ චිත්ත වික්ෂේපයෙන් යුතුව ආරණ්‍යවාසික වෙයි. බුදුරජුන් විසිනුත් බුද්ධශ්‍රාවකයන් විසිනුත් වර්ණනා කරන ලද්දේ යැයි ආරණ්‍යවාසික වෙයි. අල්පේච්ඡතාවය නිසා ම, ලද දෙයින් සතුටු වන නිසා ම, කෙලෙස් ගලවා දැමීම නිසා ම, හුදෙකලා විවේකය නිසා ම, මේ ප්‍රතිපදාව ම යහපත් ය යන කරුණ නිසා ම ආරණ්‍යවාසික වෙයි.

මහණෙනි, මේ පස් දෙනා අරණ්‍යයෙහි වසන්නෝ ය.

මහණෙනි, මේ පස් වැදෑරුම් අරණ්‍යවාසිකයන් අතුරින් යම් අරණ්‍යවාසිකයෙක් අල්පේච්ඡතාවය නිසා ම, ලද දෙයින් සතුටු වන නිසා ම, කෙලෙස් ගලවා දැමීම නිසා ම, හුදෙකලා විවේකය නිසා ම, මේ ප්‍රතිපදාව ම යහපත් ය යන කරුණ නිසා ම ආරණ්‍යවාසික වෙයි ද මොහු මේ පස් වැදෑරුම් අරණ්‍යවාසිකයන් අතර අග්‍ර වූයේ ද, ශ්‍රේෂ්ඨ වූයේ ද, ප්‍රමුඛ වූයේ ද, උතුම් වූයේ ද, වඩාත් උතුම් වූයේ ද වෙයි.

මහණෙනි, යම් සේ ගවදෙනගෙන් කිරි ද, කිරෙන් දිහි ද, දිහියෙන් වෙඬරු ද, වෙඬරුවෙන් ගිතෙල් ද, ගිතෙලින් ගී මඬ ද ගන්නේ නම් එය එහි අග්‍ර

යැයි කියනු ලැබේ. එසෙයින් ම මහණෙනි, මේ පස් වැදෑරුම් අරණ්‍යවාසිකයන් අතුරින් යම් අරණ්‍යවාසිකයෙක් අල්පේච්ඡතාවය නිසා ම, ලද දෙයින් සතුටු වන නිසා ම, කෙලෙස් ගලවා දැමීම නිසා ම, හුදෙකලා විවේකය නිසා ම, මේ ප්‍රතිපදාව ම යහපත් ය යන කරුණ නිසා ම ආරණ්‍යවාසික වෙයි ද මොහු මේ පස් වැදෑරුම් අරණ්‍යවාසිකයන් අතර අග්‍ර වූයේ ද, ශ්‍රේෂ්ඨ වූයේ ද, ප්‍රමුඛ වූයේ ද, උතුම් වූයේ ද, වඩාත් උතුම් වූයේ ද වෙයි.

සාදු! සාදු!! සාදු!!!

ආරඤ්ඤක සූත්‍රය නිමා විය.

5.4.4.2.
පංසුකූලික සූත්‍රය
පාංශුකූලික ව වසන්නා ගැන වදාළ දෙසුම

සැවැත් නුවර දී ය .....

මහණෙනි, මේ පස් දෙනා පාංශුකූලික ව වසන්නෝ ය. ....(පෙ)....

5.4.4.3.
පිණ්ඩපාතික සූත්‍රය
පිණ්ඩපාතික ව වසන්නා ගැන වදාළ දෙසුම

සැවැත් නුවර දී ය .....

මහණෙනි, මේ පස් දෙනා පිණ්ඩපාතික ව වසන්නෝ ය. ....(පෙ)....

5.4.4.4.
රුක්ඛමූලික සූත්‍රය
රුක් සෙවණෙහි වසන්නා ගැන වදාළ දෙසුම

සැවැත් නුවර දී ය .....

මහණෙනි, මේ පස් දෙනා රුක් සෙවණෙහි වසන්නෝ ය. ....(පෙ)....

5.4.4.5.
සෝසානික සූත්‍රය
සොහොනෙහි වසන්නා ගැන වදාළ දෙසුම

සැවැත් නුවර දී ය .....

මහණෙනි, මේ පස් දෙනා සොහොනෙහි වසන්නෝ ය. ....(පෙ)....

5.4.4.6.
අබ්භෝකාසික සූත්‍රය
එළිමහනෙහි වසන්නා ගැන වදාළ දෙසුම

සැවැත් නුවර දී ය .....

මහණෙනි, මේ පස් දෙනා එළිමහනෙහි වසන්නෝ ය. ....(පෙ)....

5.4.4.7.
නේසජ්ජික සූත්‍රය
හිඳින ඉරියව්වෙහි ම වසන්නා ගැන වදාළ දෙසුම

සැවැත් නුවර දී ය .....

මහණෙනි, මේ පස් දෙනා හිඳින ඉරියව්වෙහි ම වසන්නෝ ය. ....(පෙ)....

5.4.4.8.
යථාසන්ථතික සූත්‍රය
පළමු ලද අසුනෙහි ම වසන්නා ගැන වදාළ දෙසුම

සැවැත් නුවර දී ය .....

මහණෙනි, මේ පස් දෙනා පළමු ලද අසුනෙහි ම වසන්නෝ ය. ....(පෙ)....

5.4.4.9.
ඒකාසනික සූත්‍රය
එක අසුනෙහි ම සිට දන් වළඳන්නා ගැන වදාළ දෙසුම

සැවැත් නුවර දී ය .....

මහණෙනි, මේ පස් දෙනා එක අසුනෙහි ම සිට දන් වළඳන්නෝ ය. ....(පෙ)....

5.4.4.10.
ඛලුපච්ඡාභත්තික සූත්‍රය
වළඳා නිම වූ පසු ලද කිසිවක් නොපිළිගන්නා ගැන වදාළ දෙසුම

සැවැත් නුවර දී ය .....

මහණෙනි, මේ පස් දෙනා වළඳා නිම වූ පසු ලද කිසිවක් නොපිළි ගන්නෝ ය. ....(පෙ)....

5.4.4.11.
පත්තපිණ්ඩික සූත්‍රය
පාත්‍රයට ලද පිඬු පමණක් පිළිගන්නා ගැන වදාළ දෙසුම

මහණෙනි, මේ පස් දෙනා පාත්‍රයට ලද පිඬු පමණක් පිළිගන්නෝ ය. ඒ කවර පස් දෙනෙක් ද යත්;

නොවැටහීමෙන් යුතු තැනැත්තා මෝඩකම හේතුවෙන් පත්තපිණ්ඩික වෙයි. පාපී ආශාවෙන් යුතු පාපී ආශාවෙන් මඩනා ලද සිතින් යුතු වූයේ පත්තපිණ්ඩික වෙයි. උමතු වූයේ චිත්ත වික්ෂේපයෙන් යුතුව පත්තපිණ්ඩික වෙයි. බුදුරජුන් විසිනුත් බුද්ධශ්‍රාවකයන් විසිනුත් වර්ණනා කරන ලද්දේ යැයි පත්තපිණ්ඩික වෙයි. අල්පේච්ඡතාවය නිසා ම, ලද දෙයින් සතුටු වන නිසා ම, කෙලෙස් ගලවා දැමීම නිසා ම, හුදෙකලා විවේකය නිසා ම, මේ ප්‍රතිපදාව ම යහපත් ය යන කරුණ නිසා ම පත්තපිණ්ඩික වෙයි.

මහණෙනි, මේ පස් දෙනා පාත්‍රයට ලද පිඩු පමණක් පිළිගන්නෝ ය.

මහණෙනි, මේ පස් වැදෑරුම් පත්තපිණ්ඩිකයන් අතුරින් යම් පත්තපිණ්ඩිකයෙක් අල්පේච්ඡතාවය නිසා ම, ලද දෙයින් සතුටු වන නිසා ම, කෙලෙස් ගලවා දැමීම නිසා ම, හුදෙකලා විවේකය නිසා ම, මේ ප්‍රතිපදාව ම යහපත් ය යන කරුණ නිසා ම පත්තපිණ්ඩික වෙයි ද මොහු මේ පස් වැදෑරුම් පත්තපිණ්ඩිකයන් අතර අග්‍ර වූයේ ද, ශ්‍රේෂ්ඨ වූයේ ද, ප්‍රමුඛ වූයේ ද, උතුම් වූයේ ද, වඩාත් උතුම් වූයේ ද වෙයි.

මහණෙනි, යම් සේ ගවදෙනගෙන් කිරි ද, කිරෙන් දිහි ද, දිහියෙන් වෙඬරු ද, වෙඬරුවෙන් ගිතෙල් ද, ගිතෙලින් ගී මඬ ද ගන්නේ නම් එය එහි අග්‍ර යැයි කියනු ලැබේ. එසෙයින් ම මහණෙනි, මේ පස් වැදෑරුම් පත්තපිණ්ඩිකයන් අතුරින් යම් පත්තපිණ්ඩිකයෙක් අල්පේච්ඡතාවය නිසා ම, ලද දෙයින් සතුටු වන නිසා ම, කෙලෙස් ගලවා දැමීම නිසා ම, හුදෙකලා විවේකය නිසා ම, මේ ප්‍රතිපදාව ම යහපත් ය යන කරුණ නිසා ම පත්තපිණ්ඩික වෙයි ද මොහු මේ පස් වැදෑරුම් පත්තපිණ්ඩිකයන් අතර අග්‍ර වූයේ ද, ශ්‍රේෂ්ඨ වූයේ ද, ප්‍රමුඛ වූයේ ද, උතුම් වූයේ ද, වඩාත් උතුම් වූයේ ද වෙයි.

සාදු! සාදු!! සාදු!!!

පත්තපිණ්ඩික සූත්‍රය නිමා විය.

හතරවෙනි ආරඤ්ඤක වර්ගය අවසන් විය.

- **එහි පිළිවෙල උද්දානය යි :**

ආරඤ්ඤක සූත්‍රය, පංසුකූලික සූත්‍රය, පිණ්ඩපාතික සූත්‍රය, රුක්ඛමූල සූත්‍රය, සෝසානික සූත්‍රය, අබ්භෝකාසික සූත්‍රය, නේසජ්ජික සූත්‍රය, යථාසන්ථතික සූත්‍රය, ඒකාසනික සූත්‍රය, ඛලුපච්ඡාභත්තික සූත්‍රය සහ පත්තපිණ්ඩික සූත්‍රය වශයෙන් මෙහි සූත්‍ර එකොළසකි.

5. සෝණ වර්ගය

5.4.5.1.
සෝණ සූත්‍රය
සුනඛයා උපමා කොට වදාළ දෙසුම

සැවැත් නුවර දී ය .....

මහණෙනි, බ්‍රාහ්මණයන් තුළ තිබූ මේ පැරණි සිරිත් පස මෙකල සුනඛයන් අතර දිස්වෙයි. බ්‍රාහ්මණයන් අතර නොවෙයි. ඒ කවර පසක් ද යත්;

මහණෙනි, පෙර සිටි බමුණෝ බැමිණිය වෙත පමණක් ගියාහු ය. නොබැමිණිය වෙත නොවෙයි. මහණෙනි, මෙකල බමුණෝ බැමිණිය වෙත ත් යති. නොබැමිණිය වෙත ත් යති. මෙකල සුනඛයෝ සුනඛිය කරා පමණක් යති. සුනඛියක් නොවන එකියක් කරා නොයති. මහණෙනි, බ්‍රාහ්මණයන් තුළ තිබූ මේ පළමු පැරණි සිරිත මෙකල සුනඛයන් අතර දිස්වෙයි. බ්‍රාහ්මණයන් අතර නොවෙයි.

මහණෙනි, පෙර සිටි බමුණෝ වැඩිවිය පැමිණි බැමිණිය කරා පමණක් ගියාහු ය. වැඩිවිය නොපැමිණි බැමිණිය වෙත නොවෙයි. මහණෙනි, මෙකල බමුණෝ වැඩිවිය පැමිණි බැමිණිය වෙත ත් යති. වැඩිවිය නොපැමිණි බැමිණිය වෙත ත් යති. මෙකල සුනඛයෝ වැඩිවිය පැමිණි සුනඛිය කරා පමණක් යති. වැඩිවිය නොපැමිණි සුනඛිය කරා නොයති. මහණෙනි, බ්‍රාහ්මණයන් තුළ තිබූ මේ දෙවෙනි පැරණි සිරිත මෙකල සුනඛයන් අතර දිස්වෙයි. බ්‍රාහ්මණයන් අතර නොවෙයි.

මහණෙනි, පෙර සිටි බමුණෝ බැමිණිය මිලට නොගත්හ. අලෙවි නොකළහ. අන්‍යෝන්‍ය ප්‍රේමයෙන් ම එක් ව කුල පරම්පරා ව පවත්වනු පිණිස අඹුසැමියන් ලෙස සිටියාහු ය. මහණෙනි, මෙකල බමුණෝ බැමිණිය මිලට ගනිති. අලෙවි කරති. අනෝන්‍ය ප්‍රේමයෙනුත් එක් ව කුල පරම්පරා ව

පවත්වනු පිණිස අඹුසැමියන් ලෙස සිටිති. අන්‍යෝන්‍ය ප්‍රේමයෙන් තොරව ත් එක් ව කුල පරම්පරා ව පවත්වනු පිණිස අඹුසැමියන් ලෙස සිටිති. මෙකල සුනඛයෝ සුනඛිය මිලට නොගනිති. නොවිකුණති. අන්‍යෝන්‍ය ප්‍රේමයෙන් එක් ව කුල පරම්පරා ව පවත්වනු පිණිස සංවාසයේ යෙදෙති. මහණෙනි, බ්‍රාහ්මණයන් තුළ තිබූ මේ තුන්වෙනි පැරණි සිරිත මෙකල සුනඛයන් අතර දිස්වෙයි. බ්‍රාහ්මණයන් අතර නොවෙයි.

මහණෙනි, පෙර සිටි බමුණෝ රැස් කිරීම නොකළහ. ධනය ද, ධාන්‍ය ද, රිදී මිල ද, රන් මිල ද රැස් නොකළහ. මහණෙනි, මෙකල බමුණෝ ධනය ද, ධාන්‍ය ද, රිදී මිල ද, රන් මිල ද රැස් කරති. මෙකල සුනඛයෝ ධනය ද, ධාන්‍ය ද, රිදී මිල ද, රන් මිල ද රැස් නොකරති. මහණෙනි, බ්‍රාහ්මණයන් තුළ තිබූ මේ සිව්වෙනි පැරණි සිරිත මෙකල සුනඛයන් අතර දිස්වෙයි. බ්‍රාහ්මණයන් අතර නොවෙයි.

මහණෙනි, පෙර සිටි බමුණෝ සවස් වරුවෙහි ත්, උදේ වරුවෙහි ත් ආහාර උදෙසා භික්ෂාව සොයා ගියහ. මහණෙනි, මෙකල බමුණෝ කැමති තාක් කුස පුරා අනුභව කොට ඉතුරු සියල්ල ත් රැගෙන යති. මෙකල සුනඛයෝ සවස් වරුවෙහි ත්, උදේ වරුවෙහි ත් ආහාර උදෙසා භික්ෂාව සොයා යති. මහණෙනි, බ්‍රාහ්මණයන් තුළ තිබූ මේ පස්වෙනි පැරණි සිරිත මෙකල සුනඛයන් අතර දිස්වෙයි. බ්‍රාහ්මණයන් අතර නොවෙයි.

මහණෙනි, බ්‍රාහ්මණයන් තුළ තිබූ මේ පැරණි සිරිත් පස මෙකල සුනඛයන් අතර දිස්වෙයි. බ්‍රාහ්මණයන් අතර නොවෙයි.

සාදු! සාදු!! සාදු!!!

සෝණ සූත්‍රය නිමා විය.

5.4.5.2.
ද්‍රෝණ සූත්‍රය
ද්‍රෝණ බමුණාට වදාළ දෙසුම

සැවැත් නුවර දී ය .....

එකල්හී ද්‍රෝණ බ්‍රාහ්මණයා භාග්‍යවතුන් වහන්සේ යම් තැනක වැඩසිටි

සේක් ද, එතැනට පැමිණියේ ය. පැමිණ භාග්‍යවතුන් වහන්සේ සමඟ සතුටු වූයේ ය. සතුටු විය යුතු පිළිසඳර කතා බහ නිමවා එකත්පස් ව හිඳ ගත්තේ ය. එකත්පස් ව හුන් ද්‍රෝණ බමුණා භාග්‍යවතුන් වහන්සේට මෙය පැවසුවේ ය.

"භවත් ගෞතමයන් වහන්ස, මෙකරුණ මවිසින් අසන ලද්දේ ය. එනම් 'ශ්‍රමණ භවත් ගෞතම තෙමේ ජරා ජීර්ණ වූ, වයෝවෘද්ධ වූ, මහළු වූ, පිළිවෙලින් වයසට ගිය, බ්‍රාහ්මණයන්ට නොවඳින්නේ හෝ වෙයි. දැක හුනස්නෙන් නොනැගිටින්නේ හෝ වෙයි. අසුනින් නොපවරන්නේ හෝ වෙයි' කියා ය. භවත් ගෞතමයෙනි, එය එසේ ම ය. ශ්‍රමණ භවත් ගෞතම තෙමේ ජරා ජීර්ණ වූ, වයෝවෘද්ධ වූ, මහළු වූ, පිළිවෙලින් වයසට ගිය, බ්‍රාහ්මණයන්ට නොවඳින්නේ හෝ වෙයි. දැක හුනස්නෙන් නොනැගිටින්නේ හෝ වෙයි. අසුනින් නොපවරන්නේ හෝ වෙයි. භවත් ගෞතමයන් වහන්ස, මෙය ගැලපෙන දෙයක් නම් නොවෙයි."

"ද්‍රෝණයෙනි, ඔබ ත් බ්‍රාහ්මණයෙක් වශයෙන් ප්‍රතිඥා දෙන්නෙහි ද?"

"භවත් ගෞතමයන් වහන්ස, යමෙක් යම් කෙනෙකු අරභයා 'මව් පසිනුත් පිය පසිනුත් යන දෙපසින් ම සුජාත උපතක් ලද, පිරිසිදු මව් කුසක් ඇති, සත්වෙනි මීමුතු පරපුර තෙක් ජාතිවාදයෙන් නින්දා නොලද, නොබැහැර කළ බ්‍රාහ්මණයා ය, උගන්වන්නා වූ වේද මන්ත්‍රධර වූ නිඝණ්ඩු, කේටුභ, සාක්ෂර ප්‍රභේද සහිත වූ ඉතිහාසය පස්වෙනි කොට ඇති ත්‍රිවේදයෙහි කෙළ පැමිණියේ ය, වේද පද හදාරණ, ව්‍යාකරණ දත්, ලෝකායත ශාස්ත්‍රයෙහි ද, මහා පුරුෂ ලක්ෂණයෙහි ද මනා දැනුමක් ඇති බ්‍රාහ්මණයා ය' කියා මනාකොට කියන්නේ නම් භවත් ගෞතමයන් වහන්ස, ඒ මා සඳහා ම කියන්නේ ය.

භවත් ගෞතමයන් වහන්ස, මම් වනාහී මව් පසිනුත් පිය පසිනුත් යන දෙපසින් ම සුජාත උපතක් ලද, පිරිසිදු මව් කුසක් ඇති, සත්වෙනි මීමුතු පරපුර තෙක් ජාතිවාදයෙන් නින්දා නොලද, නොබැහැර කළ අයෙක්මි. උගන්වන්නා වූ වේද මන්ත්‍රධර වූ නිඝණ්ඩු, කේටුභ, සාක්ෂර ප්‍රභේද සහිත වූ ඉතිහාසය පස්වෙනි කොට ඇති ත්‍රිවේදයෙහි කෙළ පැමිණියේ ය, වේද පද හදාරණ, ව්‍යාකරණ දත්, ලෝකායත ශාස්ත්‍රයෙහි ද, මහා පුරුෂ ලක්ෂණයෙහි ද මනා දැනුමක් ඇති බ්‍රාහ්මණයෙක් වෙමි."

"ද්‍රෝණය, බ්‍රාහ්මණයන්ගේ මන්ත්‍ර රචනා කළ, මන්ත්‍ර පැවසූ, පෙර සිටි ඍෂිවරු වෙත් ද, ඒ ඍෂිවරුන් විසින් ගයන ලද, කියන ලද, රැස් කරන ලද, ඒ පැරණි මන්ත්‍ර පද මෙකල බ්‍රාහ්මණවරු ඒ අනුව ගයත් නම්, ඒ අනුව කියත් නම්,

ඒ අනුව හදාරවත් නම්, ඒ අනුව සජ්ඣායනා කරවත් නම්, ඒ අනුව වනපොත් කරවත් නම්, ඒ කවර ඍෂිවරුගේ ද? අට්ටක, වාමක, වාමදේව, වෙස්සාමිත්ත, යමතග්ගී, අංගීරස, භාරද්වාජ, වාසෙට්ඨ, කස්සප, භගු යන මේ දස ඍෂීහු ය. ඔවුහු පස් වැදෑරුම් බමුණන් පණවති. බ්‍රහ්මසම බමුණා ය, දේවසම බමුණා ය, සීමාව තුළ සිටින බමුණා ය, සීමා බිඳගත් බමුණා ය, පස්වෙනි සැඩොල් බමුණා ය වශයෙනි. ද්‍රෝණය, මොවුන් අතුරින් ඔබ අයත් වන්නේ කාට ද?"

"භවත් ගෞතමයන් වහන්ස, අපි මේ පස් වැදෑරුම් බ්‍රාහ්මණයන් ගැන නොදනිමු. වැලිදු අපි බ්‍රාහ්මණයන් බව නම් දනිමු. භවත් ගෞතමයන් වහන්සේ යම් අයුරකින් මේ පංච බ්‍රාහ්මණයන් ගැන මම දැනගන්නෙම් ද, ඒ අයුරින් මට දහම් දෙසන සේක් නම් මැනැවි."

"එසේ වී නම් බ්‍රාහ්මණය, අසව. මැනැවින් මෙනෙහි කරව. පවසන්නෙමි."

"එසේ ය භවතැ"යි ද්‍රෝණ බ්‍රාහ්මණයා භාග්‍යවතුන් වහන්සේට පිළිතුරු දුන්නේ ය. භාග්‍යවතුන් වහන්සේ මෙය වදාළ සේක.

"ද්‍රෝණය, බ්‍රාහ්මණයෙක් බ්‍රහ්මයා හා සමාන වන්නේ කෙසේ ද? ද්‍රෝණය, මෙහිලා බ්‍රාහ්මණ තෙමේ මව් පසිනුත් පිය පසිනුත් යන දෙපසින් ම සුජාත උපතක් ලද, පිරිසිදු මව් කුසක් ඇති, සත්වෙනි මීමුතු පරපුර තෙක් ජාතිවාදයෙන් නින්දා නොලද, බැහැර නොකළේ වෙයි. හේ සතලිස් අට වර්ෂයක් වේදමන්ත්‍ර හදාරමින් කුමර බඹසර හැසිරෙයි. සතලිස් අට වර්ෂයක් වේදමන්ත්‍ර හදාරමින් කුමර බඹසර හැසිරී ආචාර්යවරයාට ධර්මයෙන් ම ගුරුපඬුරු සොයයි. අධර්මයෙන් නොවෙයි. ද්‍රෝණය, එහිලා ධර්මය යනු කුමක් ද? ගොවිතැනෙනුත් නොවෙයි. වෙළඳාමෙනුත් නොවෙයි. ගවයන් රැකීමෙනුත් නොවෙයි. ධනුශ්ශිල්පයෙනුත් නොවෙයි. රාජපුරුෂ බවෙනුත් නොවෙයි. වෙනත් ශිල්පයකිනුත් නොවෙයි. හුදෙක් ම භික්ෂාවෙහි හැසිරීමෙන් අතට ගත් කබලට අවමන් නොකරමින් වෙසෙයි. හේ ආචාර්යවරයාට ගුරුපඬුරු සොයා දී කෙස් රැවුල් බහා කසාවත් හැඳ පොරොවා අනගාරික ව පැවිදි වෙයි. හේ එසේ පැවිදි වූයේ මෛත්‍රී සහගත සිතින් එක් දිශාවක් පතුරුවා වාසය කරයි. එසේ දෙවෙනි දිශාව ද, තුන්වෙනි දිශාව ද, සතරවෙනි දිශාව ද, උඩ යට සරස හැම තැන්හි සියළු දෙනාට සම ලෙසින් සියළු ලෝකයා හට මෛත්‍රී සහගත වූ මහත් වූ මහග්ගත වූ අප්‍රමාණ වූ අවෛරී වූ අව්‍යාපාද සිත පතුරුවා වාසය කරයි. කරුණා ....(පෙ).... මුදිතා ....(පෙ).... උපේක්ෂා සහගත සිතින් එක් දිශාවක් පතුරුවා වාසය කරයි. එසේ දෙවෙනි දිශාව ද, තුන්වෙනි දිශාව ද, සතරවෙනි දිශාව ද, උඩ යට සරස හැම තැන්හි සියළු දෙනාට සම ලෙසින් සියළු ලෝකයා හට උපේක්ෂා සහගත වූ මහත් වූ මහග්ගත වූ අප්‍රමාණ වූ

අවෛරී වූ අව්‍යාපාද සිත පතුරවා වාසය කරයි. හේ මේ සතර බ්‍රහ්ම විහාරයන් වඩා කය බිඳී මරණින් මතු සුගති සංඛ්‍යාත බඹලොවෙහි ඉපදෙයි. මෙසේ ද්‍රෝණය, බ්‍රාහ්මණයා බ්‍රහ්මසම වෙයි.

ද්‍රෝණය, බ්‍රාහ්මණයෙක් දෙවියන් හා සමාන වන්නේ කෙසේ ද? ද්‍රෝණය, මෙහිලා බ්‍රාහ්මණ තෙමේ මව් පසිනුත් පිය පසිනුත් යන දෙපසින් ම සුජාත උපතක් ලද, පිරිසිදු මව් කුසක් ඇති, සත්වෙනි මීමුතු පරපුර තෙක් ජාතිවාදයෙන් නින්දා නොලද, බැහැර නොකළේ වෙයි. හේ සතලිස් අට වර්ෂයක් වේදමන්ත්‍ර හදාරමින් කුමර බඹසර හැසිරෙයි. සතලිස් අට වර්ෂයක් වේදමන්ත්‍ර හදාරමින් කුමර බඹසර හැසිරී ආචාර්යවරයාට ධර්මයෙන් ම ගුරුපඬුරු සොයයි. අධර්මයෙන් නොවෙයි. ද්‍රෝණය, එහිලා ධර්මය යනු කුමක් ද? ගොවිතැනෙනුත් නොවෙයි. වෙළඳාමෙනුත් නොවෙයි. ගවයන් රැකීමෙනුත් නොවෙයි. ධනුශ්ශිල්පයෙනුත් නොවෙයි. රාජපුරුෂ බවෙනුත් නොවෙයි. වෙනත් ශිල්පයකිනුත් නොවෙයි. හුදෙක් ම භික්ෂාවෙහි හැසිරීමෙන් අතට ගත් කබලට අවමන් නොකරමින් වෙසෙයි. හේ ආචාර්යවරයාට ගුරුපඬුරු සොයා දී ධර්මයෙන් ම බිරිඳක් සොයයි. අධර්මයෙන් නොවෙයි. එහිලා ද්‍රෝණය, ධර්මය යනු කුමක් ද? මිලට ගන්නේ නොවෙයි, විකුණන්නේ නොවෙයි. අතපැන් වත්කොට දෙන බැමිණියක් ම සොයයි. හේ බැමිණිය ළඟට පමණක් යයි. ක්ෂත්‍රිය ගැහැණිය වෙත නොයයි. වෛශ්‍ය ගැහැණිය වෙත නොයයි. ශූද්‍ර ගැහැණිය වෙත නොයයි. සැඩොල් ගැහැණිය වෙත නොයයි. වැදි ගැහැණිය වෙත නොයයි. කුළුපොතු ගැහැණිය වෙත නොයයි. රථකාර ගැහැණිය වෙත නොයයි. පුක්කුස ගැහැණිය වෙත නොයයි. ගැබ්ගත් ගැහැණිය වෙත නොයයි. දරුවාට කිරි දෙන ගැහැණිය වෙත නොයයි. වැඩිවිය නොපත් ගැහැණිය වෙත නොයයි. ද්‍රෝණය, බ්‍රාහ්මණයා මක් නිසා ද ගැබිණිය වෙත නොයන්නේ ? ඉදින් ද්‍රෝණය, බ්‍රාහ්මණයා ගැබිණිය වෙත යයි නම්, ඒ දරුවා හෝ දැරිය මහා අසුචි රාශියෙහි උපදින්නේ වෙයි. එහෙයින් ද්‍රෝණය, බ්‍රාහ්මණයා ගැබිණිය කරා නොයයි. ද්‍රෝණය, බ්‍රාහ්මණයා මක් නිසා ද කිරිපොවන්නිය වෙත නොයන්නේ ? ඉදින් ද්‍රෝණය, බ්‍රාහ්මණයා දරුවාට කිරිපොවන්නිය වෙත යයි නම්, ඒ දරුවා හෝ දැරිය අසුචි පානය කරන්නේ වෙයි. එහෙයින් ද්‍රෝණය, බ්‍රාහ්මණයා කිරිපොවන්නිය කරා නොයයි. ද්‍රෝණය, බ්‍රාහ්මණයා මක් නිසා ද වැඩිවිය නොපත් ස්ත්‍රිය වෙත නොයන්නේ ? ඉදින් ද්‍රෝණය, බ්‍රාහ්මණයා වැඩිවිය නොපත් ස්ත්‍රිය වෙත යයි නම්, එය නොගැලපෙයි. බ්‍රාහ්මණයා හට බැමිණිය කාමයෙහි අරුත නොසපයන්නී වෙයි. ජවයෙහි අරුත නොසපයන්නී වෙයි. රතියෙහි අරුත නොසපයන්නී වෙයි. බ්‍රාහ්මණයා හට බැමිණිය දරු පරපුර බිහි කිරීම පිණිස ම වෙයි. හේ දරුවෙකු හෝ දැරියක උපදවා කෙස් රැ

වුල් බහා කසාවත් හැඳ පොරොවා ගෙන අනගාරික ව පැවිදි වෙයි. හේ එසේ පැවිදි වූයේ කාමයන්ගෙන් වෙන් ව ....(පෙ).... සතරවෙනි ධ්‍යානයට සමවැදී වාසය කරන්නේ වෙයි. හේ මේ දෑහැන් සතර වඩා කය බිඳී මරණින් මතු සුගති සංඛ්‍යාත ස්වර්ග ලෝකයෙහි ඉපදෙයි. මෙසේ ද්‍රෝණය, බ්‍රාහ්මණයා දේවසම වෙයි.

ද්‍රෝණය, බ්‍රාහ්මණයෙක් තම සීමාවෙහි සිටින්නේ කෙසේ ද? ද්‍රෝණය, මෙහිලා බ්‍රාහ්මණ තෙමේ මව් පසිනුත් පිය පසිනුත් යන දෙපසින් ම සුජාත උපතක් ලද, පිරිසිදු මව් කුසක් ඇති, සත්වෙනි මීමුතු පරපුර තෙක් ජාතිවාදයෙන් නින්දා නොලද, බැහැර නොකළේ වෙයි. හේ සතලිස් අට වර්ෂයක් වේදමන්ත්‍ර හදාරමින් කුමර බඹසර හැසිරෙයි. සතලිස් අට වර්ෂයක් වේදමන්ත්‍ර හදාරමින් කුමර බඹසර හැසිරී ආචාර්යවරයාට ධර්මයෙන් ම ගුරුපඬුරු සොයයි. අධර්මයෙන් නොවෙයි. ද්‍රෝණය, එහිලා ධර්මය යනු කුමක් ද? ගොවිතැනෙනුත් නොවෙයි. වෙළඳාමෙනුත් නොවෙයි. ගවයන් රැකීමෙනුත් නොවෙයි. ධනුශ්ශිල්පයෙනුත් නොවෙයි. රාජපුරුෂ බවෙනුත් නොවෙයි. වෙනත් ශිල්පයකිනුත් නොවෙයි. හුදෙක් ම භික්ෂාවෙහි හැසිරීමෙන් අතට ගත් කබලට අවමන් නොකරමින් වෙසෙයි. හේ ආචාර්යවරයාට ගුරුපඬුරු සොයා දී ධර්මයෙන් ම බිරිඳක් සොයයි. අධර්මයෙන් නොවෙයි. එහිලා ද්‍රෝණය, ධර්මය යනු කුමක් ද? මිලට ගන්නේ නොවෙයි, විකුණන්නේ නොවෙයි. අතපැන් වත්කොට දෙන බැමිණියක් ම සොයයි. හේ බැමිණිය ළඟට පමණක් යයි. ක්ෂත්‍රීය ගැහැණිය වෙත නොයයි. වෛශ්‍ය ගැහැණිය වෙත නොයයි. ශූද්‍ර ගැහැණිය වෙත නොයයි. සැඬොල් ගැහැණිය වෙත නොයයි. වැදි ගැහැණිය වෙත නොයයි. කුළුපොතු ගැහැණිය වෙත නොයයි. රථකාර ගැහැණිය වෙත නොයයි. පුක්කුස ගැහැණිය වෙත නොයයි. ගැබ්ගත් ගැහැණිය වෙත නොයයි. දරුවාට කිරි දෙන ගැහැණිය වෙත නොයයි. වැඩිවිය නොපත් ගැහැණිය වෙත නොයයි. ද්‍රෝණය, බ්‍රාහ්මණයා මක් නිසා ද ගැබිණිය වෙත නොයන්නේ ? ඉදින් ද්‍රෝණය, බ්‍රාහ්මණයා ගැබිණිය වෙත යයි නම්, ...(පෙ).... බ්‍රාහ්මණයා හට බැමිණිය දරු පරපුර බිහි කිරීම පිණිස ම වෙයි. හේ දරුවෙකු හෝ දැරියක උපදවා දරුවාගේ ආශ්වාදය කැමති ව ගිහි ගෙදර වාසය කරයි. ගිහි ගෙයින් නික්ම අනගාරික ව පැවිදි නොවෙයි. යම්තාක් බ්‍රාහ්මණයන්ගේ පැරණි සීමාව ඇද්ද, එහි ම සිටියි. එය නොඉක්මවයි. යම්තාක් බ්‍රාහ්මණයන්ගේ පැරණි සීමාව ඇද්ද, එහි ම සිටියි ද, එය නොඉක්මවයි ද එහෙයින් සීමාව තුළ සිටිය බ්‍රාහ්මණයා යැයි කියනු ලැබේ. මෙසේ ද්‍රෝණය, බ්‍රාහ්මණයා සීමාව තුළ සිටියේ වෙයි.

ද්‍රෝණය, බ්‍රාහ්මණයෙක් තම සීමාව බිඳගෙන සිටින්නේ කෙසේ ද? ද්‍රෝණය, මෙහිලා බ්‍රාහ්මණ තෙමේ මව් පසිනුත් පිය පසිනුත් යන දෙපසින් ම සුජාත උපතක් ලද, පිරිසිදු මව් කුසක් ඇති, සත්වෙනි මීමුතු පරපුර තෙක් ජාතිවාදයෙන් නින්දා නොලද, බැහැර නොකළේ වෙයි. හේ සතලිස් අට වර්ෂයක් වේදමන්ත්‍ර හදාරමින් කුමර බඹසර හැසිරෙයි. සතලිස් අට වර්ෂයක් වේදමන්ත්‍ර හදාරමින් කුමර බඹසර හැසිරී ආචාර්යවරයාට ධර්මයෙන් ම ගුරුපඬුරු සොයයි. අධර්මයෙන් නොවෙයි. ද්‍රෝණය, එහිලා ධර්මය යනු කුමක් ද? ගොවිතැනෙනුත් නොවෙයි. වෙළඳාමෙනුත් නොවෙයි. ගවයන් රැකීමෙනුත් නොවෙයි. ධනුශ්ශිල්පයෙනුත් නොවෙයි. රාජපුරුෂ බවෙනුත් නොවෙයි. වෙනත් ශිල්පයකිනුත් නොවෙයි. හුදෙක් ම භික්ෂාවෙහි හැසිරීමෙන් අතට ගත් කබලට අවමන් නොකරමින් වෙසෙයි. හේ ආචාර්යවරයාට ගුරුපඬුරු සොයා දී ධර්මයෙනුත්, අධර්මයෙනුත් බිරිඳක් සොයයි. මිලට ගන්නේ ත් වෙයි, විකුණන්නේ ත් වෙයි. අතපැන් වත්කොට දෙන බැමිණියකුත් සොයයි. හේ බැමිණිය ළඟට ත් යයි. ක්ෂත්‍රිය ගැහැණිය ළඟට ත් යයි. වෛශ්‍ය ගැහැණිය ළඟට ත් යයි. ශුද්‍ර ගැහැණිය ළඟට ත් යයි. සැඬොල් ගැහැණිය ළඟට ත් යයි. වැදි ගැහැණිය ළඟට ත් යයි. කුළුපොතු ගැහැණිය ළඟට ත් යයි. රථකාර ගැහැණිය ළඟට ත් යයි. පුක්කුස ගැහැණිය ළඟට ත් යයි. ගැබ්ගත් ගැහැණිය ළඟට ත් යයි. දරුවාට කිරි දෙන ගැහැණිය ළඟට ත් යයි. වැඩිවිය නොපත් ගැහැණිය ළඟට ත් යයි. බ්‍රාහ්මණයා හට බැමිණිය කාමයෙහි අරුත සපයන්නී වෙයි. ජවයෙහි අරුත සපයන්නී වෙයි. රතියෙහි අරුත සපයන්නී වෙයි. දරු පරපුර බිහි කිරීම පිණිස නොවෙයි. යම්තාක් බ්‍රාහ්මණයන්ගේ පැරණි සීමාව ඇද්ද, එහි නොසිටියි. එය ඉක්මවයි. යම්තාක් බ්‍රාහ්මණයන්ගේ පැරණි සීමාව ඇද්ද, එහි නොසිටියි ද, එය ඉක්මවයි ද එහෙයින් සීමාව බිඳගත් බ්‍රාහ්මණයා යැයි කියනු ලැබේ. මෙසේ ද්‍රෝණය, බ්‍රාහ්මණයා සීමාව බිඳගෙන සිටියේ වෙයි.

ද්‍රෝණය, බ්‍රාහ්මණයෙක් සැඬොලා හා සමාන වන්නේ කෙසේ ද? ද්‍රෝණය, මෙහිලා බ්‍රාහ්මණ තෙමේ මව් පසිනුත් පිය පසිනුත් යන දෙපසින් ම සුජාත උපතක් ලද, පිරිසිදු මව් කුසක් ඇති, සත්වෙනි මීමුතු පරපුර තෙක් ජාතිවාදයෙන් නින්දා නොලද, බැහැර නොකළේ වෙයි. හේ සතලිස් අට වර්ෂයක් වේදමන්ත්‍ර හදාරමින් කුමර බඹසර හැසිරෙයි. සතලිස් අට වර්ෂයක් වේදමන්ත්‍ර හදාරමින් කුමර බඹසර හැසිරී ආචාර්යවරයාට ධර්මයෙනුත්, අධර්මයෙනුත් ගුරුපඬුරු සොයයි. ද්‍රෝණය, එහිලා ධර්මය යනු කුමක් ද? ගොවිතැනෙනුත් නොවෙයි. වෙළඳාමෙනුත් නොවෙයි. ගවයන් රැකීමෙනුත් නොවෙයි. ධනුශ්ශිල්පයෙනුත් නොවෙයි. රාජපුරුෂ බවෙනුත් නොවෙයි. වෙනත් ශිල්පයකිනුත් නොවෙයි. හුදෙක් ම භික්ෂාවෙහි හැසිරීමෙන් අතට

ගත් කබලට අවමන් නොකරමින් වෙසෙයි. හේ ආචාර්යවරයාට ගුරුපඬුරු සොයා දී ධර්මයෙනුත්, අධර්මයෙනුත් බිරිඳක් සොයයි. මිලට ගන්නේ ත් වෙයි, විකුණන්නේ ත් වෙයි. අතපැන් වත්කොට දෙන බැමිණියකුත් සොයයි. හේ බැමිණිය ළඟට ත් යයි. ක්ෂත්‍රීය ගැහැණිය ළඟට ත් යයි. වෛශ්‍ය ගැහැණිය ළඟට ත් යයි. ශුද්‍ර ගැහැණිය ළඟට ත් යයි. සැඩොල් ගැහැණිය ළඟට ත් යයි. වැදි ගැහැණිය ළඟට ත් යයි. කුළුපොතු ගැහැණිය ළඟට ත් යයි. රථකාර ගැහැණිය ළඟට ත් යයි. පුක්කුස ගැහැණිය ළඟට ත් යයි. ගැබ්ගත් ගැහැණිය ළඟට ත් යයි. දරුවාට කිරි දෙන ගැහැණිය ළඟට ත් යයි. වැඩිවිය නොපත් ගැහැණිය ළඟට ත් යයි. බ්‍රාහ්මණයා හට බැමිණිය කාමයෙහි අරුත සපයන්නී වෙයි. ජවයෙහි අරුත සපයන්නී වෙයි. රතියෙහි අරුත සපයන්නී වෙයි. දරු පරපුර බිහි කිරීම පිණිස නොවෙයි. හේ හැම රැකියාවකින් ම ජීවිකාව ගෙනියයි. එවිට බ්‍රාහ්මණයෝ ඔහුගෙන් මෙසේ අසන්නාහු ය. 'භවත, කුමක් හෙයින් බ්‍රාහ්මණයෙක් යැයි ප්‍රතිඥා දෙමින් හැම රැකියාවකින් ම ජීවත් වන්නෙහි ද?' එවිට හේ මෙසේ කියයි. 'භවත, ගින්න යම් සේ පිරිසිදු දේ ත් දවයි ද, අපිරිසිදු දේ ත් දවයි ද, එය හා ගින්න මිශ්‍ර වන්නේ නැත. එසෙයින් ම භවත, සියළු රැකියාවන් කරමින් බ්‍රාහ්මණයා ජීවත් වෙන්නේ නමුත් එයින් ඔහු නොතැවරෙයි.' සියළු රැකියාවන්ගෙන් ජීවත් වන්නේ ය යන කරුණෙන් ද්‍රෝණය, හේ චණ්ඩාල බ්‍රාහ්මණයා යැයි කියනු ලැබේ. මෙසේ ද්‍රෝණය, බ්‍රාහ්මණයා බ්‍රාහ්මණ චණ්ඩාලයෙක් වෙයි.

ද්‍රෝණය, බ්‍රාහ්මණයන්ගේ මන්ත්‍ර රචනා කළ, මන්ත්‍ර පැවසූ, පෙර සිටි ඍෂිවරු වෙත් ද, ඒ ඍෂිවරුන් විසින් ගයන ලද, කියන ලද, රැස් කරන ලද, ඒ පැරණි මන්ත්‍ර පද මෙකල බ්‍රාහ්මණවරු ඒ අනුව ගයත් නම්, ඒ අනුව කියත් නම්, ඒ අනුව හදාරවත් නම්, ඒ අනුව සජ්ඣායනා කරවත් නම්, ඒ අනුව වනපොත් කරවත් නම්, ඒ කවර ඍෂිවරුගේ ද? අට්ටක, වාමක, වාමදේව, වෙස්සාමිත්ත, යමතග්ගී, අංගීරස, භාරද්වාජ, වාසෙට්ඨ, කස්සප, භගු යන මේ දස ඍෂීහු ය. ඔවුහු පස් වැදෑරුම් බමුණන් පණවති. බ්‍රහ්මසම බමුණා ය, දේවසම බමුණා ය, සීමාව තුළ සිටින බමුණා ය, සීමා බිඳගත් බමුණා ය, පස්වෙනි සැඩොල් බමුණා ය වශයෙනි. ද්‍රෝණය, මොවුන් අතුරින් ඔබ අයත් වන්නේ කාට ද?"

"භවත් ගෞතමයන් වහන්ස, මෙසේ ඇති කල්හී අපි සැඩොලා හා සමාන බමුණා තරම් වත් නොවටින්නෙමු. භවත් ගෞතමයන් වහන්ස, ඉතා මනහර ය. ....(පෙ).... අද පටන් මා දිවි හිමියෙන් තෙරුවන් සරණ ගිය උපාසකයෙකු වශයෙන් භවත් ගෞතමයන් වහන්සේ පිළිගන්නා සේක්වා !"

සාදු! සාදු!! සාදු!!!

ද්‍රෝණ සූත්‍රය නිමා විය.

5.4.5.3.
සංගාරව සූත්‍රය
සංගාරව බ්‍රාහ්මණයාට වදාළ දෙසුම

සැවැත් නුවර දී ය .....

එකල්හී සංගාරව බ්‍රාහ්මණයා භාග්‍යවතුන් වහන්සේ යම් තැනක වැඩසිටි සේක් ද, එතැනට පැමිණියේ ය. පැමිණ භාග්‍යවතුන් වහන්සේ සමඟ සතුටු වූයේ ය. සතුටු විය යුතු, සිහිකළ යුතු පිළිසඳර කතා බහ නිමවා එකත්පස් ව හිඳ ගත්තේ ය. එකත්පස් ව හුන් සංගාරව බමුණා භාග්‍යවතුන් වහන්සේට මෙය පැවසුවේ ය.

"භවත් ගෞතමයන් වහන්ස, යම් හෙයකින් ඇතැම් අවස්ථාවන් හිදී බොහෝ කලක් සජ්ඣායනා කළ වේද මන්ත්‍ර පවා අමතක වෙත් නම්, කලින් සජ්ඣායනා නොකළ දේ ත් නොවැටහෙත් නම්, එයට හේතුව කුමක් ද? ප්‍රත්‍යය කුමක් ද? භවත් ගෞතමයන් වහන්ස, යම් හෙයකින් ඇතැම් අවස්ථාවන් හිදී කලින් සජ්ඣායනා නොකළ වේද මන්ත්‍ර පවා වැටහෙත් නම්, සජ්ඣායනා කළ දේ ත් වැටහෙත් නම්, එයට හේතුව කුමක් ද? ප්‍රත්‍යය කුමක් ද?"

"බ්‍රාහ්මණය, යම් විටක කාමරාගයෙන් පෙරලී ගිය සිත් ඇති ව, කාමරාග යට යට වූ සිතින් වාසය කරයි නම් උපන්නා වූ කාමරාගයෙන් නිදහස් වීම ඒ වූ පරිද්දෙන් නොදනියි නම්, එසමයෙහි තමාගේ යහපත ත් ඒ වූ පරිදි නොදන්නේ ය, නොදක්නේ ය. එසමයෙහි අනුන්ගේ යහපත ත් ඒ වූ පරිදි නොදන්නේ ය, නොදක්නේ ය. එසමයෙහි දෙපසෙහි ම යහපත ත් ඒ වූ පරිදි නොදන්නේ ය, නොදක්නේ ය. බොහෝ කලක් සජ්ඣායනා කළ වේද මන්ත්‍ර පවා අමතක වෙයි. කලින් සජ්ඣායනා නොකළ දේ ත් නොවැටහෙයි.

බ්‍රාහ්මණය, එය මෙබඳු දෙයකි. යම් සේ ලාකඩ පැහැයෙන් වේවා, කහ පැහැයෙන් වේවා, නිල් පැහැයෙන් වේවා, මදටිය පැහැයෙන් වේවා මිශ්‍ර වූ දිය බඳුනක් ඇද්ද, එහිදී ඇස් ඇති පුරුෂයෙක් සිය මුව සටහන ඒ තුළින් පිරික්සා බලද්දී ඒ අයුරින් ම නොපෙනෙයි. නොදකියි. එසෙයින් ම බ්‍රාහ්මණය, යම් විටක කාමරාගයෙන් පෙරලී ගිය සිත් ඇති ව, කාමරාගයට යට වූ සිතින් වාසය කරයි නම් උපන්නා වූ කාමරාගයෙන් නිදහස් වීම ඒ වූ පරිද්දෙන් නොදනියි නම්, එසමයෙහි තමාගේ යහපත ත් ....(පෙ).... අනුන්ගේ යහපත ත් ....(පෙ)....

දෙපසෙහි ම යහපත ත් ඒ වූ පරිදි නොදන්නේ ය, නොදක්නේ ය. බොහෝ කලක් සජ්ඣායනා කළ වේද මන්ත්‍ර පවා අමතක වෙයි. කලින් සජ්ඣායනා නොකළ දේ ත් නොවැටහෙයි.

තව ද බ්‍රාහ්මණය, යම් විටක ද්වේෂයෙන් පෙරලී ගිය සිත් ඇති ව, ද්වේෂයට යට වූ සිතින් වාසය කරයි නම් උපන්නා වූ ද්වේෂයෙන් නිදහස් වීම ඒ වූ පරිද්දෙන් නොදනියි නම්, එසමයෙහි තමාගේ යහපත ත් ....(පෙ).... අනුන්ගේ යහපත ත් ....(පෙ).... දෙපසෙහි ම යහපත ත් ඒ වූ පරිදි නොදන්නේ ය, නොදක්නේ ය. බොහෝ කලක් සජ්ඣායනා කළ වේද මන්ත්‍ර පවා අමතක වෙයි. කලින් සජ්ඣායනා නොකළ දේ ත් නොවැටහෙයි.

බ්‍රාහ්මණය, එය මෙබඳු දෙයකි. යම් සේ ගින්නෙන් රත් වූ කැකෑරෑණු උණුසුම් වූ දිය බඳුනක් ඇද්ද, එහිදී ඇස් ඇති පුරුෂයෙක් සිය මුව සටහන ඒ තුළින් පිරික්සා බලද්දී ඒ අයුරින් ම නොපෙනෙයි. නොදකියි. එසෙයින් ම බ්‍රාහ්මණය, යම් විටක ද්වේෂයෙන් පෙරලී ගිය සිත් ඇති ව, ද්වේෂයට යට වූ සිතින් වාසය කරයි නම් උපන්නා වූ ද්වේෂයෙන් නිදහස් වීම ඒ වූ පරිද්දෙන් නොදනියි නම්, එසමයෙහි තමාගේ යහපත ත් ....(පෙ).... අනුන්ගේ යහපත ත් ....(පෙ).... දෙපසෙහි ම යහපත ත් ඒ වූ පරිදි නොදන්නේ ය, නොදක්නේ ය. බොහෝ කලක් සජ්ඣායනා කළ වේද මන්ත්‍ර පවා අමතක වෙයි. කලින් සජ්ඣායනා නොකළ දේ ත් නොවැටහෙයි.

තව ද බ්‍රාහ්මණය, යම් විටක නිදිමත හා අලස බවින් පෙරලී ගිය සිත් ඇතිව, නිදිමත හා අලස බවට යට වූ සිතින් වාසය කරයි නම් උපන්නා වූ නිදිමත හා අලස බවින් නිදහස් වීම ඒ වූ පරිද්දෙන් නොදනියි නම්, එසමයෙහි තමාගේ යහපත ත් ....(පෙ).... අනුන්ගේ යහපත ත් ....(පෙ).... දෙපසෙහි ම යහපත ත් ඒ වූ පරිදි නොදන්නේ ය, නොදක්නේ ය. බොහෝ කලක් සජ්ඣායනා කළ වේද මන්ත්‍ර පවා අමතක වෙයි. කලින් සජ්ඣායනා නොකළ දේ ත් නොවැටහෙයි.

බ්‍රාහ්මණය, එය මෙබඳු දෙයකි. යම් සේ දිය සෙවෙල් හා පෙඳ පාසි පිරී ගිය දිය බඳුනක් ඇද්ද, එහිදී ඇස් ඇති පුරුෂයෙක් සිය මුව සටහන ඒ තුළින් පිරික්සා බලද්දී ඒ අයුරින් ම නොපෙනෙයි. නොදකියි. එසෙයින් ම බ්‍රාහ්මණය, යම් විටක නිදිමත හා අලස බවින් පෙරලී ගිය සිත් ඇති ව, නිදිමත හා අලස බවට යට වූ සිතින් වාසය කරයි නම් උපන්නා වූ නිදිමත හා අලස බවින් නිදහස් වීම ඒ වූ පරිද්දෙන් නොදනියි නම්, එසමයෙහි තමාගේ යහපත ත් ....(පෙ).... අනුන්ගේ යහපත ත් ....(පෙ).... දෙපසෙහි ම යහපත ත් ඒ වූ පරිදි

නොදන්නේ ය, නොදක්නේ ය. බොහෝ කලක් සජ්ඣායනා කළ වේද මන්ත්‍ර පවා අමතක වෙයි. කලින් සජ්ඣායනා නොකළ දේ ත් නොවැටහෙයි.

තව ද බ්‍රාහ්මණය, යම් විටක විසිරුණු සිතින් හා පසුතැවිල්ලෙන් පෙරලී ගිය සිත් ඇති ව, විසිරීමට හා පසුතැවීමට යට වූ සිතින් වාසය කරයි නම් උපන්නා වූ විසිරුණු සිතින් හා පසුතැවිල්ලෙන් නිදහස් වීම ඒ වූ පරිද්දෙන් නොදනියි නම්, එසමයෙහි තමාගේ යහපත ත් ....(පෙ).... අනුන්ගේ යහපත ත් ....(පෙ).... දෙපසෙහි ම යහපත ත් ඒ වූ පරිදි නොදන්නේ ය, නොදක්නේ ය. බොහෝ කලක් සජ්ඣායනා කළ වේද මන්ත්‍ර පවා අමතක වෙයි. කලින් සජ්ඣායනා නොකළ දේ ත් නොවැටහෙයි.

බ්‍රාහ්මණය, එය මෙබඳු දෙයකි. යම් සේ සුළඟින් කැළඹී ගිය අවුල් වූ දිය රළ ඇති දිය බඳුනක් ඇද්ද, එහිදී ඇස් ඇති පුරුෂයෙක් සිය මුව සටහන ඒ තුළින් පිරික්සා බලද්දී ඒ අයුරින් ම නොපෙනෙයි. නොදකියි. එසෙයින් ම බ්‍රාහ්මණය, යම් විටක විසිරුණු සිතින් හා පසුතැවිල්ලෙන් පෙරලී ගිය සිත් ඇතිව, විසිරීමට හා පසුතැවීමට යට වූ සිතින් වාසය කරයි නම් උපන්නා වූ විසිරුණු සිතින් හා පසුතැවිල්ලෙන් නිදහස් වීම ඒ වූ පරිද්දෙන් නොදනියි නම්, එසමයෙහි තමාගේ යහපත ත් ....(පෙ).... අනුන්ගේ යහපත ත් ....(පෙ).... දෙපසෙහි ම යහපත ත් ඒ වූ පරිදි නොදන්නේ ය, නොදක්නේ ය. බොහෝ කලක් සජ්ඣායනා කළ වේද මන්ත්‍ර පවා අමතක වෙයි. කලින් සජ්ඣායනා නොකළ දේ ත් නොවැටහෙයි.

තව ද බ්‍රාහ්මණය, යම් විටක සැකයෙන් පෙරලී ගිය සිත් ඇතිව, සැකයට යට වූ සිතින් වාසය කරයි නම් උපන්නා වූ සැකයෙන් නිදහස් වීම ඒ වූ පරිද්දෙන් නොදනියි නම්, එසමයෙහි තමාගේ යහපත ත් ....(පෙ).... අනුන්ගේ යහපත ත් ....(පෙ).... දෙපසෙහි ම යහපත ත් ඒ වූ පරිදි නොදන්නේ ය, නොදක්නේ ය. බොහෝ කලක් සජ්ඣායනා කළ වේද මන්ත්‍ර පවා අමතක වෙයි. කලින් සජ්ඣායනා නොකළ දේ ත් නොවැටහෙයි.

බ්‍රාහ්මණය, එය මෙබඳු දෙයකි. යම් සේ අපැහැදිලි වූ කැළඹී ගිය බොර වූ දිය බඳුනක් අඳුරෙහි ඇද්ද, එහිදී ඇස් ඇති පුරුෂයෙක් සිය මුව සටහන ඒ තුළින් පිරික්සා බලද්දී ඒ අයුරින් ම නොපෙනෙයි. නොදකියි. එසෙයින් ම බ්‍රාහ්මණය, යම් විටක සැකයෙන් පෙරලී ගිය සිත් ඇතිව, සැකයට යට වූ සිතින් වාසය කරයි නම් උපන්නා වූ සැකයෙන් නිදහස් වීම ඒ වූ පරිද්දෙන් නොදනියි නම්, එසමයෙහි තමාගේ යහපත ත් ....(පෙ).... අනුන්ගේ යහපත ත් ....(පෙ).... දෙපසෙහි ම යහපත ත් ඒ වූ පරිදි නොදන්නේ ය, නොදක්නේ

ය. බොහෝ කලක් සජ්ඣායනා කළ වේද මන්ත්‍ර පවා අමතක වෙයි. කලින් සජ්ඣායනා නොකළ දේ ත් නොවැටහෙයි.

බ්‍රාහ්මණය, යම් විටක කාමරාගයෙන් නොපෙරළී ගිය සිත් ඇති ව, කාමරාගයට යට නොවූ සිතින් වාසය කරයි නම් උපන්නා වූ කාමරාගයෙන් නිදහස් වීම ඒ වූ පරිද්දෙන් දනියි නම්, එසමයෙහි තමාගේ යහපත ත් ඒ වූ පරිදි දන්නේ ය, දක්නේ ය. එසමයෙහි අනුන්ගේ යහපත ත් ඒ වූ පරිදි දන්නේ ය, දක්නේ ය. එසමයෙහි දෙපසෙහි ම යහපත ත් ඒ වූ පරිදි දන්නේ ය, දක්නේ ය. බොහෝ කලක් සජ්ඣායනා නොකළ වේද මන්ත්‍ර පවා වැටහෙයි. කලින් සජ්ඣායනා කළ දේ ත් වැටහෙයි.

බ්‍රාහ්මණය, එය මෙබඳු දෙයකි. යම් සේ ලාකඩ පැහැයෙන් වේවා, කහ පැහැයෙන් වේවා, නිල් පැහැයෙන් වේවා, මදටිය පැහැයෙන් වේවා මිශ්‍ර නොවූ දිය බඳුනක් ඇද්ද, එහිදී ඇස් ඇති පුරුෂයෙක් සිය මුව සටහන ඒ තුළින් පිරික්සා බලද්දී ඒ අයුරින් ම පෙනෙයි. දකියි. එසෙයින් ම බ්‍රාහ්මණය, යම් විටක කාමරාගයෙන් නොපෙරළී ගිය සිත් ඇති ව, කාමරාගයට යට නොවූ සිතින් වාසය කරයි නම් උපන්නා වූ කාමරාගයෙන් නිදහස් වීම ඒ වූ පරිද්දෙන් දනියි නම්, එසමයෙහි තමාගේ යහපත ත් ....(පෙ).... අනුන්ගේ යහපත ත් ....(පෙ).... දෙපසෙහි ම යහපත ත් ඒ වූ පරිදි දන්නේ ය, දක්නේ ය. බොහෝ කලක් සජ්ඣායනා නොකළ වේද මන්ත්‍ර පවා වැටහෙයි. කලින් සජ්ඣායනා කළ දේ ත් වැටහෙයි.

තව ද බ්‍රාහ්මණය, යම් විටක ද්වේෂයෙන් පෙරළී නොගිය සිත් ඇති ව, ද්වේෂයට යට නොවූ සිතින් වාසය කරයි නම් උපන්නා වූ ද්වේෂයෙන් නිදහස් වීම ඒ වූ පරිද්දෙන් දනියි නම්, එසමයෙහි තමාගේ යහපත ත් ....(පෙ).... අනුන්ගේ යහපත ත් ....(පෙ).... දෙපසෙහි ම යහපත ත් ඒ වූ පරිදි දන්නේ ය, දක්නේ ය. බොහෝ කලක් සජ්ඣායනා නොකළ වේද මන්ත්‍ර පවා වැටහෙයි. කලින් සජ්ඣායනා කළ දේ ත් වැටහෙයි.

බ්‍රාහ්මණය, එය මෙබඳු දෙයකි. යම් සේ ගින්නෙන් රත් නොවූ නොකැකෑරුණු උණුසුම් නොවූ දිය බඳුනක් ඇද්ද, එහිදී ඇස් ඇති පුරුෂයෙක් සිය මුව සටහන ඒ තුළින් පිරික්සා බලද්දී ඒ අයුරින් ම පෙනෙයි. දකියි. එසෙයින් ම බ්‍රාහ්මණය, යම් විටක ද්වේෂයෙන් නොපෙරළී ගිය සිත් ඇතිව, ද්වේෂයට යට නොවූ සිතින් වාසය කරයි නම් උපන්නා වූ ද්වේෂයෙන් නිදහස් වීම ඒ වූ පරිද්දෙන් දනියි නම්, එසමයෙහි තමාගේ යහපත ත් ....(පෙ).... අනුන්ගේ යහපත ත් ....(පෙ).... දෙපසෙහි ම යහපත ත් ඒ වූ පරිදි දන්නේ ය, දක්නේ

ය. බොහෝ කලක් සජ්ඣායනා නොකළ වේද මන්ත්‍ර පවා වැටහෙයි. කලින් සජ්ඣායනා කළ දේ ත් වැටහෙයි.

තව ද බ්‍රාහ්මණය, යම් විටක නිදිමත හා අලස බවින් නොපෙරලී ගිය සිත් ඇති ව, නිදිමත හා අලස බවට යට නොවූ සිතින් වාසය කරයි නම් උපන්නා වූ නිදිමත හා අලස බවින් නිදහස් වීම ඒ වූ පරිද්දෙන් දනියි නම්, එසමයෙහි තමාගේ යහපත ත් ....(පෙ).... අනුන්ගේ යහපත ත් ....(පෙ).... දෙපසෙහි ම යහපත ත් ඒ වූ පරිදි දන්නේ ය, දක්නේ ය. බොහෝ කලක් සජ්ඣායනා නොකළ වේද මන්ත්‍ර පවා වැටහෙයි. කලින් සජ්ඣායනා කළ දේ ත් වැටහෙයි.

බ්‍රාහ්මණය, එය මෙබඳු දෙයකි. යම් සේ දිය සෙවෙල් හා පෙඳ පාසි නොපිරී ගිය දිය බඳුනක් ඇද්ද, එහිදී ඇස් ඇති පුරුෂයෙක් සිය මුව සටහන ඒ තුළින් පිරික්සා බලද්දී ඒ අයුරින් ම පෙනෙයි. දකියි. එසෙයින් ම බ්‍රාහ්මණය, යම් විටක නිදිමත හා අලස බවින් නොපෙරලී ගිය සිත් ඇති ව, නිදිමත හා අලස බවට යට නොවූ සිතින් වාසය කරයි නම් උපන්නා වූ නිදිමත හා අලස බවින් නිදහස් වීම ඒ වූ පරිද්දෙන් දනියි නම්, එසමයෙහි තමාගේ යහපත ත් ....(පෙ).... අනුන්ගේ යහපත ත් ....(පෙ).... දෙපසෙහි ම යහපත ත් ඒ වූ පරිදි දන්නේ ය, දක්නේ ය. බොහෝ කලක් සජ්ඣායනා නොකළ වේද මන්ත්‍ර පවා වැටහෙයි. කලින් සජ්ඣායනා කළ දේ ත් වැටහෙයි.

තව ද බ්‍රාහ්මණය, යම් විටක විසිරුණු සිතින් හා පසුතැවිල්ලෙන් නොපෙරලී ගිය සිත් ඇති ව, විසිරීමට හා පසුතැවීමට යට නොවූ සිතින් වාසය කරයි නම් උපන්නා වූ විසිරුණු සිතින් හා පසුතැවිල්ලෙන් නිදහස් වීම ඒ වූ පරිද්දෙන් දනියි නම්, එසමයෙහි තමාගේ යහපත ත් ....(පෙ).... අනුන්ගේ යහපත ත් ....(පෙ).... දෙපසෙහි ම යහපත ත් ඒ වූ පරිදි දන්නේ ය, දක්නේ ය. බොහෝ කලක් සජ්ඣායනා නොකළ වේද මන්ත්‍ර පවා වැටහෙයි. කලින් සජ්ඣායනා කළ දේ ත් වැටහෙයි.

බ්‍රාහ්මණය, එය මෙබඳු දෙයකි. යම් සේ සුළඟින් නොකැළඹී ගිය අවුල් නොවූ දිය රළ නැති දිය බඳුනක් ඇද්ද, එහිදී ඇස් ඇති පුරුෂයෙක් සිය මුව සටහන ඒ තුළින් පිරික්සා බලද්දී ඒ අයුරින් ම පෙනෙයි. දකියි. එසෙයින් ම බ්‍රාහ්මණය, යම් විටක විසිරුණු සිතින් හා පසුතැවිල්ලෙන් නොපෙරලී ගිය සිත් ඇති ව, විසිරීමට හා පසුතැවීමට යට නොවූ සිතින් වාසය කරයි නම් උපන්නා වූ විසිරුණු සිතින් හා පසුතැවිල්ලෙන් නිදහස් වීම ඒ වූ පරිද්දෙන් දනියි නම්, එසමයෙහි තමාගේ යහපත ත් ....(පෙ).... අනුන්ගේ යහපත ත් ....(පෙ).... දෙපසෙහි ම යහපත ත් ඒ වූ පරිදි දන්නේ ය, දක්නේ ය. බොහෝ

කලක් සජ්ඣායනා නොකළ වේද මන්ත්‍ර පවා වැටහෙයි. කලින් සජ්ඣායනා කළ දේ ත් වැටහෙයි.

තව ද බ්‍රාහ්මණය, යම් විටක සැකයෙන් නොපෙරලී ගිය සිත් ඇති ව, සැකයට යට නොවූ සිතින් වාසය කරයි නම් උපන්නා වූ සැකයෙන් නිදහස් වීම ඒ වූ පරිද්දෙන් දනියි නම්, එසමයෙහි තමාගේ යහපත ත් ....(පෙ).... අනුන්ගේ යහපත ත් ....(පෙ).... දෙපසෙහි ම යහපත ත් ඒ වූ පරිදි දන්නේ ය, දක්නේ ය. බොහෝ කලක් සජ්ඣායනා නොකළ වේද මන්ත්‍ර පවා වැටහෙයි. කලින් සජ්ඣායනා කළ දේ ත් වැටහෙයි.

බ්‍රාහ්මණය, එය මෙබඳු දෙයකි. යම් සේ පැහැදිලි වූ කැළඹී නොගිය බොර නොවූ දිය බඳුනක් එළියෙහි තබා ඇද්ද, එහිදී ඇස් ඇති පුරුෂයෙක් සිය මුව සටහන ඒ තුළින් පිරික්සා බලද්දී ඒ අයුරින් ම පෙනෙයි. දකියි. එසෙයින් ම බ්‍රාහ්මණය, යම් විටක සැකයෙන් නොපෙරලී ගිය සිත් ඇති ව, සැකයට යට නොවූ සිතින් වාසය කරයි නම් උපන්නා වූ සැකයෙන් නිදහස් වීම ඒ වූ පරිද්දෙන් දනියි නම්, එසමයෙහි තමාගේ යහපත ත් ....(පෙ).... අනුන්ගේ යහපත ත් ....(පෙ).... දෙපසෙහි ම යහපත ත් ඒ වූ පරිදි දන්නේ ය, දක්නේ ය. බොහෝ කලක් සජ්ඣායනා නොකළ වේද මන්ත්‍ර පවා වැටහෙයි. කලින් සජ්ඣායනා කළ දේ ත් වැටහෙයි.

බ්‍රාහ්මණය, යම් හෙයකින් ඇතැම් අවස්ථාවන් හිදී බොහෝ කලක් සජ්ඣායනා කළ වේද මන්ත්‍ර පවා අමතක වෙත් නම්, කලින් සජ්ඣායනා නොකළ දේ ත් නොවැටහෙත් නම්, එයට හේතුව මෙය යි. ප්‍රත්‍යය මෙය යි. බ්‍රාහ්මණය, යම් හෙයකින් ඇතැම් අවස්ථාවන් හිදී කලින් සජ්ඣායනා නොකළ වේද මන්ත්‍ර පවා වැටහෙත් නම්, සජ්ඣායනා කළ දේ ත් වැටහෙත් නම්, එයට හේතුව මෙය යි. ප්‍රත්‍යය මෙය යි."

"භවත් ගෞතමයන් වහන්ස, ඉතා මනහර ය. ....(පෙ).... අද පටන් මා දිවි හිමියෙන් තෙරුවන් සරණ ගිය උපාසකයෙකු වශයෙන් භවත් ගෞතමයන් වහන්සේ පිළිගන්නා සේක්වා !"

සාදු! සාදු!! සාදු!!!

සංගාරව සූත්‍රය නිමා විය.

5.4.5.4.
කාරණපාලී සූත්‍රය
කාරණපාලී බ්‍රාහ්මණයාට පැවසූ දෙසුම

එක් සමයක භාග්‍යවතුන් වහන්සේ විශාලා මහනුවර මහා වනයෙහි කූටාගාර ශාලාවෙහි වැඩවෙසෙන සේක. එසමයෙහි කාරණපාලී බ්‍රාහ්මණයා ලිච්ඡවීන්ගේ කර්මාන්ත කටයුතු කරවයි. එකල්හී කාරණපාලී බ්‍රාහ්මණයා දුරින් ම පැමිණෙන පිංගියානි බ්‍රාහ්මණයා දුටුවේ ය. දැක පිංගියානි බ්‍රාහ්මණයා ගෙන් මෙය ඇසුවේ ය.

"භවත් පිංගියානි, කොහි සිට නම් මේ මධ්‍යාහ්නයෙහි එන්නෙහි ද?"

"භවත, මම ශ්‍රමණ ගෞතමයන් වහන්සේ ළඟ සිට එන්නෙමි."

"භවත් පිංගියානි, ඒ ශ්‍රමණ ගෞතමයන් වහන්සේගේ ප්‍රඥාවෙහි ව්‍යක්ත භාවය ගැන කුමක් සිතන්නෙහි ද? හේ නුවණැත්තෙකැයි සිතන්නෙහි ද?"

"භවත, මම් කවුද? ශ්‍රමණ ගෞතමයන් වහන්සේගේ ප්‍රඥාවෙහි ව්‍යක්ත බව කෙසේ නම් දැනගන්නෙම් ද? යමෙක් ශ්‍රමණ ගෞතමයන් වහන්සේගේ ප්‍රඥාවේ ව්‍යක්ත භාවය ගැන දැනගන්නේ නම් ඒකාන්තයෙන් ම හේ එබඳු ම වූ කෙනෙකු විය යුතුයි."

"භවත් පිංගියානි, ශ්‍රමණ ගෞතමයන් වහන්සේට උදාර වූ ප්‍රශංසාවෙන් ප්‍රශංසා කරනවා නොවැ."

"භවත, මම් කවුද? ශ්‍රමණ ගෞතමයන් වහන්සේට කෙසේ ප්‍රශංසා කරන්නෙම් ද? දෙව් මිනිසුන් හට ශ්‍රේෂ්ඨ වූ ඒ භවත් ගෞතමයන් වහන්සේ ප්‍රශංසා ලබන ගුණයන්ගෙන් ම ප්‍රශංසාර්හ වන සේක."

"භවත් පිංගියානි, ශ්‍රමණ ගෞතමයන් වහන්සේ තුළ කවර කරුණක් දකිමින් ද මෙතරම් ම මහා ප්‍රසාදයකින් යුක්ත ව සිටින්නේ?"

"භවත, එය මෙබඳු දෙයකි. අග්‍ර වූ රස ඇති දෙයක් අනුභව කොට තෘප්තියට පැමිණි පුරුෂයෙක් අන්‍ය වූ හීන රස ඇති දෙයට කැමති නොවන්නේ යම් සේ ද, එසෙයින් ම භවත, භවත් ගෞතමයන් වහන්සේගේ ධර්මය යම් යම් කරුණකින් අසයි නම්, එනම් සූත්‍රයෙන් වන්නට පුළුවනි, ගාථා සහිත සූත්‍රයෙන්

වන්නට පුළුවනි, ගාථා රහිත සූත්‍රයෙන් වන්නට පුළුවනි, අද්භූත ධර්මයෙන් වන්නට පුළුවනි, ඒ ඒ කරුණෙන් අන්‍ය වූ බොහෝ ශ්‍රමණ බ්‍රාහ්මණයින්ගේ කථාවන් අසන්නට කැමැත්තක් නැත්තේ ම ය.

භවත, එය මෙබඳු දෙයකි. කුසගින්නෙන් හා දුර්වලකමින් පීඩාවට පත් පුරුෂයෙක් මී වදයක් ලැබ එහි යම් යම් තැනකින් රස විඳින්නේ, ඒ ඒ තැනින් ඉතා මියුරු වූ අතෘප්තිකර රසය ම ලබන්නේ යම් සේ ද, එසෙයින් ම භවත, භවත් ගෞතමයන් වහන්සේගේ ධර්මය යම් යම් කරුණකින් අසයි නම්, එනම් සූත්‍රයෙන් වන්නට පුළුවනි, ගාථා සහිත සූත්‍රයෙන් වන්නට පුළුවනි, ගාථා රහිත සූත්‍රයෙන් වන්නට පුළුවනි, අද්භූත ධර්මයෙන් වන්නට පුළුවනි, ඒ ඒ කරුණෙන් සිතේ සතුට ඇති වන්නේ ම ය. චිත්ත ප්‍රසාදය ලැබෙන්නේ ම ය.

භවත, එය මෙබඳු දෙයකි. සුදු සඳුන් වේවා, රත් සඳුන් වේවා, සඳුන් ගැටයක් ලැබ එහි මුලින් වේවා, මැදින් වේවා, අගින් වේවා පුරුෂයෙක් යම් යම් තැනකින් ආඝ්‍රාණය කරන්නේ අති මිහිරි වූ අතෘප්තිකර සුවඳක් ලබන්නේ යම් සේ ද, එසෙයින් ම භවත, භවත් ගෞතමයන් වහන්සේගේ ධර්මය යම් යම් කරුණකින් අසයි නම්, එනම් සූත්‍රයෙන් වන්නට පුළුවනි, ගාථා සහිත සූත්‍රයෙන් වන්නට පුළුවනි, ගාථා රහිත සූත්‍රයෙන් වන්නට පුළුවනි, අද්භූත ධර්මයෙන් වන්නට පුළුවනි, ඒ ඒ කරුණෙන් ප්‍රමුදිත බව ඇති වෙයි. සොම්නස ම ඇතිවෙයි.

භවත, එය මෙබඳු දෙයකි. රෝගී ව දුකට පැමිණි බොහෝ සේ ගිලන් වූ පුරුෂයෙක් සිටියි. දක්ෂ වෛද්‍යවරයෙක් ඔහුගේ රෝගය සැණෙකින් සුවපත් කරන්නේ යම් සේ ද, එසෙයින් ම භවත, භවත් ගෞතමයන් වහන්සේගේ ධර්මය යම් යම් කරුණකින් අසයි නම්, එනම් සූත්‍රයෙන් වන්නට පුළුවනි, ගාථා සහිත සූත්‍රයෙන් වන්නට පුළුවනි, ගාථා රහිත සූත්‍රයෙන් වන්නට පුළුවනි, අද්භූත ධර්මයෙන් වන්නට පුළුවනි, ඒ ඒ කරුණෙන් ශෝක වැළපීම් දුක් දොම්නස් උපායාසයන් නැති වී යන්නේ ය.

භවත, එය මෙබඳු දෙයකි. පැහැදිලි දිය ඇති, මිහිරි දිය ඇති, සිහිල් දිය ඇති, සුදු වැලිතලා ඇති, මනා තොට ඇති රමණීය පොකුණක් වෙයි ද, එතැනට ග්‍රීෂ්මයෙන් තැවුණු, ග්‍රීෂ්මයෙන් මැඩුණු, ක්ලාන්ත වූ පීඩාවට පත් පැන් බොනු කැමති පුරුෂයෙක් එන්නේ ද, හේ ඒ පොකුණට බැස ස්නානය කොට පැන් බී සියළු ක්ලාන්තයන්, පරිදාහයන් සංසිඳුවන්නේ යම් සේ ද, එසෙයින් ම භවත, භවත් ගෞතමයන් වහන්සේගේ ධර්මය යම් යම් කරුණකින් අසයි නම්, එනම් සූත්‍රයෙන් වන්නට පුළුවනි, ගාථා සහිත සූත්‍රයෙන් වන්නට පුළුවනි, ගාථා රහිත සූත්‍රයෙන් වන්නට පුළුවනි, අද්භූත ධර්මයෙන් වන්නට පුළුවනි,

ඒ ඒ කරුණෙන් සියළු කායික මානසික පීඩා ක්ලාන්තයෝ, දාහයෝ සංසිඳී යන්නාහ."

මෙසේ පැවසූ කල්හී කාරණපාලී බ්‍රාහ්මණ තෙමේ අසුනින් නැගිට උතුරු සළුව ඒකාංශ කොට දකුණු දණ මඬල පොළොවෙහි තබා භාග්‍යවතුන් වහන්සේ වැඩසිටි දිශාවට හැරී ඇඳිලි බැඳ තුන් වරක් උදන් ඇනුවේ ය. 'ඒ භාග්‍යවත් අරහත් සම්මා සම්බුදුරජාණන් වහන්සේට නමස්කාර වේවා! ඒ භාග්‍යවත් අරහත් සම්මා සම්බුදුරජාණන් වහන්සේට නමස්කාර වේවා! ඒ භාග්‍යවත් අරහත් සම්මා සම්බුදුරජාණන් වහන්සේට නමස්කාර වේවා!' යි.

භවත් පිංගියානි, ඉතා මනහර ය. භවත් පිංගියානි, ඉතා මනහර ය. භවත් පිංගියානි, යටිකුරු වූ දෙයක් උඩට හරවා තබන්නේ යම් සේ ද, වැසූ දෙයක් විවර කර පෙන්වන්නේ යම් සේ ද, මං මුළා වූවෙකුට නිවැරදි මග කියන්නේ යම් සේ ද, ඇස් ඇත්තෝ රූප දකිත්වා යි අඳුරෙහි තෙල් පහනක් දරන්නේ යම් සේ ද, එසෙයින් ම භවත් පිංගියානි විසින් නොයෙක් ක්‍රමයෙන් ධර්මය පවසන ලද්දේ ය. ඒ මම භාග්‍යවත් ගෞතමයන් වහන්සේ සරණ යමි. ධර්මය ද, භික්ෂු සංඝයා ද සරණ යමි. භවත් පිංගියානි, අද පටන් මා දිවි හිමියෙන් තෙරුවන් සරණ ගිය උපාසකයෙකු වශයෙන් පිළිගනු මැනැව!"

සාදු! සාදු!! සාදු!!!

කාරණපාලී සූත්‍රය නිමා විය.

5.4.5.5.
පිංගියානී සූත්‍රය
පිංගියානී බ්‍රාහ්මණයාට වදාළ දෙසුම

එක් සමයක භාග්‍යවතුන් වහන්සේ විශාලා මහනුවර මහා වනයෙහි කූටාගාර ශාලාවෙහි වැඩවෙසෙන සේක. එසමයෙහි පන්සියයක් පමණ ලිච්ඡවීහු භාග්‍යවතුන් වහන්සේ ව ඇසුරු කරන්නාහු ය. ඇතැම් ලිච්ඡවීහු නිල් පැහැ ඇති නීල වර්ණ වූ නිල් වස්ත්‍ර ඇති නිලෙන් අලංකාරවූවාහු ය. ඇතැම් ලිච්ඡවීහු කහ පැහැ ඇති කහ වර්ණ වූ කහ වස්ත්‍ර ඇති කහ පැහැයෙන් අලංකාරවූවාහු ය. ඇතැම් ලිච්ඡවීහු රතු පැහැ ඇති රතු වර්ණ වූ රතු වස්ත්‍ර ඇති රතු පැහැයෙන් අලංකාරවූවාහු ය. ඇතැම් ලිච්ඡවීහු සුදු පැහැ ඇති සුදු

වර්ණ වූ සුදු වස්ත්‍ර ඇති සුදු පැහැයෙන් අලංකාරවූවාහු ය. ඔවුන් අතර වැඩසිටි භාග්‍යවතුන් වහන්සේ පැහැයෙනුත්, යසසිනුත් ඔවුන් හැම ඉක්මවා බබලන සේක.

එකල්හී පිංගියානි බ්‍රාහ්මණ තෙමේ හුනස්නෙන් නැගිට උතුරු සළුව ඒකාංශ කොට භාග්‍යවතුන් වහන්සේ වෙත ඇඳිලි බැඳ ප්‍රණාම කොට භාග්‍යවතුන් වහන්සේට මෙය පැවසුවේ ය.

"භාග්‍යවතුන් වහන්ස, මට වැටහෙයි. සුගතයන් වහන්ස, මට වැටහෙයි."

"පිංගියානි, එය ඔබට වැටහේවා" යි භාග්‍යවතුන් වහන්සේ වදාළ සේක.

එවිට පිංගියානි බ්‍රාහ්මණ තෙමේ භාග්‍යවතුන් වහන්සේ ඉදිරියෙහි ඉතා සුදුසු වූ ගාථාවෙක් රචනා කොට කීවේ ය.

"පදුමං යථා කෝකනදං සුගන්ධං
පාතෝසියා ඵුල්ලමවීත ගන්ධං
අංගීරසං පස්ස විරෝචමානං
තපන්තමාදිච්චමිවන්තලික්ඛේ

යම් සේ හිමිදිරියෙහි පිපී ගිය බැහැර නොවූ මිහිරි සුවඳැති කෝකනද නම් රතු නෙළුමක් වෙයි ද, එසෙයින් ම අහස් තලයෙහි තෙද පතුරුවන සූර්යයා මෙන් බබලන අංගීරස වූ බුදුරජුන් දෙස බලනු මැන."

එකල්හී සතුටට පත් වූ ලිච්ඡවීහු උතුරු සළු පන්සියයකින් පිංගියානි බ්‍රාහ්මණයා පිදූහ. එවිට පිංගියානි බ්‍රාහ්මණ තෙමේ ඒ උතුරු සළු පන්සියයෙන් භාග්‍යවතුන් වහන්සේ පිදුවේ ය. ඉක්බිති භාග්‍යවතුන් වහන්සේ ඒ ලිච්ඡවීන් හට මෙය වදාළ සේක.

"ලිච්ඡවීවරුනි, ලෝකයෙහි පස් වැදෑරුම් රත්නයන්ගේ පහළ වීම දුර්ලභ ය. ඒ කවර පසක් ද යත්;

තථාගත අරහත් සම්මා සම්බුදුරජුන්ගේ පහළ වීම ලෝකයෙහි දුර්ලභ ය. තථාගත ප්‍රවිදිත වූ ධර්ම විනය දේශනා කරන පුද්ගලයා ලෝකයෙහි දුර්ලභ ය. තථාගත ප්‍රවිදිත ධර්ම විනය දේශනා කරන විට අවබෝධ කරන පුද්ගලයා ලෝකයෙහි දුර්ලභ ය. තථාගත ප්‍රවිදිත ධර්ම විනය දෙසන කල්හී එය අවබෝධ කොට ධර්මානුධර්ම ප්‍රතිපදාවට පිළිපන් පුද්ගලයා ලෝකයෙහි දුර්ලභ ය. කෙලෙහි ගුණ දන්නා, කෙලෙහි ගුණ සිහි කරන පුද්ගලයා ලෝකයෙහි දුර්ලභ ය.

ලිච්ඡවීවරුනි, මේ පංච රත්නයන්ගේ පහළ වීම ලෝකයෙහි දුර්ලභ ය."

සාදු! සාදු!! සාදු!!!

පිංගියානි සූත්‍රය නිමා විය.

5.4.5.6.
මහා සුපින සූත්‍රය
මහා සිහිනයන් ගැන වදාළ දෙසුම

සැවැත් නුවර දී ය .....

මහණෙනි, තථාගත අරහත් සම්මා සම්බුදුරජාණන් වහන්සේට සම්බුද්ධත්වයෙන් පෙර ම අනභිසම්බුද්ධ වූ බෝධිසත්ව වූයේ පංච මහා සිහිනයක් පහළ වූයේ ය. ඒ කවර සිහින පසක් ද යත්;

මහණෙනි, තථාගත අරහත් සම්මා සම්බුදුරජාණන් වහන්සේට සම්බුද්ධත්වයෙන් පෙර ම අනභිසම්බුද්ධ වූ බෝධිසත්ව වූයේ මේ මහා පෘථිවිය මහා සයනාසනයක් විය. හිමාල පර්වත රාජයා කොට්ටය විය. වම් අත පූර්ව දිශාවෙහි සයුර ඉක්මවා පිහිටියේ ය. දකුණු අත බටහිර දිශාවෙහි සයුර ඉක්මවා පිහිටියේ ය. පා යුග දකුණු සයුර ඉක්මවා පිහිටියේ ය. මහණෙනි, තථාගත අරහත් සම්මා සම්බුදුරජාණන් වහන්සේට සම්බුද්ධත්වයෙන් පෙර ම අනභිසම්බුද්ධ වූ බෝධිසත්ව වූයේ ම මේ පළමු වෙනි මහා සිහිනය පහළ වූයේ ය.

තව ද මහණෙනි, තථාගත අරහත් සම්මා සම්බුදුරජාණන් වහන්සේට සම්බුද්ධත්වයෙන් පෙර ම අනභිසම්බුද්ධ වූ බෝධිසත්ව වූයේ තිරිය නම් වූ තෘණ වර්ගය සිය නාභියෙන් මතු ව උඩට නැගී ගොස් අහස් තලයෙහි වැද සුවිසල් ව පැතිර ගියේ ය. මහණෙනි, තථාගත අරහත් සම්මා සම්බුදුරජාණන් වහන්සේට සම්බුද්ධත්වයෙන් පෙර ම අනභිසම්බුද්ධ වූ බෝධිසත්ව වූයේ ම මේ දෙවෙනි මහා සිහිනය පහළ වූයේ ය.

මහණෙනි, තථාගත අරහත් සම්මා සම්බුදුරජාණන් වහන්සේට සම්බුද්ධත්වයෙන් පෙර ම අනභිසම්බුද්ධ වූ බෝධිසත්ව වූයේ කළු හිස් ඇති සුදු පැහැ ඇති පණුවෝ පාදයන් දෙපසින් නැගී දණහිස තෙක් පිරී වසා

සිටියාහු ය. මහණෙනි, තථාගත අරහත් සම්මා සම්බුදුරජාණන් වහන්සේට සම්බුද්ධත්වයෙන් පෙර ම අනභිසම්බුද්ධ වූ බෝධිසත්ව වූයේ ම මේ තුන් වෙනි මහා සිහිනය පහළ වූයේ ය.

තව ද මහණෙනි, තථාගත අරහත් සම්මා සම්බුදුරජාණන් වහන්සේට සම්බුද්ධත්වයෙන් පෙර ම අනභිසම්බුද්ධ වූ බෝධිසත්ව වූයේ නා නා පැහැයෙන් යුතු පක්ෂීහු සතර දෙනෙක් සිව් දිශාවෙන් පියඹා අවුත් පා මුල වැතිර සියල්ලෝ ම සුදු පැහැයට පත්වූවාහු ය. මහණෙනි, තථාගත අරහත් සම්මා සම්බුදුරජාණන් වහන්සේට සම්බුද්ධත්වයෙන් පෙර ම අනභිසම්බුද්ධ වූ බෝධිසත්ව වූයේ ම මේ සිව් වෙනි මහා සිහිනය පහළ වූයේ ය.

තව ද මහණෙනි, තථාගත අරහත් සම්මා සම්බුදුරජාණන් වහන්සේට සම්බුද්ධත්වයෙන් පෙර ම අනභිසම්බුද්ධ වූ බෝධිසත්ව වූයේ මහත් වූ අසූචි පර්වතයක් මුදුනෙහි අසූචි නොතැවරෙමින් සක්මන් කරමින් සිටියේ ය. මහණෙනි, තථාගත අරහත් සම්මා සම්බුදුරජාණන් වහන්සේට සම්බුද්ධත්වයෙන් පෙර ම අනභිසම්බුද්ධ වූ බෝධිසත්ව වූයේ ම මේ පස් වෙනි මහා සිහිනය පහළ වූයේ ය.

මහණෙනි, යම් හෙයකින් තථාගත අරහත් සම්මා සම්බුදුරජාණන් වහන්සේට සම්බුද්ධත්වයෙන් පෙර ම අනභිසම්බුද්ධ වූ බෝධිසත්ව වූයේ මේ මහා පෘථිවිය මහා සයනාසනයක් වූයේ ද, හිමාල පර්වත රාජයා කොට්ටය වූයේ ද, වම් අත පූර්ව දිශාවෙහි සයුර ඉක්මවා පිහිටියේ ද, දකුණු අත බටහිර දිශාවෙහි සයුර ඉක්මවා පිහිටියේ ද, පා යුග දකුණු සයුර ඉක්මවා පිහිටියේ ද, මහණෙනි, තථාගත අරහත් සම්මා සම්බුදුරජාණන් වහන්සේ විසින් අනුත්තර වූ සම්මා සම්බෝධිය අවබෝධ කරන ලද්දේ ද, ඒ අභිසම්බෝධියට නිමිත්ත වශයෙන් මේ පළමු වැනි මහා ස්වප්නය පහළ වූයේ ය.

මහණෙනි, යම් හෙයකින් තථාගත අරහත් සම්මා සම්බුදුරජාණන් වහන්සේට සම්බුද්ධත්වයෙන් පෙර ම අනභිසම්බුද්ධ වූ බෝධිසත්ව වූයේ තිරිය නම් වූ තෘණ වර්ගය සිය නාභියෙන් මතු ව උඩට නැගී ගොස් අහස් තලයෙහි වැද සුවිසල් ව පැතිර ගියේ ද, මහණෙනි, තථාගත අරහත් සම්මා සම්බුදුරජාණන් වහන්සේ විසින් ආර්ය අෂ්ටාංගික මාර්ගය අවබෝධ කොට යම්තාක් නුවණැති දෙව් මිනිසුන් අතර මැනැවින් ප්‍රකාශයට පත්කරන ලද්දේ වෙයි ද, ඒ අභිසම්බෝධියට නිමිත්ත වශයෙන් මේ දෙවැනි මහා ස්වප්නය පහළ වූයේ ය.

මහණෙනි, යම් හෙයකින් තථාගත අරහත් සම්මා සම්බුදුරජාණන්

වහන්සේට සම්බුද්ධත්වයෙන් පෙර ම අනභිසම්බුද්ධ වූ බෝධිසත්ව වූයේ කළු හිස් ඇති සුදු පැහැ ඇති පණුවෝ පාදයන් දෙපසින් නැගී දණහිස තෙක් පිරී වසා සිටියාහු ද, මහණෙනි, බොහෝ සුදු වත් හඳින ගිහි ශ්‍රාවකයෝ තථාගතයන් දිවි හිමියෙන් සරණ ගත වූවාහු වෙත් ද, ඒ අභිසම්බෝධියට නිමිත්ත වශයෙන් මේ තුන් වැනි මහා ස්වප්නය පහළ වූයේ ය.

මහණෙනි, යම් හෙයකින් තථාගත අරහත් සම්මා සම්බුදුරජාණන් වහන්සේට සම්බුද්ධත්වයෙන් පෙර ම අනභිසම්බුද්ධ වූ බෝධිසත්ව වූයේ නා නා පැහැයෙන් යුතු පක්ෂීහු සතර දෙනෙක් සිව් දිශාවෙන් පියඹා අවුත් පා මුල වැතිර සියල්ලෝ ම සුදු පැහැයට පත්වූවාහු ද, මහණෙනි, මේ වර්ණයෝ සතරකි. ක්ෂත්‍රිය, බ්‍රාහ්මණ, වෛශ්‍ය හා ශුද්‍ර වර්ණයන් ය. ඔවුහු ගිහි ගෙයින් නික්ම තථාගතයන් වහන්සේ ප්‍රවිදිත ධර්ම විනයෙහි පැවිදි ව අනුත්තර වූ අරහත්ඵල විමුක්තිය සාක්ෂාත් කරත් ද, ඒ අභිසම්බෝධියට නිමිත්ත වශයෙන් මේ සිව් වැනි මහා ස්වප්නය පහළ වූයේ ය.

මහණෙනි, යම් හෙයකින් තථාගත අරහත් සම්මා සම්බුදුරජාණන් වහන්සේට සම්බුද්ධත්වයෙන් පෙර ම අනභිසම්බුද්ධ වූ බෝධිසත්ව වූයේ මහත් වූ අසුචි පර්වතයක් මුදුනෙහි අසුචි නොතැවරෙමින් සක්මන් කරමින් සිටියේ ද, මහණෙනි, තථාගතයන් වහන්සේ සිවුරු, පිණ්ඩපාත, සේනාසන, ගිලන්පස බෙහෙත් පිරිකර ආදිය ලබන්නාහු වෙති. එහිලා තථාගතයන් වහන්සේ ඒ සිව්පසයට නොඇලී, මුසපත් නොවී, නොබැසගෙන, ආදීනව දකිමින්, ප්‍රඥාවෙන් යුතුව නොඇලෙමින් පරිහරණය කරත් ද, ඒ අභිසම්බෝධියට නිමිත්ත වශයෙන් මේ පස් වැනි මහා ස්වප්නය පහළ වූයේ ය.

මහණෙනි, තථාගත අරහත් සම්මා සම්බුදුරජාණන් වහන්සේට සම්බුද්ධත්වයෙන් පෙර ම අනභිසම්බුද්ධ වූ බෝධිසත්ව වූයේ මේ පංච මහා සිහිනයෝ පහළ වූහ.

සාදු! සාදු!! සාදු!!!

මහා සුපින සූත්‍රය නිමා විය.

5.4.5.7.
වස්සන්තරාය සූත්‍රය
වැස්සට අනතුරු වීම් ගැන වදාළ දෙසුම

සැවැත් නුවර දී ය .....

මහණෙනි, යම් වැසි අනතුරක් නිමිති කියන්නෝ නොදනිත් ද, යම් තැනක නිමිති කියන්නන්ගේ ඇස නොවැටෙයි ද, මේ ඒ වැස්සට ඇති අනතුරු පස ය. ඒ කවර පසක් ද යත්;

මහණෙනි, ඉහළ අහස් තලයෙහි තේජෝ ධාතුව කිපෙයි. එකල්හී උපන් වැසි වළාකුළු ඒ තේජෝ ධාතුවෙන් දැවී පහවී යයි. මහණෙනි, යම් වැසි අනතුරක් නිමිති කියන්නෝ නොදනිත් ද, යම් තැනක නිමිති කියන්නන්ගේ ඇස නොවැටෙයි ද, මේ ඒ වැස්සට ඇති පළමු අනතුර යි.

තව ද මහණෙනි, ඉහළ අහස් තලයෙහි වායෝ ධාතුව කිපෙයි. එකල්හී උපන් වැසි වළාකුළු ඒ වායෝ ධාතුවෙන් විසිර පහවී යයි. මහණෙනි, යම් වැසි අනතුරක් නිමිති කියන්නෝ නොදනිත් ද, යම් තැනක නිමිති කියන්නන්ගේ ඇස නොවැටෙයි ද, මේ ඒ වැස්සට ඇති දෙවෙනි අනතුර යි.

තව ද මහණෙනි, රාහු අසුරේන්ද්‍රයා දෝතින් අහසේ ඇති ජලය ගෙන මහා සයුරෙහි හෙලන්නේ ය. මහණෙනි, යම් වැසි අනතුරක් නිමිති කියන්නෝ නොදනිත් ද, යම් තැනක නිමිති කියන්නන්ගේ ඇස නොවැටෙයි ද, මේ ඒ වැස්සට ඇති තෙවෙනි අනතුර යි.

තව ද මහණෙනි, වැස්ස වළාහක දෙවිවරු ප්‍රමාදී ව වාසය කරති. මහණෙනි, යම් වැසි අනතුරක් නිමිති කියන්නෝ නොදනිත් ද, යම් තැනක නිමිති කියන්නන්ගේ ඇස නොවැටෙයි ද, මේ ඒ වැස්සට ඇති සිව්වෙනි අනතුර යි.

තව ද මහණෙනි, මිනිස්සු අධාර්මික ව වාසය කරති. මහණෙනි, යම් වැසි අනතුරක් නිමිති කියන්නෝ නොදනිත් ද, යම් තැනක නිමිති කියන්නන්ගේ ඇස නොවැටෙයි ද, මේ ඒ වැස්සට ඇති පස්වෙනි අනතුර යි.

මහණෙනි, යම් වැසි අනතුරක් නිමිති කියන්නෝ නොදනිත් ද, යම්

තැනක නිමිති කියන්නන්ගේ ඇස නොවැටෙයි ද, මේ ඒ වැස්සට ඇති අනතුරු පස ය.

සාදු! සාදු!! සාදු!!!

වස්සන්තරාය සූත්‍රය නිමා විය.

5.4.5.8.
සුභාසිතවාචා සූත්‍රය
සුභාෂිත වචන ගැන වදාළ දෙසුම

සැවැත් නුවර දී ය .....

මහණෙනි, අංග පසකින් යුක්ත වූ වචනය සුභාෂිත වෙයි. නොමනා කොට කියූවක් නොවෙයි. නිවැරදි වෙයි. නුවණැතියන් විසින් නොගරහනු ලබයි. ඒ කවර පසකින් ද යත්;

සුදුසු කල්හී ද කියන්නේ වෙයි. සත්‍යයෙන් ද කියන්නේ වෙයි. මොළොක් ලෙස ද කියන්නේ වෙයි. යහපත් කරුණින් ද කියන්නේ වෙයි. මෛත්‍රී සිතින් ද කියන්නේ වෙයි.

මහණෙනි, මේ අංග පසෙන් යුක්ත වූ වචනය සුභාෂිත වෙයි. නොමනා කොට කියූවක් නොවෙයි. නිවැරදි වෙයි. නුවණැතියන් විසින් නොගරහනු ලබයි.

සාදු! සාදු!! සාදු!!!

සුභාසිතවාචා සූත්‍රය නිමා විය.

5.4.5.9.
කුල සූත්‍රය
දායක පවුල ගැන වදාළ දෙසුම

සැවැත් නුවර දී ය .....

මහණෙනි, යම් කලක සිල්වත් පැවිද්දෝ දායක පවුලක් වෙත එළඹෙත් නම් එහිලා මිනිස්සු පස් කරුණකින් බොහෝ පින් උපදවා ගනිති. ඒ කවර පස් කරුණකින් ද යත්;

මහණෙනි, යම් කලක දායක නිවස වෙත එළඹෙන සිල්වත් පැවිද්දන් වහන්සේලා දැක මිනිස්සු සිත් පහදවා ගනිත් ද, මහණෙනි, එසමයෙහි ඒ දායක නිවස ස්වර්ගය පිණිස වූ ප්‍රතිපදාවකට පිළිපන්නේ වෙයි.

මහණෙනි, යම් කලක දායක නිවස වෙත එළඹෙන සිල්වත් පැවිද්දන් වහන්සේලා දැක මිනිස්සු හුනස්නෙන් නැගිටිත් ද, සකසා වඳිත් ද, අසුනෙන් පවරත් ද, මහණෙනි, එසමයෙහි ඒ දායක නිවස උසස් කුලයෙහි ඉපදීම පිණිස වූ ප්‍රතිපදාවකට පිළිපන්නේ වෙයි.

මහණෙනි, යම් කලක දායක නිවස වෙත එළඹෙන සිල්වත් පැවිද්දන් වහන්සේලා දැක මිනිස්සු මසුරු මල බැහැර කරත් ද, මහණෙනි, එසමයෙහි ඒ දායක නිවස මහේශාක්‍ය බව පිණිස වූ ප්‍රතිපදාවකට පිළිපන්නේ වෙයි.

මහණෙනි, යම් කලක දායක නිවස වෙත එළඹෙන සිල්වත් පැවිද්දන් වහන්සේලා දැක මිනිස්සු ශක්ති පමණින් තිබෙන පමණින් දන් පැන් පූජා කරගනිත් ද, මහණෙනි, එසමයෙහි ඒ දායක නිවස මහා භෝග සම්පත් පිණිස වූ ප්‍රතිපදාවකට පිළිපන්නේ වෙයි.

මහණෙනි, යම් කලක දායක නිවස වෙත එළඹෙන සිල්වත් පැවිද්දන් වහන්සේලා දැක මිනිස්සු දහම් කරුණු විමසත් ද, යළි යළි විමසත් ද, බණ අසත් ද, මහණෙනි, එසමයෙහි ඒ දායක නිවස මහා ප්‍රඥාව පිණිස වූ ප්‍රතිපදාවකට පිළිපන්නේ වෙයි.

මහණෙනි, යම් කලක සිල්වත් පැවිද්දෝ දායක පවුලක් වෙත එළඹෙත් නම් එහිලා මිනිස්සු මේ පස් කරුණෙන් බොහෝ පින් උපදවා ගනිති.

සාදු! සාදු!! සාදු!!!

කුල සූත්‍රය නිමා විය.

5.4.5.10.
නිස්සාරණීය සූත්‍රය
නික්ම යාම ගැන වදාළ දෙසුම

සැවැත් නුවර දී ය .....

මහණෙනි, මේ නිස්සාරණීය ධාතුහු පසකි. ඒ කවර පසක් ද යත්;

මහණෙනි, මෙහිලා භික්ෂුව හට කාමයන් මෙනෙහි කරද්දී කාමයන් තුළ සිත නොබැසගනියි. නොපහදියි. නොපිහිටයි. නොගැලෙයි. ඒ භික්ෂුවට කාමයන්ගෙන් නික්මීම වූ අසුභය මෙනෙහි කරද්දී ඒ නෙක්ඛම්මයෙහි සිත බැසගනියි. පහදියි. පිහිටයි. ගැලෙයි. ඔහුගේ ඒ සිත මැනැවින් නෙක්ඛම්මයට ගියේ ය. මැනැවින් දියුණු වූයේ ය. කාමයන්ගෙන් මැනැවින් නැගී සිටියේ ය. මැනැවින් මිදුණේ ය. මැනැවින් කාමයන්ගෙන් විසංයුක්ත වූයේ ය. කාමයන් හේතුවෙන් දුක් පරිදාහ ඇති යම් ආශ්‍රවයෝ උපදිත් නම් හේ එයින් මිදුණේ වෙයි. හේ ඒ කාම වේදනාව නොවිඳියි. මේ අසුභ සමාධිය කාමයන්ගේ නික්ම යෑම යැයි කියනු ලැබේ.

තව ද මහණෙනි, භික්ෂුව හට ද්වේෂය මෙනෙහි කරද්දී ද්වේෂය තුළ සිත නොබැසගනියි. නොපහදියි. නොපිහිටයි. නොගැලෙයි. ඒ භික්ෂුවට ද්වේෂයෙන් නික්මීම වූ මෛත්‍රිය මෙනෙහි කරද්දී ඒ මෛත්‍රියෙහි සිත බැස ගනියි. පහදියි. පිහිටයි. ගැලෙයි. ඔහුගේ ඒ සිත මැනැවින් මෛත්‍රියට ගියේ ය. මැනැවින් දියුණු වූයේ ය. ද්වේෂයෙන් මැනැවින් නැගී සිටියේ ය. මැනැවින් මිදුණේ ය. මැනැවින් ද්වේෂයෙන් විසංයුක්ත වූයේ ය. ද්වේෂය හේතුවෙන් දුක් පරිදාහ ඇති යම් ආශ්‍රවයෝ උපදිත් නම් හේ එයින් මිදුණේ වෙයි. හේ ඒ ද්වේෂ වේදනාව නොවිඳියි. මේ මෛත්‍රී සමාධිය ද්වේෂයෙන් නික්ම යෑම යැයි කියනු ලැබේ.

තව ද මහණෙනි, භික්ෂුව හට හිංසාව මෙනෙහි කරද්දී හිංසාව තුළ සිත නොබැසගනියි. නොපහදියි. නොපිහිටයි. නොගැලෙයි. ඒ භික්ෂුවට හිංසාවෙන් නික්මීම වූ කරුණාව මෙනෙහි කරද්දී ඒ කරුණාවෙහි සිත බැසගනියි. පහදියි. පිහිටයි. ගැලෙයි. ඔහුගේ ඒ සිත මැනැවින් කරුණාවට ගියේ ය. මැනැවින් දියුණු වූයේ ය. හිංසාවෙන් මැනැවින් නැගී සිටියේ ය. මැනැවින් මිදුණේ ය. මැනැවින් හිංසාවෙන් විසංයුක්ත වූයේ ය. හිංසාව හේතුවෙන් දුක් පරිදාහ ඇති

යම් ආශ්‍රවයෝ උපදිත් නම් හේ එයින් මිදුණේ වෙයි. හේ ඒ හිංසා වේදනාව නොවිඳියි. මේ කරුණා සමාධිය හිංසාවෙන් නික්ම යෑම යැයි කියනු ලැබේ.

තව ද මහණෙනි, භික්ෂුව හට රූපය මෙනෙහි කරද්දී රූපය තුළ සිත නොබැසගනියි. නොපහදියි. නොපිහිටයි. නොගැලෙයි. ඒ භික්ෂුවට රූපයෙන් නික්මීම වූ අරූපය මෙනෙහි කරද්දී ඒ අරූපයෙහි සිත බැසගනියි. පහදියි. පිහිටයි. ගැලෙයි. ඔහුගේ ඒ සිත මැනැවින් අරූපයට ගියේ ය. මැනැවින් දියුණු වූයේ ය. රූපයෙන් මැනැවින් නැගී සිටියේ ය. මැනැවින් මිදුණේ ය. මැනැවින් රූපයෙන් විසංයුක්ත වූයේ ය. රූපය හේතුවෙන් දුක් පරිදාහ ඇති යම් ආශ්‍රවයෝ උපදිත් නම් හේ එයින් මිදුණේ වෙයි. හේ ඒ රූප වේදනාව නොවිඳියි. මේ අරූප සමාධිය රූපයෙන් නික්ම යෑම යැයි කියනු ලැබේ.

තව ද මහණෙනි, භික්ෂුව හට පංච උපාදානස්කන්ධය මෙනෙහි කරද්දී පංච උපාදානස්කන්ධය තුළ සිත නොබැසගනියි. නොපහදියි. නොපිහිටයි. නොගැලෙයි. ඒ භික්ෂුවට පංච උපාදානස්කන්ධයෙන් නික්මීම වූ සක්කාය නිරෝධය මෙනෙහි කරද්දී ඒ සක්කාය නිරෝධයෙහි සිත බැසගනියි. පහදියි. පිහිටයි. ගැලෙයි. ඔහුගේ ඒ සිත මැනැවින් සක්කාය නිරෝධයට ගියේ ය. මැනැවින් දියුණු වූයේ ය. පංච උපාදානස්කන්ධයෙන් මැනැවින් නැගී සිටියේ ය. මැනැවින් මිදුණේ ය. මැනැවින් පංච උපාදානස්කන්ධයෙන් විසංයුක්ත වූයේ ය. පංච උපාදානස්කන්ධය හේතුවෙන් දුක් පරිදාහ ඇති යම් ආශ්‍රවයෝ උපදිත් නම් හේ එයින් මිදුණේ වෙයි. හේ ඒ පංච උපාදානස්කන්ධ වේදනාව නොවිඳියි. මේ සක්කාය නිරෝධය සක්කායෙන් නික්ම යෑම යැයි කියනු ලැබේ.

ඔහු කාමයෙන් සතුටු වීමකුත් සිත තුළ නොපවත්වයි. ව්‍යාපාදයෙන් සතුටු වීමකුත් සිත තුළ නොපවත්වයි. හිංසාවෙන් සතුටු වීමකුත් සිත තුළ නොපවත්වයි. රූපයෙන් සතුටු වීමකුත් සිත තුළ නොපවත්වයි. සක්කායෙන් සතුටු වීමකුත් සිත තුළ නොපවත්වයි. ඔහු කාමයෙන් සතුටු වීමකුත් සිත තුළ නොපවත්වන්නේ, ව්‍යාපාදයෙන් සතුටු වීමකුත් සිත තුළ නොපවත්වන්නේ, හිංසාවෙන් සතුටු වීමකුත් සිත තුළ නොපවත්වන්නේ, රූපයෙන් සතුටු වීමකුත් සිත තුළ නොපවත්වන්නේ, සක්කායෙන් සතුටු වීමකුත් සිත තුළ නොපවත්වන්නේ මහණෙනි, මේ භික්ෂුව අනුසය රහිත වූයේ යැයි කියනු ලැබේ. තෘෂ්ණාව සින්දේ යැයි කියනු ලැබේ. සංයෝජන උදුරා දැමුවේ යැයි කියනු ලැබේ. මානය මැනැවින් අවබෝධ කොට ප්‍රහාණය කිරීමෙන් දුක් අවසන් කළේ යැයි කියනු ලැබේ.

මහණෙනි, මේ වනාහී නිස්සාරණීය ධාතුහු පසයි.

සාදු! සාදු!! සාදු!!!

නිස්සාරණීය සූත්‍රය නිමා විය.

පස්වෙනි සෝණ වර්ගය අවසන් විය.

- එහි පිළිවෙල උද්දානය යි :

සෝණ සූත්‍රය, ද්‍රෝණ සූත්‍රය, සංගාරව සූත්‍රය, කාරණපාලී සූත්‍රය, පිංගියානී සූත්‍රය, මහා සුපින සූත්‍රය, වස්සන්තරාය සූත්‍රය, සුභාසිත වාචා සූත්‍රය, කුල සූත්‍රය සහ නිස්සාරණීය සූත්‍රය වශයෙන් මෙහි සූත්‍ර දසයකි.

සතර වෙනි පණ්ණාසකය නිමා විය.

පස්වෙනි පණ්ණාසකය

1. කිම්බිල වර්ගය

5.5.1.1.
කිම්බිල සූත්‍රය
කිම්බිල තෙරුන්ට වදාළ දෙසුම

එක් සමයක භාග්‍යවතුන් වහන්සේ කිම්බිලා නුවර සමීපයෙහි මිදෙල්ල වනයෙහි වැඩවසන සේක. එකල්හී ආයුෂ්මත් කිම්බිල තෙරණුවෝ භාග්‍යවතුන් වහන්සේ වෙත පැමිණියහ. පැමිණ භාග්‍යවතුන් වහන්සේට සකසා වන්දනා කොට එකත්පස් ව හිඳගත්හ. එකත්පස් ව හුන් ආයුෂ්මත් කිම්බිල තෙරුණුවෝ භාග්‍යවතුන් වහන්සේට මෙය පැවසූහ.

"ස්වාමීනී, යම් හෙයකින් තථාගතයන් වහන්සේ පිරිනිවන් පා වදාළ කල්හී සද්ධර්මය බොහෝ කලක් නොපවතින්නේ නම්, එයට හේතුව කුමක් ද? එයට ප්‍රත්‍යය කුමක් ද?"

"කිම්බිලය, මෙහිලා තථාගතයන් පිරිනිවන් පෑ කල්හී භික්ෂු භික්ෂුණී උපාසක උපාසිකාවෝ ශාස්තෲන් වහන්සේ කෙරෙහි අගෞරවයෙන්, යටහත් පැවතුම් නැති ව වාසය කරත් ද, ධර්මය කෙරෙහි අගෞරවයෙන්, යටහත් පැවතුම් නැති ව වාසය කරත් ද, සංඝයා කෙරෙහි අගෞරවයෙන්, යටහත් පැවතුම් නැති ව වාසය කරත් ද, ශික්ෂාව කෙරෙහි අගෞරවයෙන්, යටහත් පැවතුම් නැති ව වාසය කරත් ද, එකිනෙකා කෙරෙහි අගෞරවයෙන්, යටහත් පැවතුම් නැති ව වාසය කරත් ද, කිම්බිල, යම් හෙයකින් තථාගතයන් වහන්සේ පිරිනිවන් පා වදාළ කල්හී සද්ධර්මය බොහෝ කලක් නොපවතින්නේ නම්, එයට හේතුව මෙය යි. එයට ප්‍රත්‍යය මෙය යි."

"ස්වාමීනී, යම් හෙයකින් තථාගතයන් වහන්සේ පිරිනිවන් පා වදාළ කල්හී සද්ධර්මය බොහෝ කලක් පවතින්නේ නම්, එයට හේතුව කුමක් ද? එයට ප්‍රත්‍යය කුමක් ද?"

"කිම්බිලය, මෙහිලා තථාගතයන් පිරිනිවන් පෑ කල්හී භික්ෂු භික්ෂුණී උපාසක උපාසිකාවෝ ශාස්තෘන් වහන්සේ කෙරෙහි ගෞරවයෙන්, යටහත් පැවතුම් ඇති ව වාසය කරත් ද, ධර්මය කෙරෙහි ගෞරවයෙන්, යටහත් පැවතුම් ඇති ව වාසය කරත් ද, සංඝයා කෙරෙහි ගෞරවයෙන්, යටහත් පැවතුම් ඇති ව වාසය කරත් ද, ශික්ෂාව කෙරෙහි ගෞරවයෙන්, යටහත් පැවතුම් ඇති ව වාසය කරත් ද, එකිනෙකා කෙරෙහි ගෞරවයෙන්, යටහත් පැවතුම් ඇති ව වාසය කරත් ද, කිම්බිල, යම් හෙයකින් තථාගතයන් වහන්සේ පිරිනිවන් පා වදාළ කල්හී සද්ධර්මය බොහෝ කලක් පවතින්නේ නම්, එයට හේතුව මෙය යි. එයට ප්‍රත්‍යය මෙය යි."

සාදු! සාදු!! සාදු!!!

කිම්බිල සූත්‍රය නිමා විය.

5.5.1.2.
ධම්මසවණ සූත්‍රය
ධර්ම ශ්‍රවණය ගැන වදාළ දෙසුම

සැවැත් නුවර දී ය .....

මහණෙනි, ධර්ම ශ්‍රවණයෙහි මේ අනුසස් පසකි. ඒ කවර පසක් ද යත්;

නොඇසූ දේ අසන්නේ ය. ඇසූ දෙය වඩා ත් පැහැදිලි වන්නේ ය. සැක දුරු වන්නේ ය. දෘෂ්ටිය ඍජු වන්නේ ය. ඔහුගේ සිත පහදින්නේ ය.

මහණෙනි, මේ වනාහී ධර්ම ශ්‍රවණයෙහි අනුසස් පස යි.

සාදු! සාදු!! සාදු!!!

ධම්මසවණ සූත්‍රය නිමා විය.

5.5.1.3.
ආජානීය සූත්‍රය
ආජානේය අශ්වයා ගැන වදාළ දෙසුම

සැවැත් නුවර දී ය .....

මහණෙනි, කරුණු පසකින් සමන්විත වූ රජුගේ සොඳුරු වූ ආජානේය අශ්වයා රාජ යෝග්‍ය වෙයි. රාජ පරිහරණයට සුදුසු වෙයි. රජුගේ අංගයක් ය යන සංඛ්‍යාවට යයි. ඒ කවර පසකින් ද යත්;

අවංක භාවයෙනි, වේගවත් පා ගමනෙනි, මෘදු භාවයෙනි, ඉවසීමෙනි, කීකරුකමෙනි.

මහණෙනි, මේ කරුණු පසෙන් සමන්විත වූ රජුගේ සොඳුරු වූ ආජානේය අශ්වයා රාජ යෝග්‍ය වෙයි. රාජ පරිහරණයට සුදුසු වෙයි. රජුගේ අංගයක් ය යන සංඛ්‍යාවට යයි.

මහණෙනි, කරුණු පසකින් සමන්විත වූ භික්ෂුව ආහුණෙය්‍ය වෙයි. පාහුණෙය්‍ය වෙයි. දක්ඛිණෙය්‍ය වෙයි. අංජලිකරණීය වෙයි. ලෝකයාගේ උතුම් පින් කෙත වෙයි. ඒ කවර කරුණු පසකින් ද යත්;

ඍජු වූ අවංකකමෙනි, වේගවත් ප්‍රඥාවෙනි, මෘදු සීල ගුණයෙනි, ඉවසීමෙනි, කීකරුකමෙනි.

මහණෙනි, මේ කරුණු පසෙන් සමන්විත වූ භික්ෂුව ආහුණෙය්‍ය වෙයි. පාහුණෙය්‍ය වෙයි. දක්ඛිණෙය්‍ය වෙයි. අංජලිකරණීය වෙයි. ලෝකයාගේ උතුම් පින් කෙත වෙයි.

සාදු! සාදු!! සාදු!!!

ආජානීය සූත්‍රය නිමා විය.

5.5.1.4.
බල සූත්‍රය
බලයන් ගැන වදාළ දෙසුම

සැවැත් නුවර දී ය .....

මහණෙනි, මේ බල පසකි. ඒ කවර පසක් ද යත්; ශ්‍රද්ධා බලය, ලැජ්ජා බලය, බිය බලය, වීරිය බලය, ප්‍රඥා බලය ය. මහණෙනි, මේ වනාහී බල පසයි.

සාදු! සාදු!! සාදු!!!

බල සූත්‍රය නිමා විය.

5.5.1.5.
චේතෝඛිල සූත්‍රය
සිතක ඇණෙන හුල් ගැන වදාළ දෙසුම

සැවැත් නුවර දී ය .....

මහණෙනි, සිතෙහි ඇණෙන මේ හුල් පසකි. ඒ කවර පසක් ද යත්;

1. මහණෙනි, මෙහිලා භික්ෂුව තම ශාස්තෘන් වහන්සේ පිළිබඳ ව සැක කරයි. විචිකිච්ඡා කරයි. ශ්‍රද්ධාවෙහි නොබැස ගනියි. නොපහදියි. මහණෙනි, යම් ඒ භික්ෂුව තම ශාස්තෘන් වහන්සේ පිළිබඳව සැක කරයි ද, විචිකිච්ඡා කරයි ද, ශ්‍රද්ධාවෙහි නොබැස ගනියි ද, නොපහදියි ද, එකල්හී කෙලෙස් තවන වීර්යයෙන් යුතු ව, නැවත නැවත යෙදෙමින් දැඩි වීර්යයෙන් යුතු ව ධර්මයේ හැසිරෙන්නට ඔහුගේ සිත නොනැමෙයි. යමෙකුගේ සිත කෙලෙස් තවන වීර්යයෙන් යුතු ව, නැවත නැවත යෙදෙමින් දැඩි වීර්යයෙන් යුතුව ධර්මයේ හැසිරෙන්නට යම් කරුණකින් නොපෙළඹෙයි නම් මෙසේ ඔහුගේ සිතෙහි ඇණී ඇති මෙම පළමු වැනි හුල වෙයි.

2.-5. තවද මහණෙනි, මෙහිලා භික්ෂුව ධර්මය පිළිබඳ ව සැක කරයි. ....(පෙ).... සංඝයා පිළිබඳ ව සැක කරයි. ....(පෙ).... ශික්ෂාව පිළිබඳ ව සැක කරයි.

....(පෙ).... සබ්‍රහ්මචාරීන් වහන්සේලා පිළිබඳ ව කෝපයෙන් සිටියි. අමනාපයෙන් සිටියි. ගැටුණු සිතින් හටගත් හුල ඇති ව සිටියි. මහණෙනි, යම් ඒ භික්ෂුව සබ්‍රහ්මචාරීන් වහන්සේලා පිළිබඳ ව කෝපයෙන් සිටියි ද, අමනාපයෙන් සිටියි ද, ගැටුණු සිතින් හටගත් හුල ඇති ව සිටියි ද, එකල්හී කෙලෙස් තවන වීර්යයෙන් යුතු ව, නැවත නැවත යෙදෙමින් දැඩි වීර්යයෙන් යුතු ව ධර්මයේ හැසිරෙන්නට ඔහුගේ සිත නොනැමෙයි. යමෙකුගේ සිත කෙලෙස් තවන වීර්යයෙන් යුතු ව, නැවත නැවත යෙදෙමින් දැඩි වීර්යයෙන් යුතු ව ධර්මයේ හැසිරෙන්නට යම් කරුණකින් නොපෙළඹෙයි නම් මෙසේ ඔහුගේ සිතෙහි ඇණී ඇති මෙම පස්වෙනි හුල වෙයි.

මහණෙනි, මේ වනාහී සිතෙහි ඇණෙන මේ හුල් පස යි.

සාදු! සාදු!! සාදු!!!

චේතෝඛිල සූත්‍රය නිමා විය.

5.5.1.6.
විනිබන්ධ සූත්‍රය
සිතෙහි බැඳෙන බන්ධන ගැන වදාළ දෙසුම

සැවැත් නුවර දී ය .....

මහණෙනි, සිත වෙළා බැඳෙන මේ බන්ධන පසකි. ඒ කවර පසක් ද යත්;

1. මහණෙනි, මෙහිලා භික්ෂුව පංචකාම ගුණයන් පිළිබඳව දුරු නොකර ගත් රාගයෙන් යුක්ත වූයේ වෙයි. දුරු නොකර ගත් ආශාවෙන් යුක්ත වූයේ වෙයි. දුරු නොකර ගත් ප්‍රේමයෙන් යුක්ත වූයේ වෙයි. දුරු නොකර ගත් පිපාසයෙන් යුක්ත වූයේ වෙයි. දුරු නොකර ගත් දාහයෙන් යුක්ත වූයේ වෙයි. දුරු නොකර ගත් තෘෂ්ණාවෙන් යුක්ත වූයේ වෙයි. මහණෙනි, යම් මේ භික්ෂුවක් පංචකාම ගුණයන් පිළිබඳව දුරු නොකර ගත් රාගයෙන් යුක්ත වූයේ නම්, දුරු නොකර ගත් ආශාවෙන් යුක්ත වූයේ නම්, දුරු නොකර ගත් ප්‍රේමයෙන් යුක්ත වූයේ නම්, දුරු නොකර ගත් පිපාසයෙන් යුක්ත වූයේ නම්, දුරු නොකර ගත් දාහයෙන් යුක්ත වූයේ නම්, දුරු නොකර ගත් තෘෂ්ණාවෙන් යුක්ත වූයේ නම් එකල්හී කෙලෙස් තවන වීර්යයෙන් යුතු ව, නැවත නැවත යෙදෙමින් දැඩි වීර්යයෙන්

යුතු ව ධර්මයේ හැසිරෙන්නට ඔහුගේ සිත නොනැමෙයි. යමෙකුගේ සිත කෙලෙස් තවන වීර්යයෙන් යුතු ව, නැවත නැවත යෙදෙමින් දැඩි වීර්යයෙන් යුතු ව ධර්මයේ හැසිරෙන්නට යම් කරුණකින් නොපෙළඹෙයි නම් මෙසේ ඔහුගේ සිතෙහි බැඳී ඇති මෙම පළමුවෙනි බන්ධනය යි.

2.-5. තව ද මහණෙනි, භික්ෂුව කය පිළිබඳව දුරු නොකර ගත් රාගයෙන් යුක්ත වූයේ වෙයි. ....(පෙ).... රූපය පිළිබඳව දුරු නොකර ගත් රාගයෙන් යුක්ත වූයේ වෙයි. ....(පෙ).... තවද මහණෙනි, භික්ෂුව කුස පුරා ඇති තාක් වළඳා නින්දෙන් ලැබෙන සැපයෙහි, ස්පර්ශ සැපයෙහි, අලස සැපයෙහි යෙදෙමින් වාසය කරයි. ....(පෙ).... තවද මහණෙනි, භික්ෂුව එක්තරා දෙව්ලොවක සිත පිහිටුවාගෙන බඹසරෙහි වාසය කරයි. එනම් 'මම් මේ සීලයෙන් හෝ ව්‍රතයෙන් හෝ තපසින් හෝ බඹසරින්, දෙවියෙක් හෝ වන්නෙමි. අන්‍ය වූ දෙවිකෙනෙක් වන්නෙමි'යි. මහණෙනි, යම් මේ භික්ෂුවක් එක්තරා දෙව්ලොවක සිත පිහිටුවාගෙන වාසය කරයි නම්, එනම් 'මම් මේ සීලයෙන් හෝ ව්‍රතයෙන් හෝ තපසින් හෝ බඹසරින් හෝ දෙවියෙක් හෝ වන්නෙමි. අන්‍ය වූ දෙවිකෙනෙක් වන්නෙමි'යි. එකල්හී කෙලෙස් තවන වීර්යයෙන් යුතු ව, නැවත නැවත යෙදෙමින් දැඩි වීර්යයෙන් යුතු ව ධර්මයේ හැසිරෙන්නට ඔහුගේ සිත නොනැමෙයි. යමෙකුගේ සිත කෙලෙස් තවන වීර්යයෙන් යුතු ව, නැවත නැවත යෙදෙමින් දැඩි වීර්යයෙන් යුතු ව ධර්මයේ හැසිරෙන්නට යම් කරුණකින් නොපෙළඹෙයි නම් මෙසේ ඔහුගේ සිතෙහි බැඳී ඇති මෙම පස්වෙනි බන්ධනය යි.

මහණෙනි, මේ වනාහී සිත වෙළා බැඳෙන මේ බන්ධන පස යි.

සාදු! සාදු!! සාදු!!!

විනිබන්ධ සූත්‍රය නිමා විය.

5.5.1.7.
යාගු සූත්‍රය
කැඳ ගැන වදාළ දෙසුම

සැවැත් නුවර දී ය .....

මහණෙනි, කැඳෙහි මේ අනුසස් පස ඇත්තේ ය. ඒ කවර පසක් ද යත්; කුසගිනි නසයි. පිපාසය දුරු කරයි. වාතය බැහැර කරයි. මල මාර්ගය පිරිසිදු

කරයි. ආමාශයෙහි ඉතිරි වී ඇති ආහාර දිරවයි. මහණෙනි, කැඳෙහි මේ අනුසස් පස ඇත්තේ ය.

සාදු! සාදු!! සාදු!!!

යාගු සූත්‍රය නිමා විය.

5.5.1.8.
දන්තකට්ඨ සූත්‍රය
දැහැටි ගැන වදාළ දෙසුම

සැවැත් නුවර දී ය .....

මහණෙනි, දැහැටිවලින් දත් නොමැදීමෙහි මේ ආදීනව පසකි. ඒ කවර පසක් ද යත්;

ඇසට අහිතකර වෙයි. මුඛය දුර්ගන්ධයෙන් යුතු වෙයි. රස නහර පිරිසිදු නොවෙයි. පිත ත්, සෙම ත් ආහාරය අවුරයි. ඔහුට ආහාර රුචි නොවෙයි.

මහණෙනි, මේ වනාහී දැහැටිවලින් දත් නොමැදීමෙහි ආදීනව පස යි.

මහණෙනි, දැහැටිවලින් දත් මැදීමෙහි මේ අනුසස් පසකි. ඒ කවර පසක් ද යත්;

ඇසට හිතකර වෙයි. මුඛය දුර්ගන්ධයෙන් යුතු නොවෙයි. රස නහර පිරිසිදු වෙයි. පිත ත්, සෙම ත් ආහාරය නොඅවුරයි. ඔහුට ආහාර රුචි වෙයි.

මහණෙනි, මේ වනාහී දැහැටිවලින් දත් මැදීමෙහි අනුසස් පස යි.

සාදු! සාදු!! සාදු!!!

දන්තකට්ඨ සූත්‍රය නිමා විය.

5.5.1.9.
ගීතස්සර සූත්‍රය
ගීතස්වරය ගැන වදාළ දෙසුම

සැවැත් නුවර දී ය .....

මහණෙනි, ධර්මය දිගට අදිමින් ගීතස්වරයෙන් කියන්නහුට මේ ආදීනව පසකි. ඒ කවර පසක් ද යත්;

තමා ත් ඒ ස්වරයෙහි ඇලෙයි. අන්‍යයෝ ත් ඒ ස්වරයෙහි ඇලෙති. ගිහියෝ ත් 'අපි යම් සේ ගයමු ද එසෙයින් ම මේ ශාක්‍යපුත්‍රීය ශ්‍රමණවරු ත් ගයත් නොවැ' යි අවඥා කරති. ස්වර ආකෘතිය කැමති වන්නහුගේ සමාධිය ද බිඳී යයි. පශ්චිම ජනතාව එය ආදර්ශයට ගෙන ඒ අයුරින් කටයුතු කරයි.

මහණෙනි, මේ වනාහී ධර්මය දිගට අදිමින් ගීතස්වරයෙන් කියන්නහුට ආදීනව පස යි.

සාදු! සාදු!! සාදු!!!

ගීතස්සර සූත්‍රය නිමා විය.

5.5.1.10.
මුට්ඨස්සති සූත්‍රය
මුළා සිහි ඇති බව ගැන වදාළ දෙසුම

සැවැත් නුවර දී ය .....

මහණෙනි, සිහි මුළා ව, නුවණින් තොර ව, නින්දට වැටුණු තැනැත්තහුගේ මේ ආදීනව පසකි. ඒ කවර පසක් ද යත්;

දුක සේ නිදයි. දුක සේ අවදි වෙයි. පවිටු සිහින දකියි. දෙවියෝ නොරකිති. නින්දෙන් ශුක්‍ර පිටවෙයි.

මහණෙනි, මේ වනාහී සිහි මුළා ව, නුවණින් තොර ව, නින්දට වැටුණු

තැනැත්තහුගේ ආදීනව පස යි.

මහණෙනි, පිහිටුවා ගත් සිහි ඇති ව, නුවණින් යුතු ව, නින්දට වැටුණු තැනැත්තහුගේ මේ අනුසස් පසකි. ඒ කවර පසක් ද යත්;

සුව සේ නිදයි. සුව සේ අවදි වෙයි. පවිටු සිහින නොදකියි. දෙවියෝ රකිති. නින්දෙන් ශුක්‍ර පිට නොවෙයි.

මහණෙනි, මේ වනාහී පිහිටුවා ගත් සිහි ඇති ව, නුවණින් යුතු ව, නින්දට වැටුණු තැනැත්තහුගේ අනුසස් පස යි.

සාදු! සාදු!! සාදු!!!

මුට්ඨස්සති සූත්‍රය නිමා විය.

පළමුවෙනි කිම්බිල වර්ගය අවසන් විය.

- **එහි පිළිවෙල උද්දානය යි :**

කිම්බිල සූත්‍රය, ධම්මසවණ සූත්‍රය, ආජානීය සූත්‍රය, බල සූත්‍රය, චේතෝඛිල සූත්‍රය, චේතෝ විනිබන්ධ සූත්‍රය, යාගු සූත්‍රය, දන්තකට්ඨ සූත්‍රය, ගීතස්සර සූත්‍රය සහ මුට්ඨස්සති සූත්‍රය වශයෙන් මෙහි සූත්‍ර දශයකි.

2. අක්කෝසක වර්ගය

5.5.2.1.
අක්කෝසක සූත්‍රය
ආක්‍රෝශ කරන්නා ගැන වදාළ දෙසුම

සැවැත් නුවර දී ය .....

මහණෙනි, යම් ඒ භික්ෂුවක් සබ්‍රහ්මචාරීන් වහන්සේලාට ආක්‍රෝශ කරයි ද, පරිභව කරයි ද, ආර්ය උපවාද කරයි ද ඔහු ආදීනව පසක් කැමති විය යුත්තේ ය. ඒ කවර පසක් ද යත්;

නිවන් මග වනසා ගෙන පාරාජිකා ඇවතට හෝ පත්වෙයි. වෙනත් කිලිටි සහගත ඇවතකට හෝ පත්වෙයි. දරුණු වූ රෝගාබාධයක් හෝ වැළඳෙයි. මුළා වූ සිහි ඇති ව මරණයට පත්වෙයි. කය බිඳී මරණින් මතු අපාය දුර්ගති විනිපාත නම් වූ නිරයෙහි උපදියි.

මහණෙනි, යම් ඒ භික්ෂුවක් සබ්‍රහ්මචාරීන් වහන්සේලාට ආක්‍රෝශ කරයි ද, පරිභව කරයි ද, ආර්ය උපවාද කරයි ද ඔහු මේ ආදීනව පස කැමති විය යුත්තේ ය.

සාදු! සාදු!! සාදු!!!

අක්කෝසක සූත්‍රය නිමා විය.

5.5.2.2.
භණ්ඩනකාරක සූත්‍රය
දබර කරන්නා ගැන වදාළ දෙසුම

සැවැත් නුවර දී ය .....

මහණෙනි, යම් ඒ භික්ෂුවක් දබර කරන්නේ, කෝළාහල කරන්නේ, විවාද කරන්නේ, බැන වදින්නේ, සංඝයා අතර අර්බුද කරන්නේ නම් ඔහු ආදීනව පසක් කැමති විය යුත්තේ ය. ඒ කවර පසක් ද යත්;

නොලැබූ ධ්‍යාන මගඵල ආදිය නොලබයි. ලැබූ ධ්‍යානාදිය පිරිහෙයි. පවිටු වූ අපකීර්තියක් පැතිරෙයි. මුළා වූ සිහි ඇති ව මරණයට පත්වෙයි. කය බිඳී මරණින් මතු අපාය දුර්ගති විනිපාත නම් වූ නිරයෙහි උපදියි.

මහණෙනි, යම් ඒ භික්ෂුවක් දබර කරන්නේ, කෝළාහල කරන්නේ, විවාද කරන්නේ, බැන වදින්නේ, සංඝයා අතර අර්බුද කරන්නේ නම් ඔහු මේ ආදීනව පස කැමති විය යුත්තේ ය.

සාදු! සාදු!! සාදු!!!

භණ්ඩනකාරක සූත්‍රය නිමා විය.

5.5.2.3.
සීල සූත්‍රය
සීලය ගැන වදාළ දෙසුම

සැවැත් නුවර දී ය .....

මහණෙනි, දුස්සීලයාගේ සීල විපත්තියෙහි මේ ආදීනව පසකි. ඒ කවර පසක් ද යත්;

මහණෙනි, මෙහිලා සිල් වැනසුණු ගිහි දුස්සීලයා ප්‍රමාදය හේතුවෙන් මහත් වූ භෝග සම්පත්වල හානියට පැමිණෙයි. මහණෙනි, දුස්සීලයාගේ සීල විපත්තියෙහි මේ පළමු ආදීනවය යි.

තව ද මහණෙනි, සිල් වැනසුණු ගිහි දුස්සීලයාගේ ලාමක අපකීර්තියක් පැතිර යයි. මහණෙනි, දුස්සීලයාගේ සීල විපත්තියෙහි මේ දෙවෙනි ආදීනවය යි.

තව ද මහණෙනි, සිල් වැනසුණු ගිහි දුස්සීලයා ක්ෂත්‍රිය පිරිසක් හෝ වේවා, බ්‍රාහ්මණ පිරිසක් හෝ වේවා, ගෘහපති පිරිසක් හෝ වේවා, ශ්‍රමණ පිරිසක් හෝ වේවා, යම් ම වූ පිරිසක් කරා එළඹෙයි නම් තේජස් නැති ව සැක සහිත ව එළඹෙන්නේ වෙයි. මහණෙනි, දුස්සීලයාගේ සීල විපත්තියෙහි මේ තුන්වෙනි ආදීනවය යි.

තව ද මහණෙනි, සිල් වැනසුණු ගිහි දුස්සීලයා සිහිමුළා ව කළුරිය කරයි. මහණෙනි, දුස්සීලයාගේ සීල විපත්තියෙහි මේ සිව්වෙනි ආදීනවය යි.

තව ද මහණෙනි, සිල් වැනසුණු ගිහි දුස්සීලයා කය බිඳී මරණින් මතු අපාය දුර්ගති විනිපාත නම් වූ නිරයෙහි උපදියි. මහණෙනි, දුස්සීලයාගේ සීල විපත්තියෙහි මේ පස්වෙනි ආදීනවය යි.

මහණෙනි, දුස්සීලයාගේ සීල විපත්තියෙහි මේ ආදීනව පස යි.

මහණෙනි, සිල්වතාගේ සීල සම්පත්තියෙහි මේ අනුසස් පසකි. ඒ කවර පසක් ද යත්;

මහණෙනි, මෙහිලා සිල්වතා සීලසම්පන්න වූයේ අප්‍රමාදය හේතුවෙන් මහත් වූ භෝග සම්පත් දියුණුවට පැමිණෙයි. මහණෙනි, සිල්වතාගේ සීල සම්පත්තියෙහි මේ පළමු ආනිශංසය යි.

තව ද මහණෙනි, සිල්වතා සීලසම්පන්න වූයේ කල්‍යාණ කීර්ති ඝෝෂාවක් පැතිර යයි. මහණෙනි, සිල්වතාගේ සීල සම්පත්තියෙහි මේ දෙවෙනි ආනිශංසය යි.

තව ද මහණෙනි, සිල්වතා සීලසම්පන්න වූයේ ක්ෂත්‍රිය පිරිසක් හෝ වේවා, බ්‍රාහ්මණ පිරිසක් හෝ වේවා, ගෘහපති පිරිසක් හෝ වේවා, ශ්‍රමණ පිරිසක් හෝ වේවා, යම් ම වූ පිරිසක් කරා එළඹෙයි නම් විශාරද ව සැක රහිත ව එළඹෙන්නේ වෙයි. මහණෙනි, සිල්වතාගේ සීල සම්පත්තියෙහි මේ තෙවෙනි ආනිශංසය යි.

තව ද මහණෙනි, සිල්වතා සීලසම්පන්න වූයේ සිහි මුළා නොවී කළුරිය කරයි. මහණෙනි, සිල්වතාගේ සීල සම්පත්තියෙහි මේ සිව්වෙනි ආනිශංසය යි.

තව ද මහණෙනි, සිල්වතා සීලසම්පන්න වූයේ කය බිඳී මරණින් මතු සුගති සංඛ්‍යාත ස්වර්ග ලෝකයෙහි උපදියි. මහණෙනි, සිල්වතාගේ සීල සම්පත්තියෙහි මේ පස්වෙනි ආනිශංසය යි.

මහණෙනි, සිල්වතාගේ සීල සම්පත්තියෙහි මේ අනුසස් පස යි.

සාදු! සාදු!! සාදු!!!

සීල සූත්‍රය නිමා විය.

5.5.2.4.
බහුභාණී සූත්‍රය
බොහෝ කතා කරන්නා ගැන වදාළ දෙසුම

සැවැත් නුවර දී ය .....

මහණෙනි, බොහෝ කතා කරන පුද්ගලයා කෙරෙහි මේ ආදීනව පසකි. ඒ කවර පසක් ද යත්;

බොරු කියයි. කේලාම් කියයි. දරුණු වචන කියයි. හිස් වචන කියයි. කය බිඳී මරණින් මතු අපාය දුගතිය විනිපාත නම් වූ නිරයෙහි උපදියි.

මහණෙනි, බොහෝ කතා කරන පුද්ගලයා කෙරෙහි මේ ආදීනව පස යි.

මහණෙනි, නුවණින් දැන කතා කරන පුද්ගලයා කෙරෙහි මේ අනුසස් පසකි. ඒ කවර පසක් ද යත්;

බොරු නොකියයි. කේලාම් නොකියයි. දරුණු වචන නොකියයි. හිස් වචන නොකියයි. කය බිඳී මරණින් මතු සුගති සංඛ්‍යාත ස්වර්ග ලෝකයෙහි උපදියි.

මහණෙනි, නුවණින් දැන කතා කරන පුද්ගලයා කෙරෙහි මේ අනුසස් පස යි.

සාදු! සාදු!! සාදු!!!

බහුභාණී සූත්‍රය නිමා විය.

5.5.2.5.
පඨම අක්ඛන්ති සූත්‍රය
නොඉවසීම ගැන වදාළ පළමු දෙසුම

සැවැත් නුවර දී ය .....

මහණෙනි, නොඉවසීමෙහි මේ ආදීනව පසකි. ඒ කවර පසක් ද යත්;

බොහෝ ජනයාට අප්‍රිය අමනාප වෙයි. වෛර බහුල ද වෙයි. වැරදි බහුල ද වෙයි. සිහි මුලා ව කළුරිය කරයි. කය බිඳී මරණින් මතු අපාය දුගතිය විනිපාත නම් වූ නිරයෙහි උපදියි.

මහණෙනි, නොඉවසීමෙහි මේ ආදීනව පස යි.

මහණෙනි, ඉවසීමෙහි මේ අනුසස් පසකි. ඒ කවර පසක් ද යත්;

බොහෝ ජනයාට ප්‍රිය මනාප වෙයි. වෛර බහුල නොවෙයි. වැරදි බහුල නොවෙයි. සිහි මුලා නොවී කළුරිය කරයි. කය බිඳී මරණින් මතු සුගති සංඛ්‍යාත ස්වර්ග ලෝකයෙහි උපදියි.

මහණෙනි, ඉවසීමෙහි මේ අනුසස් පස යි.

සාදු! සාදු!! සාදු!!!

පඨම අක්ඛන්ති සූත්‍රය නිමා විය.

5.5.2.6.
දුතිය අක්ඛන්ති සූත්‍රය
නොඉවසීම ගැන වදාළ දෙවෙනි දෙසුම

සැවැත් නුවර දී ය .....

මහණෙනි, නොඉවසීමෙහි මේ ආදීනව පසකි. ඒ කවර පසක් ද යත්;

බොහෝ ජනයාට අප්‍රිය අමනාප වෙයි. රෞද්‍ර ද වෙයි. පසුතැවෙන්නේ ද

වෙයි. සිහි මුළා ව කළුරිය කරයි. කය බිඳී මරණින් මතු අපාය දුගතිය විනිපාත නම් වූ නිරයෙහි උපදියි.

මහණෙනි, නොඉවසීමෙහි මේ ආදීනව පස යි.

මහණෙනි, ඉවසීමෙහි මේ අනුසස් පසකි. ඒ කවර පසක් ද යත්;

බොහෝ ජනයාට ප්‍රිය මනාප වෙයි. රෞද්‍ර නොවෙයි. නොපසුතැවෙන්නේ වෙයි. සිහි මුළා නොවී කළුරිය කරයි. කය බිඳී මරණින් මතු සුගති සංඛ්‍යාත ස්වර්ග ලෝකයෙහි උපදියි.

මහණෙනි, ඉවසීමෙහි මේ අනුසස් පස යි.

සාදු! සාදු!! සාදු!!!

දුතිය අක්ඛන්ති සූත්‍රය නිමා විය.

5.5.2.7.
පඨම අපාසාදික සූත්‍රය
නොපහදින ක්‍රියා ඇති ව සිටීම ගැන වදාළ පළමු දෙසුම

සැවැත් නුවර දී ය .....

මහණෙනි, නොපහදින ලෙස කටයුතු කිරීමෙහි මේ ආදීනව පසකි. ඒ කවර පසක් ද යත්;

තමා ත් තමාට උපවාද කරයි. නුවණැත්තෝ එය දැන ගරහති. පවිටු අපකීර්තියක් පැතිර යයි. සිහි මුළා ව කළුරිය කරයි. කය බිඳී මරණින් මතු අපාය දුගතිය විනිපාත නම් වූ නිරයෙහි උපදියි.

මහණෙනි, නොපහදින ලෙස කටයුතු කිරීමෙහි මේ ආදීනව පස යි.

මහණෙනි, පහදින ලෙස කටයුතු කිරීමෙහි මේ අනුසස් පසකි. ඒ කවර පසක් ද යත්;

තමා ත් තමාට උපවාද නොකරයි. නුවණැත්තෝ එය දැන පසසති. කල්‍යාණ කීර්තියක් පැතිර යයි. සිහි මුළා නොවී කළුරිය කරයි. කය බිඳී මරණින් මතු සුගති සංඛ්‍යාත ස්වර්ග ලෝකයෙහි උපදියි.

මහණෙනි, පහදින ලෙස කටයුතු කිරීමෙහි මේ අනුසස් පස යි.

සාදු! සාදු!! සාදු!!!

පඨම අපාසාදික සූත්‍රය නිමා විය.

5.5.2.8.
දුතිය අපාසාදික සූත්‍රය
නොපහදින ක්‍රියා ඇති ව සිටීම ගැන වදාළ දෙවෙනි දෙසුම

සැවැත් නුවර දී ය .....

මහණෙනි, නොපහදින ලෙස කටයුතු කිරීමෙහි මේ ආදීනව පසකි. ඒ කවර පසක් ද යත්;

නොපහන් වූවෝ නොපහදිති. පහන් වූ ඇතැමුන්ගේ ද කලකිරීම ඇතිවෙයි. ශාස්තෘන් වහන්සේගේ අනුශාසනාව නොකළේ වෙයි. පශ්චිම ජනතාව ද එය අනුකරණය කරයි. ඔහුගේ සිත ද නොපහදියි.

මහණෙනි, නොපහදින ලෙස කටයුතු කිරීමෙහි මේ ආදීනව පස යි.

මහණෙනි, පහදින ලෙස කටයුතු කිරීමෙහි මේ අනුසස් පසකි. ඒ කවර පසක් ද යත්;

නොපහන් වූවෝ පහදිති. පහන් වූවෝ බොහෝ සෙයින් පහදිති. ශාස්තෘන් වහන්සේගේ අනුශාසනාව කළේ වෙයි. පශ්චිම ජනතාව ද එය අනුකරණය කරයි. ඔහුගේ සිත ද පහදියි.

මහණෙනි, පහදින ලෙස කටයුතු කිරීමෙහි මේ අනුසස් පස යි.

සාදු! සාදු!! සාදු!!!

දුතිය අපාසාදික සූත්‍රය නිමා විය.

5.5.2.9.
අග්ගි සූත්‍රය
ගිනි තැපීම ගැන වදාළ දෙසුම

සැවැත් නුවර දී ය .....

මහණෙනි, ගිනි තැපීමෙහි මේ ආදීනව පසකි. ඒ කවර පසක් ද යත්; ඇසට ද හිත නොවෙයි. දුර්වර්ණය ඇති කරයි. දුර්වල කරයි. සමූහය වශයෙන් එකට සිටීම වැඩෙයි. තිරශ්චීන කථාව පිණිස හේතුවෙයි. මහණෙනි, මේ වනාහී ගිනි තැපීමෙහි ආදීනව පස යි.

සාදු! සාදු!! සාදු!!!

අග්ගි සූත්‍රය නිමා විය.

5.5.2.10.
මධුරා සූත්‍රය
මධුරා නගරය ගැන වදාළ දෙසුම

සැවැත් නුවර දී ය .....

මහණෙනි, මධුරා නගරයෙහි මේ ආදීනව පසකි. ඒ කවර පසක් ද යත්; විෂම වූයේ ය. බොහෝ දූහුවිලි ඇත්තේ ය. සැඩ සුනඛයෝ ඇත්තාහු ය. දරුණු යක්ෂයෝ ඇත්තාහු ය. පිණ්ඩපාතය දුර්ලභ වෙයි. මහණෙනි, මේ වනාහී මධුරා නගරයෙහි ආදීනව පස යි.

සාදු! සාදු!! සාදු!!!

අග්ගි සූත්‍රය නිමා විය.

දෙවෙනි අක්කෝසක වර්ගය අවසන් විය.

- **එහි පිළිවෙල උද්දානය යි :**

අක්කෝසක සූත්‍රය, භණ්ඩන සූත්‍රය, සීල සූත්‍රය, බහුභාණී සූත්‍රය, අක්ඛන්ති සූත්‍ර දෙක, අපාසාදික සූත්‍ර දෙක, අග්ගි සූත්‍රය සහ මධුරා සූත්‍රය වශයෙන් මෙහි සූත්‍ර දශයකි.

3. දීඝචාරික වර්ගය

5.5.3.1.
පඨම දීඝචාරික සූත්‍රය
දීර්ඝ චාරිකාව ගැන වදාළ පළමු දෙසුම

සැවැත් නුවර දී ය .....

මහණෙනි, හිතුවක්කාර ලෙස දීර්ඝ චාරිකාවෙහි යෙදී වසන්නහුට මේ ආදීනව පසකි. ඒ කවර පසක් ද යත්;

නොඅසන ලද ධර්මය නොඅසයි. අසන ලද ධර්මය ද පැහැදිලි නොකර ගනියි. අසන ලද ඇතැම් ධර්මයන්හි අවිශාරද වෙයි. බලවත් රෝග උපද්‍රවයන්ට ලක්වෙයි. මිතුරන් ඇත්තේ නොවෙයි.

මහණෙනි, හිතුවක්කාර ලෙස දීර්ඝ චාරිකාවෙහි යෙදී වසන්නහුට මේ ආදීනව පස යි.

මහණෙනි, අවස්ථානුකූල ව චාරිකාවෙහි යෙදී වසන්නහුට මේ අනුසස් පසකි. ඒ කවර පසක් ද යත්;

නොඅසන ලද ධර්මය අසයි. අසන ලද ධර්මය ද පැහැදිලි කර ගනියි. අසන ලද ඇතැම් ධර්මයන්හි විශාරද වෙයි. බලවත් රෝග උපද්‍රවයන්ට නොලක්වෙයි. මිතුරන් ඇත්තේ වෙයි.

මහණෙනි, අවස්ථානුකූල ව චාරිකාවෙහි යෙදී වසන්නහුට මේ අනුසස් පස යි.

සාදු! සාදු!! සාදු!!!

පඨම දීඝචාරික සූත්‍රය නිමා විය.

5.5.3.2.
දුතිය දීඝචාරික සූත්‍රය
දීර්ඝ චාරිකාව ගැන වදාළ දෙවෙනි දෙසුම

සැවැත් නුවර දී ය .....

මහණෙනි, හිතුවක්කාර ලෙස දීර්ඝ චාරිකාවෙහි යෙදී වසන්නහුට මේ ආදීනව පසකි. ඒ කවර පසක් ද යත්;

නොලැබූ ධ්‍යාන මාර්ගඵලාදිය නොලබයි. ලැබූ ධ්‍යානාදිය පිරිහෙයි. ලැබූ ඇතැම් ගුණයන්හි විශාරද නොවෙයි. බලවත් රෝග උපද්‍රවයන්ට ලක් වෙයි. මිතුරන් ඇත්තේ නොවෙයි.

මහණෙනි, හිතුවක්කාර ලෙස දීර්ඝ චාරිකාවෙහි යෙදී වසන්නහුට මේ ආදීනව පස යි.

මහණෙනි, අවස්ථානුකූල ව චාරිකාවෙහි යෙදී වසන්නහුට මේ අනුසස් පසකි. ඒ කවර පසක් ද යත්;

නොලැබූ ධ්‍යාන මාර්ගඵලාදිය ලබයි. ලැබූ ධ්‍යානාදිය නොපිරිහෙයි. ලැබූ ඇතැම් ගුණයන්හි විශාරද වෙයි. බලවත් රෝග උපද්‍රවයන්ට ලක් නොවෙයි. මිතුරන් ඇත්තේ වෙයි.

මහණෙනි, අවස්ථානුකූල ව චාරිකාවෙහි යෙදී වසන්නහුට මේ අනුසස් පස යි.

සාදු! සාදු!! සාදු!!!

දුතිය දීඝචාරික සූත්‍රය නිමා විය.

5.5.3.3.
පඨම අතිනිවාස සූත්‍රය
බොහෝ කල් එක තැන විසීම ගැන වදාළ පළමු දෙසුම

සැවැත් නුවර දී ය .....

මහණෙනි, බොහෝ කල් එක් තැනක විසීමෙහි මේ ආදීනව පසකි. ඒ කවර පසක් ද යත්;

බොහෝ බඩු රැස් කරගත් බහු භාණ්ඩිකයෙක් වෙයි. බොහෝ බෙහෙත් රැස් කරගත් බහු භේසජ්ජකයෙක් වෙයි. බොහෝ බාහිර කටයුතුවල යෙදුණේ කුමක් කුමක් කළ යුතු දැයි සොයා බලන්නේ බොහෝ කටයුතු ඇත්තේ වෙයි. ගිහි පැවිද්දන් හා එකට එක් ව වසන්නේ, නොගැලපෙන ගිහියන් හා එක් ව සිටින්නේ වෙයි. ඒ ආවාසයෙන් බැහැර යන කල්හී අපේක්ෂා සහිත ව නික්ම යන්නේ වෙයි.

මහණෙනි, මේ වනාහී බොහෝ කල් එක් තැනක විසීමෙහි ආදීනව පස යි.

මහණෙනි, අවස්ථානුකූල ව විසීමෙහි මේ අනුසස් පසකි. ඒ කවර පසක් ද යත්;

බොහෝ බඩු රැස් කරගත් බහු භාණ්ඩිකයෙක් නොවෙයි. බොහෝ බෙහෙත් රැස් කරගත් බහු භේසජ්ජකයෙක් නොවෙයි. බොහෝ බාහිර කටයුතුවල නොයෙදුණේ කුමක් කුමක් කළ යුතු දැයි සොයා නොබලන්නේ බොහෝ කටයුතු නැත්තේ වෙයි. ගිහි පැවිද්දන් හා එකට එක් ව නොවසන්නේ, නොගැලපෙන ගිහියන් හා එක් ව නොසිටින්නේ වෙයි. ඒ ආවාසයෙන් බැහැර යන කල්හී අපේක්ෂා රහිත ව නික්ම යන්නේ වෙයි.

මහණෙනි, මේ වනාහී අවස්ථානුකූල ව විසීමෙහි අනුසස් පස යි.

සාදු! සාදු!! සාදු!!!

පඨම අතිනිවාස සූත්‍රය නිමා විය.

5.5.3.4.
දුතිය අතිනිවාස සූත්‍රය
බොහෝ කල් එක තැන විසීම ගැන වදාළ දෙවෙනි දෙසුම

සැවැත් නුවර දී ය .....

මහණෙනි, බොහෝ කල් එක් තැනක විසීමෙහි මේ ආදීනව පසකි. ඒ කවර පසක් ද යත්;

ආවාසය කෙරෙහි මසුරු වෙයි. දායක පවුල් කෙරෙහි මසුරු වෙයි. ලාභ සත්කාර කෙරෙහි මසුරු වෙයි. වර්ණනාව කෙරෙහි මසුරු වෙයි. ධර්මය කෙරෙහි මසුරු වෙයි.

මහණෙනි, මේ වනාහී බොහෝ කල් එක් තැනක විසීමෙහි ආදීනව පස යි.

මහණෙනි, අවස්ථානුකූල ව විසීමෙහි මේ අනුසස් පසකි. ඒ කවර පසක් ද යත්;

ආවාසය කෙරෙහි මසුරු නොවෙයි. දායක පවුල් කෙරෙහි මසුරු නොවෙයි. ලාභ සත්කාර කෙරෙහි මසුරු නොවෙයි. වර්ණනාව කෙරෙහි මසුරු නොවෙයි. ධර්මය කෙරෙහි මසුරු නොවෙයි.

මහණෙනි, මේ වනාහී අවස්ථානුකූල ව විසීමෙහි අනුසස් පස යි.

සාදු! සාදු!! සාදු!!!

දුතිය අතිනිවාස සූත්‍රය නිමා විය.

5.5.3.5.
පඨම කුලූපග සූත්‍රය
කුලූපග භික්ෂුව ගැන වදාළ පළමු දෙසුම

සැවැත් නුවර දී ය .....

මහණෙනි, දායක පවුල් හා කුලුපග ව හැසිරෙන භික්ෂුව කෙරෙහි මේ ආදීනව පසකි. ඒ කවර පසක් ද යත්;

සංඝයාට නොදන්වා ගමට යෑමෙහි ඇවතට පත් වෙයි. රහසේ නුසුදුසු උදවිය හා වාඩිවීමෙහි ඇවතට පත්වෙයි. ආවරණය වූ අසුනෙහි නුසුදුසු උදවිය හා වාඩිවීමෙහි ඇවතට පත්වෙයි. ස්ත්‍රියකට පස් හය වචනයකට වඩා තනි ව සිට ධර්මය දෙසීමෙහි ඇවතට පත්වෙයි. කාම සංකල්ප බහුල ව වාසය කරයි.

මහණෙනි, දායක පවුල් හා කුලුපග ව හැසිරෙන භික්ෂුව කෙරෙහි මේ ආදීනව පස යි.

සාදු! සාදු!! සාදු!!!

පඨම කුලූපග සූත්‍රය නිමා විය.

5.5.3.6.
දුතිය කුලූපග සූත්‍රය
කුලුපග භික්ෂුව ගැන වදාළ දෙවෙනි දෙසුම

සැවැත් නුවර දී ය .....

මහණෙනි, දායක පවුල් හා කුලුපග ව වේලා ඉක්මයන තුරු එකට හැසිරෙන භික්ෂුව කෙරෙහි මේ ආදීනව පසකි. ඒ කවර පසක් ද යත්;

නිතර ම ස්ත්‍රියකගේ දැක්ම ලැබෙයි. නිතර දකින්නට ලැබීමෙන් එකට හමුවෙයි. එකට හමුවීමෙන් විශ්වාසය ඇතිවෙයි. විශ්වාසය ඇතිවීමෙන් රාගයෙහි සිත බැසගනියි. රාගයෙහි බැසගත් සිත් ඇත්තහුට මෙය කැමති විය යුත්තේ ය. එනම් අකමැත්තෙන් බඹසර හැසිරෙන්නේ ය, එක්තරා කිලිටි ආපත්තියකට පැමිණෙන්නේ ය, ශික්ෂාව ප්‍රතික්ෂේප කොට හීන වූ ගිහි බවට හෝ පත්වන්නේ ය යන කරුණු ය.

මහණෙනි, දායක පවුල් හා කුලුපග ව වේලා ඉක්මයන තුරු එකට හැසිරෙන භික්ෂුව කෙරෙහි මේ ආදීනව පස යි.

සාදු! සාදු!! සාදු!!!

දුතිය කුලූපග සූත්‍රය නිමා විය.

5.5.3.7.
භෝග සූත්‍රය
භෝග සම්පත් ගැන වදාළ දෙසුම

සැවැත් නුවර දී ය .....

මහණෙනි, භෝග සම්පත් කෙරෙහි මේ ආදීනව පසකි. ඒ කවර පසක් ද යත්;

භෝගයෝ ගින්නට සාධාරණ වෙති. භෝගයෝ ජලයට සාධාරණ වෙති. භෝගයෝ රජුට සාධාරණ වෙති. භෝගයෝ සොරුන්ට සාධාරණ වෙති. භෝගයෝ තමාට ප්‍රිය නොවූ පුද්ගලයන්ගේ දායාදයට සාධාරණ වෙති.

මහණෙනි, භෝග සම්පත් කෙරෙහි මේ ආදීනව පස යි.

මහණෙනි, භෝග සම්පත් කෙරෙහි මේ අනුසස් පසකි. ඒ කවර පසක් ද යත්;

භෝග හේතුවෙන් තමා සුවපත් කරයි. පිනවයි. මැනැවින් සැපසේ ජීවත් වෙයි. මව්පියන් සුවපත් කරයි. පිනවයි. මැනැවින් සැපසේ ජීවත් වෙයි. අඹුදරු දාස කම්කරු පුරුෂයින් සුවපත් කරයි. පිනවයි. මැනැවින් සැපසේ ජීවත් වෙයි. යහළු මිත්‍රයන් සුවපත් කරයි. පිනවයි. මැනැවින් සැපසේ ජීවත් වෙයි. ශ්‍රමණ බ්‍රාහ්මණයන් කෙරෙහි යළි යළි ත් සැප විපාක ලැබ දෙන ස්වර්ගයෙහි උපත පිණිස සලසන දන් පැන් පුදන්නේ වෙයි.

මහණෙනි, භෝග සම්පත් කෙරෙහි මේ අනුසස් පස යි.

සාදු! සාදු!! සාදු!!!

භෝග සූත්‍රය නිමා විය.

5.5.3.8.
උස්සූරභත්ත සූත්‍රය
බොහෝ කල් වේලා ගෙන දිවා ආහාර පිසීම ගැන වදාළ දෙසුම

සැවැත් නුවර දී ය .....

මහණෙනි, බොහෝ වෙලාව ගෙවුණු පසු දිවා ආහාරය පිසින කුලයෙහි මේ ආදීනව පසකි. ඒ කවර පසක් ද යත්;

ආගන්තුක සත්කාරයට සුදුසු ආගන්තුකයෝ එහි පැමිණෙත් නම් ඔවුහු සුදුසු කල්හී නොපිදුවාහු වෙති. යම් ඒ පුද පිළිගන්නා දේවතාවෝ වෙත් නම් ඔවුහු සුදුසු කල්හී නොපිදුවාහු වෙති. යම් ඒ රෑ බොජුනින් වැළකී සිටින, විකල් බොජුනින් වැළකී සිටින, එක් වේලෙහි දන් වළඳන ශ්‍රමණ බ්‍රාහ්මණයෝ වෙත් නම් ඔවුහු සුදුසු කල්හී නොපිදුවාහු වෙති. දාස කම්කරු පුරුෂයෝ ද වැඩ මගහරිමින් කටයුතු කරත්. නුසුදුසු කල අනුභව කරන භෝජනය ඕජස් රහිත වෙයි.

මහණෙනි, මේ වනාහී බොහෝ වෙලාව ගෙවුණු පසු දිවා ආහාරය පිසින කුලයෙහි ආදීනව පස යි.

මහණෙනි, නිසි කලට දිවා ආහාරය පිසින කුලයෙහි මේ අනුසස් පසකි. ඒ කවර පසක් ද යත්;

ආගන්තුක සත්කාරයට සුදුසු ආගන්තුකයෝ එහි පැමිණෙත් නම් ඔවුහු සුදුසු කල්හී පිදුවාහු වෙති. යම් ඒ පුද පිළිගන්නා දේවතාවෝ වෙත් නම් ඔවුහු සුදුසු කල්හී පිදුවාහු වෙති. යම් ඒ රෑ බොජුනින් වැළකී සිටින, විකල් බොජුනින් වැළකී සිටින, එක් වේලෙහි දන් වළඳන ශ්‍රමණ බ්‍රාහ්මණයෝ වෙත් නම් ඔවුහු සුදුසු කල්හී පිදුවාහු වෙති. දාස කම්කරු පුරුෂයෝ ද වැඩ මග නොහරිමින් කටයුතු කරත්. සුදුසු කල අනුභව කරන භෝජනය ඕජස් සහිත වෙයි.

මහණෙනි, මේ වනාහී නිසි කලට දිවා ආහාරය පිසින කුලයෙහි අනුසස් පස යි.

සාදු! සාදු!! සාදු!!!

උස්සූරභත්ත සූත්‍රය නිමා විය.

5.5.3.9.
පඨම කණ්හසප්ප සූත්‍රය
කළු නයා ගැන වදාළ පළමු දෙසුම

සැවැත් නුවර දී ය .....

මහණෙනි, කළු නයාගේ මේ ආදීනව පසකි. ඒ කවර පසක් ද යත්;

අපවිත්‍ර වූයේ වෙයි. දුගඳින් යුක්ත වූයේ වෙයි. භය උපදවන්නේ වෙයි. භය සහිත වූයේ වෙයි. මිත්‍රද්‍රෝහී වූයේ වෙයි.

මහණෙනි, මේ වනාහී කළු නයාගේ ආදීනව පස යි.

එසෙයින් ම මහණෙනි, ස්ත්‍රියගේ මේ ආදීනව පසකි. ඒ කවර පසක් ද යත්;

අපවිත්‍ර වූවා වෙයි. දුගඳින් යුක්ත වූවා වෙයි. භය උපදවන්නී වෙයි. භය සහිත වූවා වෙයි. මිත්‍රද්‍රෝහී වූවා වෙයි.

මහණෙනි, මේ වනාහී ස්ත්‍රියගේ ආදීනව පස යි.

සාදු! සාදු!! සාදු!!!

පඨම කණ්හසප්ප සූත්‍රය නිමා විය.

5.5.3.10.
දුතිය කණ්හසප්ප සූත්‍රය
කළු නයා ගැන වදාළ දෙවෙනි දෙසුම

සැවැත් නුවර දී ය .....

මහණෙනි, කළු නයාගේ මේ ආදීනව පසකි. ඒ කවර පසක් ද යත්;

ක්‍රෝධ ඇත්තේ වෙයි. බද්ධ වෛර ඇත්තේ වෙයි. ඝෝර විෂ ඇත්තේ වෙයි. දිව දෙකක් ඇත්තේ වෙයි. මිත්‍රද්‍රෝහී වූයේ වෙයි.

මහණෙනි, මේ වනාහී කළු නයාගේ ආදීනව පස යි.

එසෙයින් ම මහණෙනි, ස්ත්‍රියගේ මේ ආදීනව පසකි. ඒ කවර පසක් ද යත්;

ක්‍රෝධ ඇත්තී වෙයි. බද්ධ වෛර ඇත්තී වෙයි. ඝෝර විෂ ඇත්තී වෙයි. දිව දෙකක් ඇත්තී වෙයි. මිත්‍රද්‍රෝහී වූවා වෙයි.

මහණෙනි, එහිලා ස්ත්‍රියගේ ඝෝර විෂ යනු මෙය යි. මහණෙනි, බොහෝ සෙයින් ස්ත්‍රිය දරුණු රාග ඇත්තී ය. මහණෙනි, එහිලා ස්ත්‍රියගේ දිව දෙකක් තිබීම යනු මෙය යි. මහණෙනි, ස්ත්‍රිය බොහෝ සෙයින් කේලාම් කියන්නී ය. මහණෙනි, එහිලා ස්ත්‍රියගේ මිත්‍රද්‍රෝහී බව යනු මෙය යි. මහණෙනි, බොහෝ සෙයින් ස්ත්‍රිය සැමියා ඉක්මවා යන්නී වෙයි.

මහණෙනි, මේ වනාහී ස්ත්‍රියගේ ආදීනව පස යි.

සාදු! සාදු!! සාදු!!!

දුතිය කණ්හසප්ප සූත්‍රය නිමා විය.

තුන් වෙනි දීඝචාරික වර්ගය අවසන් විය.

- **එහි පිළිවෙල උද්දානය යි :**

දීඝචාරික සූත්‍ර දෙක, අතිනිවාස සූත්‍රය, මච්ඡරී සූත්‍රය, කුලූපග සූත්‍ර දෙක, භෝග සූත්‍රය, උස්සූරභත්ත සූත්‍රය සහ කණ්හසප්ප සූත්‍ර දෙක වශයෙන් මෙහි සූත්‍ර දශයකි.

4. ආවාසික වර්ගය

5.5.4.1.
අභාවනීය සූත්‍රය
බුහුමන් නොලැබීම ගැන වදාළ දෙසුම

සැවැත් නුවර දී ය .....

මහණෙනි, පස් කරුණකින් සමන්විත වූ ආවාසික භික්ෂුව බුහුමන් නොලබන්නේ වෙයි. ඒ කවර පසක් ද යත්;

මනා ගති පැවතුම් නැත්තේ, වත් පිළිවෙත් නොකරන්නේ වෙයි. බහුශ්‍රැත නොවූයේ, ශ්‍රැතධර නොවෙයි. කෙලෙස් අත්නොහරිනුයේ, භාවනාවෙහි නොඇලෙන්නේ වෙයි. කල්‍යාණ වචන නැත්තේ, කල්‍යාණ කතාබහ නැත්තේ වෙයි. දුෂ්ප්‍රාඥ වූයේ, ජඩ වූයේ කෙළතොළු වූයේ වෙයි.

මහණෙනි, මේ පස් කරුණෙන් සමන්විත වූ ආවාසික භික්ෂුව බුහුමන් නොලබන්නේ වෙයි.

මහණෙනි, පස් කරුණකින් සමන්විත වූ ආවාසික භික්ෂුව බුහුමන් ලබන්නේ වෙයි. ඒ කවර පසක් ද යත්;

මනා ගති පැවතුම් ඇත්තේ, වත් පිළිවෙත් කරන්නේ වෙයි. බහුශ්‍රැත වූයේ, ශ්‍රැතධර වෙයි. කෙලෙස් අත්හරිනුයේ, භාවනාවෙහි ඇලෙන්නේ වෙයි. කල්‍යාණ වචන ඇත්තේ, කල්‍යාණ කතාබහ ඇත්තේ වෙයි. ප්‍රඥාවන්ත වූයේ, ජඩ නොවූයේ කෙළතොළු නොවූයේ වෙයි.

මහණෙනි, මේ පස් කරුණෙන් සමන්විත වූ ආවාසික භික්ෂුව බුහුමන් ලබන්නේ වෙයි.

සාදු! සාදු!! සාදු!!!

අභාවනීය සූත්‍රය නිමා විය.

5.5.4.2.
පිය සූත්‍රය
ප්‍රිය වූ භික්ෂුව ගැන වදාළ දෙසුම

සැවැත් නුවර දී ය .....

මහණෙනි, පස් කරුණකින් සමන්විත වූ ආවාසික භික්ෂුව සබ්‍රහ්මචාරීන් වහන්සේලාට ප්‍රිය වූයේ ද, මනාප වූයේ ද, ගරු වූයේ ද, බුහුමනට නිසි වූයේ ද වෙයි. ඒ කවර පස් කරුණකින් ද යත්;

මහණෙනි, මෙහිලා භික්ෂුව සිල්වත් වෙයි. ප්‍රාතිමෝක්ෂ සංවරයෙන් සංවර වූයේ වෙයි. යහපත් ඇවතුම් පැවතුම් ඇති ව වසන්නේ වෙයි. අණුමාත්‍ර වූ වරදෙහි ත් බිය දකින සුළු ව සමාදන් වූ ශික්ෂාපදයන්හි හික්මෙන්නේ වෙයි.

ධර්මය බොහෝ සෙයින් අසන ලද්දේ වෙයි. ඒ ඇසූ දහම් ධරන්නේ වෙයි. ඒ ඇසූ දහම් සිත්හිලා රැස් කරගන්නේ වෙයි. යම් ඒ ධර්මයෝ කල්‍යාණ වූ පටන් ගැනීමකින් යුක්ත වෙත් ද, කල්‍යාණ වූ මැදකින් යුක්ත වෙත් ද, කල්‍යාණ වූ අවසානයකින් යුක්ත වෙත් ද, අර්ථ සහිත වෙත් ද, පැහැදිලි වචනයෙන් යුක්ත වෙත් ද, හැම ලෙසින් ම පිරිපුන් පිරිසිදු නිවන් මග පවසත් ද, එබඳු වූ ධර්මයෝ ඔහු විසින් බොහෝ කොට අසන ලද්දාහු ය. ධාරණය කරගන්නා ලද්දාහු ය. වචනයෙන් පිරිවහන ලද්දාහු ය. මනසින් විමසන ලද්දාහු ය. නුවණින් අවබෝධ කරන ලද්දාහු ය.

කල්‍යාණ වචන ඇත්තේ වෙයි. කල්‍යාණ ව්‍යවහාර ඇත්තේ වෙයි. වැදගත් වචනයෙන් යුතු වූයේ වෙයි. නොවිසුරුණු වචන ඇත්තේ වෙයි. පිරිපුන් වචන ඇත්තේ වෙයි. අරුත් මතුකරන වචන ඇත්තේ වෙයි.

ගැඹුරු චිත්ත දියුණුවෙන් යුතු, මෙලොව දී ලබන සැප විහරණය ඇති සතරක් වූ ධ්‍යානයන් කැමති සේ ලබන්නේ, නිදුකින් ලබන්නේ, බොහෝ සෙයින් ලබන්නේ වෙයි.

ආශ්‍රවයන් ක්ෂය වීමෙන් අනාශ්‍රව වූ චේතෝ විමුක්තිය ත්, ප්‍රඥා විමුක්තිය ත් මේ ජීවිතයේ දී ම තම විශිෂ්ට ඥානයෙන් අවබෝධ කොට එයට පැමිණ වාසය කරන්නේ වෙයි.

මහණෙනි, මේ පස් කරුණෙන් සමන්විත වූ ආවාසික භික්ෂුව

සබ්‍රහ්මචාරීන් වහන්සේලාට ප්‍රිය වූයේ ද, මනාප වූයේ ද, ගරු වූයේ ද, බුහුමනට නිසි වූයේ ද වෙයි.

සාදු! සාදු!! සාදු!!!

පිය සූත්‍රය නිමා විය.

5.5.4.3.
සෝභන සූත්‍රය
හොබනා භික්ෂුව ගැන වදාළ දෙසුම

සැවැත් නුවර දී ය .....

මහණෙනි, පස් කරුණකින් සමන්විත වූ ආවාසික භික්ෂුව ආවාසය ශෝභමාන කරන්නේ වෙයි. ඒ කවර පස් කරුණකින් ද යත්;

සිල්වත් වෙයි. ....(පෙ).... සමාදන් වූ ශික්ෂාපදයන්හි හික්මෙන්නේ වෙයි.

ධර්මය බොහෝ සෙයින් අසන ලද්දේ වෙයි. ....(පෙ).... නුවණින් අවබෝධ කරන ලද්දාහු ය.

කල්‍යාණ වචන ඇත්තේ වෙයි. කල්‍යාණ ව්‍යවහාර ඇත්තේ වෙයි. වැදගත් වචනයෙන් යුතු වූයේ වෙයි. නොවිසුරුණු වචන ඇත්තේ වෙයි. පිරිපුන් වචන ඇත්තේ වෙයි. අරුත් මතුකරන වචන ඇත්තේ වෙයි.

තමා වෙත පැමිණෙන්නවුන්ට දැහැමි කථාවෙන් කරුණු පවසන්නට, සමාදන් කරවන්නට, උත්සාහවත් කරවන්නට, සතුටු කරවන්නට ප්‍රතිබල වෙයි.

ගැඹුරු චිත්ත දියුණුවෙන් යුතු, මෙලොව දී ලබන සැප විහරණයෙන් යුතු සතරක් වූ ධ්‍යානයන් කැමති සේ ලබන්නේ, නිදුකින් ලබන්නේ, බොහෝ සෙයින් ලබන්නේ වෙයි.

මහණෙනි, මේ පස් කරුණෙන් සමන්විත වූ ආවාසික භික්ෂුව ආවාසය ශෝභමාන කරන්නේ වෙයි.

සාදු! සාදු!! සාදු!!!

සෝභන සූත්‍රය නිමා විය.

5.5.4.4.
බහූපකාර සූත්‍රය
බොහෝ උපකාර ඇති භික්ෂුව ගැන වදාළ දෙසුම

සැවැත් නුවර දී ය .....

මහණෙනි, පස් කරුණකින් සමන්විත වූ ආවාසික භික්ෂුව ආවාසයට බොහෝ උපකාර ඇත්තේ වෙයි. ඒ කවර පස් කරුණකින් ද යත්;

සිල්වත් වෙයි. ....(පෙ).... සමාදන් වූ ශික්ෂාපදයන්හි හික්මෙන්නේ වෙයි.

ධර්මය බොහෝ සෙයින් අසන ලද්දේ වෙයි. ....(පෙ).... නුවණින් අවබෝධ කරන ලද්දාහු ය.

කැඩුම් බිඳුම් පිළිසකර කරවයි.

මහා භික්ෂු සංඝයා පැමිණි කල්හී, නා නා රාජ්‍යයන්ට අයත් භික්ෂූන් පැමිණි කල්හී ගිහියන් වෙත එළඹ දැනුම් දෙයි. 'ආයුෂ්මත්නි, මහා භික්ෂු සංඝයා පැමිණියාහු ය. නා නා රාජ්‍යයන්ට අයත් භික්ෂූහු සිටිති. පින් කරව්. දැන් පින් කරන්නට කාලය යි' කියති.

ගැඹුරු චිත්ත දියුණුවෙන් යුතු, මෙලොව දී ලබන සැප විහරණය ඇති සතරක් වූ ධ්‍යානයන් කැමති සේ ලබන්නේ, නිදුකින් ලබන්නේ, බොහෝ සෙයින් ලබන්නේ වෙයි.

මහණෙනි, මේ පස් කරුණෙන් සමන්විත වූ ආවාසික භික්ෂුව ආවාසයට බොහෝ උපකාර ඇත්තේ වෙයි.

සාදු! සාදු!! සාදු!!!

බහූපකාර සූත්‍රය නිමා විය.

5.5.4.5.
අනුකම්පක සූත්‍රය
අනුකම්පා ඇති භික්ෂුව ගැන වදාළ දෙසුම

සැවැත් නුවර දී ය .....

මහණෙනි, පස් කරුණකින් සමන්විත වූ ආවාසික භික්ෂුව ගිහියන්ට අනුකම්පා කරයි. ඒ කවර පස් කරුණකින් ද යත්;

අධිසීලයෙහි සමාදන් කරවයි.

චතුරාර්ය සත්‍යය ධර්මාවබෝධයෙහි යොදවයි.

අසනීප වූවන් වෙත ගොස් සිහිය උපදවයි. 'ඇවැත්නි, හැම සත්කාරයට සුදුසු වූ තුනුරුවන් කෙරෙහි සිහිය පිහිටුවා ගනු මැනැවැ'යි.

මහා භික්ෂු සංඝයා පැමිණි කල්හී, නා නා රාජ්‍යයන්ට අයත් භික්ෂූන් පැමිණි කල්හී ගිහියන් වෙත එළඹ දැනුම් දෙයි. 'ආයුෂ්මත්නි, මහා භික්ෂු සංඝයා පැමිණියාහු ය. නා නා රාජ්‍යයන්ට අයත් භික්ෂූහු සිටිති. පින් කරව්. දැන් පින් කරන්නට කාලය යි' කියති.

ඒ භික්ෂුවට රළු වේවා ප්‍රණීත වේවා යම් ම භෝජනයක් දෙයි ද, එය තෙමේ වළඳයි. ශ්‍රද්ධාවෙන් පූජා කළ දේ විනාශ නොකරයි.

මහණෙනි, මේ පස් කරුණෙන් සමන්විත වූ ආවාසික භික්ෂුව ගිහියන්ට අනුකම්පා කරයි.

සාදු! සාදු!! සාදු!!!

අනුකම්පක සූත්‍රය නිමා විය.

5.5.4.6.
පඨම අවණ්ණාරහ සූත්‍රය
නුගුණ කිව යුත්තා ගැන වදාළ පළමු දෙසුම

සැවැත් නුවර දී ය .....

මහණෙනි, පස් කරුණකින් යුක්ත වූ ආවාසික භික්ෂුව ඔසොවාගෙන පැමිණි බරක් බිම තබන සෙයින් නිරයෙහි උපදියි. ඒ කවර පස් කරුණකින් ද යත්;

නොදැන නොවිමසා ගුණ නොකිව යුත්තාගේ ගුණ කියන්නේ වෙයි. නොදැන නොවිමසා ගුණ කිව යුත්තාගේ නුගුණ කියන්නේ වෙයි. නොදැන නොවිමසා නොපැහැදිය යුතු තැන පහදින්නේ වෙයි. නොදැන නොවිමසා පැහැදිය යුතු තැන නොපහදින්නේ වෙයි. ශ්‍රද්ධාවෙන් පූජා කළ දෙය නාස්ති කරන්නේ වෙයි.

මහණෙනි, මේ පස් කරුණෙන් යුක්ත වූ ආවාසික භික්ෂුව ඔසොවාගෙන පැමිණි බරක් බිම තබන සෙයින් නිරයෙහි උපදින්නේ ය.

මහණෙනි, පස් කරුණකින් යුක්ත වූ ආවාසික භික්ෂුව ඔසොවාගෙන පැමිණි බරක් බිම තබන සෙයින් සුගතියෙහි උපදින්නේ ය. ඒ කවර පස් කරුණකින් ද යත්;

දැන විමසා නුගුණ කිව යුත්තාගේ නුගුණ කියන්නේ වෙයි. දැන විමසා ගුණ කිව යුත්තාගේ ගුණ කියන්නේ වෙයි. දැන විමසා නොපැහැදිය යුතු තැන නොපහදින්නේ වෙයි. දැන විමසා පැහැදිය යුතු තැන පහදින්නේ වෙයි. ශ්‍රද්ධාවෙන් පූජා කළ දෙය නාස්ති නොකරන්නේ වෙයි.

මහණෙනි, මේ පස් කරුණෙන් යුක්ත වූ ආවාසික භික්ෂුව ඔසොවාගෙන පැමිණි බරක් බිම තබන සෙයින් සුගතියෙහි උපදින්නේ ය.

සාදු! සාදු!! සාදු!!!

පඨම අවණ්ණාරහ සූත්‍රය නිමා විය.

5.5.4.7.
දුතිය අවණ්ණාරහ සූත්‍රය
නුගුණ කිව යුත්තා ගැන වදාළ දෙවෙනි දෙසුම

සැවැත් නුවර දී ය .....

මහණෙනි, පස් කරුණකින් යුක්ත වූ ආවාසික භික්ෂුව ඔසොවාගෙන පැමිණි බරක් බිම තබන සෙයින් නිරයෙහි උපදියි. ඒ කවර පස් කරුණකින් ද යත්;

නොදැන නොවිමසා ගුණ නොකිව යුත්තාගේ ගුණ කියන්නේ වෙයි. නොදැන නොවිමසා ගුණ කිව යුත්තාගේ නුගුණ කියන්නේ වෙයි. ආවාසය කෙරෙහි මසුරු වූයේ ආවාසයෙහි ගිජු වූයේ වෙයි. දායක පවුල් කෙරෙහි මසුරු වූයේ දායක පවුල් කෙරෙහි ගිජු වූයේ වෙයි. ශ්‍රද්ධාවෙන් පූජා කළ දෙය නාස්ති කරන්නේ වෙයි.

මහණෙනි, මේ පස් කරුණෙන් යුක්ත වූ ආවාසික භික්ෂුව ඔසොවාගෙන පැමිණි බරක් බිම තබන සෙයින් නිරයෙහි උපදින්නේ ය.

මහණෙනි, පස් කරුණකින් යුක්ත වූ ආවාසික භික්ෂුව ඔසොවාගෙන පැමිණි බරක් බිම තබන සෙයින් සුගතියෙහි උපදින්නේ ය. ඒ කවර පස් කරුණකින් ද යත්;

දැන විමසා නුගුණ කිව යුත්තාගේ නුගුණ කියන්නේ වෙයි. දැන විමසා ගුණ කිව යුත්තාගේ ගුණ කියන්නේ වෙයි. ආවාසය කෙරෙහි මසුරු නොවූයේ ආවාසයෙහි ගිජු නොවූයේ වෙයි. දායක පවුල් කෙරෙහි මසුරු නොවූයේ දායක පවුල් කෙරෙහි ගිජු නොවූයේ වෙයි. ශ්‍රද්ධාවෙන් පූජා කළ දෙය නාස්ති නොකරන්නේ වෙයි.

මහණෙනි, මේ පස් කරුණෙන් යුක්ත වූ ආවාසික භික්ෂුව ඔසොවාගෙන පැමිණි බරක් බිම තබන සෙයින් සුගතියෙහි උපදින්නේ ය.

සාදු! සාදු!! සාදු!!!

දුතිය අවණ්ණාරහ සූත්‍රය නිමා විය.

5.5.4.8.
තතිය අවණ්ණාරහ සූත්‍රය
නුගුණ කිව යුත්තා ගැන වදාළ තෙවෙනි දෙසුම

සැවැත් නුවර දී ය .....

මහණෙනි, පස් කරුණකින් යුක්ත වූ ආවාසික භික්ෂුව ඔසොවාගෙන පැමිණි බරක් බිම තබන සෙයින් නිරයෙහි උපදියි. ඒ කවර පස් කරුණකින් ද යත්;

නොදැන නොවිමසා ගුණ නොකිව යුත්තාගේ ගුණ කියන්නේ වෙයි. නොදැන නොවිමසා ගුණ කිව යුත්තාගේ නුගුණ කියන්නේ වෙයි. ආවාසය කෙරෙහි මසුරු වූයේ වෙයි. දායක පවුල් කෙරෙහි මසුරු වූයේ වෙයි. ලාභය කෙරෙහි මසුරු වූයේ වෙයි.

මහණෙනි, මේ පස් කරුණෙන් යුක්ත වූ ආවාසික භික්ෂුව ඔසොවාගෙන පැමිණි බරක් බිම තබන සෙයින් නිරයෙහි උපදින්නේ ය.

මහණෙනි, පස් කරුණකින් යුක්ත වූ ආවාසික භික්ෂුව ඔසොවාගෙන පැමිණි බරක් බිම තබන සෙයින් සුගතියෙහි උපදින්නේ ය. ඒ කවර පස් කරුණකින් ද යත්;

දැන විමසා නුගුණ කිව යුත්තාගේ නුගුණ කියන්නේ වෙයි. දැන විමසා ගුණ කිව යුත්තාගේ ගුණ කියන්නේ වෙයි. ආවාසය කෙරෙහි මසුරු නොවූයේ වෙයි. දායක පවුල් කෙරෙහි මසුරු නොවූයේ වෙයි. ලාභය කෙරෙහි මසුරු නොවූයේ වෙයි.

මහණෙනි, මේ පස් කරුණෙන් යුක්ත වූ ආවාසික භික්ෂුව ඔසොවාගෙන පැමිණි බරක් බිම තබන සෙයින් සුගතියෙහි උපදින්නේ ය.

සාදු! සාදු!! සාදු!!!

තතිය අවණ්ණාරහ සූත්‍රය නිමා විය.

5.5.4.9.
පඨම මච්ඡරිය සූත්‍රය
මසුරුකම ගැන වදාළ පළමු දෙසුම

සැවැත් නුවර දී ය .....

මහණෙනි, පස් කරුණකින් යුක්ත වූ ආවාසික භික්ෂුව ඔසොවාගෙන පැමිණි බරක් බිම තබන සෙයින් නිරයෙහි උපදියි. ඒ කවර පස් කරුණකින් ද යත්;

ආවාසය කෙරෙහි මසුරු වූයේ වෙයි. දායක පවුල් කෙරෙහි මසුරු වූයේ වෙයි. ලාභය කෙරෙහි මසුරු වූයේ වෙයි. වර්ණනාවට මසුරු වූයේ වෙයි. ශ්‍රද්ධාවෙන් පූජා කළ දෙය නාස්ති කරන්නේ වෙයි.

මහණෙනි, මේ පස් කරුණෙන් යුක්ත වූ ආවාසික භික්ෂුව ඔසොවාගෙන පැමිණි බරක් බිම තබන සෙයින් නිරයෙහි උපදින්නේ ය.

මහණෙනි, පස් කරුණකින් යුක්ත වූ ආවාසික භික්ෂුව ඔසොවාගෙන පැමිණි බරක් බිම තබන සෙයින් සුගතියෙහි උපදින්නේ ය. ඒ කවර පස් කරුණකින් ද යත්;

ආවාසය කෙරෙහි මසුරු වූයේ නොවෙයි. දායක පවුල් කෙරෙහි මසුරු වූයේ නොවෙයි. ලාභය කෙරෙහි මසුරු වූයේ නොවෙයි. වර්ණනාවට මසුරු වූයේ නොවෙයි. ශ්‍රද්ධාවෙන් පූජා කළ දෙය නාස්ති කරන්නේ නොවෙයි.

මහණෙනි, මේ පස් කරුණෙන් යුක්ත වූ ආවාසික භික්ෂුව ඔසොවාගෙන පැමිණි බරක් බිම තබන සෙයින් සුගතියෙහි උපදින්නේ ය.

සාදු! සාදු!! සාදු!!!

පඨම මච්ඡරිය සූත්‍රය නිමා විය.

5.5.4.10.

දුතිය මච්ඡරිය සූත්‍රය

මසුරුකම ගැන වදාළ දෙවෙනි දෙසුම

සැවැත් නුවර දී ය .....

මහණෙනි, පස් කරුණකින් යුක්ත වූ ආවාසික භික්ෂුව ඔසොවාගෙන පැමිණි බරක් බිම තබන සෙයින් නිරයෙහි උපදියි. ඒ කවර පස් කරුණකින් ද යත්;

ආවාසය කෙරෙහි මසුරු වූයේ වෙයි. දායක පවුල් කෙරෙහි මසුරු වූයේ වෙයි. ලාභය කෙරෙහි මසුරු වූයේ වෙයි. වර්ණනාවට මසුරු වූයේ වෙයි. ධර්මයට මසුරු වූයේ වෙයි.

මහණෙනි, මේ පස් කරුණෙන් යුක්ත වූ ආවාසික භික්ෂුව ඔසොවාගෙන පැමිණි බරක් බිම තබන සෙයින් නිරයෙහි උපදින්නේ ය.

මහණෙනි, පස් කරුණකින් යුක්ත වූ ආවාසික භික්ෂුව ඔසොවාගෙන පැමිණි බරක් බිම තබන සෙයින් සුගතියෙහි උපදින්නේ ය. ඒ කවර පස් කරුණකින් ද යත්;

ආවාසය කෙරෙහි මසුරු වූයේ නොවෙයි. දායක පවුල් කෙරෙහි මසුරු වූයේ නොවෙයි. ලාභය කෙරෙහි මසුරු වූයේ නොවෙයි. වර්ණනාවට මසුරු වූයේ නොවෙයි. ධර්මයට මසුරු වූයේ නොවෙයි.

මහණෙනි, මේ පස් කරුණෙන් යුක්ත වූ ආවාසික භික්ෂුව ඔසොවාගෙන පැමිණි බරක් බිම තබන සෙයින් සුගතියෙහි උපදින්නේ ය.

සාදු! සාදු!! සාදු!!!

දුතිය මච්ඡරිය සූත්‍රය නිමා විය.

සිව් වෙනි ආවාසික වර්ගය අවසන් විය.

- එහි පිළිවෙල උද්දානය යි :

අභාවනීය සූත්‍රය, පිය සූත්‍රය, සෝභන සූත්‍රය, බහුපකාර සූත්‍රය, අනුකම්පක සූත්‍රය, අවණ්ණාරහ සූත්‍ර තුන සහ මච්ඡරිය සූත්‍ර දෙක වශයෙන් මෙහි සූත්‍ර දශයකි.

5. දුච්චරිත වර්ගය

5.5.5.1.
දුච්චරිත සූත්‍රය
දුසිරිත ගැන වදාළ දෙසුම

සැවැත් නුවර දී ය .....

මහණෙනි, දුෂ්චරිතයෙහි මේ ආදීනව පසකි. ඒ කවර පසක් ද යත්;

තමා ත් තමාට උපවාද කරයි. නුවණැත්තෝ දැනගත් විට ගරහති. පවිටු අපකීර්තියක් පැතිර යයි. සිහි මුලා ව කළුරිය කරයි. කය බිඳී මරණින් මතු අපාය දුර්ගති විනිපාත නම් වූ නිරයෙහි උපදියි.

මහණෙනි, මේ වනාහී දුෂ්චරිතයෙහි ආදීනව පස යි.

මහණෙනි, සුචරිතයෙහි මේ අනුසස් පසකි. ඒ කවර පසක් ද යත්;

තමා ත් තමාට උපවාද නොකරයි. නුවණැත්තෝ දැනගත් විට පසසති. කල්‍යාණ කීර්තියක් පැතිර යයි. සිහි මුලා නොවී කළුරිය කරයි. කය බිඳී මරණින් මතු සුගති සංඛ්‍යාත ස්වර්ග ලෝකයෙහි උපදියි.

මහණෙනි, මේ වනාහී සුචරිතයෙහි අනුසස් පස යි.

සාදු! සාදු!! සාදු!!!

දුච්චරිත සූත්‍රය නිමා විය.

5.5.5.2.
කායදුච්චරිත සූත්‍රය
කාය දුසිරිත ගැන වදාළ දෙසුම

සැවැත් නුවර දී ය .....

මහණෙනි, කාය දුෂ්චරිතයෙහි මේ ආදීනව පසකි. ....(පෙ).... (තමා ත් තමාට උපවාද කරයි ....(පෙ)....)

මහණෙනි, කාය සුචරිතයෙහි මේ අනුසස් පසකි. ....(පෙ).... (තමා ත් තමාට උපවාද නොකරයි ....(පෙ)....)

5.5.5.3.
වචීදුච්චරිත සූත්‍රය
වචී දුසිරිත ගැන වදාළ දෙසුම

සැවැත් නුවර දී ය .....

මහණෙනි, වචී දුෂ්චරිතයෙහි මේ ආදීනව පසකි. ....(පෙ).... (තමා ත් තමාට උපවාද කරයි ....(පෙ)....)

මහණෙනි, වචී සුචරිතයෙහි මේ අනුසස් පසකි. ....(පෙ).... (තමා ත් තමාට උපවාද නොකරයි ....(පෙ)....)

5.5.5.4.
මනෝදුච්චරිත සූත්‍රය
මනෝ දුසිරිත ගැන වදාළ දෙසුම

සැවැත් නුවර දී ය .....

මහණෙනි, මනෝ දුෂ්චරිතයෙහි මේ ආදීනව පසකි. ....(පෙ).... (තමා ත් තමාට උපවාද කරයි ....(පෙ)....)

මහණෙනි, මනෝ සුචරිතයෙහි මේ අනුසස් පසකි. ඒ කවර පසක් ද යත්;

තමා ත් තමාට උපවාද නොකරයි. නුවණැත්තෝ දැනගත් විට පසසති. කල්‍යාණ කීර්තියක් පැතිර යයි. සිහි මුලා නොවී කළුරිය කරයි. කය බිඳී මරණින් මතු සුගති සංඛ්‍යාත ස්වර්ග ලෝකයෙහි උපදියි.

මහණෙනි, මේ වනාහී මනෝ සුචරිතයෙහි අනුසස් පස යි.

සාදු! සාදු!! සාදු!!!

මනෝ දුච්චරිත සූත්‍රය නිමා විය.

5.5.5.5.
අපර දුච්චරිත සූත්‍රය
දුසිරිත ගැන වදාළ වෙනත් දෙසුම

සැවැත් නුවර දී ය .....

මහණෙනි, දුෂ්චරිතයෙහි මේ ආදීනව පසකි. ඒ කවර පසක් ද යත්;

තමා ත් තමාට උපවාද කරයි. නුවණැත්තෝ දැනගත් විට ගරහති. පවිටු අපකීර්තියක් පැතිර යයි. කුසල් දහම්වලින් වෙන් ව සිටියි. අකුසල් දහම්හි පිහිටයි.

මහණෙනි, මේ වනාහී දුෂ්චරිතයෙහි ආදීනව පස යි.

මහණෙනි, සුචරිතයෙහි මේ අනුසස් පසකි. ඒ කවර පසක් ද යත්;

තමා ත් තමාට උපවාද නොකරයි. නුවණැත්තෝ දැනගත් විට පසසති. කල්‍යාණ කීර්තියක් පැතිර යයි. අකුසල් දහම්වලින් වෙන් ව සිටියි. කුසල් දහම්හි පිහිටයි.

මහණෙනි, මේ වනාහී සුචරිතයෙහි අනුසස් පස යි.

සාදු! සාදු!! සාදු!!!

අපර දුච්චරිත සූත්‍රය නිමා විය.

5.5.5.6.
අපර කායදුච්චරිත සූත්‍රය
කාය දුසිරිත ගැන වදාළ වෙනත් දෙසුම

සැවැත් නුවර දී ය .....

මහණෙනි, කාය දුෂ්චරිතයෙහි මේ ආදීනව පසකි. ....(පෙ).... (තමා ත් තමාට උපවාද කරයි ....(පෙ)....)

මහණෙනි, කාය සුචරිතයෙහි මේ අනුසස් පසකි. ....(පෙ).... (තමා ත් තමාට උපවාද නොකරයි ....(පෙ)....)

5.5.5.7.
අපර වචීදුච්චරිත සූත්‍රය
වචී දුසිරිත ගැන වදාළ වෙනත් දෙසුම

සැවැත් නුවර දී ය .....

මහණෙනි, වචී දුෂ්චරිතයෙහි මේ ආදීනව පසකි. ....(පෙ).... (තමා ත් තමාට උපවාද කරයි ....(පෙ)....)

මහණෙනි, වචී සුචරිතයෙහි මේ අනුසස් පසකි. ....(පෙ).... (තමා ත් තමාට උපවාද නොකරයි ....(පෙ)....)

5.5.5.8.
අපර මනෝදුච්චරිත සූත්‍රය
මනෝ දුසිරිත ගැන වදාළ වෙනත් දෙසුම

සැවැත් නුවර දී ය .....

මහණෙනි, මනෝ දුෂ්චරිතයෙහි මේ ආදීනව පසකි. ....(පෙ).... (තමා ත් තමාට උපවාද කරයි ....(පෙ)....)

මහණෙනි, මනෝ සුචරිතයෙහි මේ අනුසස් පසකි. ඒ කවර පසක් ද යත්;

තමා ත් තමාට උපවාද නොකරයි. නුවණැත්තෝ දැනගත් විට පසසති. කල්‍යාණ කීර්තියක් පැතිර යයි. අකුසල් දහම්වලින් වෙන් ව සිටියි. කුසල් දහම්හි පිහිටයි.

මහණෙනි, මේ වනාහී මනෝ සුචරිතයෙහි අනුසස් පස යි.

සාදු! සාදු!! සාදු!!!

අපර මනෝ දුච්චරිත සූත්‍රය නිමා විය.

5.5.5.9.
සීවථිකා සූත්‍රය
අමු සොහොන උපමා කොට වදාළ දෙසුම

සැවැත් නුවර දී ය .....

මහණෙනි, අමු සොහොනෙහි මේ ආදීනව පසකි. ඒ කවර පසක් ද යත්;

අපවිත්‍ර වූයේ ය. දුගඳින් යුතු වූයේ ය. භය සහිත වූයේ ය. දරුණු අමනුෂ්‍යයන්ට ආවාස වූයේ ය. බොහෝ ජනයාගේ වැළපීම් ඇත්තේ ය.

මහණෙනි, මේ වනාහී අමු සොහොනෙහි ආදීනව පස යි.

මෙසෙයින් ම මහණෙනි, අමුසොහොන උපමා කොට ගත් පුද්ගලයා තුළ ද මේ ආදීනව පස ඇත්තේ ය. ඒ කවර පසක් ද යත්;

මහණෙනි, මෙහිලා ඇතැම් පුද්ගලයෙක් අපවිත්‍ර කාය කර්මයෙන් යුක්ත වූයේ වෙයි. අපවිත්‍ර වචී කර්මයෙන් යුක්ත වූයේ වෙයි. අපවිත්‍ර මනෝ කර්මයෙන් යුක්ත වූයේ වෙයි. මෙය ඔහුගේ අපවිත්‍ර බව යැයි කියමි. මහණෙනි, යම් සේ ඒ අමුසොහොන අපවිත්‍ර වූයේ වෙයි ද, මහණෙනි, මම මේ පුද්ගලයා ද එබඳු අපවිත්‍ර බවට උපමා කොට කියමි.

අපවිත්‍ර කාය කර්මයෙන් යුක්ත වූ, අපවිත්‍ර වචී කර්මයෙන් යුක්ත වූ,

අපවිත්‍ර මනෝ කර්මයෙන් යුක්ත වූ ඔහු පිළිබඳ ලාමක වූ අපකීර්තියක් පැතිර යයි. මෙය ඔහුගේ දුගඳ යැයි කියමි. මහණෙනි, යම් සේ ඒ අමුසොහොන දුගඳ වූයේ වෙයි ද, මහණෙනි, මම මේ පුද්ගලයා ද එබඳු දුගඳ බවට උපමා කොට කියමි.

අපවිත්‍ර කාය කර්මයෙන් යුක්ත වූ, අපවිත්‍ර වචී කර්මයෙන් යුක්ත වූ, අපවිත්‍ර මනෝ කර්මයෙන් යුක්ත වූ ඔහු සුපේශල බ්‍රහ්මචාරීහු ඇසුරෙන් දුරු කරති. මෙය ඔහුගේ බිය සහිත බව යැයි කියමි. මහණෙනි, යම් සේ ඒ අමුසොහොනෙහි බිය සහිත බව ඇත්තේ වෙයි ද, මහණෙනි, මම මේ පුද්ගලයා ද එබඳු බිය සහිත බවට උපමා කොට කියමි.

අපවිත්‍ර කාය කර්මයෙන් යුක්ත වූ, අපවිත්‍ර වචී කර්මයෙන් යුක්ත වූ, අපවිත්‍ර මනෝ කර්මයෙන් යුක්ත වූ ඔහු තමා වැනි ම පිරිහුණු පුද්ගලයන් සමඟ වාසය කරයි. මෙය ඔහුගේ දරුණු වාසය කිරීම යැයි කියමි. මහණෙනි, යම් සේ ඒ අමුසොහොන දරුණු අමනුෂ්‍යයන්ට ආවාසය වූයේ වෙයි ද, මහණෙනි, මම මේ පුද්ගලයා ද එබඳු දරුණු ආවාසය ඇති බවට උපමා කොට කියමි.

අපවිත්‍ර කාය කර්මයෙන් යුක්ත වූ, අපවිත්‍ර වචී කර්මයෙන් යුක්ත වූ, අපවිත්‍ර මනෝ කර්මයෙන් යුක්ත වූ ඔහු පිළිබඳ සුපේශල සබ්‍රහ්මචාරීහු දැක ගත් පසු 'අහෝ ! අපට වූයේ දුකකි. අපි මෙබඳු වූ පුද්ගලයන් සමඟ ත් වසන්නෙමු දැ' යි වැළපිය යුතු බවට පැමිණෙති. මෙය ඔහුගේ වැළපීම යැයි කියමි. මහණෙනි, යම් සේ ඒ අමුසොහොන බොහෝ දෙනාට වැළපීමට ස්ථානය වූයේ වෙයි ද, මහණෙනි, මම මේ පුද්ගලයා ද එබඳු වැළපෙන ස්ථානය බවට උපමා කොට කියමි.

මහණෙනි, අමුසොහොන උපමා කොට ගත් පුද්ගලයා තුළ මේ ආදීනව පස ඇත්තේ ය.

සාදු! සාදු!! සාදු!!!

සීවථිකා සූත්‍රය නිමා විය.

5.5.5.10.
පුග්ගලප්පසාද සූත්‍රය
පුද්ගල ප්‍රසාදය ගැන වදාළ දෙසුම

සැවැත් නුවර දී ය .....

මහණෙනි, පුද්ගලයෙකු කෙරෙහි පැහැදුණු කල්හී මෙහි ආදීනව පසකි. ඒ කවර පසක් ද යත්;

මහණෙනි, යම් පුද්ගලයෙකු කෙරෙහි පුද්ගලයෙක් බොහෝ සෙයින් පැහැදී සිටියි. යම්බඳු ආපත්තියක් හේතුවෙන් සංඝයා නෙරපයි නම් එබඳු වූ ආපත්තියකට හේ පත්වූයේ වෙයි. එවිට ඔහුට මෙසේ සිතෙයි. 'මට මේ පුද්ගලයා ප්‍රිය මනාප ය. හේ සංඝයා විසින් බැහැර කරන ලද්දේ' යි භික්ෂූන් කෙරෙහි අප්‍රසාදය බහුල වෙයි. භික්ෂූන් කෙරෙහි අප්‍රසාදය බහුල වූ විට අන්‍ය භික්ෂූන් ඇසුරු නොකරයි. අන්‍ය භික්ෂූන් ඇසුරු නොකරන්නේ ධර්මය නොඅසයි. ධර්මය නොඅසන්නේ කුසල ධර්මයන්ගෙන් පිරිහෙයි. මහණෙනි, පුද්ගල ප්‍රසාදයෙහි ඇති මේ පළමු ආදීනවය යි.

තව ද මහණෙනි, යම් පුද්ගලයෙකු කෙරෙහි පුද්ගලයෙක් බොහෝ සෙයින් පැහැදී සිටියි. යම්බඳු ආපත්තියක් හේතුවෙන් සංඝයා ඔහු ආසන කෙළවරෙහි හිඳුවයි නම් එබඳු වූ ආපත්තියකට හේ පත්වූයේ වෙයි. එවිට ඔහුට මෙසේ සිතෙයි. 'මට මේ පුද්ගලයා ප්‍රිය මනාප ය. හේ සංඝයා විසින් කෙළවර අසුනක හින්දවන ලද්දේ' යි භික්ෂූන් කෙරෙහි අප්‍රසාදය බහුල වෙයි. භික්ෂූන් කෙරෙහි අප්‍රසාදය බහුල වූ විට අන්‍ය භික්ෂූන් ඇසුරු නොකරයි. අන්‍ය භික්ෂූන් ඇසුරු නොකරන්නේ ධර්මය නොඅසයි. ධර්මය නොඅසන්නේ කුසල ධර්මයන්ගෙන් පිරිහෙයි. මහණෙනි, පුද්ගල ප්‍රසාදයෙහි ඇති මේ දෙවෙනි ආදීනවය යි.

තව ද මහණෙනි, යම් පුද්ගලයෙකු කෙරෙහි පුද්ගලයෙක් බොහෝ සෙයින් පැහැදී සිටියි. හේ වෙනත් දිශාවකට ගියේ වෙයි. එවිට ඔහුට මෙසේ සිතෙයි. 'මට මේ පුද්ගලයා ප්‍රිය මනාප ය. හේ වෙනත් දිශාවකට ගියේ නොවැ' යි ....(පෙ).... අන්‍ය භික්ෂූන් ඇසුරු නොකරයි. අන්‍ය භික්ෂූන් ඇසුරු නොකරන්නේ ධර්මය නොඅසයි. ධර්මය නොඅසන්නේ කුසල ධර්මයන් ගෙන් පිරිහෙයි. මහණෙනි, පුද්ගල ප්‍රසාදයෙහි ඇති මේ තුන්වෙනි ආදීනවය යි.

තව ද මහණෙනි, යම් පුද්ගලයෙකු කෙරෙහි පුද්ගලයෙක් බොහෝ සෙයින් පැහැදී සිටියි. හේ ගිහි බවට පත්වූයේ වෙයි. එවිට ඔහුට මෙසේ සිතෙයි. 'මට මේ පුද්ගලයා ප්‍රිය මනාප ය. හේ ගිහි වූයේ නොවැ' යි ....(පෙ).... අන්‍ය භික්ෂූන් ඇසුරු නොකරයි. අන්‍ය භික්ෂූන් ඇසුරු නොකරන්නේ ධර්මය නොඅසයි. ධර්මය නොඅසන්නේ කුසල ධර්මයන්ගෙන් පිරිහෙයි. මහණෙනි, පුද්ගල ප්‍රසාදයෙහි ඇති මේ සිව්වෙනි ආදීනවය යි.

තව ද මහණෙනි, යම් පුද්ගලයෙකු කෙරෙහි පුද්ගලයෙක් බොහෝ සෙයින් පැහැදී සිටියි. හේ අපවත් වෙයි. එවිට ඔහුට මෙසේ සිතෙයි. 'මට මේ පුද්ගලයා ප්‍රිය මනාප ය. හේ අපවත් වූයේ නොවැ' යි ....(පෙ).... අන්‍ය භික්ෂූන් ඇසුරු නොකරයි. අන්‍ය භික්ෂූන් ඇසුරු නොකරන්නේ ධර්මය නොඅසයි. ධර්මය නොඅසන්නේ කුසල ධර්මයන්ගෙන් පිරිහෙයි. මහණෙනි, පුද්ගල ප්‍රසාදයෙහි ඇති මේ පස්වෙනි ආදීනවය යි.

මහණෙනි, පුද්ගලයෙකු කෙරෙහි පැහැදුණු කල්හී මේ ආදීනව පස යි.

සාදු! සාදු!! සාදු!!!

පුග්ගලප්පසාද සූත්‍රය නිමා විය.

පස්වෙනි දුච්චරිත වර්ගය අවසන් විය.

- එහි පිළිවෙල උද්දානය යි :

දුච්චරිත සූත්‍රය, කාය දුච්චරිත සූත්‍රය, වචී දුච්චරිත සූත්‍රය, මනෝ දුච්චරිත සූත්‍රය, අන්‍ය වූ දුච්චරිත සූත්‍ර සතරකි. සීවථිකා සූත්‍රය සහ පුග්ගලප්පසාද සූත්‍රය වශයෙන් මෙහි සූත්‍ර දශයකි.

පස්වෙනි පණ්ණාසකය නිමා විය.

හයවෙනි පණ්ණාසකය

1. උපසම්පදා වර්ගය

5.6.1.1.
උපසම්පාදේතබ්බ සූත්‍රය
උපසම්පදාව කළ යුතු බව වදාළ දෙසුම

සැවැත් නුවර දී ය .....

මහණෙනි, පස් කරුණකින් සමන්විත වූ භික්ෂුව විසින් උපසම්පදාව දිය යුත්තේ ය. ඒ කවර කරුණු පසකින් ද යත්;

මහණෙනි, මෙහිලා භික්ෂුව අසේඛ වූ සීල ස්කන්ධයෙන් යුක්ත වූයේ වෙයි. අසේඛ වූ සමාධි ස්කන්ධයෙන් යුක්ත වූයේ වෙයි. අසේඛ වූ ප්‍රඥා ස්කන්ධයෙන් යුක්ත වූයේ වෙයි. අසේඛ වූ විමුක්ති ස්කන්ධයෙන් යුක්ත වූයේ වෙයි. අසේඛ වූ විමුක්ති ඥාන දර්ශන ස්කන්ධයෙන් යුක්ත වූයේ වෙයි.

මහණෙනි, මේ පස් කරුණෙන් සමන්විත වූ භික්ෂුව විසින් උපසම්පදාව දිය යුත්තේ ය.

සාදු! සාදු!! සාදු!!!

උපසම්පාදේතබ්බ සූත්‍රය නිමා විය.

5.6.1.2.
නිස්සය සූත්‍රය
නිස්සය දීම ගැන වදාළ දෙසුම

සැවැත් නුවර දී ය .....

මහණෙනි, පස් කරුණකින් සමන්විත වූ භික්ෂුව විසින් නිස්සය දිය යුත්තේ ය. ඒ කවර කරුණු පසකින් ද යත්;

මහණෙනි, මෙහිලා භික්ෂුව අසේඛ වූ සීල ස්කන්ධයෙන් යුක්ත වූයේ වෙයි. අසේඛ වූ සමාධි ස්කන්ධයෙන් යුක්ත වූයේ වෙයි. අසේඛ වූ ප්‍රඥා ස්කන්ධයෙන් යුක්ත වූයේ වෙයි. අසේඛ වූ විමුක්ති ස්කන්ධයෙන් යුක්ත වූයේ වෙයි. අසේඛ වූ විමුක්ති ඥාන දර්ශන ස්කන්ධයෙන් යුක්ත වූයේ වෙයි.

මහණෙනි, මේ පස් කරුණෙන් සමන්විත වූ භික්ෂුව විසින් නිස්සය දිය යුත්තේ ය.

සාදු! සාදු!! සාදු!!!

නිස්සය සූත්‍රය නිමා විය.

5.6.1.3.
සාමණේර සූත්‍රය
සාමණේරයෙකුගේ උවටැන් ගැනීම ගැන වදාළ දෙසුම

සැවැත් නුවර දී ය .....

මහණෙනි, පස් කරුණකින් සමන්විත වූ භික්ෂුව විසින් සාමණේරයෙකුගෙන් උපස්ථාන ලැබිය යුත්තේ ය. ඒ කවර කරුණු පසකින් ද යත්;

මහණෙනි, මෙහිලා භික්ෂුව අසේඛ වූ සීල ස්කන්ධයෙන් යුක්ත වූයේ වෙයි. අසේඛ වූ සමාධි ස්කන්ධයෙන් යුක්ත වූයේ වෙයි. අසේඛ වූ ප්‍රඥා ස්කන්ධයෙන් යුක්ත වූයේ වෙයි. අසේඛ වූ විමුක්ති ස්කන්ධයෙන් යුක්ත වූයේ වෙයි. අසේඛ වූ විමුක්ති ඥාන දර්ශන ස්කන්ධයෙන් යුක්ත වූයේ වෙයි.

මහණෙනි, මේ පස් කරුණෙන් සමන්විත වූ භික්ෂුව විසින් සාමණේරයෙකුගෙන් උපස්ථාන ලැබිය යුත්තේ ය.

සාදු! සාදු!! සාදු!!!

සාමණේර සූත්‍රය නිමා විය.

5.6.1.4.
මච්ඡරිය සූත්‍රය
මසුරු බව ගැන වදාළ දෙසුම

සැවැත් නුවර දී ය .....

මහණෙනි, මේ මසුරුකම් පසෙකි. ඒ කවර පසක් ද යත්;

ආවාසය කෙරෙහි මසුරු බව, දායක පවුල් කෙරෙහි මසුරු බව, ලාභය කෙරෙහි මසුරු බව, වර්ණනාව කෙරෙහි මසුරු බව, ධර්මය කෙරෙහි මසුරු බව ය. මහණෙනි, මේ වනාහී මසුරුකම් පස යි.

මේ පස් වැදෑරුම් මසුරුකම් වලින් යම් මේ ධර්මය කෙරෙහි ඇති මසුරුකමක් ඇද්ද, එය ඉතාමත් පහත් දෙයකි.

සාදු! සාදු!! සාදු!!!

මච්ඡරිය සූත්‍රය නිමා විය.

5.6.1.5.
මච්ඡරියපහාන සූත්‍රය
මසුරු බව ප්‍රහාණය කිරීම ගැන වදාළ දෙසුම

සැවැත් නුවර දී ය .....

මහණෙනි, පස්වැදෑරුම් මසුරු බවෙහි ප්‍රහාණය පිණිස, මුළුමනින් ම ප්‍රහාණය පිණිස බඹසර වසනු ලැබේ. ඒ කවර පසක් ද යත්;

ආවාසය කෙරෙහි මසුරු බව ප්‍රහාණය පිණිස, මුළුමනින් ම ප්‍රහාණය පිණිස බඹසර වසනු ලැබේ. දායක පවුල් කෙරෙහි මසුරු බව ....(පෙ).... ලාභය කෙරෙහි මසුරු බව ....(පෙ).... වර්ණනාව කෙරෙහි මසුරු බව ....(පෙ).... ධර්මය කෙරෙහි මසුරු බව ප්‍රහාණය පිණිස, මුළුමනින් ම ප්‍රහාණය පිණිස බඹසර වසනු ලැබේ.

මහණෙනි, මේ පස්වැදෑරුම් මසුරු බවෙහි ප්‍රහාණය පිණිස, මුළුමනින් ම ප්‍රහාණය පිණිස බඹසර වසනු ලැබේ.

සාදු! සාදු!! සාදු!!!

මච්ඡරියපහාන සූත්‍රය නිමා විය.

5.6.1.6.
පඨමජ්ඣාන සූත්‍රය
පළමු ධ්‍යානය ගැන වදාළ දෙසුම

සැවැත් නුවර දී ය .....

මහණෙනි, මේ කරුණු පස ප්‍රහාණය නොකොට ප්‍රථම ධ්‍යානය උපදවාගෙන වාසය කරන්නට අසමර්ථ වෙයි. ඒ කවර පසක් ද යත්;

ආවාසය කෙරෙහි මසුරු බව, දායක පවුල් කෙරෙහි මසුරු බව, ලාභය කෙරෙහි මසුරු බව, වර්ණනාව කෙරෙහි මසුරු බව, ධර්මය කෙරෙහි මසුරු බව ය.

මහණෙනි, මේ කරුණු පස ප්‍රහාණය නොකොට ප්‍රථම ධ්‍යානය උපදවාගෙන වාසය කරන්නට අසමර්ථ වෙයි.

මහණෙනි, මේ කරුණු පස ප්‍රහාණය කොට ප්‍රථම ධ්‍යානය උපදවාගෙන වාසය කරන්නට සමර්ථ වෙයි. ඒ කවර පසක් ද යත්;

ආවාසය කෙරෙහි මසුරු බව, දායක පවුල් කෙරෙහි මසුරු බව, ලාභය කෙරෙහි මසුරු බව, වර්ණනාව කෙරෙහි මසුරු බව, ධර්මය කෙරෙහි මසුරු බව ය.

මහණෙනි, මේ කරුණු පස ප්‍රහාණය කොට ප්‍රථම ධ්‍යානය උපදවාගෙන

වාසය කරන්නට සමර්ථ වෙයි.

සාදු! සාදු!! සාදු!!!

පඨමජ්ඣාන සූත්‍රය නිමා විය.

5.6.1.7.-9
දුතියජ්ඣානාදි සූත්‍රයෝ
දෙවෙනි ධ්‍යානය ආදී දෙසුම්

සැවැත් නුවර දී ය .....

මහණෙනි, මේ කරුණු පස ප්‍රහාණය නොකොට දෙවෙනි ධ්‍යානය ....(පෙ).... තුන්වෙනි ධ්‍යානය ....(පෙ).... සතරවෙනි ධ්‍යානය උපදවාගෙන වාසය කරන්නට අසමර්ථ වෙයි. ඒ කවර පසක් ද යත්;

ආවාසය කෙරෙහි මසුරු බව, දායක පවුල් කෙරෙහි මසුරු බව, ලාභය කෙරෙහි මසුරු බව, වර්ණනාව කෙරෙහි මසුරු බව, ධර්මය කෙරෙහි මසුරු බව ය.

මහණෙනි, මේ කරුණු පස ප්‍රහාණය නොකොට දෙවෙනි ධ්‍යානය ....(පෙ).... තුන්වෙනි ධ්‍යානය ....(පෙ).... සතරවෙනි ධ්‍යානය උපදවාගෙන වාසය කරන්නට අසමර්ථ වෙයි.

මහණෙනි, මේ කරුණු පස ප්‍රහාණය කොට දෙවෙනි ධ්‍යානය ....(පෙ).... තුන්වෙනි ධ්‍යානය ....(පෙ).... සතරවෙනි ධ්‍යානය උපදවාගෙන වාසය කරන්නට සමර්ථ වෙයි. ඒ කවර පසක් ද යත්;

ආවාසය කෙරෙහි මසුරු බව, දායක පවුල් කෙරෙහි මසුරු බව, ලාභය කෙරෙහි මසුරු බව, වර්ණනාව කෙරෙහි මසුරු බව, ධර්මය කෙරෙහි මසුරු බව ය.

මහණෙනි, මේ කරුණු පස ප්‍රහාණය කොට දෙවෙනි ධ්‍යානය ....(පෙ).... තුන්වෙනි ධ්‍යානය ....(පෙ).... සතරවෙනි ධ්‍යානය උපදවාගෙන වාසය කරන්නට සමර්ථ වෙයි.

සාදු! සාදු!! සාදු!!!

දුතියජ්ඣානාදි සූත්‍රයෝ නිමා විය.

5.6.1.10.
අපර පඨමජ්ඣාන සූත්‍රය
පළමු ධ්‍යානය ගැන වදාළ වෙනත් දෙසුම

සැවැත් නුවර දී ය .....

මහණෙනි, මේ කරුණු පස ප්‍රහාණය නොකොට ප්‍රථම ධ්‍යානය උපදවාගෙන වාසය කරන්නට අසමර්ථ වෙයි. ඒ කවර පසක් ද යත්;

ආවාසය කෙරෙහි මසුරු බව, දායක පවුල් කෙරෙහි මසුරු බව, ලාභය කෙරෙහි මසුරු බව, වර්ණනාව කෙරෙහි මසුරු බව, කෙළෙහි ගුණ නොදන්නා බව කෙළෙහි ගුණ සිහි නොකරන බව

මහණෙනි, මේ කරුණු පස ප්‍රහාණය නොකොට ප්‍රථම ධ්‍යානය උපදවාගෙන වාසය කරන්නට අසමර්ථ වෙයි.

මහණෙනි, මේ කරුණු පස ප්‍රහාණය කොට ප්‍රථම ධ්‍යානය උපදවාගෙන වාසය කරන්නට සමර්ථ වෙයි. ඒ කවර පසක් ද යත්;

ආවාසය කෙරෙහි මසුරු බව, දායක පවුල් කෙරෙහි මසුරු බව, ලාභය කෙරෙහි මසුරු බව, වර්ණනාව කෙරෙහි මසුරු බව, කෙළෙහි ගුණ නොදන්නා බව කෙළෙහි ගුණ සිහි නොකරන බව

මහණෙනි, මේ කරුණු පස ප්‍රහාණය කොට ප්‍රථම ධ්‍යානය උපදවාගෙන වාසය කරන්නට සමර්ථ වෙයි.

සාදු! සාදු!! සාදු!!!

අපර පඨමජ්ඣාන සූත්‍රය නිමා විය.

5.6.1.11.-13
අපර දුතියජ්ඣානාදි සූත්‍රයෝ
දෙවෙනි ධ්‍යානය ආදී වෙනත් දෙසුම්

සැවැත් නුවර දී ය .....

මහණෙනි, මේ කරුණු පස ප්‍රහාණය නොකොට දෙවෙනි ධ්‍යානය ....(පෙ).... තුන්වෙනි ධ්‍යානය ....(පෙ).... සතරවෙනි ධ්‍යානය උපදවාගෙන වාසය කරන්නට අසමර්ථ වෙයි. ඒ කවර පසක් ද යත්;

ආවාසය කෙරෙහි මසුරු බව, දායක පවුල් කෙරෙහි මසුරු බව, ලාභය කෙරෙහි මසුරු බව, වර්ණනාව කෙරෙහි මසුරු බව, කෙළෙහි ගුණ නොදන්නා බව කෙළෙහි ගුණ සිහි නොකරන බව

මහණෙනි, මේ කරුණු පස ප්‍රහාණය නොකොට දෙවෙනි ධ්‍යානය ....(පෙ).... තුන්වෙනි ධ්‍යානය ....(පෙ).... සතරවෙනි ධ්‍යානය උපදවාගෙන වාසය කරන්නට අසමර්ථ වෙයි.

මහණෙනි, මේ කරුණු පස ප්‍රහාණය කොට දෙවෙනි ධ්‍යානය ....(පෙ).... තුන්වෙනි ධ්‍යානය ....(පෙ).... සතරවෙනි ධ්‍යානය උපදවාගෙන වාසය කරන්නට සමර්ථ වෙයි. ඒ කවර පසක් ද යත්;

ආවාසය කෙරෙහි මසුරු බව, දායක පවුල් කෙරෙහි මසුරු බව, ලාභය කෙරෙහි මසුරු බව, වර්ණනාව කෙරෙහි මසුරු බව, කෙළෙහි ගුණ නොදන්නා බව කෙළෙහි ගුණ සිහි නොකරන බව

මහණෙනි, මේ කරුණු පස ප්‍රහාණය කොට දෙවෙනි ධ්‍යානය ....(පෙ).... තුන්වෙනි ධ්‍යානය ....(පෙ).... සතරවෙනි ධ්‍යානය උපදවාගෙන වාසය කරන්නට සමර්ථ වෙයි.

5.6.1.14-17.
සෝතාපත්තිඵලාදි සච්ඡිකිරියා සූත්‍රයෝ
සෝවාන් ඵලය ආදිය පසක් කිරීම ගැන වදාළ දෙසුම්

සැවැත් නුවර දී ය .....

මහණෙනි, මේ කරුණු පස ප්‍රහාණය නොකොට සෝවාන් ඵලය පසක් කරන්නට අසමර්ථ වෙයි. ....(පෙ).... සකදාගාමී ඵලය ....(පෙ).... අනාගාමී ඵලය ....(පෙ).... අරහත් ඵලය පසක් කරන්නට අසමර්ථ වෙයි. ඒ කවර පසක් ද යත්;

ආවාසය කෙරෙහි මසුරු බව, දායක පවුල් කෙරෙහි මසුරු බව, ලාභය කෙරෙහි මසුරු බව, වර්ණනාව කෙරෙහි මසුරු බව, ධර්මය කෙරෙහි මසුරු බව ය.

මහණෙනි, මේ කරුණු පස ප්‍රහාණය නොකොට සෝවාන් ඵලය පසක් කරන්නට අසමර්ථ වෙයි. ....(පෙ).... සකදාගාමී ඵලය ....(පෙ).... අනාගාමී ඵලය ....(පෙ).... අරහත් ඵලය පසක් කරන්නට අසමර්ථ වෙයි.

මහණෙනි, මේ කරුණු පස ප්‍රහාණය කොට සෝවාන් ඵලය පසක් කරන්නට සමර්ථ වෙයි. ....(පෙ).... සකදාගාමී ඵලය ....(පෙ).... අනාගාමී ඵලය ....(පෙ).... අරහත් ඵලය පසක් කරන්නට සමර්ථ වෙයි. ඒ කවර පසක් ද යත්;

ආවාසය කෙරෙහි මසුරු බව, දායක පවුල් කෙරෙහි මසුරු බව, ලාභය කෙරෙහි මසුරු බව, වර්ණනාව කෙරෙහි මසුරු බව, ධර්මය කෙරෙහි මසුරු බව ය.

මහණෙනි, මේ කරුණු පස ප්‍රහාණය කොට සෝවාන් ඵලය පසක් කරන්නට සමර්ථ වෙයි. ....(පෙ).... සකදාගාමී ඵලය ....(පෙ).... අනාගාමී ඵලය ....(පෙ).... අරහත් ඵලය පසක් කරන්නට සමර්ථ වෙයි.

5.6.1.18.-21
අපර සෝතාපත්තිඵලාදි සච්ඡිකිරියා සූත්‍රයෝ
සෝවාන් ඵලය ආදිය පසක් කිරීම ගැන වදාළ වෙනත් දෙසුම්

සැවැත් නුවර දී ය .....

මහණෙනි, මේ කරුණු පස ප්‍රහාණය නොකොට සෝවාන් ඵලය පසක් කරන්නට අසමර්ථ වෙයි. ....(පෙ).... සකදාගාමී ඵලය ....(පෙ).... අනාගාමී ඵලය ....(පෙ).... අරහත් ඵලය පසක් කරන්නට අසමර්ථ වෙයි. ඒ කවර පසක් ද යත්;

ආවාසය කෙරෙහි මසුරු බව, දායක පවුල් කෙරෙහි මසුරු බව, ලාභය කෙරෙහි මසුරු බව, වර්ණනාව කෙරෙහි මසුරු බව, කෙළෙහි ගුණ නොදන්නා බව කෙළෙහි ගුණ සිහි නොකරන බව.

මහණෙනි, මේ කරුණු පස ප්‍රහාණය නොකොට සෝවාන් ඵලය පසක් කරන්නට අසමර්ථ වෙයි. ....(පෙ).... සකදාගාමී ඵලය ....(පෙ).... අනාගාමී ඵලය ....(පෙ).... අරහත් ඵලය පසක් කරන්නට අසමර්ථ වෙයි.

මහණෙනි, මේ කරුණු පස ප්‍රහාණය කොට සෝවාන් ඵලය පසක් කරන්නට සමර්ථ වෙයි. ....(පෙ).... සකදාගාමී ඵලය ....(පෙ).... අනාගාමී ඵලය ....(පෙ).... අරහත් ඵලය පසක් කරන්නට සමර්ථ වෙයි. ඒ කවර පසක් ද යත්;

ආවාසය කෙරෙහි මසුරු බව, දායක පවුල් කෙරෙහි මසුරු බව, ලාභය කෙරෙහි මසුරු බව, වර්ණනාව කෙරෙහි මසුරු බව, කෙළෙහි ගුණ නොදන්නා බව කෙළෙහි ගුණ සිහි නොකරන බව.

මහණෙනි, මේ කරුණු පස ප්‍රහාණය කොට සෝවාන් ඵලය පසක් කරන්නට සමර්ථ වෙයි. ....(පෙ).... සකදාගාමී ඵලය ....(පෙ).... අනාගාමී ඵලය ....(පෙ).... අරහත් ඵලය පසක් කරන්නට සමර්ථ වෙයි.

පළමු වෙනි උපසම්පදා වර්ගය අවසන් විය.

වර්ග අතිරේක සූත්‍රයෝ

හත්තුද්දේසක සූත්‍රය

හත්තුද්දේසක භික්ෂුව ගැන වදාළ දෙසුම

සැවැත් නුවර දී ය .....

1. මහණෙනි, පස් කරුණකින් සමන්විත වූ භත්තුද්දේසක භික්ෂුව සම්මත නොකළ යුත්තේ ය. ඒ කවර කරුණු පසකින් ද යත්;

ඡන්දයෙන් අගතියට යයි. ද්වේෂයෙන් අගතියට යයි. මෝහයෙන් අගතියට යයි. භයෙන් අගතියට යයි. උදෙසන ලද බව හෝ නොඋදෙසන ලද බව හෝ නොදනියි.

මහණෙනි, මේ පස් කරුණෙන් සමන්විත වූ භත්තුද්දේසක භික්ෂුව සම්මත නොකළ යුත්තේ ය.

මහණෙනි, පස් කරුණකින් සමන්විත වූ භත්තුද්දේසක භික්ෂුව සම්මත කළ යුත්තේ ය. ඒ කවර කරුණු පසකින් ද යත්;

ඡන්දයෙන් අගතියට නොයයි. ද්වේෂයෙන් අගතියට නොයයි. මෝහයෙන් අගතියට නොයයි. භයෙන් අගතියට නොයයි. උදෙසන ලද බව හෝ නොඋදෙසන ලද බව හෝ දනියි.

මහණෙනි, මේ පස් කරුණෙන් සමන්විත වූ භත්තුද්දේසක භික්ෂුව සම්මත කළ යුත්තේ ය.

දුතිය හත්තුද්දේසකාදි සූත්‍රයෝ

දෙවෙනි හත්තුද්දේසක භික්ෂුව ආදී දෙසුම්

සැවැත් නුවර දී ය .....

2-5 මහණෙනි, පස් කරුණකින් සමන්විත වූ භත්තුද්දේසක භික්ෂුව සම්මත

නොකළ යුත්තේ ය. සම්මත කළේ නමුත් බත් උදෙසනු සඳහා නොයැවිය යුත්තේ ය. (ඒ කවර කරුණු පසකින් ද යත්; ඡන්දයෙන් අගතියට යයි.) ....(පෙ)....

මහණෙනි, පස් කරුණකින් සමන්විත වූ භත්තුද්දේසක භික්ෂුව සම්මත කළ යුත්තේ ය. සම්මත වූයේ බත් උදෙසනු සඳහා යැවිය යුත්තේ ය. (ඒ කවර කරුණු පසකින් ද යත්; ඡන්දයෙන් අගතියට නොයයි.) ....(පෙ)....

(මහණෙනි, පස් කරුණකින් සමන්විත වූ භත්තුද්දේසක භික්ෂුව) බාලයෙක් යැයි දත යුත්තේ ය. (ඒ කවර කරුණු පසකින් ද යත්; ඡන්දයෙන් අගතියට යයි.) ....(පෙ)....

(මහණෙනි, පස් කරුණකින් සමන්විත වූ භත්තුද්දේසක භික්ෂුව) නුවණැත්තෙක් යැයි දත යුත්තේ ය. (ඒ කවර කරුණු පසකින් ද යත්; ඡන්දයෙන් අගතියට නොයයි.) ....(පෙ)....

(මහණෙනි, පස් කරුණකින් සමන්විත වූ භත්තුද්දේසක භික්ෂුව) සාරා ගත් ගුණ ඇති වැනසුණු ජීවිතයක් පරිහරණය කරයි. (ඒ කවර කරුණු පසකින් ද යත්; ඡන්දයෙන් අගතියට යයි.) ....(පෙ)....

(මහණෙනි, පස් කරුණකින් සමන්විත වූ භත්තුද්දේසක භික්ෂුව) සාරා නොගත් ගුණ ඇති නොවැනසුණු ජීවිතයක් පරිහරණය කරයි. (ඒ කවර කරුණු පසකින් ද යත්; ඡන්දයෙන් අගතියට නොයයි.) ....(පෙ)....

(මහණෙනි, පස් කරුණකින් සමන්විත වූ භත්තුද්දේසක භික්ෂුව) ඔසොවා ගෙන පැමිණි බරක් බිම තබන සෙයින් නිරයෙහි උපදියි. (ඒ කවර කරුණු පසකින් ද යත්; ඡන්දයෙන් අගතියට යයි.) ....(පෙ)....

(මහණෙනි, පස් කරුණකින් සමන්විත වූ භත්තුද්දේසක භික්ෂුව) ඔසොවා ගෙන පැමිණි බරක් බිම තබන සෙයින් සුගතියෙහි උපදියි. (ඒ කවර කරුණු පසකින් ද යත්;

ඡන්දයෙන් අගතියට නොයයි. ද්වේෂයෙන් අගතියට නොයයි. මෝහයෙන් අගතියට නොයයි. භයෙන් අගතියට නොයයි. උදෙසන ලද බව හෝ නොඋදෙසන ලද බව හෝ දනියි. මහණෙනි, මේ පස් කරුණෙන් සමන්විත භත්තුද්දේසක භික්ෂුව ඔසොවා ගෙන පැමිණි බරක් බිම තබන සෙයින් සුගතියෙහි උපදියි.

සේනාසනපඤ්ඤාපකාදී සූත්‍රයෝ

සෙනසුන් පණවන භික්ෂුව ගැන වදාළ දෙසුම ආදී දෙසුම්

සැවැත් නුවර දී ය .....

6. මහණෙනි, පස් කරුණකින් සමන්විත වූ සෙනසුන් පණවන භික්ෂුව සම්මත නොකළ යුත්තේ ය. ඒ කවර කරුණු පසකින් ද යත්;

ඡන්දයෙන් අගතියට යයි. ද්වේෂයෙන් අගතියට යයි. මෝහයෙන් අගතියට යයි. භයෙන් අගතියට යයි. පණවන ලද හෝ නොපණවන ලද හෝ බව නොදනියි.

මහණෙනි, මේ පස් කරුණෙන් සමන්විත වූ සෙනසුන් පණවන භික්ෂුව සම්මත නොකළ යුත්තේ ය.

මහණෙනි, පස් කරුණකින් සමන්විත වූ සෙනසුන් පණවන භික්ෂුව සම්මත කළ යුත්තේ ය. ඒ කවර කරුණු පසකින් ද යත්;

ඡන්දයෙන් අගතියට නොයයි. ද්වේෂයෙන් අගතියට නොයයි. මෝහයෙන් අගතියට නොයයි. භයෙන් අගතියට නොයයි. පණවන ලද හෝ නොපණවන ලද හෝ බව දනියි.

මහණෙනි, මේ පස් කරුණෙන් සමන්විත වූ සෙනසුන් ගන්වන භික්ෂුව සම්මත කළ යුත්තේ ය.

7 මහණෙනි, පස් කරුණකින් සමන්විත වූ සෙනසුන් ගන්වන භික්ෂුව සම්මත නොකළ යුත්තේ ය. (ඡන්දයෙන් අගතියට යයි.) ....(පෙ).... සෙනසුන ගත් නොගත් බව නොදනියි. ....(පෙ)....

මහණෙනි, පස් කරුණකින් සමන්විත වූ සෙනසුන් ගන්නා භික්ෂුව සම්මත කළ යුත්තේ ය. (ඡන්දයෙන් අගතියට නොයයි.) ....(පෙ).... සෙනසුන ගත් නොගත් බව දනියි. ....(පෙ)....

8. මහණෙනි, පස් කරුණකින් සමන්විත වූ භාණ්ඩාගාරික භික්ෂුව සම්මත නොකළ යුත්තේ ය. (ඡන්දයෙන් අගතියට යයි.) ....(පෙ).... නොවසන ලද වසන ලද බඩු ගැන නොදනියි. ....(පෙ)....

මහණෙනි, පස් කරුණකින් සමන්විත වූ භාණ්ඩාගාරික භික්ෂුව සම්මත කළ යුත්තේ ය. (ඡන්දයෙන් අගතියට නොයයි.) ....(පෙ).... නොවසන ලද වසන

ලද බඩු ගැන දනියි ....(පෙ)....

9. මහණෙනි, පස් කරුණකින් සමන්විත වූ සිවුරු පිළිගන්නා භික්ෂුව සම්මත නොකළ යුත්තේ ය. (ඡන්දයෙන් අගතියට යයි.) ....(පෙ).... පිළිගත් නොගත් බව නොදනියි. ....(පෙ)....

මහණෙනි, පස් කරුණකින් සමන්විත වූ සිවුරු පිළිගන්නා භික්ෂුව සම්මත කළ යුත්තේ ය. (ඡන්දයෙන් අගතියට නොයයි.) ....(පෙ).... පිළිගත් නොගත් බව දනියි ....(පෙ)....

10. මහණෙනි, පස් කරුණකින් සමන්විත වූ සිවුරු බෙදන භික්ෂුව සම්මත නොකළ යුත්තේ ය. (ඡන්දයෙන් අගතියට යයි.) ....(පෙ).... බෙදූ නොබෙදූ බව නොදනියි. ....(පෙ)....

මහණෙනි, පස් කරුණකින් සමන්විත වූ සිවුරු බෙදන භික්ෂුව සම්මත කළ යුත්තේ ය. (ඡන්දයෙන් අගතියට නොයයි.) ....(පෙ).... බෙදූ නොබෙදූ බව දනියි ....(පෙ)....

11. මහණෙනි, පස් කරුණකින් සමන්විත වූ කැඳ බෙදන භික්ෂුව සම්මත නොකළ යුත්තේ ය. (ඡන්දයෙන් අගතියට යයි.) ....(පෙ).... බෙදූ නොබෙදූ බව නොදනියි. ....(පෙ)....

මහණෙනි, පස් කරුණකින් සමන්විත වූ කැඳ බෙදන භික්ෂුව සම්මත කළ යුත්තේ ය. (ඡන්දයෙන් අගතියට නොයයි.) ....(පෙ).... බෙදූ නොබෙදූ බව දනියි ....(පෙ)....

12. මහණෙනි, පස් කරුණකින් සමන්විත වූ පළතුරු බෙදන භික්ෂුව සම්මත නොකළ යුත්තේ ය. (ඡන්දයෙන් අගතියට යයි.) ....(පෙ).... බෙදූ නොබෙදූ බව නොදනියි. ....(පෙ)....

මහණෙනි, පස් කරුණකින් සමන්විත වූ පළතුරු බෙදන භික්ෂුව සම්මත කළ යුත්තේ ය. (ඡන්දයෙන් අගතියට නොයයි.) ....(පෙ).... බෙදූ නොබෙදූ බව දනියි ....(පෙ)....

13. මහණෙනි, පස් කරුණකින් සමන්විත වූ කැවිලි බෙදන භික්ෂුව සම්මත නොකළ යුත්තේ ය. (ඡන්දයෙන් අගතියට යයි.) ....(පෙ).... බෙදූ නොබෙදූ බව නොදනියි. ....(පෙ)....

මහණෙනි, පස් කරුණකින් සමන්විත වූ කැවිලි බෙදන භික්ෂුව සම්මත

කළ යුත්තේ ය. (ඡන්දයෙන් අගතියට නොයයි.) ....(පෙ).... බෙදූ නොබෙදූ බව දනියි ....(පෙ)....

14. මහණෙනි, පස් කරුණකින් සමන්විත වූ සුළු පිරිකර බෙදන භික්ෂුව සම්මත නොකළ යුත්තේ ය. (ඡන්දයෙන් අගතියට යයි.) ....(පෙ).... බෙදූ නොබෙදූ බව නොදනියි. ....(පෙ)....

මහණෙනි, පස් කරුණකින් සමන්විත වූ සුළු පිරිකර බෙදන භික්ෂුව සම්මත කළ යුත්තේ ය. (ඡන්දයෙන් අගතියට නොයයි.) ....(පෙ).... බෙදූ නොබෙදූ බව දනියි ....(පෙ)....

15. මහණෙනි, පස් කරුණකින් සමන්විත වූ වැසි සළු පිළිගන්නා භික්ෂුව සම්මත නොකළ යුත්තේ ය. (ඡන්දයෙන් අගතියට යයි.) ....(පෙ).... ගත් නොගත් බව නොදනියි. ....(පෙ)....

මහණෙනි, පස් කරුණකින් සමන්විත වූ වැසි සළු පිළිගන්නා භික්ෂුව සම්මත කළ යුත්තේ ය. (ඡන්දයෙන් අගතියට නොයයි.) ....(පෙ).... ගත් නොගත් බව දනියි ....(පෙ)....

16. මහණෙනි, පස් කරුණකින් සමන්විත වූ පාත්‍ර පිළිගන්නා භික්ෂුව සම්මත නොකළ යුත්තේ ය. (ඡන්දයෙන් අගතියට යයි.) ....(පෙ).... ගත් නොගත් බව නොදනියි. ....(පෙ)....

මහණෙනි, පස් කරුණකින් සමන්විත වූ පාත්‍ර පිළිගන්නා භික්ෂුව සම්මත කළ යුත්තේ ය. (ඡන්දයෙන් අගතියට නොයයි.) ....(පෙ).... ගත් නොගත් බව දනියි ....(පෙ)....

17. මහණෙනි, පස් කරුණකින් සමන්විත වූ ආරාමිකයන් මෙහෙයවන භික්ෂුව සම්මත නොකළ යුත්තේ ය. (ඡන්දයෙන් අගතියට යයි.) ....(පෙ).... මෙහෙය වූ නොමෙහෙය වූ බව නොදනියි. ....(පෙ)....

මහණෙනි, පස් කරුණකින් සමන්විත වූ ආරාමිකයන් මෙහෙයවන භික්ෂුව සම්මත කළ යුත්තේ ය. (ඡන්දයෙන් අගතියට නොයයි.) ....(පෙ).... මෙහෙය වූ නොමෙහෙය වූ බව දනියි ....(පෙ)....

18. මහණෙනි, පස් කරුණකින් සමන්විත වූ සාමණේරයන් මෙහෙයවන භික්ෂුව සම්මත නොකළ යුත්තේ ය. (ඡන්දයෙන් අගතියට යයි.) ....(පෙ).... මෙහෙය වූ නොමෙහෙය වූ බව නොදනියි. ....(පෙ)....

මහණෙනි, පස් කරුණකින් සමන්විත වූ සාමණේරයන් මෙහෙයවන භික්ෂුව සම්මත කළ යුත්තේ ය. (ඡන්දයෙන් අගතියට නොයයි.) ....(පෙ).... මෙහෙය වූ නොමෙහෙය වූ බව දනියි ....(පෙ)....

19. මහණෙනි, පස් කරුණකින් සමන්විත වූ සාමණේරයන් මෙහෙයවන භික්ෂුව සම්මත නොකළ යුත්තේ ය. සම්මත කළේ නමුත් නොයැවිය යුත්තේ ය. ....(පෙ)....

මහණෙනි, පස් කරුණකින් සමන්විත වූ සාමණේරයන් මෙහෙයවන භික්ෂුව සම්මත කළ යුත්තේ ය. සම්මත කළේ යැවිය යුත්තේ ය. ....(පෙ)....

20. (මහණෙනි, පස් කරුණකින් සමන්විත වූ සාමණේරයන් මෙහෙයවන භික්ෂුව) බාලයෙක් යැයි දත යුත්තේ ය. (....(පෙ).... ඡන්දයෙන් අගතියට යයි ....(පෙ)....)

(මහණෙනි, පස් කරුණකින් සමන්විත වූ සාමණේරයන් මෙහෙයවන භික්ෂුව) නුවණැත්තෙක් යැයි දත යුත්තේ ය. (....(පෙ).... ඡන්දයෙන් අගතියට නොයයි ....(පෙ).... මෙහෙය වූ නොමෙහෙය වූ හෙරණුන් ගැන දනියි.)

21. (මහණෙනි, පස් කරුණකින් සමන්විත වූ සාමණේරයන් මෙහෙයවන භික්ෂුව) සාරා ගත් ගුණ ඇති වනසා ගත් ජීවිතයක් පරිහරණය කරයි. (....(පෙ).... ඡන්දයෙන් අගතියට යයි ....(පෙ)....)

(මහණෙනි, පස් කරුණකින් සමන්විත වූ සාමණේරයන් මෙහෙයවන භික්ෂුව) සාරා නොගත් ගුණ ඇති නොවනසා ගත් ජීවිතයක් පරිහරණය කරයි. (....(පෙ).... ඡන්දයෙන් අගතියට නොයයි ....(පෙ).... මෙහෙය වූ නොමෙහෙය වූ හෙරණුන් ගැන දනියි.)

22. (මහණෙනි, පස් කරුණකින් සමන්විත වූ සාමණේරයන් මෙහෙයවන භික්ෂුව) ඔසොවා ගෙන පැමිණි බරක් බිම තබනා සෙයින් නිරයෙහි උපදියි (....(පෙ).... ඡන්දයෙන් අගතියට යයි ....(පෙ)....)

(මහණෙනි, පස් කරුණකින් සමන්විත වූ සාමණේරයන් මෙහෙයවන භික්ෂුව) ඔසොවා ගෙන පැමිණි බරක් බිම තබනා සෙයින් සුගතියෙහි උපදියි. ඒ කවර කරුණු පහකින් ද යත්;

ඡන්දයෙන් අගතියට නොයයි. ද්වේෂයෙන් අගතියට නොයයි. මෝහයෙන් අගතියට නොයයි. භයෙන් අගතියට නොයයි. මෙහෙය වූ නොමෙහෙය වූ හෙරණුන් ගැන දනියි.

මහණෙනි, මේ පස් කරුණෙන් සමන්විත වූ සාමණේරයන් මෙහෙයවන භික්ෂුව ඔසොවා ගෙන පැමිණි බරක් බිම තබනා සෙයින් සුගතියෙහි උපදියි

භික්ඛු සූත්‍රය

භික්ෂුව ගැන වදාළ දෙසුම

සැවැත් නුවර දී ය .....

1. මහණෙනි, පස් කරුණකින් සමන්විත වූ භික්ෂුව ඔසොවා ගෙන පැමිණි බරක් බිම තබනා සෙයින් නිරයෙහි උපදියි. ඒ කවර කරුණු පසකින් ද යත්;

සතුන් මරන්නේ වෙයි, සොරකම් කරන්නේ වෙයි. අබ්‍රහ්මචාරී වෙයි. බොරු කියන්නේ වෙයි. මත්වීමට හා ප්‍රමාදයට හේතුවෙන මත්පැන් මත්ද්‍රව්‍ය භාවිතා කරන්නේ වෙයි.

මහණෙනි, මේ පස් කරුණෙන් සමන්විත වූ භික්ෂුව ඔසොවා ගෙන පැමිණි බරක් බිම තබනා සෙයින් නිරයෙහි උපදියි.

මහණෙනි, පස් කරුණකින් සමන්විත වූ භික්ෂුව ඔසොවා ගෙන පැමිණි බරක් බිම තබනා සෙයින් සුගතියෙහි උපදියි. ඒ කවර කරුණු පසකින් ද යත්;

සතුන් මැරීමෙන් වැළකුණේ වෙයි, සොරකම් කිරීමෙන් වැළකුණේ වෙයි. අබ්‍රහ්මචරියාවෙන් වැළකුණේ වෙයි. බොරු කීමෙන් වැළකුණේ වෙයි. මත්වීමට හා ප්‍රමාදයට හේතුවන මත්පැන් මත්ද්‍රව්‍ය භාවිතයෙන් වැළකුණේ වෙයි.

මහණෙනි, මේ පස් කරුණෙන් සමන්විත වූ භික්ෂුව ඔසොවා ගෙන පැමිණි බරක් බිම තබනා සෙයින් සුගතියෙහි උපදියි.

භික්ඛුණී සූත්‍රාදිය

භික්ෂුණිය ගැන වදාළ දෙසුම ආදී දෙසුම්

සැවැත් නුවර දී ය .....

2.-7 මහණෙනි, පස් කරුණකින් සමන්විත වූ භික්ෂුණිය ....(පෙ).... සික්ඛමානාව

....(පෙ).... සාමණේරයා ....(පෙ).... සාමණේරිය ....(පෙ).... උපාසකයා ....(පෙ).... උපාසිකාව ඔසොවා ගෙන පැමිණි බරක් බිම තබනා සෙයින් නිරයෙහි උපදින්නී ය. ඒ කවර කරුණු පසකින් ද යත්;

සතුන් මරන්නී වෙයි, සොරකම් කරන්නී වෙයි. වැරදි කාමසේවනයේ යෙදුනී වෙයි. බොරු කියන්නී වෙයි. මත්වීමට හා ප්‍රමාදයට හේතුවන මත්පැන් මත්ද්‍රව්‍ය භාවිතා කරන්නී වෙයි.

මහණෙනි, මේ පස් කරුණෙන් සමන්විත වූ උපාසිකාව ඔසොවා ගෙන පැමිණි බරක් බිම තබනා සෙයින් නිරයෙහි උපදින්නීය.

මහණෙනි, පස් කරුණකින් සමන්විත වූ උපාසිකාව ඔසොවා ගෙන පැමිණි බරක් බිම තබනා සෙයින් සුගතියෙහි උපදින්නී ය. ඒ කවර කරුණු පසකින් ද යත්;

සතුන් මැරීමෙන් වැළකුණී වෙයි, සොරකම් කිරීමෙන් වැළකුණී වෙයි. වැරදි කාම සේවනයෙන් වැළකුණී වෙයි. බොරු කීමෙන් වැළකුණී වෙයි. මත්වීම හා ප්‍රමාදයට හේතුවන මත්පැන් මත්ද්‍රව්‍ය භාවිතයෙන් වැළකුණී වෙයි.

මහණෙනි, මේ පස් කරුණෙන් සමන්විත වූ උපාසිකාව ඔසොවා ගෙන පැමිණි බරක් බිම තබනා සෙයින් සුගතියෙහි උපදින්නී ය.

ආජීවක සූත්‍රය
ආජීවකයා ගැන වදාළ දෙසුම

සැවැත් නුවර දී ය .....

8. මහණෙනි, පස් කරුණකින් සමන්විත වූ ආජීවකයා ඔසොවා ගෙන පැමිණි බරක් බිම තබනා සෙයින් නිරයෙහි උපදියි. ඒ කවර කරුණු පසකින් ද යත්;

සතුන් මරන්නේ වෙයි, සොරකම් කරන්නේ වෙයි. අබ්‍රහ්මචාරී වෙයි. බොරු කියන්නේ වෙයි. මත්වීමට හා ප්‍රමාදයට හේතුවන මත්පැන් මත්ද්‍රව්‍ය භාවිතා කරන්නේ වෙයි.

මහණෙනි, මේ පස් කරුණෙන් සමන්විත වූ ආජීවකයා ඔසොවා ගෙන පැමිණි බරක් බිම තබනා සෙයින් නිරයෙහි උපදියි.

නිගණ්ඨ සූත්‍රාදිය

නිගණ්ඨයා ගැන වදාළ දෙසුම ආදී දෙසුම්

සැවැත් නුවර දී ය .....

9-17. මහණෙනි, පස් කරුණකින් සමන්විත වූ නිගණ්ඨයා ....(පෙ).... නිගණ්ඨ ශ්‍රාවකයා ....(පෙ).... ජටිලයා ....(පෙ).... පරිබ්‍රාජකයා ....(පෙ).... මාගන්දිකයා ....(පෙ).... තේදණ්ඩිකයා ....(පෙ).... ආරුද්ධක තීර්ථකයා ....(පෙ).... ගෝතමක තීර්ථකයා ....(පෙ).... දේවධම්මික තීර්ථකයා ඔසොවා ගෙන පැමිණි බරක් බිම තබනා සෙයින් නිරයෙහි උපදියි. ඒ කවර කරුණු පසකින් ද යත්;

සතුන් මරන්නේ වෙයි, සොරකම් කරන්නේ වෙයි. අබ්‍රහ්මචාරී වෙයි. බොරු කියන්නේ වෙයි. මත්වීමට හා ප්‍රමාදයට හේතුවන මත්පැන් මත්ද්‍රව්‍ය භාවිතා කරන්නේ වෙයි.

මහණෙනි, මේ පස් කරුණෙන් සමන්විත වූ දේවධම්මික තීර්ථකයා ඔසොවා ගෙන පැමිණි බරක් බිම තබනා සෙයින් නිරයෙහි උපදියි.

වර්ග අතිරේක සූත්‍රයෝ නිමා වූහ.

රාගාදි පෙය්‍යාලය

රාගාදී පෙය්‍යාල සූත්‍රයෝ

සැවැත් නුවර දී ය ....

1. මහණෙනි, විශිෂ්ට ඥානයෙන් රාගය අවබෝධ කරනු පිණිස පඤ්ච ධර්මයක් වැඩිය යුත්තාහු ය. ඒ කවර පසක් ද යත්;

අසුභ සංඥාව, මරණ සංඥාව, ආදීනව සංඥාව, ආහාරයෙහි පටික්කූල සංඥාව, සබ්බලෝකේ අනභිරත සංඥාව ය.

මහණෙනි, විශිෂ්ට ඥානයෙන් රාගය අවබෝධ කරනු පිණිස මේ පඤ්ච ධර්මය වැඩිය යුත්තාහු ය.

2. මහණෙනි, විශිෂ්ට ඥානයෙන් රාගය අවබෝධ කරනු පිණිස පඤ්ච ධර්මයක් වැඩිය යුත්තාහු ය. ඒ කවර පසක් ද යත්;

අනිච්ච සංඥාව, අනත්ත සංඥාව, මරණ සංඥාව, ආහාරයෙහි පටික්කූල සංඥාව, සබ්බලෝකේ අනභිරත සංඥාව ය.

මහණෙනි, විශිෂ්ට ඥානයෙන් රාගය අවබෝධ කරනු පිණිස මේ පඤ්ච ධර්මය වැඩිය යුත්තාහු ය.

3. මහණෙනි, විශිෂ්ට ඥානයෙන් රාගය අවබෝධ කරනු පිණිස පඤ්ච ධර්මයක් වැඩිය යුත්තාහු ය. ඒ කවර පසක් ද යත්;

අනිච්ච සංඥාව, අනිච්චේ දුක්ඛ සංඥාව, දුක්ඛේ අනත්ත සංඥාව, පහාන සංඥාව, විරාග සංඥාව ය.

මහණෙනි, විශිෂ්ට ඥානයෙන් රාගය අවබෝධ කරනු පිණිස මේ පඤ්ච ධර්මය වැඩිය යුත්තාහු ය.

4. මහණෙනි, විශිෂ්ට ඥානයෙන් රාගය අවබෝධ කරනු පිණිස පඤ්ච ධර්මයක් වැඩිය යුත්තාහු ය. ඒ කවර පසක් ද යත්;

ශ්‍රද්ධා ඉන්ද්‍රිය, විරිය ඉන්ද්‍රිය, සති ඉන්ද්‍රිය, සමාධි ඉන්ද්‍රිය, ප්‍රඥා ඉන්ද්‍රිය.

මහණෙනි, විශිෂ්ට ඥානයෙන් රාගය අවබෝධ කරනු පිණිස මේ පඤ්ච ධර්මය වැඩිය යුත්තාහු ය.

5. මහණෙනි, විශිෂ්ට ඥානයෙන් රාගය අවබෝධ කරනු පිණිස පඤ්ච ධර්මයක් වැඩිය යුත්තාහු ය. ඒ කවර පසක් ද යත්;

ශ්‍රද්ධා බලය, විරිය බලය, සති බලය, සමාධි බලය, ප්‍රඥා බලය.

මහණෙනි, විශිෂ්ට ඥානයෙන් රාගය අවබෝධ කරනු පිණිස මේ පඤ්ච ධර්මයෝ වැඩිය යුත්තාහු ය.

රාගාදී පෙය්‍යාල සූත්‍ර නිමා විය.

රාගාදී පෙය්‍යාලය

සැවැත් නුවර දී ය ....

6.- 850. මහණෙනි, රාගය පිරිසිඳ දකිනු පිණිස ....(පෙ).... ගෙවා දැමීම පිණිස ....(පෙ).... ප්‍රහාණය පිණිස ....(පෙ).... ක්ෂය වීම පිණිස ....(පෙ).... නැසීම පිණිස ....(පෙ).... විරාගය පිණිස ....(පෙ).... නිරෝධය පිණිස ....(පෙ).... අත්හැරීම පිණිස ....(පෙ).... දුරුලීම පිණිස පඤ්ච ධර්මයක් වැඩිය යුත්තාහු ය. ඒ කවර පසක් ද යත්;

අසුභ සංඥා ....(පෙ).... මේ පඤ්ච ධර්මයෝ වැඩිය යුත්තාහු ය.

ද්වේෂයෙහි ....(පෙ).... මෝහයෙහි ....(පෙ).... ක්‍රෝධයෙහි ....(පෙ).... බද්ධ වෛරයෙහි ....(පෙ).... ගුණමකු බවෙහි ....(පෙ).... එකට එක කිරීමෙහි ....(පෙ)....ඊර්ෂ්‍යාවෙහි ....(පෙ).... මසුරුකමෙහි ....(පෙ).... ශඨ බවෙහි ....(පෙ).... මායාවෙහි ....(පෙ).... දැඩි බවෙහි ....(පෙ).... සාරම්භයෙහි ....(පෙ).... මානයෙහි ....(පෙ).... අතිමානයෙහි ....(පෙ).... මදයෙහි ....(පෙ).... (විශිෂ්ට ඥානයෙන් දකිනු පිණිස ....(පෙ)....)

මහණෙනි, ප්‍රමාදයෙහි විශිෂ්ට ඥානයෙන් දකිනු පිණිස ....(පෙ).... පිරිසිඳ දකිනු පිණිස ....(පෙ).... ගෙවීම පිණිස ....(පෙ).... ප්‍රහාණය පිණිස ....(පෙ)....

ක්ෂය වීම පිණිස ....(පෙ).... නැති කිරීම පිණිස ....(පෙ).... නොඇල්ම පිණිස ....(පෙ).... නිරෝධය පිණිස ....(පෙ).... අත්හැරීම පිණිස ....(පෙ).... දුරුලීම පිණිස පඤ්ච ධර්මයක් වැඩිය යුත්තාහු ය. ඒ කවර පසක් ද යත්;

ශ්‍රද්ධා බලය, විරිය බලය, සති බලය, සමාධි බලය, ප්‍රඥා බලය.

මහණෙනි, විශිෂ්ට ඥානයෙන් ප්‍රමාදය දුරුලීම පිණිස මේ පඤ්ච ධර්මයෝ වැඩිය යුත්තාහු ය.

රාගාදි පෙය්‍යාලය නිමා විය.

- **එහි පිළිවෙල උද්දානයයි :**

අභිඤ්ඤා, පරිඤ්ඤා, පරික්ඛය, පහාන, ඛය, වය, විරාග, නිරෝධ, චාග, පටිනිස්සග්ග යන මේ දශාර්ථ පදයෝ ය.

- **පඤ්චක නිපාතයෙහි වර්ගයන්ගේ උද්දානයයි :**

සේඛ බල වර්ගය, බල වර්ගය, පඤ්චංගික වර්ගය, සුමනා වර්ගය, මුණ්ඩරාජ වර්ගය, නීවරණ වර්ගය, සඤ්ඤා වර්ගය, යෝධාජීව වර්ගය ද,

ථේර වර්ගය, කකුධ වර්ගය, ඵාසුවිහාර වර්ගය, අන්ධකවින්ද වර්ගය, ගිලාන වර්ගය, රාජ වර්ගය, තිකණ්ඩකී වර්ගය, සද්ධම්ම වර්ගය, ආඝාත වර්ගය, උපාසක වර්ගය ද,

ආරඤ්ඤක වර්ගය, සෝණ බ්‍රාහ්මණ වර්ගය, කිම්බිල වර්ගය, අක්කෝසක වර්ගය, දීඝචාරික වර්ගය, ආවාසික වර්ගය, දුච්චරිත වර්ගය, උපසම්පදා වර්ගය වශයෙනි.

පඤ්චක නිපාතය අවසන් විය.

දසබලසේලප්පභවා නිබ්බානමහාසමුද්දපරියන්තා
අට්ඨංග මග්ගසලිලා ජිනවචනනදී චිරං වහතූති.

දසබලයන් වහන්සේ නමැති ශෛලමය පර්වතයෙන් පැන නැගී
අමා මහ නිවන නම් වූ මහා සාගරය අවසන් කොට ඇති
ආර්ය අෂ්ටාංගික මාර්ගය නම් වූ සිහිල් දිය දහරින් හෙබි
උතුම් ශ්‍රී මුඛ බුද්ධ වචන ගංගාව (ලෝ සතුන්ගේ සසර දුක නිවාලමින්)
බොහෝ කල් ගලාබස්නා සේක්වා !

(සළායතන සංයුත්තය - උද්දාන ගාථා)

සාදු! සාදු!! සාදු!!!

නමෝ තස්ස භගවතෝ අරහතෝ සම්මාසම්බුද්ධස්ස.
ඒ භාග්‍යවත් අරහත් සම්මා සම්බුදුරජාණන් වහන්සේට නමස්කාර වේවා!

මේ උතුම් ගෞතම බුදු සසුනේදීම මේ ආශ්චර්යවත් ශ්‍රී සද්ධර්මය මැනැවින් උගෙන තම තමන්ගේ නුවණ මෙහෙයවා ධර්මයෙහි හැසිරීමෙන් ආර්ය ශ්‍රාවකයන් බවට පත්ව සතර අපා දුකෙන් සදහටම මිදෙනු කැමැති ලංකාවාසී සැදැහැවත් නුවණැතියන් හට වඩාත් හොඳින් තේරුම් ගැනීම පිණිස මහත් ශ්‍රද්ධාවෙන් යුතුව සිංහල භාෂාවට අංගුත්තර නිකායෙහි පඤ්චක නිපාතය ඇතුළත් තෙවෙනි කොටස පරිවර්තනය කිරීමෙන් ලත් සකල විපුල පුණ්‍ය සම්භාර ධර්මයන් පින් කැමැති සියල්ලෝම සතුටින් අනුමෝදන් වෙත්වා! අප සියලු දෙනාටම වහ වහා උතුම් චතුරාර්ය සත්‍ය ධර්මය සත්‍ය ඤාණ වශයෙන්ද, කෘත්‍ය ඤාණ වශයෙන්ද, කෘත ඤාණ වශයෙන්ද අවබෝධ වීම පිණිස ඒකාන්තයෙන්ම මේ පුණ්‍ය වාසනාව උපකාර වේවා!

සාදු! සාදු!! සාදු!!!

නමෝ තස්ස භගවතෝ අරහතෝ සම්මාසම්බුද්ධස්ස.

www.ingramcontent.com/pod-product-compliance
Lightning Source LLC
Chambersburg PA
CBHW062057090426
42741CB00015B/3261
* 9 7 8 9 5 5 6 8 7 0 3 0 5 *